2008年国家哲学社会科学基金一般课题（08BZS042）结题成果
暨南大学建设高水平大学基金资助

# 国家正祀与
# 地方民间信仰
# 互动研究

——宋以后海洋神灵的地域分布与社会空间

王元林 ◎ 著

中国社会科学出版社

# 图书在版编目（CIP）数据

国家正祀与地方民间信仰互动研究：宋以后海洋神灵的地域分布与社会空间 / 王元林著 . —北京：中国社会科学出版社，2016.3
ISBN 978 - 7 - 5161 - 7755 - 6

Ⅰ.①国… Ⅱ.①王… Ⅲ.①海洋—祭祀—文化研究—中国 ②海洋—信仰—民间文化—研究—中国 Ⅳ.①B933

中国版本图书馆 CIP 数据核字（2016）第 051480 号

| 出 版 人 | 赵剑英 |
| --- | --- |
| 责任编辑 | 张　林 |
| 特约编辑 | 金　泓 |
| 责任校对 | 朱妍洁 |
| 责任印制 | 戴　宽 |
| 出　　版 | 中国社会科学出版社 |
| 社　　址 | 北京鼓楼西大街甲 158 号 |
| 邮　　编 | 100720 |
| 网　　址 | http://www.csspw.cn |
| 发 行 部 | 010 - 84083685 |
| 门 市 部 | 010 - 84029450 |
| 经　　销 | 新华书店及其他书店 |
| 印　　刷 | 北京明恒达印务有限公司 |
| 装　　订 | 廊坊市广阳区广增装订厂 |
| 版　　次 | 2016 年 3 月第 1 版 |
| 印　　次 | 2016 年 3 月第 1 次印刷 |
| 开　　本 | 710×1000　1/16 |
| 印　　张 | 32 |
| 插　　页 | 2 |
| 字　　数 | 548 千字 |
| 定　　价 | 118.00 元 |

凡购买中国社会科学出版社图书，如有质量问题请与本社营销中心联系调换
电话：010 - 84083683
版权所有　侵权必究

# 目 录

第一章　绪论 …………………………………………………… (1)
　第一节　相关概念、研究述评 ………………………………… (1)
　第二节　研究内容、思路、重难点 …………………………… (4)
　第三节　宋以前国家礼制与地方神灵的关系 ………………… (6)

第二章　起始：宋代国家正祀与地方海神信仰的互动 ………… (19)
　第一节　宋代沿海神灵的封号与纳入国家礼制的程序 ……… (19)
　第二节　宋代地方海洋神灵的灵异与官员的作用 …………… (57)
　第三节　宋代地方社会构建与神灵地域扩展 ………………… (66)
　第四节　宋代官方海洋神灵的地方化 ………………………… (71)
　第五节　宋代相关的海神传说与佛道的关系 ………………… (77)

第三章　持续：元代国家正祀与地方海神信仰的互动 ………… (86)
　第一节　元代国家礼制中的海洋神灵的祭祀 ………………… (86)
　第二节　元代海上漕运与天妃信仰的广布 …………………… (89)
　第三节　元代对沿海神灵的进一步吸纳与官方化 …………… (96)

第四章　定型：明代国家正祀与地方海神信仰的互动 ………… (103)
　第一节　明代国家礼制中对四海神的正祀 …………………… (103)
　第二节　明代其他海洋神灵变迁与社会祭祀秩序的整理 …… (110)
　第三节　明代海洋神灵的地域扩展 …………………………… (116)
　第四节　郑和下西洋中祭祀的海神研究 ……………………… (120)

第五章　末声：清代国家正祀与地方海神信仰的互动 ………… (135)
　第一节　清代国家礼制正祀的海洋神灵与寓意 ……………… (135)

第二节　清代地方海洋神灵的整顿与祭祀社会秩序的维护 …… (142)
第三节　清代海洋神灵的地域扩展 ……………………………… (147)

## 第六章　重点地域分析：广东海神信仰的地域与社会空间 …… (152)
第一节　广东海神信仰的地域分布与区域特征 ………………… (152)
第二节　粤西海神信仰的地域分布与社会空间 ………………… (155)
第三节　珠江三角洲海神信仰的地域分布与社会空间 ………… (233)
第四节　粤东海神信仰的地域分布与社会空间 ………………… (298)

## 第七章　其他各省略述：海神信仰类型与地域空间 …………… (314)
第一节　福建省海神类型与地域空间 …………………………… (314)
第二节　台湾省海神类型与地域空间 …………………………… (325)
第三节　浙江省海神类型与地域空间 …………………………… (332)
第四节　江苏省海神类型与地域空间 …………………………… (360)
第五节　北方沿海海神类型与地域空间 ………………………… (370)

## 第八章　水神变迁与信仰举例：龙母、伏波将军、萧公、
谭公、水部尚书 ………………………………………… (378)
第一节　岭南龙母信仰的形成与地域扩展 ……………………… (378)
第二节　伏波信仰的形成、地域扩展与官民互动 ……………… (397)
第三节　萧公信仰的形成、地域扩展与官民互动 ……………… (427)
第四节　谭公信仰的形成、地域扩展与道教关系 ……………… (440)
第五节　水部尚书信仰功能与社区变迁 ………………………… (454)

## 第九章　海神信仰类型与地域扩展的特点、原因 ……………… (464)
第一节　海神信仰的类型 ………………………………………… (464)
第二节　海神信仰地域扩展的特点、原因 ……………………… (471)

**主要参考文献** ……………………………………………………… (492)

**后记** ………………………………………………………………… (508)

# 第一章

# 绪　　论

## 第一节　相关概念、研究述评

### 一　相关概念

民间信仰是非制度的民众对物质世界和精神世界的信仰，与制度化的国家祭祀相比，民间信仰体现着不同的神灵信仰与不一样的仪式行为。国家制度化的祭祀是正祀，正祀是合乎国家礼制的祭祀，这种祭祀是放在国家礼的层面加以考量的，从周代宗法制以及相关的《礼记》等不难看出，国家对不同的等级的祭祀群体和祭祀对象都有严格规定，祭祀对象也不一样。《礼记·曲礼下》云："天子祭天地、祭四方、祭山川、祭五祀，岁遍。诸侯方祀，祭山川、祭五祀，岁遍。大夫祭五祀，岁遍。士祭其先。"合乎礼而纳入以上祀典的就是"正祀"，"非其所祭而祭之，名曰淫祀，淫祀无福"。淫祀或者杂祀，不仅包括非国家祀典所纳入的内容，而且包括僭越等级而祭祀，一般都是士、大夫、诸侯等祭祀不合礼制。由于礼制一般都是由国家颁布和规定的，所以，国家礼制规定的祭祀主体和祭祀对象，往往一般都与国家相互联系，故家祭祀是从维护国家统治需要而建立的，"国之大事，唯祀与戎"，祭祀成为国家重要的政治议题之一。而处在低下等级的民众，其祭祀的权利明显是与贵族有区别的，这种不同的祭祀主体与对象一直经过秦汉魏晋南北朝而并不清晰。

唐代对正祀与淫祀加以规范化，不仅出现《贞观礼》《显庆礼》《开元礼》《大唐郊祀录》等一系列的祭祀典制，规定了国家祭祀分为大祀、中祀、小祀三类，而且还把儒道释三教合流并峙，从此开始了佛道与民间信仰的互动，佛道也逐步世俗化，收服、容纳或吸收民间信仰的祠神。① "唐宋变革论",一个重要的标志便是随着经济、文化重心的南移,民间信仰也发生了变化。据美国学者韩森研究,宋代朝廷对祠神的封赐,不仅数量多,且逐年有(从1071年到南宋亡1279年,仅三年没有封号)。② 而宋代,经赐额封爵纳入国家祀典的神灵与祠庙数量相当多,也有许多赐额封爵而未纳入国家祀典,在广大中间地带出现了不少区域神。③ 由于正祀与淫祀是个动态的过程,国家祭祀与地方民间信仰相互吸收、融合,并不时有冲突,因此从宋代开始,以国家祭祀与民间信仰互动的视角,研究宋以后的神灵地域分布与社会空间,关注神灵与祠庙的变化,是本书的出发点。

## 二 国内外研究述评

有关国家正祀与地方民间信仰是近二十多年中外学术界研究的一大热点,研究成果层出不穷。国外的汉学家已在这一方面做了有益的探索,提出了许多值得借鉴的思路和方法。蒋竹山《宋至清代国家与祠神信仰研究的回顾与讨论》(《新史学》第8卷第2期)和赵世瑜《〈小历史与大历史:区域社会史的理念、方法与实践》(生活·读书·新知三联书店2006年版)等概括总结了这一研究的相关成果。代表人物有弗里德曼、施珀尔、欧大年、王斯福、韩明士、科大卫、桑格伦、武雅士、丁荷生、韩森、滨岛敦俊、杨庆堃、郑振满、王铭铭、赵世瑜、陈春声、刘志伟、行龙、杨念群等。总结这些成果,主要集中的地域都在东南沿海的闽、粤、台、港等,研究时期以明清为主。尤其以赵世瑜专著《狂欢与日常——明清以来的庙会与民间社会》和陈春声论文《宋明时期潮州地区的双忠公崇拜》、刘志伟《神明的正统性与地方化——以乡村与国家的关系为中心》、路遥主编"民间信仰与中国社会研究系列丛书"七本(上海人民出版社2010年版)等对沿海地方的民间信仰有启发意义。

本书的研究,主要选择我国沿海地区的海洋神灵为研究对象,以宋以后国家正祀与民间信仰的互动关系为主旨,以国家信仰逐渐被地方祠神信

---

① 严耀中:《唐代江南的淫祠与佛教》,《唐研究》第二卷,北京大学出版社1996年版;雷闻:《郊庙之外:隋唐国家祭祀与宗教》,生活·读书·新知三联书店2009年版。

② [美]韩森:《变迁之神》,包伟民译,浙江人民出版社1999年版,第168—170页。

③ 路遥:《中国传统社会民间信仰之考察》,《中国民间信仰研究述评》,上海人民出版社2010年版,第18页。

仰接受、沿海不同地域祠神信仰的"国家化"与"儒家化"为线索，探讨国家层次的信仰即正祀系统与民间信仰系统的互动关系。力图利用民间信仰长期积淀的社会文化内涵，揭示沿海不同地域的"社会空间"，揭示沿海乡村社会的内在秩序和地域支配关系等。

### 三 选题的原因与意义

选题的原因：（1）以往国家层面祭祀神灵的研究，仅仅停留在礼仪制度等的研究上，有关国家祭祀神灵的研究，只在泰山封禅、西岳华山等问题上有所研究，而对岳镇海渎等象征国家意志和权力在地方上的认同的研究成果还很少；（2）沿海地方海洋神灵的研究也多是妈祖等个别神灵的研究，研究成果零散，且没有将地方神灵纳入国家权力与意志的整个体系中；（3）宋代是我国海上丝路发展的重要和辉煌时期，同时又是国家正祀逐渐与地方信仰调适的时期，研究宋代以来沿海海洋神灵的国家与地方信仰的互动，以便揭示国家与地方关系在文化意识形态上的认同；（4）我国东、南临海，有关东海、南海神以及沿海其他伏波将军、冼夫人等祭祀，国家神灵怎样被地方接受，在地方和民间崇拜的地位如何？地方沿海的妈祖（闽）、洪圣（粤）、龙母（粤西）、水尾圣娘（琼）、临水夫人（浙闽）、水仙（闽台）、五通神（苏浙）、老赵（鲁）、龙王、观音老母（辽）等，以及与以真武（北帝）为中心道教、与以观音菩萨等为中心佛教的关系，甚或在国家礼法制度层面上的认同和整合等，都是研究的薄弱环节。

探讨国家与沿海地方海洋神灵互动关系，不仅有助于研究国家层面与区域文化的关系，而且还可以探讨沿海区域文化的互动关系；这一研究，不仅可以开拓礼仪文化的研究内容，而且也可以对国家与地方关系做进一步的整理，进一步扩充海洋文化的研究内容；这一研究，不仅可以窥探海洋神灵在国家政权建设、地方社会安定的作用，而且还可以揭示国家的法律对淫祀的管制的实质。以史为鉴，为今天合理利用民众的信仰，整理传统的海洋文化，为国家权力在民间的认同和维护地方的稳定做一定的诠释，对祖国的统一与和谐社会的建设起到一定的理论指导作用。

## 第二节　研究内容、思路、重难点

**一　主要内容**

（1）国家权力与礼法制度的关系，祭祀制度在国家与地方文化中的特征；（2）国家正祀的东海、南海等海神在沿海地方的被动与主动接受即民间化；（3）中央和地方政府、官员在国家海神民间化中的作用，以及借用巫术、神话等手段加工的作用；（4）沿海地方神天妃等在国家和地方中的重要作用，封号的变化以及祭祀规格变化的实质；（5）地方士绅、官员在地方海神纳入国家正祀中的作用；（6）国家不断吸收地方海神为祭祀神灵的过程和手段；（7）国家法律对淫祀的管制；（8）地方神灵与道教、佛教等的关系；（9）不同沿海区域海神的分布、祭祀圈及与内地的相关神灵的联系等。

**二　基本思路**

祭祀制度是国家礼仪制度的一部分，是国家权力在意识形态和文化心理层面的体现；岳镇海渎是中祀的一部分，是国家权力在地理方位以及地方上的体现，研究其中的海神无疑是研究中的重要一环。

宋代以降，一方面，沿海地方士绅寻求利用各种方式将地方神灵纳入国家祭祀的神统；而另一方面，国家通过赐额或赐号的方式，把沿海地方上比较流行的民间信仰纳入国家的正祀系统中，便于控制地方社会。正是由于宋代海上交通和贸易的繁荣，海神和沿海一带的地方神灵也在这样的大背景下逐步登上地方的神坛，随着元代海上漕运的兴起和明清东南沿海"倭寇"等引起的地方动荡，国家神坛上多了天妃等地方沿海神灵。本书旨在探讨地方神灵如何演变而逐步成为国家神祇的过程，以及国家神祇如何被沿海地方民众接受，成为地方神灵的重要组成部分。两者在国家、地方权力与意志杠杆的调适下，通过何种方式，通过哪些制度和不同层面的人物，重新构建信仰的体系。一方面，在地方上，或把民间信仰逐渐变成政府承认的神灵，或把国家祭祀的海洋神特别是东海神、南海神民间化；而另一方面，在国家的祭祀系统中，地方的民间信仰被整合，剔除淫祀的庙祠，把民间合理的信仰纳入国家的祭祀系统。国家祭祀的海洋神灵不断整合，逐渐地适应民众的需要。国家正祀与地方民间信仰的互动，使海洋神灵有了国家、地方两重身份，在一定程度上反映了国家和地方社会的调适。总之，通过宋以后海洋神灵的地域分布所反映的社会空间，展示多重迭合的动态的社会演变历程。

以区域社会史、历史地理学的研究方法为主，结合人类学、社会学、宗教学、政治学、民俗学的方法，从大量文献史料、考古资料、宗教碑刻入手，利用历史人类学和区域社会学的研究方法，进行田野调查，将文献分析与田野调查结合，构建国家与沿海地方社会互动关系研究的新途径。

### 三 重难点

国家权力、意志与礼仪制度的统一关系、宋元明清各代国家正祀与地方民间信仰海神的互动、国家正祀的东海、南海等海神在沿海地方的民间化的过程和特征、沿海地方神天妃等纳入国家正祀的过程和手段、沿海海神的地域分布及与其他地域文化的关系等。

国家权力、地方基层社会在信仰方面的异同和取舍、民间信仰与民间宗教的界限、国家法律对淫祀的管制、道教、佛教相关的海神与民间信仰的神灵关系等。

### 四 主要观点

中国边缘地区的海疆，既是中国传统文化的保留地区（以粤、闽、浙等宗族文化为代表），也是对外文化的前沿地区。宋代以来，随着海上交通的发达，地方信仰的海洋神灵迅速发展起来，这与代表着国家正祀的东海、南海等正统神灵存在着一定的矛盾，国家和地方政府针对这样的格局采取了一系列措施，利用显灵、神话、巫术等方式，通过封号或赐额等，一方面，把国家神灵地位进一步提高，结合地方的动荡、灾荒等，把国家海神融入地方社会；另一方面，地方士绅和官员等，也逐步把地方海神奏请朝廷纳入国家正祀系统中。国家正祀随着其礼仪制度的逐步完善，其祭祀的海神日臻完备，加上漕运、倭乱、迁海、近代列强的侵扰等重大事件，其地位日渐崇高；而民间社会在这样的社会变迁中，对不同海神的崇拜在地域上也有盈缩，文化内涵日渐丰富。希冀利用区域社会史和历史地理的研究方法，揭示沿海乡村社会融入国家体系、国家意识和国家认可被地方所接受的过程和特点。

本书不是在原来海神研究上的重复和总结，而是希望借用近年来国内外区域社会史的研究理念、方法，在最有代表性的海神研究上进行实践，关注国家与基层社会的互动关系，在突出海神地域特征的同时，跨越地方，对代表国家权力和意识形态的正祀做深刻的剖析，对地方民间崇拜与国家正祀的互动历程以及士绅和地方政府的作用重新定位和评价，重新建构海洋神灵的体系。

## 第三节　宋以前国家礼制与地方神灵的关系

　　人们在利用和改造自然的过程中，逐渐产生了对海的认识，从"海隅"到"海邦"，从"四隩"到"四海"，四海成为中国周边海湖和地区的称谓。由于地理之便，"东海"最早纳入以黄河流域为中心的中华文明的视野。先秦时的诸多海多泛指"东海"。渤海地近黄河下游和山东半岛，亦作为"东海"别称，又由于其居山东半岛之北，故又称"北海"。除渤海称"北海"外，历史上贝加尔湖、瀚海、巴尔喀什湖、鄂霍次克海等亦称"北海"。这与我国北方距海遥远以及人们的认识有很大的关系。春秋越国所临海既可称"东海"，又可作"南海"。秦以后，"南海"指今我国南海以及其南的东南亚、太平洋印度尼西亚至澳大利亚以及印度洋的海域。而"西海"与"北海"同样，指代我国西部和西域诸湖泊，诸如青海湖、居延海、博斯腾湖、咸海、里海等，甚至红海、波斯湾、印度洋的阿拉伯海、地中海、大西洋等。之所以形成如此的四海区的地理概念，与我国东、南临海，西、北陆地宽广的陆海形势有关，也与人们认识的视野逐渐扩大相关，还与人们因文求实，刻意指示环绕中国四周的海有关。正如《古今图书集成·山川典》卷三七《海部》所言："水大至海而极，从古皆言四海。而西海、北海远莫可寻，传者亦鲜确据。唯东海、南海列在职方者皆海舶可及，前代资为运道。"与国计民生关系重大，这也是后来历代统治者多重视东海神、南海神的缘故。

　　自然界的神秘、广大，使先民们面对其感到恐惧，产生了自然崇拜。自然崇拜之外，图腾、祖先、鬼魂、生殖、灵物等崇拜亦同时出现。伴随着这些崇拜，出现了原始社会的仪式活动。这些仪式实际上是先民们试图影响和控制自然的一种手段，后逐渐发展成为礼。在公元前3500—前2000年这一段时间里，在黄河、长江的中下游和辽西、燕山地区，出现了有关"礼制""礼仪""礼器"的遗迹。① 尊天崇地敬鬼，先民们的多种崇拜及原始的仪式活动，成为后来礼产生的根本。"故礼上事天，下事地，尊先祖而隆君师，是礼之三本也。"② 因此，礼从一开始就与敬事天地、祖宗等祭祀活动联系在一起，密不可分。

周人重礼而制定了一系列的礼制，并与分封制、宗法制一起，成为维护周代的基本国家制度。史载："周公相成王，王道大洽，制礼作乐，天子曰明堂、辟雍，诸侯曰泮宫。郊祀后稷以配天，宗祀文王于明堂以配上帝。四海之内各以其职来助祭。天子祭天下名山大川……而诸侯祭其疆内名山大川，大夫祭门、户、井、灶、中溜五祀，士庶人祖考而已。各有典礼，而淫祀有禁。"③ 不同等级，祭祀有别。"天子祭天地、祭四方、祭山川、祭五祀，岁遍。诸侯方祀，祭山川、祭五祀，岁遍。大夫祭五祀，岁遍。士祭其先。"④《周礼》《仪礼》《礼记》等礼书记载礼事并用以指导礼仪活动，其中保留了诸多先秦礼仪的记录。同时，又记载不同等级的人群、不同时日、不同祭礼、不同场所、不同祭器等祭祀内容。名山大川海渎皆属地祇。鲁僖公三十一年（前629年）四月，僖公三望。"三望者何？望：祭也。然则曷祭？祭泰山、河、海。曷为祭？泰山、河、海，山川有能润之百里者，天子秩而祭之。"⑤《礼记·月令》亦云："天子命有司祈四海、大川、名源、渊泽、井泉。"周天子及鲁国等诸侯国实已有祭祀山川海渎之事。为保证军事作战的胜利，出师前亦祭祀诸神。《司马法》曰："兴甲兵以讨不义"，"乃告于皇天上帝、日月星辰，以祷于后土、四海神祇，山川冢社，乃造于先王"。⑥

四海有祠庙即有固定祭祀场所的明确记载要追溯到秦德公迁雍（治今陕西凤翔境）后，"雍之诸祠自此兴"。"而雍有日、月、参、辰、南北斗、荧惑、太白、岁星、填星、（辰星）、二十八宿、风伯、雨师、四海、九臣、十四臣、诸布、诸严、诸逑（应为遂）之属，百有余庙，西亦有

---

① 杨志刚：《中国礼仪制度研究》，华东师范大学出版社2001年版，第13页。
② 《荀子·礼论》。
③ 《汉书》卷二五上《郊祀志》。
④ 《礼记·曲礼下》。
⑤ 《春秋公羊传·僖公三十一年》。
⑥ （战国）司马穰苴：《司马法》卷一《仁本》。

数十祠。"① 四海祠成为雍地百余祠庙之一，与诸祠一样，"各以岁时奉祠"。这些象征着国家疆域的四海，实际上是在国家出现以后，政权对地方控制在礼制上的变现。

秦始皇、汉武帝多次派方士去海上寻求蓬莱诸神山，"令言海中神山者数千人求蓬莱神人"，甚至"宿留海上"。武帝所修的太液池，"池中亦有蓬莱、方丈、瀛洲、壶梁，像海中神山龟鱼之属"②。一方面反映了秦皇汉武为追求长生不老煞费苦心，另一方面则反映了他们"尤敬鬼神之祀"。始皇统一六国后确立了名山大川为国家统一的祭祀对象，其特点是重秦地而轻六国。汉宣帝时又将五岳四渎之祀恢复，作了第二次改造。③神爵元年（前61年），制诏太常："夫江海，百川之大者也，今阙焉无祠。其令祠官以礼为岁事，以四时祠江、海、洛水，祈为天下丰年焉。"自是五岳四渎皆有常礼。④《汉书·郊祀志》列举了五岳四渎的具体祭祀地点。其中河水在临晋县（治今陕西大荔东），江水在江都县（治今江苏扬州西南），淮水于平氏县（治今河南桐柏西北平氏），济水于临邑县（治今山东东阿），"皆使者持节侍祠，唯泰山与河岁五祠，江水四，余皆一祷而三祠云"。事实上，并不是缺四海祠，上述秦时就有四海祠，只不过是围绕白帝诸神祠中较小的一座神祠罢了。江水祠亦曾在始皇时置于蜀县（治今四川成都），只是至汉宣帝时，蜀郡江水祠由于偏居内地，已远不能适应祭祀需要。相反，江都地近渠水（邗沟）入江口附近，距长江入海口亦不远，是祭祀江水的最佳位置，故宣帝于此置祠。其东临淮郡的海陵县（治今江苏泰州），处江海交汇处，《汉书·地理志》记载"海陵有江海会祠"⑤。宣帝时设立的五岳四渎，祭祀天下名山大川与四海无关。但《汉书·地理志》在东莱郡临朐县却载有海水祠。⑥ 这里正处于山东半岛莱州湾东岸，是祭祀海水较佳的位置，附近曲成县亦有参（三）山万里沙祠、参山阴主祠（秦八神之一）、参山八神等⑦，距海上蓬莱、瀛洲、

---

① 《史记》卷二八《封禅书》。
② 《汉书》卷二五下《郊祀志》。
③ 周振鹤：《中国历史文化区域研究》，复旦大学出版社1997年版，第67页。
④ 《汉书》卷二五下《郊祀志》。
⑤ 《汉书》卷二八上《地理志》。
⑥ 同上。
⑦ 《汉书》卷二五上《郊祀志》、卷二八《地理志》。

方丈三神山也较近。

汉成帝时改革祭祀的一个重要内容是确立天地之郊于长安。从成帝迁泰一、后土于长安南北郊，南北郊祭祀制度的形成后虽有反复，但到平帝元始五年（5年）时，南北郊祀已成定制。而且，据《周官》"兆五帝于四郊"，山川各因其方，五行与四方之神巧妙结合一起，成为后世效法的榜样。郊祀制度的正式确立，为以后各个王朝郊祀制度奠定了基础，而东、南、西、北四方之神成为日后郊祀祭祀的重要神灵。光武中兴，建武二年（26年），于洛阳城南七里置郊兆，为圆坛八阶，中又为重坛，天地位其上，外坛为青、赤、黄、白、黑五帝位。其外为壝，重营皆紫，有四通道以为门。日、月、北斗皆在中营内，不在群神列中。外营内，"背中营神，五星也，及中官宿五官神及五岳之属也；背外营神，二十八宿外官星、雷公、先农、风伯、雨师、四海、四渎、名山、大川之属也"①。与南郊相对，光武帝中元二年（57年）"初立北郊，祀后土"。"北郊在洛阳城北四里，为方坛四阶"，"别祀地祇，位南面西上，高皇后配，西面北上，皆在坛上，地理群臣从食，皆在坛下，如元始中故事。中岳在未，四岳各在其方孟辰之地，中营内。海在东；四渎河西，济北，淮东，江南；他山川各如其方，皆在外营内。四阶醳及中、外营门封神如南郊。地祇、高后用犊各一头，五岳共牛一头，海、四渎共牛一头，群神共二头。奏乐亦如南郊。既送神，瘗俎实于坛北"②。从南、北郊祀看来，光武虽亦沿用汉代郊祭，但海神地位远不如王莽时的六宗地位。

东汉除郊祀配祭海神外，地方上有无祭祀海神，《后汉书·郡国志》无载，难以考究。但宋人所记汉代碑刻中保留了部分内容。洪适的《隶释》卷二《东海庙碑》记载东海国相桓君、满君相继修海祠之事，只是文字缺失太多，难以考知详细内容。碑载永寿元年（155年），东海国相南阳人桓君"凡尊灵祇，敬鬼神，是为黔黎祈福"，起楼修祠，"民赖其利"。熹平元年（172年）四月，东海相山阳人满君"嘉羡君功"，作碑诵曰："浩浩仓海，百川之宗，经落八极……四时奉祠，盖亦所以敬恭明神"。此碑立于东汉东海郡朐县（治今江苏连云港西南），为《史记·秦

---

① 《后汉书》志七《祭祀志》。
② 《后汉书》志八《郊祀志》，《后汉书》卷一下《光武帝纪》。《文献通考》卷八三《郊社考》误作"中元元年"。

始皇本纪》所言秦以为东门阙之地。值得注意的是,《后汉书·郡国志三》(志二一)载东海为郡而非国,《汉书·地理志上》(卷二八上)也载早在西汉时东海亦为郡而非国,《碑录》云:"朐山有秦始皇碑云,汉东海相任恭修祠刻于碑阴,似是此也。"看来早在桓君、满君之前,任恭亦有修祠。洪适亦曰:"予官京口日,将士往来朐山者云:'海庙一椽不存',自今非四十年前旧物,不复见此刻矣。欧阳公时天下一家,汉碑虽在遐陬穷谷,无径而可至,《集古录》中已屡言难得,况今乎?"从"其铭诗有云,浩浩仓海,百川之宗,知为海神庙碑也"[①]。这应是除东莱郡海水祠外,另外一个海神庙。这些海神庙的出现与秦始皇五次东巡临海刻石和建阙有关。北魏海神祠的地点,在东彭城郡渤海县"有东海明王神"[②],应是汉代海神庙的延续。

考察隋以前对海神的祭祀不难发现,祭祀海神的起源是与祭祀山川紧密相连,山川致云雨滋万物,海为百川之汇,与天上风伯雨师,地上川泽共同滋育万物。从秦雍畤百余庙的四海祠到汉临朐县海水祠,从西汉末于都城郊祀到东汉初郊祀天地配祭四海神,以及东汉立五郊坛,迎句芒等五方神,海神祭祀不断。郊祀礼仪中,海神成为后土神中众多配祀神灵之一。而东晋则仅在北郊祭地坛中配祀海神,从南朝梁天监十一年(512年)起,四海神配祀神座由一个增加到四个,其后不论是南朝齐陈,还是北朝,四海神配祀皆有东海神、南海神、西海神、北海神之名。四海神名的独立配祀,反映了郊祀制度的进一步完善,海神地位进一步提高。值得一提的是,在北魏出现了浮阳郡章武县、东彭城郡渤海县有海神祠的记载,后者更明确记载海神为"东海明王神",四海神名的独立和北魏地方上海神祠的出现为隋时东海、南海神祠的建立提供了条件[③],也为隋礼、唐礼的进一步整合奠定了基础。

陈寅恪先生在《隋唐制度渊源略论稿》中指出,隋朝的"五礼"有三大来源:(1) 梁、陈;(2) 北魏、北齐;(3) 西魏、北周。[④] 隋代的几次修订礼的活动,实际上是对魏晋南北朝各代不同礼制的整合,为唐

---

① (清)倪涛:《六艺之一录》卷三八《石刻文字》。
② 《魏书》卷一百六《地形志中》。
③ 王元林:《国家祭祀与海上丝路遗迹——广州南海神庙研究》,中华书局2006年版,第41—49页。
④ 陈寅恪:《隋唐制度渊源略论稿》,生活·读书·新知三联书店2001年版,第3—4页。

《贞观礼》《开元礼》的制定奠定了基础,在中国礼制发展史上起着承上启下的作用。

隋四海神祠的出现正是在这样的历史大背景下展开的。隋统一后的第六年即开皇十四年(594年),许多与礼制有关的事件皆发生于这一年。此年闰十月,"诏东镇沂山,南镇会稽山,北镇医无闾山,冀州镇霍山,并就山立祠。东海于会稽县界,南海于南海镇南,并近海立祠。及四渎、吴山,并取侧近巫一人,主知洒扫。并命多莳松柏"[①]。

隋代以前所立"海水祠""海祠"和"东海祠"都是在长江口以北,隋代将"东海祠"与"南海祠"分列,且这两祠都在陈故地上。这样设置的原因,一方面符合了天下东海、南海的地理方位;另一方面,标示着隋统一王朝疆域的扩大,东南两个海祠具有拱卫社稷东南半壁江山的作用。至于两个海神祠设立的位置亦是十分讲究的。会稽县南有会稽山,山有禹陵,其北临杭州湾,面向大海,而钱塘潮汐巨大,在此祀海宁波,位置应恰到好处,后世在会稽附近设置东海神祠,应受隋代影响。

南海祠设于南海县南海镇,即今广州黄埔区庙头村,今庙仍存。唐韩愈《南海神(广利王)庙碑》言,庙"在今广州治(唐治与今一样)之东南,海道八十里,扶胥之口,黄木之湾"[②]。此湾正是今狮子洋和广州珠江接连地点,东西向珠江漏斗湾到此转南北向的狮子洋大漏斗湾。珠江漏斗湾由广州"小海"阔一千五百米,到扶胥口扩为二千五百米,称为"大海"。珠江口内,洪潮急紧,而由扶胥口转南,江面骤宽,洪潮转弱。加上南面的市桥台地在一定程度上减弱台风的侵袭。扶胥和黄木湾依山面海,樵汲充足[③],南海镇是广州东部较大的居民聚集地,从陆上海(江)上都可西至广州,交通便利。优越的自然环境与人文环境,成为南海神庙选址南海镇的重要条件。

在近海立东海、南海祠的同时,各以附近巫一人为主持,主持日常祭祀和清洁,并以松柏装扮神祠左右,烘托其庄严气氛。就在建南海祠的次年,即开皇十五年(595年)三月己未,文帝"至自东巡狩,望祭五岳海

---

① 《隋书》卷七《礼仪志》,《册府元龟》卷三三《帝王部·崇祭祀》。
② (唐)韩愈:《昌黎先生文集》卷三一,《南海神广利王庙碑》。
③ 曾昭璇:《广州历史地理》,广东人民出版社1991年版,第249页。

渎"。又于六月辛丑，"诏名山大川未在祀典者，悉祠之"①，进一步完善岳镇海渎制度。

唐武德贞观之制中对五岳四镇四海四渎祭祀，"年别一祭，各以五郊迎气日祭之"，东海于莱州（治今山东莱州），南海于广州，西海、西渎大河于同州（治今陕西大荔），北海、北渎大济于洺州（治今河南济源），"其牲皆用大牢，笾、豆各四，祀官以当界都督、刺史充"②。玄宗时，学士张说、萧嵩等组织编纂新礼，"为一百五十卷，是为《大唐开元礼》。由是，唐之五礼之文始备，而后世用之，虽时小有损益，不能过也"③。其中，卷四至卷七八为吉礼，七五卷吉礼中，包括五五项礼仪。与海神祭祀直接有关的是"祭四海、四渎""时旱祈岳镇海渎，久雨禜祭国门"两种。间接有关的诸如"皇帝腊日蜡百神于南郊""皇帝夏至祭方丘"等，这些郊祀属于吉礼。贞元九年（793年）太常礼院修撰王泾"考次历代郊庙沿革之制及其工歌祝号，而图其坛屋陟降之序，为《郊祀录》十卷"④，今此书尚存，是研究唐代郊祀制度重要的参考文献。

唐时，海神地位的提高是伴随着五岳四渎一并有所发展。天宝六载（747年），封河渎为灵源公，济渎为清源公，江渎为广源公，淮渎为长源公。天宝十载（751年）正月，四海并封为王。并遣官员祭祀岳镇海渎。其中"太子中允李随祭东海广德王，义王府长史张九章祭南海广利王，太子中允柳奕祭西海广润王，太子洗马李齐荣祭北海广泽王。取三月十七日一时礼册"⑤。五岳、四海封王，五镇、四渎封公，反映了四海地位的提高。从祭祀官员的官阶来看，祭祀五岳、五镇的官员官阶较高，祭祀四海、四渎官员的官阶较低。看来，四海虽与五岳并封王，至少在玄宗时，其王侯神位还是难以与五岳相比的，中央对其重视程度与五岳仍有一定的差距。不过，唐时对四海神首创封王加爵之例，成为后世仿效的榜样，其影响是深远的。唐代中央的多次祭祀，与国家大事、水旱丰歉等联系在一起，这与诸神的灵异显圣密不可分。归纳起来可以概括为：（1）致云雨；

---

① 《隋书》卷二《高祖纪下》。
② 《旧唐书》卷二四《礼仪志》。
③ 《新唐书》卷十一《礼乐志》。
④ 同上。
⑤ 《旧唐书》卷二四《礼仪志》，据《大唐郊祀录》卷八《祭岳镇海渎》，祭南海广利王的应是"张九皋"而非"张九章"，详下考证，应是张九章。

旱（雨）皆祈祭，雨（天霁）报祭；（2）庄稼和农业收成较好，报谢；（3）皇帝封号、改元、病痊，大赦天下，亦报知神灵；（4）边疆少数民族内附，社会安定，报谢；（5）按照一般礼仪，一年一祭。立春日于莱州祭祀东海广德王，立夏日于广州祭祀南海广利王，立秋日于同州祭祀西海广润王，立冬日于河南府（治今河南济源）祭祀北海广泽王。[①] 除特殊事例皇帝派官员祭祀外，一般年份都由地方刺史主持祭祀。国家礼制的完善与地方国家海神庙的规制建立，确立了代表国家疆域与政权的海神庙在地方上代表国家山河一统，四海一家文化秩序的建立和完善。

值得注意的是，龙是我国古代传说中的神兽。古人认为龙能兴云布雨，影响晴雨旱涝，所以至晚从汉晋以来，民间就有祭祀龙神祈雨的风俗。佛教中许多经典专讲海龙王，例如《佛说海龙王经》《佛为海龙王说法印经》《十善业道经》《佛为娑伽罗龙王所说大乘经》《佛说堕珠着海中经》等。海龙王护持佛法，卫护众生，又专管行云布雨等。[②] 道教《太上洞渊神咒经》（《神咒经》二十卷）中有"龙王品"，列有以方位为区分的"五帝龙王"，以海洋为区分的"四海龙王"等龙王名字。受佛道的影响，以及中国传统文化的祈龙求雨观念的影响，龙神在晋代、隋代就有在地方上因旱"请讲《海龙王经》"的事例[③]。从唐代开始，龙神的地位不断提高，被尊奉为龙王，各地的江、河、湖、海、渊、潭、塘、井，凡是有水之处皆有龙王。唐王朝对龙神崇拜的祀典也逐渐规制化。"古祭水神曰河伯，自释氏书入，中土有龙王之说，而河伯无闻矣。"[④] 在唐代的国家祭礼中有五龙祠，"司中、司命、风师、雨师、众星、山林、川泽、五龙祠等，及州县社、稷释奠为小祀"[⑤]。缘于汉代以来祈雨巫术中的舞五色龙（青、赤、黄、白、黑）配五方（东、西、南、北、中）祈雨的

---

① 《元和郡县图志》卷一一《河南道七·莱州》掖县条记载："（东）海神祠，在县西北十七里"；卷三四《岭南道一·广州南海县》条记载："（南）海庙，在县东八十一里"；《新唐书》卷三七《地理志》同州朝邑县条下"有河渎祠、西海祠"；《新唐书》卷三九《地理志》孟州济源县条下"有济渎祠、北海祠"。

② 党燕妮：《晚唐五代敦煌地区的海龙王信仰》，收入郑炳林主编《敦煌归义军史专题研究三编》，甘肃文艺出版社2005年版，第275页。

③ 《法苑珠林》卷七九《祈雨篇》，载晋竺昙盖在姑苏、慧远在庐山念《海龙王经》而雨事；《续高僧传》卷三一《隋杭州灵隐寺天竺寺释真观传》。

④ 《云麓漫抄》卷十。

⑤ 《旧唐书》卷四三《职官志二》。

仪式，这种仪式到唐代逐渐演化为祭五龙祠的典制。① 规定"仲春祭五龙，笾豆皆八、簋一、簠一、俎一；四时祭五岳四镇四海四渎，各笾豆十、簋二、簠二、俎三"②。等级虽较四海等低，但国家祭祀的地位无法动摇。五龙祠在唐代国家祭祀中虽然属于小祀，但其祭仪却非常隆重，直到宋初这种祭礼仍在延续，"国朝缘唐祭五龙之制，春秋常行其祀"③。而且，唐代在都城修建龙坛和龙堂以供祭祀。开元十六年（728年）卷"诏置（龙）坛及祠堂"④。昭应县（今西安临潼区）也在广德二年（764年）于"县之东义扶谷故湫置龙堂"以求雨⑤。各地修建了许多龙王庙和龙女祠，如太原龙庙"汾水贯太原而南注，水有二桥……由是架龙庙于桥下"⑥。渭水边也建龙王庙，"合土为偶龙……蜿蜒鳞鬣，曲尽其妙，虽丹青之巧，不能加也……里中有旱涝，祈祷之，应若影响"⑦。看来，唐代有关四海、五色龙的祭祀礼仪已经形成，与后来佛教民间化的四海龙王来源并非一致。渭水边的龙王庙，已有民间化的色彩。

对海神的崇拜，早在先秦时代已经存在。《初学记》引《老子》（成书于战国或汉初）及《风俗通义》（东汉应劭）云："海曰百谷王，海神曰海若，海一云朝夕池，一云天池，亦云大壑巨壑。"⑧ 屈原游历，"使湘灵鼓瑟兮，令海若舞冯夷"⑨，海若成为海神的称号。海神长相如何？秦始皇尝于海中作石桥，"海神为之竖柱，始皇求为相见，神云：'我形丑，莫图我形'，当与帝相见，乃入海四十里见海神"，"人潜以脚画其状"，神怒，始皇仅得登岸，"画者溺死于海，众山之山皆倾注"⑩。此虽为传说，但说明先秦时人们对海及海神的认识还较模糊，出现这样的传说就不奇怪了。

与四海相对应，四海神逐步出现不同的名称。成书于战国时的《太

---

① 王永平：《论唐代的水神崇拜》，《首都师范大学学报》（社会科学版）2006年第4期。
② 《新唐书》卷一二《礼乐志二》。
③ 《宋会要》礼四之十九。
④ 《唐会要》卷二二《龙池坛》。
⑤ 《旧唐书》卷一三〇《王玙传》。
⑥ 《太平广记》卷四二三《龙庙》引《宣室志》。
⑦ 同上。
⑧ 《初学记》卷六《海》引。
⑨ （汉）王逸：《楚辞章句》卷五《远游章句》。
⑩ 《古今图书集成·神异典》卷二八《海神部》引《三齐略记》。

公金匮》云："南海神曰'祝融'，东海神曰'勾芒'，北海神曰'玄冥'，西海神曰'蓐收'。"① 到西汉时，《山海经·大荒东经》曰："东海之渚中有神，人面鸟身，珥两黄蛇，践两黄蛇，名曰'禺虢'。黄帝生禺虢，禺虢生禺京。禺京处北海，禺虢处东海，是唯海神。"②《山海经·大荒南经》曰："南海渚中有神，人面，珥两青蛇，践两赤蛇，曰'不廷胡余'。神明因因乎，南方曰因乎，夸风曰乎民，处南极以出入风。"《山海经·大荒西经》曰："西海陼中有神，人面鸟身，珥两青蛇，践两赤蛇，名曰'弇兹'。"这些海神都是神话传说中的神灵。由于一般认为《山海经·大荒经》成书于西汉，从上述《山海经·大荒经》可知，早期的四海海神逐步赋予人形化、图像化特征，东海神禺虢与北海神禺京为父子关系，正与当时我国海洋地理特征相符，即北海（时今渤海，后虽疆域变化，含义有所扩展）是东海（包括今黄海、东海大部）的一部分，才有父子关系的划分，说明了早期人们对海域的认识。除南海神（人面）外，其他三神都是人面鸟身不一样外，四神都是珥两蛇，践两蛇，这与沿海东夷人、越人为鸟、蛇图腾，形象珥蛇、践蛇等表现有关。而东海神禺虢为黄帝之子，也在一定程度上说明海神的人格化和出身的高贵，这与朝鲜半岛、日本的传说有相似之处。

汉代的纬书《龙鱼河图》（又作《河图玉版》）不仅为四海起名，也为其夫人称号。文曰："东海神姓冯名修青，又名阿明，夫人姓朱名隐娥，一又名阿明；南海姓祝名赤，夫人姓翳名逸寥，一又名祝融；西海姓勾大名丘伯，夫人姓灵名素兰，一又名巨乘；北海姓是名禺帐里（一作禺张里），夫人姓结名连翘，一又名禺强。"③ 而宋《养生杂书》亦曰："东海姓何名归君，南海姓刘名漱君，北海姓吴名禽强君。东海神名阿明、南海祝融、西海巨乘、北海禺强。"④ 君神又不相同。宋《埤雅》："四海神东曰冯修青，南曰祝赤，西曰勾大邱百，北曰禺帐里。"⑤ 明《氏族博考》亦云："东海姓哄名内灵，西海姓导名洞清，北海姓喻名渊元。

---

① （唐）瞿昙悉达：《唐开元占经》卷一一三《四海神》引。
② 《山海经·海外北经》禺京作"禺强"。"北方禺强，人面鸟身，珥两青蛇，践两青蛇。"
③ （明）王世贞：《弇州四部稿》卷一七二《说部·宛委余编》引。
④ （明）孙瑴：《古微书》卷三四《河图玉版》引。
⑤ （明）朱谋㙔：《骈雅》卷五《释天》引。

又东海姓何名归君,南海姓刘名嚣君,西海姓刘名漱君,北海姓吴名禽强。"① 之所以产生如此多的异名,与后代根据不同需要编造出来有关。

这些神话传说中的四海神后来还与五行、日月时令、天上星宿对应。蔡墨曰:"少皞氏四叔,曰重、曰该、曰修、曰熙,实能金、木及水使,重为勾芒,木正;该为蓐收,金正;修及熙为玄冥,水正;世不失职,遂济穷桑,此其三祀也;颛顼氏有子曰黎,为祝融,火正;共工氏有子曰勾龙,为后土,平水土;此其二祀也。"②《周礼·月令》曰:"孟春之月,日在营室,昏参中,旦尾中,其日甲乙,其帝太皞,其神勾芒";"仲春之月,日在奎,昏弧中,旦建星中,其日甲乙,其帝太皞,其神勾芒";"季春之月,日在胃,昏七星中,旦牵牛中,其日甲乙,其帝太皞,其神勾芒";"孟夏之月,日在毕,昏翼中,旦婺女中,其日丙丁,其帝炎帝,其神祝融";"仲夏之月,日在东井,昏亢中,旦危中,其日丙丁,其帝炎帝,其神祝融";"季夏之月,日在柳,昏火中,旦奎中,其日丙丁,其帝炎帝,其神祝融";"孟秋之月,日在翼,昏建星中,旦毕中,其日庚辛,其帝少皞,其神蓐收";"仲秋之月,日在角,昏牵牛中,日觜觿中,其日庚辛,其帝少皞,其神蓐收";"季秋之月,日在房,昏虚中,旦柳中,其日庚辛,其帝少皞,其神蓐收";"孟冬之月,日在尾,昏危中,旦七星中,其日壬癸,其帝颛顼,其神玄冥";"仲冬之月,日在斗,昏东壁中,日轸中,其日壬癸,其帝颛顼,其神玄冥";"季冬之月,日在婺女,昏娄中,旦氐中,其日壬癸,其帝颛顼,其神玄冥"。天地人感应,人祀地神、海神以应天神。"荧惑,夏三月出南方,色赤,而逆行乃有害……凡降祸,流水汤汤,乃为之祠于祝融及南海之神","春见为之修德","夏见为之宽政","秋见为之修吉","冬见为之开闭大赦,此四者所以应天之明神也"。③ 天灾降临,除祭祀于南方(海)神外,统治者应修政宽德,政令宽舒,以应天神。除南海神外,西海神主西方,"秋三月,太白出西方,色当白而不白,逆行必有金石之妖……山崩地裂……天雨血……见此二者,国有大祸,及为祠蓐收、西海之神,命及为役,命兵

---

① (明)凌迪知:《万姓统谱·氏族博考》卷一四《附录仙神姓名》。
② 无名氏:《周礼集说》卷首上《纲领》引。
③ (唐)瞿昙悉达:《唐开元占经》卷三十《荧惑占》。

令勤事试车马,警边境,修边地"①。天地人达到了完美的统一。

　　唐以前的《大志经》曰:"海有三德。一曰深广无边,二曰清净不受杂秽,三曰藏积无量珍宝,菩萨之德义同海也。"《海志》亦曰:"海有五德,一澄净不受尸;二多出妙宝;三大龙澍雨沛如车轮,受而不溢;四风月不能竭;五渊深不测。"② 正因为如此,海神及有与海有关的神话比比皆是。诸如:《墨子》曰:"郑缪公昼处庙",东海神勾芒"入门而左,鸟身素服,三纯而状正",言缪公曰:"帝享汝明德,使锡寿十年。"③《录异记》曰:"海龙王宅在苏州东,入海五六日程,小岛之前,阔百余里,四面海水粘浊,此水清无风,而浪高数丈,舟船不敢辄近,夜中远望,见此水上红光如日,方百余里,上与天连,船人相传龙王宫在其下矣。"④《史记》载,秦始皇三十六年(前211年),始皇在琅邪梦与海神战,如人状。⑤《神仙传》曰:葛陂君因与东海君夫人私通,被费长房关押,东海连续三年大旱,"乃敕葛陂君,出之即大雨也"⑥。《酉阳杂俎》云:齐郡历山本海中心,山神好移,故海神用铁锁锁之,山神"挽锁断,飞来于此"⑦。传说突厥之先为射摩舍利海神,有神异,居阿史德窟西。又海神女每日暮以白鹿迎射摩入海,至明送出,经数十年,后因射摩亲手斩呵台叮口尔首领,血气腥秽,从此海神女与射摩不复相见。⑧ 祝融主南方,除为南岳、南海之神外,亦为夏神;蓐收主西方,除为西海之神外,亦为秋神;玄冥主北方,除为北海之神外,亦为冬神;勾芒主东方,应亦为春神。上述各神不但有夫人,亦有子女。太公为灌坛令,武王梦夫人当道,夜哭,问之曰:"吾是东海神女,嫁与西海神童,今为灌坛令当道。废我行,我行必有大风疾雨,是毁君之德也。"武王觉,召太公问之,果有急雨暴风。⑨ 如此等等,不一而足。秦汉方士儒生好巫术,虚无缥缈的海神成为他们诱惑上至皇帝,下至平民百姓的道具。《史记·秦始皇本纪》所

---

① (唐)瞿昙悉达:《唐开元占经》卷四五《太白占》。
② 《御定渊鉴类函》卷三六《地部·海》。
③ 《唐开元占经》卷一一三《四海神》引。
④ 《御定渊鉴类函》卷三六《地部·海》引。
⑤ 《史记》卷六《秦始皇本纪》。
⑥ 《太平广记》卷一二《神仙》引。
⑦ (唐)段成式:《酉阳杂俎》卷一四《诺泉记上》。
⑧ 《古今图书集成·神异典》卷二八《海神部》引。
⑨ (晋)张华:《博物志》卷七《异闻》。

载方士徐福（市）上书言海中有蓬莱、方丈、瀛洲三神山，仙人居之，始皇"于是遣徐市发童男童女数千人，入海求仙人"①。汉惠帝时，有道士韩稚"越海而来"，自"云是东海神君之使"，惠帝问前代及域外事，"稚具以闻"，后"莫知所之"②。惠帝使诸方士立仙于长安城北，名曰祠韩馆。③

唐代，民间祭祀包括海神在内的水神已经存在，在江南、岭南较为普遍。张籍《蛮中》"玉环穿耳谁家女，自抱琵琶迎海神"④ 描写南方祭拜海神的风俗；白居易《送客游岭南二十韵》"牙樯迎海舶，铜鼓赛江神"⑤ 描写赛会祭祀水神的场面；李贺《神弦》"女巫浇酒云满空，玉炉炭火香冬冬。海神山鬼来座中，纸钱窸窣鸣旋风"⑥ 描写了迎海神的情形。这些祭祀海神、江神（广州城南或称小海，或称江水，神灵代而称之），在当地已成风俗。不过，官方主导的色彩还是比较明显。张九龄、张九章、孔戣祭祀南海神以及孔戣修南海庙即可证明。⑦

总之，唐代及唐以前，随着人们对海洋的认识逐步加深，有关官方祭祀四海的国家礼制逐步完善，还没有形成海神民间化的过程，也就是还没有完成国家礼制中祭祀四海在民间的落地。虽然官方在全国设立东、南、西、北四海祠，但国家象征意义十分明显，是代表国家疆域在地理上的体现，虽然官方每年都有祭祀，民间也有一些海神的记载，也有祭拜海神的习俗，但官方主导为主，民众聚集，看似热闹，但与民众社会生活关系不大。

---

① 《史记》卷六《秦始皇本纪》。
② 《太平广记》卷八一《异人》。
③ （明）董斯张：《广博物志》卷八《地形四》。
④ 《全唐诗》卷三八六，张籍《蛮中》。
⑤ 《白居易集》卷一七《送客游岭南二十韵》。
⑥ 《全唐诗》卷三九三，李贺《神弦》。
⑦ 王元林：《国家祭祀与海上丝路遗迹——广州南海神庙研究》，第64—78页。

# 第二章

# 起始：宋代国家正祀与地方海神信仰的互动

## 第一节 宋代沿海神灵的封号与纳入国家礼制的程序

宋代以前规定了四海神祠的祭祀地点。由于我国特殊的海陆形势，其中西海祠、北海祠分别与河渎祠、济渎祠相邻，遥祭而已。而东海神祠、南海神祠不仅地理位置相符，而且由于宋以后海上交通的凸显，国家重大事件多与东部、南部沿海关系密切，因此，东海神、南海神日益重要。而且从宋代开始，国家祭祀的东海神、南海神逐渐出现一个地方化的过程。这一过程使正统性的四海神成为落地生根的地方保护神。

### 一 国家祭祀礼仪与四海神的地位

《开元礼》奠定了"五礼之文始备"的基础，也是我国现存最早的一部官修礼典。宋代继往开来，官方修纂了诸如《开宝通礼》二百卷、《通礼义纂》一百卷、《礼阁新编》、《太常新礼》、《祀仪》、《大享明堂记》、《太常因革礼》一百卷、《大观新编礼书吉礼》二百三二卷（一作二百三一卷）、《祭服制度》一六卷、《五礼新仪》二百二十卷、《元丰郊庙礼文》、《政和五礼新仪》二百四十卷等[①]，其他相关吉礼中祭礼的著作还有王安石《南郊式》一百一十卷、（佚名）《国朝祀典》一卷、（佚名）《祀典仪式》一卷、齐庆胄《淳熙编类祭祀仪式》一卷、张叔椿《五礼新仪》

---

① 《大观新编礼书吉礼》、《宋史》卷二百四《艺文志三》作二百三二卷，而《宋史》卷九八《礼志一》作二百三一卷。

十五卷、庞元英《五礼新编》五十卷、欧阳修《太常礼院祀仪》二四卷、孙奭《大宋崇祀录》二十卷、贾昌朝《庆历祀仪》六十三卷、陈绎《南郊附式条贯》一卷、向宗儒《南郊式》十卷、陈旸《北郊祀典》三十卷、蒋猷《夏祭敕令格式》等①。祭祀岳镇海渎属于国家吉礼祭祀地祇的部分，现存的《太常因革礼》《政和五礼新仪》《中兴礼书》《中兴礼书续编》，可窥当时国家祭祀海渎的部分内容。

"五礼之序，以吉礼为首，主邦国神祇祭祀之事。凡祀典皆领于太常。""岁之大祀三十""中祀九""小祀九"。岳镇海渎属中祀，"其诸州奉祀，则五郊迎气日祭岳、镇、海、渎，春秋二仲享先代帝王及周六庙，并如中祀"②。与前代同样，《开宝通礼》规定，"方丘，祭皇地祇，配帝、神州、岳镇、海渎七十一位"③。方丘设于北宋都城汴京北十四里。④"夏至祀方丘，坛上祭皇地祇、配帝，第一等祭神州地祇。内壝之外，祭岳镇海渎而下六十八座。"⑤"四海四渎五岳于坛之第二等，昆仑、五山、五林、五川、五泽于坛之第三等，五丘、五陵、五坟、五衍、五原、五隰于内壝之内。"⑥ 四海皆在东南西北四方之第二龛。⑦ 季秋大享明堂于大庆殿，合祭天地，祖宗并配，百神从祀，"内官，象尊各二，每方岳镇、海渎，山尊各二，在堂左右"⑧。除配地祇外，

> 腊前一日，腊百神，东方坛设大明位，西方坛设夜明位，以神农氏、后稷氏配；南方、北方坛设神农氏位，以后稷氏配。五星、二十八宿、十二辰、五官、五岳、五镇、四海、四渎、五山、五林、五川、五泽、五丘、五陵、五坟、五衍、五原、五隰、五井泉、五田畯、青龙、朱雀、麒麟、白虎、真武、五水庸、五方、五于菟、五麟、五羽、五介、五毛、五邮、五畷、五蠃、五猫、五昆虫从祀，各

---

① 《宋史》卷二百四《艺文志三》。
② 《宋史》卷九八《礼志》。
③ 同上。
④ 《宋史》卷一百《礼志》。
⑤ 《太常因革礼》卷一《神位上》。
⑥ 《政和五礼新仪》卷二《序例·神位上》。
⑦ 《宋史》卷一百《礼志》。
⑧ 《宋史》卷一百一《礼志》。

依其方设位。①

可见，夏至日祭地祇、海神从祭；腊日祭百神，海神名列其中。元丰三年（1080年）十二月，在都城汴梁，"奉诏五方岳镇海渎共为一坛，系中祠，以五时迎气日祭之"②。"五方岳镇海渎坛，各方五尺，周四十步，四出陛，两壝，每壝二十五步，坛饰依五色。"③ 每"祭岳镇海渎设位南向，以西为上，山川从祀；西向以北为上。诸岳镇海渎年别一祭，以祭五帝日祭之"。宋初，战乱不已，"有不在封域者，遂阙其祭，国家克复四方，间虽奉诏特祭，未著常祀"。从太平兴国八年（983年）以后，遵旧礼"就迎气日各祭于所隶之州，长吏以（依）次为献官"④。以地理不同，东海于莱州界，南海于广州界，西海、西渎、大河于河中府界；北海、北渎、大济于洛州界。⑤ 如前所言，"其诸州奉祀，则五郊迎气日祭岳、镇、海、渎"，"凡遇大赦，则令诸州祭岳、渎、名山、大川在境内者"。"凡坛壝、牲器、玉帛、馔具、斋戒之制，皆具《通礼》。"⑥ "中祀用猪、羊各一，笾、豆各十，簠、簋二，币、帛、香、酒，笾实以形盐、干鱼、干枣、栗黄、榛子、菱仁、芡仁、鹿脯、白饼、黑饼；豆实以韭菹、鱼醢、菁菹、鹿醢、芹菹、兔醢、荀菹、鱼醢、脾析菹、豚胉；簠二，实黍、稷饭；簋二，实稻、粱饭。"⑦ 不过有关都城"祭五方岳镇海渎仪"在《政和五礼新仪》卷九五、卷九六中有详细记载，使人们得以窥其礼制。其礼制由时日、斋戒、陈设、省馔、行事五部分组成。其中卷九五为《吉礼·祭五方岳镇海渎仪》，卷九六为《吉礼·诸州祭岳镇海渎仪》。与郊祭相较，虽然祭祀的程序没有差别，地方上祭祀岳镇海渎仪式稍似简单。郊祭以乐相配，《宋史·乐志十一》载有"熙宁望祭岳镇海渎十七首"，东南中西北五方望祭，其中

---

① 《政和五礼新仪》卷二《序例·神位上》。
② 《宋会要辑稿》礼一之九。
③ 《政和五礼新仪》卷一《序例·坛壝》。
④ 《宋史》卷一百二《礼志五》。
⑤ 《政和五礼新仪》卷二《序例·神位上》。
⑥ 《宋史》卷九八《礼志一》。
⑦ 《宋会要辑稿》礼十四之一二一《祭器》。

> 南望迎神，《凝安》：嵩、岱、衡、霍，暨厥海江。时维长养，惠我南邦。肆严牲币，神武来降。以侑以妥，百福是庞。酌献，《成安》：景风应律，朱鸟开辰。肃肃明祀，嘉笾列陈。牲用牷物，乐奏蕤宾。克绥永福，佑此下民。送神，《凝安》：鼓钟云云，龠欠管伊伊。神既醉饱，曰送言归。山有厚藏，水有灵德，物其永依，往莫炎宅。

迎送神曲采用《凝安》曲，拜献神用《成安》曲，这一礼乐至南宋稍有变化。

南宋建立，高宗绍兴十三年（1143年）八月，遣官祭五岳、四海渎。五岳、四海渎只有南岳、南海、南渎在域内，派人祭祀广州南海洪圣广利昭顺威显王等南海以及南岳、南渎，其他岳海渎，"系路未通去处，行在设位"①，只有郊祀望祭而已。绍兴十三年八月郊祀《五岳、四海、四渎祝文》无南岳、南海、南渎名号，只有其他四岳三海三渎，看来，南宋时虽有郊祭《五岳、四海、四渎祝文》，名不符实，实际上只是郊祭除南岳、南海、南渎外的其他四岳三海三渎。而去地方上祭祀有关南岳、南海、南渎，《（绍兴十三年）南岳、南海、南渎祝文》曰："南岳司天昭皇帝（或南海昭顺洪圣广利威显王，或南渎大江广利王）伏以南极。迎长，圆丘肇祀，将合袪于天，并望秩于山川，既戒前期，敢申昭告。"② 南宋之所以重视南岳、南海、南渎，还与南宋偏安江南，以南方为其龙兴吉位，有庇佑其江山社稷的作用，故南岳、南海、南渎享有特殊的地位，南海成为四海之首，理所应当。同年十一月八日，遣官郊祭报谢五岳、四渎、四海，到地方上去报谢南岳、南海、南渎。③ 从此以后，每年两次祈祭和报谢成为定例。"绍兴十六年至淳熙三年郊祀、降香、预告、宫观，于天庆观作道场，并礼毕，设道场并如绍兴十三年之制。"④ 而"其路通去处，逐处依条例，斋降香祝，前去逐处祭告"⑤。《中兴礼书》详载了约十三年每年两次的奏告天地、社稷、诸陵、欑宫以及五岳四海四渎。南岳

---

① 《宋会要辑稿》礼二之二〇。
② 《中兴礼书》卷三十《吉礼·五岳四海四渎祝文》《吉礼·南岳南海南渎祝文》。
③ 《中兴礼书》卷三十《吉礼》。
④ 《宋会要辑稿》礼二之一九。
⑤ 《宋会要辑稿》礼二之二〇。

## 第二章 起始：宋代国家正祀与地方海神信仰的互动

南海南渎等在都城之外，遣官去地方祭祀。而乾道六年（1170年）才于明州设东海王庙，故南海在四海之中具有特殊的地位。

乾道六年（1170年）祈祭奏告五岳、四海、四渎，《祝文》曰："报神之恩，礼贵克禋，眷川岳之灵，时将咸秩，式陈明荐，用告先期。"十一月，报祭五岳、四海、四渎。其中，告谢五岳、四渎于天庆观；因道路畅通情况，祭谢五岳四海渎分作两部分，一部分是路通遣官去南岳、东海（于明州首次行礼降香）、南海、南渎，东海神在地方上也有祭祀场所。而其余九岳海渎因"路未通去处"只有望祭。"系路通去处"而《祭谢五岳、四海、四渎祝文》曰：

> 唯乾道六年，岁次庚寅，某月朔日，皇帝某：伏为郊祀大礼礼毕，谨遣某官敢昭荐于潭州南岳司天昭圣帝；明州东海助（明）顺孚圣广德威济王；广州南海洪圣广利昭顺威显王；益州南渎大江昭灵孚应威烈广源王，伏以顺迎至景，肃展严禋，咸秩百神，襃时之对，钦唯四望，幽赞上仪，报谢有常，敢望其旧，尚飨。①

随着东海明顺孚圣广德威济王设于明州（治今宁波），近都城之便，东海王地位重新高于南海王。

《宋史》卷一三六《乐志十一》记载了"绍兴祀岳镇海渎四十三首"，四方各有岳镇海渎（中央仅有中岳、中渎），每方分别有《迎神曲》《初献盥洗曲》《奠玉币曲》《酌献曲》《送神曲》等，祀岳镇海渎，配以乐。其后，淳祐间（1241—1251年）又有《祭海神曲》十六首，以南海神为例。

迎神，《延安》：

宫一曲　堪舆之间，最巨唯瀛。包乾括坤，吐日滔星。祀典载新，礼乐孔明。鉴吾嘉赖，来燕来宁。

角一曲　四溟广矣，八纮是纪。我宅东南，回复万里。洪涛飘

---

① 《中兴书礼》卷三二《吉礼》，另见（宋）周必大《文忠集》卷一一七《玉堂类稿》。从《文忠集》卷首《（周必大）年谱》看，时周任左朝散郎兼国子院编修官兼实录院检讨官，充读册官行事，参加十一月郊祀并撰文。

风，安危所倚。祀事特隆，神其庆止。

徵一曲　若稽《有唐》，克致崇极。祝号既升，爰增祭式。从享于郊，神斯受职。我四肇新，式祈阴骘。

羽一曲　猗与祀礼，四海会同！灵之来沛，鞭霆驭风。肸蚃仿佛，在位肃雍。佑我烝民，式徵神功。

升降，《钦安》：灵之来至，垂庆阴阴。灵之已坐，饬兹五音。坛殿聿严，陟降孔钦。灵宜安留，鉴我德心。

南海位奠玉币，《瀛安》：（东海位奠玉币；《德安》：西海位奠玉币；《润安》：北海位奠玉币；《瀚安》：词各不同）祝融之位，贵乎三神。吞纳江、汉，广大无垠。长为委输，佑我黎民。敬陈明享，允鉴恭勤。

捧俎，《丰安》：昭格灵贶，祀典肇升。牲牷告充，雕俎是承。荐虔效物，省德唯馨。灵其有喜，万宇肃澄。

南海位酌献，《贵安》：（东海位奠酌献；《熙安》：西海位酌献；《类安》：北海位酌献；《溥安》：词各不同）南溟浮天，旁通百蛮。风樯迅疾，琛舶来还。民商永赖，坐消寇奸。荐兹嘉觞，弭矣惊澜。

亚、终献，《虡安》：笾豆有楚，贰觞斯旅。神其醉饱，式燕以序。百灵秘怪，蜿蜒飞舞。锡我祺祥，有永终古。

送神，《成安》：告灵飨矣，锡我嘉祚。乾端坤倪，开豁呈露。玄云聿收，群龙咸骛。减除凶灾，六幕清豫。

看来，越到南宋末期，礼乐制度越渐趋完善。有关祭祀之制，两宋时有变化，《宋会要·礼》《宋史·礼志》多有记载。诸如祭服之制，仁宗朝至和（1054—1055年）、嘉祐（1056—1063年）年间，陈襄任祠部（礼部属下三部之一）判部[①]，依《周礼》《周官》《礼记》等提出："祭服之裳，以七幅为之，殊其前后，前三幅，后四幅。以今太常周尺度之，幅广二尺二寸，每幅两旁各缝杀一寸，谓之削幅。腰间辟积无数。裳侧有纯谓之綼，裳下有纯谓之緆。綼、緆之广各寸半，表里各为三寸，群臣祭

---

[①]《宋史》卷一六三《职官·礼部》、卷三一三《富弼传》、卷三二一《陈襄传》。陈襄在富弼任相后，由富荐为"秘阁校理、判词部"。

服之裳仿此。"① 而依《周礼》："凡祀四望山川，则以毳冕。"② 这些建议或纳或弃，但两宋祭祀之制内容多有变化的事实不容否定。

金代只是沿用前代的礼制照常执行而已。不过，由于南海神庙宇与所司职地域不在金的管辖范围之内，因此，金代的遥祭无论如何也难与把南方作为龙兴之地的南宋隆祀相比较。

金"依典礼，以四立土王日只于所在州界就本庙致祭外"，"南海、南渎、大江，遥祀于东海广德王庙莱州"。莱州西北十八里的东海广德王庙，成为南海等神灵遥祀的场所。金张玮《大金集礼》卷三四《岳镇海渎》详细记载了金代祭祀岳镇海渎的礼仪。与唐宋故例同样，"（祝版）今拟每季前期进呈御署，差官送至所在州府"。"每岁遣使奉御署祝版、衮香、乘驿诣所在，率郡邑长贰官行事。礼用三献"③，时遥祭南海神"封爵并仍唐宋之旧"，称谓"南海洪圣广利王"，与"东海神渊圣广德王"合祭于莱州。莱州为山东东路之郡，"如在支郡，（祀官）以都管长官充初献，支郡长贰官充亚终献"。其他"西海通圣广润王"于河中府（治今山西永济西古蒲州城），"北海冲圣广润王"于孟州境（治今河南孟州市）。其他"读祝官一、捧祝官二、盥洗官二、爵洗官二、奉爵官一、司尊彝一、礼直官四，以州府司吏充"。牲牢"依唐宋典故，每位用羊一、豕一、酒一豆斗。余笾豆之实依常例"。大定五年（1165年）立春为始立王日，《祭岳镇海渎祝文》已成固定格式，其后以此为本。其中，《祭东海王祝文》曰："维年岁次月朔日辰，皇帝敬遣具衔某敢昭荐于东海广德王。唯神百川所归，众灵是宅，浮天载地，坎德攸先，爰及孟春，用遵荐礼，谨以牺齐粢盛庶品明荐于神"；《祭南海王祝文》曰："维年岁次月朔日辰，皇帝敬遣具衔某敢昭荐于南海广利王。唯神百川所归，众灵是宅，浮天载地，坎德攸先，爰及孟夏，用遵荐礼，谨以牺齐粢盛庶品明荐于神。"④ 比较两者，仅祭祀日不一外，其他内容一致，西海庙、北海庙相类似。

---

① （宋）陈襄：《古灵先生文集》卷一九《祭服之裳》，《全宋文》卷一〇八二《陈襄》。
② （宋）陈襄：《古灵先生文集》卷一九《四望山川等冕服各异》，《全宋文》卷一〇八二《陈襄》。
③ 《金史》卷三四《礼志》。
④ （金）张玮：《大金集礼》卷三八《沿祀杂录》。

## 二 国家对四海神的封号与重修

### 1. 太祖朝

开宝四年（971年）二月辛未，南汉主刘鋹降宋。五月辛酉，太祖欲派翰林学士、左散骑常侍欧阳炯祭南海，炯"称疾不出。上怒，六月辛未，罢职。"① 欧阳炯不愿祭南海神，是都城汴京距广州路途遥远，瘴疠横行；还是岭南刚刚收降，社会仍有动荡，不得而知。不过，北宋才收取岭南，对保佑其社稷安危的南海神岂有不祭之理？后改派司农少卿李继芳祭南海神。李继芳祭南海，先前刘鋹"尊南海神为昭明帝，庙为聪正宫；龙女为灵显后，庙为昭应宫，其制衣饰以龙凤。诏削去帝后号及宫名，易以一品之服"②，当应"被之冕服"③。虽除去帝名和龙服，但南海神的地位仍与唐时相当。这次祭祀充分说明了国家对新收复岭南地区代表一方山河的海神庙宇的重视，国家彰显山河一统，社稷稳固的文化作用显露无遗。太祖朝取消了南汉时过高的封号，将其纳入国家统一的礼制中，并明确地方祀事之则，使南海神沿着国家祭祀的正常轨道进一步发展。

宋初，《（开宝）通礼》既依旧例，"东海称广德王，南海广利王，北海广泽王，西海广润王"，四渎亦称公④，与唐时封号相同。几乎就在制定《开宝通礼》的同时，开宝五年（972年），"自今岳渎并东海、南海庙各以本县令兼庙令，尉兼庙丞，专掌祀事，常加按视，务于蠲洁，仍藉其庙宇祭器之数，受代日交以相付。本州岛岛长吏每月一诣庙察举。县近庙者，迁治所就之"⑤。这段记载明确了岳渎海庙的管理。时东海庙在莱州掖县，南海庙在南海县（皇祐三年后分置番禺，南海神庙划入番禺县）。⑥ 南海县令和县尉掌管祭祀南海神之事，常加巡视，清点祭器，保持清洁。广州知州等官员亦每月检查一次庙事。南海庙虽距南海县治八十里，即使后来皇祐三年（1051年）从南海等县析置番禺县，而广州治南

---

① 《续资治通鉴长编》卷一二"开宝四年五月辛酉""开宝四年六月辛未"。
② 《太常因革礼》卷四九《祭四海四渎》引《礼阁新编》。
③ 开宝《大宋新编南海广利王庙碑铭》，道光《广东通志》卷二〇五《金石略》。
④ 《太常因革礼》卷四九《祭四海四渎》引《（开宝）通礼》。
⑤ 《文献通考》卷八三《郊社考十六》。《宋史》卷一百二《礼志五》无南海庙。
⑥ 《宋史》卷九十《地理志六》，《舆地广记》卷三五《广南东路》载"（番禺县）有番禺山"，据此推测广州城以东为番禺县管辖，南海神庙亦当隶之。

海、番禺两县，则番禺县治并未就近南海神庙。① 究其原因，应与南海县治所广州城，历来为岭南政治中心，与地处广州东八十里的扶胥镇有嫌稍远，不可能为一神庙而迁州县治所。但后来南海神庙出现东庙（正庙）和西庙之分，或是海庙距城稍远，便利官商士民参谒而另建新庙，或是因南海神护城之功而新建庙。从后来记载看，应以后者为要。

宋太祖"微时至海上，每获奇应。及即位，乾德六年（968年）有司请祭东海，使莱州以办品物"。"（开宝）六年（973年），大修海庙，规制焕然一新。"② 贾黄中《新修东海广德王庙碑文》载曰："大匠颁式，百工献能，暗叶占星，岂烦兼并；不资民力，盖示于丰财，无夺农时，诚彰于悦。长廊千柱以环布，虚殿中央而崛起，窗牖迥合其寒暑，金碧含吐其晶莹。"官方职能明显。"九译来庭，不睹扬波之兆；三时多利，城臻大有之年。膺宝历以永昌，率群神而授职"，一派万邦朝贺，国泰民安的景象。歌颂"广德王之盛烈"，彰显海神的神迹。③

开宝五年在明确地方官员专掌祀事的同时，"又命李昉、卢多逊、王佑、扈蒙等分撰岳、渎祠及历代帝王碑，遣翰林待诏孙崇望等分诣诸庙书于石"④。今广州南海神庙存裴丽泽撰、韩溥书，开宝六年建的《大宋新修南海广利王庙碑铭》。清阮元怀疑这块碑文应是开宝这次命儒臣撰岳、渎祠庙之事而修建的⑤，这种怀疑是有道理的。因二者时间相差无几，撰文写就后，另派书法高手到地方上誊书。且两人皆是奉诏撰文和书写的。这与东海神庙重修时间一致，应是国家重修海神庙宇在地方的落实。

2. 太宗朝

太宗朝继太祖朝之礼，淳化二年（991年）秘书监李至言："按五郊迎气之日，皆祭逐方岳、镇、海、渎。自兵乱后，有不在封域者，遂阙其祭。国家克复四方，间虽奉诏特祭，未著常祀。望遵旧礼，就迎气日各祭于所隶之州，长吏以（依）次为献官。"遇水旱除命近臣遍祷都城庙祠宫

---

① 《元丰九域志》卷九《广南路》、《宋会要》"方域七之一二"，《宋史》卷九十《地理志六》同。而《舆地纪胜》卷八九《广州》作"五年"，误。
② （明）任万里：《海庙祀典考》，乾隆《莱州府志》卷一四《艺文》。
③ （宋）贾黄中：《新修东海广德王庙碑文》，乾隆《莱州府志》卷一四《艺文》。
④ 《宋史》卷一百二《礼志五》。
⑤ 道光《广东通志》卷二百五《金石略七》。

观外，还"遣中使驰驿祷于岳、渎，自是凡水、旱皆遣官祈祷"①。端拱二年（989年）"自七月不雨，至是凡五岳、四渎、名山、大川，无不遍祷"，但仍未见雨泽；淳化二年（991年）三月蝗旱，仍"减损常膳，并祷群望"，后"膏泽沾足，飞蝗尽死"。淳化三年（992年）五月，仍旱，帝"恳祷精至，并走神祇"②。至道二年（996年）三月祈雨，"遣宣政使王继恩以下分祷，命有司讲求故实"③。太宗朝几年旱灾，按旧典礼，"凡京都旱，则祈岳镇海渎及诸山能兴云雨者于北郊，望而祭之"④，多望祭岳镇海渎，但亦有驰驿祈祷，其以五岳为多。

3. 真宗朝

真宗崇信道教，乐于封禅。大中祥符元年（1008年），真宗欲进行封禅，"夏四月甲午，诏以十月有事于泰山，遣官告天地、宗庙、岳渎诸祠"⑤。大中祥符九年（1016年）十一月二十九日，封禅礼毕，又祭告以上祠坛，"自后凡行大礼，皆如此例"，外州遣官告者又增兖州会真河等处。⑥天禧四年（1020年）四月，"以将封禅，遣官告天地、宗庙、社稷、太一宫、河中后土、五岳海渎、京城神祠，其在往者，乘传以往"⑦。从大中祥符四年祀后土之举后，作为地祇诸神中较高的岳镇海渎亦受重视。大中祥符四年（1011年）二月，真宗亲祀后土祠，作《汾阴配飨铭》《河渎四海赞》。命陈尧叟祭西海；四月至河中，"亲谒奠河渎庙及西海望祭坛"⑧。大中祥符五年（1012年）八月丁未，"遣使葺广州南海庙"⑨；次年九月辛卯，"遣使葺南海广利王庙"⑩。两次修复广州南海广利王庙是否应是一次，不得而知。

受封禅与祭后土影响，真宗朝对包括南海王在内的岳镇海渎极为

---

① 《宋会要辑稿》礼一八之三。
② 同上。
③ 《宋会要辑稿》礼一八之四。
④ 同上。
⑤ 《宋史》卷七《真宗纪二》。
⑥ 《宋会要辑稿》礼一四之二二《群祀》。
⑦ 同上。
⑧ 《宋史》卷一百二《礼志》。
⑨ 《续资治通鉴长编》卷七八"真宗大中祥符五年八月丁未"条。
⑩ 《续资治通鉴长编》卷八一"真宗大中祥符六年九月辛卯"条。

重视。元代吴莱《南海古迹记》最早记载南海庙中有"宋真宗赐南海玉带"①，其后又有明末"旧藏市舶库，今废"的记载。② 清代，《粤闽巡视纪略》卷二、雍正《广东通志》卷六四《杂事志》、乾隆《番禺县志》卷八《典礼》、《波罗外纪》卷五《年表》等皆有类似记载。明清时，宋真宗所赐玉带已难寻踪影。按理来说，真宗应该对包括南海神在内的岳镇海渎一样重视。为何只见对南海神赏赐玉带？又为什么对南海神赏赐？史载阙略，难以考究。不过，南海贸易是政府考虑的重要原因之一。

同时，真宗还对岳镇海渎的一系列祭祀礼仪逐步完善。咸平二年（999年）四月，"诏遣中使，检视诸祠祀祭器、礼料，务令精洁"。十月，因"监祭使每言祝文差误"，从今以后，学士院"欲差孔目吏同送监祭使交付，具无差，互公文回报"。③ 祭器、礼料、祭文都有严格规定。对岳镇海渎属于国家中祀的范畴，咸平六年（1003年）四月，规定"民祠岳者，自今无得造舆辇、黄缨伞、茜鞍帕及纠社众执兵，违者论如律"④。民众不得假以皇家祭祀之仪。景德二年（1005年）十月，"诏岳渎庙宇，自今所属知州、通判，每季一往案行，有隳损者，及时修葺"⑤。包括广州在内的地方官员，每季一察神庙。景德四年（1007年）八月十一日，"诏自今祠祭祝版，令秘书省官提举精谨书写、校，乃得进书，御名如有差谬，当重置其罪"⑥。仅隔三日，因"诸州知州祭境内山川，多不尽专，以致水旱望加"。诏曰："祠祭之仪，当思严肃。如闻列郡不切遵依，将罄寅恭，时行戒喻。自今诸州祠祭，并依体例，官吏务在严恪，不得违慢。"⑦ 同年十二月，又规定："自今御书名祠祭祀祝版，自内中降出后，令秘阁却用木匣封锁，付吏人抬舁赴祠所，行事官看读讫，准前封锁给付以至祠所。"⑧ 大中祥符元年（1008年）六月，"遣使外州祠祭，而礼料皆无定式，州县因缘须索，致烦扰。宜令有司具数颁下"。因

---

① （元）吴莱：《渊颖集》卷九《南海山水人物古迹记》。
② 万历《南海县志》卷二《舆地志》。
③ 《宋会要辑稿》礼一四之一一《群祀》。
④ 《续资治通鉴长编》卷五四"真宗咸平六年四月丙寅"。
⑤ 《续资治通鉴长编》卷六一"真宗景德二年十月戊子"。
⑥ 《宋会要辑稿》礼一四之一三《群祀》。
⑦ 同上。
⑧ 《宋会要辑稿》礼一四之一三、一四《群祀》。

旧制"常祀祝文，秘书省主之；特祭《祝文》，学士院主之，学士院无四渎御书"。同年十二月二十一日，"诏四渎《祝文》自今并进御书名"①。大中祥符五年（1112年）九月，"岳渎四海诸祠庙，遇设醮，除青词外，本庙神位并增《祝文》"②。大中祥符七年（1114年）五月，"今后供祠祭酒，宜令法酒库别置库，严洁酝酿，非祀事勿给"③。连祭酒也不与常酒相混，其祭祀制度严备可见一斑。

值得注意的是，从淳化二年起，每年立夏日前，中央派使臣去广州或由广州知州祭南海广利王已成定例。大中祥符九年（1016年）五月，"殿中张信奉南海祝版，乘驿至唐州震死"④。唐州治今河南唐河县，州境为南下广州必经之途，境内多山，易致雷暴。张信死于非命，而非"人以为（张）信亵神所致"⑤。不过，张信并未随身携带，而是"置于马上，颇亏恭洁"，因空中有言曰："无损板祝、香合"。襄州孙冲上奏，六月十六日，"诏自今遣官奉青词、祝版、御封香往诸处祭告，并令缄对护持。每置驿舍，安置静处，务极严肃。违者，重科其罪，合遣使者，即选奉职已上斋送"⑥。对沿途护送放置祝版、香盒等作了明确规定。

4. 仁宗朝

康定元年（1040年）（应为康定二年），诏封江渎为广源王，河渎为显圣灵源王，淮渎为长源王，济渎为清源王，加东海为渊圣广德王，南海为洪圣广利王，西海为通圣广润王，北海为冲圣广泽王。⑦ 四渎与四海一样，同封王。关于这次四渎、四海封王的时间，史书记载不一致。《事物纪元》卷二引《宋朝会要》云："康定二年十一月，诏封东海为渊圣广德王，南海为洪圣广利王，西海为通圣广润王，北海为冲圣广泽王。"《文献通考》卷八三《郊社考》亦载为康定二年（1041年）。阮元为道光《广东通志·金石略》作注时，引现存《皇祐五年牒》《庆历四年牒》，以及《仁宗纪》《宋史》有关传记，证明《康定二年中书门下牒》所称

---

① 《宋会要辑稿》礼一四之一四《群祀》。
② 《续资治通鉴长编》卷七八"真宗大中祥符五年九月辛卯"。
③ 《宋会要辑稿》礼一四之一七《群祀》。
④ 《宋史》卷六二《五行志一下》。
⑤ 嘉靖《广州志》卷三五《礼乐》，同见嘉靖十四年《广东通志初稿》卷二一《礼乐》。
⑥ 《宋会要辑稿》礼一四之一九《群祀》。
⑦ 《宋史》卷一百二《礼志五》。此四海封号时间有误，应为康定二年。

封号确在康定二年十一月。① 故《宋史·礼志》所载有误。

《康定二年中书门下牒》今存南海神庙。《岭海名胜记》卷五《南海神庙·敕诏类》、《粤东金石略》卷二、《波罗外纪》卷六《碑牒·宋碑》、同治《番禺县志》卷二九《金石略》等都有记载。牒曰："四渎渊流，历代常祀。物均蒙于善利，礼未峻于徽称。载考国章，式崇王爵，四渎并褒封为王，其四海仍增崇懿号。宜封（南海神）为洪圣广利王。及令本处，限敕命到差官精虔致祭。"刻石篆额为"敕南海洪圣广利王"。下牒时间为"康定二年十一月"。据阮元考证，时"参知政事王"为王举正，康定二年始任；"参知政事晁"为晁宗悫，康定元年任户部侍郎平章事；章得象，宝元元年（1038年）任门下侍郎平章事；吕夷简亦康定元年任参知政事；转运使为马寻。② 此石于"庆历二年（1042年）二月十七日上石"，承务郎、守录事参军陆贲书并篆额。

这次四渎四海并封王，并未显示出南海神的独特之处。仅过了近二十年，皇祐四年（1052年），南海神封官加爵，再一次提升地位的机会终于来到。当年五月，侬智高率兵攻破端州（治今广东肇庆），二十二日，离端赴广，"江流湍急，船次三水，飓风大起，留滞三日。以此广州始得有守御之备"。此后，"暴雨累旬"，侬军"不得前进"。"而（广州）城中暑渴，赖雨以济"。六月攻城，"疾风尽坏梯屋"，侬军纷纷坠落；"火攻西门"，"又遇大风东回"。"始州之官吏及民屡祷于（南海）神，翕忽变化，其应如响"。"变怪屡见，贼惧西遁。州人咸曰：'王其恤我者邪！'"由于南海神有起浪阻敌，降雨渴饮，疾风掀梯，灭火保城之功，"天意神贶，宜有潜佑"，广南东路转运使元绛请加封洪圣广利王及夫人。"欲望朝廷别加崇显之号，差官致祭，以答神休，仍乞宣付史官，昭示万世"。皇祐五年（1053年）四月十九日状奏，六月二十七日，中书门下牒曰："朕念显灵佑顺，靡德不酬，其加王以昭顺之号。神其歆兹显宠，万有千载，永庇南服，宜特封南海洪圣广利昭顺王。仍令本州岛岛差官往彼严洁致祭，及仰制造牌额安挂。"真是"且有福祸之验，国家秩礼祀等尤高"③。"增王徽名"，新挂牌扁，荣耀之极！

---

① 道光《广东通志》卷二〇五《金石略》注。
② 同上。
③ 以上引文皆见今存《皇祐五年牒》。

"广州数有风雨之变，贼惧而遁，州人赖其神灵，故加封之。"①《继资治通鉴长编》卷一七五"仁宗皇祐五年六月乙未"条、《宋史·礼志五》（卷一百二）等皆载加封时间是皇祐五年（1053年），而"皇祐五年牒"亦同。《文献通考》卷八三《郊社考》却作庆历二年（1042年），时侬智高还未发动起义，南海神如何庇佑百姓？又如何获封赐？与事实不符，当误。不过，南海神加号"昭顺"，正反映了国家正统神灵在地方上阴佑作用，与国家统治岭南的职能相符。而且，通过这次"昭顺"，民众对南海神的认识并渐而崇拜，逐渐使这一国家正统神灵走向地方。

由于"广民皆称道南海神事"，平定侬智高之变后，元绛"辄以状闻于朝。上心感焉，召诏臣蔡襄作诰"。②蔡襄作"广南转运使元绛奏南海洪圣广利王：僚贼至广州城下，官吏等屡祷有应，乞加崇显之号，奉圣旨特封昭顺王制，皇祐五年"，文存蔡襄《端明集》卷十《制诰》。与"皇祐五年牒"对照后知，乃蔡襄作制诰后，"牒奉敕"，由中书门下发牒广州地方，"牒至准敕"。除"增王徽名"外，"且遣使奉将绛函就勒扁署，致牲币之祀"。

至和元年（1054年）春，"又敕中贵人乘传加王冕九旒、犀簪导、青纩充耳、青衣、五章、朱裳四章、革带钩鳒、绮帔、素单、大带、锦绶、剑、佩、履、袜，并内出花九株，袿、襡、簪、钿"，署曰"赐明顺夫人"。"又命道释为之会凡十夕，且以答王灵休。"③属于国家中祀的南海神与道、佛一起，共成法事，并行不悖，而其主角仍是南海神。除加南海神九冕、青衣、朱裳之制外，还封其夫人为"昭顺夫人"，赐袿、襡、簪、钿。同年十一月，广南东路转运使元绛拜谒神祠，"伏念天子仁圣洁诚，以侬神康，保于元元，所以锡蕃之备厚，宜有金石之刻，铺张光明，使极天所冒，知朝廷威灵变化之感"④。元绛撰文，始兴人李直书丹，僧宗净十二月二十一日刻石，由地方官员、书法家及僧人共同完成立石。不过，"明顺夫人"不知何解？疑为"昭顺夫人"。

值得注意的是，《皇祐五年牒》分三层，自"中书门下"，至"户部

---

① 《续资治通鉴长编》卷一七五"仁宗皇祐五年六月乙未"条。
② 《皇祐五年牒》下段"元绛记"。
③ 《皇祐五年牒》下段"元绛文"。
④ 同上。

侍郎平章事庞"为牒敕一层;"广南东路"至"元绛奏状"为奏章一层;"皇祐壬辰"至末为记文一层。是按牒敕、奏章、记文排列,而非时间顺序。从时间顺序来说,奏章最早,次为牒敕,末为记文。此碑除现存碑文外,明《岭海名胜记》卷五《南海庙志》、万历《广东通志》卷六四《艺文》、康熙《南海县志》卷一四《艺文》、《波罗外纪》卷六《碑牒·宋碑》、道光《广东通志》卷二〇六《金石略》、同治《番禺县志》卷二九《金石略》。

嘉祐六年(1061年)正月乙未,"诏有司制南海广利洪圣昭顺王庙所有冕服,及三献官、太祝、奉礼祭服,罢本庙所赐乐曲"①。在此之前,南海神庙有乐曲,应专门为祭祀之用,惜不知创始年代,也不知谁人所赐。驾部员外郎、广州通判吕遘建议,"奉祠南海王庙,虽有钟鼓之设及所赐乐曲。而乐工未尝肄习,又其器服制度不应祀典",请礼官考详,以纠其谬。礼官以南海神祀为中祠,仿岳渎之礼,"不用乐","其冕服及祠官祭服之制"亦同岳渎,"诏制而给之"。②经过如此变更,南海神庙的乐曲彻底被淘汰,钟鼓为陈设之用,而失去原有的价值。

岭南地方官员及文人、贤士常游览南海庙。皇祐二年(1050年)七月庚寅,祖无择、陆仲息、丁宝臣、李徽之、王逢、刘竦、道士何可从、僧宗净等"上谒广利王(庙),夕宿庙下"③。祖无择题名在韩愈《南海神广利王庙碑》碑阴第二段,时诸人就近在韩愈碑题字。且庙内有供客人夜宿的房屋。祖无择,《宋史》卷三三一有传,字择之,上蔡人,进士高第,终知信阳军。今四库全书收有《龙学文集》。时游南海神庙时,祖无择为广南转运判官。这可由其前后的碑石证明。据道光《广东通志》卷二〇六《金石略》载,祖无择于皇祐二年二月题于德庆三洲岩,时无择任转运判官;同年十一月,祖无择在阳春铜石岩题名:"予因按部税驾此山",当与转运判官职责相符。就在南海庙题名的第二年即皇祐三年(1051年)十月己卯,祖无择与李枢、李徽之、田聿、柳淇再游南海庙。④奇怪的是,祖无择皇祐三年题名在元延祐南海庙碑左侧。翁方纲

---

① 《续资治通鉴长编》卷一九三"仁宗嘉祐六年正月乙未"条。
② 同上。
③ 道光《广东通志》卷二〇六《金石略》刘竦作"刘倷";同治《番禺县志》卷二九《金石略》据碑石改作刘竦。
④ 以上有关祖无择的题名皆见道光《广东通志》卷二〇六《金石略》。

《粤东金石略》卷二"宋人题名不知何以在元碑之侧,而字法甚峭整,恐非后人所能作,实不可解"。阮元道光《广东通志》卷二〇六《金石略》注曰:"盖原为宋以前石,元人磨陇,仅剩此耳。"当是最好的注释。皇祐二年与祖无择同游的陆仲息,字子强,后官至国子博士[1];丁宝臣,字符珍,常州晋陵人,景祐元年进士,后官至集贤校理。皇祐时知端州,因侬智高起义军攻陷城池,夺官。欧阳修曾于皇祐四年、嘉祐四年等先后三次"举丁学士"[2]。亦撰有《集贤校理丁君墓表》《祭丁学士文》等[3],交往较深。皇祐二年题名时,宝臣应是端州知州。李徽之,曾任屯田员外郎、判三司都磨勘司、兵部员外郎、刑部郎中直史馆、淮南江浙荆湘制置发运使、右谏议大夫、正议大夫等,元祐五年(1090年)十一月戊寅卒。[4] 皇祐二年题名时很可能是韶州知州。[5] 此后还有李徽之与祖无择皇祐三年重游南海庙题名。王逢,字会之,《宋史》卷四四三《文苑传》录之。从其传来看,王逢"晚始登第,补南雄州军事判官",此当为皇祐二年王逢题名时之职。刘竦、道士何可从无考。僧宗净不但皇祐二年题名有之,其后皇祐三年知州田瑜题名,"宗净刻字";"皇祐五年牒",至和元年刻石仍是"僧宗净刻"。此僧应是广州名宿,与南海神庙关系密切。

至于皇祐三年十月与祖无择题名的李枢,时职官应是提点广东刑狱。[6] 田聿,无考。柳淇,河东人,学颜书,《中兴颂》"间架已方严","有《袁州学记》《杭州放生池记》刻石"。[7] 皇祐六年五月《袁州堵田仰山新庙》《袁州学记》皆柳淇随祖无择从广东迁至袁州所书写[8],其书法堪称佳作。这些官员游览南海庙,足可证明南海神在仁宗朝已是官员、士绅群体崇拜的对象。

就在祖无择两次游览南海神庙之时,广州地方官员也依礼制于皇祐三

---

[1] (宋)宋祁:《景文集》卷三一《外制》。
[2] (宋)欧阳修:《文忠集》卷一五一《举丁学士》。
[3] (宋)欧阳修:《文忠集》卷二五《集贤校理丁君墓表》、卷五十《祭丁学士文》。
[4] 《续资治通鉴长编》卷一四二"仁宗庆历三年七月丙子"、卷一七一"仁宗皇祐三年十月己卯"、卷一七二"仁宗皇祐四年四月壬午"、卷一九五"仁宗嘉祐六年闰八月丁酉"、卷二一八"神宗熙宁三年十二月甲子"、卷四五〇"哲宗元祐五年十一月戊寅"。
[5] 雍正《广东通志》卷二六《职官志》。
[6] 《宋史》卷一二《仁宗纪》、雍正《广东通志》卷二六《职官志》。
[7] (宋)董逌:《书录》卷中《柳淇》。
[8] (宋)祖无择:《龙学文集》卷十《杂文》、卷一二《名臣贤士文九篇附》。

年（1051年）三月十九日即立夏日，"祗命致享于洪圣广利王庙"。时地方官员包括"右谏议大夫、充天章阁待制、知广州田瑜；都官员外郎、前盐盐仓黄铸；虞部员外郎、通判朱显之"①。广州地方官员除维持地方治安，上令下达，征收赋税外，还参加管理各种礼仪活动。特别是在社会动荡之时，对有涉护城佑民的神灵，礼遇更加隆重。皇祐末以元绛为代表的广州地方官员不但率众护卫广州城，而且为南海神请封号。元绛等地方官员"严洁致祭"，新造牌匾，亲自担任祭祀和管理神祠之职。至和初加神九旒冕、青衣、朱裳之制，道、释唱颂十日，其组织之责亦当由广州地方官负责。朝廷官员成为落实国家神灵祭祀的忠实执行者，崇祀国家神灵，在一定程度上，就是对代表国家王权的敬畏与维护。

地方官员还对南海神庙不合礼乐的祭乐、祭服提出建议。上述驾部员外郎、广州通判吕遘因乐工不熟悉南海神庙所赐乐曲，"又其器服制度不应祀典，请下礼官考详"②。朝廷最终采取其建议，重定南海神祭祀之服、曲等礼仪事项。

继宋开宝年间新修广利王庙后，嘉祐七年（1062年）秋，"风雨调若，五谷丰实，人无疫疠，海无飓风，九县旁十有五州无盗贼之侵"，岭南一派声平乐和的气象，官民皆"亦南海大神之赐"，尚书左丞、集贤院学士知广州军州事兼管内劝农市舶使、提点银铜场公事、充广南东路兵马都钤辖、经略安抚使余靖因"海祠颓败"，愿以己俸禄修庙，"用以答神嘉"，重修南海广利洪圣昭顺王庙，"宜革者举新之"，修复庙宇"之屋三百余间"，从嘉祐七年九月至八年五月，历时九月，完成工程，并"以牲酒告成于神府"③。神悦民欢，后继官吏为之树碑立传，这就是有名的《（治平四年）重修南海庙碑》。④

上述皇祐三年番禺、南海分置后，广州以东八十里的南海庙成为新置番禺县管辖地域，故番禺县令、县尉代替南海县令、县尉兼管庙内日常事务。这由治平四年"重修南海庙碑"后面的署名可证。有关番禺县的三个署名皆是番禺前任和现任知县（其中现任知县为某伯初），可见，番禺

---

① 道光《广东通志》卷二〇六《金石略》。
② 《续资治通鉴长编》卷一九三"仁宗嘉祐六年正月乙未"。
③ 《（治平四年）重修南海庙碑》、《岭海名胜记》卷五《南海庙志·文类》、《波罗外纪》卷六《碑牒·宋碑》、道光《广东通志》卷二〇六《金石略》等。
④ 《（治平四年）重修南海庙碑》。

知县确实在日常管理和重新修复南海神方面起到了十分重要的作用。

5. 英宗朝

英宗朝与南海神庙有关的事件莫过于治平四年（1067年）十月所立的"重修南海庙碑"。此碑是广州地方官员后立。时广州知州吕居简，以"龙图阁直学士、朝奉大夫、尚书兵部侍郎、知广州、广南东路兵马都钤辖、本路经略安抚使、上柱国、赐紫金鱼袋"官衔。查《宋史》，"（居简）知广州，陶甓瓮城，人以为便"。后官至兵部侍郎、判西京御史台，终年七十二岁。[①]

广州其他地方官员据碑载可考仅有"朝奉郎、守尚书职方员外郎、通判军州兼管勾市舶司、骑都尉、赐绯鱼孙某某"。查雍正《广东通志》卷二六《职官志》，宋转运判官孙直言，"治平三年任"，至熙宁元年（1068年）被周敦颐所代。则碑文所指"通判军州兼管勾市舶司"应指孙直言无疑。值得注意的是，治平时并非后来元丰三年（1080年）至崇宁初的漕臣兼领市舶事务，而是沿用宋初以来的州郡兼领制度，即知州兼任市舶使，通判兼任市舶兼官。故雍正《广东通志》所言孙直言应为广州通判，而非转运判官。

治平四年重修南海庙碑的作者章望之，《宋史》卷四四三有传："以光禄寺丞致仕，卒。""望之喜议论"，著《救性》七篇、《明统》三篇、《礼论》一篇，"其议论多有过人者"。另"有诗歌、杂文数百篇，集为三十卷"。其"尝北游齐、赵，南泛湖、湘，西至汧、陇，东极吴会，山水胜览，无所不历"。实际上，他还南游岭南。正如治平碑文所载，"望之引避朝命，南游罗浮山"，感余靖为广民之恩德，"因道（南海）庙下，稽首海德，作诗遗南人歌之"。此诗为四章，每章八句，在颂扬南海神"德实孚民"的同时，又盛赞余靖修庙之功，此诗亦收在治平四年碑文中。

治平四年碑碑文分六段，前署篆、书、撰人名，第一段写海之广大与神之威灵；第二段写海神祭祀的由来；第三段写广州南海庙的祭祀及海祠的凋敝；第四段写余靖修祠情形及章望之作诗缘由；第五段为章望之四章八句诗，末段为立石时间、刻石人以及时任广州、番禺的地方官员。从碑文来看，祭祀南海庙之事仍按惯例，"立夏之节，天子前期致祝册文，命

---

[①]《宋史》卷二六五《吕蒙正附子吕居简传》。

郡县官以时谨祀事，牺牲器币，务从法式，罔或不恭，典刑其临汝"。当然，广南东路经略安抚使，"位既高矣，往往懈于事神，失虔上意，故海祠久之不葺"。章望之以海祠之颓败言地方官员事神之荒废，其目的盛赞余靖修庙之功。

6. 神宗朝

神宗熙宁年间（1068—1077年），南海神的灵异再显，不但使田地普降甘泽，而且使筑城工作顺利完成，水旱宜时，神灵佑民祥和安乐。

经过侬智高起义军围广州之变，"自是广人以无外城常伪言相惊，莫安其居"①。熙宁初，知州张田"始筑东城，环七里，赋功五十万，两旬而成"②。西城地质条件较差，"方伯相踵至，皆言土疏恶不可筑"③。"议筑累年卒不果"④。熙宁四年（1071年）十月，程师孟到任后半年，"勇于必为"，"举大筑"。由于岭南气候湿润，雨量充沛，每年阳历四月至六月、七月至九月为两个多雨期，"而粤地岁多霖潦，或弥旬涉月而不休"。程师孟筑城刚好避开多雨季节，"以（南海）神之威灵，其所以惠于一方，拯人之苦，捷于影响，妙应显迹，古今所传，朝廷所尊，今城之作也，庶能辅相以完其功"。程师孟"是以内竭诚心，早莫以祷，故始于兴役，以终迄工之日，无一朝之雨而落"，至"明年春而城之，余工将竟也"，主要的筑城工程都在熙宁四年十月至熙宁五年春完成，广州地区冬季少雨或无雨的天气状况所起的作用不可低估。就在筑城期间，即熙宁五年（1072年）正月十七日，"新城见于（南海庙旁）水中，逾数刻不没，海旁之民走观者无不骇异"，以为"神之宅兹土而受兹民也"，"唯神尝推力阴为之相，卒克有成。其将悦乎！"⑤南海神灵再显作用。实际上，此与海旁的海市蜃楼作用一样，由于阳光的折射作用而致。

广州知州程师孟、转运使向宗道、判官卢大年、提点刑狱陈偁、周之纯等筹划建城事宜，左藏库副使、提举张节爱具体负责，"以土杂螺蚌"筑城，"又虑南方不闲版筑工，仍令以八作都料自随，凡十月而毕"。至熙宁五年八月戊子，"创筑西城及修完旧城毕"。以上诸地方官"并降诏

---

① 《续资治通鉴长编》卷二三七"熙宁五年八月戊子"条。
② 《宋史》卷三三三《张田传》。
③ 《宋史》卷三三一《程师孟传》。
④ 《岭海名胜记》卷五《南海庙志》、（宋）程师孟：《洪圣王事迹记》。
⑤ （宋）程师孟：《洪圣王事迹记》，《岭海名胜记》卷五《南海庙志》。

敕奖谕，赐银绢有差"①。可见，这次筑城除新筑西城外，还补修旧城。新筑西城"广十二里"②。"城广一百八十步，高二丈四尺，为门七。"③因修城之事，嫉妒者进谗言于朝廷，欲易程师孟知州之语流布于朝野。广"蕃汉之民"欲挽留师孟，"期相与谒神，再拜，焚叩乞杯而卜之。凡杯之验，以仰为阳"，"遇阳则吉"，"盖屡乞而屡仰。然后皆拜如初，以谢神赐，众出而语人曰：'（程）公留矣，神且告我矣'"。④南海神熙宁年间第三次灵异又得到验证。熙宁六年（1073年）二月癸未，程师孟升迁"为谏议大夫，再任（广州知州），犹以修城功也"⑤。程师孟修城之功不可没，营广州南海神西祠之举亦同样值得赞许。

　　上述所引程师孟所作的《洪圣王事迹记》，是一篇十分重要的史料。据上文载，师孟从熙宁四年三月始上任，至熙宁八年（1075年，一作九年）四月离任⑥，在广五（六）年，修城建庙，祷雨答谢，诸多事件都与南海神庙有关。就在上述修建西城的同时，师孟在原来与侬智高"战斗椎瘗之处，则今所谓航海门之西数十步而止"，"其颠以立神像而祠之，适在其地无少差焉"。⑦ 这里虽没有说是南海祠，从上下行文来看，无疑"神"即为南海洪圣王神，从后文"东祠"来比较，此应就是后来广州城西的南海神西祠，修建的时间，当与熙宁四年至五年"为（西）城屋"的时间相当，即1071—1072年。之所以在此建庙，"以镇不祥之所，而殄其杀气之余，与斯民排菑遏患于无穷者邪"⑧。看来，建南海西庙（祠）之初，并非为航海所建，而是为镇邪避恶，护城保民所建。

---

① 《续资治通鉴长编》卷二三七"熙宁五年八月戊子"条。雍正《广东通志》卷六《编年志》作"熙宁六年"，误。
② 《粤大记》卷八《宦绩类·程师孟》。
③ （明）黄佐：嘉靖四十年《广东通志》卷一五《城池》。
④ （宋）程师孟：《洪圣王事迹记》，《岭海名胜记》卷五《南海庙志》。
⑤ 《续资治通鉴长编》卷二四二"熙宁六年二月癸未"条。
⑥ 据道光《广东通志》卷二〇七《金石略》（宋）《吴纯觊题名》"熙宁乙卯（八年）五月十，广帅谏议大夫程公代还"，该题名在英德碧落洞。《续资治通鉴长编》卷二七四"熙宁九年四月戊戌"条载："勾当三班院、右谏议大夫程师孟为给事中、集贤院修撰，以知广州代还，推恩也"。从《宋史》卷三三一、四二六《程师孟》传，"师孟在广六年"来看，《续资治通鉴长编》记载应正确。但石刻资料确切记载师孟离广在乙卯（八年），暂存疑。
⑦ （宋）程师孟：《洪圣王事迹记》，《岭海名胜记》卷五《南海庙志》。
⑧ 同上。

宋广州西城航海门为西城之东南门①，据曾昭璇先生考证：航海门在今广州越秀区书坊街处②。其西数十步当亦不越过今解放路，至南宋乾道三年（1167年），廖颙《重修南海庙》云："古庙即扶胥之口，又一在州城之西南隅，故有东西二庙之称。"③ 成书于开禧二年（1206年）前的《南海百咏》亦云"又有西庙在城西五里"④。南海西祠即今华林寺西南的文昌南路与下九路交界处的广州酒家附近，地与《南海百咏》所记相当。从上文所引时人程师孟《洪圣王事迹记》第一次提到"其后被旨躬祷东祠，即入，宛如梦之所见"，且于西城航海门西"立神像而祠之"来看，程师孟首创西城的同时，又首倡南海西祠，建祠时间应在熙宁四年十月至熙宁五年八月，而非唐代。

程师孟写《洪圣王事迹记》的时间是"为守四年"即熙宁七年（1074年），其间"谷登民阜，寇盗衰息，而瘴疠不作，蒙神之助居多"。熙宁六年（1073年）十二月至熙宁七年十月，程师孟六谒南海神庙，祈谢神降甘霖。道光《广东通志》卷二○七《金石略》、同治《番禺县志》卷二九《金石》中，有三块南海神庙碑石与祈谢神降雨泽有关。即位于"治平四年碑"碑阴由陈之方撰写的《敕祠南海神记》、"韩愈碑"阴由富临撰写的《南海庙程师孟祷雨记》、"开宝碑"碑阴由苏咸撰写的《南海庙谢雨记》。

神宗熙宁年间，旱灾不断发生，计有熙宁元年正月、二年三月、三年、五年五月、七年、八年、九年、十年等多次全国大面积的旱灾。⑤ 熙宁元年（1068年）正月，久旱，神宗"亲幸寺观祈雨，仍令在京差官分祷"，"诸路择端诚修洁之士，分祷海镇岳渎、名山、大川，洁斋行事。毋得出谒宴饮、贾贩及诸烦扰，令监司查访以闻"。⑥ 如此虔诚祭祀，旨在润泽于民。即使《宋史·神宗纪》《宋史·礼志》不载，"皇帝以天久不雨，天地百神暨名山大川冈不祗恪。唯南海神阴相一方，爵号唯贵，乃

---

① 元大德：《南海志》卷八《城濠》。
② 曾昭璇：《广州历史地理》，广东人民出版社1991年版，第289页。
③ 《岭海名胜记》卷五《南海庙志》。道光《广东通志》卷二一一《金石略》、同治《番禺县志》卷二九《金石二》皆作"廖容"。
④ 《南海百咏》（不分卷）《南海庙》。
⑤ 《宋史》卷六八《五行志》。
⑥ 《宋史》卷一百二《礼志》。

命守臣躬底致祠"。才有熙宁六年十二月至次年正月"敕祠南海神"之事。时南海西祠已建，但仍在东祠祭祀。而师孟时任广州知州，"设案具礼，北面拜至，再然后敢取敕与祠神之文伏读三四，又再拜"。选择吉日良辰，"前事之四日，沐浴斋戒；前事之三日，乘舟以往。牲丰酒醇，豆罍洁严"。仍按祭祀惯例，"礼备登阶，祝者宣辞"，"磬鼓递作，旌幡飒爽。像塑堂堂，若醉若饱"。① 英州浛光县知县陈之方作文、作诗以记其事，这便是熙宁七年正月立石的《敕祠南海神记》。时地方官员赵光弼（供备库副使、广南东路兵马都监）为终献官，苏咸（南恩州军事推官、管勾经略安抚使司文字）为摄太祝，富临（大理寺丞、签书节度判官厅事）、黎献臣（大理寺丞、番禺知县兼管勾南海神庙事）为摄奉礼，亚献官为李宗仪（广南东路刑狱公事、兼本路劝农、提举河渠常平仓及管勾农田水利差役事）、程师孟（右谏议大夫、知广州军州事、兼管内劝农事、市舶使、提举银铜场公事、充广南东路兵马都钤辖兼本路经略安抚使、护军）。

继这次奉敕祠南海神祈雨后，从熙宁六年（1073年）十二月至七年（1074年）六月，程师孟率地方官员"凡四谒南海广利昭顺王"，奉"天子之命求雨于神而两祷两谢之，获应颇异"。② 程师孟拜谒南海东祠，是继元绛至和元年（1054年）、余靖嘉祐七年（1062年）后，广州知州的又一次拜谒神庙，并非如富临所载程公以前"已二十余年"知州未履至神庙。计两祷两谢后，熙宁七年八月，"上以久旱，精祷天下名山大川"，程师孟又奉诏"致祠南海洪圣广利昭顺王"，精诚所至，"已而休应，云获复命，（程）公行赛谢之礼"。③ 三祷三谢，程师孟殷勤事神，而南海神亦十分灵异，三降甘霖。熙宁六年、七年，天顺人意，南海神亦从中不断获取人们的崇敬，使南海神的崇拜，上至官员，下至百姓达到了极致。

南海东祠因南海神的灵异而成为一方名胜，一些官僚政客、文人雅士纷至沓来。熙宁五年（1072年）三月，广南东路转运公事向宗道第三次

---

① "治平四年碑"碑阴（宋）陈之方撰"敕祠南海神记"。此碑记载于道光《广东通志》卷二〇七《金石略》、同治《番禺县志》卷二九《金石》等。

② （唐）韩愈"南海神庙碑"碑阴（宋）富临"南海庙程师孟祷雨记"，载道光《广东通志》卷二〇七《金石略》、同治《番禺县志》卷二九《金石》等。

③ 宋开宝碑碑阴（宋）苏咸"南海庙谢雨记"，同上载于道光《广东通志·金石略》等。

拜谒祠下。① 查道光《广东通志》卷一五《职官表》，向宗道自熙宁三年（1070年）任，到广两年，"三拜祠下"。向宗道因公因私而拜谒，不得而知。熙宁七年（1174年）二月十九日，都督府幕僚谭粹、检季邑（即下县）簿李穜"谒拜（南海东）祠下"②，当是春游题名。谭粹据道光《广东通志》卷二〇七《金石略》连州大云洞"谭粹题名"称"郡人谭粹文叔"，则其为连州人，字文叔，元祐三年（1088年），谭粹为承议郎、惠州知事③。

值得注意的是，随着南海神法力日显，特别是仁宗皇祐中有护民保城之功，朝廷封号加爵，"濒海郡邑靡不建祠"，在广州扶胥口南海神正庙之外建立离宫，以护卫地方。南海神从国家祭祀的高层逐渐向地方（或民间）低层扩展，从中央或委派广州地方官员祭祀到广东沿海县一级建庙祭祀。这些县一级的南海庙建立之初，是官民共建，带有地方官僚与民众共祠的性质。熙宁初，东莞县王知县在县城东郊建南海王庙。④ 这是现存已知史料中较早建分庙的记载。这与上述熙宁四年十月至五年八月广州建南海西庙时间相当。有理由相信，从仁宗皇祐四年以后的一二十年间，经仁宗至和（1054—1055年）、英宗治平（1064—1067年）到神宗熙宁（1068—1077年）间，南海神分庙应在广南东路沿海各县纷纷建立。这与宋廷为南海神及夫人加号、赐王冕服有关。上层的提倡，上行下效，地方官员亦顺应潮流建庙。当然，南海神佑民之功，逐渐使下层民众亦接受了这个国家之神，南海神从高高的祭坛走下，从幽深的神祠中走出，向更广阔的民间迈进。

"神有丰功厚德，载之万世极尊之制。""为国为民为心，凡有祷于神。"南海神日渐崇隆，上述东莞县所建南海庙，"邑民欲广而大之，久矣"。重和元年（1118年），东莞知县姜驼改建南海庙于孤屿之上，"阻江四围"，"三门捍外，享殿峙中"，"舳舻交凑，神肃心驰"。建成之日，"官员致祷，乡民慕善，咸会，不约而齐"一睹"堂奥崇隆"的新庙。⑤

---

① （宋）"向宗道题名"在韩愈碑阴第三段，《粤东金石略》卷二《广州府金石》等。
② （宋）"谭粹题名"在宋开宝碑阴下方，《粤东金石略》卷二《广州府金石》、道光《广东通志》卷二〇七《金石略》等。
③ （宋）"（谭粹）龙川白云岩题名"，（清）翁方纲：《粤东金石略》卷九《惠州府金石》。
④ （宋）姜驼：《南海王庙记》，康熙《东莞县志》卷九《秩祀·坛庙》。
⑤ 同上。

东莞南海神庙的改建，应是广南东路沿海诸县南海神庙改（重、扩）建的缩影，新建的庙宇比原来"地势既僻，庙貌弗崇"的旧庙更具地理形胜之效，宏庙伟观，更增添了南海神的威严。

神宗朝南海神多次显圣，十分灵异，诸如庇佑建城，干旱降霖等，在地方上逐渐成为岭南民间笃信的神灵，对其崇拜也达到了顶峰。而南海神阴佑岭南社会安定的作用并没有消失。熙宁八年（1075年）十一月，交趾攻陷钦州、廉州，次年春正月，又攻陷邕州，并已深入左右江流域。① 宋廷派赵禼为安南道行营马步军都总管经略招讨兼广南西路安抚使，率军抵御。就在熙宁八年十二月壬子，朝廷发布《讨交趾敕谕》②，在交趾兵攻陷邕州后，次年正月庚辰，"遣使祭南岳、南海，告以南伐"③。此与唐咸通中高骈征安南，祭南海神祠一样，"顺时兴师"，"天示助顺，已兆布新之祥"，"致天之讨，师则有名"。④ 期南海神保佑宋军招讨旗开得胜，"冀我一方，永为乐土"⑤。南海神在大军征讨等国家大事方面的作用可显一斑。正是宋军的英勇作战，加上南海神的庇护，元丰元年（1078年），宋军打到富良江边，交趾李朝求和，宋军班师，取得了对交趾的胜利。

东海神祠也在国家祭祀作用显现。为了防止契丹骚扰，"往时高丽人往反皆自登州，（熙宁）七年遣其臣金良鉴来言，欲远契丹乞改涂由明州诣阙，从之"⑥。从此，明州成为中国高丽使节以及客商来往通道。元丰元年（1078年）左谏议大夫安焘、起居舍人陈陆奉使高丽还。十一月，"左谏议大夫、史馆修撰安焘言：'东海之神已有王爵，独无庙貌。乞于明州定海、昌国两县之间建祠宇，往来商旅，听助营葺'。从之。仍令为屋百区。"⑦ 建庙于明州（今宁波）的原因与这里处于北宋东往高丽、日本的交通要道，东海神庇佑海上交往安危有关。不过，出使高丽的使节，也有在密州板桥镇出发的。言"东海神无庙貌"指明州沿海无东海庙。

---

① 《宋史》卷一五《神宗纪》。
② 《宋大诏令集》卷二三八《讨交趾敕谕》。
③ 《宋史》卷一五《神宗纪》。
④ 《宋大诏令集》卷二三八《讨交趾敕谕》。
⑤ 同上。
⑥ 《宋史》卷四八七《外国传·高丽》。
⑦ 《续资治通鉴长编》卷二九四"神宗元丰元年十一月壬子"。

第二章　起始：宋代国家正祀与地方海神信仰的互动　43

然《宝庆四明志》载安焘"请建庙，敕封渊圣广德王"①。实际上，东海神在康定时已封"渊圣广德王"号，此时在明州庙宇封号，只是表明其国家庙宇的性质而已。加之明州东海神庙号"渊圣"时间是元丰二年十一月，渊圣广德王庙在定海县东北五里，三年五月"既成，命知制诰邓润甫撰记"②，明州知州王诲书庙碑。③ 不过，元丰七年（1084 年）以起居郎杨景略、左司郎中钱勰奉使高丽，"自密之板桥航海而往"④。"七月二十四日，同自密州发洋，杨起居至大洋过，东风飘回登州；八月初二日，再发洋，十三日方至高丽境上。钱左司郎八月四日已达彼国。一海之中。风势如此又可异。"⑤ 时"胶西当登、宁海之冲，百货辐凑，（李）全使其兄福守之为窟宅计。时互市始通，北人尤重南货，价增十倍。全诱商人至山阳，以舟浮其货而中分之。自淮转海达于胶西"⑥。密州知州范锷"言板桥濒海，东则二广、福建、淮浙；西则京东、河北、河东三路，商贾所聚，海舶之利颛于富家大姓。宜即本州岛岛置市舶司板桥镇置抽解务"。后于元祐二年（1087 年）于板桥镇为治所，设立胶西县。元祐三年（1088 年）范锷等复言："广南、福建、淮浙贾人航海贩物至，京东、河北、河东等路运载钱帛丝绵贸易，而象犀乳香珍异之物虽尝禁榷，未免欺隐。若板桥《市舶法》行，则海外诸物积于府库者，必倍于杭、明二州。使商舶通行无冒禁罹刑之患，而上供之物免道路风水之虞。乃置密州板桥市舶司。"⑦

　　正是板桥为内外贸易交会之所，加之又是出使高丽之地之一，故杨景略还后，为使节与往来商贾需要，奏请建庙。登州知州苏轼以为狭小潮湿，欲迁建登州文登县，但最终还是在板桥立海神庙。

　　　　顷年，杨康功使高丽，还奏乞立海神庙于板桥。仆嫌其地湫隘，
　　　　移书使迁之文登，因古庙而新之。杨竟不从。不知定国何从见此书，

---

① 宝庆《四明志》卷一九《神庙》。
② 《文献通考》卷八三《郊社考》，《宋会要》礼二十之一一一、礼二一之二〇。
③ 宝庆《四明志》卷一九《神庙》。
④ 《宣和奉使高丽图经》卷二《王氏》。
⑤ （宋）庞元英：《文昌杂录》卷五。
⑥ 《宋史》卷四七六《叛臣中·李全传上》。
⑦ 《宋史》卷一百八六《食货志》。

作诗称道不已，仆不能记其云何也。次韵答之"退之仙人也，游戏于斯文；谈笑出奇伟，鼓舞南海神；顷者三韩使；几为蛟鳄吞；归来筑祠宇，要使百贾奔；我欲迁其庙，下数浮空群（公自注：板桥商贾所聚）；移书竟不从。信非磊落人，公胡为拳拳；系此空中云，作诗颂其美；何异刻剑痕，我今已括囊，象在六四坤"①。

板桥海神庙，"宋时潮汐往来故立海神庙焉"②。而文登海神庙为秦始皇与海神相见"驱石竖柱"。晋伏琛《齐记》云："始皇渡海，立此石标之以为记"，宋元时（召石）山下有海神庙、望海台、始皇庙③，文登东的海神庙当为此庙。

北宋东海海上风涛不断，出使高丽，或用《维摩经》渡海。

> 吕相端奉使高丽，过洋祝之曰："回日无虞，当以金书《维摩经》为谢。"比回，风涛辄作，遂取经沉之，闻丝竹之声起于舟下，音韵清越，非人间比。《经》沉隐隐而去，崔伯易在礼部，求奉使高丽故实，遂得申公事故。杨康国、钱勰皆写此《经》往，丰稷为杨掌笺表言："东海洋，龙宫之宝藏所也，气如厚雾，虽无风亦有巨浪，使人卧木匣中，虽荡而身不摇，食物尽呕唯饮少浆。舟前大龟如屋，两目如巨烛，光耀沙上，舟人以此卜之，见则无虞也。"④

### 7. 哲宗朝

哲宗朝与南海神庙有关的事件。元祐元年（1086年）至四年（1089年），广州知州蒋之奇到任后，一是平定岑探叛乱。此年十一月，新州（治广东新兴）土豪岑探，"率群党四五千人围新州"，征讨兵士沿途滥杀无辜，岑势日炽。广州新任知州蒋之奇调兵遣将，以钤辖杨从先捕杀岑探，滥杀民众的士兵亦被诛。⑤ 此次围新州不过一日，至明岑党即散去。

---

① 《东坡全集》卷二一《次韵答之》。
② 道光《胶州志》卷三八《考二·古迹》。
③ 《齐乘》卷一《山川》及引。
④ （宋）刘延世：《孙公谈圃》卷上。
⑤ 《续资治通鉴长编》卷三九一"哲宗元祐元年十一月丙子"条，《续资治通鉴长编》卷三九八"哲宗元祐二年四月癸巳"条。

是夜，天降大雾，"震风凌雨凝为冰泫"，因北方冷空气南下而致岭南出现霜冻，"群盗战栗，至不能立足；望城上甲兵无数，怖畏颠沛，随即溃散"①。官民又以为是南海王大显神威，状奏朝廷，皇帝"下太常拟定所增徽名，礼官以为王号加之六字矣，疑不可复加"。

一是"冀变""吏者多贪"之习，蒋之奇建历代清廉官吏的"十贤堂"②。又因庇佑官军平定岑探之乱，"奏请赐缗增葺（南海东西）两庙"③。而苏轼题南海东祠浴日亭的《浴日亭》诗，亦是哲宗时与南海神庙有关的事件。此诗作于绍圣元年（1094年）九月④，时苏轼五十九岁。从定州"遂以本官知英州，寻降一官，未至，贬宁远军节度副使，惠州安置"⑤。此诗是苏轼南下惠州途经广州南海庙而作。浴日亭，"在扶胥镇南海王庙之右。小丘屹立，亭冠其颠，前瞰大海，茫然无际"⑥，"见鸣见日，故名。"⑦ 集登高临海之景，为一方名胜。

《浴日亭》诗见于《东坡全集》卷二二、《东坡先生诗》卷九，而《方舆胜览》亦部分收录。"剑气峥嵘夜插天，瑞光明灭到黄湾。坐看旸谷浮金晕，遥想钱塘涌雪山，已觉沧凉苏病骨，更烦沉瀣洗衰颜，忽惊鸟动行人起，飞上千峰紫翠间。"此诗为现存最早的浴日亭诗作。韩愈南海广利王碑文、苏轼《浴日亭》诗文，可谓南海神庙的"双璧"。

在苏轼作《浴日亭》诗前后，刘弇《龙云集》卷八有《题广州浴日亭诗》，诗曰："谁识咸池万顷中，源流穷处与天通，气蒸古木千崖晓，浪拍扶桑四远红，焰焰骊珠初出海，腾腾鸟翼渐摩空，不须更问乘槎客，只此波间是月宫。"刘弇为元丰二年（1079年）进士，曾任太学博士、秘书省正字、著作佐郎、实录院检讨官⑧，《宋史》卷四四四有传。刘弇《龙云集》卷一四《代回广州蒋待制启》《回广州蒋待制启》等，应是在秘书省正字期间，奉命回复时任广州知州、宝文阁待制蒋之奇之文。蒋之

---

① （宋）陈丰：《南海广利洪圣昭顺威显王记》，收入道光《广东通志》卷二一一《金石略》等。
② 《宋史》卷三四三《蒋之奇传》。
③ （宋）廖颙：《重修南海庙记》，《岭海名胜记》卷五《南海庙志》引。
④ （宋）苏轼：《东坡先生诗附东坡纪年录》（一卷），四部丛刊初编。
⑤ 《宋史》卷三三八《苏轼传》。
⑥ （宋）祝穆：《方舆胜览》卷三四《广东路·广州》。
⑦ 雍正《广东通志》卷五三《古迹志》。
⑧ 《宋史》卷四四四《文苑传·刘弇》。

奇于1086—1089年任广州知州。从《龙云集》卷三十《祭海神文》以及其上《题广州浴日亭诗》可推知，刘弇曾南下广州，并祭南海神。不然，其何以有浴日亭之作？至于此《祭海神文》是否一定是祭南海神之作，难以肯定，或与郊祭有关。而其来穗时间，也难以考究。

8. 徽宗、钦宗朝

徽宗、钦宗"诏工部赐缗钱，载新祠宇，于以显神之赐"。官民皆"务极崇奉"[①]。虽然，《宋史·礼志》所载，"故凡祠庙额、封号，多在熙宁、元祐、崇宁、宣和之时"[②]，但与南海神相关的，不过就是徽宗政和年间（1111—1117年），范周葺（南海）东庙[③]。另在宣和六年（1124年）十一月封南海王"明顺夫人"为"显仁妃"，"长子封辅灵侯，次子赞宁侯，女封惠佑夫人"[④]。一人得道，鸡犬升天，北宋末，南海王及其家眷皆有封号爵位。这些封号的出现，反映了南海神的崇拜出现了高潮。同样，地方上早在此前也已开始了造神运动，这就是流传于今的南宋初绍兴十六年方渐的《六侯之记》碑。[⑤] 黄鸿光先生在《广州文博》1987年第1期发表了《南海神庙〈六侯之记〉碑辨伪》一文，否定了其碑的真实性，认为是一块伪碑。笔者在详细考订后，认为《六侯之记》碑中有关封王子一郎、二郎分别为辅灵侯、赞宁侯，这在《宋会要》已是十分明确的事，不容否定。其他四侯的出现均围绕广州官员及相关事件形成，这些官员在广任职时间皆与记载相符。是否二王子封侯后，民间为迎合此封侯，而添加达奚司空、杜公司空、巡海曹将军和蒲提点使其他四侯，从时间上看，有此嫌疑。而且四侯造神时间越早，排列顺序越前，在封神中的官职亦大。从司空到将军、提点使，官职品级在降低。这是人们怀疑四侯的第一点。

第二点，司空、将军、提点使的官号，虽唐宋仍沿用其名称，看似大小与类型合似，但仔细分析，仍非同类。司空位在宰相之上，为三公之

---

① （宋）陈丰《南海广利洪圣昭顺威显王记》，收入道光《广东通志》卷二一一《金石略》等。
② 《宋史》卷一百五《礼志》。
③ （宋）廖颙《重修南海庙记》，（明）郭棐撰，（清）陈兰芝增辑《岭海名胜记》卷五《南海庙志》引。
④ 《宋会要辑稿》礼二〇之八二、礼二一之十九。
⑤ （宋）方渐《六侯之记碑》，收入道光《广东通志》卷二一〇《金石略》。

一，为正一品；诸将军官职从一至从五共八级不等；提点刑狱公事为正六品。① 官品不一，与地方官员、民间的造神有关。而且，这些神先是有神号辅助南海神，以后不断加以粉饰，神灵法力不断显现。

第三点，对神灵的封号，有一定的规定。如上《南海广利洪圣昭顺威显王记》所载，元祐南海神广施法力有退兵之功，"状奏，下太常拟定所增徽名，礼官以为王号加至六字矣，疑不可复加"。而南海王辅臣之封号，四侯中，达奚司空封助利侯，杜公司空封助威侯，巡海蒲提点使封顺应侯，"利""威""顺"皆与绍兴七年（1137年）封南海王为"广利洪圣昭顺威显"的封号同字。按避讳的惯例，不应出现此种情况。如果暂且不管"助威侯"所封的时间是否在绍兴南海王八字封号之前。元祐五年以后所封"顺应侯"在皇祐南海王增"昭顺"之后，而元丰元年以后"助利侯"更在唐天宝南海"广利"封号之后，按避讳规则，不应重复两者已属王的封号。这如在宋廷礼仪宾司所掌范围之内，不会有此疏忽。既有重复，故这些封号应是后来人所加，而且极有可能为地方官员、民间所增。

第四点，除以上对四侯封号的事实作以剖析外，诸如在杜公司空事迹中将南海神事裁在杜公身上，新州围城事错载为广州围城事；巡海曹将军是博罗知县梅菁祈呼南海王后出现，类似张冠李戴的事情很多，而传闻以及梦中之事，皆可作为其造神之证。

至于六板中除二王子之外的四侯，事虽多传闻，但四侯事迹亦以一定的事实为基础而加工粉饰出来，其间不免有良莠混杂。至于四侯封号，无避讳之嫌，且未见其他史载，亦是地方官员、民间创造出来的。《六侯之记》应正确看待，既不应全盘否定，也不应全盘肯定，具体事件，具体分析。②

与南海庙相关，建于元丰初的明州渊圣广德王庙，道士奉香火；崇宁元年（1102年）户部侍郎刘逵、给事中吴式出使高丽，海途平安，次年，请封东海神，赐庙额"崇圣宫"，"岁度道士一名"③。大观四年（1110

---

① 《宋史》卷一六八、卷一六九《职官志》。
② 王元林：《宋南海神庙〈六侯碑〉考》，《暨南史学》第四辑，暨南大学出版社2005年版。
③ 宝庆《四明志》卷九《神庙》《宫观》。

年）六月，"国信使王襄言'海中遭黑风，祈祷获应，愿增王号以报灵德'，诏加助顺渊圣广德王，仍令转运判官监葺庙宇，及建风雨神祠"①。风神、雨神作为陪祀，出现在东海神祠之中。《宋史·礼志》云："东海大观四年加号助顺广德王"，当省去"渊圣"二字封号而已。崇宁二年五月"由明州道梅岑（山）绝洋而往"高丽②，明州道成为高丽往来北宋的主要通道。明州东海渊圣广德王祠，"初赐宫额，本以奉神。岁度道士俾主香火。宣和五年，道士乃请渊德观额"③。当是取简称而已。道士主持，后来逐渐成为道观。

明州渊圣广德王庙"宣和五年又加'显灵'二字，封风神曰'宁顺侯'，雨神曰'宁济侯'。且拨赐官田五顷，皆因高丽使回奏请也"④。历代多次保佑使节航行安全自然获得国家封号。《宣和奉使高丽图经》卷三十四《招宝山》详细记载云：宣和五年三月路允迪等出使高丽，十九日达定海（今宁波镇海）。"先期遣中使武功大夫容彭年建道场于总持院七昼夜，仍降御香宣祝于显仁（灵）助顺渊圣广德王祠，神物出现，状如蜥蜴，实东海龙君也。"正因为"神物"出现，后归途中又有福州连江演屿神、莆田神女（圣墩）神显灵，奏准朝廷，皆获封号。国家祭祀的东海神加"显灵"二字，陪祀的风神封曰："宁顺侯"，雨神曰"宁济侯"；而民间的演屿神庙赐额"昭利"，莆田神女（圣墩）庙赐额"顺济"（详见下节）。无论如何，民间演屿庙、神女（圣墩）庙获国家封号，获得正统身份，逐步开始登上国家祭祀殿堂。后来妈祖庙香火盛大，与国家封号无不有关。

这里还有一则逸闻。《秀水闲居录》曰："张邦昌以中书舍人使高丽，至明州谒海神庙。夜梦神告曰：'他日当为中国侍郎，且不可为秉国大夫，后十余年累拜小凤。靖康改元，金人至阙，正月九日拜右相，后两日出质于敌营，与之俱回燕山。次年都城失守，金人立为伪楚'。"⑤ 神灵指示，预言祸福，其灵应如此。但从中可看出，明州一带是国家出使高丽的祭祀海神之地。海神庇佑使臣来往，这也是后来另一位海神天妃得以进入

---

① 《宋会要辑稿》礼二十之一一一、礼二一之二〇。
② 《宣和奉使高丽图经》卷二《王氏》。
③ 宝庆《四明志》卷一九《神庙》。
④ 同上。
⑤ 《三朝北盟编会编》卷一百五《炎兴下帙》。

国家祭祀的重要原因。

9. 南宋高宗朝

因莱州府已不在南宋管辖区域内，南宋祭祀东海神之祠从山东半岛迁至钱塘江口的定海县，并于乾道间下诏加"东海"二字，以"正祀典"，成为南宋官方祭祀的主要场所。"每岁春秋及郊祀告报，必降祝文。……非常祀比矣"①，定海东海神渊德观成为国家祭祀的场所。而东南之地为南宋龙兴佳位，东海神不断庇佑海上安全与社稷安定。建炎四年（1130年），高宗逃避于海上，金兵"破定海，以舟为师来袭御舟。张公裕以大舶击退之"②。"以车驾巡幸特加封"东海之神为"助顺佑圣渊德显灵王"③。祭祀东海神的渊德观于建炎四年（1130年）毁于火，绍兴二年（1132年）重建，别置东海神于渊德观廊庑。④

绍兴三十一年（1161年）宋将李宝等水师取得胶西大捷，"是时神灵助顺，则东海之神于国为有功矣"⑤。时浙西副总管李宝率舟师驻胶西县（治今山东胶西）石臼岛，与金兵隔山对峙。十月丙寅"风自南来，众喜争奋引帆握刃，俄顷过山，鼓声震叠，敌惊失措"，李宝火攻，"延烧数百艘"⑥，取得大胜。这次海战明显是因为风向转换荫佑，才使宋军顺风北上而胜，这也是东海神在乾道中获"助顺孚圣广德威济王"封号的原因。胶州石臼岛也建有龙祠。⑦ 此龙祠为海神庙，在日照县东二十里，元延祐间知县路达重修⑧。

与东海神同样，南海神在中央地位日益凸显。靖康二年（1127年）春，金灭北宋。同年五月康王赵构于应天府（治今河南商丘）称帝，改元建炎，是为高宗。朝廷随即南渡。建炎元年（1127年），"权太常少卿滕康言：'车驾巡幸，所过名山大川，望差官致祭。'从之"⑨。时忙于调兵遣将，抵御金人南下，从应天府南下，"差官致祭"名山大川，只是祈

---

① 宝庆《四明志》卷一九《神庙》。
② 《宋史》卷二六《高宗纪三》。
③ 《宋会要辑稿》礼二十之一一一、礼二一之二〇。
④ 延祐《四明志》卷一八《释道考》。
⑤ 《文献通考》卷八三《郊祀》。
⑥ 《建炎杂记》甲集卷二十《李宝胶西之胜》。
⑦ 《齐乘》卷四《亭馆上》。
⑧ 嘉靖《山东通志》卷一八《祠祀·青州府》。
⑨ 《文献通考》卷八三《郊社考》。

求早退金兵，社稷安定，江山稳固而已。绍兴七年（1137年）久旱，七月癸酉，"以旱祷于天地、宗庙、社稷"；癸未"以久旱命中外臣庶实对言事"①。高宗时在建康（今江苏南京），太常博士黄积厚言："岳镇海渎，请以每岁四立日分祭东西南北，如祭五方帝礼"，诏从之。② 与前代一样，夏至日祭南岳、南海神。除恢复前代祭祀岳镇海渎外，最关键的，是由于高宗南迁，需南方神灵庇佑，这才有南海神"威显"之号加封。绍兴七年九月，在恢复明堂等礼制的同时，"加封南海神为洪圣广利昭顺威显王"③。八字褒封南海神，南海神享有崇高的地位。"宠数便蕃，不以为侈，第恨无美名徽称以酬灵贶，岂复计八字褒封耶？"南海神祝融造福一方，"俾频海居民饱鱼蟹，餍稻粱，舟行万里仅如枕席上过"，神宗朝熙宁年"旱旸异常"，又"沛雨苏暍"；岑探围城，降雨寒冻等，功勋卓著，"申加命秩，度越天佑，于是有威显之号"④，这也是在绍兴时出现"六侯"之说的原因。

至于南海王封号中"洪圣"和"广利"之号，从南宋起，出现了两种记载。北宋康定二年（1041年）加封"洪圣广利王"；皇祐五年（1053年）加封"洪圣广利昭顺王"，皆无疑义。南宋绍兴七年加号"威显"，按常理也应是在"昭顺"后加"威显"，此无疑义。《建炎以来系年要录》和《宋会要》皆作"洪圣广利昭顺威显王"。而乾道元年（1165年）陈丰撰《南海广利洪圣昭顺威显王记》却将"广利"置于"洪圣"前。据庆元四年《尚书省牒》、宝庆元年《转运司修南海庙记》（皆载于道光《广东通志·金石略》）载，应以"洪圣广利昭顺威显王"封号为正确。明清岭南普遍把南海庙称作"洪圣（王）庙"（少部分作"广利王庙"），应是以与"洪圣广利昭顺威显王"为准而简称的，"洪圣"还是应在"广利"之前。乾道立碑已远距封号有二十八年，也与前代仁宗封号不一致。

在绍兴七年中央加南海王"威显"封号之前，时任广州知州的季陵（绍兴三年至五年）修复南海西庙⑤，这是继熙宁四年（1071年）十月至

---

① 《宋史》卷二八《高宗纪》。
② 《宋史》卷一〇二《礼志》。
③ 《建炎以来系年要录》卷一一四"绍兴七年九月"条，又见《宋会要》礼二〇之八二。
④ （宋）陈丰：《南海广利洪圣昭顺威显王记》。
⑤ （宋）廖颙：《重修南海庙记》。

五年（1072年）八月程师孟修西城同时创建南海西庙于航海门西后，历元祐元年（1086年）至四年（1089年）蒋之奇增葺（与东庙同时增修），第三次修建南海西庙，也是第一次专门加以修复西庙。从建庙至绍兴初共三次修建，其间不过60余年，其香火旺盛，地方官员虔敬可见一斑。广州南海西庙，因近在广州城旁，便于官商、士民的参拜。其创建和两次修复，一方面说明了广州地方官员对南海神的重视，另一方面也说明了广州城旁贸易发达，商人为祈求航海平安，财丰货盈，虔诚膜拜，故西庙也香火旺盛。虽时北方和江淮流域干戈未息，但并未影响广州城旁的中外贸易。

广州是南下岭南各地的中心，流寓岭南各地官员大都经此而达目的地。著名的抗金首领李纲于建炎二年（1128年）授单州团练副使，移万安军安置；次年十一月，次琼州。① 在南下途中亦拜谒南海庙，诗曰："黄木湾头潮欲平，丛林深处歇祠庭，岂知休咎能传戒，但受昌黎解勒铭。海上波涛呈秘怪，壁间图画杂红青。"② 南海庙貌跃然纸上，作者心绪恐与韩愈有共鸣之处，不然，何以"但受昌黎解勒铭"。

流寓岭南官员中，洪皓、洪适父子值得一提。洪皓十五载留金人帐中，享有盛名。秦桧等人诬陷，"责濠州团练副使，安置英州"。③ 从绍兴十七年（1147年）五月至二十五年（1155年）十月卒④，谪居英州九年，终于南雄州。长子洪适因任台州通判，与知州"曾惇不相能"，而于绍兴十七年（1147年）十一月罢官⑤，即侍奉父亲洪皓于英州，而非《宋史·洪皓传附洪适》所言："往来岭南省侍者九载。"这在洪适的著作《盘洲文集》所附洪适行状亦能证明。洪适免官，"往来于英，以奉忠宣（即洪皓）温清里。门聚食数百指，皆仰于公（洪适），公处之恬然"⑥。洪适从绍兴十七年十一月至二十八年（1158年）四月知荆门军前，侍奉

---

① （宋）李纲：《梁溪集》附《行状》，四库全书本。
② （宋）李纲：《梁溪集》卷二六《谒南海神庙》。
③ 《宋史》卷三七三《洪皓传》。
④ （宋）李心传：《建炎以来系年要录》卷一五六"绍兴十七年五月己巳"条，卷一七〇"绍兴二十五年十一月乙丑"条。
⑤ 《建炎以来系年要录》卷一五六"绍兴十七年十一月丁丑"条。
⑥ （宋）洪适：《盘州文集》附录"宋尚书左仆射观文殿学士正议大夫赠特进洪公行状"。

九载和守孝三年，十二载皆在岭南。其间曾作多篇疏、祭文，《盘洲文集》卷七十《疏文》有《广州祷晴疏》《谢晴疏》等，卷七一《祝文》有"《祈晴文》以下二十七首系代广帅作"，其中《祭勾芒神》三篇，《祈谢晴》二篇，《祭地方十贤》三篇，《春秋祭飨诸庙》三篇，《祭谢风师》三篇，《祭南岳别宫》一篇，《祭祃牙文》一篇，《奉安土地文》一篇，《奉安天王文》一篇，《辞广州诸庙文》一篇，《祷祭南海王文》八篇。以祷祭南海神的文章最多，占到总数近十分之三。由此证明南海神在广地位的重要。八篇与南海王有关文章中，三祭三祷一奉一辞，以下述之。

《祭南海神庙广利王文》为立春日代广帅祭南海祝文，"邀神之福，使瘴疠熄灭，雨风节调，民以佚居，吏得以捄过"。

《立夏东庙祝文》为立夏代广帅祭南海祝文，"今祝册及期不至，窃意章贡道（即梅岭道、赣江道）梗"。道路阻塞，虽无天子祝册，亦"躬以牺币致告，俟册至，当嗣走祠"。虔州（绍兴二十三年后改为赣州，今江西赣州）兵乱很可能是此次祝册未及时到达的原因。绍兴二十二年（1152年）六月丁巳，虔州兵乱起①，至立秋日，乱军已据城三月，有《祭南海庙文》，以南海神助官军灭侬智高之例，"唯神之灵放于四海，岂限彼疆此界哉"，希冀神"施明灵以助王师，左蘮右屠"保一方平安。时任广州知州应是方滋。②

《祷南海神庙文》为新任广帅（仅三季）因海盗未尽灭，"庶赖（神）威力，潜变愚民，使之后悔自新"，"山行海宿，如出坦途"。此当与后来广州知州苏简于绍兴二十八年（1158年）六月"措置海寇靖尽"相一致。③《祷南海神文》则为代广帅祈求神灵保佑，"今躬谒祠下，是用私有祷焉"，借神灵"使一门长穉无呼医问药之事"，免瘴疠和疾病之苦。而《祷东庙文》则是广帅"赖神之力，谷嫁胥熟，枹鼓稀鸣，得以捄过；而瘴疠不作，民乐其生"。此篇作于平叛虔州乱后即绍兴二十二年以后，且因"闰岁多瘴，敢邀神惠使尽室数百指及期安归"。《辞南海神文》为

---

① 《建炎以来系年要录》卷一六三"绍兴二十二年六月丁巳"条。
② 《建炎以来系年要录》卷一六二"绍兴二十一年二月丁未"条，卷一六六"绍兴二十四年六月丙午"条。
③ 《建炎以来系年要录》卷一七九"绍兴二十八年六月乙卯"条。

先司南粤后迁东粤官员，赖神之福，"岁登盗革讼希"，今迁"磬所谢贶，尚期长途终此阴相"。值得一提的是，《奉安南海王文》是一篇较重要奉文，其对西庙有详载。南海神"聪明正直，庇南海之民"，"凡有疾病、忧戚，靡不奔走，邀佑"，"城之南有别宫焉（即西庙）"，此庙修于熙宁四年至五年，绍兴初季陵加以修复，经过一二十年，祠象"昏剥"，"遂加崇饰"，"唯神有灵，永福斯土"。南海西庙也已成为广州民众生活中不可或缺的祭祀场所。

绍兴二十九年（1159年）金书清海军节度判官厅公事李琥刚正不阿，遭奸吏嫉恨，琥"避众怨引疾去"。据《宋史》卷一六七《职官志》，金厅公事"掌裨赞郡政，总理诸案文移，斟酌可否，以白于其长而罢行之"。与奸吏相反，"士庶饯送，填道至南海神庙下"，众目睽睽，李琥沥酒祷曰："我若营私，举家当沦深渊，不然，诬我者，神其舍诸"，登船安然离开，次年转右奉议郎①，而诬陷者皆有报应。

10. 孝宗朝

孝宗朝与南海神庙有关的事件主要是地方官员：一是郴州乱起，祸及广东，因南海神灵庇佑，盗平；二是广东地方官员陶定增修南海东西两庙，创建风雷雨师殿。

从高宗绍兴二年（1132年）起，荆湖南路郴州一带兵匪不断，祸及江西南部、两广北部。乾道元年（1165年）春，"湖南盗起，入广东焚掠州县，官军讨平之"②。在官军未讨之前，"郴寇猖獗，侵轶连山"，时任广州军州主管学事兼管内劝农事、广南东路经略安抚司主管公事、马步军部总管陈辉，"偕部使者被斋以请于祠下"。由于官军追剿，"未几贼徒胆落，折北不支，（广南东路）属城安堵帖然，无犬吠之警"。广东官民又认为是陈"公之精诚感神"，南海"神之威灵排难，如摧枯拉朽之易"。这便是陈丰撰，陈辉立石的《南海广利洪圣昭顺威显王记》碑。③立此碑主要是为颂扬南海神的功德，"式遏寇攘，唯神之灵"。继侬智高、岑探叛军之后，郴寇再一次由于南海神庇佑而被平息。

---

① （宋）周必大：《文忠集》卷七八《平园续稿三十八》，《朝奉郎李君琥墓碣》。

② 《宋史》卷三三《孝宗纪》。

③ 见（明）郭棐撰，（清）陈兰芝增辑《岭海名胜记》卷五《南海庙志》引，道光《广东通志》卷二一一《金石略》等。

乾道三年（1167年），时任广南东路提举市舶的陶定①，"持节初届，歆谒二祠。延目周览，叹其所未称者，更新之图，匪我孰任？于是，节约官缗，无织介妄费，出其奇羡，市材募工，大兴营缮"。值得称道的是，这次修复广州南海东、西二祠，"役弗及民"②，并未给广州地区民众带来什么负担。这次修复大兴土木，"隆其栋梁，壮其柱石，榱椽楣栌，棂阑梲楔，楯庸陛级，甄甃瓦砖，甓皆革去鼎取"。新修的庙宇，如廖颙《重修南海庙记》所云："像貌严整，仪卫一新，殿堂廊庑，斋庐宿馆，山亭水榭，靡不宏邃。"从陶定所任的市舶提举官职来看，此次修复的官银应来自管理对外贸易的广州市舶司。

广州对外贸易发达，陶定这次修复与外贸有关。除对原有的南海东、西两庙修复外，还分别在东、西庙新建风雷雨师殿，以风雷雨师配祀南海神，新修风雷雨师殿"金碧交映，光彩荡目"③，使南海神东、西两祠增色不少。

陶定"清名峻节，闻于天下；精辞丽句，推于前辈"，加之其主管市舶贸易，为保海上平安，货物顺达，主持修复南海神祠是职权分内之事。乾道三年（1167年），"田丰海熟，迅霆收声，飓母灭影，归樯去柁，安若衽席"④，故有修复和新建殿宇之举。不同的是，廖颙《重修南海庙记》提到修缮南海东西两祠与新建风雷雨师殿在同一时间（十月初六至十二月二十八）；而康与之《创建风雷雨师殿记》却作闰月七月，稍早于修缮时间。

淳熙六年（1179年），杨万里任提举广东常平茶盐，后因平定潮州海寇而升任广东提点刑狱，淳熙九年（1182年）七月，以丁母忧去任。⑤其在广东的三年间，编诗为《南海集》四卷，收入《诚斋集》卷一五至卷一八。其中卷一六有《二月十三日谒西庙早起》诗，提及拜谒南海神

---

① 雍正《广东通志》卷二六《职官志》，提举市舶："陶定，乾道二年任；黄洧，乾道二年任。"而同卷转运判官："陶定，乾道四年任。""黄洧，乾道六年任。"一般由提举市舶升任转运判官。另查同书卷三九《名宦志》黄洧"乾道四年迁广南东路提举市舶"，则黄洧任提举市舶时间以乾道四年为正。乾道二年至四年，陶定应任提举市舶。

② （宋）廖颙：《重修南海庙记》。

③ 同上。

④ （宋）康与之：《创建风雷雨师殿记》，道光《广东通志》卷二一一《金石略》等。

⑤ （宋）杨万里：《诚斋集》卷一三三《附录历官司告词》，《宋史》卷四三三《杨万里传》。

的情形,"起来洗面更焚香,粥罢东窗未肯光"。由于诗人"近来事事都无味,老去波波有底忙",拜谒南海神之事只是例行公事而已。时官员拜谒南海西庙,足证南海西庙的地位仍然十分重要。不过,正如卷一八《题南海东庙》所言,"大海更在小海东,西庙不如东庙雄,南来若不到东庙,西京未睹建章宫",南海东庙还是天子敕册和地方官员正式祭祀场所。南海东庙建筑宏伟,庙临大海,气势非凡,庙西的浴日亭更是观日揽澜的佳地,一派海天相映的绝景。

继杨万里后,广东转运属官曾丰于淳熙十二年(1185年)二月初四,"具清酌之奠,敢昭告于南海洪圣王之神",有《赴广东漕属到官谒庙文》。又作《祀南海神赋》《题南海神祠前观澜亭》《宿南海神祠东廊候月烹茶吹笛》《南海祠东海中有小山可著屋赋诗》等诗赋。① 曾丰,字幼度,乐安人,乾道五年(1169年)进士,庆元中曾任琼州通判,开禧末嘉定初,曾任德庆知州②,多次经穗和在广东为官,其《缘督集》中有多篇南海神庙的诗文。不过,从这些诗赋中可知,浴日亭或又作观澜亭;南海东庙东廊是一处饮茶吹笛的休憩场所;南海东庙前的海中有洲可盖小屋。这些记载给我们勾画南宋时南海东庙的图画提供了一定的文字佐证。

乾道五年(1169年)太常少卿林栗言,"国家驻跸东南,东海、南海实在封域之内",东海神因绍兴末胶西海战"神灵助佑"国家,仿南海神例,特封东海之神为"助顺孚圣广德威济王"。避讳钦宗号而改"渊"为"孚"。③ 之所以不断封号,当与东海神庇佑南宋半壁江山有关,"国势偏安,不克振作,徒以加封神号为望佑之举,所谓听命于神也"④。总之,宋代东海神的封号叠加和祭祀日隆的原因大致有二:首先,长期处于风雨飘摇之中的宋王朝积贫积弱,统治者保佑社稷的愿望比前代更为强烈,东海神也便受到了前代无可比拟的殊荣;其次,由于战争频仍而导致的路上交通受阻,东南海上交通成为中外交通的主要通道,庇佑海上安全成为东

---

① (宋)曾丰《缘督集》卷一、卷八、卷二十。
② 《宋会要辑稿》"职官七四之三三"。(清)纪昀:《缘督集·四库提要》,雍正《广东通志》卷二六《职官志》。
③ 《宋会要》礼二十之一一一、礼二一之二〇,《文献通考》卷八三《郊祀》。
④ (清)秦蕙田:《五礼通考》卷四七《吉礼·四望山川》。

海神备受尊崇的另一重要原因。① 不管是皇帝逃亡海上，还是使臣往返高丽，海战的得胜，海神重要性都体现在国家礼制的封号赐额以及祭祀上。

11. 宁宗朝

宁宗庆元三年（1197年）夏，广东提举茶盐使徐安国，"遣人入（大溪）岛捕私盐，岛民不安，即啸聚千余人入海为盗"。时任广东经略使雷澬"与安国素有隙"，上奏欲治徐安国之罪。朝廷分别将二人调离，任命钱之望为广州知州、广东经略使。② 大溪岛一作大奚岛，即今香港大屿山。③ 同年八月，钱之望"遣兵入大奚山，尽杀岛民"④。道光《广东通志》卷二一二《金石略》，阮元以庆元三年八月为"遣兵之日"，而据庆元四年五月《尚书省牒》碑载，战争发生的确切时间是十月二十三日。广州知州钱之望，"即为文以告于（南海）神"，祈求南海神保佑以平定叛乱。庆元三年十月二十三日，大奚岛众四十余艘船与官军战于广州东南道扶胥口南海东庙前海中，"军士争先奋击，呼（南海）王之号以乞灵"，纵火焚船，擒首徐绍夔，后"深入大洋，招捕余党"，"亦仰王之威灵，凡臣（钱之望）所祷，无一不酬"，得胜之时，官民皆以南海王神力所助，"阖境士民以手加额，归功于王，乞申加庙号，合辞以请"。钱之望状奏朝廷，请"旌应表异，正在今日"。"除已先出帑钱千缗崇饰庙貌外"，次年五月，尚书省下牒赐"英护庙"额。⑤

与北宋一样，南宋时仍立夏日祭南海神，嘉定十四年（1221年）立夏日，时任广州知州的留筠"奉皇帝祝册来谒祠下"，按照惯例祭祀南海神。祭祀场所仍是南海神东庙，这由留筠在东庙浴日亭题石可证。留筠于嘉定十二年至十五年任广州知州⑥，他曾于湘中得苏轼真迹，到任后，出石补阙苏轼《浴日亭诗》，使"此诗词翰之神，尤足以弹压千古"⑦，为浴日亭增色不少。

---

① 王元林、李华云：《东海神的崇拜与祭祀》，《烟台大学学报》（哲学社会科学版）2008年第2期。

② （宋元）佚名：《两朝纲目备要》卷五"宁宗庆元三年夏"。

③ （清）杜臻：《粤闽巡视记》卷二。

④ 《宋史》卷三七《宁宗纪》。

⑤ （宋）钱之望状奏，《庆元四年五月尚书省牒》，载道光《广东通志》卷二一二《金石略》。

⑥ 道光《广东通志》卷二六《职官志》。

⑦ （宋）留筠：《浴日亭诗附记》，载道光《广东通志》卷二○九《金石略》。

总之，从宋代中央派遣祭祀南海神的官员来看，北宋初沿用唐制，司农寺少卿唐为从四品上，宋时也应该一样。殿中不知道为殿中丞（从五品上）还是殿中侍御史（从七品）[①]？其后祭祀多为地方官员的记载，从中看不出来中央对南海神的重视。不过，从中央的多次封号来看，南海神的祭祀应该受到了中央的重视。特别是南宋中央把南方作为龙兴的方位，南方广利多财，是中央重视的基础。当然，南海神在维护岭南稳定方面的灵异作用也是中央和地方重视南海神的另一个重要原因。

12. 理宗朝

宝庆二年（1226年）定海东海神"因以（渊德）观为主而神附之，甚失朝廷崇奉之意"。"会道士告观庑将圮，郡为闻于朝。宝庆三年守胡榘以飓风猛雨交作，又举唐孔戣荐飨南海故事，申请专置庙宇，得祠牒一十有五，郡增给缗钱。且劝率士夫民旅助之，统制司辍濒海房廊十五间之址拓筑海涂，面东迎洋立殿三间，翼以夹室，风雨神列殿前之东西。拜谒有庭，献官有位，门闼高宏，拱护严翼。时绍定元年也"[②]，一派新气象。故到南宋宝庆绍定时，一改绍兴重修时寄身于渊德观廊庑的窘境，专列祠宇。而莱州的东海广德王庙，不仅是金朝后期祭祀东海神的场所，还是遥祭南海神之地。

淳祐十二年（1252年）十二月癸亥，"诏海神为大祀，春秋遣从臣奉命往祠，奉常其条具典礼来上"[③]。这是历史上第一次把海神祭祀提高到国家礼制最高的地位。由于南宋偏安东南，海神庇佑国家社稷，故有此崇祀之礼。咸淳《临安志》云："海神坛在东青门外太平桥之东，淳祐十二年有旨：'中兴以来依海建都，宜以海神为大祀，下太常议礼，诏守臣马光祖建殿望祭，自宝祐之元，岁以春秋二仲，遣从官行事'"[④]。

## 第二节　宋代地方海洋神灵的灵异与官员的作用

两宋是我国海上丝路发展的重要和辉煌时期，同时又是国家正祀逐渐

---

① 《旧唐书》卷四二《职官志》、《新唐书》卷四八《百官志》。
② 宝庆《四明志》卷十九《神庙》。
③ 《宋史》卷四三《理宗纪》。
④ 咸淳《临安志》卷三《郊庙》。

与地方信仰调适的时期，研究宋代以来沿海海洋神灵的国家与地方信仰的互动，可以揭示国家与地方关系在文化意识形态上的认同。通过国家权力与礼制的关系，祭祀制度在国家与地方文化的特征揭示国家正祀的东海、南海等海神在沿海地方的被动与主动接受即民间化；以及中央和地方政府、官员在国家海神民间化中的作用，借用巫术、神话等手段加工的作用；而关注地方士绅、官员在地方海神纳入国家正祀中的作用，以及国家不断吸收地方海神为祭祀神灵的过程和手段，可以窥见宋代国家、地方与神灵的关系。

上述宋宣和时，由于出使高丽海道中圣墩神的显灵，使节回奏，封演屿神庙为昭利庙，封莆田圣墩祠庙额"顺济"。而福州连江县演屿神，祭祀唐福建观察使陈岩之长子，乾符中黄巢陷闽，"公睹唐衰微，愤已力弱莫能兴复，慨然谓人曰：'吾生不鼎食以济朝廷之急，死当庙食以慰生人之望。'既没，果获祀连江演屿。本朝宣和二年始降于州，民遂置祠今所"。在连江演屿、福州越王山之麓东渎有庙①，成为当地民众信奉的与水有关的神灵。"（宣和）五年路允迪使三韩，涉海遇风，祷而获济。归以闻，诏赐庙额昭利。"② 据《宣和奉使高丽图经》记载，宣和五年（1123年）五月十六日给事中路允迪等从明州（治今浙江宁波）出发前往高丽，去时历经艰辛，归时亦惊涛骇浪。第一舟"赖宗社威灵，得以生还"；第二舟在黄水洋时"三柂并折"，同舟人"断发哀恳，祥光示现，然福州演屿神亦前期显异，故是日舟虽危，犹能易他柂"，亦转危为安。③ 如此仅有福州演屿神保佑路允迪等安归。正是涉海之功，不但在福州的演屿神庙获封昭利庙，就是使节常出发的明州定海县，据《宝庆四明志》卷十九《神庙》载："昭利庙，县东北五里。宣和五年侍郎路允迪、给事傅墨卿出使高丽，涉海有祷，由是建庙。毁于兵，绍兴五年重建。"封神庙也就是封神庙中的神灵，这是有关闽浙船员、水手第一次把自己信仰的沿海地方神通过神灵显应、官员上奏而获得国家承认，祭祀身份发生变化，而成为国家神灵的最关键的一步。南宋建炎初，建州

---

① （宋）梁克家：《淳熙三山志》卷八《公廨类二·祠庙》。
② 同上。
③ （宋）徐兢：《宣和奉使高丽图经》卷三四《海道一·招宝山》、卷三九《海道六·礼成港》。

(治今福建建瓯）贼寇进犯福州西关，"吏民奔走乞救于神，俄顷雨雹交下，盛夏如冬时，平地水尺，贼惶怖而遁。道连江欲掠之，见士马云布而去。四年封褒应王，子侄九人皆赐列侯。知西外宗正嗣濮王仲湜为《记》"①。演屿神的再次显灵，护佑地方安全，得到封号，子侄也赐列侯。

北宋前期，福建莆田湄洲人林氏女，"少能言人祸福"，死后，"号通贤神女，或曰龙女也。莆临海有堆，元祐丙寅元年（1086年）夜现光气，环堆之人一夕同梦曰：'我湄洲神女也，宜馆我，于是有祠曰'圣堆'"②。宋元祐初邑人建祠，"水旱厉疫，舟航危急，祷辄应"③。"考之《庙记》，神本莆田林氏女，数着灵异，祠于莆之圣堆"，宣和前不过是一普通地方女神而已。《宣和奉使高丽图经》的作者徐兢，是以"奉议郎、充奉使高丽国信所提辖人船礼物官，赐绯鱼袋"的身份，"获联使属之末"，与路允迪一道出使高丽。且其来过莆阳，对"湄洲神女"有了解。如果路允迪祭祀"湄洲神女"，徐兢一定会记载在书中的。④ 路允迪没有祀"湄洲神女"，《宣和奉使高丽图经》也没有记载。但湄洲神女与其他神皆在绍兴五年八月得到朝廷封号。风神封宁顺侯，雨师封宁济侯。⑤ 同时，加封莆田神女祠庙额"顺济"⑥，这是莆田神女第一次受封。此次路允迪使高丽，"赐'顺济'始于何时，妃护夕郎路公允廸使高丽舟，国使李公振请于朝也"⑦，与使节李振有关。"宣和壬寅，给事路公允迪载书使高丽，中流震风入舟沉溺，独公所乘神降于樯，遂获安济。明年奏于朝，赐庙额曰'顺济'。"⑧ 看来，湄洲神女的首封与水手、使臣有关。此次受封的有官方的东海神、民间的演屿神、莆田（圣墩）神女。

湄洲神女从地方走向中央，一步步靠不断灵异而屡获封号。绍兴二十

---

① （宋）梁克家：《淳熙三山志》卷八《公廨类二·祠庙》。
② （宋）丁伯桂：《艮山顺济圣妃庙记》，《咸淳临安志》卷七三《祠祀》引。
③ （元）程端学：《积斋集》卷四《灵济庙事迹记》。
④ 李玉昆：《杂谈天妃》，收入肖一平等编《妈祖研究资料汇编》，福建人民出版社1987年版，第242—256页。
⑤ 《宋会要辑稿》礼二〇之一一一、礼二一之二〇。
⑥ 《宋会要辑稿》礼二〇之六一。
⑦ （宋）黄仲元：《四如集》卷二《圣墩顺济祖庙新建蕃釐殿记》。
⑧ （宋）丁伯桂：《艮山顺济圣妃庙记》，《咸淳临安志》卷七三《祠祀》引。

六年（1156年），以郊典封灵惠夫人（第二次封号）①，建庙杭州艮山门外②。此庙后来成为都城最重要的官祭场所。"开禧、宝庆一再创建"，绍定时再修③，嘉熙三年因退钱塘潮封号（详下），其官方色彩和重要性不言而喻。随着航海需要，绍兴三十年（1160年）江口又建灵惠夫人庙。时"海盗凭凌，效灵空中，风掩而去。州上其事，加封昭应"④。这次灵惠夫人"起风涛云雾，神见空中，寇溃，获全州，上其事封灵惠昭应夫人"⑤（第三次受封），莆田江口庙纳入国家祀典范围。

就在灵惠昭应夫人的同年，莆田白湖也建灵惠昭应夫人祠。建庙原因，为"白湖童邵一夕梦神，指为祠处"，丞相陈俊卿以地券修建。乾道二年（1166年），"兴化大疫"，灵惠昭应夫人显灵曰："去湖丈许有泉，可愈疾。"民掘斥卤，甘泉涌出，饮者立愈。"又海寇作乱，官兵不能捕，神迷其道，俾至庙前乃就擒，封灵惠昭应崇福夫人"（第四次受封）。⑥ 第四次封号，使莆田白湖昭应夫人祠也取得了正统的身份。"请者络绎，朝饮夕愈"，号圣井泉，"郡以闻，加封崇福"⑦。

淳熙十年（1183年）三月，福建路兵马副都监姜特立大破海寇，擒其首姜大僚等九十四人。⑧ 时姜大僚等寇泉南，"特立以一舟先进，擒之"⑨。而这次破寇又近在福建沿海灵惠夫人的阴界司辖海域内，当然免不了灵惠夫人显灵助威，"捕盗迁祝响应"，故淳熙十一年（1184年），加封"善利"⑩（第五次受封）。自然受封庙宇仍是兴化军莆田县白湖庙

---

① 《宋会要》礼二○之六一、（宋）丁伯桂：《艮山顺济圣妃庙记》。

② （宋）丁伯桂：《艮山顺济圣妃庙记》。（明）田汝成《西湖游览志》卷一九《南山分派城外胜迹·祠庙》"绍兴间建庙于此，封灵惠夫人"。与丁伯桂所记"旧传监丞商公份"因感梦建庙不合。商份为绍兴三十年（1160年）庚辰梁克家榜进士，艮山建庙如按田汝成所言，当在郊典封号绍兴二十六年前建庙。临安作为都城在绍兴八年，合于郊典，建庙封号，顺理成章。

③ （宋）丁伯桂：《艮山顺济圣妃庙记》，《咸淳临安志》卷七三《祠祀》。

④ 《宋会要辑稿》礼二○之六一。（宋）丁伯桂：《艮山顺济圣妃庙记》作绍兴二十九年。

⑤ （元）程端学《积斋集》卷四《灵济庙事迹记》。

⑥ 同上。

⑦ （宋）丁伯桂：《艮山顺济圣妃庙记》，《咸淳临安志》卷七三《祠祀》。

⑧ （宋）佚名：《宋史全文》卷二七上"宋孝宗淳熙十年三月"条。

⑨ 《宋史》卷四七○《姜特立传》。

⑩ （宋）丁伯桂：《艮山顺济圣妃庙记》。《东西洋考》卷九《舟师考·祭祀》、乾隆《福建通志》卷六十《方外》皆作淳熙五年，误。程端学《积斋集》卷四《灵济庙事迹记》所记助剿时间正确。

宇，此为州军官方祭祀场所。

捕盗消灾之外，降雨适时，旱霖不作，亦是灵惠夫人的司职范围。淳熙十一年（1184年），兴化军旱，军守朱端学祈祷于灵惠夫人顺济庙，"随祷随答"；绍熙元年（1190年）夏旱，军守赵彦励亦祷之，神应降雨。两朝军守皆具状上奏，朝廷"易爵以妃，号惠灵（灵惠）"①（第六次受封）。"妇人之爵，莫及于妃"。惠灵妃"居白湖而镇鲸海之滨，服朱衣而护鸡林之使，舟车所至，香火日严，告赐便蕃，既极小君之宠，祷祈昭答，遂超侯国之封"，易妃之封，示褒崇之意，"益利吾民"②。

上述南海神在庆元三年剿灭广东大奚岛寇众叛乱中大显神威而赐庙为英护庙。无独有偶，《东西洋考》《琉球国志略》以剿灭广东大奚岛事中，灵惠妃在空中"以雾障之"助之而全剿贼寇③，此当后世附会之说。元程端学《积斋集》以"庆元四年，瓯闽诸郡苦雨，唯莆三邑祷之，霁且有年，封灵惠助顺妃。时方发闽禺舟师平大奚寇，神复效灵，我明彼暗，贼悉扫灭"（第七次受封）④。以灵惠妃施雨霁、布雾助官民。实际上，宁宗庆元四年（1198年）加封助顺，敕文记载十分明确，"灵惠妃宅于白湖，福此闽粤，雨旸稍愆，靡所不应"，根本未提助官军平寇之事，加封目的"崇大褒显""以永厥祀"⑤。与淳熙、绍熙相反，此次封号因止雨而加封号。⑥

嘉定元年（1208年），金兵侵掠淮河一带，宋兵载神主战于花黡镇（今安徽寿县西北），"仰见战兵布云间，树灵惠妃旗，大捷"。第二次紫金山战役，"复见神像，又捷"，"二战遂解合肥之围，封灵惠助顺显卫妃"（第八次受封）⑦。既解合肥之围，"莆民艰食，米船阻于朔方，神

---

① （宋）丁伯桂：《艮山顺济圣妃庙记》，《咸淳临安志》卷七三《祠祀》。

② （宋）楼钥《攻愧集》卷三四《外制·兴化军莆田县顺济庙灵惠昭应崇福善利夫人封灵惠妃》。

③ （明）张燮：《东西洋考》卷九《舟师考·祭祀》、（清）周煌：《琉球国志略》卷七《祠庙》。

④ （元）程端学：《积斋集》卷四《灵济庙事迹记》。

⑤ 《咸淳临安志》卷七三《祠祀》引。

⑥ 《日下旧闻考》卷八八《郊坛》引《使琉球杂录》。

⑦ （元）程端学：《积斋集》卷四《灵济庙事迹记》误作"显术"，据丁伯桂《艮山顺济圣妃庙记》，《方舆胜览》卷三四《广南东路·广州府祠墓》改。

反，风即至"①。嘉定十年（1217年）大旱，"祷之，雨"，"海寇犯境，祷之，获息"，封灵惠助顺显卫英烈妃（第九次受封）。② 嘉熙三年（1239年），又封为灵惠助顺嘉应英烈妃（第十次受封）。③ 据说此次"以钱塘潮决堤，至艮山祠，若有限而退"，故得此封。④ 宝祐二年（1254年），"旱祷之雨，封灵惠助顺嘉应英烈协正妃"（第十一次受封），次年旋改灵惠助顺嘉应英烈慈济妃（第十二次受封）。⑤ 此次改"协正"为"慈济"，当与指示广东粮船北上救济泉州、兴化军有关。⑥ 宝祐四年（1256年），封灵惠协正嘉应慈济妃（第十三次受封），由十字封号减作八字，其灵异程度并未降低。时年"又以浙江堤成，加封灵惠协正嘉应善庆妃"（第十四次受封）。景定三年（1262年），因海寇出没，"祷，捕海寇，得反风，胶舟就擒"，又封灵惠显济嘉应善庆妃⑦（第十五次受封）。

　　以上总计宋代十五次的封号，大抵涉及旱涝不时、病疫盛行、逆风阻途、潮汐决堤、寇乱发作等，灵惠神皆化险为夷。从民间的莆田神女一步步走向国家祭祀神坛。封号庙宇遍及圣墩、艮山、江口、白湖、湄洲等，这些庙宇与莆田女神皆纳入国家祭祀范围，神灵的司辖阴职也逐渐扩大，从地域神灵逐渐变成国家神灵。正如时人歌颂："神功圣德妙，难量灵应著"；"舳舻万里，来往有祷必安全"；"专掌握雨旸权"，"倾寿酒，诵声诗，谅遥知民康俗阜，雨滋风滋，功与天齐"⑧；"神虽莆神，所福遍宇内，故凡潮迎汐送，以神为心，回南簸北，以神为信。边防里捍以神为命，商贩者不问食货之低昂，唯神之听"。祠庙"莆人户祠之，若乡若里悉有祠，所谓湄洲、圣堆、白湖、江口，特其大者耳"。莆田之外，"闽、广、江、浙、淮甸皆祠也"。都城杭州城艮山门外、候潮门外、萧公桥皆

---

① 乾隆《福建通志》卷六十《方外》。
② （元）程端学：《积斋集》卷四《灵济庙事迹记》。
③ 《咸淳临安志》卷七三《祠祀·顺济圣妃庙》。
④ （元）程端学：《积斋集》卷四《灵济庙事迹记》。
⑤ 同上。
⑥ 《天妃显圣录》《拯兴泉饥》时间为宝祐元年（1253年），封号灵惠助顺嘉应英烈慈济妃时间在宝祐三年，从程端学《积斋集》卷四《灵济庙事迹记》记载以及"慈济"得名，当在宝祐二年为宜。
⑦ （元）程端学：《积斋集》卷四《灵济庙事迹记》。
⑧ （宋）赵师使：《坦庵词》（不分卷）《诉衷情：莆中酌献白湖灵惠妃三首》。

有灵惠妃祠。① 刘克庄在岭南，"广人事妃，无异于莆，盖妃之威灵远矣"②，但与南海神相较，广人时以事后者为要。

从宋徽宗崇宁（1102—1106 年）初年起，广南东路等三路各置市舶提举③，从此，朝廷委任专职提举市舶成为惯例。由于南海神不仅具有国家祭祀的职能（作为岳镇海渎之一），又因其神通广大，岭南江河、海域皆是其大显神威之所，故主管中外贸易的市舶官员亦多重视而大加崇饰庙宇，上述市舶提举陶定上任之初就修复南海祠宇即是例证。除此之外，主管转运的转运司官员亦重视南海神祠，多加修饰。

广州南海东祠，"前据大海，吐纳潮汐，来往祠下者，微若一苇"，地理形胜之美，人在大海前显得如此渺小。故"大逾万斛，必祗谒忱祷，乃敢扬帆鼓棹，涉重溟而不惧。人之所以恃神者亦重矣"④。重大漕运之事，必祀南海东祠。嘉定十六年（1223 年），广东转运判官曾噩"将漕"，"委主管账司李宏董其事"，"撤而新之"，修复南海祠。从曾噩《转运司修南海庙记》所载"今庙食于扶胥之口"来看，此次修复应是南海东祠。修复过程正如曾噩所记："重门侠庑，前殿后堂，巨而楹栋，细而栾桷，坏者易之，缺者补之。上瓦下甓，环堵列槛。既葺既治，中外一新。"壁画"丹垩之饰"，"精至纤缛"。整座庙宇，"前列呵卫，旁罗骑导，凡海灵之有职位者，后庭之供娱侍者，彪炳森列，非复昔日摧剥垢漫之比"。这是迄今继乾道三年廖颙《重修南海庙记》后较详细记载南海庙布局的文献。前殿后庭，雕梁画栋，前殿主辅神各安其位，后庭主仆各司其职，新修的殿宇，焕然一新。这次修复从嘉定十七年（1224 年）十一月至宝庆元年（1225 年）六月，"縻金钱六百万有奇，皆出于漕计供饷之赢，一毫不以及州县"⑤，官府各部门频繁修复南海神祠，减轻了地方的负担。

南宋中后期广州知州祭祀南海神的职能依然保留。今存韩愈碑阴第四段有"彭铉题名"。文曰："端平丙申（三年）三月，清江彭铉诣祠蒇祀

---

① 《咸淳临安志》卷七三《祠祀·顺济圣妃庙》。
② （宋）刘克庄：《后村集》卷三六《祝文·圣妃庙》。
③ （宋）朱彧：《萍洲可谈》卷二。
④ （宋）曾噩：《转运司修南海庙记》，载道光《广东通志》卷二一三《金石略》、同治《番禺县志》卷二九《金石》。
⑤ （宋）曾噩：《转运司修南海庙记》。

事，登浴日亭，访韩碑，诵坡句，摹本而归，刻名碑阴，时庐山胡泳与其季浤偕行。"① 彭铉，施州清江（今湖北恩施）人，曾知南安军②，又任广南东路提点刑狱。继崔与之后，端平二年（1235年）至嘉熙元年（1237年）又任广东经略安抚使、马步军都总管兼知广州召除参知政事。③ 从彭铉题名来看，时任广州知州，三月立春奉命祀南海神。可见直至南宋中后期，广州知州除立夏日祀神外，立春日也常祀南海神灵。

理宗嘉熙四年（1240年）刘克庄任广东提举常平，后兼转运判官和提点刑狱，并曾出任市舶提举。④ 据其《行述》云：嘉熙四年元旦，抵广，"以婴孺视民，以冰玉帅僚属，岁计羡，而商征宽民，夷安之"。"八月升漕"，"留粤两年，更摄帅舶"。以母丁忧离任，离任时间当在淳祐八年（1248年）。⑤ 其在广州的九年，作诗有《扶胥三首》《兼舶一首》《兼诸司二首》《羊城使者庙》《即事十首》《药洲四首》《登城五首》《城南》《广州劝驾一首》《广州都试》《灯夕二首呈刘帅》《越台》《浴日亭一首》等大量诗篇（见卷一二），还有《谒南海广利王庙》《到任谒诸庙》《南海庙》等一四篇祝文（见卷一三五）。其中《扶胥三首》《浴日亭一首》《谒南海广利王庙》《南海庙》等都与南海庙有关。其中《扶胥三首》之一："前祭京师奉祝词，尊严不比百神祠，台家今岁筹边急，黄帕封香已过时。"言及宋理宗淳祐间南海神的祭祀已非昔日隆重。因摧锋军的叛乱，广东地方政府已无暇顾及祀神事宜。不过，刘克庄升任漕司转运判官，"兹以使事，舟出祠下，瓣香卮酒，徽福于神"，"今日凋敝可哀，当推君之泽而致之民，神当为民请命于帝"。以使"岭海之间，灾害不作"。这便是刘克庄《谒南海广利王庙》之缘由。同样，《南海庙》也是在当时广东凋敝，"时事可忧可愕，有非人力所能为者"。刘克庄"斋心袚形，徽福于神"，祈求南海神赐福于庶民，以阻遏岭南之衰败颓势。

值得注意的是，南宋时已经出现有关南海庙有波罗蜜树的记载。朱彧《萍洲可谈》较早记载了南海庙前有此树："南海庙前有大树，生子如冬

---

① 《粤东金石略》卷二《广州府》、道光《广东通志》卷二〇三《金石略》。
② （宋）洪咨夔：《平斋文集》卷二〇《知南安军彭铉职事修举转一官制》。
③ 《宋史》卷二一四《宰辅表》。
④ （宋）刘克庄：《后村先生大全集》卷一九四《行述》，四部丛刊本。参见同书卷一二《兼舶》《兼诸司》《广州都试（时摄帅）》等。另参见雍正《广东通志》卷二六《职官志》等。
⑤ （宋）刘克庄：《后村先生大全集》卷一三五《祝文·淳祐乙酉》。

瓜，熟时解之，其房如芭蕉，土人呼为'波罗蜜'，渍之可食。"① 朱彧虽写《萍洲可谈》在南宋时，但《萍洲可谈》记事却至徽宗宣和时，应是朱彧随父朱服在广州见闻的记录。② 朱服，字行中，湖州乌程人，"徽宗即位，加集贤殿修撰，再为庐州，越两月，徙广州"③。朱服在徽宗初为广州知州，因此，据现有文献，南海庙前有波罗蜜树应该至少追溯到徽宗。其后方信孺《南海百咏》亦载。方信孺，《宋史》卷三九五有传，嘉定元年（1208年）前，曾为番禺县尉，捕获海盗，无一漏网。"在番禺时，公暇则缆胜，赋诗有《南海百咏》传世。"④ 《南海百咏·罗蜜果》记载："南海东西庙各有一株，樛枝大叶，实生于干，若瘿瘤然，有大如匏。庙官每岁于九、十月熟时，取供诸台，其他莫敢有过而问者，以蜜煎之，颇为适口，相传云西域种也。本名曰'曩伽结'。"赵汝适在宝庆元年（1225年）担任福建路市舶兼泉州市舶时撰写《诸蕃志》，卷下《志物》提到"波罗蜜，大如冬瓜，外肤磊砢如佛髻，生青熟黄，削其肤食之，味极甘。其树如榕，其花业生，花褪结子，唯一成实，余各蘸死，出苏吉丹，广州南海庙亦有之"。可谓对波罗蜜树的形象概括。至明时不知波罗神或为"婆罗门神"，错误把南海神庙得名与波罗蜜果附会，大错特错。

总结宋代地方官员与南海神庙的关系不难发现，宋代之所以重视南海神的祭祀与神庙的修建，而且封号迭增，主要是南海神与岭南地方的社会安定、交通畅达、驱除水旱、粮丰仓实等国计民生的事件相关，而且是包括地方各级官员诸如知州、转运使（判官）、市舶使（判官）等在内的各级行政、财政、外贸等官员在内。实际上，这些官员除祭祀与地方行政长官有关外，其他行政、财政、外贸等官员或多或少其职责都与外贸活动有关，这些都是他们参与维修南海神庙的原因。其他官员游历南海庙，与这里为一方名胜有关。至于民众参加赛海神的庙会，南海神的离宫广建，甚至到今天岭南珠江三角洲一带地方仍有大量的"洪圣王"庙，这些都应是南海神已经在民间形成了一定信仰基础的最好体现。

---

① （宋）朱彧：《萍洲可谈》卷二。
② （清）纪昀等：《萍洲可谈·四库提要》，李伟国点校《萍洲可谈》前言，上海古籍出版社1989年版，第1页。
③ 《宋史》卷三四七《朱服传》。
④ 雍正《广东通志》卷三九《名宦志》。

## 第三节　宋代地方社会构建与神灵地域扩展

　　以灵惠妃（即妈祖）为代表的地方海神，随着国家的封号获得合法的身份，加之不断灵异，从宋代开始，逐步在地域社会迈开自己的步伐，也逐渐在地方社会构建的神灵体系中展示自己的身份和话语权。根据中国妈祖文化交流协会等编辑的《妈祖文献史料丛编》（第一辑四本，中国档案出版社 2007 年版；第二辑五本，中国档案出版社 2009 年版；第三辑七本，海风出版社 2011 年版）可以看出，从宋代宣和时第一个国家封号开始，妈祖信仰在全国如火如荼建立起来。

　　上述福建莆田宁海（今莆田涵江区白塘）圣墩顺济庙是较早的妈祖庙宇，据《白塘李氏族谱·忠部》引《圣妃灵著录》记载，绍兴二十年廖鹏飞撰《圣墩祖庙重建顺济庙记》，此应是最早的妈祖庙。随着元代莆田南洋到北洋交通的变迁，原来位于交通要津的此庙后来消失。其他莆田涵江霞徐宫顺济宫（建于宣和五年至绍兴九年间）、白塘浮屿宫（建炎间）、江口顺济庙（绍兴建）、白湖（阔口）顺济庙（绍兴三十年建）、浮曦（莆禧）崇福夫人庙（乾道三年前建）等。① 其中浮曦妃祠曾在绍熙三年（1192 年），福州人郑立之"自番禺泛海还"，在浮曦湾遇寇，致崇福夫人庙祈祷后天妃显灵。② 刘克庄《风亭新建妃庙》云："妃庙遍于莆，凡大墟市、小聚落皆有之。"③ 弘治《八闽通志》卷六十《祠庙》载，兴化府风亭新建妃庙，地在仙游县连江里风（枫）亭市，淳熙五年（1178 年）建。而《八闽通志》卷六十《祠庙》所载平海卫天妃庙建于咸平二年（999 年），值得探讨。弘治《八闽通志》卷七七《寺观》载，泉州府晋江县灵慈宫（绍兴建），而万历《泉州府志》卷二四《杂志》作庆元间建；乾隆《泉州府志》卷一六《坛庙寺观》惠安县龙宫山圣妃祠，郡守真德秀尝祷雨于此；万历《闽都记》卷五《郡城东南隅》载福州天妃宫在水部门之东，宋时建。沿海灵惠妃庙不少，这些庙宇大都分布

---

① 《湄洲妈祖志》第四章"分灵传播"第一节"宋代之分灵庙"，方志出版社 2011 年版，第 152—159 页。
② 《夷坚志戊》卷一《浮曦妃祠》。
③ （宋）刘克庄：《后村先生大全集》卷九一。

在沿海港口、州治沿河码头等处，与海洋交通有关。

福建而外，都城杭州以及沿海的两浙东路已有灵惠妃庙宇。上述都城杭州城艮山门外、候潮门外、萧公桥有灵惠妃庙。艮山门外庙与官方郊祀、钱塘江潮有关；候潮门外、萧公桥庙在市舶司侧，与对外贸易有关①；于潜县（今浙江临安西）西观山天妃别庙，宋咸淳间建②；钱塘县天妃延圣寺，"面江，宋绍兴间始建庵。乾道间潮势怒激，孝宗祷而潮息。敕赐清波门外延圣寺额，改庵为寺，崇奉天妃香火。嘉定间潮复怒，沿江司奏赐钱增广之。自是凡有风潮，官僚祈祷屡应，及有出师防海，必致祭而后发"③。明州"鄞之有庙，自宋绍兴三年来远亭北舶舟长沈法询，往海南遇风，神降于舟以济，遂诣兴化分炉香以归。见红光香满室，乃舍宅为庙址，益以官地，捐资募众创殿庭，像设毕具，俾沈氏世掌之"④。嘉兴府东北一里碧漪坊，"宋乾德间建，以祀天妃。其神灵异，凡旱潦疾疫，祈祷辄应"⑤。乾德或为乾道之误。舟山天妃宫，在城外南三里，创于宋端平间。⑥ 今浙江境内，妈祖庙的传播，显然与国家祭祀、堤塘安定、对外贸易、旱潦疾疫、海上航行等密切相关。国家官僚与民众都成为信仰的主体。

广州除南海神外，刘克庄于嘉熙四年（1240 年）"持节至广，广人事妃无异于莆，盖妃之威灵远矣"⑦。

> 广州城南五里，有崇福无极夫人庙，碧瓦朱甍，庙貌雄壮。南船往来，无不乞灵于此。庙之后宫绘画夫人梳装之像，如鸾镜、凤钗、龙巾、象栉、床帐、衣服、金银器皿、珠玉异宝，堆积满前，皆海商所献，各有库藏收掌。凡贩海之人，能就庙祈筊，许以钱本借贷者，纵遇风涛而不害，获利亦不赀。庙有出纳二库掌之。船有遇风险者，遥呼告神，若有火轮到船旋绕，纵险亦不必忧。凡过庙祷祈者，无不

---

① 《梦粱录》卷一四《祠祭》。
② 成化《杭州府志》卷三五《坛庙》。
③ 成化《杭州府志》卷五一《寺观》。
④ （元）程端学：《积斋集》卷四《灵济庙事迹记》。
⑤ 崇祯《嘉兴县志》卷七《寺观上》。
⑥ 天启《舟山志》卷二《祀典》。
⑦ （宋）刘克庄：《后村集》卷三六《祝文·圣妃庙》。

各生敬心。①

根据《方舆胜览》卷三四《广东路·广州》载，（南海王）"西庙去城十五里，盖敕封灵惠助顺显卫妃行祠也"。很显然，南海王西庙与灵惠妃庙不是一庙。上述灵惠助顺显卫妃封号在嘉定元年（1208年），为第八次封号。城南五里崇福无极夫人庙、城西南十五里灵惠助顺显卫妃行祠两庙是否为一庙，因记载里程不一，参照物不同，难以判断。灵惠助顺显卫妃行祠与南海西庙关系如何？《方舆胜览》作者祝穆是否因两庙司辖水神职能而合二为一？还是两神同栖一庙而有两种称谓，值得探讨。

广东其他天妃庙宇还有香港北佛堂妈祖庙创于咸淳二年前，顺德众涌、弼教也早在宋代建庙，其他东莞官厅头、恩平仕峒村、阳江崇善坊、高要濯英坊、晋康、海康东湖村、惠阳雷乡驿、陆丰甲子镇待渡山、揭阳乔林乡、潮阳海口山、南澳岛深澳等十多处，这些庙宇中，或是因祈祷产子（顺德众涌）祛病（惠阳），或是莆田人做官带来（恩平），或是祈雨有灵建庙（晋康），或是福建移民迁来粤东带来（陆丰、揭阳、惠来、揭阳），或是福建僧人、林姓建立（香港），或是贸易港口（南澳）。② 皆有功于地方。

今江苏在宋代也有多处天妃庙。淮安灵慈宫、上元（南京）庐龙山圣妃庙、镇江潮闸西（后迁竖土山东）、江阴君山圣妃庙、苏州北中路桥灵慈宫、华亭圣妃宫、上海黄浦圣妃宫及市舶司左圣妃庙、泰州乐真桥北顺济圣妃庙等，这些庙宇多是地方官员建庙，或近在船厂（上元），或近在市舶司旁（上海），或在沿江沿海要冲（江阴）③，传播到这些地方，大多与水上交通有关。

宋代泉州地方官员经常在九日山延福寺通远王祠举行隆重的祈风仪式，一般十月至十一月举行"遣舶祈风"，四月举行"回舶祈风"，泉州九日山上至今还保存十三块记载宋代祈风盛典的摩崖石刻，最早的是乾道四年（1168年），最迟的是咸淳元年（1265年），前后延续近百年。题记诸如"有郡守倪思正甫，提舶全茂实腾，遵令典祈风于昭惠庙"，"以遣

---

① 《湖海新闻夷坚续志》后集卷二《神明门·神灵·崇福夫人神兵》。
② 《湄洲妈祖志》第四章"分灵传播"第一节"宋代之分灵庙"，第165—169页。
③ 同上书，第162—165页。

舶祈风于延福寺,通远善刘广福王祠下,修故事也","大守贰卿颜颐仲,祷回舶南风,遵齐曲也,提舶寺丞刘克逊俱祷焉","舶司岁两祈风于通远王庙"等,就是时尊崇通远王的例证。而当时九日山延福寺通远王祠内的主神是俗称"翁爹",又称白须公的神灵。通远王神原为永春县乐山隐士,后仙化升天,以灵验著称,称为乐山神(有人认为是四川人把四川二郎神带到任内)。① 唐代后期传到泉州,由山神兼为雨神、海神,敕封崇应公。

唐咸通中,延福殿基方兴斤斧,公降神于桃源驿之乐山阴,治材植沿游而下,人不劳倦。故殿宇飞榱,数百年而几既近轮奂者,实公之力。公有庙于寺之东隅,为州民乞灵市福之所。吾泉以是德公为多,凡家无贫富贵贱,争像而祀之,唯恐其后。以至海舟番舶,益用严格。公崇往业于烈风怒涛间,穆穆瘁容于云表。舟或有临于艰阻者,公易危而安之,风息涛平,舟人赖之以灵者十常八九。时丁天旱,大泽焚如,守令忧之,为民勤祷,每用享于公之祠下,未终祀礼而雨泽滂沛。其社士民有祷于公,事无巨细莫是昭格,吾泉以是佥感公之威灵。②

泉州祭祀的通远王成为地方保护神。

蔡襄于北宋仁宗皇祐五年(1053年)、嘉祐三年至五年(1058—1060年)两知泉州府。由于泉州"境内西南岱屿、白崎诸山之水皆会谷口趋入洛阳江,以泄于海。外洋潮汐时至其地,山海之势相激,波涛汹涌如雪山,拥叠云障盘旋涉,不容厉渡更难航,正当泉南驿道之冲,行者至此,莫不颦额因指其处为万安渡,盖畏其险也"③。皇祐年间,蔡襄主持修建洛阳桥,桥成后在旁边建昭惠庙,"初祷于海神,借潮三日不至洛阳江,底见而基就筑,及其横石为梁也,江水震荡不能傍架木植,爰载石以浮船面,待其潮至则船随水涨,遂置石于上,抽舟下,出力役不劳而工易集,

---

① 胡小伟:《宋代的二郎神崇拜》,《世界宗教研究》2003年第2期。
② (宋)王国珍:《昭惠庙记》,《安海志》卷二十《庙堂志》。
③ (明)仇俊卿:《重修洛阳桥记》,《明文海》卷三八四《记》。

亦算与神符者也"①。"乐山白衣叟"不但是雨神，也是海神，俨然为地方保护神，保护海上安全的神祇。康熙《南安县志》卷二载："水旱病疫，海舶祈风，辄见应。宋时累封通远王，赐庙额'昭惠'。其后迭加至善利、广福、显济。"历代封号不断，记载有所不同。

  盖昭惠本在南安九日册延福寺之东。考之《旧志》，以为唐咸通丘山降雪，有功于朝，因立庙祀之。逮宋嘉祐三年（1058年）春，郡守蔡襄以旱甚，祷于祠应。熙宁八年（1075年）闻于朝，敕封崇应公。政和四年（1114年）立庙，赐今额。建炎南渡以后，屡立阴德功，勤王助顺，累膺宠赠，至有八字之封……自是之后卫民翊国，昭晰于后，时淳祐六年（1246年），郡守刘克俊逊核神前后功德上闻，十一年（1251年）特诏封忠济侯，未几，加仁福焉。自政和延福寺庙，泉之村落多立行庙，安平之庙，亦于是始。②

  发展到后来，九日山下的灵应祠改名昭惠庙，而善利王也变成了通远王。宋代在泉州设立市舶司管理海外贸易后，每年发舶月份，市舶官员、泉州郡守等都会到九日山通远王庙祈风，并有石刻记载其事。海上行船的人更加虔诚，"舟人赖之以灵者十常有八九"③。正如康熙《南安县志》卷二云："通远王在宋时最为灵著，州人祈祷禽赫，酒内滂沱。及乎散胙饮福，觞豆杂进，喧呼纷藉。"

  而在宋代，有关国家控制地方社会秩序中，用海神来压制地方的淫祠。绍兴二十三年七月戊申，"将作监主簿孙寿祖面对论湖广夔峡多杀人而祭鬼，近又寖行于他路，浙路有杀人而祭海神；川路有杀人而祭盐井者，望饬监司州县严行禁止，犯者乡保连坐，仍毁巫鬼淫祠以绝永害，从之"④。

---

① （明）仇俊卿：《重修洛阳桥记》，《明文海》卷三八四《记》。
② （明）陈道远：《重建昭惠庙叙》，《安海志》卷二十《庙堂志》。
③ 《安海志》卷二十《庙堂志》。当地一种传说是"名闻遐迩的英都昭惠庙所供奉的仁福王陈益，原系北宋熙宁年间的巡辖官，元丰年间为保境安民于九日山舍身，'造化升天'为神"。
④ 《建炎以来系年要录》卷一百六十五"绍兴二十三年七月戊申"。

## 第四节　宋代官方海洋神灵的地方化

"宋未尝不以海庙为重。"① 天妃的崇拜从民间走向朝廷，而宋代南海神从国家走向民间。两宋时，南海神屡次获封，民众逐渐接受这种来源于国家的神灵。总结上述南海神屡在南海显灵不难发现，正是这种国家正统身份的神灵，一旦在地方上屡屡显灵，与国计民生息息相关，相关显灵传说通过官员士大夫、民众的传播，这种庙宇很快就在地方上落地生根。虽然起初多是岭南地方官员建庙，但随着其造化与显灵，民众开始对这种落地的国家礼制中祀的神灵，逐渐顶礼膜拜，出现相关的信仰就不足为奇了。

北宋初，南海神并未像南汉隆极一时。开宝四年（971年）六月，取消南汉刘𬬮时的封号，撤龙服"易以一品"服。② 与其他岳镇海渎一样，地方长官兼庙内祀事。"开宝五年（972年）以南海县（皇祐后改为番禺县）县令兼庙令，县尉兼庙丞，专执祀事，常加按视。本州岛长吏每月一诣庙察举。"③ 即使太宗朝，南海神也并没有与其他岳镇海渎有什么差别。淳化二年（991年），秘书监李至请以五郊迎气日各祭其方岳镇海渎，南岳、南海等以立夏日祭祀。④ 真宗热衷封禅和祭祀后土，对岳镇海渎的祭祀十分重视。直至元代，南海神庙中仍保存有真宗御赐的玉带。⑤ 即使如此，与其他岳镇海渎相比较，南海神也没有特异之处。仁宗康定二年（1041年）四海四渎并封王。四海王平起平坐。导致南海神地位的上升与仁宗皇祐时侬智高起义军有关。

北宋岭南最大的社会动荡便是侬智高起兵反宋。皇祐四年（1052年）四月，广南西路广源蛮首领侬智高起兵反宋，旋即攻下邕州（治今广西南宁）、梧州（治今地），沿西江东下，一路势如破竹，五月二十二日，包围广州城。在侬智高离开端州（治今广东肇庆）沿江赴广州以及包围广州城的过程中，南海神广施神通，"江流湍急""飓风大起""暴雨累

---

① （明）任万里：《海庙祀典考》，乾隆《揭县志》卷八《艺文》。
② 《太常因革礼》卷四九《祭四海四渎》引《礼阁新编》。
③ 《文献通考》卷八三《郊社考》。
④ 《玉海》卷一百二《郊祀》。《宋史·礼志五》作"太平兴国八年"，误。
⑤ （元）吴莱：《渊颖集》卷九《南海山水人物古迹记》。

旬"，侬军"不得前进"，广州城中"暑渴，赖雨以济"；六月攻城，"疾风尽坏梯屋"；侬军"火攻西门"，"有遇大风东回"。如此等等，南海神集诸多之能事保城护民，广显神通，"始州之官吏及民屡祷于（南海）神，翕忽变化，其应如响"①挫败侬军。当然，此次卫城之功除自然条件外，主要还是与北宋政府调兵遣将，军民齐心协力共抗侬军有关。七月十九日，围城五十七天之久，还未攻下广州城的侬军被迫撤退。正是"广州数有风雨之变，贼惧而遁，州人赖其神灵"②，"天意神贶，宜有潜佑"，广南东路转运使元绛请示朝廷，"欲望朝廷别加崇显之号，差官致祭，以答神休，仍乞宣付史官，昭示万世"③。朝廷于次年六月下牒，"念显灵佑顺，靡德不酬，其加王以'昭顺'之号"，特封南海洪圣广利昭顺王，令地方"造牌额安挂"，"严洁致祭"④。至和元年（1054年）春，"又敕中贵人乘传加王冕九旒、犀簪导、青纩充耳、青衣五章、朱裳四章、革带钩鲽、绡韍、素单、大带、锦绶、剑、佩、履、袜，并内出花九株、袿、褕、簪、钿，署曰'赐明顺夫人'"。"又命道释为之会凡十夕，且以答王灵休。"⑤ 此后，又于嘉祐六年（1061年）正月，"诏有司制南海广州洪圣昭顺王庙所用冠服，及三献官、太祝、奉礼祭服，罢本庙所赐乐曲"。原来"奉祠南海王庙，虽有钟鼓之设及所赐乐曲，而乐工未尝肄习，又其器服制度不应祀典"，请礼官考详，以南海神等为中祠，仿岳镇海渎之礼，"不用乐"，故罢之⑥，使祭祀礼仪更加规整。

  南海神庙在侬智高起义军围攻广州城中大显神威，"广民皆称道南海神事"。上加封号，加九旒冕、朱裳、青衣，赐王及夫人服饰。统治者提倡，岭南官民亦大肆笃信南海神，其崇拜日渐兴隆。嘉祐七年（1062年）九月，广州知州余靖重修南海庙，新宫扩展为三百余间，赫然成为岭南第一大祠庙。⑦ 东莞、广州城西南、惠州等地，南海王分庙纷纷建立（详

---

  ① 《皇祐五年牒》，收入道光《广东通志》卷二〇六《金石略》。
  ② 《续资治通鉴长编》卷一七五"仁宗皇祐五年六月乙未"条。
  ③ 《（元绛）皇祐五年四月十九日奏状》，在《皇祐五年牒》下，今存广州南海神庙。
  ④ 《皇祐五年牒》，收入道光《广东通志》卷二〇六《金石略》。
  ⑤ 《（元绛）至和元年十二月二十一日记》，在《皇祐五年牒》下，道光《广东通志》卷二〇六《金石略》。
  ⑥ 《续资治通鉴长编》卷一九三"仁宗嘉祐六年正月乙未"条。
  ⑦ （宋）章望之：《（治平四年）重修南海庙碑》，收入《岭海名胜记》卷五《南海庙志·文类》。

下），南海王崇拜掀起浪潮。而恰在此时，岑探起义又为南海神日隆增添一笔。

哲宗元祐元年（1086年）十一月，新州（治广东新兴）土豪岑探，"率群党四五千人围新州"，征讨兵士沿途滥杀无辜，岑势日炽。广州新任知州蒋之奇调兵遣将，以钤辖杨从先捕杀岑探，滥杀民众的士兵亦被诛。① 此次围新州不过一日，至明岑党即散去。是夜，天降大雾，"震风凌雨凝为冰泫"，因北方冷空气南下而致岭南出现霜冻，"群盗战栗，至不能立足；望城上甲兵无数，怖畏颠沛，随即溃散"②。官民又以为是南海王大显神威，状奏朝廷，皇帝"下太常拟定所增徽名，礼官以为王号加之六字矣，疑不可复加"。徽宗、钦宗"诏工部赐缗钱，载新祠宇，于以显神之赐"。官民皆"务极崇奉"③。虽然，《宋史·礼志》所载，"故凡祠庙额、封号，多在熙宁、元祐、崇宁、宣和之时"④，但与南海神相关的，不过就是在宣和六年（1124年）十一月封南海王"明顺夫人"为"显仁妃"，"长子封辅灵侯，次子赞宁侯，女封惠佑夫人"⑤。一人得道，鸡犬升天，北宋末南海王及其家眷皆有封号爵位。

除弭兵灾之险外，南海神日渐兴隆还与熙宁时程师孟修西城未降雨以及岭南大旱普降甘泽有关。上述侬智高起义，充分暴露了岭南防备松弛，"自是广大以无外城常伪言相惊，莫安其居"⑥。熙宁四年（1071年）十月，知州程师孟"举大筑"西城，避开"弥旬涉月而不休"的多雨季节，至五年春主要工程完工，"无一朝之雨而落"。且五年正月十七日"新城见于水中，逾数刻不没，海旁之民走观者无不骇异"，皆认为是南海神显灵所致。筑城之事利国利民，却遭到流言蜚语，程师孟易职之事布于朝野，"蕃汉之民"至庙乞神，乞留师孟，皆如所愿。熙宁六年（1073年）二月，师孟升迁为谏议大夫，再任广州知州⑦，官民又以为南海神庇佑

---

① 《续资治通鉴长编》卷三九一"哲宗元祐元年十一月丙子"条，《续资治通鉴长编》卷三九八"哲宗元祐二年四月癸巳"条。

② （宋）陈丰：《南海广利洪圣昭顺威显王记》，收入道光《广东通志》卷二一一《金石略》等。

③ 同上。

④ 《宋史》卷一百五《礼志》。

⑤ 《宋会要辑稿》礼二〇之八二、礼二一之十九。

⑥ 《续资治通鉴长编》卷二三七"熙宁五年八月戊子"条。

⑦ （宋）程师孟：《洪圣王事迹记》，《岭海名胜记》卷五《南海庙志》。

而致。

程师孟在广州"为守四年","谷登民阜,冠盗衰急,而瘴疠不作,蒙神之助居多"[1]。熙宁六年十二月至熙宁七年（1074年）十月,师孟六谒南海神,祈谢神降甘霖。先是六年十二月至次年正月"以天久不雨",祭祀天地百神及名山大川,程师孟率广州地方官员赴南海庙祭祀[2];此后,"两祷两谢,获应颇异"[3]。熙宁七年十一月,"上以久旱,精祷天下名山大川",师孟第五次奉诏"致祠南海洪圣广利昭顺王",精诚所至,"已而休应,云获复命,（程）公行赛谢之礼"[4]。三祈三报,南海神灵异可见一斑。

两宋之际,南海神庙的再次升迁与高宗有关。靖康元年（1126年）五月,高宗于应天府（治今河南商丘）称帝,改元建炎,随即南渡。绍兴七年（1137年）,高宗时在建康（治今江苏南京）,政权稍有稳定,恢复每年四立日分祭四方岳镇海渎之礼。[5] 由于高宗偏居东南,"国势偏安,不克振作,徒以加封神号为望佑之举,所谓听命于神也"[6]。东南为南宋龙兴之地,东海、南海自然得到高宗宠爱,绍兴七年九月,"独加封南海神为洪圣广利昭顺威显王"[7];绍兴十三年（1143年）、十六年（1146年）、二十五年（1155年）、二十八年（1158年）、三十二年（1162年）、乾道元年（1165年）等年,遣官郊祭五岳四渎四海后,专遣官去地方上祭南岳、南海、南渎[8];"自渡江以后,唯南海广利王庙岁时降御书祝文,令广州行礼"。而"国家驻跸东南,东海、南海实在封域内",乾道五年（1169年）,接受太常少卿林栗言,特封东海神八字王爵。[9] 东海神仿南海神加王爵八字,庇佑南宋半壁江山。

朝廷如火如荼祭祀南海神的同时,地方上南海神亦大显神威。乾道元

---

[1] （宋）程师孟:《洪圣王事迹记》,《岭海名胜记》卷五《南海庙志》。
[2] （宋）陈之方:《敕祠南海神记》,收入道光《广东通志》卷二〇七《金石略》等。
[3] （宋）富临:《南海庙程师孟祷雨记》,收入道光《广东通志》卷二〇七《金石略》等。
[4] （宋）苏咸:《南海庙谢雨记》,收入道光《广东通志》卷二〇七《金石略》等。
[5] 《宋史》卷一〇二《礼志》。
[6] （清）秦蕙田:《五礼通考》卷四七《吉礼·四望山川》。
[7] 《建炎以来系年要录》卷一一四"绍兴七年九月"条。
[8] 《中兴礼书》卷三十至卷三二《吉礼》。
[9] 《文献通考》卷八三《郊社考》。

年（1165年）春，"湖南盗起，入广东焚掠州县"①，"郴寇猖獗，侵轶连山"。广南路经略安抚使陈辉率官员"祓斋以请于祠下"。由于官军追剿，未几郴众北返，岭南安然。兵民皆以"神之威灵排难，如摧枯拉朽之易"，"式遏寇攘，唯神之灵"。②又过了两年，乾道三年（1167年）十月，广南东路市舶提举陶定以官缗修复南海东西二祠，新建风雷雨师殿。③外贸税收的官银用于修建南海庙，不能不与南海神保护海上交通平安有关。

随着南海王崇拜的兴盛，殿宇的富丽，每年南海王诞日农历二月十三日的庙会更是热闹非凡。淳熙六年（1179年）至九年，杨万里曾任广东提举常平、提点刑狱，曾作《二月十三日谒西庙早起》诗，"起来洗面更焚香，粥罢东窗未肯光"④。官民同庆诞日，东西庙皆异常热闹。嘉熙四年（1240年）至淳祐八年（1248年），刘克庄曾任广东提举常平、转运判官及提点刑狱、市舶提举等职，留下大量有关广州的诗文，其中"香火万家市，烟花二月村，居人空巷出，去赛海神祠"⑤，可谓是南海圣诞，广州万人空巷的真实写照。

宁宗庆元三年（1197年）夏，广东提举茶盐使徐安国"遣人入（大溪岛）捕私盐，岛民不安，即啸聚千余人入海为盗"⑥。大溪岛即今大、小万山群岛，拒珠江口要冲。新任广州知府钱之望一方面"即为文以告于（南海）神"，祈求南海神保佑平乱；另一方面调兵遣将，与大溪岛众四十余艘战于扶胥口前大海中，"军士争先奋击，呼（南海）王之号以乞灵"，纵火焚船，擒首徐绍夔，又捕余众。皆"益仰王之威灵，凡臣（钱之望）所祷，无一不酬"，得胜之时，官民皆以南海王神力相助，"阖境士民以手加额，归功于王，乞申加庙号，合辞以请"。"除已先出帑钱千缗崇饰庙貌外"，次年五月，尚书省下牒赐"英护庙"额。⑦这是继八字

---

① 《宋史》卷三三《孝宗纪》。
② （宋）陈丰：《南海广利洪圣昭顺威显王记》道光《广东通志》卷二一一《金石略》。
③ （宋）廖颙：《重修南海神庙》、康与之：《创建风雷雨师殿记》，道光《广东通志》卷二一一《金石略》。
④ （宋）杨万里：《诚斋集》卷一六《南海集·二月十三日谒西庙早起》。
⑤ （宋）刘克庄：《后村先生全集》卷一二《即事十首》、卷一九四《行述》。
⑥ （宋元）佚名：《两朝纲目备要》卷五"宁宗庆元三年夏"。
⑦ （宋）钱之望：《庆元四年五月尚书省牒》，道光《广州通志》卷二一二《金石略》。

王爵封号后，南海神的又一次封号。不过此次封号是封南海神宅。

综上所述，南海神无论在中央，还是在地方，弭兵灾之险，降旱之甘霖，庇佑国家社稷和地方安定，卫国护城，保佑南方水上交通畅达，都起到了不可替代的作用。就连熙宁九年（1076年）正月，宋廷遣使祭南岳、南海，告以南伐交趾等大事①，皆在南海王神职范围内。诸多刀光兵灾、旱魃施虐，皆化险为夷。南海王也步步高升，四次封号加爵，成为国家和地方上不可或缺的祭祀神灵。民间的祭祀和赛海神庙会也如火如荼。相对来说，南海神的升迁却与护卫南海海上交通关系不大。

南海神地域随着国家神灵的地方化，地方上也出现南海（广利、洪圣）庙。南海神的庙宇，林林总总，也已在广南东路各地建立起来。继熙宁广州府城建南海西庙、熙宁初东莞建分庙外，惠州也在元丰（或元符）时重葺南海（广利）王庙。由于"惠阳不理，上司欲不肖者往葺之"，修饰庙宇，"辟书上闻，朝议可之"。② 此为惠州广利王庙之证。负责修葺的人应是宋神宗元丰（或元符）时的英州知州。时郑侠得罪权势惠卿，流放英州，"得僧屋将压者居之，英人无贫富贵贱皆加敬，争遣子弟从学，为筑室以迁"。"哲宗立，始得归"，"元符七年（应作二年，元符无七年），再窜于英"。③ 因此，元丰（或元符）时郑侠应在英州，代郡守告谢广利王。郡守在英，"事叙功即，虽不足以尽善亦可谓粗完神之赐也"。即拜惠州知州，"适而非在哉，樽酒告谢而已"④。此人无考，在任应修复惠州广利王庙无疑。粤北的南雄郡城外南市附近也有"南海洪圣广利王庙"，"淳熙年间，通判临楫重修。绍定间，为贼所焚。五年，郡守黄公宬重建"。⑤ 今天在珠江三角洲一带残存的大量的"广利王""洪圣王"庙，仍用唐宋称号，或是宋时庙宇的延续，或有其他原因，但无论如何，都与宋时南海神的隆祀与香火旺盛有关。宋时这些南海祠庙的建立，虽然与上述所言"故凡祠庙赐额、封号，多在熙宁、元祐、崇宁、宣和王时"有关，但更多与南海神保佑一方平安有关。《夷坚乙志》卷四

---

① 《宋史》卷一五《神宗纪》。
② （宋）郑侠：《西塘集》卷五《代辞广利王（庙）》，四库全书本。
③ 《宋史》卷三二一《郑侠传》。
④ （宋）郑侠：《西塘集》卷五《代辞广利王（庙）》。
⑤ 元《南雄路志》，《永乐大典》卷六六五引，《永乐大典方志辑佚》（第四册），中华书局2004年版，第2481页。

第二章 起始：宋代国家正祀与地方海神信仰的互动　　77

《赵士藻》载："赵士藻，绍兴中权广东东南道税官。既罢，与同官刘令、孙尉共买舟泛海如临安。士藻挈妻子已下凡六人俱，初抵广利王庙下。舟人言：'法当具牲酒奠谒。'藻欲往，而令、尉者持不可。是夕，藻梦与二人入庙中，王震怒责之曰：'汝曹为士大夫，当知去就。大凡过一郡一邑，犹有地主之敬，今欲航巨浸而傲我不谒，岂礼也哉！'后神显灵，吞没舟船，仅赵士藻得免。"此种传说，足见南海神已成为地方"地主"神。

而蓬莱阁曾刻有宋知州朱处约《蓬莱阁记碑》云："嘉祐辛丑（六年，1061年），治邦逾年，而岁事不愆，风雨时若，春蓄秋获，五谷登成，民皆安堵。因思海德润泽为大，而神之有祠俾，遂新其庙，即其旧以构此阁，将为州人游览之所。"① 宋嘉祐碑足证东海庙位置有所移动，原址新建蓬莱阁。蓬莱阁在登州府城北丹崖山上，《县志》旧为海神庙，宋治平中知州朱处约移庙于西偏，于庙故基建阁，为州人游赏之所。从阁西折而下为海潮庵，庵左侧有海镜亭，（朱）处约有《蓬莱阁记碑》、苏轼《海市诗刻》亦在阁上。② 苏轼在修庙后二十多年，也来登临和祭祀海庙。苏轼于元丰八年（1085年）任登州知州，作"登州海市"诗，其序云："予闻登州海市旧矣，父老云尝出于春夏，今岁晚不复见矣。予到官五日而去，以不见为恨，祷于海神广德王庙，明日见焉乃作此诗。"③ 登州广德王庙应该早在唐时已经存在。上述北宋早期，登州是出使高丽出发港口，必然在此祭祀广德王。

## 第五节　宋代相关的海神传说与佛道的关系

继秦汉方士之后，唐宋时随着南海神等海神崇拜和祭祀日隆，有关海神灵异和传说日增。随着信仰的发展，其神的形象是由以动物为主的自由物神—半人半动物神—人形的神，人格化是神灵包括海神传说不断演变的主题。上述四海龙王形象早期是鸟身（南海神无）珥蛇践蛇，与早期东夷、越人图腾、崇拜有关。到唐宋时期，已经完全成为人的形象。诸如

---

① （宋）朱处约：《蓬莱阁记》，顺治《登州府志》卷二十《艺文中》。
② 雍正《大清一统志》卷一百三七《登州府》。
③ 《东坡全集》卷一五《海市》。

《太平广记》引《裴铏传奇》曰：唐长庆中，进士张无颇遇善易者袁大娘，袁赐无颇灵膏，无颇两次救南海神广利王女疾，二人结为夫妻。后无颇畏广利王夜至，于是迁移住处，"不知所适"①。值得一提的是，广利王女在第一次与张无颇相见后，曾《赠无颇诗》两首，一云："羞解明珰寻汉渚，但恁春梦访无涯，红楼日暮莺飞去，愁杀深宫落砌花。"又一云："燕语春泥堕锦筵，情愁无意整花钿。寒闺欹枕不成梦，香柱金炉自袅烟。"② 广利王女与凡人缔姻，这为广利王及王后说和姻缘，后世谢媒赛神提供了证据。

宋张君房《云笈七签》载道教故事。元徹、柳实二人同志访道于衡山，结庐栖遁，后从广州合浦县登舟南趋交趾，舟人水工在岸上观享神，忽飓风断缆漂舟入海，二人泊孤岛，见石室有白玉天尊像，前有金炉香尽。忽见海上有巨兽，一侍女捧香于天尊前。玉虚尊师乘彩云白鹿而至，告二人拜谒"居南海之中"的南溟夫人。南溟夫人赐馔，尊师以丹篆一卷授夫人，谓二人有道气，无忧归路。南溟夫人以装有灵药的盒子相赠，告以从百花桥归。千虬万龙相互绞结而为百花桥。送元徹、柳实归的使者有事相托，言己为水仙，与番禺少年相爱，有一子，南溟夫人将其子认作南岳郎君儿子。请二人看望其子。二人还合浦，已过十二年，各自还家，妻子也已谢世，遂厌世。还衡山回雁峰庙，按使者之嘱，投盒于此，瞬间有黑龙长数丈，激风喷电，折木拔屋，庙宇立碎，空中有人以玉环投之。二人将玉环送于岳庙，南岳郎君赠予还魂膏，二人遂各自活其妻。③

佛教以佛法无边，普救众生为信条，佛无处不至，无处不在。故佛经中亦有与海有关的神。《华严经》云："佛所游处，无不遍至，复与，不可思议。诸海神俱其名曰宝胜光明神、金刚慧神、普涌浪神、杂华龙神、宝华光明神、须弥庄严神、海音声神，如是一切，以佛无量功德之海而自充满。"《华严纲要》亦有无量主海神，所谓出现宝光主海神、成金刚幢

---

① 《太平广记》卷三一〇《张无颇》引。另（宋）曾慥：《类说》卷三二《传奇》、（宋）陈元靓：《岁时广记》卷四《暖金盒》及（清）崔弼：《波罗外纪》卷一《神灵》等皆引，同前。

② 《太平广记》卷三一〇《张无颇》引。另（宋）曾慥：《类说》卷三二《传奇》、（宋）洪迈编选：《万首唐人绝句》卷六六《七言》、清《御定全唐诗》卷八六四及《波罗外纪》卷一《神灵》等皆引，同前。

③ （宋）张君房：《云笈七签》卷一一六《南溟夫人》。

主海神、远离尘垢主海神、普水宫殿主海神、吉祥宝月主海神、妙华龙髻主海神、普持光味主海神、宝焰华光主海神、金刚妙髻主海神、海潮雷音主海神，如是等而为上首，其数无量，常勤救护，一切众生而为利益。①这些海神、海龙王对后世海上的龙王形成有一定的影响。其实，早在唐代，有关东海龙王的传说以及佛教中有关东海神记载已经开始在民间传播。东海海水广大，东海龙王亲属（其女或其子）都有司雨神职。（宋）张敦颐《六朝事迹编类》卷下《山冈门第六·梁祈泽夫人庙》记载，建康城附近二十三里祈泽寺之侧，《旧经》云：有初法师者，尝讲《法华经》于山中，有女郎来听，自回答为东海龙王女。"师告以山中乏水，后数日，忽闻风雨□作，向晓有泉出于座下。后遂为水旱祈祷之所，因号祈泽夫人。绍兴元年，旱祷有应，本府状其事于朝。且言已有祈泽夫人之号，因赐庙额曰嘉惠。"无独有偶，合肥县西广惠王庙就是为纪念东海少子降雨而亡修建。时为贞观，苦旱，僧人慧满结庵诵经，布衣男自称为东海龙王少子，答应僧降雨而亡。"僧乃携以葬，而民为之立祠，其后水旱祷之必验。"② 震泽（今太湖）洞庭山南有洞穴深百余尺，"一通枯桑岛东岸。益东海龙王第七女掌龙王珠藏，小龙千数卫护此珠"③。这些都是有关东海龙王藏宝，其子女有降雨神职，在民间的传说甚广。

　　早在唐代及以前，有关龙王的传说以及佛教、道教中有关海神记载开始流传，并在民间传播。《海龙王经》四卷，晋太康六年（285年）竺法护译④，后很快在江南利用。晋沙门竺昙盖在姑苏，"义兴五年大旱，陂湖竭涸，苗稼焦枯，祈祭山川，累旬无应。（刘）毅乃请僧设斋，盖亦在焉。斋毕，躬乘露航，浮泛川溪，文武士庶，倾州悉行。盖于中流，燔香礼拜，至诚慷慨，乃读《海龙王经》。造卷发音，云气便起。转读将半，沛泽四合，才及释轴，洪雨滂注，畦湖必满"⑤。晋慧远于庐山建立精舍，"天尝亢旱，远率诸僧转《海龙王经》，为民祈雨，转读未毕，泉中有物形如巨蛇，腾空而去，俄而洪雨四澍，高下普沾"⑥。开皇十四年，杭州

---

① 《古今图书集成·神异典》卷二八《海神部》引。
② 《方舆胜览》卷四八《淮西路·庐州》。
③ 《太平广记》卷四百一八《龙·震泽洞》。
④ 《开元释教录》卷二上《总括群经录》。
⑤ 《法苑珠林》卷七九《祈雨篇》。
⑥ 同上。

"亢旱，刺史刘景安请（南天竺法）师讲《海龙王经序》，既竟，骤雨滂注，自后有请随祷随应"①。讲佛经求雨，已成地方习俗。这些海龙王，施雨布泽，还不是后世专门的四海龙王。《宋史》卷二百五《艺文志》记载道家《江海龙王神仪都功版仪》一卷。这些仪式虽然是道教的科仪，但随着其民间化，逐步深入到民众中。

宋时有关南海广利王传说甚多，与这一时期南海王大显神通有关。庆历六年（1046年）进士刘攽，历秘书少监，知蔡州，后终于中书舍人。其撰《中山诗话》，一曰《贡父诗话》。刘攽与好言鬼神的蜀人李士宁相识，李有"术能"，"尝泛海值风，广利王使存问己"。② 人与神相通，相互请安。更有人以苏轼自撰《仇池笔记》云：

> 予一日醉卧，有鱼头鬼身者，自海中来，云广利王请。端明，余被褐履草黄冠而去。亦不知身步入水中，但闻风雷声，有顷，豁然明白，真所谓水晶宫殿也。其下骊目夜光、文犀尺璧、南金火齐，不可仰视，珊瑚琥珀，不知几多也。广利佩剑冠服而出，从二青衣。予曰："海上逐客，重烦邀命。"有顷，东蓬真人、南溪夫人造焉。出鲛绡丈余，命予题诗，予赋曰："天地虽虚廓，唯海为最大。圣王皆祀事，位尊河伯拜。祝融为异号，恍惚聚百怪；二气变流光，万里风云快；灵旗摇虹蠹，赤虬喷滂湃；家近玉皇楼，彤光照无界；若得月明珠，可偿逐客债。"写竟，进之。有鳖相公言："苏轼不避忌讳祝融字，犯王讳。"王大怒，予退而叹曰："到处被鳖相公败坏。"③

苕溪渔隐曰："此事恍惚怪诞，殆类传奇异闻所载。又其诗亦浅近，不似东坡平日语，好事者为之，以诳世耳。"④

嘉祐年间（1056—1063年），广州渔者网得一重百斤大鱼，人面龟身，腹有数十足，颈下有两手如人，其背似鳖，项有短发，脑后一目，胸腹五色，绀碧可爱。夜晚，鱼言人声："因争闲事离天界，却被渔人网取

---

① 《咸淳临安志》卷七十《人物·方外》。
② （宋）刘攽：《贡父诗话》，载《说郛》卷八二上。
③ （宋）曾慥：《类说》卷十《仇池笔记·广利王召》。
④ （清）查慎行：《苏诗补注》卷四八《古今体诗》引。

归。"渔者不觉失声，鱼不复言。明日，蒋庆求之，取海水养之，后鱼言曰："我，龙之幼妻也，因与龙竞闲事，忿然离所，至近岸，不意入渔网中。如若杀我，无益，放我，当有厚报。"蒋庆即以小舟载入海，深水而放之。后龙幼妻使人执美珠，以报其不杀之恩。此事多传闻者，刘斧见蒋庆，得其实而书之。① 更有甚者，传闻南海广利王兵，旌旗辉映，铙歌震川，为宋廷先锋，助官军剿灭侬智高起义。② 南海神广显神通，使其更加活灵活现地成为庇佑社稷与地方安定的保护神。

建中靖国元年（1101年），豫章郡守黄鲁直读荆州江亭柱间词："帘卷曲，栏独倚，山展暮天无际，泪眼不曾晴，家在吴头楚尾，数点雪花，乱委扑洒，沙鸥惊起，诗句欲成时，没入苍烟丛里。"从笔势来看疑为女子所作，从"泪眼不曾晴"之句疑为鬼。是夕，有女子告鲁直曰："我家豫章吴城山，附客舟至此坠水，不得归，登江亭有感而作，不意公识之。"鲁直惊悟曰："此必吴城小龙女辈也。"至乾道六年（1170年），豫章太守吴明可授予与其子同年登科的朱景文（一作景父）新建县县尉，时修吴城龙王庙，命朱管理修复。忽忆荆州词，为赋《玉楼春》一阕，书于女祠壁。是夜，梦旌幢羽葆，仪卫甚盛，传言龙女来谒，宴饮寝昵，如经一日夜。言谈潇洒，风仪穆然，将别，谓朱曰："君前身本南海广利王幼子，行游江湖为我家婿，妾实得奉箕帚。今君与吾相会，不忘吴城之念。以故得禄多在豫章之分。它日君官南海，阳禄且尽，万望怪罪与妾。"言讫，怆别而去。朱某既觉亟书其事，识之，特未悟南海语耳。后浸淫病瘵，挽使罢归。明年，丁艰，服阙，调袁州，分宜主簿。县内士子来谒，偶及主簿廨前有南海王庙，朱恍然自失，明日，抱疾遂不起，竟未尝得至官。③

元至正四年（1344年），南海广利王邀潮州士人余善文入水府，欲别构一殿，请余制上梁文。余善文俯首听命，一挥而就，文不加点，书拟词文一首。广利王大喜。卜日落成，发使诣东西北三面海，请其王赴庆殿之会。翌日，三神皆至，从者千乘万骑，神蛟毒蜃，踊跃后先，长鲸大鲲，

---

① （宋）刘斧：《青琐高议》后集卷三。
② 同上。
③ （清）潘永因：《宋稗类抄》卷二九《报应》。同见（清）徐釚撰《词苑丛谈》卷十二《外编》、崔弼《波罗外纪》卷一《神灵》。

奔驰左右，鱼头鬼面之卒，执旌旄而操戈戟者，又不知其几多也。是日，广利顶通天之冠，绛纱之袍，秉碧玉之圭，趋迎于门，其礼甚肃。三神亦各盛其冠冕，严其剑珮，威仪极俨恪，但所服之袍，各随其方而色不同焉。叙暄凉毕，揖让而坐。余善文亦以白衣坐于殿角。酒进乐作，有美女二十人，摇明珰，曳轻裾，于筵前舞凌波之队，歌《凌波之词》。复有歌童四十辈，倚新妆，飘香袖，于庭下舞采莲之队，歌《采莲之曲》。二舞既毕，然后击灵鼍之鼓，吹玉龙之笛，众乐毕陈，觥筹交错。东西北三神共请善文赋诗，善文不可辞，遂献《水宫庆会诗二十韵》。诗进，座间大悦。已而，日落咸池，月生东谷，诸神大醉，倾扶而出，各归其国。明日，广利特设一宴，以谢善文，赐珠宝犀角，为润笔之资。善文归家，携所得于波斯宝肆鬻焉，获财亿万计，遂为富族。后弃家修道，遍游名山，不知所终。①

《太平广记》云："江南内臣朱廷禹，言其所亲，泛海遇风，舟将覆者数矣。海师云：'此海神有所求，可即取舟中所载，弃之水中。'物将尽，有一黄衣妇人，容色绝世，乘舟而来，四青衣卒刺船，皆朱发豕牙，貌甚可畏。妇人竟上船，问有好发髢可以见与。其人忙怖，不复记，但云：'物已尽矣。'妇人云；'在船后挂璧箧中'。如言而得之。船屋上有脯腊，妇人取以食四卒。视其手，鸟爪也。持髢而去，舟乃达。"② 黄衣妇为海神，后来在沿海间有祭祀。

历代有关海神的传闻不绝于书。除以上所录外，诸如《梦溪笔谈》所载，登州海中时有云气入宫室、台观、城堞，人物车马冠盖历历可见，谓之海市。③《春明退朝录》云：河北沧（州）景（州）间，冬月夜半闻车旂马兵之声，几达旦不绝，人云此海神移徙，五、七年间一有之。④"海市蜃楼""海神移徙"等海边奇观，成为后人附会海神宫殿及生平事迹的事实。海神的虚无缥缈、灵异以及人们海上航行、祈求海神的保佑等等诸多原因，形成了人们对海神的崇拜和祭祀。

历代海神崇拜的形成，还与人们所认为海神法力神通广大有关。海神

---

① （明）瞿佑：《剪灯新话·水宫庆会录》。
② 《太平广记》卷三百一四《神二十四·朱廷禹》引《稽神录》。
③ （宋）沈括：《梦溪笔谈》卷二一《异事》。
④ （宋）宋敏求：《春明退朝录》卷中引欧阳少师语。

广纳百川，有水之功效。呼江神名奇相、东海神名禺强、北海神名禺京、南方神名延维，"入火不烧"①。海神神通广大、驱邪医病。《养生方》导引法云："常以鸡鸣时存心念四海神名三遍，辟百邪止鬼，令人不病。东海神名阿明，南海神名祝融，西海神名巨乘，北海神名禺强。"② 而高龄妇女生产时采用的体元（玄）子法，却怕四海神王玷污，妇人"四十九岁，行年在甲艮正七月震坎辰戌日；在正东偏南乙，在正西偏南庚，黄色衣东北首，东北方黄衣师看产，坐产时更用后法：体玄子借地法"③。何谓"体玄子借地法"呢？

> 体玄子借地法，咒曰："东借十步，西借十步，南借十步，北借十步，上借十步，下借十步。壁方之中四十余步，安产借地，恐有秽污。或有东海神王、或有西海神王、或有南海神王、或有北海神王、或有日游将军、白虎夫人远去十丈，轩辕招摇举高十丈，天符地轴入地十丈，令此地空闲，产妇某氏安居无所妨碍，无所畏忌，诸神拥护，百邪逐去，急急如律敕。"④

道教将四海神驱邪去病等用途发扬光大，甚或一切灾难皆心念四海神名方可化险为夷。

> 或有殃害之气，军阵险难之处，及入他国未习水土，或遇疫病，辰日数数存念之。或入孝家临尸见丧，亦入门一步诵一遍，叩齿三下，当诵三遍，此我法也。来日早觉，便念四海神名：东海神名阿明、西海神名祝良、南海神名巨乘、北海神名禺强，四海大神辟百鬼，荡凶灾，急急如律令。⑤

---

① （明）徐应秋：《玉芝堂谈荟》卷一三《陪阿鲑蜽》。
② （隋）巢元方：《巢氏诸病源候总论》卷十《温病候》、另见（宋）庞安时《伤寒总病论》卷五《辟瘟疫论》。
③ （宋）陈自明：《妇人大全良方》卷一六《坐月门》。同见（宋）陈师文《太平惠民和剂局方》卷九《治妇人诸疾》、（明）朱橚《普济方》卷三四四《妊娠诸疾门》。
④ 同上。
⑤ （宋）张君房：《云笈七签》卷一四《三洞经教部·黄庭遁甲缘身经》。

总之，海神的出现和海神崇拜的形成，与早期人们崇拜自然，对包括海神在内的自然认识不足，而海洋等自然界的神秘莫测，变化多端，又为人们崇拜的形成提供了丰富的素材。虽然唐代"司中、司命、风师、雨师、众星、山林川泽、五龙祠等及州县社稷释奠为小祀"①，更多是五龙与五方司雨关系，与海神的关系不大。随着海神等神灵的不断神化，其功效和作用日益增加，加之人神的相互感应，人们对海神等自然神的崇拜日益隆重。后世上至帝王，下至民间，出现诸多封号和祭祀也就不足为怪了。民间传说与佛道相关龙王的传播，经过唐代的积淀，宋代有关海龙王的传说开始普及开来。这些都为龙王崇拜与海神的进一步结合准备了条件。这也是后来沿海龙王庙宇不仅有司雨而致丰歉的神职，也有保佑沿海航行以及海上安全的神职。

提到佛教的海神，民间化、广泛化最深的便是观世音（观音）菩萨信仰，东汉时的《成具光明定意经》就有"观音"称谓。魏晋时，僧侣与信徒都有念《观世音经》②，建观世音像③。由于"观音妙智，力能救世间苦"④，其信仰不断中国化，其形象也从男身而变为女像。观音菩萨端庄慈祥，手持净瓶杨柳，具有无量的智慧和神通，大慈大悲，普救人间疾苦。她是大成佛教慈悲救世精神的最深刻诠释。当然，观音院也在各地建立起来。福州万岳里天宝二载建五仙观音院，福州连江县集政里元和四年（809年）建峡山护国观音院。⑤ 宁波一带，大中六年（852年）在慈溪县东北十里建普陀院，也称大中观音院。⑥ 八年后，即大中十四年在昌国县北五里建观音院，宋治平元年（1064年）赐普慈院⑦；而许多寺观，后因观音灵应，而改称观音寺。梅岑山观音宝陀寺，在昌国海中，后梁贞明二年（916年）建，后又称观音寺，"以观音著灵，使高丽者必祷焉"。元丰三年（1080年），内殿承旨王舜奏请，改建赐名"宝陀"，"许岁度僧一人"；嘉定七年（1214年），宁宗御书"圆通宝殿"赐之，给一万缗

---

① 《唐六典》卷四《尚书礼部》。
② 《晋书》卷一一五《苻丕载记》，"（徐）义诵《观世音经》，至夜中，土开械松"。
③ 《通志》卷七三《金石略》"北齐观世音石像碑"。
④ 《五灯会元》卷三《马祖一禅师法嗣·智常禅师》。
⑤ 淳熙《三山志》卷三三、三四《寺观类》。
⑥ 宝庆《四明志》卷一七《慈溪县志》。
⑦ 宝庆《四明志》卷二十《昌国县志》。

钱修寺，寺院常有田四六七亩，山一千六百〇七亩。① 此庙因庇佑使臣海上交通，与国家封号赐爵有关。

实际上，由于宁波是通往高丽、日本的重要交通要道，唐咸通四年（863年），日僧慧锷从五台山请得观音像回国，途经普陀山海面时触新螺礁受阻，祈祷神并于潮音洞登岸，留佛像于民宅中供奉，称"不肯去观音院"，后于城中建观音道场。元丰三年（1080年），王舜"封使三韩，至是有大龟负舟，不听去，望山作礼，忽龟没，而舟行，洎，还以其事上之"，朝廷赐银赐名"宝陀"。时日韩等国来华经商、朝贡者，也开始慕名登山礼佛，普陀山渐有名气。绍兴元年（1131年）宝陀观音寺住持真歇禅师奏请朝廷允准，易律为禅。嘉定八年（1215年），佛照禅师任主持，"值中殿赐金钱，喧动都城，缁白从化"②，"唯大士以三十二应身入诸国土，现八万四千手臂目接引群生，与五台之文殊、峨眉之普贤，为天下三大道场"，观音道场从此成为浙东乃至沿海最大的观音道场。

观世音之前，民间早期的海神包括四海龙王多男性神形，随着观世音的中国化，其成为我国海神信仰中的一位女性神形，位列中国女性海神前列，并且逐渐压倒四海龙王信仰，并进一步取而代之。究其原因，四海龙王相貌怪异狰狞，性格暴戾无常，权势虽然显赫，但常兴风作浪，残害渔夫舟子，是以恶神的形象出现。渔民所以信仰供祭，是出于惧怕心理，迫于龙王权势，怕招来祸灾，为此而典祭供奉，以求平安、丰收和吉祥。观音则不同，中国化了的南海普陀观音，是个慈眉善目的女神，性格温和慈祥，乐于助人，救渔夫于狂风巨浪的苦难之中，而且佛法广大，无处不在，一呼即灵，是以善神的面目出现。二者对比，在民间观音的海神信仰当然渐渐压倒了四海龙王。当然，后来的妈祖也成为中国沿海最大的女性神灵之一，但其与观音信仰来源不一，发展脉络不尽相同。

---

① 宝庆《四明志》卷二十《昌国县志》。
② 元《昌国州图志》卷七《寺院》。

# 第三章

# 持续：元代国家正祀与地方
## 海神信仰的互动

## 第一节 元代国家礼制中的海洋神灵的祭祀

元朝太常寺掌祭祀岳镇海渎之事，"岳镇海渎代祀，自中统二年始"。世祖中统二年（1261年）七月乙丑，"遣使持香币祀岳渎"①。实际上，早在中统元年（1260年）四月，"钦奉诏书，内歙五岳四渎、名山大川、历代圣帝明王、忠臣烈士，载在祀典者，所在官司岁时致祭"②。时南海庙等南方之地仍为南宋所辖，只能于莱州遥祭。其岳镇海渎"凡十有九处，分五道"。按照东西南北中分作五道，但实际上所遣为三道。以东岳、东海、东镇、北镇为东道；中岳、淮渎、济渎、北海、南岳、南海、南镇为南道，北岳、西岳、后土、河渎、中镇、西海、西镇、江渎为西道。"既而，又以驿骑迂远，复为五道。道遣使二人，集贤院奏遣汉官，翰林院奏遣蒙古官，出玺书给驿以行。中统初，遣道士，或副以汉官。"③中统祀岳镇海渎开蒙元之朝先河。既然"道遣使二人，岁往祠之，历朝以为常，不悉载"④，祀岳镇海渎应每岁进行。

元代每年祭祀岳镇海渎制度自至元三年（1266年）四月始，规定每岁"立春日祀东海于莱州界"，"立夏日遥祭南海、大江于莱州界"，"立秋日遥祭西海、大河于河中府界"，"立冬日遥祭北海于登州界"。时广东

---

① 《元史》卷四《世祖纪》。
② 《大元圣政国朝典章》之《圣政·崇祭祀》，中国广播电视出版社影印元刊本，1998年。
③ 《元史》卷七六《祭祀志》。
④ 清乾隆官修：《续文献通考》卷六九《郊社考》。

未入元朝版图，只有在莱州遥祭。而西海、北海仍是遥祭，祭祀地点北海已经迁移到登州。"祀官，以所在守土官为之。"① 从至元十三年（1276年）到至元十五年（1278年）十一月，元军先后四次攻破和三次撤出广州②。时战火未息，祭祀之事应未能进行。

至于至元十五年（1278年），唯南海女神灵惠夫人"以护海运有奇应，加封天妃神号，积至十字，庙曰'灵慈'"③。此天妃虽号曰"南海女神"，与四海之一的南海神并没有什么根本的联系。只不过是前者适应宋代以后海上航行需要，加上其本身为女性，更能适应广大民众的需要，特别是护佑海上漕运而得统治者封号，其后这种天妃崇拜日隆，逐渐凌驾于作为国家祭祀的南海神之上（详下）。

从至元十六年（1279年）起，南海王的祭祀应在元王朝新统治下的广州进行，遥祭取消。由于南海正庙毁于战火，改于广州南海西祠祭祀。至大德九年（1305年），广州南海东庙建成后，祭祀地点移至广州南海东庙。④ 元朝岁祀南海神，"祀必有记"，岁祀和祀记成为祭祀南海神的重要内容之一。至元末，祀记保存仅有三分之一，但仍成为我们研究南海神的重要内容。

从元代祭祀官员的等级来看，除了后期至正十五年（1355年）这次派遣使臣官品较低（是否与路途有战乱有关，值得考虑）外，有元一代派遣使臣官品基本上都在四品以上，而且常常派遣两人或多人同行，这与蒙古统治者重用蒙古人有关。仅从祭祀南海神的钦差来看，反映出元代还是重视包括南海神在内的岳镇海渎的祭祀。但将南海神与其他三海神相比较，已经看不出南海神在南汉、宋代特有的突出作用了。南海神等同于其他四海神，证明南海神的繁荣时期已经过去。

"宋未尝不以海庙为重。"元代在占领北方之初，中统二年（1261

---

① 《元史》卷七六《祭祀志》，（明）王圻：《续文献通考》卷一百九《郊社考》，载在元贞二年，误。

② 方志钦、蒋祖缘：《广东通史》（古代上册），广东高等教育出版社1996年版，第928—933页。

③ 《元史》卷七六《祭祀志》。

④ 王元林：《国家祭祀与海上丝路遗迹——广州南海神庙研究》，中华书局2006年版，第217—233页。

年）就遣道士訾洞春代祀东海广德王庙。① 至元二十七年（1290 年）九月辛亥"修东海广德王庙"②；至元二十八年（1291 年）东海神加封广德灵会王，"率以岁之春分，遣使者驰驿赍香，徧诣其祠而礼焉。将发，上斋洁临轩举香□祝而授之，其所以致崇拯之意，为民祈福如此"。皇庆二年（1313 年）"光禄大夫翰林学士承旨臣僧家以故事奉命行香于东海神庙"，见庙陈旧，又遇海市蜃楼，奏请建庙。

> 以积岁所赐白金及县官宿有材木瓴甓修营之，经五月修成。尝考国家定鼎都邑东渐之地，视南北西三方为近。故京畿凡有水旱依赖叩祷为尤切。修庙之年春，以久不雨恐无麦禾，命集贤大学士臣托欢、翰林待制臣蔡文渊，奔走揭虔，以告其应如响。于以见上之至诚可以感神。神之灵贶可以佑国继自今亿万年之福祚，与东海之水浩浩其无极也。

并与延祐元年（1314 年）三月二十八日派人祭祀东海神庙③。由此看来，东海神的神职多是庇佑旱灾与国家政权的稳定。至顺三年（1332 年）、至正四年（1338 年）大加增修东海庙，"而奉使致祭者，或赍金幡、或赍金银盒，每为不绝"④。国家祭祀常态，修庙间有，足以反映国家礼制层面的海神，与朝廷的皇权紧密相连。

元代对东海神的祭祀与南海神一样，为国家社稷而祭祀的。这种正祀出于对国家皇权保护的需要，而通过国家礼仪表现在文化上对皇权的护卫需要，修庙祭祀是正常的维护，以保证这一国家正祀神灵的神圣性。虽然随着海上漕运的日隆，天妃封号叠加，但与一般的地方神灵纳入国家的体制不一样，岳镇海渎更多表现在国家社稷的稳定，其隐喻作用不言而喻。而天妃等地方神灵在海上交通等方面的神职，却是其光环不断放大的重要原因。

---

① 《元史》卷四《世祖纪》。
② 《元史》卷一六《世祖纪》。
③ （元）蒲道源：《闲居丛稿》卷一六《东海神庙碑》。
④ （明）佚名：《海庙祀典考》，雍正《山东通志》卷三五之一七《艺文》。

## 第二节　元代海上漕运与天妃信仰的广布

元代有关天妃的重大事件莫过于漕运对天妃的封号叠加，使这一东南沿海的海神从区域性逐步变成全国性的沿海海神，而且沿海州、重要的交通节点、要道等，都成为天妃神灵信仰的重要场所。元至元十八年（1281年），"唯尔有神，保护海道，舟师漕运，恃神为命，灵威赫濯，应验昭彰。自混一以来，未遑封爵，有司奏请，礼亦应之"。福建道市舶提举蒲师文奏请朝廷封号"护国明著天妃"，"以孚佑我黎民，阴相我国家"。① 元朝第一次因漕运封号在元程端学《积斋集》卷四《灵济庙事迹记》也有记载。这次封号为天妃诞生地市舶官员提请，与海上漕运有关。

第二次封号在至元二十六年（1289年），还是因"水行受职，永赞皇运之昌。祇服微恩，懋弘宠贶，可嘉封'显佑'"②。《使琉球杂录》也对此次封号加以记载。③《元史·世宗本纪》记载至元二十五年（1288年）六月癸酉，"诏加封南海明著天妃为广佑明著天妃"。此次封号也是因海运漕粮而加封。"广佑""显佑"，还需考索。

大德三年（1299年）二月，诏封"泉州海神曰护国庇民明著天妃、浙西盐官州海神曰灵感弘佑公、吴大夫伍员曰忠孝威惠显圣王"④。此次受封为元代第三次封号，而受封为泉州天妃，其他海神与其一起受封，"以漕运效灵"⑤。

> 天妃庙在（鄞）县甬东隅，皇庆二年重建。延祐元年（1314年）十月，内钦奉制书：爱人利物，仁克著于重溟；崇德报功，礼宜增于异政。肆颁纶命，用举彝仪。护国庇民广济明著天妃林氏，圣性明通，道心善利。当宏往纳来之际，有转祸为福之功。祥飙送帆，曾闻瞬息；危樯出火，屡阐神光。有感必通，无远弗届。顾东南之漕引，实左右其凭依。不有褒恩，曷彰灵迹？于戏，爵以驭贵，唯新懿

---

① （明）林尧俞、（清）释照乘等：《天妃显圣录》之《历朝褒封致祭诏诰》。
② 同上。
③ 《钦定日下旧闻考》卷八八《郊坰》引。
④ 《元史》卷二十《成宗纪》。
⑤ （元）程端学：《积斋集》卷四《灵济庙事迹记》。

号之加；海不扬波，尚冀太平之助。可加封"护国庇民广济明著天妃"，主者施行①。

这是元代第四次封号，也是与漕运有关。随后英宗至治元年（1321年）五月辛卯、三年（1323年）二月辛卯"海漕粮至直沽，遣使祀海神天妃"。②

泰定帝于至治三年八月庚午"以即位大赉后妃诸王百官"，"遣使祀海神天妃"③。天妃在国家大事中的地位十分重要。泰定二年（1325年）九月己酉"海运江南粮百七十万石至京师"，癸丑"车驾至大都，遣使祀海神天妃"④，祭祀仍与海上漕运有关。三年（1326年）七月"遣使祀海神天妃"；八月辛丑作天妃宫于海津镇，天妃不断灵异，与海上漕运终点海津镇建庙已是必然。四年（1327年）七月"遣使祀海神天妃"；致和元年（1328年）正月甲申"遣使祀海神天妃"⑤，国家遣使祭祀已成惯例。

天历二年（1329年）十月己亥，加封天妃为"护国庇民广济福惠明著天妃"，赐庙额曰"灵慈"，遣使致祭。⑥ 此次由于"漕运副万户八十监运，舟至三沙，飓风七日，遥呼于神，夜见神光四明，风恬浪静，运舟悉济，事闻加今封庙'灵慈'"⑦。"唯南海女神灵惠夫人至元中以护海运有奇应，加封天妃神号积至十字，庙曰'灵慈'。直沽、平江周泾、泉、福、兴化等处皆有庙。皇庆以来岁遣使赍香遍祭，金幡一合、银一铤付平江官漕司及本府官，用柔毛、酒醴，便服行事。祝文云：'维年月日，皇帝特遣某官等致祭于护国庇民广济福惠明著天妃。"⑧ 第五次封号，祭祀地点以漕粮南运的起点苏州周泾为要，正是天妃灵佑海上漕运的体现。至顺三年（1332年）纳臣公言："余押运至莱州洋，风大作祷之。夜半，见

---

① 《延祐四明志》卷一五《祠祀考》。
② 《元史》卷二七、二八《英宗纪》。
③ 《元史》卷二九《泰定帝纪》。
④ 同上。
⑤ 《元史》卷三十《泰定帝纪》。
⑥ 《元史》卷三三《文宗纪》。
⑦ （元）程端学：《积斋集》卷四《灵济庙事迹记》。
⑧ 《元史》卷七六《祭祀志》。

神像顿息。其随感而应类此。"① 至顺四年（1333年），"海道都漕运万户府，岁以舟若干艘转输东南民租三百万石有奇。由海不旬日达京师者几数十年飓风不作，斥冥顽不灵之物以避，皆护国庇民广济福惠明著天妃之力。国有恒典，岁遣使致祭报神"，翰林修撰、承直郎、同知制诰兼国史院编修官宋褧"奉命代祀"②。历代奉命祭祀天妃已成惯例。

至正元年（1341年）十月庚申。

> 重修宁波鄞县灵慈庙，成。庙史述鄞人之意，以事状来曰："国朝岁漕米三百万石给京畿，千艘龙骧，鲸波万里，飓风或作，视天若亩，号神求援，应捷枹鼓，灵光一烛，易危为安。舍我护国庇民广济福惠明著天妃，其将谁赖？故岁时天子遣使致祭，礼秩与岳镇海渎等；屡加封号，宠赐庙额，庙宇损坏，官为修葺。凡神之所以护国与国之所以报神可谓至矣。"③

天妃仍有功于海上漕运。至正十四年（1354年）十月甲辰"诏加号海神为辅国护圣（护国辅圣）庇民广济福惠明著天妃"④，第六次封号，也应是漕运封号。

漕运出发的昆山州十分重要，这里的天妃庙也有多处。一在天妃庙所在的刘家港。刘家港即娄江尾也，在州东一百里（嘉靖志作七十里），据明《昆山续志》云："自娄门历昆山县以东直达于海者，皆为娄江，俗呼为刘家港云。"⑤ 而弘治《太仓州志》又引宋邱与权《至和塘》，以为"自苏之娄门七十里至昆山者名昆山塘"，即至和塘。而由昆山县至太仓为太仓塘。"以二塘俱在旧娄县之境，故又总谓之娄江。"⑥ 嘉靖《太仓州志》引元周文英《三吴水利》、永乐间夏元吉奏疏、邱浚《海运考》，"皆谓刘家港、昆山、太仓诸志考并同，疑为'娄'，盖乡音'娄'与

---

① （元）程端学：《积斋集》卷四《灵济庙事迹记》。
② （元）宋褧：《燕石集》卷一二《平江天妃庙题名记》。
③ （元）程端礼：《畏斋集》卷五《重修灵慈庙记》。
④ 《元史》卷四三《顺帝纪》。
⑤ 弘治《太仓州志》卷一《山川》引。
⑥ 同上。

'刘'互呼，今邨鄙间呼'娄塘'为'刘塘'可证"①。则以为刘家港乃娄家港。娄江刘家港北澛漕口有天妃行宫，元至元二十六年（1289年）建于崇明西沙，后毁于海潮；至正三年（1343年）移建于此，十五年（1355年）毁于兵灾，后又重建②。从至元二十六年到至正三年，"若大澛漕灵济宫，则尤典礼尊崇者也。盖海舟岁当春夏运，毕集刘家港，而澛漕实当港之冲，故天妃宫之在澛漕者，显敞华丽，实甲他祠。国家首重漕饷，既开漕府于吴，岁每分江浙省宰臣一人督运。当转漕之际，宰臣必躬率漕臣、守臣，咸集祠下。卜吉于妃，既得吉卜，然后敢于港次发舟"③。刘家港北澛漕口在漕运地位十分重要，在此的天妃庙地位也是保佑航运的重要神灵。

皇庆二年（1313年）昆山州治所迁治太仓。太仓天妃庙一在周泾桥，即《元史·祭祀志》所载周泾天妃祠（灵慈宫），此庙为至元二十九年（1292年）海道万户朱旭建，"为天妃祝厘之所"④，为元漕运祈答天妃所建，"神之宠灵益大，众之凭借益深"，"门庑殿寝，秩秩有严"⑤。周泾桥号称"海门第一桥"，天妃祠位于太仓城东南隅⑥，城东半泾横"水面弘广，帆樯云集"，"鱼船商舶喜通津，锤鼓椎牛祀海神"⑦。天妃庙附近即为太仓南关，号称"六国码头"，"外通琉球、日本等国"⑧，"粮艘海舶蛮商夷贾，辐凑而云集"⑨。元时"马头通六国，曾泊岛夷船"⑩。"漕海转输，古今来宜有尸冥，权于冲漠者于是建灵济宫祠天妃，祭秩视海岳有加。每粮船遇风，舟之人望拜哀号，必睹神灯降舟之柁楼。其灵迹章章如是，故所在祠祭唯谨。而在吴为尤著。太仓之周泾灵济宫尤大，每春夏运行，省官躬率漕吏守土吏大祭祠下，必慎选谷旦而卜之，得吉卜舟乃敢

---

① 嘉靖《太仓州志》卷一《疆域》。
② 嘉靖《太仓州志》卷十《寺观》。
③ （元）郑元祐：《侨吴集》卷十一《重建澛漕天妃宫碑》。
④ 正德《姑苏志》卷三十《寺观下》。
⑤ 弘治《太仓州志》卷十下，（元）舍里性古：《灵慈宫原庙记》。
⑥ 弘治《太仓州志》卷一《山川》。
⑦ 嘉靖《太仓州志》卷一《疆域》引（明）马麟《半泾潮生》。
⑧ 嘉靖《太仓州志》卷一《疆域》。
⑨ 弘治《太仓州志》卷一《沿革》。
⑩ 弘治《太仓州志》卷十上，（明）桑琳：《重过太仓》。

动。"① 周径灵慈宫成为元后期重要的海运官祭场所之一。

昆山州之上的平江路（治今苏州），治所在吴县、长洲县，元泰定四年（1327年），"海道都漕运万户府奉旨敕建"于北寺东。② 此与泰定三年直沽海津镇建庙，同为海上航运建庙。而常熟州（治今江苏常熟）福山港，地处长江口，"以国家漕海运，万里鲸波，唯天妃是赖，爰即（东岳）庙之左作天妃宫"③，也是与海运有关而建庙。

正是漕运重要，除平江路外，其他海上漕运沿途也有建庙。《元史·食货志》云："初海运之道，自平江刘家港入海，经扬州路通州海门县黄连沙头、万里长滩开洋，沿山澳而行，抵淮安路盐城县，历西海州、海宁府东海县、密州、胶州界，放灵山洋投东北路，多浅沙，行月余始抵成山。"至元二十九年朱清等言："其路险恶，复开生道。自刘家港开洋，至撑脚沙转沙咀，至三沙、洋子江，过匾担沙、大洪，又过万里长滩，放大洋至青水洋，又经黑水洋至成山，过刘岛，至芝罘、沙门二岛，放莱州大洋。抵界河口，其道差为径直。"次年，千户殷明略又开新道，"从刘家港入海，至崇明州三沙放洋，向东行，入黑水大洋，取成山转西至刘家岛，又至登州沙门岛，于莱州大洋入界河当。舟行风信有时，自浙西至京师，不过旬日而已，视前二道为最便云"④。处于山东半岛顶端的成山角，为海运必经之地和重要节点，在此也建天妃庙。延祐元年（1314年）黄头公唐古氏世雄，就任海道都漕运万户府副万户，"亲运米二百七十万，迁显武将军海道都漕运万户，佩双珠虎符。前后九渡海，而海运之事无所不周"。其在海运中十项功绩可书，"其九曰：运舟冒险以出，常赖祷祠以安人心，若所谓天妃、海神、水仙等祠，凡十余处，朝廷给牲牢醮祭之费，岁为中统钞百定，而实不给也。公请假官本千封以贷人，收子钱以供，其事罢，官给之费，而岁事丰备。舟行以成山为望，常苦雾起不见而冒行以败，公请立置成山祠以祷，朝廷从之"⑤。延祐时朝廷发给中统钞祭神，并在成山建天妃庙。成山头为渤海、黄海分界，为山东半岛向东入

---

① （元）郑元祐：《侨吴集》卷十一《前海道都漕运万户大名边公遗爱碑》。
② 乾隆《江南通志》卷四四《寺观》。
③ （元）郑元祐：《侨吴集》卷九《福山东岳庙兴造记》。
④ 《元史》卷九三《食货志》。
⑤ （元）虞集：《道园学古录》卷四一《昭毅大将军平江路总管府达噜噶齐兼管内劝农事黄头公墓碑》。

海处，漕船航标，故在此建庙以利航行。

登州历来为海上仙山出没之处。宋嘉祐时已在丹崖山建蓬莱阁，崇宁中向西迁移东海神庙（灵祥庙）。后不知从什么时候起，灵祥庙从祭祀东海神变成了显应神妃（天妃），而把东海神庙又向西移（即今蓬莱阁龙王庙）。《古今图书集成·职方典·登州府部》云："灵祥庙，祀海神。旧在沙门岛，今在丹霞山。宋崇宁间赐额，元至正间加感应天妃碑额，顺帝元统十三年（应为至元十四年）加号辅国护圣庇民广济福惠明著天妃。"①实际上，灵祥庙有二，一在沙门岛，一在登州丹崖山。② 丹崖山天妃庙既然与东海神庙共处一地，就有必要把东海神与天妃建立起关系。元刘遵鲁《漠岛记》云："登州，青之鱼盐地也，县治蓬莱，民频海者，奉海神尤切。海之半有山曰漠岛，庙曰灵祥，神曰显应神妃，耆民相传为东海广德王第七女。元得江南凡二十载，粮运所过，无风涛之险，岂非神明有以助之也。"③ 东海神、天妃有此父女关系，民众自然将其纳入其崇拜对象。

直沽为海上漕运抵达之地，元至元间建灵慈宫，今为天津天妃东庙。元危素《河东大直沽（天妃宫）碑记》云："庆国利民广济福惠明著天妃祠，吴僧庆福主之。泰定间弗戒于火，福言于都漕运万户府，朝廷发帑币钱，使更作焉。"④ 为僧人主持，元时多次修庙。而直沽西庙处在三河口，泰定三年（1326年）七月甲辰，遣使祀海神天妃；八月辛丑，作天妃宫于海津镇。⑤ 这里是元代粮船、货船卸载与交易之地，港口的繁荣与天妃信仰有着重要的联系。

元代海运，解决了大都粮食之需。"世祖皇帝岁运江南粟，以实京师，漕渠孔艰，吴人有献策，航海道便以疾，久之，人益得善道。于今五十年，运积至数百万石以为常。"天历二年（1329年）"漕吏或自用，不听舟师言，趋发违风信，舟出洋已有告败者，及达京师，会不至者盖七十万。天子悯之，复溺者家，至载之明诏。廷臣恐惧，思所以答上意。或曰：有神曰天妃，庙食海上，舟师委输，吏必祷焉，有奇应。将祀事，有

---

① 《古今图书集成·职方典》卷二七八《登州府部》。
② 嘉靖《山东通志》卷一八《祠祀》。
③ 嘉靖《山东通志》卷六《山川》引。
④ 同治《畿辅通志》卷一八一《寺观》。
⑤ 《元史》卷三十《泰定帝纪》。

弗虔者不宜往祠，有敕翰林直学士布尼雅实哩、艺文太监宋本其行"①。布尼雅实哩、宋本等祭祀天妃神，拟祭祀庙文十五道。八月乙丑祭祀直沽天妃庙、十六日（甲辰）祭祀淮安庙、癸丑祭平江庙、乙卯祭昆山庙、丁巳祭澦漕庙、甲子祭杭州庙、丁卯祭越（州）庙、壬申祭庆元庙、己丑祭台州庙、甲午祭永嘉庙、辛丑祭延平庙、己巳祭闽宫（福州）庙、丁未祭莆田白湖庙、戊申祭湄洲庙、癸丑祭泉州庙。②江浙行省、河南江北行省、中书省沿海各州天妃庙都有祭祀，可见，保佑漕运的天妃在国计民生中的地位。

总之，元代除《元史·帝纪》所记载的至治元年五月、三年二月（《英宗纪》），泰定三年七月、四年七月、致和元年正月（《泰定帝纪》），天历二年十月（《文宗纪》）六次国家祭祀外，《古今图书集成·明伦汇编皇极典·帝纪部·汇考一·元代》记录遣使祭祀天妃十五篇（英宗二次，泰定帝五次，文宗二次，惠宗二次），结合以上元人文集记载，大致可以考察出天历以前祭祀一般都是每年春季发运前由主管漕运的江浙行省丞相率都漕在太仓州周泾和刘家港致祭，天历二年后始有敕命专使"赍香遍祭"沿海各天妃庙。上述《天妃显圣录》之《历朝褒封致祭诏诰》收录十五篇御祭文，即是国家祭祀海神天妃的体现。值得注意的是，国家第一次派使往祖庙湄洲岛祭祀。而元统元年（1333年）敕命中书省断事官床兀儿和翰林院修撰宋褧赍香遍祭沿海各天妃庙，从宋褧《燕石集》卷十二御祭拟祭文六篇可知，减掉淮安、杭州、越州三庙，增加漳州一庙，合计十三庙，可见，每次还是有所调整的。此后至正九年（1349年）秋"海道粮舶毕达京师，皇上嘉天妃之灵，封香命祀中书以赍□载直省舍人彰实徧礼祠所，卒事于漳。还次泉南，卧疾度岁"③。至正始（1341年），翰林待制贡师泰也遍祀天妃庙，作《兴化湄洲岛祠天妃还二首》有"清朝严典礼，宣阁遣词臣"，"万里行方达朝来更问津"，"夜宿吴山上，朝行莆海东"，"不见波涛险，宁知造化功，百年神女庙，长护海霞红"④，也是遍祀沿海天妃庙的。至正十三年（1353年）崇文太监兼经筵官周伯

---

① （元）虞集：《道园学古录》卷六《送祠天妃两使者序》。
② （明）林尧俞、（清）释照乘等：《天妃显圣录》之《历朝褒封致祭诏诰》。
③ （元）张翥：《寄题玉山诗》（序），收于（元）顾瑛《玉山名胜集》卷首。
④ （元）贡师泰：《玩斋集》卷三《兴化湄洲岛祠天妃还二首》。

琦代祀天妃①，也是遍祀沿海天妃庙宇，从苏州、台州留下祭祀、重修《天妃庙碑》足见这种遍祀基本上已成惯例。元代天妃，由于海上漕运的关系，从区域性的海神已跨越地域，成为全国沿海的海神。

## 第三节　元代对沿海神灵的进一步吸纳与官方化

上述除天妃外，沿海神灵还有其他水仙、盐官州海神、伍员等海神，国家对这些符合礼制的神灵，进一步封号赐爵，而对萧公、晏公等地方神灵也加以吸纳，进一步官方化，纳入祀典。

历代海神多有水仙，但发展脉络不一样，各地水仙虽都以此名号，但实际上所指神灵不一。五代宋元时西湖第三桥北的水仙神指钱塘湖龙君神（与钱塘门外钱塘湖龙王庙别为一庙），庙创梁大同年间，号"钱塘湖龙君庙"，在西湖水月园西。② 后梁贞明二年（916年），吴越王钱镠作碑文，额曰"钱唐广润龙王庙。"③ 宋嘉祐前，这里是民众祈祷之所。④ 苏轼熙宁四年和元祐四年后在杭州时，西湖上有水仙庙，苏轼曾作诗。⑤"钱塘有水仙王庙，林和靖祠堂近之，东坡先生以为和靖清节映世，遂移神像配食水仙王云。"⑥ 后庙衰败，知州袁韶任内"雨旸袚祷，数诣所谓水仙王庙者"，宝庆二年新建庙。⑦ 杭州之外，明州望京门外也有水仙庙，这里水道纵横，为四明通杭州驿道，郡守修砌西塘路。⑧ 苏州子城东南水仙庙，"苍龙堂神即柳毅也，今为上元乡土社祠，颇著灵异，一在城西雁荡村"。上元乡水仙庙，"吾乡世事水仙大王，王，建炎天子之所封也，乡人之视他神尤贵。乡人有事则告，唯大王之神在上，巍然而听之，若受焉者"⑨，成为地方土地神，这也是元代海运封号的原因之一。

钱塘江潮水自古以来就被认为海患，对航行、盐业、城郭、田地等屡

---

①　《元史》卷一八七《周伯琦传》。
②　（宋）董嗣杲：《西湖百咏》卷上《水仙庙》。
③　《咸淳临安志》卷七一《祠祀一·水仙王庙》。
④　《宋史》卷二八八《孙沔传》，载孙沔夺州人许明画，"初，明父祷水仙大王庙，生明"。
⑤　《苏轼全集》卷四《饮湖上初晴后雨二首之一》。
⑥　（宋）黄庭坚：《山谷集》卷七，《古诗五十二首·刘邦直送水仙花》。
⑦　《咸淳临安志》卷七一《祠祀一·水仙王庙》。
⑧　至正《四明续志》卷二《驿亭桥路》。
⑨　（明）杨循吉：《水仙大王庙碑》，《吴都文粹续集》卷一四《祠庙》。

有损坏，历来重视其海塘建设。从唐开元元年（713年）盐官重筑"捍海堤"开始；宋嘉定十五年（1222年）加筑盐官古塘，名"海晏塘"；元代屡有修建。尤以泰定四年（1327年）造木柜囤石修堵盐官海塘岸为代表。

"盐官州去海岸三十里，旧有捍海塘二，后又添筑咸塘，在宋时亦尝崩陷"。"世祖时海岸尝崩，遣使命天师祈祀，潮即退。"① 海盐州海神庙为朱彝庙，在海盐州东三十六里黄冈。相传朱彝力能拔牛尾倒行。"宋治平初溺海为神，著灵感应。宝祐三年十月敕封佑灵将军。元大德二年神能御海患因立庙以祀。"② 建庙祭祀是其纳入国家祭祀的开始。时"大德三年，塘岸崩，都省委礼部郎中游中顺，泊本省官相视，虚沙复涨，难于施力。至仁宗延祐己未、庚申间，海汛失度，累坏民居，陷地三十余里。其时省宪官共议，宜于州后北门添筑土塘，然后筑石塘，东西长四十三里，后以潮汐沙涨而止"③。

修堤塘同时，也加封神灵以保阴佑。大德三年（1299年）二月，诏封泉州海神为护国庇民明著天妃封号的同时，封"浙西盐官州海神曰灵感弘佑公、吴大夫伍员曰忠孝威惠显圣王"④。元成宗加封《灵感弘佑公敕》云：

> 爵有德，禄有功，夙着礼经之训。御大灾捍大患，载遵祀典之文，爰示褒崇庸彰显应，盐官州海神，阐灵浙右，安宅海隅，江汉朝宗，无远勿届，雨旸时若，有感必通。比闻高岸之倾摧，能免下民之垫溺，导水波而潜，复益固堤防，足财计以阜通，仍输斥卤。尝阅省臣之奏，具知神力之雄，肇锡嘉名，丕昭令闻，聿严庙貌，特俾恩封可赐号灵感弘佑公。⑤……有司其事于朝，封灵感弘佑公，又加封护国二字，其庙在袁化东北者，后羽流增饰仙真，俗因呼为天仙府。⑥

---

① 《元史》卷六五《河渠志》。
② 《海塘录》卷一二《祠祀》。
③ 《元史》卷六五《河渠志》。
④ 《元史》卷二十《成宗纪》。
⑤ 《海塘录》卷一二《祠祀》。
⑥ 同上。

抵御海患，护堤输盐，是其封号的关键。元代继续在宋时基础上，纳入国家祭祀体系，封号不断，屡有祭祀。

泰定元年（1324年）十二月癸亥"盐官州海水溢屡坏堤障，侵城郭。遣使祀海神，仍与有司视形势所便，还请垒石为塘，诏曰：'筑塘是重劳吾民也，其增石囤捍御，庶天其相之。'"① 此祭祀海神应是浙西盐官州海神灵感广佑公，海神庇佑沿海盐田城郭。泰定三年（1326年），"盐官州大风海溢，坏堤防三十余里，遣使祭海神，不止，徙居民千二百五十家"②。但潮水仍毁害不断。"江浙省四月内，潮水冲破盐官州海岸，令庸田司官征夫修堵，又令僧人诵经，复差人令天师致祭。"依照世祖时岸崩遣使命天师祈祀之例，"今可令直省舍人伯颜奉御香，令天师依前例祈祀"③。八月秋汛，水势汹汹，修东西八十余步塘岸，建四千九百六十石囤固定要害。修堤防与祭海神并举。

致和元年（1328年）三月甲申"遣户部尚书李嘉努往盐官祀海神，仍集议修海岸；丙戌诏帝师，命僧修佛事于盐官州，仍造浮屠二百一十六以厌海溢"④。盐官州海洋灾害频发，灵感弘佑公荫佑外，佛教寺院进驻，说明国家需要其他相关神灵来保佑海疆城郭的安全。在原来二十九里石囤同时，修筑"东西接垒石囤十里，其六十里塘下旧河，就取土筑塘，凿东山之石以备崩损"。天历元年（1328年）八月十日至十九日，"正当大汛，潮势不高，风平水稳。十四日，祈请天妃入庙，自本州岳庙东海北护岸鳞鳞相接"。"修筑捍海塘与盐塘相连，直抵岩门，障御石囤。东至十一都六十里塘，东至东大尖山嘉兴、平湖三路所修处海口。"水息民安，于是改盐官州曰海宁州。⑤ 天妃入祀盐官州（海宁州）海庙，阴佑海潮安定。

与浙西盐官州海神庇佑钱塘江海潮一样，伍员亦荫佑这一海域。杭州胥山（吴山）伍员庙，唐元和十年杭州刺史卢元辅修庙并作《胥山祠铭》：

---

① 《元史》卷二九《泰定帝纪》。
② 《元史》卷三十《泰定帝纪》。
③ 《元史》卷六五《河渠志》。
④ 《元史》卷三十《泰定帝纪》。
⑤ 《元史》卷六五《河渠志》。

上畏群灵，下惭蒸人，乃启忠祠，叙而铭曰："……鸱夷盛（伍员）尸投于水滨，愤悱鼓怒，配涛作神。迄今一日，再至来也……于是仲秋阙望，杭人以旗鼓迓之，笳箫和之，百城聚观，大耀威灵。卷沙墨裂地灰，截若岸坼成坑……金狄在户，雷鼓在堂，魏樽汉豆，六代笙簧，可谓奉天爵之，馨香获神，人之盛礼，佐皇震怒，驱叱大邪，万里永清，人观斗气……虽非命祀，不让渎济，帝帝王王，代代明明，表我忠哉。"①

唐代虽未列入祀典，但弘扬效忠的气节，祭祀伍员，观看钱塘江潮，已成为杭州一带官民的盛大节日。

其后，伍员封号不断。《咸淳临安志》曰："唐景福二年封'惠广侯'；国朝载在祀典，雍熙二年四月诏重建庙，大中祥符五年朝廷以海潮大溢冲激州城，诏本州岛每岁春秋醮祭，学士院撰青词，其年赐'忠清庙'额，封'英烈王'；九年以马亮知杭州，诏问捍江之策，亮至祷于祠下，明日潮杀，又出横沙数里，堤岸乃成。"② 宋真宗《吴山庙春秋建道场诏》云："杭州吴山庙神，实主洪涛，聿书往册，顷者湍流暴作，闾井为忧，致祷之初，厥应如响，御灾捍患，神实能之。用竭精衷有如常祀，庶凭诚感，永庇吾民。宜令本州岛，每岁春秋建道场三昼夜，罢日设醮，其青词学士院前一月降付。"③ 宋初列入祀典，标志着伍员已成为国家祭祀的钱塘江潮神，国家祭祀主要是祈祷潮神不要危害沿岸城郭田地。康定二年（1041 年）王安石参谒胥山祠。庆历八年（1048 年），杭州知府蒋某重修庙宇，王安石作《记》。④ 皇祐三年（1051 年）杭州知州范仲淹因淫雨祭祀英烈王庙。⑤ 政和六年（1116 年）加封"威显庙"，后毁于建炎兵火，绍兴二十二年（1152 年）至三十年（1160 年），加封"忠壮"，乾道五年（1169 年）十月知州周淙重修。元丰三年（1080 年），苏轼作《祭英烈王祝文》："钦诵旧史，仰瞻高风，报楚为孝，徇吴为忠，忠孝之至，实与天通，开塞阴阳，斡旋涛江，保障斯民，以食此邦……庚子之

---

① 《海塘录》卷一一《祠祀》。
② 《咸淳临安志》卷七一《祠祀》。
③ 《海塘录》卷一一《祠祀》。
④ （宋）王安石：《重建忠清庙记》，《海塘录》卷一一《祠祀》。
⑤ 《范文正集》卷十《祭英烈王文》。

涛，海若伏降，完我岸闸，千夫奏功，牲酒薄陋，报微施丰，敬陈颂诗，侑此一钟。"① 庆元五年（1199年）至嘉定十七年（1224年）累封为"忠武英烈威德显圣王"；绍定四年（1231年）庙再毁，有旨赐缗钱重建，嘉熙三年（1239年）知州赵与欢又易而新之。庙前旧有星宿阁，至是阁成，扁"英卫"二字以名。理宗皇帝亲洒宸翰赐焉。② 正是

  其英风义气与江涛俱壮，其全名巨节与吴山俱高，至其加爱吴人，则千载犹一日，越汉历唐以至我朝，庙祀之典有崇罔坠。自六飞驻跸钱塘，以江为重，江之神以忠清庙为重，故祀犹加严而缺典尚多……褒封追爵父奢烈侯，以母嘉应夫人配；兄尚昭顺侯，以嫂淑惠夫人配；悉像于庙之东房，总曰王府之殿尊尊也。妃曰协清夫人，新命也。③

伍员全家封号并修庙，可见其信仰已得到地方重视。时"吴人奉祀已千百余年，至于今天子命祀而使之。岁时祈祝，未尝懈也"。嘉熙七年（1214年）"雨旸或愆，（知州沈某）躬祷于庙，岁仍大熟。于是邦人以为神之赐也。乃相与告于公曰：'愿治庙堂，以妥神灵'。公既乐诏教之，施能媚于民，而又嘉民之不忘神惠而思为报也，故听之。八年六月，庙成"。正是"民每祀必诚，获应于神。卒是逾岁，风雨顺节，谓非神休，有或畜蘖"④，官民共祀，伍员俨然已成为地方保护神。宝祐元年（1253年）英烈王庙又毁，二年（1254年）知州颜颐仲又建，移英卫阁于正殿之后；咸淳四年（1268年）五月积雨廊庑坏，知州潜说友重行修治，视旧增壮。其封爵自嘉熙至今累改为"忠武英烈显圣安福王"⑤。元大德三年（1299年）二月与天妃、盐官州海神一起受封，封为"顺佑忠孝威惠显圣王"，这次受封与伍员显灵止钱塘潮有关（详见下文）。虞集曾奉旨撰《祭伍子胥文》："尔以忠陨，主潮于吴，潮今为灾，吴其沼乎？尔其扬灵，具训海若，俾安其常，勿作民虐，既止既安，民遂有生，尔作神

---

① 《东坡全集》卷九九《祭英烈王祝文》。
② 《咸淳临安志》卷七一《祠祀》。
③ （宋）赵与欢：《英卫阁记》，《海塘录》卷一一《祠祀》。
④ （宋）王安国：《忠清庙记》，《海塘录》卷一一《祠祀》。
⑤ 《咸淳临安志》卷七一《祠祀》。

明，永有令名。"① 元朝继宋，封号祭祀，继续纳入国家祀典。

春秋时吴国定都姑苏，后民众建伍员庙于盘门里城之西隅。唐狄仁杰在江南大毁淫祠一千七百多所，仅留大禹、泰伯、季子、伍员庙。

> 宋建中靖国时，蔡京为之《记》，《记》谓《图经》与州县版祝皆为双庙，一为永昌武大王，一为福顺贤德王，若邦人与学士大夫自昔相传，则皆以为子胥庙所为福顺，则常州陈烈帝异代异邦，而吴所以祀烈帝者，当吴越钱氏有国时崇报之请也。若王忠孝杰，然自宜专祀……大德三年，王尝显灵以止浙江怒潮，于是国朝推赠王爵。

陈烈帝为隋唐之际的陈杲仁，生前被誉为具有"忠孝文武信义谋辩"八绝的贤臣，死后又被谥为"武烈大帝"。唐初郡守请于朝，即以其兵仗库立祠祀之。宣和间赐额忠佑庙，有司以五月十五为供奉。武烈大帝除暴安良替天行道，驱邪扶正为民除害，后专治瘟疫，因显灵而被祭祀。至正十二年（1352年）廉访佥事特穆尔布哈、庸田佥事马世德修苏州城，又修子胥庙。"大工大役必依神麻，庶几盲雨飓风，不为民害，城完之日，当为王重建庙貌，以答神之麻。今城果完，庙不可以不作也。乃作王新庙于胥门之上，答谢'其神灵助顺福国'。"②

元代对普陀山大加修造。至元十年（1273年）宝陀寺住持僧如智"捐衣钵之余，建接待寺于沈家门之侧，以便往来者之宿顿，朝廷岁遣使降香相属于道"③。"尔时灵迹率随缘影示现，香花与五台岩道实类，而旱涝风涛之祷响答尤捷，其在东南，故是佛法一大海会。无论遐迩卑尊，靡不皈依瞻仰。今上皇后福德日盛，一念中间毋虑皆佛事，乃大德二年（1298年）春，特命中御府臣李英驿降御所祝香，使还，载命修缮其像设之宇。"次年春，"宿卫臣博啰等实行，载驰祝香，内出中金百两"，"又明年春，宿卫臣魏额森岱酬，三驰祝香"，大德五年春"仍命岱酬偕李特穆尔布哈魏额森，持五彩旛旌侑祝香以往"，修建演法堂，捐官田二十

---

① （宋）王安国：《忠清庙记》，《海塘录》卷一一《祠祀》。
② （元）郑元祐：《忠孝威惠显圣王庙碑》，（明）钱谷：《吴都文粹续集》卷一二《坛庙》。
③ 元《昌国州图志》卷七《寺院》。

顷，"岁以寅午戌月讽诵祈祫"，刘赓作《记》。① 元统元年（1333年）宣让王施钞千锭建太子塔于寺南。② 修寺建庙，灵应如常。

当然，随着海上漕运的需要，沿海的各港口，成为天妃等神灵庙宇纷纷建庙的场所。上述沿海国家祭祀沿海天妃庙，足证沿海神灵对漕运保障的重要性。即使到元末，漳州左丞罗良遣将运粮，"由海道给行在军"至辽东。

> 自（漳州）玄钟港口北行，则经泉州走马溪、铜山、古雷、后葛、浯屿、太武，经乌坵、牛屿、东沙、三礁、官塘、五虎门南以东，落黄、裙坡山、真谷、箕山、东西鸡坛、沉礁、九山、乱礁洋，孝顺洋，崎头外罗庙，州滩山、如山、大小七山、茶山、洪港、宝山，又东出海门刘家港、黑水沙门屿，抵成山前后所，历泉州、兴化、福州、福宁、温州、台州、宁波、大沧（太仓）、海州、青州、莱州、登州、宁海、文登、成山，再从成山东北绝海，经辽山、山海关及永年地方，略转而西便到京师之天津，从实计之，灵、成二山，当南北之冲，诏安中立，实华夷之要。且其水夫船手，猛勇善战，其折泛风涛如履平地。

其南

> 海道则出自玄钟港口，舟行经南澳、彭山、大星山、大东姜、乌猪、七州洋、独珠、铜鼓、外罗、交栖羊，与大佛灵山伽□貌，前后睦、潮、惠、广、琼、交址、顺化、占城。

罗良，"既守漳州，又兼宣慰广东，恩足以结众志，威足以行其虑；外国番舶素慕政化"。③ 罗良在元末漕运中的作用不言而喻。其间海神在漕运中的作用与国家社稷关系密切。

---

① 《延祐四明志》卷一六《昌国州》。
② 雍正《浙江通志》卷二百三十《宁波府》。
③ 《秘阁元龟政要》卷三。

# 第 四 章

# 定型:明代国家正祀与地方
# 海神信仰的互动

## 第一节 明代国家礼制中对四海神的正祀

东西南北四海,不仅代表四方海的所至,其在国家礼制上还有拱卫社稷政权的寓意。中国地理大势,东、南临海,西、北距海遥远,因方求位,故西海、北海遥祭,而东海、南海却在地方上修建有庙宇。四海庙属于国家中祀的一类,除每年春秋中央派遣官员祭祀外,遇有国家大事,诸如皇帝登基、亲政、寿辰及登基纪念、立太子、先皇帝和(先)皇后升祔太庙、东巡太岳、军功等,都要拜祭岳镇海渎。除此之外,郊祀中雩祀、祭告、祈报等国家灾荒及大事,四海神也位列地坛方丘及其他坛中从祀。本节拟从明代四海在国家祭祀(包括郊祀、庙祀)的变迁历程入手,探讨国家层面上的礼制在政权稳固、国防安全中的作用,揭示四海祭祀的表象、象征和深层寓意。

### 一 明代国家郊祀中的四海祭祀

明代四海祭祀,仍属于国家中祀岳镇海渎。都城郊祀天地,岳镇海渎从祀,四海也占一席之地。洪武二年(1369年),建天下神祇坛于圜丘壝外之东和方丘壝外之西,其岳镇海渎等坛"皆躬自行礼",祝文"称臣者亲署御名"。后又定惊蛰、秋分后三日,遣官祭山川坛诸神。洪武七年(1374年)改正阳门外壝丘陪祀诸坛,内壝之外,东西各二坛,东四海,西四渎。而太平门外的方丘坛,岳镇海渎配祀其中的第二成,以二月、八月上旬,择日祭祀。① 洪武九年(1376年),复定山川坛制,正殿仅有太

---

① (清)张廷玉等纂:《明史》卷四七《礼志一》,中华书局1974年版,第1230页。

岁、四海等七坛，余六坛分列东西。洪武十年（1377年），以山川坛正殿七坛，太祖亲行礼，东西各坛遣功臣分献。洪武十二年（1379年），皇帝以天地"改定合祀之典"，合祀天地于大祀殿，"命官分献日月星辰、岳镇海渎、山川诸神，凡一十四坛"。二十一年（1388年），又增修大祀殿内壝之外二十坛，东海等在东十坛，北海、西海、南海在西十坛，"停春祭"①，改春秋两祭为一祭。

明成祖迁都北京，建岳镇海渎山川坛并同南京制，永乐十八年（1420年）北京天地坛成，"每岁仍合祀如仪，南京坛有事则遣官祭告"②。"岳镇海渎山川城隍坛，据高阜，南向，高二尺五寸，方广十倍，四出陛，南向五级，东、西、北三级。"③嘉靖九年（1530年）复改天地分祀，建圜丘坛于京师南郊正阳门外五里许大祀殿之南，每岁冬至日祀；方泽坛于安定门外之东，夏至日祭，以五岳四镇四海四渎、陵寝诸山从祀。"方丘则东五岳、基运、翊圣、神烈三山，西五镇、天寿、纯德二山。次东四海，次西四渎。"④复于清明、霜降日，遣官专祀岳镇海渎天下山川于国城之南，而以京师及天下城隍附祭焉。"若国有祈祷，则又遣使降香，专祀于其本界之庙。"⑤嘉靖十七年（1538年），尊皇天上帝泰号，"设神祇十一坛祇位于内壝下，天神东西向，地祇北向"，地祇包括五岳、五镇、五山、四海、四渎等，⑥天神五坛，地祇六坛，四海四渎位列地祇第二坛，"神爵三，盏五十"，帛随方位不同。⑦

明代岳镇海渎郊祀祭器有一定的要求。神祇坛中，太岁、岳镇海渎、山川等，笾豆各八，簠簋各二，酒樽三；而方泽和大祀殿从祀中，岳镇、

---

① （清）张廷玉等纂：《明史》卷四七《礼志一》，中华书局1974年版，第1230、1231页。
② （明）申时行等修，赵用贤等纂：《大明会典》卷八一《郊祀·合祀》，《续四库》（史部790），上海古籍出版社2002年版，第437页。
③ （清）张廷玉等纂：《明史》卷四七《礼志一》，中华书局1974年版，第1229页。
④ 同上书，第1231页。
⑤ （明）徐一夔：《明集礼》卷一四《吉礼·专祀岳镇海渎天下山川城隍》，《文津阁四库》（216），商务印书馆2005年版，第540页。
⑥ （明）李东阳等纂：《万历大明会典》卷八二《郊祀二·分祀上》，江苏广陵古籍刻印社1989年版，第462页。
⑦ （明）佚名：《崇祯太常续考》卷一《附嘉靖中册上天泰号事宜》，《文津阁四库》（198），商务印书馆2005年版，第623页。

海渎，登一，笾豆各十，簠簋各二，酒罇各十五；祭器外，玉帛牲牢亦有规定，"大祀、中祀用制帛，有筐。在外，王国府州县亦如之"，"岳镇、四海、陵山随方色"。岳镇海渎牲牢则为犊一、羊一、豕一。其他斋戒、祭礼、祭服、用乐、瘗坎等也有严格规定。①

明代岳镇海渎在国家郊祀中的作用首先表现在祭告。"明制，凡登极、巡幸及上谥、葬陵、册立、册封、冠婚等事，皆祭告天地、宗庙、社稷。凡营造宫室，及命将出师，岁时旱潦，祭告天地、山川、太庙、社稷、后土。"洪武六年（1373年），以"太岁诸神，凡祈报，则设一十五坛。有事祭告，则设神位二十八坛。中，太岁、风云雷雨、五岳、五镇、四海，凡五坛"。洪武九年（1376年），"以诸王将之藩，分日祭告太庙、社稷、岳镇海渎及天下名山大川，复告祀天地于圜丘"。永乐后移至北京。诸如嘉靖八年（1529年）秋，"以躬祭山川诸神"②。各帝大致如此。值得注意的是，明嘉靖十一年（1532年），因"圣嗣未降"，以岳镇海渎名山等，"命大臣诣坛分祀"③。从南海神庙现存碑刻来看，此次祈岳镇海渎、五山等名山大川求嗣，不仅祈祷在北京的地祇坛等郊祀各坛，亦在地方岳镇海渎等专庙中进行。

其次，遇水旱灾伤等祈报。"国家凡遇水旱灾伤及非常变异，或躬祷，或露告于宫中，或于奉天殿陛，或遣官祭告郊庙、陵寝及社稷、山川，无常仪。"④洪武二年（1369年），以春久不雨，祈告诸神祇。中设风云雷雨、岳镇海渎等五坛，奠帛，初献太祖亲行礼；洪武三年（1370年）夏旱，太祖"步祷于山川坛"；正统九年（1444年）三月"雨雪愆期"，遣官祭天地、岳镇海渎等；嘉靖八年（1529年）春旱，世宗亲祀山川诸神；冬祈雪，亦祀山川诸神。⑤祭祀包括岳镇海渎等在内的山川坛神祇，"百川委润，名山出云，衍旸孔炽，膏泽斯屯"⑥。

---

① （清）张廷玉等纂：《明史》卷四七《礼志一》，中华书局1974年版，第1225、1236页。
② 同上书，第1276、1277页。
③ （清）张廷玉等纂：《明史》卷四九《礼志三》，中华书局1974年版，第1279页。
④ （明）李东阳等纂：《万历大明会典》卷八四《郊祀·雩祀》，江苏广陵古籍刻印社1989年版，第496页。
⑤ （清）张廷玉等纂：《明史》卷四九《礼志三》，中华书局1974年版，第1278页。
⑥ （明）李东阳等纂：《万历大明会典》卷八四《郊祀·雩祀》，江苏广陵古籍刻印社1989年版，第498页。

## 二 明代国家中祀礼制的四海庙专祀

明初"首开礼、乐二局",以礼乐为治理天下的根本,岳镇海渎仍属国家吉礼的中祀,"皆领于太常寺而属于礼部"。"凡天子所亲祀者,天地、宗庙、社稷、山川。若国有大事,则命官祭告。其中祀、小祀者,皆遣官致祭。"① 由于岳镇海渎为国家社稷山川之神,"唯岳镇海渎及历代帝王陵寝,凡遇登极,必遣官分投祭告,特重其礼"。遵照前代,"东海,山东莱州府祭;西海,山西蒲州祭;南海,广东广州府祭;北海,河南怀庆府祭"②。西海、北海仍遥祭,分别附设于蒲州河渎庙、怀庆府济渎庙旁。而洪武二十三年(1390年),又定各地诸侯王祭祀岳镇海渎礼制,"命东海则燕、齐(王)皆祭;东岳、东镇、齐、鲁(王)皆祭;西海,秦、蜀(王)皆祭;晋(王)祭北海"③。

有关四海封号,明洪武三年(1370年)全部取消原来的称谓,只称其本名。④ 洪武七年(1374年)十一月,颁定岳镇海渎礼仪,规定"祭用羊、豕一,帛一,随其方色,笾、豆、簠、簋皆四,铏一,爵三,尊三,祭期春二月、秋八月上旬择日"祭祀。⑤ 同时规定祭祀不得草率,"命凡在外百司祭祀百神,宜以品级尊卑为序。以都指挥使为初献,布政使为亚献,按察使为终献。都指挥使缺则以布政使为初献,其余配祀官亦宜序,以品级有越次者,以违制罪之"⑥。其官位品级不能僭越而祀神灵。洪武十年(1377年)六月,太祖命大臣十八人分祀岳镇海渎。陆安侯王志祀东海,营阳侯杨璟祀西海,永嘉侯朱亮祖祀南海,颍川侯傅友德祀北海。祭祀目的当岳镇海渎保佑大明屡战屡胜而有天下,属报祭而已。⑦ 时

---

① (清)张廷玉等纂:《明史》卷四七《礼志一》,中华书局1974年版,第1225页。
② (明)李东阳等纂:《万历大明会典》卷九三《群祀三·有司祀典上》,江苏广陵古籍刻印社1989年版,第627页。
③ 乾隆官修:《续文献通考》卷七四《郊社》,浙江古籍出版社2000年版,第3467页。
④ 《明太祖实录》卷五三"洪武三年六月癸亥"条,台湾:"中研院"历史语言研究所1962年,第1033页。
⑤ 乾隆官修:《续文献通考》卷七四《郊社》,浙江古籍出版社2000年版,第3467页。
⑥ 《明太祖实录》卷一百八"洪武九年九月戊辰"条,台湾:"中研院"历史语言研究所1962年,第1085页。
⑦ 《明太祖实录》卷一一三"洪武十年六月"条,台湾:"中研院"历史语言研究所1962年,第1867、1868页。

十八祀岳镇海渎大臣，皆公侯一品地方高级要员，分守一方，祭祀等级较高。从明代历朝中央派遣祭祀的官员官品等级来看，洪武以后等级有所降低，虽然有上到公侯伯正一品、都察院都御史正二品、都察院副都御史正三品，但也有大理寺寺丞的正五品、给事中从七品、典仪正九品等官员，甚或道士。与元代相较，官职确实降低了许多，规格已不如元代，且有地方官员代替中央遣官祭祀之举。①

而早在洪武元年正月，明太祖即命道士周原德往莱州谕祭海神，原德未至前数日，并海之民，见海涛恬息，闻空中洋洋然若有神语者，皆惊异，及原德至临祭，烟云交合，异香郁然，灵风清肃，海潮向应，竣事，父老皆欣喜相贺，争至德所曰："海涛不息者十余年矣，今圣人应运太平有兆，海滨之民何幸身亲见之，原德还奏，上悦。"② 海神灵应与明代社稷建立相关，国家祭祀得以体现国家意志，与民众祈求相关。

除皇帝即位祭祀岳镇海渎外，遇有国家大事也要祭告和报谢。洪武二年（1369年）苏州崇明、海门一带倭寇频扰，命祀东海神，"特备牲醴用告神知"③；永乐四年（1406年）七月，成祖欲伐安南黎氏，"遣使祭告岳镇海渎之神"④；正德六年（1511年）十一月，以平定宁夏乱而告谢岳镇海渎荫佑⑤；嘉靖十一年（1532年）二月祭祀岳镇海渎，以求子嗣⑥；嘉靖十七年（1538年）四月报谢岳镇海渎降嗣⑦。直到南明福王弘光元年（1645年），马士英当权，顾锡畴等"乞祭南海"⑧。值得一提的是，永乐七年（1409年）二月，"时遣使往诸番国，神屡著灵应，故封南海神

---

① 王元林：《国家祭祀与海上丝路遗迹——广州南海神庙研究》，中华书局2006年版，第217—233、254—274页。
② （明）俞汝楫：《礼部志稿》卷八四《神祀备考·神祇祀》。
③ 《明太祖实录》卷四一"洪武二年四月戊子"条，台湾："中研院"历史语言研究所1962年，第825页。
④ 《明太宗实录》卷五六"永乐四年七月戊子"条，台湾："中研院"历史语言研究所1962年，第821页。
⑤ （明）黄佐纂修：嘉靖《广州志》卷三五《礼乐》，《广东历代方志集成》，岭南美术出版社2007年版，第449页。
⑥ 《明世宗实录》卷一三五"嘉靖十一年二月辛卯"条，台湾："中研院"历史语言研究所1962年，第3193页。
⑦ 《明世宗实录》卷二一一"嘉靖十七年四月丙午"条，台湾："中研院"历史语言研究所1962年，第4348页。
⑧ （清）张廷玉等纂：《明史》卷二一六《顾锡畴传》，中华书局1974年版，第5723页。

为'宁海伯'"①。而在同年元月,"封天妃为护国庇民妙灵昭应弘仁普济天妃,赐庙额'弘仁普济天妃之宫'"②。两次封号出现的时间正值郑和第二次下西洋期间,其必定与郑和等出使海外有关。③ 可见,明代南海神因司辖地域,在郑和下西洋和后来南明政权方面,朝廷重视其荫佑作用。

当然,明代是我国自然灾害比较频繁发生和影响较大的王朝,遇有旱蝗等天灾,岳镇海渎在国家礼仪中的作用也还是有所表现的。正统九年(1444年)四月,以天旱,遣翰林院侍读等,分祭岳镇海渎、钟山之神;④ 景泰六年(1455年)五月,"以时多灾异,命各处巡抚等官祭天下岳镇海渎、山川等神祈祷"⑤;成化四年(1468年)六月,以广东连年旱、涝并发,雨旸不时,广东巡抚、都察院右副都御史陈濂祭告南海神,祈除灾去祸;⑥ 成化六年(1470年)两广总督、都察院右都御史韩雍报谢南海神荫佑平息瑶乱及降甘霖之功。⑦ 此后,广东地方灾害不断,计有成化十三年(1477年)八月、成化二十年五月、弘治六年(1493年)七月、正德六年(1511年)十一月、正德七年(1512年)十二月等多次地方水旱、盗寇等灾害,皆有祈报南海神。⑧ 北海神也在豫西济源地方,"祷有恳而雨亦率应"⑨,造福一方。

既然国家祭祀在地方上的岳镇海渎庙宇内进行,这些庙宇的日常维护

---

① 《明太宗实录》卷八八"永乐七年二月甲戌"条,台湾:"中研院"历史语言研究所1962年,第1162页。

② 《明太宗实录》卷八七"永乐七年正月乙酉"条,台湾:"中研院"历史语言研究所1962年,第1152页。

③ 王元林:《郑和下西洋与天妃、南海神的崇拜》,《暨南学报》(社会科学版)2005年第6期。

④ 《明英宗实录》卷一一五"正统九年四月癸卯"条,台湾:"中研院"历史语言研究所1962年,第2328页。

⑤ 《明英宗实录》卷二五三"废帝郕戾王附录第七十一"条,台湾:"中研院"历史语言研究所1962年,第5473页。

⑥ (清)李福泰等修:同治《番禺县志》卷三一《金石·祭南海文》,《广东历代方志集成》,岭南美术出版社2007年版,第403页。

⑦ (明)韩雍:《襄毅文集》卷一五《祭南海之神文》,《文津阁四库》(416),商务印书馆2005年版,第269页。

⑧ 王元林:《国家祭祀与海上丝路遗迹——广州南海神庙研究》,中华书局2006年版,第217—233、275—293页。

⑨ (明)范济世:《重修北海济渎庙记》,(清)沈椿庄等纂乾隆《济源县志》卷十五《艺文志》,成文出版社1976年版,第726页。

和修缮也是地方官员的职责之一。洪武九年（1376年）八月，太祖下令"岳镇海渎，祀典所重，其所在祠宇，宜改尊严，以称神居"①。而岳镇海渎祠庙，"有功德于民者，禁樵牧"②。英宗正统时，规定岳镇海渎等祀典较高的庙宇不许有损坏，"选诚实之人看守，时加提督"，巡按御史、按察司官员亦定期巡视③，以保持庙宇的庄严神圣。据不完全统计，掖县的东海神庙计有洪武八年（1375年）、宣德元年（1426后）、九年（1434年）、成化二十一年（1485年）、嘉靖十九年（1540年）、万历二十八年（1600年）等多次修筑④（这还未算万历四十三年即1615年四月壬午"双鹤衔火飞集掖县海神庙殿，明日庙火"后重修）⑤；南海神庙有洪武、成化、万历、天启等多次修缮⑥；西海神庙，也历经宣德九年（1434年）⑦、正统、隆庆至万历等朝代修建⑧；北海庙也有万历等朝修复的⑨。诸如成化二十一年（1485年）修复后的东海神庙，修缮大小碑亭、钟鼓楼、石碑亭、御书亭、门窗槛等多处，"缭垣坚厚，涂以朱。植杨树椿榆一千四百四十余株，规制宏大，轮奂精工，□立于东海之上，称为巨观"⑩。其他各庙也雄伟庄严，俨然为一方名观。

总之，明代中央除了国家大事祭祀四海等岳镇海渎外，并没有显现出四海神在中央地位的提高。虽然也有太祖打击沿海倭寇、成祖时平定安南、武宗时平定宁夏叛乱等皆祭岳镇海渎之举，但与宋元相较，四海好像

---

① 《明太祖实录》卷一百八"洪武九年八月己酉"条，台湾："中研院"历史语言研究所1962年，第1801页。

② （清）张廷玉等纂：《明史》卷七二《职官志一》，中华书局1974年版，第1761页。

③ （明）徐溥等奉敕撰：《明会典》卷一五四《工部八·城垣》，《文津阁四库》（205），商务印书馆2005年版，第534页。

④ 王元林、李华云：《东海神的崇拜与祭祀》，《烟台大学学报》（哲学社会科学版）2008年第2期。

⑤ 《明史》卷二九《五行志》。

⑥ 王元林：《国家祭祀与海上丝路遗迹——广州南海神庙研究》，中华书局2006年版，第275—293页。

⑦ 《明宣宗实录》卷一一〇"宣德九年四月丙申"条，台湾："中研院"历史语言研究所1962年，第2483页。

⑧ （明）张四维：《重修海神河渎庙记》，（清）储大文等纂雍正《山西通志》卷二百七《艺文志》，商务印书馆2005年版，第529页。

⑨ （明）范济世：《重修北海济渎庙记》，（清）沈樗庄等纂乾隆《济源县志》卷一五《艺文志》，成文出版社1976年版，第724—727页。

⑩ （清）于始瞻：乾隆《掖县志》卷二《坛庙志》，成文出版社1976年版，第183页。

没有前代那样灵异，其在礼制中的地位有下降之势。而明中后期自然灾害不断，"雨旸时若，其职在神"。从明王朝中后期有关四海的祝文言辞中不难看出，明王朝把自然灾害的过错归于神灵的不相庇佑。诸如景泰六年（1455年）、成化十三年（1477年）、成化二十年（1484年）、弘治六年（1493年）等祝词中，南海神"因咎致灾"，"而转灾为福实神职"，祈神"转灾为福"[1]，从中已经流露出对神灵的不满。其他东西北三海，在各自所在地方的方志中也有同样的记载。

祭祀四海是国家祭祀山川神灵的代表。从历代正史的《礼仪志》《礼志》等不难看出，自然神、祖先神、英雄神（圣人、功臣）是国家祭祀的主要神灵。而自然神灵中，天地、日月星辰、山川之神无疑是重中之重，为封建王朝所用。"洪武元年，命中书省下郡县，访求应祀神祇。名山大川、圣帝明王、忠臣烈士，凡有功于国家及惠爱在民者，著于祀典，令有司岁时致祭。"[2] 这些神灵之所以作为国家祭祀的对象，是因为多民族封建中央集权国家维护统治的需要。四海神在国家祭祀体系中，更多体现国家疆域一统，海宇平安的神职。

## 第二节　明代其他海洋神灵变迁与社会祭祀秩序的整理

四海神属于国家礼制正祀的范畴，其他海神列入国家正祀，或通过正式列入祀典，或通过封号加爵来表明其正统身份。诸多民间海神信仰通过列祀典、加号爵来进入国家和地方正祀。

明太祖朱元璋整饬礼制，革除神明封号，将城隍、厉祭改为天下通祀。"一、历代忠臣烈士并依当时初封爵名称之；一、大小神祠无功于民，不应祀典者，即系淫祠。有司勿得致祭。呜呼，明则有礼乐，幽则有鬼神。其理既同，其名当正，故兹诏示，咸使闻知"[3]，皇帝通过信仰服务现实统治的目的昭然若揭。其说明朝廷并未禁止淫祠，但确立了淫祠的

---

[1] （清）李福泰等修：同治《番禺县志》卷三一《金石·祭南海文》，《广东历代方志集成》，岭南美术出版社2007年版，第405页。
[2] （清）张廷玉等纂：《明史》卷五十《礼志四》，中华书局1974年版，第1306页。
[3] 《明太祖正神名号诏》，乾隆四十九年《盛京通志》卷一百九《历朝艺文一·前代帝王诏敕》。

原则和地方官员的职责。同时，明太祖在京城设立十庙，

> 初称十庙，北极真武以三月三日、九月九日……皆南京太常寺官祭；……功臣庙为十一，后复增四：关公庙，洪武二十七年建于鸡笼山之阳，称汉前将军寿亭侯；嘉靖十年订其误，改称汉前将军汉寿亭侯。以四孟岁暮，应天府官祭；五月十三日，南京太常寺官祭。天妃：永乐七年封为"护国庇民妙灵昭应弘仁普济天妃"，以正月十五日、三月二十三日，南京太常寺官祭。①

与水神有关的北极真武、关公、天妃在京城设立的庙宇，标明国家鼓励有功于国家、历代忠烈的神明。而这些神灵由于中央的奉祀，其地位进一步提高。这也在一定程度上为其信仰的进一步传播提供了前提。

明初的祖制影响有明一代，成祖朱棣崇祀真武，宪宗恩宠武当山，万历朝皇太后和皇帝崇奉碧霞元君，这些都成为国家正祀。忠烈关公亦是国家神明的代表，特别是在一定程度上明皇帝把真武当作国家保护神。沿海卫所建立众多的真武、关公、天妃庙宇，真武、关公、天妃成为沿海海神信仰重要的神明，不能不与国家的礼制提倡有关。而关公忠烈的主题，也是海疆将士保家护国精神的象征。今广东陆丰的碣石卫流行的北帝诞巡游，"英歌舞"以《水浒传》一百单八将为主题，消灾护土，不能不与明代的国家礼制、军制有关。

明代初年，国家祭祀天妃主要有两件大事，一是庇护漕运；二是庇护郑和下西洋（详见下节）。洪武初年整顿礼制，天下神灵皆称本名，而对天妃改称圣妃，用宋称谓而非元称呼，时由于漕运艰险，庇护漕运，"以神功显灵"敕加"昭孝纯正孚济感应圣妃"②。天妃的信仰，明初与元代一样，征伐辽海也需海上运输漕粮。

> 延祐以来，各造海船，大者八九千粮，小者二千余石，是以海道富盛，岁运三百六十石供给京师，甚为易便。迤南番海船皆从此道贡

---

① 《明史》卷五十《礼志四》。
② （明）林尧俞编，（清）照乘、普日、通峻重修：《天妃显圣录》之《历朝显圣褒封共二十四命》。

献,仿效其路矣。自南至天津卫。各有天妃庙……今我皇明匡服四夷,藩镇奉朔,大辽岁给馈饷。迨辽海之平,钦封"昭孝德正灵应孚济圣妃娘娘"圣号,留芳于万万年矣①。

郑和第二次下西洋时,永乐七年(1409年)元月乙酉,"封天妃为护国庇民妙灵昭应弘仁普济天妃,赐庙额'弘仁普济天妃之宫',岁以正月十五日及三月二十三日遣官致祭为令"②。国家封号是其信仰的主要特征。并且国家祭祀庙宇在关键河漕的主要河段,诸如在淮安府清河县黄淮交汇处建惠济祠,"祠临大堤,中祀天后,明正德二年建,嘉靖中赐额曰惠济,其神福河济运,孚应若响。祠前黄淮合流,地当形胜,为全河之枢要"③。崇祯时封"天仙圣母青灵普化碧霞元君",又加"静贤普化慈应碧霞元君"④。天妃封号有碧霞元君,反映了道教吸收天妃这一神灵。而从明代后期开始,北方人就将天妃、碧霞元君混用。国家封赐有利于天妃神灵信仰在北方的地域扩展。崇祯十七年(1644年)七月至八月,皇太后张氏从河南水路平安到达南京。南明弘光朝廷认为沿途诸神灵荫佑,因此有黄河等大小水神之封。八月二十五日,"原敕封'护国庇民妙灵昭应弘仁普济天妃',今加封'护国庇民妙灵昭应弘仁普济安定慈惠天妃'"⑤。明代国家封号加深了天妃的民间化过程。而天妃祭祀的日期从元代白湖一带祭祀的日期为当地"社日",明永乐初,"以正月十五日、三月二十三日南京太常寺官祭"天妃⑥,从万历中期起,朝廷规定每年正月十五、诞辰日(三月二十三)、秋季某月派员祭祀⑦。

而关羽崇拜,历代与国家弘扬忠君报国,其忠烈的议题是历代皇帝崇祀的重要原因。从忠烈后来演变成为财神,其间庇佑交通和财产安全的神职是重要的原因。历代关羽的封号,北宋四次,南宋二次,明成化十七年

---

① (明)(佚名):《海道经》。
② 《明太宗实录》卷八七"永乐七年正月乙酉"条。
③ 《钦定南巡盛典》卷八四《名胜》。
④ 《钦定日下旧闻考》卷八八《郊垌》引《使琉球杂录》。
⑤ (明)管绍宁:《赐诚堂文集》卷五《加封水神疏》。
⑥ 《明史》卷五十《礼志四》。
⑦ 王见川、皮庆生:《中国近世民间信仰》(宋元明清),上海人民出版社2010年版,第163页。

封"崇宁义勇武安";万历十年封"协天大帝",四十三年加封"三界伏魔大帝神威远镇天尊关圣帝君"。"帝君常云:日在天之上普照万方,心在人之中以表丹诚。又云:愿天帝生好人,愿人常行好事。大哉,言乎,当与六经相表里矣。"① 信仰神职已经无所不包,其沿海信仰仅是其中一部分。

虽然列入国家祀典的神灵有信仰边缘化的趋势,但获得赐封真武、关公、天妃以上三神,加上地方信仰的地域广大,信徒众多,传播渠道广泛,使以上兼有海神职能的三神,不仅信仰区域扩大,而且社会空间更趋广泛。虽然隶属国家祭祀的江海神,由于处长江与东海的交汇处,虽然有国家提倡,但信仰地域仅在长江口一带。

正德八年三月,"以奸贼立江海神庙于狼山,岁时祭。初,巡抚淮扬都御史张缙言:'流贼于狼山,乘飓风之变,实江海效灵,宜立庙以昭神贶',礼部议江海之神已秩祀典,此复立庙,几于烦渎,诏从缙所请"②。通州(今江苏南通)"南有狼山,大江西来经其下而东,至料角嘴入海,南对昭文之福山镇,一苇可杭,顺流而东则抵崇明,于海道无所不达,江北之海防莫要于此,故狼山设重镇焉"③。狼山处江海交界处,是正德五年霸州刘六、刘七、齐彦明等最后战死之地。由于这次起义活动范围大,影响强,持续时间长,官军历经数年才得以镇压。时在狼山,"会天大风,贼船糜碎,遣诸将袭之,贼奔据山巅,矢石雨下,晖引所部力战,晖与任玺战山北,永战山南咸载盾踑行,夺其险,贼坠岩下死者无算。(刘)七乘小舟将遁,溺海死。彦明为宣府游兵所杀"④。天气庇佑是战争胜利的重要条件。"诏建江海祠于狼山,相与伐石纪勋,以示永久",树碑立传,传扬天下。江海神祠庇佑社稷可见一斑。

江海之神除保佑社稷外,还因地理之便输水助漕运而受到国家祭祀所重。成化中,工部侍郎乔毅治漕河"时亢旱水浅舟胶,毅斋沐祷于江海之神,江潮涌入,漕河运船遂通,人谓精诚所感"⑤。助河漕之外,如江海泛涨,也祭告祈求弭灾。弘治七年五月后,江南阴雨不断,"南直隶苏

---

① (清)陈宏绪:《江城名迹》卷三《证今一》。
② 《明武宗实录》卷九八"正德八年三月癸未"条。
③ 乾隆《江南通志》卷一《舆地志·图说》。
④ (明)王鏊:《震泽集》卷二二《江淮平乱碑》。
⑤ (清)姚之骃:《元明事类钞》卷十《祷神潮涌》。

松等府县狂风大作，骤雨倾注，平地水涌丈余，坍塌官民房屋二万二千八百九十余间，城垣铺舍五十余处，淹死人口二百八十三名口，海潮逆涌，江水泛溢，要行祭告江海之神等"①，司雨职能仍有所展现。乾隆二十二年二月二十一日，因南巡，"俱遣官致祭"南镇会稽山、浙江海神庙。②国家层面对海神祭祀还是比较重视。

成化七年（1471年）九月己未，"浙江潮溢，漂民居盐场，遣工部侍郎李颙往祭海神，修筑堤岸"③。浙江海堤一直是国家关注的重点灾害之一，但由于屡有崩岸塌郭之事的发生，灵感广佑公只成为国家祭祀的海神之一，而没有广泛在民间传播，相关庙宇仅盐官州附近几个庙宇而已。地域没有扩大，除不甚灵应外，特殊的海洋地形与屡发的灾害，使其无法成为跨地域性的海神。而其隔岸相望的绍兴府（治今浙江绍兴），"山阴、会稽、萧山三邑之水汇三江口入海，潮汐日至，拥沙积如邱陵，遇淫潦则水阻沙不能骤泄，良田尽成巨浸，当事者不得已决塘以泻之，塘决则忧旱，岁苦修筑"。嘉靖初绍兴知府汤绍恩考察地形，建坝蓄水，"工未半，潮冲荡，不能就，怨讟烦兴。绍恩不为动，祷于海神，潮不至者累日，工遂竣"④。海神不兴海潮，庇佑海堤兴修，其阴佑作用可见一斑。

使臣出使，常常困于海道艰险，一般在海上遇风暴，皆重视祭祀海神。正统初吴惠"授行人，尝持节使占城，涉海七日，遇飓风。同行者，仓皇莫措，惠神色不变，特为文，祭祷海神，而已使还"⑤。另一位使者吴福出使遇风暴，却采取了不同手段。建文帝时鄞县人吴福由进士擢礼科给事中，"奉使琉球，遇飓风，中贵人以下皆谋祷于海神，福唯戒舟师谨樯柁，而已使回"⑥。海神保佑海上交通，遇险祭祀海神一般为惯例。

当然，明代倭寇盛行，海神也有庇佑国家社稷的作用。嘉靖时"东南倭患棘，文华献《七事》，首以祭海神为言请遣官望祭于江阴、常熟……用嵩言，即遣文华祭告海神，因察贼情"⑦。赵文华为严嵩义子，

---

① （明）倪岳：《青溪漫稿》卷一二《奏议·灾异》。
② 《钦定南巡盛典》卷六六《祀典》。
③ 《明史》卷一三《宪宗纪》。
④ 《明史》卷二八一《循吏·汤绍恩传》。
⑤ 正德《姑苏志》卷五二《人物》。
⑥ 正德《姑苏志》卷五七《人物》。
⑦ 《明史》卷二八一《奸臣·严嵩附赵文华传》。

从国家社稷考虑，从礼制出发，试图用祭告海神来巩固海疆边防，其出发点无可厚非。这在另一方面说明了国家边防秩序与礼制的紧密关系。

当然，明代在整理礼制，规定天下祀典秩序时也禁止淫祠。洪武三年（1370年）六月，明太祖颁布《禁淫祠制》：

> 朕思天地造化能生万物而不言，故命人君代理之。前代不察乎此，听民人祀天地，祈祷无所不至，普天之下，民庶繁多，一日之间祈天者不知其几，渎礼僭分莫大于斯。古者天子祭天地，诸侯祭山川，大夫士庶各有所宜祭，其民间合祭之神，礼部其定议颁降，违者罪之。

于是中书省臣等奏：

> 凡民庶祭先祖，岁除祀灶，乡村祈土穀之神，凡有灾患祷于祖先。若乡厉、邑厉、郡厉之祭，则里社郡县自举之。其僧道建斋设醮，不许进章上表，投拜青词，亦不许塑画天神地祇、及白莲社、明尊教、白云宗、巫觋、扶鸾、祷圣、书符、咒水诸术，并加禁止，庶几左道不兴，民无惑志。诏从之。①

规定各级祭祀对象，禁止"僧道建斋设醮"、上表、塑画，禁止白莲社等民间宗教，禁止巫觋、扶鸾等方术。

今人罗冬阳依照《明史》所载，归纳明代毁淫祠的三个时期：洪武、永乐（四例），成化、弘治（七例），嘉靖（四十六例），时间上有集中性、运动性的特性。这种非地方官恒久的活动，与当时朝廷政治有关，体现毁淫祠中地方政治和朝廷政治存在的密切关系，"禁毁淫祠或淫祀的活动，就不仅仅是针对民间社会的，也更针对皇帝与贵族的，它反映了儒臣们企图将皇权和民间社会全部纳入儒学礼制社会秩序轨道的努力"②。其中，嘉靖初广东提学副使魏校在广东毁淫祠和寺观最具代表，许多民间的海神庙也在这场毁淫祠活动中被废弃或改作其他用途。

---

① （明）俞汝楫：《礼部志稿》卷八四《神祀备考·神祇祀》。
② 罗冬阳：《从明代淫祠之禁看儒臣、皇权与民间社会》，《求是学刊》2006年第1期。

## 第三节　明代海洋神灵的地域扩展

经过国家整顿，明代各地祭祀秩序基本上稳定下来。

  明直沽有天妃庙、北京有真武庙、洪恩灵济宫，仁宗洪熙元年封卢师山大小青龙神，春秋遣官致祭。景帝景泰七年祀金龙四大王庙于沙湾，宪宗成化十三年诏建汉寿亭侯庙，又有凤阳显应庙，滁州丰山庙、柏子潭庙，徐州灵源宏济庙、河平神庙，平阳平水祠、汾水灵泽庙，沁州南山庙、焦龙神庙、龙泉神庙，兖州青山庙、安平镇显惠等庙，严州乌龙庙，宜春仰山庙，常德阳山庙，沅州显应庙，长沙洞庭庙，马湖显应庙，福州灵济宫、广州天妃庙、南海真武庙、琼州灵山庙、电白灵湫庙、诚敬夫人祠，皆终明之世，有司岁时致祭不绝。①

这些神灵特别是沿海的直沽、福州、广州、琼州、电白等，沿海府州县的神灵，大大小小都与海上神灵有关。除此以外，又镇江水府庙、琼州峻灵王庙、黎母庙，钦州乌雷庙，临江府晏公庙，新淦县萧侯庙等，"间见《实录》、及志乘，悉从王圻《续通考》，采出附着于后"②，也列入地方祭祀系统。而《明会典》罗列"凡遇登极，俱遣官分投祭告各处祠庙"，山东莱州东海庙、安平显惠等庙（明塞张秋决口功成，改张秋为安平镇，立真武、龙王、天妃三庙以镇之，赐额曰显惠；又修黄陵冈河口功成，亦赐额曰昭应，俱祀之）、海州卫德胜庙（永乐中广宁伯刘江御倭寇有功，请赐额以祀真武）、海州卫都督及永康侯庙（成化中以都督卫青及永康侯徐安生备倭有功，祀之）；浙江杭州伍子胥庙、杭州灵卫庙（祀宋钱塘令朱跸暨金胜、祝威二将）、绍兴南镇庙、绍兴孝女庙（祀汉孝女曹娥，后配以宋孝女朱娥），海宁许侯庙（唐忠臣许远生于海宁特祀之），仁和褚公庙（祀唐臣褚遂良）；福建福州灵济宫（祀南唐徐知谔、知训兄弟）；广东广州南海庙，广州天妃庙，南海真武灵应祠，崖山三忠祠，琼

---

① 《续通志》卷一一四《吉礼四》。
② 《续文献通考》卷七九《群祀》。

州灵山祠、高山祠，电白高凉夫人庙、电白灵湫庙等①，这些遇到国家大事祭祀地方神灵，足见其在庇佑社稷方面的作用。地方政府每年例行祭祀，足以证明国家对包括海洋神灵在内的官方神灵系统的重视，国家制度的保障，使天妃等海洋神灵信仰成为重要的官方祭祀神灵，也在一定程度上，为这些地方神灵在地方确立局部地域的地位奠定了基础，有利于神灵的进一步扩展。

除海洋神灵信仰在陆地上传播外，海船上也设置有神龛，以便随船祭祀。明永乐时《顺风相送》就记载在航行前定罗盘下针路，进行相关的祭祀。《顺风相送·地罗经下针神文》云：

> 伏以神烟缭绕，谨启诚心拜请，某年某月今日今时四直功曹使者，有功传此炉内心香，奉请历代御制指南祖师，轩辕皇帝，周公圣人，前代神通阴阳仙师，青鸦白鹤先师，杨救贫仙师，王子乔圣仙师，李淳风仙师，陈抟仙师，郭朴仙师，历代过洋知山知沙知浅知深知屿知礁精通海道寻山认澳望斗牵星古往今来前传后教流派祖师，祖本罗经二十四向位尊神大将军，向子午酉卯寅申巳亥辰戌丑未乾坤艮巽甲庚壬丙乙辛丁癸二十四位尊神大将军，定针童子，转针童郎，水盏神者，换水神君，下针力士，走针神兵，罗经坐向守护尊神，建橹班师父，部下仙师神兵将使，一炉灵神，本船奉七记香火有感明神敕封护国庇民妙灵昭应明著天妃，暨两位侯王茅竹麂仙师，五位尊王杨奋将军，最旧舍人，白水都公，林使总管，千里眼顺风耳部下神兵，擎波喝浪一炉神兵，海洋屿澳山神土地里社正神，今日下降天神纠察使者，虚空过往神仙，当年太岁尊神，地方守土之神，普降香筵，祈求圣杯。或游天边戏驾祥云，降临香座以蒙列坐，谨具清樽。伏以奉献仙师酒一樽，乞求保护船只财物。今日良辰下针，青龙下海永无灾，谦恭虔奉酒味初伏献再献酌香醪。第二处下针酒礼奉先真，伏望圣恩常拥护，东西南北自然通。弟子诚心虔奉酒陈亚献，伏以三杯美酒满金盏，扯起风帆遇顺风。海道平安往回大吉，金珠财宝满船盈荣，虔心美酒陈献。献酒礼毕，敬奉圣恩，恭奉洪慈，俯垂同鉴纳伏望愿指南下盏，指东西南北永无差，朝暮使船长应护往复过洋行正

---

① 《明会典》卷《礼部四十四·祭祀六·合祀神祇一》。

路，人船安乐，过洋平善，暗礁而不遇，双篷高挂永无忧。火化钱财以退残筵。奉请来则奉香供请，去则辞神拜送。稽首皈依，伏唯珍重！①

祭祀对象好像是以往各种神灵的大汇聚，包括历朝各代熟习水罗盘的古堪舆师、算士、星占师、方位神、船神等"一炉灵神"先行祈祷，再以七记香火祭拜天妃、暨两位侯王茅竹鹰仙师、五位尊王杨奋将军、最旧舍人、白水都公、林使总管、千里眼顺风耳部下神兵、擎波喝浪一炉神兵、海洋屿澳山神土地里社正神、沿海各地土地神等，保佑海上航行安全的神灵。《顺风相送·谨请》载请天妃的歌词，"愿降临来真显赫，弟子一心专拜请，湄洲娘娘降临来。急急如律令"，足见天妃在海上航行的重要性。明代来往于南海，祭祀神灵除海上人员外，沿海家中妇女与孩子也拜各种神灵，祈佑亲人海上安全，"郎去南番及西洋，娘仔后头烧好香；娘仔烧香下头拜，好风愿送到西洋"②。船上祭祀的神灵在一定程度上反映了民间水手、船员对航海一切神灵的崇拜，是一幅典型的民间海神信仰的图卷。

明代，东莞南的独猪洋、乌猪洋常常是往来的航线所经。正德七年（1512年），暹罗国贡船在乌猪洋损坏，"飘至南海"③。正统六年（1441年）七月奉使占城立嗣王，十二月廿三日发东莞，次日过乌猪洋，又次日过七洲洋，瞭见铜鼓山，次日至独猪洋，见大周山；次日至交趾洋，有巨洲横绝海中，怪石廉利风，横舟触之即靡碎，舟人不胜恐，须臾，风急过之；次日至占城外罗洋校杯墅口。次年，五月六日还至七洲洋，大风舟几覆，正使舒某忧泣，不知所为；吴"惠为文以祭祝融与天妃之神，俄而开霁，瞭见广海诸山，十五日遂收广海，复抵东莞"④。可见，航行途中，特别是南海航行中，祭祀南海神祝融与天妃成为航行中必祭祀的神灵。

明代随着国家提倡真武、关公、天妃的祭祀，且明成祖朱棣自诩真武

---

① 《地罗经下针神文》，《顺风相送》，《两种海道针经》甲，中华书局2000年版，第23—24页。
② 《顺风相送·歌》，《两种海道针经》甲，中华书局2000年版，第47页。
③ 《东西洋考》卷二《西洋列国考》。
④ 《殊域周咨录》卷八《南蛮》，《震泽纪闻》卷上。

帝下凡，崇奉武当山道教，经元明诸代之倡导，真武庙祀几遍天下。关公信仰也是经过明代皇帝推崇，从战神到忠君报国的武圣，逐步民间化后，变成商神。天妃经过明初郑和下西洋、漕运以及后期的倭乱不断显灵，三者逐步地方化，崇拜日隆，庙宇遍布沿海乃至内陆。正是国家力量的提倡，加之神灵灵异，这些神灵逐步成为中国脱离地域化，变成全国性的神灵，在沿海自然成为海神。三者在沿海信仰也各有侧重。真武司职水神，为龟蛇合体，在沿海随着明代国家的提倡，逐步变成沿海的地方保护神，广东以南海佛山祖庙为中心，包括碣石元武山庙等，成为地方重要的真武信仰之地。而关羽主要在沿海卫所为军人信仰，天妃成为海上、水上保护神。

随着明代小说等的广泛传播，有关四海龙王的传说不绝于书。四海龙王驻锡之宫殿也出现。"东海清华宫渊圣广德王，南海丹陵宫浜（当为洪）圣广利王，西海素灵宫通圣广运王，北海玄冥宫冲圣广泽王。"① 元明杂剧《八仙过海》四折戏中，三十二处都有四海龙王的身影；明万历时罗懋登的《三宝太监下西洋》，前二十回就有十多处记载四海龙王的事迹；《西游记》也有第三、十八、二十八、四十一、四十二、四十三、四十五、八十一等回十多处提到四海龙王；明末《封神演义》也在卷三三处提及；《北游记》也有玄武"祖师复下凡间救苦"，江中五湖四海龙王都来朝贺②；《警世通言》卷四十也有"四海龙王同缩头"。林林总总，记载之多，足见四海龙王已在民间传播之广。

民间一般把阴历七月十八日"南无西十洋海中庆一十二面观世音菩萨示现"；八月十八日为"四海龙王神会之日"③。《道经》也有把龙聚日放在十月三日，"四海龙王奏水府为龙聚日"④ 足见民间对包括四海龙王等神灵的重视。而后代有关神灵诞辰庆祝日，司职海上神灵也有一席之地。

---

① 《掌中宇宙》卷一一《旁通篇上·鬼神部》。
② 《北游记》之《北方真武祖师玄天上帝出身志传》四卷。
③ （明）徐应秋：《玉芝堂谈荟》卷一《神灵降生日辰》。
④ 《事物异名录》卷二《岁时部》。

## 第四节　郑和下西洋中祭祀的海神研究

以往学者研究郑和下西洋，把天妃、南海神纳入道教或佛教有失片面。而在国家礼制层面上，仍然把他们纳入国家祭祀神灵，而非道佛神灵。静海寺等属于国家层面上祭祀的佛教神灵场所，长乐南山三清殿等也是官方许可建立的道教场所。清真寺等也是官方许可的回教祭祀场所。这些祭祀场所虽为佛道回等宗教人员执掌，但并不能说明郑和下西洋中祭祀的有关神灵都是这些宗教的神灵，其间不排除佛道等宗教对国家甚或民间神灵的吸收和利用。郑和下西洋后建的都公庙、太保庙等，则是保佑海上航行在其海域祭祀的地方性神灵，船员或地方民众祭祀。

郑和下西洋是明代官方的行为，其间官方祭祀的国家神灵的场所有静海寺、龙江天妃宫及东南沿海重要港口、沿海要地的天妃庙、南海神庙等，其有功于航海，沿途祭祀。后来的三宝庙、太保宫、都公庙等，官方与民间行为催生了这些场所的出现，但其仍是民间信仰的范畴。而民间信仰的宗三庙、白鳝庙、大王庙等庙宇，与下西洋的官方祭祀无关。

佛教、道教利用了天妃等国家祭祀神灵的显圣和在人们心目中的灵应，通过相关的经义和图画、仪式等，在郑和下西洋中，再次把天妃等国家祭祀神灵纳入其体系。

郑和下西洋是明代官方的行为，其间相关官员祭祀的神灵应得到国家认可，或者至少没有与国家祭祀制度冲突。国家通过封号、修建庙宇、赐额等方式，来表彰其在郑和下西洋过程中的荫佑作用。静海寺等属于国家层面上祭祀的佛教神灵场所，都公庙则是保佑海上航行在其海域祭祀的地方性神灵，船员祭祀，官方认可。后来的三宝庙、太保宫、碧峰寺等与下西洋有关的场所，官方与民间行为催生了这些场所的出现。而宗三庙、白鳝庙等庙宇与下西洋无关。本书力图勾画明代郑和下西洋中官方祭祀神灵的过程与事实，阐述这些与郑和下西洋有关的神灵显圣，人们祈佑、报答神灵遗留的遗迹与碑刻所蕴含的实质内容，揭示佛、道对相关灵显的利用。并对郑和下西洋后的民间祭祀的所谓"郑和神灵"进行剖析，提出官方与民间的作用，即使这些地方存在着相关庙宇，也确实与郑和下西洋无关。

### 一 郑和下西洋相关庙宇的修建与神灵祭祀

有关郑和下西洋中的诸神封号有：明永乐七年（1409年）元月乙酉，"封天妃为护国庇民妙灵昭应弘仁普济天妃，赐庙额'弘仁普济天妃之宫'，岁以正月十五日及三月二十三日遣官致祭为令"①。同年二月甲戌，"封南海神为宁海伯，时遣使往诸番国，神屡著灵应，故封之"②。两次封号出现的时间正值郑和第二次下西洋期间，其必定与郑和等出使海外有关。天妃、南海神有功于海外航行而受封。

相关庙宇的修建与神灵祭祀：

1. 天妃神与庙宇

（1）都城龙江天妃庙：正是"永乐初遣使诸蕃及馈运粮饷，褒祭"，才复有敕封。③ 永乐五年（1407年）九月，新建南京龙江天妃庙（即今下关天妃宫），建庙原因"时太监郑和使古里、满剌加诸番国，还，言神多感应，故有是命"，遣太常寺卿朱焯祭告。④ 此次建宫于都城龙江之上，"纪德太常，永传祀典"⑤。天妃仍是郑和下西洋众多官员、船员信仰的主要神灵。天妃庙近在龙江船厂旁，《郑和航海图》"自宝船厂开船从龙江关出水直抵外国诸番图"，明显标绘天妃庙于龙江船厂近旁，便于宝船下水祭祀之便。今存于静海寺的明成祖《御制弘仁普济天妃宫之碑》，作于永乐十四年四月初六日，述及永乐时"恒遣使敷宣教化于海外诸番国，导以礼义，变其夷习"。而"天妃神显灵，应默加佑相"。永乐十七年（1419年）九月，重建仪凤门外天妃宫。⑥ 仪凤门为南京城北绕过狮子山的西门，即今兴中门，距江边十分近便。此重建的天妃宫距永乐五年所建的天妃宫仅十二年，而且是在永乐十七年七月郑和出使返回南京后，其间天妃宫的重建与天妃庇佑海上交通相关。

（2）沿海港口与所过沿海的天妃庙宇。除龙江天妃庙见于《郑和航海图》外，其他各地的天妃庙宇在地图上画出的有江阴石头港天妃宫、

---

① 《明太宗实录》卷八七"永乐七年正月乙酉"条。
② 《明太宗实录》卷八八"永乐七年二月甲戌"条。
③ 嘉靖《太仓州志》卷十《寺观》。
④ 《明太宗实录》卷七一"永乐五年九月戊午"。
⑤ 《（长乐）天妃之神灵应记》。
⑥ 《明太宗实录》卷二百一六"永乐十七年九月甲寅"。

太仓刘家港天妃庙、郑和下西洋放洋地点的太仓、福建亦多有天妃庙。明"永乐间屡以天兵震迭东南诸蕃,更通西洋,则此州实咽喉之地"①。正如"通番事迹碑"所载,郑和七次下西洋,"每次统领官兵数万人,海船百余艘,自太仓开洋,由占城国、暹罗国、爪哇国、柯枝国、古国国抵于西域忽鲁谟斯等三十余国"②。而永乐七年,郑和、王景弘等统领官兵二万七千多人,驾海船二十八艘"赍奉诏旨,往赏东南濒海诸番,以通西洋。是岁九月,自太仓刘家港开船,回日仍于此处住泊"③。其后,海船放洋地点仍以太仓刘家港等处为主。永乐二十二年(1424年)八月,因仁宗即位,下诏"下西洋番国宝船,悉皆停止,如已在福建、太仓等处安泊者,俱回南京,将带去货物仍于内府该库交收"④。故太仓刘家港应是历次放洋的重要港口。

太仓天妃庙有二,一在周泾桥,即《元史·祭祀志》所载周泾天妃祠。此为元漕运祈答天妃所建,"神之宠灵益大,众之凭借益深","门庑殿寝,秩秩有严"⑤。周泾桥号称"海门第一桥"。天妃祠位于太仓城东南隅⑥,城东半泾横"水面弘广,帆樯云集","鱼船商舶喜通津,锤鼓椎牛祀海神"⑦,天妃庙附近即为太仓南关,号称"六国码头","外通琉球、日本等国"⑧,"粮艘海舶蛮商夷贾,辐凑而云集"⑨。除元时"马头通六国,曾泊岛夷船"⑩,明永乐初于城南海运仓(南仓)输浙江等处秋粮数百万石至北京⑪,其间海上交通十分重要,天妃庙应香火鼎盛,"有宝幡谕祭"⑫。另一天妃庙在刘家港。刘家港即娄江尾也,在州东一百里(嘉靖志作七十里),据明《昆山续志》云:"自娄门历昆山县以东直达于海

---

① 嘉靖《太仓州志》卷首,(明)周凤歧:《新修太仓州志序》。
② 嘉靖《太仓州志》卷十《杂志》。
③ 弘治《太仓州志》卷九《杂志》。
④ 《明仁宗实录》卷一上"永乐二十二年八月丁巳"条,弘治《太仓州志》卷九《杂志》。
⑤ 弘治《太仓州志》卷十下,(元)舍里性古:《灵慈宫原庙记》。
⑥ 弘治《太仓州志》卷一《山川》。
⑦ 嘉靖《太仓州志》卷一《疆域》,引(明)马麟:《半泾潮生》。
⑧ 嘉靖《太仓州志》卷一《疆域》。
⑨ 弘治《太仓州志》卷一《沿革》。
⑩ 弘治《太仓州志》卷十上,(明)桑琳:《重过太仓》。
⑪ 弘治《太仓州志》卷十上,(明)高宗本:《太仓十景》。
⑫ 嘉靖《太仓州志》卷十《寺观》。

者，皆为娄江，俗呼为刘家港云。"①而弘治《太仓州志》又引宋邱与权《至和塘》，以为"自苏之娄门七十里至昆山者名昆山塘"，即至和塘。而由昆山县至太仓为太仓塘。"以二塘俱在旧娄县之境，故又总谓之娄江"②。嘉靖《太仓州志》引元周文英《三吴水利》、永乐间夏元吉奏疏、邱浚《海运考》，"皆谓刘家港，昆山、太仓诸志考并同，疑为'娄'，盖乡音'娄'与'刘'互呼，今邮鄙间呼'娄塘'为'刘塘'可证"③。则以为刘家港乃娄家港。娄江刘家港北澛漕口有天妃行宫，元至元二十六年（1289年）建于崇明西沙，后毁于海潮；至正三年（1343年）移建于此，十五年（1355年）毁于兵灾，后又重建。明洪武时"每岁总兵官海运粮储往回致祭，永乐初遣使诸蕃及馈运粮饷，褒祭，复敕封护国庇民妙灵昭应弘仁普济天妃"④。从通番事迹碑刻在刘家港天妃宫壁间不难看出，这里是郑和船队泊船与祭祀的场所。"今永乐承平之岁，薄海内外靡敢不服，九夷百番进贡方物，道途相属，方舟大船次第来泊"⑤，应与元时不相上下。

郑和下西洋宝船也多在福建沿海港口停泊。福州长乐太平港是其停泊之地。太平港外即是五虎门。永乐三年，郑和首航西洋，"自苏州刘家河泛海至福建五虎门扬帆，首达占城，以次遍历诸番国"⑥。永乐七年（1409年）九月，郑和、王景弘等率四十八艘海舶"自太仓刘家港开船，十月至福建长乐太平港停泊，十二月于五虎门开洋，张十二帆，顺风十昼夜至占城国"⑦。永乐十年"自福建福州长乐县五虎门开船"⑧。太平港旧名马江，"郑和使西洋，海舟皆泊此，因故改今名。港东有十里洋街，古谚云：'十洋成市状元来'"⑨。"三宝太监驻军十洋街，人物辏集如市。"⑩

---

① 弘治《太仓州志》卷一《山川》引。
② 同上。
③ 嘉靖《太仓州志》卷一《疆域》。
④ 嘉靖《太仓州志》卷十《寺观》。
⑤ 嘉靖《太仓州志》卷首《旧志序》。
⑥ 《明史》卷三〇四《郑和传》。
⑦ （明）费信：《星槎胜览》前集《占城国》。
⑧ （明）马欢：《瀛涯胜览》（不分卷）《占城国》。（明）徐三重：《采芹录》卷四，将从长乐五虎门放洋时间定为永乐七年元月。
⑨ 《明一统志》卷七四《福建》。
⑩ （清）郑方绅：《全闽诗话》卷六《马铎》，引《稗史汇编》（续修四库全书本），上海古籍出版社2002年版。

从以上三次下西洋停驻太平港来看，永乐二十二年（1424年）这次召回出使西洋的宝船，福建停泊海船仍在长乐太平港。太平港的天妃宫，应是每次扬帆远航的祭祀场所。"长乐南山之行宫，余由舟师累驻于斯，伺风开洋。乃于永乐十年奏建以为官军祈报之所，既严且整。"后来宣德六年（1431年）春，"仍往诸番，蚁舟兹港，复修佛宇神宫，益加华美"，又建三清宝殿于天妃宫东，并"雕妆圣像粲然一新，钟鼓支供仪，靡不具备"。此次驻泊太平港，"等候朔风开洋"，修整船队，翻修南山塔寺、天妃宫，新建三清宝殿，"神安人悦"。之所以虔诚事天妃，"唯恐弗逮，敢不竭忠以国事，尽诚于神明乎？"而"师旅之安宁，往回之康济者"，"是用著神之德"①，其义自明。

太仓、长乐天妃庙皆是郑和下西洋扬帆之地的祭祀场所。其他江、浙、闽、广之地，也多天妃庙宇。湄洲天妃初祠也因"永乐初中官郑和使西洋观光怪，成祖命有司新其庙，遣官致祭"②，受到一定的礼遇。泉州天妃宫"其来已久"，郑和下西洋上奏朝廷，"令福建守镇官重新拓之而宫宇益崇"③。另一说是"成祖文皇帝时尝遣内臣大赉译赐岛外诸蛮"，"神最有光怪灵变，使者奉之谨。故泉州之宫，内使张谦修理也"④。张谦于永乐十五年（1417年）使西洋还⑤，出使目的"赍敕抚谕"古麻剌朗国⑥。不管怎样，泉州重修天妃庙，应与郑和等出使西洋有关。

出使西洋使节除江南、福建外，也在广东沿海多祀天妃。戴璟嘉靖《广东通志初稿》卷三二《神祠》载，洪武时，广州立天妃庙，"敕加赐额，有司春秋致祭"。东莞赤湾，扼珠江口，"地滨大海，永乐八年差中贵张源使暹罗，始立庙；又行人某使外国还，捐金令父老吴松山等买田供祀，前后朝绅、奉使每出钱佐之"⑦。而"海南天妃庙灵应，使者过必祭焉"⑧。广东沿海为下西洋必经之地，亦是诸如张源等出使西洋的出发地，

---

① 长乐《天妃之神灵应记》，郑鹤生、郑以钧：《郑和下西洋资料汇编》（上册），齐鲁书社1980年版，第42—44页。
② （清）杜臻：《粤闽巡视纪略》卷五。
③ 万历《泉州府志》卷二四《寺庙·天妃宫》。
④ （明）王慎中：《遵岩先生文集》卷二三《修天妃宫记》。
⑤ 《明史》卷七《成祖纪》。
⑥ 《明史》卷三二三《外国传·古麻剌朗》。
⑦ 雍正《广东通志》卷六十《艺文志》，（明）吴国光：《重修赤湾天妃庙碑记》。
⑧ 《明一统志》卷五三《福建·建昌府》。

故天妃庙建立或重建，也多与天妃灵应有关。

天妃"故宫于吴越、闽、广之间尤多"，郑和等出使西洋，使东南沿海各省天妃庙新建和重新又掀高潮。天妃崇拜除见于修建庙宇外，造海船与下洋前亦多祭神前。

> 今天后祈求必应，凡下东西二洋造舶，别为一舶如其制而小置神前，凡覆溺倾欹，兆必先见。在洋中或渡琼海，每遇颠危，虔诚拜祷，即有神火集中桅上，或有江鸥一双入仓集神前，舟楫即时镇定，至今神之。①

> 奉使外夷者必载其主舟，风涛有祷则应，或蝶、或雀、或灯光，舟人见之……而利涉矣。②

天妃庇佑海船作用可见一斑。正如《万历野获编》云："本朝永乐六年正月初六日，太宗又加封为护国庇民妙灵昭应宏仁普济天妃，庙号宏济天妃之宫，岁以正月十五日、三月廿三日，遣官致祭。盖其时将遣郑和等浮海使外国，故祈神威灵以助天声。"③

### 2. 南海神与庙宇

南海神是国家祭祀岳镇海渎的重要神灵之一，历来都给予其应有的地位。从隋开皇十四年（594年）南海祠设于南海县南海镇开始，历代基本上都重视这一庙宇的修建和祭祀。由于岳镇海渎为国家礼制的中祀，国之大事需要祭祀等。永乐四年（1406年）遣道士孙敏、监生王平祭告南海神，此次祭告为伐安南而撰。④《祝文》先颂扬岳镇海渎庇佑成祖靖难之役的胜利，后诉黎季犛父子的罪行，祈神灵保佑，使招讨安南之师早日凯旋。可见，南海神司职的南海地域与国至大事关系密切。可惜此后未见永乐七年封南海神后的祭告文，但不影响国家祭祀南海神与郑和下西洋之间存在联系的这一事实。《大明会典》卷九四《群祀·有司祀典》载其岳镇海渎帝王陵庙祭祀礼仪，规定每年二月、八月上旬择日致祭，并规定了相

---

① 雍正《广东通志》卷六四《杂事志·天后》引明《旧志》。
② 万历《福州府志》卷九《祀典》，明万历（1573—1620年）刻本。
③ 《万历野获编》卷一四《礼部·女神名号》。
④ 嘉靖《广州志》卷三五《礼乐》。此次祭告嘉靖志载为成祖即位祭告，误。

关礼仪、祝文。《明太宗实录》《明仁宗实录》《明宣宗实录》中也记载 1405—1433 年，多次派遣太子或官员郊祀，"祭太岁风云雷雨岳镇海渎山川等神"，而地方上的岳镇海渎等庙宇，虽在地方，但祝文、香、中央派遣官员等，均按照相关国家礼制来祭祀。① 海南文昌七州洋以南的万州（今海南万宁）独猪山，"打水六十托。往来祭海宁伯庙。系海南万州山地方"②。此处海宁伯庙当为宁海伯庙之误，正是永乐初对南海神封号。

3. 佛教相关庙宇

郑和下西洋的官员和大量船员，航海以前的平常生活多多少少都与佛教有关。佛教信仰在人们日常生活的信仰中必不可少。就连信仰伊斯兰教的郑和，也施财刊印佛经，分送各大禅寺。并自称信佛，还有法名。向达先生早在 1964 年《关于三宝太监下西洋的几件事》一文，以郑和刊印的《佛说摩利支天菩萨经》和《伏婆塞戒经》为例，即永乐元年（1403 年）《佛说摩利支天菩萨经》中姚广孝题记云"今菩萨戒弟子郑和，法名福善，施财命工，刊印流通，其所得胜报，非言可能尽矣"；明初刻本的《伏婆塞戒经》卷七郑和题记"大明国奉佛信官内官监太监郑和，法名速南叱释，即福吉祥"，"今开陆续成造《大藏尊经》，计十一藏"，说明郑和曾"崇佛"③。林松《论郑和的伊斯兰教信仰——兼评郑氏"崇佛"、"崇道"》④也云"从郑和身份地位看，他跟佛、道的联系是合乎情理的，也是跟他的处境相协调的"。"郑和称弟子，署法名，也仅限于印造佛经。可见他为迎合应酬而自称沙门弟子，却未必真正信佛。这样做，与其说是宗教原因，还不如说主要是政治的原因。"郑和不信佛，但有关出使官员和船员，应信佛。

上述福建长乐《天妃之神灵应记》，永乐十年奏建的太平港天妃宫，宣德六年新建三清宝殿于近旁，另翻修佛教南山塔寺。碑云"右有南山塔寺，历岁久深，荒凉颓圮，每就修葺，数载之间，殿堂禅室，弘胜旧规。今年春仍往诸番，蚁舟兹港，复修佛宇神宫，益加华美。而又发心施

---

① 王元林：《国家祭祀与海上丝路遗迹——广州南海神庙研究》，中华书局 2006 年版相关页码。
② 《各处州府山形水势深浅泥沙地礁石之图》，《顺风相送》，《两种海道针经》甲，中华书局 2000 年版，第 33 页。
③ 向达：《关于三宝太监下西洋的几件事》，中华文史网—文史综览—学林学海，第 35 页。
④ 《郑和研究百年论文选》，北京大学出版社 2004 年版。

财，鼎建三清宝殿一所于宫之左，雕妆圣像，粲然一新，钟鼓供仪，靡不俱备"。长乐南山塔寺与天妃宫、三清殿一起，成为长乐港口重要的官军祭祀与祈报场所。

除长乐南山塔寺外，静海寺也与郑和下西洋有关。"寺在府北二十里，洪熙元年赐额。"① 静海寺在南京西北仪凤门外卢龙山之麓，"明永乐间内监郑和使西洋归，因建寺赐额"②。"静海寺有水陆罗汉像，乃西域所画，太监郑和等携至。每夏间张挂，都人士女竞往观之。"③ "金陵静海寺藏有佛宝，来自西方，每岁时出献佛堂上，祝云亦郑和所取。"④ 到明万历时，罗懋登的《三宝太监西洋记》第一百回"奉圣旨颁赏各官，奉圣旨建立祠庙"记载，"静海寺有篇《重修碑》可证"。从静海寺罗汉像等内容不难看出，此寺院为佛寺无疑。

南京聚宝门外的碧峰寺也与郑和下西洋有关。据佚名《碧峰寺起止记略》云，碧峰寺于洪武五年"敕工部黄侍郎（立恭）督工重建"，原因是"圣祖召问（碧峰禅师）佛法、鬼神及修炼语甚合，出使西洋所经诸国，奇功甚多，授爵固辞"。修庙与碧峰禅师有关。碧峰寺所统非幻庵。据《非幻庵香火圣像记》所云：

城南之梵刹，同（在）碧峰寺麓之岩，庵曰非幻。至宣德改元，师主牛头。时灵监公深契往谒，览兜率崖，辟支佛洞，愕然有感，乃伐木鸠材，复崇栋宇、像设，起人之瞻敬。尝谓师曰："吾因经西洋番邦诸国，其往返叨安，感戴皇上佛天之呵护，已出缗，命工铸金铜像一十二躯，雕妆罗汉一十八位，并古铜炉瓶及钟磬乐师灯具等，今安于宅，尚虑后之乏人崇诗，逮吾西洋回还，俱送小碧峰退居供奉，以为永远香火，旦夕焚修。……"不期宣德庚戌，上命前往西洋，至癸丑岁，卒于古里国。……宣德乙……众同商议，不违先太监公生前之愿。⑤

---

① 《明一统志》卷六《南京》。
② 乾隆《江南通志》卷四三《舆地志·寺观》。
③ （明）顾起元：《客座赘语》卷九《诸寺奇物》。
④ 《御定渊鉴类函》卷二百三四《边塞部五·锡兰山》，引《增续文献通考》。
⑤ 潘群：《〈非幻庵香火圣像记〉试析》，《郑和研究》2007 年第 3 期。

文中提到的太监公为郑和无疑。此庙为佛教庙宇，与郑和下西洋有关。罗懋登的《三宝太监西洋记》第一百回"奉圣旨颁赏各官，奉圣旨建立祠庙"记载"碧峰寺有篇《非幻庵香火记》可证"。当是天顺元年《非幻庵香火圣像记》再一次被引用的证明。

越南绥和、白蓬之间的华列拉岬山顶似佛头故名灵山，灵山大佛也是来往船只必须祭拜的对象，"山有香炉礁，往回放彩船"①。

锡兰国（今斯里兰卡）佛寺也有郑和因佛"慈佑"而布施大量供品的碑刻。"永乐十年遣中官郑和奉敕，赍金银供器及彩妆、织金宝幡施于寺，及建石碑，赏赐国王等。"② 锡兰所立的一块碑，至今尚保存于斯里兰卡科伦坡博物馆里。碑用汉文、塔米尔文和波斯文凡三种文字，碑立于永乐七年二月甲戌，"大明皇帝遣太监郑和、王贵通等昭告于佛世尊曰：……比者遣使诏谕诸番，海道之开，深赖慈佑，人舟安利，来往无虞，永唯大德，礼用报施。谨以金银织金纻丝宝旛、香炉、花瓶、纻丝表里、灯烛等物，布施佛寺，以充供养。唯世尊鉴之。总计布施锡兰山立佛等寺供养"③。

4. 道教相关庙宇

与佛教一样，道教也与出使官员、船员密切相关。福建长乐《天妃之神灵应记》，后有"正一住持杨一初稽首请立石"。当是"三清宝殿"道教主持。值得注意的是，上述太平港永乐十年奏建的天妃宫，应是每次扬帆远航的祭祀场所；宣德六年新建三清宝殿于近旁，俨然把天妃宫与三清殿浑然一体，看作道观。新近发现郑和这次新修的三清殿，殿前有"太监郑和、王景弘等同官军人等，发心铸造铜钟一口"④，可以看作是郑和等官军与道教有关的见证。

5. 回教寺庙

永乐三年（1405 年），王景弘在第一次随郑和下西洋之前，就曾经前往素以"遣舶祈风"而闻名于世的九日山"祈风"祭海，"王景弘……至

---

① 《各处州府山形水势深浅泥沙地礁石之图》，《顺风相送》，《两种海道针经》甲，中华书局 2000 年版，第 33 页。
② 《御定渊鉴类函》卷二百三四《边塞部五·锡兰山》，引《增续文献通考》。
③ 向达：《西洋番国志校注》附录二《郑和在锡兰国所立碑》，中华书局 2000 年版，第 50 页。
④ 张善贵辑：《长乐金石志》，香港文学报社出版公司 2005 年版，第 160 页。

泉州寄泊，上九日岩祈风，至清真寺祈祷"①。《泉州灵山回教先贤墓行香碑》所载永乐十五年郑和等于此行香，"望神灵庇佑"。郑和行香属于个人行为还是带有官方性质：应该看作是两者兼有之。

6. 其他神灵与庙宇

晏公神。晏公兴起于元代，到明正统时，已经成为扬子江和附近海域的重要水神。"因记向年朝廷有事西洋日，中贵人经刘家港谒神行宫，见其对土木像若君父然。有彭指挥者稍弗谨。棰之几死，闻其群从言，神于江海无乎不在，呼之则火至，火至则无虞。"② 晏公崇拜在扬子江一带还是比较盛行。而刘家港等为对外港口，明初郑和下西洋，刘家港的晏公神灵也应是官员和水手必须祭祀的神灵。

广东台山广海湾外上川岛东南的乌猪洲，"上有都公庙，舶过海中，具仪遥拜，请其神祀之，回用彩船送神"。而"都公者，相传为华人，从郑中贵抵海外归，卒于南亭门，后为水神，庙食其地。舶过南亭必遥请其神，祀之舟中，至舶归，遥送之去"③。南亭门即今珠江口外的万山群岛，与乌猪洲之间为乌猪洋，这里是遥祭都公庙而已。都公庙或与郑和下西洋有关，其后建庙当在郑和下西洋其间甚或以后。这里的"都公"是指"都指挥"的地方军事官员，还是地方府一级管理僧的"都纲"、道的"都纪"，还是另有所指，值得思考。从《长乐南山寺天妃之神灵应记》后立石官员有"都指挥朱真、王衡等立"，或许与这些都指挥关系有关。至于福建漳州渐红村的"太保公"庙、长乐漳港大王宫等都是民间庙宇，与官方祭祀无关。

至于明罗懋登的《三宝太监下西洋》一百回"奉圣旨颁赏各官 奉圣旨建立祠庙"所云："后来静海禅寺建于仪凤门外，天妃宫、宗三庙、白鳝庙，俱建于龙江之上。"宗三庙、白鳝庙在扬子江一带，宗三舍人是民众信仰的神灵。罗懋登于万历二十一年（1593年）为《新刻出像增补搜神记大全》作序，其卷三有"宗三舍人"条，有像无文字，当后来毁掉。《道藏》收录的《搜神记》，也仅有词条存目，而无内容。而明黄景

---

① 福建晋江东石（清）蔡永兼：《西山杂志》所载，见 http：//www.takungpao.com/blog/（大公网博客）魏风秋色：《漫谈"祭海"》。
② （明）郑文康：《平桥稿》卷六《晏公灵异记》。
③ （明）张燮：《东西洋考》卷九《舟师考》。

昉《国史唯疑》卷一《洪武、建文》云："彭蠡湖每风雨波涛若有物蜿蜒其中，舟多覆。传为缆精，过客辄祀之。偶旱枯验乃巨木，岁久为藻所络若鳞介然。"后都昌令焚烧之，"怪遂绝"；"一说国初破伪汉，湖中浮尸蠢蠢，太祖命以棕缆投之三，复之，魄凭为厉，因神其缆曰'宗三舍人'"。据《古今图书集成》载：江宁府宗三庙，"一在县西十里，明正德五年建，今改额为永胜庵；一在县东南十五里，明隆庆间建"①。皆为宣德以后所建。与郑和下西洋关系不大。崇祯十七年宗三有封号（详下），也多是后来庇佑皇太后而封。

而白鳝庙中所祀白鳝，即鳗鲡，是一种降河性洄游鱼类，原产于海中，溯河到淡水内长大，后回到海中产卵。每年春季，大批幼鳗（也称白仔、鳗线）成群自大海进入江河口。雄鳗通常就在江河口成长；而雌鳗则逆水上溯进入江河的干、支流和与江河相通的湖泊。雌鳗秋季又大批从江河的干、支流至江河口与雄鳗会合后，继续游至海洋中进行繁殖。白鳝分布于中国长江以南至广东、海南岛各江河水系。宋陆佃《埤雅》卷二《释鱼》云："鳗，无鳞甲，白腹，似鳝而大，青色，焚其烟气辟蠹。有雄无雌，以影漫鳢而生子。"明南京古迹有"白鳝洞，坐落驰字铺"②。崇祯十七年（1644年），因皇太后张氏从河南水路来到南京，南明弘光王朝认为从"中州至南京，一路大小河神"保佑，封这些河神各种称号，其中"原敕封宗三靖江王，今加封惠佑宗三靖江王"，"原敕封护国开河显应有感白鳝大王，今加封护国开河显应有感灵昭白鳝大王"。③ 白鳝大王也在《三宝太监下西洋》中多次提到，原来白鳝大王"护国开河显应有感"的封号，以及后来在南京龙江上的白鳝庙，疑与郑和下西洋关系不大。

其他沿海庙宇见于《郑和航海图》的庙宇有仪真斩龙庙、江阴石头港、蔡港之间的龙王庙，可见，龙王庙宇在长江下游入海这一带仍有分布。

## 二 官方祭祀神灵的原因与道教、佛教再吸收

以上官方通过赐号、修建庙宇和派遣相关官员的祭祀，反映了在郑和

---

① 《古今图书集成·职方典》卷六百六十《江宁府部丛考》。
② 《南京都察院志》卷二二《职掌》。
③ （明）管绍宁：《赐诚堂文集》卷五《奏疏·加封水神疏》。

下西洋中，国家对包括回教、佛教、道教在内的神灵认可，但对于国家礼制层面的神灵和其庙宇，从国家祭祀的角度上考量，仅有天妃和南海神。

明代永乐到宣德间，天妃封号、祭祀活动，以及相关离宫庙宇的修建，与郑和下西洋有关。官方祭祀神灵的目的无怪乎就是天妃庇佑海上航行安危，保证郑和等出使顺利。而郑和下西洋，海上航行必经南海，南海神司辖南海这一地域，海上安全是南海神的神职功能之一，因此封号自然在情理之中。除此之外，南海神更多神职在庇佑一方平安，象征着国家权力在地方上的统治，其功能更多表现在社稷和岭南地方的安定。其祭祀也多在国家礼制层面。有明一代，中央除了例行的中祀包括南海神在内的岳镇海渎活动外，并没有显现出南海神在中央地位的提高。相反，与前代相较，还有下降之势。明太祖重视国家礼乐，虽然取掉诸神的封号，但重视国家祭祀，这是不争的事实。郑和下西洋、成祖平定安南等，南海加"宁海伯"，其在中央的地位还处于比较高的地位，但"伯"爵位，实际上已经远不能与唐、宋、元代的"王"，南汉的"帝"等相较。就是爵位也不如公、侯等。仅从封号中就可以发现其远不如以前各代。相反，天妃的封号一直在增加，"妃"的地位不管怎样，都是要高于"伯"，更何况天妃的前面还有"护国庇民妙灵昭应弘仁普济"等难以比肩的封号，这是南海神灵无论如何也不可能比及的。[①] 如果撇开封号不谈，只从南海神在国家荫佑的作用来看，明前期的地位虽然不能与前代比较，但还是较明中后期的地位要高。

由于宋代道教已经渗透到妈祖信仰，元代道士一度取得了祭祀天妃的权利。而道教祭祀神灵的场所一般称作"宫观"，元代天妃宫的称呼在江南地区流行。天妃宫一名的出现，反映了道教影响的扩张。元代太仓周泾天妃宫主持杨炼师就是道士。道教利用天妃，将天妃作为道教的神灵，并影响到明清，地域扩展到福建等其他地区。[②] 一般认为天妃为道教神灵，但从国家礼制来看，无疑是道教利用天妃神灵来扩展自己的香火。上述南京龙江天妃庙，除国家祭祀派太常寺官员祭祀外，"永乐十五年，钦差内

---

① 王元林：《郑和下西洋与天妃、南海神的崇拜》，《暨南学报》（社会科学版）2005年第6期。

② 徐晓望：《妈祖信仰史研究》，海风出版社2007年版，第126—133页。

官王贵通、莫信、周福率领千户彭佑、百户韩翊并道士诣庙，修设开洋清醮"①。国家祭祀为首位，道教的醮仪应被使用，而出使官员代表的身份应该更与国家祭祀相关，道教只是起到辅助作用，帮助完成这一国家祭祀活动的过程。

明代国家礼制层面，仍然没有承认天妃为道教神灵，而看作是有功于庇佑国家往来的交通神灵来祭祀。虽然管理庙宇和祭祀的礼仪不免有道教的因素，但这正是道教利用国家礼制以外的合理空间，渗透和利用天妃这一神灵来开展自己的活动。虽然长乐《天妃之神灵应记》后也有道教正一住持杨一初"稽首请立石"，但在国家礼制层面，仍然把天妃纳入国家礼制。《明史·礼志》明确记载："天妃，永乐七年封为天妃为护国庇民妙灵昭应弘仁普济天妃，以正月十五日、三月二十三日，南京太常寺官祭。太仓神庙，以仲春、秋望日，南京户部官祭。"中央官员祭祀天妃无疑是国家权力在礼制上的最好体现。

明初道教的有关经卷也可证明其间对天妃的利用。《太上老君说天妃救苦灵验经》②记载有永乐七年给天妃封号"护国庇民妙灵昭应弘仁普济天妃"，说明此经成于永乐七年以后。既然收入正统十年（1445年）《道藏》中，应在正统十年以前。而天津天后宫原藏有一部《太上老君说天妃救苦灵验经》（现收藏于北京白云观道教总会），初刊于永乐十四年（1416年），后收入明正统《道藏·洞神部》。经文说明天妃下凡是太上老君指派，"于是天尊乃命妙行玉女，降生人间，救世主民疾苦。乃于甲申之岁，三月二十三日辰时，降生世间"。经文拟定天妃誓文曰：

> 一者誓救舟船，达到彼岸；二者誓护客商，咸令安乐；三者祛逐邪祟，永得消除；四者荡灭灾屯，家门清静；五者搜捕奸盗，屏迹潜形；六者收斩恶人，诛锄强梗；七者救民护国，民称太平；八者释罪解愆，离诸报对；九者扶持产难，母子安全；十者庇护良民，免遭横逆；十一者卫护法办，风雨顺时；十二者凡有归向，保佑安宁；十三者修学至人，功行果满；十四者求官进职，爵禄亨通；十五者过去超生，九幽息对。是时老君闻天妃誓言，乃敕玄妙玉女，赐以无极辅斗

---

① 照乘：《天妃显圣录》，台湾文献丛刊本第77种，第8页。
② 《道藏》第11册，文物出版社1996年版。

助政普济天妃之号。

这里的天妃乃妙行玉女降生人间，誓扬正化，广济众生，普令安乐。民众信奉，"但能起恭敬心，称吾名者。我即应时孚感。令得所愿遂心，所谋如意"。如此，道教经典通过一系列的包装，把天妃变成太上老君的使臣，并有相关的庇佑功能，

> 前后导从，部卫精严，黄蜂兵帅，白马将军，丁壬倒霉，树香大圣，晏公大神。有千里眼之察奸，顺风耳之报事。青衣童年子，水部判官，佐助威灵，显扬正化。世间若有男女，恭敬信礼称其名号，或修斋设醮，建置道场，或清静家庭，或江海水小，转诵是经一遍，乃至百遍千遍。即祛除灾难，殄灭邪魔；疾病自痊，官灾永息；行兵临陈，凶恶自离；困狱之中，自然清泰；贼寇不侵，恶言无害；田蚕百信，牛畜孳生；财禄盈余，经营获利；行商坐贾，采宝求珍；海途平善，无诸惊恐；求官做事，遂意称心。

配备一系列的陪神，俨然为道教一方诸侯。念诵灵经，会免灾接福。就是元代兴起的水神晏公，也被上述的道教经书编入天妃的陪神。

佛教也是如此。《太上说天妃救苦灵验经》一卷，刻于永乐十八年（1420年），是跟随郑和下西洋的僧人胜慧在临终前，命弟子用其所遗留的资财，发愿所刻。经金秋鹏先生考查，国家图书馆善本部收藏有《太上说天妃救苦灵验经》一册，与《中国美术全集·绘画编·版画卷》（上海人民出版社1988年版，30图）所录图一致，为国家图书馆收藏本[①]。《太上说天妃救苦灵验经》卷末有跋文一篇，云："□□□达胜慧所伸意者永乐十四年差往西洋公干，要保人船无事，发心告许天妃灵验妙经一藏，用作匡扶，祈求平善。不期胜慧年命已终，愿心尤在，董（谨）将遗下资财，命工印造。原（愿）许经文散施四方，流通读诵，所集工（功）德上报。……永乐十八年四月初八日拜题。"《太上说天妃救苦灵验经》并不是道教的《太上老君说天妃救苦灵验经》的简写。中国国家图

---

① 金秋鹏：《迄今发现最早的郑和下西洋船队图像资料——〈天妃经〉卷首插图》，《中国科技史料》2000年第1期。

书馆馆藏的卷首插图除画有天妃宫的图像外，图的后部上方画有观音菩萨的画像。前半部分残，从"敕封辅斗显迹威灵飞符走印统领天丁"以后才有，个别字句与道教《太上老君说天妃救苦灵验经》不同，但大体意思一致。值得注意的是，下文有"齐天圣后，观音化身""善男信女能经敬奉经咒，不计日辰，或敬心讽诵，或僧道转诵行持法事，或转一遍，人钦仰心内慈悲佛显明我奉上天来助""玉帝有封咒"等，而"僧道转诵行持法事"，可见两者对天妃的利用。特别是卷末"皇后天妃宝号：志心皈命礼浦沱兴化湄洲灵应威德飞雄神通广大救厄而闻大慈大悲救苦救难敕封护国庇民妙灵昭应弘仁普济天妃菩萨摩诃萨"。从胜慧发愿刊经，以及经文不难看出，《太上说天妃救苦灵验经》为佛教经卷无疑。

《太上说天妃救苦灵验经》与《三教源流搜神大全》（元刻，明初补入）相较，前者为专门的佛教经卷，而后者为儒释道三教神灵的汇集。《三教源流搜神大全·天妃娘娘》云："母陈氏尝梦南海观音与优钵花，吞之，已而孕……甫周岁，在襁褓中见诸神像，叉手作欲拜状。五岁能诵观音经。"也可看作是佛教利用天妃，把天妃看作与自己相关的神灵。而《太上说天妃救苦灵验经》也比佛教后来的《观音大士说天妃娘娘经》更早，只是前者流传不广，与道教的《太上老君说天妃救苦灵验经》相似，而被人们逐渐淡忘。

明末清初编成的《天妃显圣录》中，就收录了不少天妃与佛教相联系的传说。同时，天妃"窥井得符""挂席乘搓""灵符回生""湄洲飞升"等具有强烈道教色彩情节事迹更成熟。从中不难看出，佛道对天妃的利用。

总之，现看到的道教《太上老君说天妃救苦灵验经》初刊于永乐十四年，《太上说天妃救苦灵验经》初刊于稍晚的永乐十八年，道佛两者明显利用天妃来宣传各自的宗教，两者在郑和下西洋中都被赋予了神灵的法力，这已成为不争的事实。

# 第 五 章

# 末声:清代国家正祀与地方海神信仰的互动

## 第一节　清代国家礼制正祀的海洋神灵与寓意

### 一　清代国家郊祀中的四海祭祀

与明代一样,清顺治元年（1644年）,"定崇祀岳镇海渎及直省有司春秋致祭之礼,定制以五岳、五镇、四海、四渎配享方泽坛"①。方泽坛仍在北京北郊的安定门北之东,"当都城丑位,北向"。坛第二成"南分设五岳、五镇、五陵山各石座,刻岩形;北分设四海、四渎各石座,刻水形,均东西座,周以方池,祭则贮水"。从《清会典图》卷四《方泽坛第二成以下位次图》看出,四海神位于第二成东北,"四海共一幄,东次西向",与其他三幄一样,"原设各石座前,设爵桌各一,笾豆案各一",四海、四渎幄外,"馔桌设于南,尊桌接桌设于北,均东西,接福胙桌一,设于东西向"。② 与第一成皇地祇幄、清代列圣幄相较,其地位要低一等。

而清代地祇坛、天神坛、先农坛皆在北京正阳门之外,先农坛位西南,天神坛位东,又"立地祇坛于天神坛之西,北向",坛南立五个八尺二寸青白石龛,其中刻山形者为五岳、五镇、四陵山位,刻水形者为四海、四渎,四围凿池,祭则注水;其东西另设京畿及名山大川位,"岁遇

---

① （清）乾隆官修:《清朝文献通考》卷一百《郊社十》,浙江古籍出版社2000年版,第5725页。

② （清）昆岗等:《清会典图》卷四《祀典》,中华书局1991年版,第35、36页。

水旱则遣官祭告，祈祷有应则报祭"①。从《清会典图》卷一三《祀典·地祇坛位次图》看出，四海位在岳镇陵海渎最东端。四海与其他岳镇陵海渎、天下和京畿名山大川，荫佑控云布雨。

  清代岳镇海渎在国家郊祀中的作用依然首先表现在祭告。清代"凡登极授受大典，上尊号、徽号，祔庙，郊祀，万寿节，皇太后万寿节，册立皇太子，先期遣官祇告天地、太庙、社稷。致祭岳镇海渎、帝王陵寝、先师阙里"。郊祀与派遣官员去地方专庙祭祀都一直进行。"凯旋奏功，祇告奉先殿，致祭陵寝，释尊先师，致祭岳镇海渎、帝王陵庙、先师阙里。"②

  其次，清代康熙、乾隆、嘉庆等皇帝巡幸时亦曾祭告岳镇海渎。由于岳镇海渎"为德甚博，施甚大，故崇礼以报"③。而"巡幸所莅，亲祭方岳。其所未莅者，命疆臣选员遍祭岳镇海渎、所过名山大川。其祭文香帛，遣使自京赍送"④。康熙二十三年（1684年）、二十八年（1689年），圣祖东巡，皆躬祭岱岳，复诏遣官遍祭岳镇海渎之祇；康熙三十五年（1696年），北征噶尔丹，遣官祭山川之神、克鲁伦河神等；乾隆十二年（1747年），东巡山东，躬祭岱岳，遣官遍祭岳镇海渎之祇⑤；乾隆十六年（1751年），南巡江浙，遣官致祭岱宗、河渎、淮渎、江渎、会稽山、江海潮神等；乾隆十九年（1754年），东巡吉林，望祭长白山，又祭松花江、北海、北镇等；乾隆二十二年（1757年）高宗南巡，遣官祭所过地方岳镇海渎；乾隆三十五年（1770年），巡幸天津，遣官去淀河神庙、海神庙祭；乾隆四十三年（1778年），巡幸盛京，亲祭北镇，遣官祭长白山、北海神；乾隆四十八年（1783年），东巡盛京，再亲祭北镇，建北海庙于山海关，遣官致祭；乾隆四十九年（1784年），南巡江淮，遣官祭所过岳镇海渎；嘉庆十年（1805年）、二十三年（1818年），巡幸盛京，亲至北镇庙行礼，遣官致祭长白山、松花山、北海等，皆证明岳镇海渎等在

---

① （清）乾隆官修：《清朝文献通考》卷一百《郊社十》，浙江古籍出版社2000年版，第5725页。

② 赵尔巽等撰：《清史稿》卷八二《礼志一》，中华书局1976年版，第2500页。

③ （清）乾隆官修：《清朝文献通考》卷一百《郊社十》，浙江古籍出版社2000年版，第5725页。

④ 赵尔巽等撰：《清史稿》卷八二《礼志一》，中华书局1976年版，第2500、2501页。

⑤ （清）昆岗等：《清会典事例》卷四四一《中祀》，中华书局1991年版，第1007页。

皇帝出巡时国家祭祀中的重大作用。

清朝"凡遇水旱或亲诣祈祷，或遣官将事，皆本诚意以相感格，不事虚文"。遇水旱，诣圜丘、方泽、天神、地祇、太岁、社稷各坛祭祀，已是定制。"圜丘即大雩之义"，祀天神坛、地祇坛、先农坛，"义与雩同，既行常雩，间有不雨，仍遣官祇告，以祈甘雨；雨潦祈晴，冬旱祈雪，亦如之，祈而应则报祀，礼仪皆同"。①

从顺治初遇旱祈雨起，各朝遇旱祭祀"岳镇海渎及诸山川能出云雨者，以祈求雨泽"，设雩坛后祭祀仍不废。② 康熙二十九年（1690年）祈雨，祭天神、地祇、太岁神外，"并于城外四面洁净处所，搭造席棚，遣官致祭四海之神"；雍正十年（1732年）依然如此。而从乾隆七年（1742年）开始，祈雨礼仪，以"岳镇海渎为地祇，是地祇坛内已有四海神位，不必同日另行望祭"③。虽罢郊祭专祀四海神礼，但岳镇海渎仍然配祀地祇，其司云职雨在国家郊祀中的作用仍然重要。值得注意的是，随着四海龙王的广泛传播，在清代皇宫中，也出现四海龙王。陈作霖于光绪二年（1876年）"南入福华门，先至时应宫，前殿供四海龙王及雷电诸将；后殿供天下都龙王，为岁旱祷雨之所，屋宇幽深，不寒而栗"④。皇宫中这些与水有关的神灵，反映出国家对天气与农业的重视。

总之，清代郊祀岳镇海渎，在国家大事祭告、水旱等方面都成为郊祀不可缺少的一部分，清帝出巡等亦祭沿途所经岳镇海渎。岳镇海渎祭祀，不但在郊祀中出现，在地方所建的神庙中也屡有体现。

## 二 清代国家中祀礼制的四海庙专祀

清代四海祭祀，与明代相比变化不大。"遇国家大庆典致祭岳镇海渎，以二品至四品京堂官充使，以礼部太常寺笔帖式赍祝文、香帛，导以伞仗龙旗，诹日发京师往祭……东海于山东莱州府；南海于广东广州府；

---

① （清）乾隆官修：《清朝文献通考》卷九六《郊社六》，浙江古籍出版社2000年版，第5693页。

② 同上书，第5695页。

③ （清）昆岗等：《清会典事例》卷四百四十《礼部·中祀》，中华书局1991年版，第998页。

④ （清）陈作霖：《可园文存》卷九《春明旧游记》。

西海于山西蒲州府，望祭；北海于吉林，望祭。"四海祭祀所用礼仪，"皆帛一、牛一、羊一、豕一、登一、铏二、簠簋各二、笾十、豆十、尊一、爵三、炉一、镫二"①。值得注意的是，清王朝兴起于白山黑水之间，原来一直附设于怀庆府济渎庙旁遥祭的北海庙，地属中州而非滨海，"固于事理未协。嗣经改于吉林东门外望祭，虽属北境，然距海尚远，亦非所宜。所有春秋秩祀，及遇告祭典礼，自应恭移于此，以协方位"②。故在康熙二十七年（1688年），改祭北海神于混同江（今松花江）。由于混同江在边地，望祭北海的祭物，"神牌由盛京工部、祭品由宁古塔将军（今吉林将军）预备。香帛由太常寺移取，送交盛京礼部。至读文致祭，令奉天府尹遣附近之开原县知县设立幄次、神位纸牌。每岁春秋，于祭长白山后致祭北海"③。乾隆四十五年（1780年）九月，新建山海关北海神庙，"遣亲王往祭。祭文由翰林院撰拟，告祭事宜，由太常寺办理"。建庙原因，此"处为王迹肇兴之地。兹当崇宇聿新，肇修秩祀，自应特派宗藩，代申诚敬"④。北海神庙两迁终定其址。除北海新建外，其他三海庙宇也多维修。莱州府东海神庙就有雍正六年（1728年）重修、乾隆二年（1737年）左右、乾隆十五年（1750年）至二十一年（1756年）等多次修建⑤；南海庙维修更有康熙四十四年（1705年）、雍正三年（1725年）、乾隆三十五年（1770年）、道光三十年（1850）年、宣统二年（1910年）等多次。⑥

清代虽然也有对四海神的封号和赐额，但仍看不出四海神的地位有太大变化。康熙帝曾赐莱州东海神庙御书"海天浴日""万派朝宗"⑦，又

---

① （清）伊桑阿等纂：乾隆《大清会典》卷四七《礼部祠祭清吏司·中祀四》，《文津阁四库》（405），商务印书馆2005年版，第813页。
② （清）昆岗等：《清会典事例》卷四四二《中祀·祭》，中华书局1991年版，第1029页。
③ 同上书，第1024、1025页。
④ （清）昆岗等：《清会典事例》卷四四一《中祀》，中华书局1991年版，第1019页。
⑤ （清）于始瞻：乾隆《掖县志》卷二《坛庙志》，成文出版社1976年版，第182—184页。
⑥ 王元林：《国家祭祀与海上丝路遗迹——广州南海神庙研究》，中华书局2006年版，第385—393页。
⑦ （清）乾隆官修：《清通志》卷一二一《金石略七》，浙江古籍出版社2000年版，第4724页。

## 第五章　末声:清代国家正祀与地方海神信仰的互动

特颁西海神庙御书"源远流长"匾额①;还赐南海神庙御书"万里波澄"②;雍正二年(1724年)加四渎四海封号,"东海曰显仁,南海曰昭明,西海曰正恒,北海曰崇礼,均遣官赍送祭文、香帛,令地方官致祭"③。

而清代岳镇海渎的祀典更加重于形式。根据《清会典事例》卷四四一、卷四四二《中祀》记载,诸如有关皇帝登基、亲政祭祀岳镇海渎有十一次(其中登基七次,亲政四次,宣统帝登基祀岳镇海渎未计入);皇帝寿辰、登基纪念庆典祭祀计有十一次(帝诞辰八次、即位纪念三次);皇太后寿辰及上徽号祭祀有十六次(其中皇太后诞辰七次,上皇太后徽号九次);立太子祭祀二次;立皇后三次;上先皇、先皇太后谥号及升祔太庙,计有十次(其中先帝升祔及尊号七次,先皇太后三次,未计清末同治、光绪等);康熙帝与乾隆帝东巡泰岳而祀岳镇海渎有三次;有关军功而祭祀岳镇海渎有八次(康熙二十一年平定三藩叛乱;康熙三十六年平定噶尔丹叛乱;乾隆十四年平定金川叛乱;乾隆二十一年和二十四年平定准噶尔回部叛乱;乾隆四十一年平定金川叛乱;道光九年平定回部叛乱;同治二年打败太平军后收复江宁省城);有关祈福消灾而祈岳镇海渎有康熙三十四年一次。据不完全统计,有清一代,因国家其他大事而祀岳镇海渎达六十多次,以皇帝登基及亲政、先皇及先皇太后谥号及升祔太庙、军功、皇帝诞辰、皇太后诞辰及上徽号为多。岳镇海渎在一定程度上,是国家名山大川的代表,是国家社稷与自然界山川的有机结合,神化的岳镇海渎成为拱卫社稷政权不可缺少的坚强基石。

值得注意的是,嘉庆元年(1796年)告祭岳镇海渎时,一改过去中央派遣官员的惯例而直接委派地方军事官员就近祭祀。"派各省副都统总兵就近致祭。祭文香帛由驿发交祗领。届期致祭。山海关副都统祭北海,青州副都统祭东岳、东镇、东海,广州副都统祭南海,太原镇总兵祭北岳、中镇、河渎、西海。"④嘉庆二十五年(1820年)九月,宣宗即位,

---

① (清)乾隆《大清一统志》卷一百一《蒲州府》,见《文津阁四库》(163),商务印书馆2005年版,第815页。

② (清)崔弼:《波罗外纪》卷六之五《清碑》,光绪八年(1882年)刻本。

③ (清)乾隆官修:《清朝通典》卷四四《礼·山川》,浙江古籍出版社2000年版,第2266页。

④ (清)昆岗等:《清会典事例》卷四四一《中祀》,中华书局1991年版,第1020页。

仍委以地方副都统总兵告祭岳镇海渎，后中央以地方军事官员祭祀岳镇海渎遂成定制。各省"都统（从一品）、专城副都统（正二品）……掌镇险要，绥和军民，均齐政刑，修齐武备"①。这从侧面反映出清廷考虑到岳镇海渎作为地祇神灵的重要组成部分，是国家社稷江山的象征和代表，用地方军事官员告祭更增添了其拱卫的政治色彩，在清王朝日薄西山时，统治者寄希望四海等神发挥拱卫社稷江山的作用亦更加明显。

总之，清代对岳镇海渎的常祀及相关庆典祭祀，皆遵前朝礼仪，形式固定，内容僵死，没有太大的变化。虽然派遣的中央或地方官员都在四品以上，品级较高，在一定程度上反映了清廷对这一礼制的重视，但究其最终目的还是为他们的统治服务。正是这一祭祀制度成为中央统治的必要部分，失去了以往与民众、地方结合的活力，四海神亦未在封建国家岳镇海渎祭祀中显露出特殊之处。随着清王朝的灭亡，四海神的国家祭祀也寿终正寝。

### 三　清代国家祭祀四海的表象、象征和深层寓意

清代虽然为满族人建立的政权，但礼仪制度仍然沿用明朝。正如康熙帝所言"且其（明）制度规模，我朝多所依据"②。这种一脉相承的礼制，仍然贯彻"有功于国家及惠爱在民者"的祭祀原则，从祭祀的时间、地点、祭器、祭品、祭文、礼乐、祭礼等方面有严格的规定。以上明清大量的郊祀和地方专庙祭祀四海的变迁历程，不难看出中央政府对荫佑国家政权神灵的崇敬。虽然祭祀四海表面上是国家礼制的一部分，是国家政权架构的组成部分，但其最终目的却是关系社稷的长治久安，是维护政权的需要。

而从国家疆域和皇权象征的层面上说，四海还是国家权力在地域上的体现。祭祀包括四海在内的岳镇海渎，也是维护国家大一统格局的需要。历代四海的所指，从早期的东、南、西、北四海没有确指海域，只是泛指和对举而言，到后来春秋越国所临海既可称"东海"，又可作"南海"。秦以后，"南海"指今我国南海及其以南的东南亚、太平洋、印度尼西亚至澳大利亚以及印度洋的海域。而"西海"与"北海"同样指代我国西

---

① 赵尔巽等撰：《清史稿》卷一一七《职官志四》，中华书局1976年版，第3383页。
② 赵尔巽等撰：《清史稿》卷八四《礼志三》，中华书局1976年版，第2530页。

部和西域诸湖泊，诸如青海湖、居延海、博斯腾湖、咸海、里海等，甚至红海、波斯湾、印度洋、地中海、大西洋等。① 之所以形成如此的四海区的地理概念，与我国东、南临海，西、北陆地宽广的陆海形势有关，也与人们认识的视野逐渐扩大相关，还与人们因文求实，刻意指代环绕中国大陆四周的海域有关。而历代疆域正是在这样的四海地理中逐渐形成和完善的，国家政权四海礼制架构也是在这样的背景下展开的。借用四海指示四方的本义，故四海祭祀在岳镇渎名山大川之外，又多了一层国家疆域四至在地域上的展现这一概念。大一统封建国家的疆域版图所至，是皇权统治的象征，明清平定叛乱等军功；清代把北海专庙祭祀从济源移到吉林、山海关，也是考虑到地理的"协正"；而嘉庆以后祭祀四海神等的官员改用地方武职副都统，这些拱卫政权的象征意义不言而喻，故四海祭祀是国家皇权在疆域上象征意义的体现。

当然，国家疆域和皇权象征在地域上的体现，四海以东海、南海与国计民生关系重大，历代统治者多重视东海、南海（南宋、南明等偏居东南的政权更是如此），地理上建有专庙祭祀，而其他西海、北海因距海遥远，西海神在河渎祠旁遥祭，北海神在济渎祠旁（康熙二十七年后改混同江、乾隆四十五年后改山海关）遥祭。正如《古今图书集成·山川典》卷三七《海部》所言："水大至海而极，从古皆言四海。而西海、北海远莫可寻，传者亦鲜确据。唯东海、南海列在职方者皆海舶可及，前代资为运道。"宋元漕粮海运，以及郑和下西洋，东海、南海作为中外交通的必经通道，受统治者垂青。

国家祭祀四海的表象是为国家大事，社稷安定的需要，其实质也是儒教思想的体现，更确切地说，是儒家敬天法祖观念的体现，反映了民族的和国家统一的现实需要。由于汉武帝以后，儒家思想成为封建国家实行统治的正统思想，在一定层面上，儒家思想也演变成了儒教，儒教中的神灵崇拜，是由其"天人合一"的教义决定的，它的神灵体系和崇拜仪式体现在国家祭祀制度中。② 上述明清国家祭祀四海的礼仪，是皇帝君权神授，"天子"权力地位的集中体现。风调雨顺、国泰民安，主要原因就是

---

① 王元林：《古代早期的中国南海与西海的地理概念》，《西域研究》2006年第1期。
② 樊光春：《儒教的神灵与道教的神仙》，《道教思想与中国社会发展进步研讨会第二次会议论文集》，2003年，第94—101页。

天地等诸神的福佑。而"天人合一",作为民众的最高统治者,其权力自然是与神灵的庇佑密切相关。这种儒教思想贯穿于汉武帝以后的封建国家的统治体系中,其礼乐制度与其他官制、兵制、科举制等制度,构成统治制度的有力保障。因此,儒教思想是祭祀四海礼制的实质内核。

既然明清国家祭祀四海是儒教思想的体现,而儒教的祭祀场所又分为四等:第一等为祭天地的坛和祭帝王祖宗的太庙,第二等为祭先圣、先师的庙,第三等为祭贤良、功臣的祠,第四等是地方祠庙。四海祠庙虽地理上在地方,但却不是祭祀场所最低等的坛庙,相反,四海坛庙却是国家吉礼最高等级天地的配祀,以及山川神灵的祭祀场所。虽然四海等岳镇海渎专庙分布在地方,但其祭祀并非是地方上任意妄为,而是受到国家礼制的约束,体现了国家礼制在地方上的实施。故岳镇海渎的祭祀是相关地方上最高的祭祀等级,其祭文、香帛,以及大部分祭官等都从中央派遣,反映了中央对这些分布在地方的国家神灵的重视。虽然明清的一些方志中,排列神灵的等级顺序有误,没有把四海等作为地方上的最高祀典者,错误地把四海等岳镇海渎混同为地方的一般神灵,但这并不影响四海等岳镇海渎在国家礼制中的崇高地位。总之,明清四海等岳镇海渎祭祀礼制僵化,多流于形式,但仍然维系这一传统的礼制秩序。而宋以后国家神灵地方化,国家观念、政权力量、地方社会等作用显现,这其中不排除国家神灵在民间传说中的灵异作用。这与唐宋时四海龙王不断见诸记载,国家意义上的四海神等逐步民间化形成鲜明对比。

## 第二节 清代地方海洋神灵的整顿与祭祀社会秩序的维护

清代沿海地方神灵国家对钱塘江神的整顿不断进行。康熙五十九年朝廷于海宁县尖山建立海神庙,至六十一年钦奉敕封"运德海潮之神"。雍正二年(1724年),詹事府少詹事钱以垲奏称:"《江海之神请恩褒爵秩》一疏。臣部以沿海地方庙祀诸神,果有捍御保障之功,应请封爵者,令该督抚查明汇题等,因议覆奉旨依议,钦遵在案。"① 雍正三年"又蒙皇上钦定江潮诸神,加封吴伍员为英卫公,唐钱镠为诚应武肃王,宋张夏为静

---

① 雍正《四川通志》卷一三《水利》。

安公，明汤绍恩为宁江伯，地方官已设位奉祀庙中。又向日有越之上大夫文种、唐升平将军胡逞、宋护国佑公朱彝元，护国佑民，土地明王彭文冀、乌守忠等神相传皆有护佑之功，历来已久，亦皆附祀于庙"①。

浙江的海神庙，由于钱塘江注入东海，潮汐现象导致钱塘江潮不断发生毁岸崩田的现象。

> 而浙江海宁，居濒海之冲，龛山、赭山列峙，其南飓风怒涛，潮汐震荡，县治去海不数百步，资石塘以为捍蔽。雍正二年潮涌堤溃，有司以闻，朕立遣大臣察视修筑。七年，秋汛盛长，几至泛溢，吏民震恐。已而风息波恬，堤防无恙，远近欢呼相庆，谓："唯大海之神昭灵默佑，惠我烝黎，以克济此。"朕念沧海含纳百川，际天无极，功用盛大，神实司之。海宁为海墙剧邑，障卫吴越诸大郡，海潮内溢则昏垫斥卤，咸有可虞，神之御患捍灾莫此为大，特发内帑白金十万两，敕督臣李卫度地鸠工，建立海神之庙，以崇报享。经始于雍正八年春三月，洎雍正九年冬十有一月告成。门庑整秩，殿宇深严，丹艧辉煌，宏壮巨丽。②

> 正殿专供运德海潮之神，再恳恩纶，加赐封号，以展诚敬。其英卫公等四神于正殿之左右列坐并祀，其越之文种等五神仍于两庑配享，以昭妥侑。再南省所称海洋灵神，唯天妃为最，历朝俱有褒崇。康熙十九年（1680年）曾加封号，闽浙土人称为妈祖，在洋遇险，祈求随声而应。故海船出入之口岸，莫不建庙奉祀，而闽广苏州等处庙貌辉煌，今奉特旨启建大工，自必更加壮丽，以肃观瞻。拟于正殿之东另建天妃阁，西筑风云雷雨坛，之后再用水仙楼以配之。③

俨然海神、潮神会聚一堂。国家重视浙江沿海各神灵，祈求潮定波平。"窃查浙省海塘为第一要务"，历年屡有灾害，"皇上至诚感格，海神默佑，当夜风转潮退即获安澜"④，潮神屡有灵应，是宋以后各代频繁祭

---

① 《世宗宪皇帝朱批谕旨》卷一百七十四之十一《浙江总督管巡抚事在任守制李卫奏》。
② 《世宗宪皇帝御制文集》卷十五《浙江海神庙碑文》。
③ 《世宗宪皇帝朱批谕旨》卷一百七十四之十一《浙江总督管巡抚事在任守制李卫奏》。
④ 《世宗宪皇帝朱批谕旨》卷二百十一上《浙江总督浙江总督程元章奏》。

祀海神的主要原因。

　　值得注意的是，雍正八年（1730年）改建浙江省城杭州北门大街天主堂为天妃庙。浙江总督李卫"查勘规模制度与佛宫梵宇不相符合。伏思海洋之中，唯天后最显灵应，即外夷西洋各种之人无不敬畏。本朝屡奉敕封褒崇，凡近海之处俱有大庙，商民往来祈福。独杭州为省会重地，控扼江海，未有专祀。现今宁邑已奉钦建海神庙，附祀天后。臣愚以为似宜止作臣意将天主堂改为天后宫，字样诸凡合式不用更造，只须装塑神像，择德行羽流供奉香火，则祀典既清，而异端亦得靖其萌蘖矣。是否有当，相应请旨"。雍正皇帝批复"奉祀甚属合宜"①。由此可见，地方官员对国家祭祀神灵与天主教相冲突，从维护国家礼制与地方秩序考虑，地方守臣还是严加杜绝外教。"臣查西洋人原系异域外教，无知愚民多有贪伊厚利，暗地入其教中，并及驻防旗下亦染此风，甚有关系。臣前设法严禁，始知敛迹"，改天妃庙"乘此未可再留根株，以杜日久后衅"②。地方社会祭祀秩序与地方官员经营有关。

　　钱塘江海宁的海神庙，在雍正十一年（1733年）正月御书"福宁昭泰"匾额恭悬正殿；二月遣内大臣海望直隶总督李卫告祭；乾隆四年（1739年）六月钦颁御书"清晏昭灵"匾额恭悬正殿；乾隆二十七年三月初二日皇帝阅视海塘，御制海神庙瞻礼有作七言律诗一首，御题正殿之额曰"澄澜保障"③；天津东大沽口海神庙有赐"东渤安澜"匾。④清代前中期国家对海神的重视可见一斑。

　　至于天妃阴佑施琅收复台湾，在台湾建立庙宇，并最终建立地方海神祭祀系统（详见第七章第二节）。值得注意的是，清代对天妃封号是历史上最多的朝代，除康熙十九年因天妃庇佑清军打败台湾郑氏水师，封湄洲天妃为"护国庇民妙灵昭应宏仁普济天妃"外，还不断在各地赐匾额。康熙二十三年（1684年），因收复台湾赐封台南天妃宫"辉煌海澨"；雍正四年保佑清军击溃朱一贵，赐湄洲、厦门、台南各天妃庙"神昭海表"匾；雍正十一年，因天妃保佑清军渡台，赐福州南台天妃宫"锡福安澜"

---

①《世宗宪皇帝朱批谕旨》卷一百七四之一二《雍正八年五月二十二日浙江总督管巡抚事在任守制李卫奏》。
② 同上。
③《海塘录》卷十一《祠祀》。
④ 乾隆《大清一统志》卷十七《天津府》。

匾；乾隆二年（1737年），亦因保佑清军渡台，赐天下天妃宫"福佑群生"匾，并封天妃为"护国庇民妙灵昭应宏仁普济福佑群生天后"；此后乾隆五十二年（1787年）因庇佑清军渡台，赐湄洲天后宫"翊灵绥佑"匾，厦门天后宫"恬澜贻贶"匾；五十三年，因保佑清军作战，赐天后号"护国庇民妙灵昭应宏仁普济福佑群生诚感咸孚显神赞顺天后"，赐厦门朝天宫"显神赞顺"匾，台南海安宫"佑济昭灵"匾；咸丰五年（1855年）因清除海寇，赐热河海口天后宫"恩周德溥"，并封天后为"护国庇民妙灵昭应宏仁普济福佑群生诚感咸孚显神赞顺垂慈笃祐安澜利运泽覃海宇恬波宣惠导流衍庆靖洋锡祉恩周德溥天后"；光绪十年（1884年）台湾淡水天妃庇佑官军击退法军，赐淡水福佑宫"翌天昭佑"；光绪十五年，平定民众暴动，赐台东天后宫"灵昭诚佑"匾。以上十次，都与平定动乱以保地方安定、海上航行安全有关，其中九次都与台湾有关，故台湾天妃信仰隆盛，国家在其间的作用不可低估。当然，有关庇佑使者出访，多达近十次封号和赐匾，多以福建南台天后宫为赏赐庙宇，使节出使琉球为多。乾隆二十二年（1757年）因保佑册封琉球使者，封天妃"护国庇民妙灵昭应宏仁普济福佑群生诚感咸孚天后"，赐福州怡山院"诚感咸孚"匾；嘉庆五年（1800年）因保佑册封琉球使者，封天妃"护国庇民妙灵昭应宏仁普济福佑群生诚感咸孚垂慈笃祐天后"，赐福州南台天后宫"垂慈笃祐"匾，次年封天妃父为积庆公，其母为积庆夫人；嘉庆十四年因保佑册封琉球使者，赐福州怡山院"昭佑孚诚"匾；道光十九年（1839年）保佑册封琉球使者，封号"护国庇民妙灵昭应宏仁普济福佑群生诚感咸孚显神赞顺垂慈笃祐安澜利运泽覃海宇天后"，赐福州南台天后宫"泽覃海宇"匾，又在赐封福州陈尚书庙"海澨昭灵"、拏公庙"利济心敷"匾的同时，赐福州南台天后宫"福佑瀛壖"匾；同治四年（1865年），因保佑册封琉球使者，赐福州南台天后宫"慈航福普"匾，与此地点呼应，北方天津因天后宫保佑出使欧美使节，赐庙"赞顺敷慈"匾；同治六年因保佑册封琉球使者，赐福州南台天后宫"赞普慈航"匾；光绪二十二年（1896年）因保佑出访使者，赐上海天后宫"泽被东瀛"[①]。从天津天后宫到上海天后宫赐匾，反映了清末出使使节把上海作为出使港，也反映了朝廷对上海天后宫的重视。

---

[①] 徐晓望：《妈祖信仰史研究》附表一，海风出版社2007年版，第316—319页。

其他清朝大事无过于漕运，清代漕运涉及沿海和运河沿线各城市，最早是乾隆十六年（1751年），于淮安府清口惠济庙，赐"福佑河漕""协顺资灵""道光玉宇""继述平成""风帆沙屿""惠济壬午"等匾，又御书对联九幅。① 乾隆二十二年，乾隆筹集军费，苏州的福建商人积极响应，分别给三山会馆赐"德孚广济"、霞浦会馆"祥飙慈应"、昭武会馆"灵佑恬波"②；乾隆三十二年，乾隆赐济宁城南天后殿"灵顺恬顺"匾；乾隆四十五年，赐江宁天后宫"利济安澜"匾；嘉庆十年因保佑漕运，赐北京天后宫"灵昭海镜"匾；嘉庆十三年因保佑漕运，赐天津天后宫"垂佑瀛壖"匾；道光六年，保佑漕运，赐天妃"护国庇民妙灵昭应宏仁普济福佑群生诚感咸孚显神赞顺垂慈笃祜安澜利运天后"，赐上海天后宫"安澜利运"匾、杭州天后宫"波恬昭贶"匾；道光二十八年护佑漕运赐"护国庇民妙灵昭应宏仁普济福佑群生诚感咸孚显神赞顺垂慈笃祜安澜利运泽覃海宇恬波宣惠天后"，赐上海天后宫"恬波宣惠"匾，又赐苏州、上海、太仓天后宫"宣慈利运"匾；咸丰二年，护佑漕运赐"护国庇民妙灵昭应宏仁普济福佑群生诚感咸孚显神赞顺垂慈笃祜安澜利运泽覃海宇恬波宣惠导流衍庆天后"，赐上海、登州天后宫"导流衍庆"匾，又赐上海天后宫"神功济运"匾；次年，赐杭州天后宫"海澨流慈"匾，台南大天后宫"德侔厚载"匾，又赐天后为"护国庇民妙灵昭应宏仁普济福佑群生诚感咸孚显神赞顺垂慈笃祜安澜利运泽覃海宇恬波宣惠导流衍庆靖洋锡祉天后"，赐台南大天后宫"靖洋锡祉"匾；咸丰五年，又赐天后为"护国庇民妙灵昭应宏仁普济福佑群生诚感咸孚显神赞顺垂慈笃祜安澜利运泽覃海宇恬波宣惠导流衍庆靖洋锡祉恩周德溥卫漕保泰天后"，赐苏州天后宫"卫漕保泰"匾，又赐江苏省南京天后宫"恬波利运"匾；咸丰七年，保护漕运，赐天后为"护国庇民妙灵昭应宏仁普济福佑群生诚感咸孚显神赞顺垂慈笃祜安澜利运泽覃海宇恬波宣惠导流衍庆靖洋锡祉恩周德溥卫漕保泰振武绥疆天后"，赐福州南台天后宫"振武绥疆"匾；同治十一年保护漕运，赐天后为"护国庇民妙灵昭应宏仁普济福佑群生诚感咸孚显神赞顺垂慈笃祜安澜利运泽覃海宇恬波宣惠导流衍庆靖洋锡祉恩周德溥卫漕保泰振武绥疆嘉佑天后"，赐上海天后宫"嘉佑"匾。从漕船河

---

① 《钦定南巡盛典》卷八四《名胜》。
② 《钦定南巡盛典》卷八八《名胜》。

运到海运，天后封号以及赐各地天后宫匾的地点也随着发生变化。多达十数次，足见天妃（天后）在保佑漕运中的作用。当然，清后期同治十年，还有保佑马尾船政，赐福建天后宫"德施功溥"；光绪四年，天后降雨救灾，赐台湾各天后宫"与天同功"匾；光绪十三年，天后降雨救灾，赐台湾北港朝天宫"慈云洒润"匾；光绪二十五年因新加坡潮州会馆给山东水灾捐款，两广总督谭钟麟等奏请，赐"曙海祥云"匾；光绪三十三年，南洋福建会馆捐款赈灾，赐"波靖南溟"匾①，足见天后信仰在东南亚兴盛以及与国内的密切关系。

总之，清代重大事件中，仍以国家漕运和边疆稳定为要，加之钱塘江潮对地方社会重要，国家利用封号赐匾等形式，进一步确立各地庙宇在地方社会秩序中的地位，并以之影响其他附近庙宇，神灵神职涉及海上交通、海疆安定、保护海堤、使节出访、漕运航行、降雨救灾、造船、捐款救灾等诸多方面，通过这些重大事件，神灵庇佑与国家礼制结合，神灵的祭祀特别是天妃（天后）信仰无以复加，清代也成为天妃（天后）信仰最隆盛的朝代，其封号赐匾，甚或影响到海外，在一定程度上，奠定了今天信仰的地理空间。

## 第三节　清代海洋神灵的地域扩展

能御大灾则祀，能捍大患则祀，名山川泽出财用，有功烈于民则祀；经传固有明文，即如我朝《会典》《通礼》所载《祀典》；东西南北四海龙王、江淮河济四渎之神，及天津海口、洞庭湖、浙江海潮诸神，俱遣官致祭；浙江海塘英卫公伍员、诚应武肃王钱镠、静安公张夏、宁江伯汤绍恩，俱有司春秋二祭。②

清代国家祭祀照常进行，四海神除礼制中称呼分别为东海之神、西海之神、南海之神、北海之神，而就在国家的最高级别的皇宫中，应时宫称呼为四海龙王。雍正三年，封南海神封号"曰南海昭明龙王之神，所冀波澜永息，蒸黎获利济之安，风雨以时稼穑，享屡丰之庆，神其昭鉴，来

---

① 徐晓望：《妈祖信仰史研究》附表一，海风出版社2007年版，第316—319页。
② 《桑园围总志》卷九《赐庙》。

享苾芬"①。而雍正四年，"诏封佑民捍御之神——东海之神"，"诏封东海显仁龙王之神"②，广州、莱州地方官员每年春秋祭祀已成常例。东海、南海等江海湖潭，与水有关的神灵，在官方祀典中，一般都称作"某某龙王"，称谓变化，在一定程度上，反映了官方已把龙王并非看作是民间化的神物，而认为是与国家息息相关的神灵。

而民间四海龙王已不时出现在各种清代戏曲、小说中，四海龙王的身影也不时出现。清代《钧天乐》下本第二十三出就有"四海龙王在此"，并一一道出东海龙王、南海龙王、西海龙王、北海龙王；清代长篇讲史小说《说唐全传》第六十三回"尉迟恭诈称风魔"，就有尉迟恭"一把扯住咬金的手道：'你是柳树精啊，偷了仙桃，结交四海龙王，合了虾兵蟹将来抢我的金银宝贝，如今被我捉住在这里了。'"而清代《种痘新书》卷三《起坛总诀》也有"谨焚心香虔诚拜请"的神仙中就有"四海龙王"。四海龙王已成为民间街谈巷议的神灵，也成为民间化最广泛的水神之一。神灵民间化，有利于神灵的地域扩展。

与观音、天妃相比，四海龙王在民间相貌怪异狰狞，性格暴戾无常，权势虽然显赫，但常兴风作浪，残害渔夫舟子，是以恶神的形象出现。渔民所以信仰供祭，是出于惧怕心理，迫于龙王权势，怕招来祸灾，为此而典祭供奉，以求平安、丰收和吉祥。这与中国化了的南海普陀观音不同，观音在民间慈眉善目、性格温和慈祥，乐于助人，救渔夫于狂风巨浪的苦难之中，而且佛法广大，无处不在，一呼即灵，是以善神的面目出现。这种善神形象与天妃同样，受到民众敬仰，故观音、天妃信仰在民间超过四海龙王，其神灵的善恶不言而喻，其善恶的故事应是民众判断神灵的价值根据，这在一定程度上影响了神灵的地域扩展。

清代山东沿海，地方的龙神为了纳入国家的祭祀体系，神灵多灵异。据说原来是文登县昌山（回龙山）的神龙，

> 自明以来，昌山之名亡，昌山神龙亦失所在，遂移祀神龙于县南四十里柘阳山（此即今俗所谓秃尾巴李龙王也，修志不考古籍，乡里相传遂多异说）康熙五十三年，龙见与宋村之北山（即昌山……）

---

① 雍正《广东通志》卷八《礼乐志》。
② 雍正《山东通志》卷二一《秩祀志》。

## 第五章 末声：清代国家正祀与地方海神信仰的互动

一时阖邑共阚立庙山巅，改名曰回龙山。自是又移祀神龙于昌山，每岁三月初二日，俗传为龙母诞辰，妆演杂剧，为龙母上寿，香火之盛甲于东方。道光二十八年山东巡抚徐奏请敕加神龙封号，奉旨封"溥惠佑民"四字，神龙遂列祀典。

文登沿海"后秃尾巴龙见，年即丰。每见云雾毕集，土人习而知之，因构祠祀之"。文登赛珠作"龙母宫吟呈明府王公"，阐述回龙山龙母宫灵应与百姓祈丰的愿望①，后来秃尾巴李龙王随着山东人闯关东，而在东北落脚。虽然文登神龙更多展现的是庄稼的丰歉，但文登地处山东半岛东端，海洋作用不能不有所体现。而从民间祭祀到国家祀典，地方文人、官员作用可见一斑。

清代海上航行的船员们也都在定罗盘下针，祭祀神灵。祈祷经文与明永乐经文大同小异。

> 伏以坛前弟子，谨秉诚心，俯伏躬身，焚香拜诸位请历代御前指南祖师，轩辕皇帝，周公圣人，前代神通阴阳先师，鬼谷、孙膑先师，袁天罡、李淳风、杨救贫仙师，王子乔、陈希夷仙师，主网郭仙师，历代过洋知山形水势、知浅深、识湾澳、精通海岛、望斗牵星、往古来今前传后受流派祖师，奉祀罗经二十四位尊神，神针大将，夹石大神，定针童子，换水童郎，水盏圣者，起针神兵，位向守护尊神，鲁班仙师、部下神兵且龙桢具一切神兵，本船护国庇民明著天后、三界伏魔关圣帝君、茅竹水仙、五位尊王部下，喝浪神兵，白水都公、林使总管，海洋澳屿里位正神，本船随带奉祝香火一切尊神，乞赐降临。伏念大清国某省某府某县某保某船主某人，兴贩某港，捐于某月某日开驾下针，虔备礼物，祈保平安。今日上针，东南西北无差，往来过洋已行正路。人船清吉，海岛安宁，暴风疾雨不相遇，暗礁沉石莫相逢，求谋遂意，财实自兴，来则流星，去则降神。稽首皈依，无极珍重。②

---

① 光绪《文登县志》卷一《山川》。
② 《定罗经中针祝文》，《指南正法》，《两种海道针经》乙，中华书局2000年版，第109页。

祭祀神灵与明相差无几，但也有变化。而且这些神灵涉及针神、阴阳神、风雨神、船神、战神、方位神、水神、石神、商神、网神、各地方神等有关船只航行安全的各处神灵，都是祭祀的对象。茅竹水仙即水仙，正德《松江府志》卷十五《坛庙》就载松江府上海县治南就有祭祀茅竹水仙的水仙宫。

清代海神信仰基本上奠定了今天我国沿海海神信仰的基础，不管是闽南、台湾的海上女神天上圣母（妈祖），还是两广等沿海南海神（洪圣王）、北极星的道教大神真武大帝（玄天上帝）、谭紫霄真人（谭公），以及浙东一代的擅长治水的传说君主禹帝、曹娥夫人；福州人与琉球群岛人信奉的懿德夫人等，都在沿海可见这些神灵的庙宇。值得注意的是，古籍中记载的女性海神，多展现温柔、救民苦难的一面。不管是妈祖，还是民间传说的海神女、东海姑、黄衣妇、冠承御，甚或是宋代道书中所载的南溟夫人等，由于这些世俗性、人情味极强的女海神的出现，比之缺乏生活情趣的男性更能吸引民众，其信仰流传相比男性神更容易扩展。男性海神展现男子勇敢一面，更为一般渔夫舟子所接受和顶礼膜拜而传播。

清代沿海神灵除以上神灵外，还有帝王将相、历史名人、本岛本地的先哲贤人和为民献身的渔夫舟子。这类海神包括潮神、船神、网神、礁神、鱼神、岛神、风雷神、沿海地方保护神等。江浙沿海伍子胥、吴越王钱镠、张夏等潮神。东南沿海俗称船老爷、船菩萨。在浙江嵊泗列岛俗称船关老爷。观音、天妃、鲁班（造船）、关羽（刚毅勇猛）、杨甫老大（捕鱼能手）等都是船神代表。一般船上有圣堂舱，专供这些船神。而网神在舟山群岛一说网神是海青天海瑞，一说是龙身人首的伏羲；而礁神以有许多礁群主要分布的东南沿海一带。如嵊泗大洋岛有个圣姑礁的庙宇，供祀海上巡行圣姑娘娘。渔船过礁必登礁祭祀，以免触礁、破网等事故发生。还有鱼神山东沿海老赵（鲸鱼）、浙江舟山乌耕将军（鲸鱼）等。而岛神为中国东南沿海各岛屿，岛岛都有地方神，或谓岛神。岛神有主岛神和主峇神，如闽南、台湾一带主岛神大都是天后妈祖。舟山群岛的主岛神大都是观音、龙王或关羽。但全国各地不同历史时代也有许多颇具特色的岛神。如台湾、福建还有水仙信仰，水仙庙中供奉的是大禹王、伍子胥、屈原、王勃、李白，都是一些历史上的杰出人物。在黄河入海口一带，各岛还有金龙大王、黄大王之类的海神信仰。在汕头，有长年公和三义女信仰。二者都是由人成神的。三义女原是清代澄海县外砂乡"金兰"三姐妹，因反对包办婚姻一起蹈海而亡，被人拾尸立墓，传闻有灵性，祀典为神。长年公是位捕鱼能手，"建庙塑像祀之"，故当地请渔民入股捕鱼，俗叫请长年。广东雷州半岛和海南一带还有雷神、风神、火雷神等信仰，与地域旱灾密切相关。这些地域性的神灵，在清代随着沿海民众的渔业、航行、地方安全等，得到了进一步发展。

# 第 六 章

# 重点地域分析：广东海神信仰的
# 地域与社会空间

## 第一节　广东海神信仰的地域分布与区域特征

广东海洋地域广阔，明清广东沿海包括今广东、广西、海南三省的沿海，广东沿海的海神信仰，依据不同地区，可以做如下划分：

粤西海神信仰包括高州府、廉州府、雷州府、琼州府，其海神信仰主要是受到宋代广南西路的影响，以伏波将军、冼夫人、天妃、三婆婆、雷神、电神、石神等，部分自然神后来都有人格化，尤以雷神、电神为代表，雷电神的人格化以及后来作为当地大族的祖先神，反映了琼雷一带的祖先信仰与重要农事相关的神灵信仰的融合，作为地方保护神，当然司职海上的交通。而后一百零八兄弟公在清末出现，应是厉鬼信仰在琼州的体现。而冼夫人、伏波将军信仰，都是军功卓著，为国家边疆作出贡献的人物，历代讴歌，自然成为后世标榜的主题；有功于海上剿寇的总兵等水上将领，在一定程度上是伏波将军信仰在后世的发扬。粤西海神信仰带有明显的广南西路的文化孑遗，海神庙宇集中在沿海港口、琼州海峡两岸以及海上交通要道等附近。虽然有人从移民史的角度考虑，认为琼雷一带许多是闽地移民而来，天妃信仰自然兴盛。但粤西海神信仰并非仅天妃，其他冼夫人、电闪夫人、泰华夫人等妇女神灵也较多，出现妇女神信仰占优，兼有其他海神信仰的局面。具体到某一府州，诸如雷州府，自然是雷神信仰在全府为第一神灵，其司辖范围广大，大到地方旱灾，社会动荡，小到民众疾苦等，莫不巨细，为地方保护神。总结粤西海神信仰的特点是：（1）信仰类型多样，内容丰富；（2）信仰起源较早，历史悠久；（3）国家推行教化，代表性的人物马援、冼夫人、王仲宣等，有功于国家、地方双方的神灵，在官民互动中，成为当地代表性的神灵；（4）以雷州府雷神为代表的地方神，这些神灵扩展地域不突出，只在附近一两个府州传播，这与雷神产生雷州半岛独特的自然条件有关；与雷神相配，琼州的电神较突出，闪电娘娘、南宫夫人、泰华夫人等信仰，也仅在琼州府有分布，地域性明显；（5）其他山神、石神、厉神一百零八兄弟公等，以及黎族、苗族等少数民族信仰，沿海极少部分的伊斯兰信仰等，都是粤西独特地域文化与海外交通等交流的结果。

珠江三角洲一带海神信仰包括肇庆府、广州府、惠州府，其海神信仰明显受国家祭祀体系影响，在岭南政治中心广州的辐射下，珠江三角洲地域海神信仰包括水神信仰，以南海神（洪圣王）、北帝（玄武、真武）等代表，明显带有国家神灵地方化的意味。而岭南原有的龙母信仰等水神，也在沿海三府传播开来，其他外地的天妃信仰，也在三府沿海有分布，因此，珠江三角洲一带三府海神信仰呈现出当地、外来（国家、地方）各种海神信仰都有分布的特征，且国家祭祀的南海神地方化、民间化。南海神、天妃、北帝、龙母信仰都十分兴盛，明代沿海一带卫所建立，以碣石等卫所信仰的真武神、关羽神等战神，也在一定程度上庇佑守护着海疆安全；而新宁（今珠海斗门区）一带的绥靖公神，在珠江口河网两岸形成一定地域神灵分布的特点，成为水上防御瘟疫的神灵；有功于地方展界的广东巡抚王来任等成为珠江三角洲为代表民众崇祀的对象，而赤湾天妃宫为历代使臣出发广州"辞沙"之地，庙宇辉煌与官方使臣出还顺利有关；番禺冈尾南海庙形成一定的祭祀圈，成为附近十八乡民共同祭祀的神灵。崖山全节庙、大忠祠、太保庙、吴相公庙等，与南宋流亡王朝有关的太后将士庙宇也成为后世祭祀的重要场所；而太保庙、张桓侯庙、南洋（阳）庙、康真君庙等出现，大都与嘉庆海寇、咸丰土客械斗等地方动乱有关，民众希望祈求神灵保全村落安全。惠州惠东、归善、海丰等县及（香）港澳（门）一带，信奉呼风唤雨、预测天气、治病救人、护佑航海的谭公。总结珠江三角洲海神信仰的特点是：（1）海神信仰与全国其他地区联系紧密，类型多样，既有自己特色的龙母信仰，也有多种外来的水神；（2）海神信仰受国家政治、边疆政策影响较大，许多神灵信仰带有固土保家的性质；大到南海神，小到地方的土地公、城隍神等，都无不有此特色；（3）地域性的谭公、绥靖公都带有地方特色，传播一定的人群与地域，是两种不同的重要的神灵。

粤东海神信仰与粤西、珠江三角洲海神信仰不仅相同，其信仰更多接近与闽南文化，海神信仰也是如此。天妃信仰最大，其他吴真君信仰，一言保生大帝吴夲，一言道士吴猛（净明道信仰体系里西山十二真君之一，以孝道"恣蚊饱血"著称），从文化一致分析，应以前者为要。北帝信仰在粤东也不少。双忠信仰在粤东落地，双忠保土御寇的灵异，使国家宗教系统中具有地方控制，确立其地方保护神，平衡了国家、地方、民众、士绅、官师的关系，使潮汕地方社会达到一定程度上的和谐与稳定。而粤东独特的三山国王信仰，还传播到台湾，地方士绅的作用不可低估。其成为地方保护神，兼有海神职能。风伯、火神与航海关系密切，故祀风伯、火神庙宇也在潮汕沿海一带多有分布。里社庙多祀总督周有德，巡抚王来任，这与粤西、珠江三角洲相同，南澳岛上庙宇，大多与护卫海上交通、岛屿平安有关。

总结粤东海神信仰的特点是：（1）信仰类型丰富，信仰的海神数量多；无论是大湖神，还是七圣娘，自然神人格化，神灵数量与种类丰富；（2）信仰呈现粤闽两地海神信仰交会的特色，里社神多与拓界有关的总督、巡抚有关，体现与粤地的一致，而天妃信仰、真君信仰等又与闽地相似，以与闽南文化相似为要；（3）地方官员、士绅在神灵的地方化过程中作用巨大，许多神灵诸如双忠信仰等的地方化，其间所起的作用巨大；（4）地方祭祀圈层与社会空间表现充分，随着港口变迁、族群变化、神灵的地域空间也有一定的变化。从小的地方土地神到区域性村落联盟的神灵，再到较大地域的神灵，形成不同的等级。而在不同的等级中，神灵的不同地位也发挥着不同的作用。这与潮汕社会基层组织、地方族群与社会精英发育充分密切相关。

总之，广东（含广西沿海的钦州、防城港、北海以及海南），其海神信仰的地域分布与地域文化基本一致，粤西与桂关系密切，信仰带有广西特色。加之少数民族首领在统一国家边疆与维护国家疆域中的作用，其信仰带有明显的地域特色。而珠江三角洲沿海，政治统治的意味十分强烈，神灵以南海神的地方化为代表，北帝、天妃等神灵无不带有政府的影子，"赐沙"出发港口的赤湾，天妃庙宇与保证中外使节海上安全关系密切。而粤东海神信仰也是当地文化兼有闽粤文化特色的体现，天妃、真君信仰在一定程度上与闽南文化有联系，但周（有德）王（来任）二公祠也在一定程度上与粤地沿海展地有关系，以前者表现充分。

## 第二节　粤西海神信仰的地域分布与社会空间

粤西包括清代高州府、雷州府、廉州府（今广西北海、钦州、防城港）、琼州府（今海南），地域特色明显，特别是琼州府为我国第二大岛，处于中外交通的要道，海神信仰丰富，类型多样。故有必要加以分州府研究。

### 一　高州府

高州府为粤西重地。早在南朝时，这一带称为高凉郡。《梁书·王僧孺传》云："天监初……南海太守郡，常有'高凉生口'及海舶每岁数至，外国贾人以通贸易。旧时州郡以半价就市，又买而即卖，其利数倍，历政以为常。"高州沿海某一港口古代作为海上贸易之所，也是贩卖人口之地。按六朝时代这一带为俚人居地，使用古越语，电白"博贺"港，"博"含义为口，"贺"含义为货，故博贺古代即为商港。1976 年、1983 年和 1995 年在茂名境内化州、电白发现隋代以前独木舟多艘，印证古代茂名有过发达航海业。[①] 唐代，高凉奴仍然作为重要的海上交易的对象。值得注意的是，南朝梁至隋，高凉人洗夫人与其丈夫冯宝，有功于梁陈，梁时协助陈霸先擒杀李迁仕，陈时又平定欧阳纥叛乱，被册封为石龙郡太夫人（一作高凉郡夫人）。隋朝建立，岭南数郡共举洗太夫人为主，尊为"圣母"。后洗夫人率领岭南民众归附，隋朝加封谯国夫人，去世后追谥"诚敬夫人"，其后代在唐朝前期仍为一方大族。据《宋会要》载，南汉封永清夫人，绍兴封洗夫人为显应夫人，名其庙曰宁济。除昌化军的儋耳夫人（洗夫人）庙之外，《方舆胜览》也载高州有灵顺诚敬夫人洗氏庙，为高州第一大庙。由于"此间饮食初足，绝无医药，土人遇疾，唯祭鬼以祈福"[②]。洗夫人庙因朝廷不断封号，在高州、钦廉、雷琼等地不断扩展开来。

上述《舆地纪胜》高州诚敬夫人洗氏庙未详所在，庙有"诚敬夫人

---

[①]《应高度重视郑和下西洋在粤遗存遗址的发掘和研究》，中国评论学术出版社——文章，http：//www.zhgpl.com/crn-webapp/cbspub/bookDetail.jsp？bookid＝14920。

[②]《舆地纪胜》卷一一七《高州》，引《图经》北宋刘安世语。

庙碑"。时高州包括电白（治今高州东北长坡镇旧城村）、信宜（治今信宜南）、茂名（治今高州）三县，电白为州治所在，诚敬夫人冼氏庙应在其境。而宋代，诚敬夫人庙已有行宫。同卷记载《景物上·铜鼓》云：嘉泰元年（1201年）及次年（1202年），信宜县发现两面铜鼓，"太守义太初以其一镇军库，以其一寘之诚敬夫人庙，夫人行宫旧亦有一面，并此而三"①。可见，高州诚敬夫人庙和夫人行宫在宋代已经至少有二。而宋代化州亦有"谯国夫人庙碑"，"有行状，刊于碑碣"②。时化州有石龙（治今化州）、石城（治今廉江北）、吴川（治今吴川西南）三县。可见，高、化两州，已至少有三座冼夫人庙。这里有三座庙宇，应与冼夫人为此地诞生，主要活动于这一带，以及后代褒奖忠君卫国的事迹有关。道光《高州府志》云："古诚敬夫人庙在晏公岭之阳，宋署灵山知县崔本厚建，土人名晏宫庙。"③ 不知是否为上述高州冼夫人的行宫？此庙为清电白县最古之庙，在浮山下霞洞坡。冼夫人孙冯盎家于此，宋灵山知县崔本厚建庙，后与乡人王姓重修，"分设二像祀之"。这里为古驿路由狮子铺至驿岭塘至油麻坡入高州，下化州至琼雷必经之途，沿途设庙④，不仅满足当地民众的需求，而且或与琼雷冼夫人信仰有关。据道光《电白县志》云，霞洞冼夫人庙有铁炉、石龟、石狗、石狮等旧物，苏轼所作《题高凉冼庙诗》，为经高州古驿路霞洞冼夫人庙所作。⑤ 实际上，崔本厚为咸淳年间（1265—1274年）任廉州府灵山县知事，已在南宋末，不可能为早在北宋绍圣四年（1097年）来高州的苏轼建庙。苏轼所作《题高凉冼庙诗》应为高州郡城旧城附近的敬诚夫人庙无疑。今高州曹江高凉山风景区内的冼太夫人庙，就在庙墙中刻录有苏轼《题高凉冼庙诗》。

明代，"洪武初封为高凉郡夫人，岁以仲冬二十四日祭之"，"诚敬夫人庙在电白县治东北，各州县俱有行祠"。⑥ 高凉郡夫人是明洪武改礼制，各神只称呼本名，冼夫人为高凉郡人，故称高凉郡夫人。明初高州治所在电白县（治今高州东北长坡镇旧城村），成化三年（1467年），电白县迁

---

① 《舆地纪胜》卷一一七《高州》。
② 《舆地纪胜》卷一一六《化州》。
③ 道光《高州府志》卷二《坛庙》。
④ 光绪《重修高州府志》卷九《坛庙》。
⑤ 道光《电白县志》卷八《建置·祠庙》。
⑥ 《明一统志》卷八一《广东·高州》。

神电卫（今电白电城镇），高州府治从电白县迁茂名县（治今高州），府治迁移，庙宇亦相应有所变迁。明嘉靖十四年（1535年）知府石简在府东门外建冼夫人庙，"每岁仲春诞辰，本府率官属致祭。又旧电白县宝山下亦有庙，嘉靖二十六年（1547年）知府欧阳烈访旧址重建，每岁府遣礼官致祭。有田租以供以事。化州、电白、吴川、石城皆有庙祀"①。高州府治茂名县及旧电白县冼夫人祠都为官方祭祀场所。正是县治所变迁，后代对电白县境的诚敬夫人庙记载还是以明初为主。王圻《续文献通考》也云，"敬诚夫人庙在高州府电白县东北"，"洪武初封为高凉郡夫人，岁以仲冬二十四日祭之"②；而《明通典》云，"电白灵湫庙、诚敬夫人祠，皆终明之世，有司岁时致祭不绝"③，而《广舆记》卷十九《广东》记载诚敬夫人祠也在电白县下。实际上，原高州及原电白治所附近一带地域，成化后拨为茂名县管辖。诚敬夫人庙即宝山下的旧庙，应是宋以来电白县管辖下的庙宇，随着成化时电白县治所的迁移，使原在电白县的诚敬夫人庙，已经变更在茂名县下。

明万历时，高州茂名县境除以上东门外冼夫人庙宇外，还有宝山冼夫人庙两处：城壕、教场，"开垦田租和马路、石墟租供祭"；电白县也有两处：一在电白县城北长乐街西巷，一在山兜，后者传为冼夫人诞生地；化州冼夫人庙在州治左，应与宋代庙宇有关；吴川县冼夫人庙在县治右、石城县冼夫人庙在东关外。④ 乾隆时，信宜县城南也有官祭的庙宇见于记载。⑤ 吴川县县署左的冼太夫人庙，洪武初县丞建，康熙五年知县"置田赡给香火"，道光二十七年署知县、光绪二年知县重修；电白县城北长乐街西巷的冼太夫人庙，为成化年间建，顺治十七年知县、康熙五十六年知县、嘉庆二十一年电茂场大使重修；而电白山兜娘娘庙，道光五年也重修⑥；石城县官方的冼太夫人庙后移到南天宫右，同治元年知县、光绪十四年知县重修。⑦ 这些庙宇除山兜娘娘庙外，修建与重修都与官方联系紧

---

① 道光《广东通志》卷一百五十《建置略二十六》。
② （明）王圻：《续文献通考》卷一百十《郊社考》。
③ 《明会要》卷一一《礼六》引《通典》。
④ 万历《高州府志》卷七《祀典》。
⑤ 乾隆《高州府志》卷三《坛庙》。
⑥ 道光《高州府志》卷二《坛庙》、光绪《重修高州府志》卷九《坛庙》。
⑦ 光绪《石城县志》卷三《建置·坛庙》。

密。茂名东门外冼夫人庙，"有谢料等峒田米七斗五升，收租二十二石；在朗韶李春户，原系观山寺田内，抽拨东门外新庙香灯，并庙祝月粮……"①。据明吴恩《重修谯国冼氏庙碑》云，此庙为"洪武八年，府降为州，十四年复升府，成化四年盗充斥，府迁治茂名，庙随而南，其神灵之所依乎？县亦移神电，兵民相依耳。今庙在城外东南隅。而春秋报事，戒在有司者，尚在旧电白，求祈神之在而祭之，祭义其在兹乎！新庙圮，土人新之"。"冼庙在府旧治，今电白堡，相传建于隋。"② 传说建于隋的高州旧城的冼太夫人庙也随县治迁，新庙也有民间参与修缮，而旧庙不废。上述吴川县左的冼太夫人庙，"地滨海隅，飓风间作，墙宇时形毁坏"。三次重修，官员主导，民众参与，"邑人相继缮修"。其中道光二十七年为官员捐俸修葺；光绪二年重修除官员捐俸外，另一半为"当商铺户共捐钱九十缗"③，官民在这些官祭的庙宇前，达到高度一致，冼夫人信仰应是其中重要原因。冼夫人为地方保护神，海上安危自然也是神职所系，这应是商民捐钱修庙的重要原因。"齐祝愿海水无波，稻花长熟铸尽力"④，反映了冼夫人神职所在。

　　高州城东的冼太夫人庙，同治十二年重修。梅菉东街也有冼太夫人庙。而官方的封号赐额也时有出现。同治三年，广东巡抚郭嵩焘奏请加封号，奉旨钤出"慈佑"字样；光绪三年御赐"威宣岭峤"匾。国家提倡，地方官员依照《则例》，"各直省庙祀正神，实能御灾捍患，有功德于民者，由各都督抚题请，敕加封号，内阁议驳"。广东巡抚转高州府县详称，冼夫人"默护戎行，屡平寇乱，胪列事实"，加封"慈佑"⑤。而旧城冼太庙的祭祀，时至今日，长坡镇旧城至旺利交界处仍保存有"马路地""官祭地"等遗址长坡镇旧城村的冼太庙，还有一种家族式的庆典活动，参加者为冯冼后裔，此祭祀活动既显得规整，又表现得活泼祥和。他们在组织游神活动时，按照冼夫人的礼遇等级，在乐队中，可以组织十二支长号吹奏，每次连续敲打十二下响锣，连续燃放十二声响炮。据说，这是皇帝当年对冯氏家族游神的特许做法，表达了皇帝对冯冼子孙后裔的关

---

① 乾隆《高州府志》卷三《坛庙》。
② 光绪《重修高州府志》卷九《坛庙》引，此碑今在高州城东冼太夫人庙中殿西边。
③ （清）裘伯玉：《重修碑记》，光绪《吴川县志》卷三《坛庙》引。
④ （清）吴兰修：《齐天乐词》，道光《电白县志》卷八《建置·祠庙》引。
⑤ 光绪《重修高州府志》卷九《坛庙》。

怀。这个皇帝的特许口谕,他们代代相传,一直传到今天。所以,旧城洗太庙组织的游神活动,其锣鼓声、放炮声,声声相接,连续不断,气氛热烈,情绪昂扬,隆重热闹。① 官方的祭祀场所,逐渐通过洗夫人后代参与的活动而不断赋予新的内容。而高州东门外的洗夫人庙,因在府城近旁,逐渐替代旧城的洗夫人庙成为官方祭祀的重要场所。

东南亚一些国家,诸如马来西亚、越南、新加坡、柬埔寨及中国香港和澳门的居民把洗夫人作为神灵来供奉,建庙堂,设宗祠、定期祭祀,以示纪念。据重修高州洗太庙筹委会统计,高州境内过去共有洗夫人庙二百余所。而据民国《茂名县志稿》和采访资料载,20世纪40年代末期统计,高州境内专门奉祀洗夫人庙有六十八所,它们分布于高州境内东南西北各墟镇乡村,成为祭祀洗夫人活动场所。其时洗夫人庙建置地点分布如下:

县治:东门外潘坡一所。

县东:谢鸡乡谢鸡墟,谢鸡乡文村,谢鸡乡独田村,谢鸡乡官庄,谢鸡乡排步村,云炉乡双罗山下,云炉乡枫树岗,根子乡根子墟,根子乡浮山,根子乡太平坡,根子乡仙人潭,保安乡分界墟共十二所。

县南:沙坡墟,金塘墟,陈洞墟,里麻村,文田乡白土村迓谷岭,文田乡新塘岭村,联德乡石鼓墟头,联德乡石鼓墟尾,联德乡南盛墟,南宫乡荔枝墟共十所。

县西:顿梭墟,沙田墟,大洞莲塘底,伍川埠,顿良乡,白铺,南塘龙窝村,圳口龙桥,贺花乡平棉村,贺花乡长山村,贺花乡大路山村,德新乡大坡村,德新乡乾坡村,南丰乡石板村,南丰乡石门寨,南丰乡下火村,南丰乡牛角埔,南丰乡茂坡村对面,南丰乡柳村,南丰乡白坑村,道平乡河背村,道平乡大头埔村共二十二所。

县北:帅旺乡高凉岭,帅旺乡旧城,帅旺乡高村王羊山,曹江乡曹江墟,曹江乡蓝田村,曹江乡堂阁,曹江乡南山村,东才(岸)乡东岸墟横街,东才(岸)乡大箩,东才(岸)乡石狗岭半山,岸榕乡黄羊山,石骨乡石骨墟,石骨乡石托山,石骨乡龙头峒,石骨乡安塘坡,石龙乡合峒村,石龙乡黄姜坡小九林场,石龙乡大拜墟,黄塘乡黄塘墟,黄塘乡王

---

① 黄廷威:《也谈高州洗太庙与洗夫人信仰》,2007年6月12日,www.xfryj.com/ReadNews.asp?NewsID=266。

山坡、均良乡军墟、均良乡鸡追坡、朗韶乡大坡墟、朗韶乡平云山共二十四所。①

值得注意的是，除上述高州旧城和东门外两座庙外，其余均为民建。高州境内冼太庙又以高州冼太庙、旧城冼太庙、高凉冼太庙、浮山冼太庙、平云山冼太庙规模大，香火最盛。广西、阳春和其他各都经常有群众前来参拜。今高州东岸墟也有冼太庙，清代同治年间立，有《重修慈佑冼太夫人庙碑》："太夫人忠勇诚信，不愧纯臣，庙祀宜遍天下，况桑梓之乡，灵爽式凭者乎！东岸墟距太夫人故乡仅三十里，旧有庙在墟东茂鸡坡。"乾隆建乡人吴歉亭因报冼夫人救命之恩而捐田为香火费，嘉庆末迁墟之横街。"岁时祭赛，士女而云，几有祈情，克昭灵应。历年既久，重以陈逆之乱，庙貌多剥，众议捐修"，同治间乡民重修庙宇。乡民在修庙中的作用凸显。此外，高州还有不少其他神庙在奉祀相应的神祇时，另设有专门神位奉祀冼夫人。官方提倡，民间参与，特别是冯冼后裔积极加入，使冼夫人崇拜在高州如火如荼发展起来。

电白县城北长乐街西巷的冼夫人庙，清代有顺治、康熙、嘉庆三次重修。顺治重修，因"明年风和雨顺，海若之波不扬，庄山之日愈丽"，"一时父老相与重修而鼎新之"；康熙时，"民间水旱风潮，疾病冤抑事无巨细，莫不祷于夫人"，已深入民心；知县修庙原因，"电，严邑也，山海交错，无不隐忧。二三十年来，海不扬波，山无伏莽"，与皇帝圣明与夫人神灵"自能潜护而默佑"有关②。电白县有霞洞、县治北长乐街、山兜三处冼夫人庙外，"一在观珠岭墟。邑中各乡亦有设者"③。黄岭墟、石阁、水东墟、登楼山村、山北村、双木村、浮山龙须崖等④。今电白县电城镇山兜丁村山兜娘娘庙，祭祀冼夫人，"乃夫人毓秀之地，乡人以为土主，而俎豆之，凡祷雨禳灾辄应"⑤。清电白举人崔翼周作《庙碑铭》，"以某年月日葬于山兜之原，郡邑间社多庙祀"⑥，把山兜作为冼太夫人归

---

① 黄廷威：《也谈高州冼太庙与冼夫人信仰》，2007年6月12日，www.xfryj.com/ReadNews.asp?NewsID=266。
② （清）相斗甫：《记》、周文杰：《记》，光绪《电白县志》卷五《建置·坛庙》引。
③ 道光《电白县志》卷八《建置·祠庙》。
④ 光绪《电白县志》卷五《建置·坛庙》。
⑤ 康熙《电白县志》卷六《秩祀志》。
⑥ 光绪《电白县志》卷五《建置·坛庙》。

第六章　重点地域分析：广东海神信仰的地域与社会空间　　161

葬之地，这较明万历作为诞生地又进一步。有此记更增添了山兜冼夫人的历史文化内容。

今在冼夫人墓前有碑四块，其一为乾隆八年信士黄宏略等七人各捐钱一千六百，后置租二十一石，米四斗二升，为"寿旦会"之需；其二为嘉庆八年黄姓、蔡姓民众捐资扩建庙宇；其三为邵咏等人题咏诗；其四为《蔡氏神泽会碑记》，罗列山兜娘娘庙与蔡姓关系，以及蔡、黄续修庙宇的经过①。由此不难看出，丁村黄、蔡两族在争夺庙宇祭祀与"神泽会"方面的努力。高州、电白成为今天除海南以外的冼夫人崇拜祭祀中心，民间的力量不可忽视。正是国家的提倡，民众的参与，使冼夫人信仰经过一千多年的积淀，产生了重大影响。有人统计今高州有冼夫人庙三一四座，电白县十七座，信宜县四座，化州三一座，阳春三座，吴川一座，广东合计三七十座；海南琼山县二六座，琼海六座，其他儋州、临高、海口等十八座，海南合计五十座；广西北流七座，已经形成西起高州信宜、广西北流，东到电白化州，北达阳春，南至海南岛的冼夫人祭祀圈，这个祭祀圈表明人们对冼夫人的历史记忆及其事迹的颂扬。② 这与本书历史时期冼夫人庙宇的分布不谋而合。

高州府除冼太夫人的庙宇外，海洋神灵仍以天妃为多，"航海者祷之辄应"。万历时，因鉴江通海，高州西门外鉴江东就有天妃庙；电白县南有天妃庙，吴川县城西二里白沙渡有天妃庙，甚至内陆的信宜、化州也有天妃庙。③ 鉴江东天妃庙，万历时乡人吴文魁捐田租"赡庙祝并香灯"④，当是天妃有应民众而自发捐出。电白县南门外的天妃庙，明指挥使建，康熙二十三年协守左都督重修；吴川县白沙渡天妃庙，乾隆四十四年霞街林族重修；其他吴川南门外天后宫，乾隆十八年建，四十八年重修；限门东炮台天后庙，后移芷寮。石城县天后庙，一在城中都司署西，一在安铺，

---

① 梁农羲：《电白山兜冼夫人庙碑文录》，2000 年 1 月电白炎黄文化和冼太夫人研究会《炎黄风韵》创刊号。
② 冼春梅等：《粤西的年例祭祀圈与冼夫人的历史记忆》，www.gdin.edu.cn/mzweb/culture/ShowArticle。
③ 万历《高州府志》卷七《祀典》。
④ 乾隆《高州府志》卷三《坛庙》。

后者乾隆间严刘泰等合众建。①电白南门外,石城安铺,吴川白沙、限门、南门外等处天妃庙,地近海滨,自然与阴佑海上安全有关。且修庙人员除官军外,民间修庙也成常态。

吴川县城西二里白沙渡的天妃庙万历时见于记载,而芷寮天妃庙早在顺治四年前已经存在。明吴川人陈舜《乱离见闻录》卷中云:顺治四年七月二十七日,芷寮海潮暴涨,飓风大作,恰当时清汪游击被雷州镇黄海如杀害,入夜马蹄声不绝。此后"年年此日,天皆飓风,成潮淹浸,士民怀之,立其衔祀芷寮天妃庙,近来颇至"②。限门天妃庙也在康熙元年前已经存在。康熙元年迁界就是以限门天妃庙为起点来划分的。③ 明清时,限门、芷寮都是沿海重要港口。《乱离见闻录》卷上云:"芷寮初属荒郊。万历间(1573—1620年),闽、广商船大集,铺户百千间,舟岁至数百艘,贩谷米,通洋货。吴川小邑耳,年收饷万千计,遂为六邑最。"崇祯时,"艚船商限门者数百艘"④。芷寮、限门贸易繁荣可见一斑。限门天后宫,"闽商虔祷重修",闽舟运砖瓦木石,暮发晨至,咸讶神力,"闽人出入必祷于此";芷寮天后宫,"每岁福、潮商船泊其下,祈祷甚众"⑤。而且,乾隆五十五年重修,咸丰八年再修。咸丰再修原因,因嘉庆海匪不靖集州兵于此;后土匪充斥,设团练剿凶于此,"今则海邦无事"⑥,属报答神灵而已。位于鉴江口的黄坡墟兴隆街也有明时修建天妃庙,为李郑黄吴十甲倡建,当是民众自发建庙,清时"知县何美、章国录、陈至陛等历次修葺,又迭经绅者重修,递年收铺户、屠户及杂租供祀典。每年文课六次,酌给奖赏。冬月雇勇六名巡夜",如此财政、护卫等方面的管理,是官民在祭祀神灵方面达到一致后产生的结果。光绪时,吴川县天后宫还有塘缀墟、一在银窝岭,一在硇洲北港,一在三合窝港,后者"香火最盛,海舟出入必祷焉"⑦。硇洲北港天后宫建于明正德元年(1506年)。

---

① 道光《高州府志》卷二《坛庙》。吴川南门外天妃庙光绪《吴川县志》作建于乾隆四年;白沙渡天妃庙已见于万历《高州府志》,乾隆四十四年应为重修。
② 李龙潜等点校《明清广东稀见笔记七种》,广东人民出版社2010年版,第23页。
③ 同上书,第34页。
④ 同上书,第5、15页。
⑤ 乾隆《吴川县志》卷四《坛庙》。光绪《吴川县志》把限门与芷寮天后宫并列,证从限门迁芷寮的天后宫别为一宫,且此宫又迁十甲尾。
⑥ (清)李国香:《碑记》,光绪《吴川县志》卷三《坛庙》引。
⑦ 光绪《吴川县志》卷三《坛庙》。

明万历时，雷州推官顾以锡为报天后显灵庇佑他在硇洲洋面战胜海盗之恩，在庙前建石牌坊一座，并书"海不扬波"坊额，后迁民与庙中像至雷州南亭妈祖庙。清道光年间，硇洲振威将军福建水师提督窦振彪献福建石雕狮子，以酬谢天后神恩。同治时，吴川状元林召棠为天后庙题额。庙中天后坐轿所刻楹联"像是莆田尼山吴祖，庙居津前正德元年"，以显示天后信仰是由硇洲吴姓先祖从莆田带入。每年农历三月二十三，当地举行"三月坡会"，在庙前演戏酬神，那些远嫁他乡的硇洲妇女和到外海捕鱼的渔船都赶回岛上"拜坡祭祖"①。民俗持续到现在。

光绪十三年（1887年），高州天妃庙御赐"泽洽重溟"。其他高州还有梅菉墟，道光十六年（1836年）建同治二年修的南宫岭天后宫②。而海滨的电白县天后宫有水东墟、博货、沙琅墟三胜岭、东楼村南门外天后庙等多处。水东墟天后庙，为道光五年博茂大使重建，并置产业，为每年赛神之需。博茂场盐课司大使修庙，一定与晒盐有关。南门外天后庙在军港旁，为庇佑海上巡洋之需，建庙与历代重修，都与官军有关。神灵灵异，保城护民。"国朝以来，屡著灵应。其尤异者，莫如嘉庆初年，洋匪猖獗，沿海一带连年不靖，如火燎原，愈扑愈炽。"嘉庆六年（1801年）八月，贼寇张保大合众数百船寇莲花港，围攻电白城。时电白城垣多坍塌，官兵寡少，内奸并作，城池寡不敌众，危在旦夕。"圣母特呵护之，震动神威"，于中秋前一夜，狂风暴雨，贼船俱坏，寇盗溺死数千，剩余大多被官民擒获。官民感激天后圣恩，督抚奏闻，御赐香一枝，命高廉道马书欣赍送南门天后庙，又竖"天后圣母"匾，香火益盛。官方重视，民间也参与。嘉庆元年黎能斌等曾修庙，其孙清瑞道光元年、二十四年两次重修。后一次重修"城乡内外官绅士民商贾"皆有捐款③。天妃信仰在高州多与海上航行、保城护民有关。

高州还有临水夫人信仰。洪武三年（1370年），抽调福州余丁来神电卫前所守御，众带临水夫人像至卫所立庙祀之。临水夫人为古田陈林李三人，"能催生护产"，在福州、宁德及浙南沿海有祀；嘉靖十六年（1537

---

① 谌方文：《硇洲岛津前天后宫》，《湛江文史资料》1992年第11辑。
② 光绪《重修高州府志》卷九《坛庙》。
③ 光绪《电白县志》卷五《建置·坛庙》、卷二九《事纪》。

年），前所父老因祖籍神灵而再建庙宇于城南隅小街，"凡求子者咸祷赛之"①。临水夫人虽为求子助产神，但因在沿海地区，且与卫所士兵有关，其神职兼有海神之能。此庙在嘉庆二十年重修。② 清代，高州茂名县南街也有临水庙③，此与民众求子嗣有关。

高州北门外还有广利王庙，此为南海神的离宫。有人认为此广利庙即龙王庙，与雍正二年封四海龙王、南海为昭明龙王有关。④ 实际上，高州府茂名县北门外的广利王庙，早在明万历时已见诸记载⑤，与后来雍正封龙王无关，故有关清广东南海龙王庙，因其来源并非都与雍正二年（1724年）加号龙王有关，因此，除特别注明外，一般不计入南海离宫。与此数量较少形成鲜明对比的是，高州府的各州县，几乎每县都有不止一座天后宫，无论是清初康熙时的《高州府志》卷二《祀典》，还是清末光绪时的《高州府志》卷九《建置·坛庙》，都有相关记载，甚至信宜县南门外河东的天后宫早在明成化时已修，以后历代不断修复。⑥ 天后庙宇遍及沿海及内河池泊，之所以较南海神有较多的香火，正如康熙《高州府志》作者所论，"能御大灾，则祀之灵湫、天妃是也"⑦，南海神已无原来不断灵异的光彩，逐渐脱离民众，黯淡地渐退岭南民众祭拜的神坛。而吴川县濒临大海，城外西门街即有洪圣庙，县南八十里广州湾旁亦有洪圣庙，庙额题曰靖海宫。⑧

其他高州府的海神庙宇还有龙神庙，在吴川县北门外三元宫左，乾隆五十三年知县沈峻建，光绪圮。真武庙，一在吴川县南门外中街，一在塘缀墟，前者近沿海。吴川县黄坡墟的伏波庙，祀马援⑨，这里近海滨，是高州唯一的马援庙宇。吴川县城西南六十里麻斜汛有罗大人庙（罗侯王庙），祀宋末元初石城人罗郭佐。⑩ 罗郭佐，万历《高州府志》将其列入

---

① 康熙《电白县志》卷六《秩祀志》。
② 道光《电白县志》卷八《建置·祠庙》。
③ 康熙《高州府志》卷七《寺宇》。
④ 光绪《高州府志》卷九《建置·坛庙》。
⑤ 万历《高州府志》卷七《寺宇》。
⑥ 光绪《信宜县志》卷八《记述·金石》，光绪《高州府志》卷九《建置·坛庙》。
⑦ 康熙《高州府志》卷二《祀典》。
⑧ 光绪《吴川县志》卷三《坛庙》。
⑨ 同上。
⑩ 同上。

高州府乡贤祠。罗郭佐，宋末随征南将军史八万平海北海寇，以功先后授化州路、廉州路总管，督运粮饷给海北路军士，沿海遇贼寇而亡。长子震，化州路总管，随父同没；次子奇，授雷州路同知，后镇压瑶乱而亡。奇子元珪，救父难而亡；孙仕显袭廉州路同知，至正间，高化琼廉等郡剿灭海寇，战没于澄迈石矍港。一门祖孙父子兄弟皆先后死难，粤人称为"罗五节"云。① 郭罗佐一家有功于高雷琼廉等雷州半岛附近沿海，"高、雷乡间多祀之。称曰：'佐国侯王罗大人'。窃疑'佐国'二字为郭佐之讹"，郭佐"功被高雷，骂贼捐躯，民间尸祝于理固宜"。光绪《吴川县志》卷三《坛庙》所言非虚。又引《孙氏族谱》云："世传素庵祖（孙梅心）自闽官雷时，浮海来。适大雾波涛骤起，舟行不知所届。忽有竹附舟上，书'佐国侯王罗大人'，因随竹所指，遂抵雷，子孙世世祀之不改。考孙梅心官雷州，在宋理宗时，事前于罗郭佐，窃疑《孙氏族谱》未确也。"孙梅心来雷与罗郭佐就义时间相差不多，罗侯一门三人，多在海上捐躯。故显灵海上，救助官员，应在情理。《孙氏族谱》云孙梅心海上遇险，罗大人相救，后代祭祀不绝，应是事实。吴川县南六十里特呈山，上有通温阁，壁间有诗："风送潮声平乐去，雨将山色特呈来"②，据说此为解缙所作《题特呈山温通阁》诗的其中两句。永乐五年至八年，解缙曾在化州一带督饷。③ 吴川为化州所辖，且有平乐港口，解缙自然来过此地。后此两句为罗侯王庙楹联。该庙以罗侯王为主祀，袝祀罗门其他四人及元将张友明。至正九年海寇犯合浦逼琼山，化州路通判游宏道以友明为先锋，同会兵退寇于澄迈之石矍港，为国捐躯。④

据说该庙建于元至正十二年（1352 年），清光绪十九年（1893 年）重建。麻斜罗侯王庙，面向特呈岛，背靠平乐村，三面环海，烟波浩渺，极目无际。今庙正门题额"侯王庙"三字是清道光年间所题。光绪二十四年（1898 年），法军侵占麻斜，农历五月初四，麻斜青壮年一千多人聚集侯王庙誓师抗法，将罗侯王庙作为战斗的指挥中心，经过激战，终于取胜，迫使法军撤退。当地村民认为，他们这里大殿正门前檐的两侧两处十

---

① 道光《广东通志》卷二九八《列传》。
② 《明一统志》卷八一《广东》。
③ 《明史》卷一四七《解缙传》。
④ 道光《广东通志》卷二九八《列传》。

分特别的雕塑,是"番鬼佬托梁"的最早诞生地。时至今日,当地村民不少以捕鱼为业,在罗侯王事迹里,有不少就是关于罗侯王保佑出海渔民的,当地的村民依然对罗侯王的神通深信不疑。这或许是罗侯王显灵庇佑一方百姓平安,受到村民们的尊敬和爱戴的原因。每年正月初十日、十五日和二月二十二日举行盛大的罗侯王庙庙会和海上游神活动,附近十五个村庄敬奉罗侯王的近二十台神轿聚集于此祭神、游神,举办各种陆上、海上的祭祀仪式,粤剧、雷剧、歌舞等表演节目精彩纷呈。感恩戴德、纪念先辈、弘扬正义的传统性民俗活动,几百年来一直为乡亲们传承下来,承载着其巨大的亲和力与凝聚力,体现着一种坚强不屈抗击海盗的民族精神。这里的罗侯王庙会与巡游已列入湛江市第二批非物质文化遗产名录。

吴川县县北三里龙母庙,顺治间官方倡建,是官绅祷雨之地,庙有一井,道光三十年知县捐修,当报答旱降甘霖缘故。县西五十里龙女庙,相传宋时曾降伏黑气妖龙,"以其降龙之功,号龙女,七百年来,幽灵显赫,济难扶危。退灾降雨,民感其德,庙祀之"。此庙在盐场近旁,茂晖场大使吴绍祖作记记之。① 此庙与沿海晒盐有关。

电白县有多处李卫公庙。一在城南大洋放鸡岛,一莲头西海澳,一莲赤堡子芦前海滨,一爵山村。② 李卫公即晚唐名相李德裕,懿宗时诏追卫国公。宣宗大中二年(848年)再贬崖州司户,次年正月抵达。大中三年(849年)十二月卒于贬所。高州电白为其贬经之地,"过此,勒碑记海道险要,后人立庙祀之"③。传说李德裕于此泊船取淡水。占卜云:"崖州在何处?生渡鬼门关。""既而舟溺,常显灵于此。附近博货居民立庙祀之。凡航海者放鸡以祀,盗船若见此山,无不立坏。海寇不能入电,赖有此耳。""神最英灵。海船至此必祷。既祷必放一鸡于山中。"④ 李卫公庙皆在沿海地,其信仰当与保佑一方平安有关。

另外,电白县还有陈李总爷庙。陈李总爷指明末副总兵陈琪、应袭指挥李树绩。崇祯二年三月,海盗李魁奇率船一百七十多艘袭占莲头港,焚毁驻军战船,掳掠四周乡村,陈琪率战船200余艘自广州湾直抵莲头港

---

① 光绪《吴川县志》卷三《坛庙》。
② 同上。
③ 光绪《重修高州府志》卷九《坛庙》。
④ 道光《电白县志》卷二十《杂志》。

外，围堵贼船。贼船乘风突围，把官船挤向两侧，首尾相抵，又遇退潮，大兵船多搁浅，陈珙跳上贼船与之肉搏，杀十数人而死。二十日，应袭指挥李树绩说退李魁奇匪众，救出被掳去的士民，数百俘囚得以生还。民感其德，奉为神明。庙宇在县西南博货村，一博货墟，一赤水镇白庙，一白蕉山。① 这些为纪念保家卫国的忠勇烈士修建的庙宇，自然因庇佑沿海安定而受到民众信仰。水东墟的镇东庙，乾隆七年建，嘉庆六年博茂场大使杨星耀以何阿六附祀。道光五年博茂场大使重修。杨星耀《记何阿六死难碑》云，顺德人何阿六在水东为篙师，嘉庆六年，海盗郑一东、海八等，勾结安南船四十艘攻击电白赤水港，场役李忠、陈胜与何阿六奋勇与海盗搏斗拼杀，何阿六的刀柄被震裂不能再握，全身十七处受伤，终陷于盐田泥淖中而被海盗杀害。博茂场大使杨星耀立神主招魂祭之，从祀镇东庙西廊庑下，"闵其死而报之祭，以告后之捍水东者"②。由于嘉庆六年、八年、十年、十五年不断受到贼寇侵扰，水东等地深受其害。相传嘉庆十年十一月，知县盛植才率兵电海征寇，寇众势大，危急时刻，陈李显圣助战，击毙贼兵，官兵获得全胜。③ 神灵灵异是其香火不断的重要原因。

其他还有电白县太平里七忠祠，祀明总兵张元勋部下卢龙等七人；而东郊教场外的广恤祠，乾隆六十年守备王应诏等倡建，祀清把总傅君彰等兵丁三十一人。时安南招纳海寇，抢掠外洋。有寇伪装官军船入港，把总傅君彰与兵丁奋勇杀敌而亡。④ 官方民间不断修建类似庙宇，与提倡忠君报国的军士精神有关。

总之，高州府的海神以冼夫人、天后为要，冼夫人为地方保护神，天妃为水上保护神，不断显灵，特别是嘉庆初天妃显灵，都与司辖一方平安有关。广利王、龙母庙、伏波庙等庙宇数量较少，但也司辖水上安全。临水夫人信仰与福州巡防兵士带来有关。而值得注意的是，电白出现李卫公庙，与海上航行有关。诸如吴川罗侯庙、电白陈李总爷庙等，与保佑一方海疆安全有关。

---

① 道光《电白县志》卷八《建置·祠庙》、卷二十《杂志》，光绪《吴川县志》卷三《坛庙》。
② 光绪《吴川县志》卷三《坛庙》。
③ 道光《电白县志》卷八《建置·祠庙》、卷二十《杂志》。
④ 道光《电白县志》卷八《建置·祠庙》。

### 二　廉州府

宋代廉州的海神信仰主要是马伏波信仰及与渔民采珠活动有关的海神信仰，后者为具有泛海神信仰，仅以大海为象征的海神信仰，没有具体的海神形象。（唐）刘恂撰《岭表录异》卷上云："廉州边海中有洲岛，岛上有大池，每年太守修贡，自监珠户入池，池在海上，疑其底与海通。又池水极深，莫测也。如豌豆大者常珠；如弹丸者亦时有得，径寸照室，不可遇也。"合浦采珠从汉代已始。由于海底水流无常，鲨鱼出没，人们以为珠蚌有神灵护持，疍民冒死采捞，祈求海神庇佑平安。宋代周去非《岭外代答》载："疍家自云，海上珠池若城郭然，其中光怪，不可向迩。常有怪物哆口吐禽，固神灵之所护持，其中珠蚌，有终古不可得者。"[①] 明代，宋应星的《天工开物》卷下《珠玉》云："疍户采珠，每岁必以三月，时牲杀祭海神，极其虔敬。疍户生啖海腥入水，能视水色，知蛟龙所在，则不敢侵犯。"明末清初，屈大均《广东新语》卷十五《货语》记载："凡采生珠，以二月之望为始。珠户人招集蠃夫，割五人牲以祷，稍不虔洁，则人风翻搅海水，或有人鱼在蚌蛤左右，珠不可得。又复望祭于白龙池，以斯池接近交趾，其水深不可得珠，冀珠神移其人珠至于边海也。"《明一统志》卷八二《广东·廉州》祠庙下八祠庙，其中五个为人物庙外，其他三个，就有杨梅庙、平江庙两个为珠池庙宇。杨梅庙在府城东南六十里，"相传昔有盘石浮海而至，渔人以为神，因祝曰：'若得鱼副所祈，当立祠以报'果如所祝，遂舁石至杨梅山，绳断即其处立祠，凡水旱札瘥祷之辄应"。平江庙在合浦县东南七十五里，洪武末建。[②] 两庙看来似乎与采珠无关，杨梅庙因浮石庇佑捕鱼而起。但查崇祯《廉州府志》可知，洪武二十九年（1396年），廉州通判夏子辉为采珠重建杨梅庙，新建平江庙，且平江庙在合浦清和乡平江池岸，不过，此两庙到明末崇祯时已废。[③] 与两庙一样，洪武二十九年廉州通判夏子辉为采珠另新建府城东六十里武刀东庙和武刀西庙，以及府城东南六十余里清和乡西海

---

[①]《岭外代答》卷七《宝货门·珠池》。
[②]《明一统志》卷八二《广东·廉州》。
[③] 崇祯《廉州府志》卷一四《外纪志》。

庙，此三庙在崇祯时也已废。① 清乾隆时"此类俱不在祀典之列"②。

《明一统志》廉州祠庙人物神之外的另一庙宇就是惠泽庙。惠泽庙在府城东龙门水上，每年七八月致祭，"凡旱，官民取其水祷雨，多有应"。惠泽庙祭祀五海龙王神，弘治十八年（1505年），廉州大旱，三月不雨，"苗槁大半"，祈神灵降霖，果应。太监韦辅复修庙宇。③ 道光七年（1827年），廉州春夏连旱不雨，知府张堉英等再至庙祈雨灵应，并新修庙宇，"谷我士女兮绥我海疆"，拨庙旁荒田给照管理，每年租钱两千为香灯费。④ 五海龙王神更多还是庇佑地方雨泽，与海上平安关系不大。

廉州府的其他海神仍以天妃较著，明代天妃庙在廉州府有三，一在海角亭下，一在白沙，一在府治南八里九头岭。九头岭天妃庙，洪武十五年千户林春建；嘉靖十八年，指挥刘滋重建。⑤ 从修建和重建人员来看，多是武官，这与他们参与管理地方安定特别是沿海安全有关。不过，洪武初，征南将军廖永忠率众航海攻取粤地，"神为保护"，敕赐"昭孝纯正灵应孚济天妃"，诏沿海皆建庙，故廉州建庙从此始。⑥ 万历三十年知府重修九头岭天妃庙，康熙三十年郡丞重修；海角亭天妃庙，康熙二十三年广东巡抚等重修、五十九年知府重修，并悬其扁"神昭海若"。⑦ 但此庙却是明万历间乡民捐十字铺等田租修建并做香油灯费，后官方重修，官民在信仰上相一致。清代，除以上三天妃庙外，还有龙门村天妃庙，万历三十九年王耀吾等建；崇祯四年生员王名宇等重修；乾隆五十三年王珊、嘉庆十三年王日钦等重修，龙门村天妃庙与龙门王家有关。小江墟天妃庙，乾隆十五年、四十六年，嘉庆元年重修。南城外天妃庙，相传神像是清初迁界，涠洲岛民迁廉州，把涠洲岛神像带来，"商贾士庶，饮食必祝，显灵特异"⑧。光绪十一年，王亚勋等募捐重修，易名三婆婆庙。⑨ 除以上六

---

① 崇祯《廉州府志》卷一四《外纪志》。
② 乾隆《廉州府志》卷六《建置·坛庙》。
③ 崇祯《廉州府志》卷一四《外纪志》。
④ （清）张堉英：《惠泽龙神庙碑记》，道光《廉州府志》卷二五《艺文志》；道光《廉州府志》卷九《建置志·坛庙》。
⑤ 崇祯《廉州府志》卷一四《外纪志》。
⑥ 乾隆《廉州府志》卷六《建置·坛庙》。
⑦ 康熙《合浦县志》卷一四《外纪志》，康熙六十一年《廉州府志》卷一四《外纪志》。
⑧ 道光《廉州府志》卷九《建置·坛庙》。
⑨ 民国《合浦县志》卷一《建置·坛庙》。

庙外，钦州州南镇民坊天妃庙，永乐四年指挥孙遇建，天顺六年指挥周旻重建，后"居民以兴义建"，嘉靖十七年知州重建①，此庙也是与廉州天妃庙一样，国家诏令沿海建庙，后官民不断修复，官民在祭祀天妃神灵上达成一致。乾隆三十五年，州人洪仕超等倡修；嘉庆四年州人黄承德等复修。② 道光时，钦州城西黄屋屯墟、龙门岛、大直墟、小董墟、三口浪、东兴街、那良墟及各市镇都有天后宫。③ 黄屋屯墟天后庙，嘉庆间乡人建，咸同间屡修；濠坝街天后庙，庙前临江，1926年军学捣毁神像，后为县商会会址。④

值得注意的是，廉州南城外天妃庙后改为三婆婆庙，而钦州上述天妃庙外，道光《钦州志》把三婆婆庙（或称清惠宫）与天后宫并列。清惠宫在城南一里下南关，为三婆婆庙。雍正五年钦州州人建立；乾隆五十六年、嘉庆二十三年、道光七年三次重修；龙门三婆婆庙，在龙门协署左军工厂上，康熙捐建，嘉庆四年副将谢恩诏重修；道光九年副将林开疆等率官绅兵民复修；三口浪的三婆婆庙，"神最灵应"，"香火甚盛，舟人率事尤谨"；小董墟（咸丰乡人捐修）、大直及各墟均有三婆婆庙。⑤ 民国时，钦州惠安街清惠宫和小董墟的三婆婆庙宇仍存。城北八里白水塘村三婆婆庙，为名将冯子材建；城东三娘湾墟边也有清惠夫人（三婆婆）庙。⑥ 大部分三婆婆庙与官军兵士、墟市有关，天妃姊妹神职水上交通，成为钦廉一带出现天妃及三婆婆信仰的重要原因。《粤屑》卷一载：

> 廉州府钦州有三婆婆庙，州人祀之甚谨，云是天后之姊，云庙宇辉煌，香火甚盛。官此地者，朔望行香必诣焉。以三月廿二为婆婆诞。是日，赛神出令，遍游城内外，铙鼓喧轰，灯彩炳耀，爆竹之声，轰动一城，可谓极一时之盛矣。……天后有第三姊亦同修炼成仙云。然则钦廉之立三婆婆庙，亦有据非乌有先生也，顾香火独盛于廉钦，不可解耳。

---

① 嘉靖《钦州志》卷六《祠庙》。
② 道光《钦州志》卷四《礼乐·祠庙》。
③ 同上。
④ 民国《钦州志》卷二《礼乐·坛庙》。
⑤ 道光《钦州志》卷四《礼乐·祠庙》。
⑥ 民国《钦州志》卷二《礼乐·坛庙》。

神主是信众膜拜的对象，是信仰文化的重要构成部分。没有神主就没有特定的信仰现象。三婆婆为天妃三姐，诞辰也被天妃神诞早一天，嘉庆道光时在钦州信仰达到鼎盛，当是天妃信仰的流变而已。后传播到廉州府其他地区、雷州府等地。其信仰地域在廉、雷有一定的扩展。雷州人还祀三婆婆神，海康县有三婆婆庙，把三婆婆认为是妈祖之姊。"按，雷俗亦多祀三婆婆神，云石天后之姊，以三月二十二日为诞辰。考刘世馨《粤屑》云，浔州天后庙有碑记叙述天后世系言自莆田庙中抄出者，称天后有第三姊，亦同修炼成仙。则三婆婆有来历，非子虚也。"① 三婆婆信仰，当是妈祖信仰在雷州传播过程的变异。

其他廉州镇海庙，明洪武八年巡检郭成建。府城北门内风神庙，乾隆十八年知县廖佑龄重修，置祀田七十二亩，岁其租钱十二千一百八十文以供祭祀。府城三清庙左的雷神庙，嘉庆二十四年知府何天衢创建；府内太平坊龙王庙，道光时亦废弃。② 值得注意的是，钦廉地近越南，海疆一直是朝廷关注的重点，因而保卫海疆的英雄成为这一带海防兵士祭祀的对象。廉州昭忠祠，嘉庆八年奉旨捐建，内祭祀阵亡钦营右哨千总章宪等钦廉一带各武官。而历代边疆英雄人物，马援伏波祠（大王庙）、关帝祠、康王（康保裔）祠等较多。而且，有时伏波神与其他战神合祀。景公庙在钦州县龙门岛耀武书塾，乾隆五十四年龙门副将赵攀龙重修，嘉庆十八年副将谢廷可率官兵民重建。景公为景慧，其雍正年间任龙门协副将，"洋巡遭风没于南沙尾洋面，后屡显灵验，官兵设祠祀之"。嘉庆十年，海寇进犯龙门，"公威所致""各墩台兵如云集"，寇遁去。有除海寇之功，其埋没之海面，常闻钲鼓声，"舟人遇风辄呼公，救护多应，至今香火称盛"③。道光二十三年（1843年）二月壬寅，"以祈祷灵应，封广东故龙门协副将景懋为忠显伯"④，显然，景懋与景慧为一人，曾任龙门协副将。朝廷令在钦州祭祀。⑤

龙门为钦州要地。明代于此设兵，清初未设，康熙初知州马世禄上

---

① 民国《海康县志》卷六《坛庙》。
② 道光《廉州府志》卷九《建置·坛庙》。
③ 同上。
④ 《东华续录（道光朝）》卷四九"道光二十三年二月壬寅"。
⑤ 《清史稿》志五十九《礼志三》。

议，"窃闻龙门当钦州咽喉，为高雷廉琼门户，最为要害，故明安船设兵，甚为得法"。康熙初迁界，廉州珠场变作乾体水师营，但"船泊内港，即非扼要，即为失计，且置钦州沿海西盐、白皮等场于户外，不能相顾，所以，三十余年间海寇邓耀、杨二等攻城掠野，蹂躏四郡"。"龙门内有七十二径，径径相通，且与交趾接壤，贼较易于出没，边海愚民多为煽惑，乌合蚁附，变乱不常，实为腹心大患。"① 后设水师协营，龙门为重要要冲。"查钦州沿边重地，龙门为第一重门户，驻有水师重兵，防城为第二重门户，思勒为第三重门户。"② 龙门的神灵系统也和海疆将士，共同来维护疆土安定。景公庙实际上是上述诸庙的代表。

龙门岛还有关帝庙、天后宫，两庙俱在兴隆墩，乾隆五十五年副将重修；龙王庙在龙门岛朝阳墩，后建观音堂，乾隆五十五年副将重修；北帝庙在龙门岛大街，康熙间建，乾隆五十六年重修；上述龙门水口阿公山的伏波庙，康熙建，嘉庆九年副将重修；三婆婆庙，在龙门协署左军工厂上，康熙捐建，嘉庆四年副将谢恩诏重修；道光九年副将林开疆等率官绅兵民复修；大王庙，在龙门右营都司署前，"庙最古，无所考"，后座为观音堂，加上龙门协署左的城隍庙③，庙宇有九座之多，拱卫一方海疆。从民国《钦州志》所载龙门岛伏波庙位置仍是龙门右营都司署前，"祀路博德伏波将军神像，红面白须，后座为观音堂"来看④，大王庙所祀之神即为路博德伏波将军。又一在亚公山山崖，一在小董墟，一在那蒙墟。⑤ 蒲竹湾的大王庙祀马伏波将军与水口大王。⑥ 前四座大王庙为何是路博德伏波将军，且在龙门路博德、马援两位伏波将军庙宇并存，值得探讨。而其他各处的大王庙，多为乡人捐资修建，如大王是路博德成立，则国家祭祀后已经在钦州一带民间化了。

其他龙门岛以外的钦州关帝庙，一在钦州城内，一在钦州大直墟，一在大箓墟，一那良墟，一那天墟，一防城墟，一东兴街，康熙乾隆间乡人捐建。北帝庙，一在钦州县龙门岛大街中，一在大寺墟东，康熙间修，嘉

---

① （清）马世禄：《请设龙门协营议》，道光《钦州志》卷一二《艺文志》。
② （清）周硕勋：《撤东兴街戍兵议》，道光《钦州志》卷一二《艺文志》。
③ 道光《钦州志》卷四《礼乐·祠庙》。
④ 民国《钦州志》卷二《礼乐·坛庙》。
⑤ 道光《钦州志》卷四《礼乐·祠庙》。
⑥ 民国《钦州志》卷二《礼乐·坛庙》。

庆间乡人捐修。① 风神庙在钦州县城东半里阜通坊白沙街，道光四年祈雨有验。雷神庙在钦州县治南五里赤墈村，永乐七年（1409年）巡检象贵建，相传五石香炉飞于此，这与雷州的雷神崇拜的传说相似。乾隆三十三年、嘉庆间重修。② 此庙应是雷州雷神信仰的地域扩展所造成的。

民国时，龙门水口阿（亚）公山的伏波庙已移到沙脊，龙门岛制造师船场，有樟王庙，"相传昔有神附樟木浮海到此，显灵护船，因建明坛之庙"。其他各庙在20世纪日寇进犯龙门岛时，"神像尽失，庙宇多被毁坏"，战争对庙宇破坏之烈可见一斑。唯有景公庙与神像俱存③。钦州龙门樟王庙与廉州府治北半里的助化庙一样，为造海船建庙，成化十七年为知府刘煊拆毁，后乡人复立，康熙末废。④

民国时，钦州城内的马侯庙（祀马伏波）、火神庙、华光庙等遭到1926年军学捣毁以及1939年日寇占城时毁坏。县东及东南的白皮练船厂龙母庙和三娘湾的三婆婆庙仍存。⑤ 三娘湾为沿海港湾，当地渔民敬仰膜拜的三娘石，后人格化，与马援崇拜一样，成为钦廉一带主要的海洋神灵，香火不熄。

### 三　雷州府、琼州府

雷州府与琼州府文化源流相近，其间只有琼州海峡隔开，历来两府海神信仰隔海峡相望，故一并述之。

（一）宋元伏波将军外的海神庙宇

宋元时期海南岛一州四军，除琼州、昌化军有伏波庙外，还有以下几种相关的海神庙。

1. 峻灵王庙

峻灵王庙又号灵山神祠，峻灵王旧称镇海广德王⑥，在昌化军昌化县（治今海南昌江县昌化镇）峻灵山上，山上有"昌化石，云极灵异，祈祷

---

① 道光《廉州府志》卷九《建置·坛庙》。
② 道光《钦州志》卷四《礼乐·祠庙》。
③ 民国《钦州志》卷二《礼乐·坛庙》。
④ 康熙六十一年《廉州府志》卷一四《外纪志》。
⑤ 民国《钦州志》卷二《礼乐·坛庙》。
⑥ 《宋会要辑稿》礼二一之二四。

多应"①。《东坡全集》卷八六《峻灵王庙碑》叙述详尽。碑记作于元符三年（1100年）。先言王室及诸侯有宝为"以守其社稷，镇其人民也"，次及唐代宗时比丘尼献上帝所赐之宝，以"宝镇之"，中原兵灾，"天亦分宝镇世也"；再言海南岛昌化军西北"有山秀峙海上"，"上帝赐宝，以奠南极"，宝气冲天，有民伐山砍石求之而亡，南汉"封其山神镇海广德王"。宋元丰五年（1082年）封山神为"峻灵王"；末言苏轼本人居儋三年，得以生还，"山川之神实相之，谨再拜稽首，向西而辞焉"。并作碑铭记之。其神"为帝守宝甚严恭，庇荫嘉谷岁屡丰"。南汉、北宋封号彰显其神职所在。南汉时"镇海广德王"亦恰说明山神广施德惠，代表南汉政权镇守琼崖之地。而北宋封号或与当时黎人不断起义，中央得神庇佑顺利镇压，或与山神降雨施泽有关，值得探讨。不过，从承议郎彭次云奏请封号来看②，或与后者有关。但宋时峻灵山神不断灵异，官民祈祷多有灵应。因峻灵山处海旁，附近为昌化港，即为神山，灵异自然包括有海上的神职。"海航往来，恒泊舟汲泉于此"③。宋代峻灵王庙在峻灵山上④，峻灵山神列入国家祀典。元时峻灵山仍有庙，山侧有棋子湾，"有石如棋子，黑白相均"⑤。

2. 谯国夫人（冼夫人）庙

南宋时，昌化军有冼氏庙。冼夫人于隋代，"忠义佐国，有平寇之功，封谯国夫人"⑥。唐初冼夫人孙冯盎、玄孙冯智戴等以粤西、雷琼之地归降唐，至宋时，"儋人事之甚严"⑦。有功于地方的神灵被地方民众接受，宋时已成为地方保护神，附近海洋亦其神佑地域。

《舆地纪胜·昌化军》将"冼氏庙"与"显应夫人庙"并列，但未言"冼氏庙"在何处，其后紧接"高凉人"，与其他庙宇行文不一，当衍"庙"字。实际上，两者为一庙。《诸蕃志》卷下云："灵济庙，在（昌化军）镇安门内，即儋耳夫人祠也，绍兴间封显应夫人。海外黎峒多窃

---

① 《元丰九域志》卷九《古迹·昌化军》。
② 道光《广东通志》卷一百五一《建置略二十七》。
③ 《读史方舆纪要》卷一百五《广东六·琼州府》。
④ 《方舆胜览》卷四三《昌化军》。
⑤ 《大元混一方舆胜览》卷下《湖广等处行中书省》。
⑥ 《舆地纪胜》卷一二五《昌化军》。
⑦ 同上。

发，嗾使儋独全，夫人之力也。"① 冼夫人显然为地方保护神，绍兴间封显应夫人前还有绍兴二十一年（1151年）封庙额之事。《宋会要》载："城南儋耳夫人祠，伪汉（南汉）封永清夫人，高宗绍兴二十一年十一月赐额'宁济'，三十二年十一月封显应夫人。"② 这里虽未言那个州郡城南，但从上记载不难看出，应是昌化军无疑。绍兴三十二年（1162年）这次改封"显应"，因"转运司状：三十一年亢旱，祠祷雨降，岁则大熟；又黎人作过，巡尉祈祷，雷大作，黎人惊散"③。降雨消旱，平黎安边，神职再显。"弭寇攘之患，格丰登之祥，唯神之功"。这次封号赐额，除地方转运使请赐外，贵州教授、乡人羊郁亦参与其间。④

儋耳婆即冼夫人，这在南宋李光《儋耳庙碑》有证："夫人冼氏忠且贤，锦散平乱功晔然。爱择休壤美水泉，居人按堵城池迁；黎山拥抱完且坚，邦人敬事久益虔，年丰米贱佳吉蠲，歌诗送迎巫蹁跹。"⑤ 李光此诗及碑记作于绍兴二十六年（1156年），历十五年昌化军（儋州）流贬生活，应邦人父老请，"因念谪居之久，蒙冒烟岚脱于万死，天地神灵实佑之，谨躬诣庙廷，再三稽首"。除庇佑李光外，昌化军（儋州）迁城也与神佑有关。"旧城去今庙三十余里日滴滩，常有水患，一夕人见夫人具备锸锄，率人夫迁之，工毕，而人不知，今凡二百余年……故无旱涝之患。"故绍兴二十五年（1155年），昌化军太守陈适请封庙额，"邦人敬事之，过于南海、城隍二神"。加之海南之地多流贬士人，"故家知教，子士风浸，盛应举终场者凡三百人，比往年几十倍。三郡并试时得人最多"。地方教化，文化渐盛，对包括冼夫人在内的英雄人物，"夫人生有功于国，没能庇其民，天有水旱，民有疾苦，求无不应，每岁节序，群巫踏舞，士女骈辏，箫鼓之声不绝者累日，自郡守从下，旦望朝谒甚恭，必有神灵以镇一方而为之主宰"⑥。有功于地方的神灵，被纳入国家祀典，民众亦虔诚祭祀，国家祭祀与地方信仰达到了完美的结合。

苏轼谪居昌化军，亦写诗歌颂冼夫人道：

---

① 《诸蕃志》卷下《海南》。
② 《宋会要辑稿》礼二〇之五九。
③ （宋）周必大：《文忠集》卷九七《昌化军宁济庙》，南汉封号作"永清福夫人"。
④ 正德《琼台志》卷二六《坛庙》。
⑤ （宋）李光：《庄简集》卷一六《儋耳庙碑》。
⑥ 同上。

冯冼古烈妇，翁媪国于兹。策勋梁武后，开府隋文时。三代更险易，一心无磷缁。锦伞平积乱，犀渠破余疑。庙貌空复存，碑板漫无辞。我欲作铭志，慰此父母思。遗民不可问，倭句莫予欺。瀑牲菌鸡卜，我尝一访之。铜鼓葫芦笙，歌此送迎诗。①

淳熙元年（1174年），五指山生黎洞首王仲期、王仲文率一千八百二十丁口归化，仲期、仲文率八十一人亲"诣琼管公参，就显应庙研石歃血约盟，誓改过，不复抄掠，犒赐遣归"②。昌化军显应庙前"歃血约盟"，可见，显应庙已被黎人接受，成为地方政府与黎人友好交往的精神纽带。

3. 毗耶山神庙

琼州临高县北毗耶山神，"每有黎人叛，则神驱蜂以御之，官军遂大破黎人"③，山神阴佑官军取胜，俨然成为保护地方安定的神灵，后神职扩大，亦兼有保障安定的神职。《方舆胜览》卷四十三《海外四州·琼州》载临高县毗耶山已建有庙宇。而同卷《昌化军》亦言毗耶山，"在宜化县，山有兽，似大虫，俚人呼为毗耶，故名"。宜化县（治今海南儋县中和镇），县境毗耶山与临高县接界，似应为一山。

4. 南宫庙

在琼州东南二里，主神"祝融神也"，"琼人祠之甚严"④，此应是南海祝融神离宫，与广州南海神一样，应是国家祀典之神。⑤因祝融神亦司职火，明清一般称火雷神，主旨神职有所变化。

5. 贞利侯（一作正利侯，又名狮子神）庙

在昌化军治西。"一石峰在海中洲巨浸之间，形类狮子，俗呼狮子神。"其庙"正利侯庙，在城西"⑥，《诸蕃志》卷下《海南》详载："城

---

① （宋）邵浩编：《坡门酬唱集》卷十六，东坡《和陶拟古九首》。
② 《诸蕃志》卷下《海南》。
③ 《舆地纪胜》卷一二四《琼州》。
④ 同上。
⑤ 王元林：《国家祭祀与海上丝路遗迹——广州南海神庙研究》，中华书局2006年版，第98—216页。
⑥ 《舆地纪胜》卷一二五《昌化军》。

西五十余里……俗呼狮子神，实贞利侯庙，商舶祈风于是。"狮子石峰当在今海南磷枪石岛，此岛在洋浦港外，商人于此祈风，为风神无疑。

6. 舶主都纲庙

在万安军（治今海南万宁）。"城有舶主都纲庙，人敬信，祷卜立应，舶舟往来，祭而后行。"① 宋时舶主多为蕃国船长称谓，一般称波斯为舶主，诸如舶主蒲希密、蒲押陁黎斋、陀罗离等。② 都纲为梵语"大经堂"之音译，自唐始有称谓，一般指由改府任命统领寺院僧尼以维持教法之官，从后代万安军舶主庙"祀忌豚肉"来看③，应是与伊斯兰教相关的寺院。这一宋代庙宇，一直到明清香火不断。

7. 浴泊石神

在昌化县西北二十里，"石形如人帽，其首面南"，食旁柑橘，"即可携去即黑雾暴风骇人"，"土人往往祈祷"。④ 此石与昌化峻灵王庙所在的落脾山形态相似，皆如"人帽"，其神职亦与峻灵山神相似。两者是否就是一庙，值得怀疑。

8. 惠远庙

在吉阳军（治今海南三亚崖州古城）南山十里，故老云："二石浮临川海中，随潮上下，土人昇至今处，因屋以祀之，祈祷无不应，锡号曰'惠远'。"⑤ 这种石崇拜，与上述浴泊石神一样，当是地方性崇拜。

9. 海口庙

距吉阳军五里，"港口南岸，及郡人陈县丞革祠堂，俗呼为陈大官。因平黎人，为流矢所中而死，屡有灵迹。庙颇雄敬，商人绘像，事之甚谨"⑥。从有功于国家平黎的官员，到显迹于地方，"商人绘像"，其不断灵异，成为一方保护神。商人参与庙事，亦可证明其神职有庇佑商业活动的色彩。

---

① 《诸蕃志》卷下《海南》。
② 《文献通考》卷三百三十九《四裔考》。
③ 《古今图书集成·职方典》卷一三八〇《琼州府部》。
④ 《舆地纪胜》卷一二五《昌化军》。
⑤ 《舆地纪胜》卷一二七《吉阳军》。
⑥ 同上。

## 10. 龙母庙

在琼州①，琼州龙母庙当是宋时广南西路南传扩散形成的②。龙母为西江流域水神，琼州龙母庙当亦与水神有关。

## 11. 三江庙

在乐会县东十里博敖（鳌）港。宋天圣元年（1023年）乡人建，祀三江晶信夫人。③ 这里居万泉河入海口，其神灵应庇佑海上与内河安全。博鳌港圣石峰，"屹立如累卵状，……时海涛汹涌，沙碛逼隘，或南或北，闭合不尝。舟人未暗水道者，往往有覆溺之状，大抵其险天设……岸上有三江古庙，其神灵异"④。三江古庙于河海交汇的险道处，其庇佑水上交通职能彰显无疑。

宋元时期琼州府诸多与水相关的神庙，大多与地方秩序构建、国家祭祀与民间信仰息息相关。伏波威武庙，谯国夫人（冼夫人）庙、海口庙都是人物神，是国家提倡的英雄神灵，英雄神灵有功于地方，当然受到民众信仰。峻灵王庙、毗耶山神庙、贞利侯庙、浴泊石神庙、惠远庙为地方自然的山、石，前两者带有一定的国家色彩，后三者完全是地方的性质，民众信仰其无疑与它们的灵异有关。而南宫庙、龙母庙则与岭南祀祝融、龙母水神相关，且两者信仰起源较早，应与广州南海神、梧州与德庆龙母神南传有关。海南岛海洋神灵多样，宋元时期是国家神灵与地方神灵的结合时期，从南海神、伏波将军、峻灵山神、谯国夫人等国家祀典的神灵与民间的融合，从都公神、惠济夫人等地方神列入国家祀典，惠济夫人、北帝、观音等由外地传入海南，神灵不断显灵，有功于地方，国家祭祀与民间信仰相互结合。

（二）明清时期冼夫人及其他人物神信仰

宋代琼州冼夫人崇拜较隆，其在政治上特别是捍卫边疆，黎族归附等作用重大。明代，琼山县苍兴陈村建柔惠宫，祀冼夫人，宣德间迁至郡城西南，成化时，副使邝彦誉重修。⑤ 苍兴的冼夫人庙与另一个建于都明冼

---

① 《元丰九域志》卷九《琼州》。
② 王元林、陈玉霜：《论岭南龙母信仰的地域扩展》，《中国历史地理论丛》2009年第4期。
③ 正德《琼台志》卷二六《坛庙》。
④ 康熙八年《乐会县志》（不分卷）《地理·山川》。
⑤ 正德《琼台志》卷二六《坛庙》。

夫人庙，都与邱浚有关。邱浚"未第时，祷祈有应"。欲新苍兴庙而苦于石料，"神示以梦，得石柱十余条"，浚建庙并修庙前桥，并置田为祭费，"其乡遂祀，为通图郡主"。后于都明增修洗夫人庙一座，邱浚后裔"年年诣庙拜祭"。琼山县县南七十里梁沙村，官民同建洗太夫人庙，"神甚灵显，数百里内祷祈者络绎不绝，每逢诞节，四方来集，坡场几无隙地"，军坡节庙会空前。而海口得胜沙的洗太夫人庙，"以酬战海匪张十五得胜之功"，参府黄开广同商民共建。① 洗太夫人灵异以及有功于官民，或为香火不断的重要原因。

其他澄迈县柔惠庙，在分司后，为宁济行祠，明时郭人端午龙会于此。② 文昌县柔惠祠，亦有宁济分祠，永乐间建于新安桥右，弘治二年（1489年），主簿徐达募修。③ 各庙之所以称"柔惠"，据说与宋绍兴昌化军知军叶元璘奏请封"柔惠"有关。④ 明洪武十年（1377年）儋州仓大使李德新建宁济庙。⑤ 儋州宁济庙，为海南较早且影响较大的洗夫人庙，庙门有归附黎首九具，自有唐来已立庙。⑥ 宋至明初在州治南儒学右，嘉靖二年（1523年），同知顾芥奉魏校命，迁宁济庙于州治前直街。⑦ 明清洗夫人不断显灵。官军征剿黎众，黎民纵火，而洗夫人降雨灭火；黎民因饥而出山掠夺，适收获季节，"见夫人招令过河渡，尽而水深不测，匪惧而去"⑧。"黎民永输归化之诚，神德聿昭于海宇，共荷升平之福。"⑨ 洗夫人神职更多彰显在国家海疆统一的作用。同治间，游击洗振廷率武营将士重修，光绪二十七年、二十八年（1902年），城民新建神阁、八角亭，修葺正殿头门等。⑩ 崖州郡主夫人庙，据说也建于宋，在州治左，洪武九年（1376年）知州重修，成化十四年（1478年），判官赖宣因临振县为

---

① 民国《琼山县志》卷五《建置·坛庙》。
② 正德《琼台志》卷二六《坛庙》。
③ 同上。
④ 同上。
⑤ 同上。
⑥ 民国《儋县志》卷四《建置·坛庙》。
⑦ 康熙《儋州志》卷二《秩祀》。
⑧ （清）林湘源：《宁济庙洗太夫人碑记》，民国《儋县志》卷九《金石·碑记》。
⑨ （清）徐锡麒：《宁济庙洗太夫人加封碑记》，民国《儋县志》卷九《金石·碑记》。
⑩ 民国《儋县志》卷四《建置·坛庙》。

冼夫人汤沐邑，改庙额为郡主，重修；正德二年（1507年），知州再修。① 清代，文昌县西六十里亭桥村亦有冼夫人庙②，安定县南潭览村谯国夫人庙，道光二十三年（1843年）建，同治二年（1863年）重修③。

见于明清至民国时期海南诸方志文献记载的冼夫人庙有十三座，最集中的分布区域是海南岛北部儋州、文昌、琼山等县和南渡江两岸的澄迈、定安等县，南部的崖州也有分布，而广大的中部以及东西部沿海则分布较少，这与历史时期至今中部为黎族居住有关。而与北部南部为冼夫人及其后裔的活动范围、政治统治的中心地区有关。冼夫人为本土神灵，妈祖为外来神灵，冼夫人信仰单一，妈祖信仰多重化。统治者借推崇冼夫人，歌颂冼夫人维护统一的事迹来巩固其统治。源于祖先崇拜的冼夫人信仰在海南岛更多地表现出政治色彩。而且海南岛远离大陆，中原统治力量多鞭长莫及，中央王朝为维护其在该地的统治，便一次次将维护统一的冼夫人加封、推崇，使得冼夫人崇拜由地方神灵逐渐得到国家认可，成为国家神灵，其崇拜与政治关系密切。与冼夫人崇拜浓厚的政治色彩不同的是，妈祖信仰具有更多的交通、军事和商业色彩。妈祖引起朝廷的重视是因其作为海上交通和安全的保护神，能够阴佑官军海上战事获胜及商民航行的平安。随着海上贸易的开展，海南经常受到海盗的侵扰。明清时期，海寇、倭寇、番寇不断进入海南劫掠、杀戮。封建统治者一方面组织力量平寇，一方面祈求妈祖，以期能得到保庇，在战事中取胜。地方官员和民众也都寄希望于神圣的妈祖来保护他们的生命财产。且妈祖也不断显灵，更增加了人们对其的崇拜。④

其他诸如西天大士庙，道光《琼州府志》载："西天大士庙，在海口所城西二里许，祀王佐，海上显灵，祈祷立应，故郡民虔祀之。"⑤ 查王佐（1428—1512年），字汝学，号桐乡。琼州府临高人，少师从丘浚，正统乡试中举，游太学，为祭酒，后为高州府同知、邵武府同知，分抚境寇，改任临江府同知，"廉操遗爱，始终如一"，"公平正大，博学，工吟

---

① 正德《琼台志》卷二六《坛庙》。
② 咸丰《文昌县志》卷三《建置·坛庙》。
③ 光绪《定安县志》卷二《建置·坛庙》。
④ 李娟、王元林：《海南冼夫人崇拜与妈祖信仰比较研究》，《广西民族研究》2009年第4期。
⑤ 道光《琼州府志》卷八《建置志·坛庙》。

咏，以贤能著称云"。著作弘富，《鸡肋集》《经籍目略》《原教篇》《庚申录》《琼台外纪》《珠崖录》等，"世称其文"，行年八十五卒。黄佐万历《广东通志》及阮元道光《广东通志》（卷三〇一）皆有其传。乾隆三十五年（1770年），伊益炘作《重修西天庙记》云王佐："卒于溟海之上，灵明南国。时磅礴于寰区，名震西天，作保障于山海。都人士乃于所外之西，崇其庙而尸视之。盖自隆庆以来，沧桑纵有变易，而灵爽依然。此商民辐辏，舟楫往来，沐其泽者不少。"乾隆二十二年（1757年），贡生林世圣欲新修庙，未果而卒，其子茂才林拔琼继修之。于乾隆三十年（1765年）又建瓦铺三间，"庙貌维新且为久远"①。王佐是否卒于海上不重要，但其庙从隆庆以来建于海口所西（今海口市内兴义街），近海口港，商民南北往来，自然多祀这位乡贤才俊。其灵异不断，其后渐有阴佑海上交通的职能。嘉庆时梁毓秀《重修西天庙碑记》又曰：西天大士王佐，与丘浚、海瑞同为琼州名人。"卒于琼海之上，英灵显赫，凡舟楫往来，遇险遂呼，灵气勃勃，都人士乃于门之西立庙，而尸祝焉。""公之庙在海安、临高俱肖像以祀。而此则隆庆以来，数百余年，人人祝之者常如一。"嘉庆十四年（1809年），梁国祥等"沐神恩"，"重修西天大士庙，而公之德及于海滨者，凡行商、居贾，人人被之；而保障平洋，则吾琼尤赖焉"。英德县教谕梁毓秀亦屡经渡海，登庙堂而拜谒之，佩公之德甚多，"庙立三年修成"②。有功于琼州海峡的交通，成为人们渡海的重要祭祀神灵。

值得注意的是，道光时临高教谕谢光辅曾著说，对上述碑记所云"初授桐乡令，卒于海上，此俗传之误"③。谢光辅曾参与阮元道光《广东通志》编纂，西天大士庙未收入道光《广东通志·坛庙》中，当采用谢光辅意见。谢说今难查原文，王佐未曾任桐乡令，号桐乡因居所多刺桐故。是否卒于海上还可讨论，从年高八十五，还风尘仆仆渡海，似有不能。果如谢氏所考，则上述王佐灵应海上，应是先有庙而后才有灵显事迹的推论则成立。

宋代万安军军都纲庙祀舶主，位于明万州（治今海口万宁）东北三

---

① （清）伊益炘：《重修西天庙记》，民国《琼山县志》卷一七《金石》。
② （清）梁毓秀：《重修西天庙碑记》，民国《琼山县志》卷一七《金石》。
③ 道光《琼州府志》卷八《建置志·坛庙》。

十五里会通都新泽港。洪武三年（1370年），取各代神祇封号，只称本名，万州同知乌肃取勘祀典，以"其能御灾捍患，请赐封'新泽海港之神'"祀入祀典，庙曰昭应庙。① 清代，万州莲塘港的昭应庙，"祀忌豚肉，往来船只必祀之，名曰番神庙"②。正德《琼台志》卷六《山川下·万州》云：万州小海港，"在州东二十里通化都，产鱼虾，味颇美，港口二小石山，有一石船，三石番神有灵应，商舟往来必祷之，忌猪肉"。港口三石番神应是舶主都纲庙所祀之神，且应是与波斯、大食信仰伊斯兰教有关。

当然，莲塘港的番神庙与崖州东一百里番人村的礼拜寺不完全一样。崖州东礼拜寺，洪武间建，"中只作木庵，刻番书，以一人为佛奴，早晚鸣焚有识，番书称先生者，俱穿白布法衣，如回回之服，寺中席地念经礼拜，过斋日亦然"③。崖州所建礼拜寺，甚或在宋元亦有之。《古今图书集成》云："（崖州）番俗，本占城人。宋元间因乱挈家驾舟而来，散泊海岸，谓之番屯、番浦，今编户人所，三亚里皆其种类也。其人多蒲姓，不食豕肉，家不供祖先，共设佛堂，念经礼拜，其言语相貌与回回相似。今从民俗附版图，采鱼办课，间置生产。"④ 其信仰伊斯兰教，且较早来中国，其形成了别具特色的宗教文化景观。清末，崖州东第一区回村，信仰回教，"奉教者一千六百余人"⑤。其他琼山县土城北街巷有礼拜寺，宣德初建，后废。⑥

乐会县治博鳌，为万泉河入海口。这里有宋乡人建的三江古庙，"其神灵异"，保佑博鳌港附近河海交通。洪武三年（1370年），取勘祀典，乐会知县王思恭以"其能祛疫疠，兴云雨，请赐今封（三江晶信夫人），入祀典，以七月二日特牲致祭"。由宋乡人土祀至明初纳入国家祀典。虽然神职未及河海交通，但由上述宋代三江晶信夫人庙与博鳌圣石峰不难看出，三江庙有阴佑河海交通神职。由于"有祷辄应"，与雷神行风感应夫人，阑干塞海夫人，正副江亚江三侯王之神并祀，嘉靖十三年（1534年）

---

① 正德《琼台志》卷二六《坛庙》。
② 《古今图书集成·职方典》卷一三八〇《琼州府部》。
③ 正德《琼台志》卷二七《寺观》。
④ 《古今图书集成·职方典》卷一三八〇《琼州府部》。
⑤ 《崖州直隶州乡土志》卷上《宗教》。
⑥ 正德《琼台志》卷二六《坛庙》。

巡按御史戴璟又增三月三日一祭。① 而三江神，早在正德以前，已传入会同县。会同县积善乡有三江庙，为乐会三江行祠。② 当为沿万泉河上溯而扩展的。

万泉河不但内联会同县，还向西连通黎母山（今五指山）。大踢在万泉河旁。乐会县境内有锦铺庙、下大踢庙、小踢庙。锦铺庙在乐会县西上大乡十里许，"乡人祀其峒主土官王同知，岁时祈祷，略有灵验"。而下大踢庙，在县西三里，"其神位号与锦铺庙同，世传为一神两庙。其神上至黎岐，下迄港口圣公（石），与上小乡峒主土官欧都督同享。其祭凡有河艇海船出入，皆祷二神，端阳必具牲牢设醮，竞渡龙舟赛会，祷多灵验"。而小踢庙，在县南五里下小乡，"每年端阳节乡人具牲牢设醮，造龙舟，奉神赛会，与锦铺、大踢庙皆为兄弟之神，各有灵感"③。上大乡锦铺庙、下大踢庙祭峒主王同知。据丘浚《王义官挽序》曰："乐会有大姓王氏，考世以德于乡。元末驿早立土兵翼峒，用土人为翼官。王氏世世为千夫长，入皇朝有存礼者，率峒氓生熟黎赴京归化，太宗文皇帝嘉之，授以玺书，俾世为其县之主簿，专抚其氓人。"④ 土官王存礼率本部黎族民众归附，永乐帝嘉奖，赐官封号。万历时王廷俊四世祖王存礼"率黎入觐，玺书慰劳，授以世袭县主簿，已而奉英庙，列袭土官焉"⑤。由此可知，土官王同知当为王有礼。康熙二十六年《乐会县志》卷四《艺文》收录"永乐四年敕黎首王章敕谕一道"，应是朝廷诏抚的见证。至万历四十五年（1617年），"王氏家世种仁，好行其德"，乐会县南五里上寨渡，"三县之通津也"，王杨氏及孙王斌源捐沿河良田数十亩，"造舟募土人善操者使之掌楫焉"。"更于渡而建神祠，实欲一苇托慈航而可久云。"⑥ 乐会王氏造福于津渡，自然成为黎人乡民歌咏颂扬的对象，民众祈祷灵验，阴佑万泉河及支流上寨渡河（仙彖河）津渡交通。为了朔望迎香方便，原在会同县加炉的峒主王公祠，在崇祯七年（1634年），会

---

① 康熙二十六年《乐会县志》卷二《秩祀》。
② 正德《琼台志》卷二六《坛庙》。
③ 康熙二十六年《乐会县志》卷二《秩祀》。
④ （明）丘浚：《王义官挽序》，宣统《乐会县志》卷七《艺文》。
⑤ （明）周汝砺：《逸士王廷俊传》，宣统《乐会县志》卷七《艺文》。
⑥ 康熙二十六年《乐会县志》卷二《秩祀》。

同县县令陈迪于东关外分建峒主王公祠，"岁时出游，二处如一"①，香火进一步扩展。

（三）以雷神为代表的自然神的人格化及相关信仰研究

元代，峻灵山神信仰逐渐扩展开来，琼州府治所在地琼山县，亦有灵山祠。据正德《琼台志》载："灵山祠，在灵山，宋元旧祠灵山、香山、琼崖、通济、定边、班帅六神。"② 灵山为峻灵山神，班帅、琼崖皆为琼山县地方神灵。同卷又载："班帅堂，在大英村，其神即灵山祠第六位也；琼崖神岭庙，在县东南二十里东潭都，神称珠崖侯王，乡人旱涝灾患祈祷灵应。今又合祀灵山。"③ 其他香山、通济、定边亦相类似。灵山祠将六神合祀，一方面说明了这些神灵都有庇佑地方"旱涝灾患"之功，共祀一庙，其神职相同；另一方面也说明了官民希冀六神共保一方平安和风调雨顺之心愿。琼山县除灵山祠外，琼山县东门外半里，元代乡人亦建峻灵行祠④，从昌化到琼山，乡人自发建庙，说明峻灵神灵信仰已经逐渐扩展。明时，琼山"颂平、烈楼外邑诸处，皆有行祀"⑤。

澄迈县灵山庙，在县东七里铺，"乡人每岁以二月望醮会赛愿"⑥。至迟在明正德时，已见诸记载。崖州西山庙，"旧在城内，祀西山峻灵神勇大王，洪武丙寅，千户李兴始移今所（城西郊）"⑦。临高县峻灵王庙，位于县治西门内，"日久倾圮"，康熙四十三年（1704年）知县樊庶"捐俸鼎建，有祷辄应"⑧。感恩县西一里，有神山庙，不知是否为峻灵行宫。

琼山县灵山祠原来为峻灵一神，何以变为六神？除以上推论外，其封为六神，原因何在？洪武初，琼山知县重建灵山祠。三年（1370年），"例勘该祀神祇，知府宋希颜以其能兴云雨，御灾患，奏入祀典，赐今封"。故洪武三年（1370年）当因诸六神皆有"兴云雨，御灾患"之故而加封。琼山县灵山祠与澄迈县祭祀时间不一样，为每年三月九日祭祀，

---

① 乾隆《会同县志》卷三《建置》。
② 正德《琼台志》卷二六《坛庙》。
③ 同上。
④ 同上。
⑤ 同上。
⑥ 同上。
⑦ 同上。
⑧ 康熙《临高县志》卷三《建置志·坛庙》。

其后，推官郭西、镇抚陶贵、千户俞凯，"又捐俸宏建，祝有'九重协梦，万里加封'之句"。"俗以新官谒祀，忌雨，颇验。"① 这里成为新任官员祈求在任期间神灵保佑，风调雨顺，地方安定，官运顺达之所。故历代官员重视庙宇重修和祭祀之典。成化时，副使涂棐"旱祷辄应，始大其庙"；万历四十年（1612年），郡守翁汝遇等又重修，增建中亭。四十五年（1617年），郡守欧阳璨又增修外墙，又委官吏拨米十石，以供香火。② 峻灵山神成为地方保护神，阴佑一方平安。琼山县南七里大路旁的小灵山庙，还有"祈嗣"神职。③ 清代，海口的班帅庙，仍然为民众赛会场所。曾暐有《琼州杂诗》为证："黎岐交构杀，起衅最纤微，六角黄藤帽，中身吉贝衣。槌牛滤椒酒，击鼓赛神旗，犷狂何难制，兵威与德威，淫昏班帅庙，群奸赛神坛。"注云："海口有班帅庙，为群奸行淫祭鬼之所"，"海南名婢为奸"。④

清代，陈用敷作《灵山六神祠记》，对山为六神提出三种说法："说者谓宋时香山神上升，遗采香车六，遂得数以祀之；或谓祠之神六，尝有琼崖之神显于东潭，班帅之神显于太（大）英；或又谓祠之神四，合琼崖、班帅为六。"作者以"要皆岁久，迹湮无完碑可考，《志》亦弗详焉，余即六崇而例论之"⑤。六神之说有似勉强。实际上，如上所言，这些神灵皆有功于地方，官吏合祀地方名山大川，祈求任职平安无事，百姓安乐，神灵的官方色彩显露无遗。

清代，琼山县东南灵山祠仍受官员青睐。康熙四十四年（1705年）按察使黄国材、雷琼道焦映汉、知府贾棠重修；雍正七年（1729年）知府宗思圣重修；乾隆三十九年（1774年），知县汪垕拨田租供香火。⑥ 正如康熙黄国材《重修灵山祠记》云："自宋迄今，灵爽赫濯"，不但保佑地方官任职平安，而且"琼之民以旱潦疾疠，接踵祠下，而神之昭应，抑若于琼民利病痾瘵，欣戚不隔者，盖神之灵，诚足以捍蔷御患，佑我烝

---

① 正德《琼台志》卷二六《坛庙》。
② 万历《琼州府志》卷四《坛庙》。
③ 同上。
④ （清）曾暐：《曾廷闻诗》卷三五《五言律诗·琼州杂诗》。
⑤ 乾隆《琼州府志》卷九《艺文》。
⑥ 道光《广东通志》卷一五一《建置略》。

民乎"①。官员从民众角度来阐释灵山神灵"捍菑御患"的神职，实际上代表官方的地方官员，亦与民众一样，对这种"诏登祀典"的神灵，怎能不虔诚加以膜拜？国家利用地方神灵，民众亦虔诚信仰，两者在神灵面前达到了高度的一致，"冀留泽兮辑宁我疆，以和易沴兮化歉为穰，千秋万岁兮报事不忘"②，灵山六神庇佑一方，官民共襄祀神盛举。

虽然明清昌化县乌泥港与千户所南的两个峻灵王庙，"甚灵应"③。但海南岛祀峻灵神的中心无疑已移至琼州府治所在的琼山县，与宋时祀昌化峻灵山亦发生了一定的变化。明清昌化县峻灵王庙，仅成为昌化县及附近州县官民的祭祀场所，而非宋代的祭祀中心所在。宋代昌化军治所后移今儋州中和镇。洪武二十年（1387年），峻灵山的峻灵王庙重修。④ 昌化广德灵山庙一名广利侯庙，亦在昌化军治西建，至明正德时，已废。⑤ 广德峻灵山庙，何以又称广利侯庙？值得思考。清代"土人以六月六日望祭神山，镖牛卜岁，祷雨祈年，往往有验"。山有神泉，疗疾祈雨，康熙初年昌化县令陶元淳祈雨有应。"伏唯峻灵山神在节下封内，捍御灾患，著有功德"，"国朝至今未举（封号），虽累著英爽，而山阿寂寞，庙貌倾颓，无以仰答神贶，慰藉民心。职既借其灵异，又感士民之言"，请复庙号祀典。⑥ 明初张三光在其《附重立峻灵王庙小记》有载："苏学士碑石今仆昌江独村，幸尚无恙……昌令何公请祈公书而刻之石，县治时在昌江二洲中。独村近县，定是王庙故址。又阅七十八年，县徙今治（昌城镇昌城村），王庙亦徙峻灵山之隈。而碑乃埋荒草深沙中矣。"⑦ 峻灵王庙原来可能曾在二水洲，后迁移到峻灵山之隈，1952年飓风毁。今重修峻灵王庙在昌化昌城西北三百米处、西门巷岭北侧的高处。距昌化岭的神石有三公里，是1984年以来临高、儋州、东方、昌江等地沿海渔民集资重建的。⑧

---

① 康熙《琼山县志》卷十《艺文》。
② 咸丰《琼山县志》卷二七《艺文》，（明）涂棐《灵山六神碑铭》。
③ 道光《琼州府志》卷八《建置·坛庙》。
④ （明）王圻：《续文献通考》卷一百一《郊社考》。
⑤ 正德《琼台志》卷二六《坛庙志》。
⑥ （清）陶元淳：《南崖集》卷一《请复峻灵王庙号祀典》。
⑦ （明）张三光：《附重立峻灵王庙小记》，康熙《昌化县志》卷五《艺文》。
⑧ 泰康：《为帝守宝，威震琼南——昌化岭传奇》，"天涯社区"泰康的空间 2007 - 5 - 2, http://blog.tianya.cn/blogger/post_show.asp? BlogID = 986075&PostID = 9467425。

值得一提的是，清末，澄迈县西五十里那蓬都博亮村有班帅境庙，"天旱，祷雨辄应，乡五首人祀之"，已成为附近乡村的保护神；而澄迈县那托都的潮水班帅庙，"神妙无方，祷祀辄应，众村人共奉之"①。班帅庙俨然成为附近村落共祀的地方神灵。

与峻灵山相类似，海南岛的一些山神都成为一方保护神。临高县的高山昆耶神坛，据说"土祀始于汉"。邑之耆老云：洪武二年（1369年），青州王姓迁于临高南村，王姓长子祈、次子律与邑人王居杰于山中打猎，困倦休息于石上，"祈为石所噬"，并告居杰与律，"我为毗耶大神，隐于此石室，以后可以纯白三牲三载一祀"，语后成神，"邑人如期致祭"。此传说不可信矣。不过，宋元时，"嗣是，神赫厥灵"。靖康年间，当地酋首王文满攻掠临高边鄙，文满登城告神，而神以万蜂驱之，"贼徒败北"。建炎二年（1128年），陈韬、莫恩等贼侵境，官民求神，神佑驱寇。"故岁之水旱则祷之，厉疾祟降则祷之，咸若有答焉。"元延祐二年（1315年）春，知县因旱登坛祈神降雨，辄甘霖即至，"况其功于国，惠于民，厥勋章明，宜受显祀，坊而祭之，必碑以记之"。范德机作记，颂扬昆毗山神灵，"灵妙变化，机神感通，英物呵护，三边息烽，阳沴而和，十雨五风，民受乃赐，报章神功，岁有常祀，牺牲致恭，刻在金石，以垂无穷"②。元时，"天朝九十年间，神每效灵以卫兹土"。至正十一年（1351年），临高人吴国宝等构乱，"焚掠沿海诸村，乡人望山告神"，"神惊，贼自败而归"。故"凡诸旱潦疾疫，民有所祈如响斯应"。至正二十三年（1363年），临高旱，祈神而雨霖。宋元多次显灵，"山彰灵异，唯神多感应之功，民赖恩庥，则国有褒崇之典"。至正末，廉访司呈文，请封昆耶山为显应侯。③ 宋元五次显灵，护卫地方平安和风调雨顺，得到国家认可，封号加爵。

明代，国家祭祀仍列入其中。洪武三年（1370年），临高知县王续请"赐今封，入祀典"。每年八月十六日，"白特牲致祭"。新官履任，"必放鸡神前，卜啼否，以验灾祥"。④ 祭祀地方名山大川，祈神保佑风调雨顺。

---

① 光绪《澄迈县志》卷二《建置志·坛庙》。
② （元）范德机：《记》，正德《琼台志》卷二六《坛庙》。
③ （元）《廉访司呈文》，正德《琼台志》卷二六《坛庙》。
④ 正德《琼台志》卷二六《坛庙》。

元时建坛，明万历四十二年（1614年）知县张弘毅于山下建官亭，康熙十六年（1677年），僧东明于坊侧募建神祠，"祀用白牛"。① 康熙四十一年（1702年）十二月，知县樊庶新到任，"致祭于高山显应侯王之神"，作《祭昆耶山神》。②

其他诸如文昌县北的七星岭神坛，明洪武三年知县建，咸丰间重修。③ 而宋代崖州南的惠远庙，祀石头神，后代已不见史载。其他澄迈县西北的浮石庙，乡人祭祀。④ 雷州海康县南门外调会坊元灵宫，明里人于三元宫中座奉灵山大王之神，康熙、嘉庆、光绪多次重修。⑤ 或谓琼州灵山神北传。这些从自然界的一般山神、石神，有些仍然是作为奇石怪山来祭祀的，有些赋予了特殊的含义，特别是把峻灵、昆耶等作为地方上名山大川，灵异不断，官民有事皆祈报神灵。山神人格化，变成能御灾抗旱的一方保护神，官民祈神保佑一方平安，民众日常琐事等祈神保佑平安，风调雨顺，山神、石神封号叠加，灵异不断。官方祭祀与民间信仰共祀这些神灵，从宋元至明清，香火不断。

石神信仰也较多，且沿海一带，多石神信仰。这里多为渔民捕鱼、采珠或养殖、海耕之地，石神显灵，自然得到民众信仰。琼山县县西了浪浮石，元时疍民捕鱼，屡次捕捞此石，发誓如多捕鱼，祭祀其石，果如愿。琼山县符离都的浮石，洪武间水飘白石一片，屡为妖孽，乡人庙祀，灾息。琼山县东朝那社龙堆石，猎手布网常获，传说为西方万寿福神，护物灵异，后不断长大，"乡无火盗，有疾祷之，即愈，因名朝那山"⑥。

自然界的山川集一方土地的灵气，是一方土地的代表。阴佑地方的名山大川，历来受到官方的隆祀，同样，琼雷一带，近海，多飓风、雷暴，这些自然现象也影响着人们的生命财产以及海上的航行、农业生产等，故琼雷一带祀飓风、雷公的庙宇较多，也反映了人们对自然神灵的畏惧，祈求以及答谢的心理。当然，诸如雷公等的人格化过程中，也反映出国家祭祀与民间祭祀的互动过程。

---

① 康熙《临高县志》卷三《建置志·坛庙》。
② 康熙《临高县志》卷一二《艺文志》。
③ 咸丰《文昌县志》卷三《建置·坛庙》。
④ 万历《琼州府志》卷四《坛庙》。
⑤ 民国《海康县志》卷六《坛庙》。
⑥ 咸丰《琼山县志》卷三十《杂志·纪异》。

1. 雷神的来源

雷电是自然界的天气现象,其轰隆巨响与闪电亮光,昭示着大自然的神秘和威力,其带来的狂风暴雨乃至火灾,使人畜等生命及财产受到损失。中国古人迷信雷电神,早期以自然崇拜为主,反映了人们对雷电自然威力的迷惑不解和怕受到伤害的心理。随着认识的扩大以及人们屈服于雷电威力的心理变化,赋予雷电神更多神秘的内容,雷电神形象逐渐丰富和完善,其人格化特点进一步凸显。《唐国史补》卷下即云:"雷州春夏多雷,无日无之。"唐贞观八年(634年)改东合州为雷州。据《投荒杂录》云:"雷之南濒大海,郡盖以多雷为名,以其雷声近在檐宇之上。雷州之北,高州之南数郡,亦多雷声,似在寻常之外。俗于雷时具酒肴奠焉,法甚严谨,有以彘肉杂置食者,霹雳即至。"① 《太平寰宇记·雷州》亦载:"雷公庙,在州西南七里,咸通十二年置。"咸通十二年即公元858年。此建庙时代在唐后期,这是史载较早的雷州雷公庙。

大历时成书的《广异记》收录两篇有关雷州雷神的传奇。一为"雷斗"(或作"琼鱼")。述开元末雷州雷公与鲸鱼斗,不知胜负,"但见海水正赤"。二为"欧阳忽雷",述唐初雷州长史欧阳桂于雷州城西决池排水,"雷电大至",桂率兵"与雷师战",池涸唯留一蛇,用铁汁灼而粉之,"而服之至尽",人称桂为忽雷。② 前一故事说明动物遭遇雷击的自然界一种现象,后一故事则说明了地方官员改变当地环境而遇雷电的现象,其中隐喻着人与雷相互斗争的事实。

唐昭宗时(889—904年在位)出任广州司马的刘恂,其《岭表录异》亦云:"雷州之西有雷公庙,每岁配卒造连鼓、雷车置庙内,有以鱼彘肉同食者,立为霆震,人皆畏惮。"大雷雨后,田野中有黳石,谓之"雷公墨",叩之铮然,又于霹雳处或土木中得楔如斧者,谓之"霹雳楔",小孩佩戴辟邪,孕妇磨服为催生药。③ 相关雷公墨、霹雳楔等传奇的出现,是唐人的附会。更有甚者,传岭南番禺村女"被雷师所娶"④,将雷神人格化。

---

① 《太平寰宇记》卷一六九《岭南道·雷州》引,第3230页。
② 《太平广记》卷三九三《雷一》,第3139、3141—3142页。
③ 《太平广记》卷三九四《雷二·雷公庙》,第3149页。
④ 《太平广记》卷三九五《雷三·番禺村女》,第3160页。

值得一提的是，唐时有关雷神与当地陈氏相关的记载见诸史料中。张说《颍川郡太夫人陈氏碑》云，虢国公杨思勖之母颍川郡太夫人，是"雷州大首领陈元之女，罗州大首领杨历之妻"，"陈氏家富兵甲，世首峤外"，"（雷、罗）二州接畛，（陈、杨）二门齐望"。① 雷州陈氏乃一方大姓豪右。元和中，雷州海康人陈鸾凤，"负义气，不畏鬼神"。时雷公庙（早于咸通时记载）"邑人虔洁祭之"。并把每年"新雷日"记载下来，"一旬复值斯日"，百工歇作。"时海康大旱，邑人祷而无应"，陈鸾凤大怒，斥责雷神"焉用庙焉，遂秉炬爇之"，并鱼彘混合食之，突破禁忌。暴风雷雨时，与雷神战斗，断雷股而归，民惧不让其还，而云雨即至，普降甘霖，鸾凤先后躲避舅兄家、僧室，皆霆震坏屋，后入"乳穴嵌孔之处"，雷不能震矣。"自后海康每有旱，邑人即酾金与鸾凤"，调鱼彘同食，"持刀如前，皆有云雨滂沱，终不能震。如此二十余年。俗号鸾凤为雨师"。大和中，刺史林绪问其事并酬其刀。② 此故事说明雷州陈鸾凤与雷神战斗，降霖施雨，救民除旱的事迹，陈鸾凤作为英勇人物而加以颂扬。值得一提的是，如上述故事可信，那么早在唐元和时，雷州已有雷神庙，雷神执掌降云雨之职，且陈姓是地方上与雷神斗争的英雄人物而被人们熟知。

与此故事相反，《太平广记》同卷引房千里《投荒杂录》，除言用刀斫雷神事外，还出现了《牙门将陈义传》的故事。"（雷州陈）义即雷之诸孙。"原来大雷雨后陈氏家中降大卵，覆卵得孩，"日有雷叩击户庭"，入室"似若乳哺者"，孩即陈义。另一雷神故事云：雷民养猎犬，"其耳十二"，每猎前"以耳动数为获数"。"一日，诸耳举动，民获"十二卵以归"，风雨交加，"卵破而遗甲存焉，后郡人分其卵甲，岁时祀奠。至今以获得遗甲为豪族"。民以"阴冥云雾之夕"为"雷耕"，"晓视野中，果有垦迹，有是乃为嘉祥"；民诉讼以雷墨杂常墨书之"为利"；民疾，扫室鼓吹，"迎雷于数十里外"，"屠牛彘以祭"，三日后送神。"雷民图雷以祀者，皆豕首鳞身也。"③ 既有庙祀又有"图祀"，雷神神职从降雨到除疾等，神职扩大。诸多故事内容，进一步丰富了雷神的面貌，其祀神活动

---

① （唐）张说：《张燕公集》卷二二《颍川郡太夫人陈氏碑》。
② 《太平广记》卷三九四《雷二·陈鸾凤》引《唐传奇》裴铏所撰，第3145—3146页。
③ 《太平广记》卷三九四《雷二·陈义》引《投荒杂录》，第3150—3151页。

也更加广泛。除作神祭祀外，还衍生出雷州陈姓与雷神的血缘关系，这为宋代形成雷神为雷州陈姓祖先奠定了基础。

上述《太平广记·欧阳忽雷》唐昭宗时于雷州城西绝池排水。其详情为欧阳桂"馆于州城西偏，前临大池，尝出云气，居者多死。绍至，处之不疑。令人以度测水深浅，别穿巨壑，深广类是。既成，引决水，于是云兴，天地晦冥，雷电大至，火光属地"，与雷战斗。因城西湖泊而排水，应与城西水患有关。雷庙应在城西。《太平广记》卷三九四《雷二·雷公庙》也载"雷州之西雷公庙"。《太平寰宇记·雷州》更详细记载："雷公庙，在州西南七里。"结合以上各传说可见，其庙早期建立应与天旱、湖患有关。后来不断灵异，又有除疾、水利等职，被人们逐渐神化，赋予更多的职能。而水利应是贯穿雷神整个传说的始终，且其后州治所变迁，应与湖患有关。

2. 宋代雷神的封号与地方社会

北宋祥符二年（1009年），吴千仞作《（灵山或作英山）雷庙记》，详细描述雷州雷庙变迁历史。文中开始叙述雷公子雷种的传奇。"州二里英灵村有居民陈氏无子，尝捕猎"，获卵遭雷霹雳，得男子手有异文，"左曰'雷'，右曰'州'"，陈姓养之，乡民谓之"雷种"。陈太建二年（570年），"领乡举，继登黄甲"，"授州守、刺史之职，陈文玉是也。殁后神化赫奕，震霹一方"。此陈文玉登科及为州守显然是北宋初年乃至以前附会之词，也是唐以后有关雷神传说的演变，其人格化逐渐明晰。但"郡民就州之西南隅中置立庙堂三间，塑雷神十二躯，应十二方位，各饰神冠，执剑刀斧钺之类。至于雷公、电母、风伯、雨师，轮鼓电火，各以版图像列于庙间。春秋刺史躬祀"[①]。雷州有雷公庙及刺史官祭应是事实。雷庙雷神十二位，多神蠡立，与一般雷公、电母、风伯、雨师还是有别的，且雷神人格化。

值得一提的是，吴千仞《雷庙记》中，开始出现乾化二年（912年）八月十六日，受飓风灾害，在距州五里英榜山石神庙西，出现原来州西雷庙而"飞"至此地的二大梁。地方官吏"诣其所验之，乃庙堂所失之梁也。""州谓其灵异，构材连石神造庙宇，自是神灵益显，官吏祈祷应如影响，犯神必死，求者必应。"貍虎暴毙于庙前。"假修庙之名，入各乡

---

① 万历《雷州府志》卷一一《秩祀志》，康熙《海康县志》卷下《艺文志》。

乞田粮"者，"自绞其手"。家人"以大牲致祭，命僧道诵经谢过，始得释"。刺史天明飘忽拜庙复不见，"其灵显如此，左右田家俱各畏惧，少有所逆遂至亡命"。又于庙东北立佛殿为"广济禅寺"。南汉刘龚大有十三年（940年）正月十五日，庙令陈延长禀知州等地方官吏"见有神龙行迹，鳞爪印地，遗留涎沫，直上正殿，久而不散"。官吏上奏，"重修庙堂，增置两庑两门、三门，始封为灵震王"。刘铱大宝十二年（969年），"重赐冠带、牙笏、衣帐、祭器若干件"①。南汉灵异封号与宋初赐物还可探求。但值得注意的是，后梁开平三年（909年）雷州州治曾一度移于擎雷江源，至南汉乾亨元年（917年）又复移于海康县城。②随着州治的迁移，原来州治附近的雷神庙也迁建英榜山。"二梁"已与原来州西南的雷庙攀上了关系，又经过雷神不断显灵，南汉与宋初国家重视，为此后两宋的不断封号又浓墨重彩地添上了多笔，为其隆兴做好了充分铺垫。期间陈姓庙令与地方官员的作用不可低估。

随着雷神崇拜的日隆，"世人有得雷斧、雷楔者"，大多在"震雷之下得之"。"世传雷州多雷，有雷祠在焉，期间多雷斧、雷楔。"③雷州为岭南之地，每年多雷暴天气，田间所得石斧、石楔，自然附会雷公所赐。

雷州海康县雷神祠，熙宁九年（1076年）九月封雷神为威德王④，万历《雷州府志》卷十一《秩祀志》有熙宁九年的敕文。首言"有功烈于民而爵号未称者"，应加号晋爵；次言雷神功绩。"唯神聪明正直，庇于一方，便民之求，如应影响，守臣列状，朕甚嘉焉。论德报功，宠赐王爵，俾民奉事，不懈益恭，宜特封威德王。"封号原因也是造福一方，"论德报功"。

上述万历《雷州府志》卷十一《秩祀志》除引熙宁九年敕文外，还有乾道三年（1167年）、庆元三年（1197年）、淳祐十一年（1251年）、德祐元年（1275年）、泰定二年（1325年）等历朝各代多次封诏。其中乾道三年封诰，亦先是述不分远近不分幽明，祀神"凭德"；次述"雷显震庙威德王，望雷海康，名高庙食，际天所覆，共昭奋豫之功，服岭以

---

① 万历《雷州府志》卷一一《秩祀志》。
② 《太平寰宇记》卷一六九《雷州》。
③ 《梦溪笔谈》卷二十《神奇》。
④ 《宋会要辑稿》，礼二十之十六。

南，独著盛阳之施，纠阴兵而剪寇，沛时雨以利农，考观民言，灼见洪佑，兹跻登于显号，以发诩于灵威，尚迪休光，永承燕享，可特封威德昭显王"。此次封号较熙宁多"昭显"二字①，凸显"纠阴兵而剪寇，沛时雨以利农"，除寇除旱，官民皆言增号而已。

淳熙三年（1176年），洪迈之友张栻为静江府（治今广西桂林）守，此年，"桂林连月不雨，秋冬之交，农圃告病"。张栻派人"持公牒诣雷州雷王庙，问何时当雨"。出现神托梦、钱变纸灰等异事，告明年正月十二日有雨，果验。② 可见，雷州雷神司职雨水，以及去除地方民众疾疠和安定社会方面作用重大。《岭外代答》卷十《志异门·天神》云："广右敬事雷神，谓之天神，其祭曰祭天。盖雷州有雷庙，威灵甚盛，一路之民敬畏之，钦人尤畏。""其祭之也，六畜必具，多至百姓。祭之必三年，初年薄祭，中年稍丰，末年盛祭。""其祭也极谨，虽同里巷，亦有惧心。一或不祭，而家偶有疾病、官事，则邻里亲戚众尤之，以为天神实为之灾。"可见雷神信仰在官民中的影响之大。

值得注意的是，南宋雷神信仰不仅在雷州，在整个广南东西路都有分布。淳熙时王沆作《桂林显震庙碑》云：

> 县西三里许，石峰数十屹立对峙，如巨公重客，相与扶揖，有庙肖然。……邦人事神，饮食必祭，水旱疾疠，祷焉如响，求诸父老，以为陈大建中，神始显闻于合浦。所谓雷种者，飓风之变，于是，赐庙额、爵号不一而足。本朝熙宁间，旱祷而雨，封威德王。绍兴间，寇啸聚海上，一夕风雷碎其舟，赐显震庙。故自岭而南，凡二十四州，莫不奔走奉祀，此其大略也。

王沆拜谒，应邀题石曰："故自唐以来，州县悉以春秋通祀，以示不忘神功，灵德赫然著见。"③ 王沆《庙碑》说明，南宋显震庙的封号与雷神震碎海上盗寇神异有关。此封号后，显震庙在岭南包括桂林在内大都有

---

① 《宋会要辑稿》，礼二十之一三五，乾道三年封号为"威德显昭王"，本庙石神土地封为"协应侯"。
② 洪迈：《夷坚支甲》卷五《雷州雷神》。
③ （宋）王沆：《桂林显震庙碑》，《粤西文载》卷三七。

分布，雷神信仰地域扩展。桂林府灵川县的雷神庙至清代仍然存在。①

而庆元三年的封号直接颂扬雷神功绩。"唯王英声赫奕，聪德昭融，驾彼双龙，咸浃沛天之泽；播厥百谷，茂臻乐岁之功，再加褒字之华，（宠）爰龙王封之旧，祗承荣渥，益衍嘉祥，可特封威德昭显广佑王。"此次封号，降雨润物，阴佑民众，五谷丰登的神绩，昭然若揭。

淳祐十一年（1251年）封诰可谓较全面概括雷神功绩。

> 惟王以威声发响，英赫开祥，方五季之先，海康粤绝，已能濯濯，厥灵淑开，明祀历我朝三百载，不替厥享。且雨旸应于人情之急呼，寇贼弭于事势之倾危，年谷顺成，民以宁一，其有妙于冥漠间，以济屯者矣。计状驿闻，增神懿号，尔之灵固以德不以爵，亦以壮风霆流行之运也。可特封"英灵威德昭显普济王"。

此次增封，除改"广佑"为"普济"外，还加"英灵"二字，为八字较高封号。

南宋最后一次封号是德祐元年（1275年）。这次改封诏诰也是先言典礼祀神以彰神绩，次言雷神"唯王于昭其德，克震厥声，捍患御灾允矣。聪明正直，动人作物，伟哉！气焰威灵，膺一品之极功，为千里之明祀，爰以克敬之意，寓在徽号。载更昭顺之封，式彰灵异，尚其监止，其可度思，改封英灵威德昭顺广佑普济王"。将庆元与淳祐封号合并，强调神职中"捍患御灾"，共十字之封，封号可谓登峰造极。

除宋代五次封号外，绍兴三十一年（1161年）还赐雷州雷神庙额为"显震"。正如《雷祖庙志》卷下所言："此大王加号如此，其有功于宋也，明矣。"绍兴二十二年（1152年），郡守戴尧仁、县令朱琬、郡贡生王伦共襄力采料修庙。宋代隆显和庙貌改观，多指英榜山雷庙。此次修庙，于庙后建庙三间，安奉历代封建庙圣旨、龙函、牌位；东廊三间，安奉中国雷王天尊；迁雷首天尊、雷部之神三百六十位，安奉于西廊。同时，迁石神安奉于祖庙东廊，列而为三，自是，前朝后寝，品式具备。次年，郡守黄勋又于庙东西分设更衣亭、箭道亭，中设拜亭，外设案亭，十

---

① 雍正《广西通志》卷四二《坛庙》。

月告成，用工二万，修屋九十间，庙貌森严，焕然一新。① 英榜山雷神庙，俨然成为佛、道以及国家雷神之大成，众多与雷相关的神灵都在此有栖身之所，泱泱大观。神庙宏伟巨制，其间国家、道、佛等利用神灵的阴佑威力作用，可见一斑。

同样，南宋时，有关雷神与官员的记载不断见诸记载。南宋初，李纲亦曾拜谒雷州雷庙，《梁溪集》卷一六四有《祭雷庙文》，其祭文盛赞"唯神鼓动万物，宣畅天威，宅于海陬，一方蒙泽"。李纲久留岭南，上恩北还，"道里辽邈，山川阻修，冲冒瘴氛，大惧殒越，敢以牲醴，躬荐祠下"。而《夷坚支志》之景卷九《熊雷州》引吴垂说，言及雷州守崇仁熊某，到任之日，"吏白当致敬雷庙"，熊某竟不敬放言，言未毕，雷电暴风骤雨，飞熊某崇仁老家一木板至堂前，熊某惶恐急致香币谒谢雷庙。② 此灵异反映了宋时雷神在官员中的地位，稍不崇敬雷神，会得报应和惩罚。

3. 雷州治所的迁移与雷神庙的关系

由于唐至元，南合州（雷州）治所不断变迁，汉徐闻县治雷州北特侣塘，梁改合浦郡为南合州，治所在特侣塘边。唐天宝二年（743年），雷州治所迁麻历村，贞元初又迁特侣塘旧址。后梁开平四年（910年）又迁平乐白院村，南汉乾亨二年（918年）复迁回特侣塘，乾亨十三年（乾亨仅有八年，无十三年。《肇域志》卷四七作"三年"）复迁今卫治，宋因之。元至元间又迁今府治。③ 平乐白院村正是后梁开平四年《太平寰宇记》所载迁建擎雷江源附近。而南汉乾亨后经两宋至元代，雷州城在今雷城镇。绍兴十五年（1145年）修雷州旧城，二十二年（1152年）用砖砌，二十四年（1154年）竣工。1985年修路时，在雷州雷城镇明代城基下发现青灰色砖城墙一段，出土"绍兴修城官砖""鼓角楼砖""水陆巡检监造"等铭文砖四十多块④，证明宋元及以后，雷州州治基本上在今雷城镇附近。州治所变迁，有各种原因，但雷州城屡遭水浸，地势低下是其主要原因之一。特侣塘在明清海康县治所东北十五里，为海康县境的

---

① 万历《雷州府志》卷一一《秩祀志》。
② 《夷坚支志》之《景卷九》。
③ 万历《雷州府志》卷二一《古迹志》。
④ 广东文化厅编：《中国文物地图集·广东分册》，广东地图出版社1989年版，第424页。

"东北"边界，处于宋遂溪县南一百八十里的小山村，宋时面积四十八顷，绍兴时郡守何庚开渠修堤建闸，灌东洋田四千余顷；而绍兴修海康、遂溪捍海堤，自海康白院渡，至遂溪进得村。① 特侣今地名仍在，处于雷州东北373省道旁，但已非昔日的面貌。而白院处在海堤与江水结合部，作为州治不到十年就迁徙，宋以前水患应是雷州治所迁徙的重要原因。

后梁开平三年（909年，一作四年），雷州州治所迁移到擎雷江源。而擎雷山在（海康）县南八里，雷震破成水。② 而《方舆胜览》卷四十二《广西路·雷州》也云："擎雷山在海康县南八里，昔被雷震而有水。"可见，雷震破湖成水为擎雷水的得名缘由。擎雷江源应在擎雷水发源的擎雷山。且因州治迁移，雷神庙也迁移。南宋时擎雷水源旁有显震庙，应是后梁迁徙的雷庙，绍兴封号后称显震庙。而威化雷公庙仍然存在。王象之《舆地纪胜》就分明把威化雷公庙③、显震庙④两庙同列在雷州"古迹"下。而显震庙显然与擎雷水（南渡河）有关。丁渭撰《记》云："《州记》云州南七里有擎雷水，今南渡也。始者，北里居民姓陈氏者……"陈姓居雷州北里。绍兴十一年（1141年），雷州太守戴尧仁、黄勋相继修庙，李永年记之，其记被阮元道光《广东通志》卷一五一《建置略》所收录。文中提及南汉封号雷神为灵顺明正昭德王，宋熙宁九年封号威德王。

> 按《图志》与丁丞相谓：旧庙本在西南山冈，梁开平中，庙随州徙，又二年一夕，飓风暴作，宇内失二梁所在，举郡骇异，寻访乃迁于石神之庙，号英榜山者，人知神之意，即此建庙，与石神相并，雨师风伯鼓轮电火，咸有位序，而山形俯视城社，峻时岑郁，实一郡之望。自五代至今，庙貌虽称徙，至是神居妥安又二百三十余年矣。比岁以来，海气疏达，民服稼穑，商舶上下，风云平善，凡休咎动息，唯神是告，灵响益出，公私承事，益勤而庙以岁久不治，……用工二万，为屋九十间，森严华焕。……

---

① 万历《雷州府志》卷三《地理志一》。
② 《太平寰宇记》卷一六九《岭南道十三·雷州》。
③ 《舆地纪胜》卷二一八《雷州》作"威化雷公庙"，《元丰九域志》卷九《广南路·雷州》亦有威化庙。
④ 《舆地纪胜》卷二一八《雷州》作"显震庙"，《方舆胜览》卷四二《广西路·雷州》误作"震显庙"。

十分清楚表明：原庙在雷州西南山冈，后随州一迁庙于擎雷水附近，两年后又飞梁于英榜山石神庙西，二迁英榜山建庙。由此可证，雷庙两迁三易其址，雷神初庙在州西南山冈，随州而一迁擎雷水源的雷公庙，而后的石神庙即英榜山雷庙，三庙并立。宋元以英榜山雷庙为要。

值得注意的是，上述开平三年（909年）迁雷州治于擎雷江源，开平四年（910年）"都知兵马陈襄驻师白院，出榜示兵，故名英榜山"①。万历《雷州府志》卷四《地理志二》亦云："白院村，在县西五里，古南合州迁此，尚书陈襄曾此驻师。"而开平时发生黎族人符孟喜领导的起义。在此次战争中，陈襄驻师于雷庙，屡战不胜，"因是虔祷，出榜于庙招兵"。次日得雷祖与汉太尉李广荫佑，"协同助阴兵伐黎，遂获大胜"。此次后梁镇压黎族孟喜起义中，雷祖显灵，"贼来降我，我收在庙，化为石人"。黎明，果见五石人齐跪庙庭，一个头落地，平黎成功。陈襄等上奏，改元乾化，次年又重建庙宇，建石神庙于雷庙东，太尉李广庙于雷庙西，三庙并立。乾化二年（912年），封雷祖为雷霆护国显应王，封太尉李广为阴兵护国显应侯。有功于国家神灵得到封赐。乾化四年（914年），封石神为灵镇护国广佑侯。② 每年春秋，郡城文武官员齐集庙祭。新授雷地文武官员到任之日，俱要行香参谒，永远为例。

4. 宋以后雷神的灵异与庙宇分布

元代泰定二年（1325年）封号，地方官员上奏："其在至元，导行潦以达战艘。迨于元祐，沛甘雨霖而稔农亩，考兹灵迹，宜易繁称，于戏，启蛰收声，有赫上天之号令，不言善应，永孚下民之祷祈，可易封神威刚应光化昭德王。"这次封号，褒奖至元时行洪庇护城市以及延祐四年（1317年）海康春夏两旱阴佑降雨，王连、范桴等率官员祈祷有应而封，"岁乃大熟"的功绩。以改宋十字之封，另用祥语封神号。

元代泰定二年的封雷祀之外，还封石神为奋灵协应侯，李广为阴兵助国忠顺侯，石神"潜弭焚厄之患"，李广"捍御边疆，保卫皇图"。又赠封雷祖圣父为银青光禄大夫，圣母吴氏正一品夫人，圣眷李氏曹禄纪妃太后，三姊分别为贞懿太宜人、贞善九宜人、贞淑五宜人等，外赐冠带、牙

---

① （清）陈昌齐：《〈雷祖祠〉序》，嘉庆《海康县志》卷八《艺文志》。
② （明）庄友贞撰，（清）刘文馨编：《雷祖志》卷上。

笏、衣帐、祭器等物，并有神曲傅，祀则乐歌之。元至正间，庙得积钱1170缗，修庙用之，仍有羡余，存之郡库，郡库吏张昌私匿后亡，其父梦之，归还于库。至正八年（1348年），海康捕贼船十多艘被飓风所坏，人在海中，"三殿王侯力救，果无一人溺死，其功伟矣。郡守徐容勒碑为之记"①。其灵异如此，多与有功于地方有关。

明代雷祖灵异的主要事迹大致有二：一是正德末，珠池守太监牛常，派雷州人张姓，买葛雷州，仅给葛价一半，"且什铜与之"，民众敢怒不敢言，诣雷庙诉苦。不日，张氏渡海，"天落火如毯，焚其葛"，张氏亡，其家亦遭天火"无子遗"。牛太监亲往雷祠赔罪，送银二百四十两为香灯钱乃得活。二是嘉靖三十一年（1552年）皇太子裕王染病，杜贵妃夜梦雷祖陈文玉辅裕王驾，次日病愈，圣旨颁赐御香、金钱，将太子生辰贴寄谒雷祀宝殿，并差正一嗣教大真人府赞教张正直赍诣雷州，与知府罗一鸾、同知张准、雷州卫指挥桕凌汉敕赐封号。②

另外，还有雷神灵异事。雷州一妇人负儿及葛布渡河，一男子谎称"代其持葛布，及渡上岸，男子持布疾走，妇人追赶不及，男子逃脱，妇人弃儿追逐，遇人告之，前有男子被雷火焚烧而死，妇人急往，果见男子僵死于草中而亡。葛布在手仍完好，寻回葛布。而其子年幼为找母而溺死水中"。③雷神显灵如此，故得大多民众信仰。

明初改革礼制，封神原名，取掉一切前朝封号。雷神改封雷司之神，每年正月十五（上元节）"郡守具牲以祭"。成化十八年（1482年），魏翰重修庙，建石坊，匾曰："英山胜境"，罗玘为之记④，弘治十五年（1502年）太监陈荣"扩地基，营建殿宇三间，外门三间，绕以垣墙"。嘉靖三十年（1551年）皇妃杜氏请旨致祭为皇太子祈福，碑竖庙中。万历三十二年（1604年）府县命工修葺前后殿材，俱易以铁力木，增置海北灵祠、两庙门楼、拜亭及钟鼓楼。⑤万历三十九年（1611年），重修庙宇，"彩绘诸像"。与其他多次重修庙宇一样，官方多主导。修庙原因，大多祈报神灵。"祈祷赐雨应若桴鼓，年谷登而氛祲息，海无鲸波而民无

---

① （明）庄友贞：《雷祀庙志》，载清刘世馨《雷祖庙志》卷上。
② 同上。
③ 道光《广东通志》卷三三二《杂录二》。
④ 万历《雷州府志》卷一一《秩祀志》。
⑤ 同上。

札厉。"这些风调雨顺、国泰民安的景象,一般都认为,"实唯是赫奕明神阴骘而显庇之,余敢忘美报乎?"① 有祈愿,有报答,"故今之修葺,一以为民报福佑之仁,一以示后之尹兹土者,嗣续而常新之,俾神之有益于民御灾而捍患者,永为海壖苍赤所凭依也"②。庙记大多以有益于民御灾而捍害为名,"赐民福履禳民灾,海滨万灶靖氛埃。累代褒封庙貌怪,金符玉册几番开?"③ 以官吏为首代表国家正统权力,"褒封"敕令保证神灵的正统性,国家的扶持与培育,广大民众的积极参与,正祀与民间信仰达到了契合,修庙进香成为表达官民意志最好的体现,故上述地方官员上奏朝廷,主导修庙和祭祀。"工役祇为民福催,愿得从今永护路。五风十雨庆丰珍,祥臻殃弭登香台。"④

民众与地方官吏在祀神的另一表现是祭田和庙产方面。庙产包括庙宇房屋、室内物品及相关不动产,香客赠物及香火钱以及庙宇管理的田地、商铺等。至万历时,雷州雷庙内仍存有"南汉朝所施物""共银二百余两",包括银香炉三个、银瓶三副、银烛台三副、银爵三个、银碗三个、银箸三双、银带三围、银台盘一个、金盏一个。"庙旧有祭田一庄五顷四亩六分,属海康陈、吴二姓主之。"陈姓号为雷神子孙,雷祖圣父曾于元时赠封"银青光禄大夫",圣母吴氏"正一品夫人",陈、吴二姓管理庙产包括香火钱。嘉靖十九年(1540年),"郡守命经历陆沉(毁)之买田数顷,以供香火"⑤。供香火的祭田仍是官方出资,陈、吴二姓管理,目的是为祭神,实际上反映了官方与地方大族在雷庙与祭祀等事务中的主导作用。

弘治十五年(1502年),太监傅伦、陈荣修雷州榜山村雷祖(神)庙,亦置田十三亩,"以供祀事";天启六年(1626年),知府于祎重修庙;清顺治三年(1646年)原明海北南道蔡秋卿捐银六十两,合士民捐银修葺;康熙四十三年(1704年),知府赵光贵拨田一石六斗,乡人吴造良捐田七石四斗,"共田九石,入庙以供祀事"。嘉庆十四年(1809年)

---

① 万历《雷州府志》卷一一《秩祀志》,(宋)吴干仞:《英山雷庙记》。
② 同上。
③ 同上。
④ 同上。
⑤ 同上。

重修。①

雷州雷神庙，清代顺治十年（1653年）守道陈嘉言重建神座，康熙四年（1665年）知府陈允中重修庙门楼，乾隆十九年（1754年）敕封宣咸布德之神，乾隆六十年（1795年）敕封康济宣咸布德之神，赐匾额"茂时育物"②。同治七年（1868年），雷祖裔孙合族重修雷神庙头进三间，光绪十八年（1892年），裔孙合族重修雷神庙东西两庑③，官员与陈姓后代成为修庙的主要力量。

5. 雷神庙的迁徙与陈姓的祖先崇拜的结合

值得注意的是，宋元一直灵异的雷州英榜山雷庙，原来州西南山冈的初庙和擎雷水源的雷公显震庙已不见记载，以致明清方志都以英榜山雷公的祖庙为始庙。"英榜山前庙最古，当年垦辟金在土。"④"故琳宫紫宇，群祀之。而其族实以英榜山庙为始祖之祠，祭田、供器自为经理，期于永久。"⑤ 英榜山灵异之地，国家与陈、吴氏族皆认为其为祖庭所在。岂不知宋以前的雷神庙更早。明人庄元贞编纂《雷祖志》，清陈清瑞付梓；嘉庆时，刘世馨等续修《庙志》，陈昌齐作《序》。陈序云开平四年（910年）"都知兵马陈襄驻师白院，出榜示兵，故名英榜山"。实际上，据上所言，这次灵异事件发生地在英榜山雷神庙，而与白院无关。之所以将白院和英榜山雷庙结合，"俾知鬼神与祖宗之合，庶几事鬼神者，毋远而慢事；事祖宗者，用近而亵。于以迓鸿顽于无极，且晓然于士庶人不得祭始祖之疑云"⑥。将事祖宗与鬼神和谐统一，符合陈吴两姓以及其他民众需求。而

> 吾郡神最恒赫者，莫如雷祖。诞育之奇，灵异之迹，登之地志，入乎人心。自有唐以来，阅数千年，褒渥洊膺，有加无已。地方文武官吏以及郡之士农工贾，莫不神之。神亦默护兹土，曰雨曰旸，以战以守，皆肸飨潜通，有祈斯答。原其住，事则白院陈族之始祖也；其

---

① 嘉庆《雷州府志》卷八《坛庙》。
② 道光《广东通志》卷一五一《建置略·坛庙》。
③ 民国《海康县志》卷六《建置志·坛庙》。
④ 民国《海康县志》卷六《建置·坛庙》，（清）杨晃岱：《雷祖祠铜鼓歌》。
⑤ 嘉庆《海康县志》卷八《艺文志》，（清）陈昌齐：《雷祖祠序》。
⑥ （明）庄元贞撰，（清）刘世馨重修：《雷祀庙志》卷上《陈昌齐序》。

处也,为乡贤故乡贤之祠祀之;其出也,为名宦,故名宦之祠祀之,共飘然冲举也,则又变化不测,应感无方而为神。①

雷州英山雷祖庙与白院陈族关系浮出水面。

从去州二里的英灵村陈氏获卵霹雳而生雷公(雷州),"殁后神化,赫奕震霹,一方郡民就州之西南隅中置立庙堂三间,塑雷神,十二躯应十二方位,各饰神冠,执剑刀斧钺之类……"乾化二年(912年)州五里英榜山石神庙,官吏民众"皆知神托风雨迁移"。知州因其灵异而建庙英榜山,雷庙修成,"自是神灵益显,官吏祷应如影响。犯神必死,求者必应"②。州西南英灵村庙因迁州而移庙,这在《旧志》与丁谓《碑记》中明载,而开平中迁庙后二年,庙宇失二梁而又迁于英榜山石神庙。此为第二次迁建之庙。后世有关雷庙的迁徙过程多不明晰,民国《海康县志》纂修者梁成久为此专门作《白院雷祖庙考》。文中前引《雷祖志》以州西南白院为雷神陈文远父陈鉷居地,灵异诞生,贞观二年(628年)父母双亡,守墓三年。贞观五年(631年)荐东合州刺史,瑶僮峒僚与黎远循之,自是雷无贼患。贞观八年(634年)改东合州为雷州,建郡城。十二年(638年)正月十五日,城竣,雷神生双翼白日升天。《雷祖志》与宋吴千仞所记略同,吴记以陈氏为英灵村民,查英灵村即乌仑山,乃获卵之处,村以获卵得名。康熙《海康县志》可证。为了说明白院与英灵村关系,梁成久认为,英灵亦曰英冈,而白院村乃在英山冈,山音义皆近,人多通称。雍正《广东通志》也认为英榜山皆由英山、英冈称,名不甚分别,故吴千仞《记》或因获卵在英冈,遂误以英山之村为英冈之村,而曰英灵之村。实际上,围猎怎么总在本村周围呢?

梁成久《白院雷祖考》又云,康熙《雷州府志》和康熙《海康县志》皆认为陈文玉是海康人,嘉庆《海康县志》皆称陈文玉为白院人。陈氏之村在白院,应无疑意。嘉庆府县志把大建二年误作三年,吴千仞载陈文玉"领乡举,继登黄甲",不知隋设科举制后才有科目,以嘉庆府县志载贞观五年举茂才为本州刺史为正。其他异犬获卵等异闻,府县志皆载。唐沈既济《雷祖传》已有卵出婴儿,猎犬耳动之说,道光

---

① (清)陈昌齐:《〈雷祖祠〉序》,嘉庆《海康县志》卷八《艺文志》。
② (宋)吴千仞:《记》,见万历《雷州府志》卷一一《秩祀志》。

《广东通志》亦引证。陈文玉父母及神妃、神姊墓皆在城西冯村坡，而雷神无坟，当飞天升矣。雷州由东合州改名而来，亦与陈文玉上奏有关，又引《雷祖志》称"雷民德之，遍立庙祀，复具状州官转请赐庙祀，加封号"。贞观十六年（642年），诏封雷震王，同年八月于郡城西南隅建庙，夜飓风飞二梁至白院石神庙西，知神择地居之，因作庙于斯。梁开平四年，陈襄平黎寇符孟喜，驻师于庙，出榜招兵，故名英榜山，雷神与汉太尉李广阴兵助之获胜，黎明见石人齐跪庙前；上奏重建庙并赐号。康熙府县志及道光《广东通志》皆引《古记》云，旧在东北五里英灵村，后梁乾化间风飘二梁于英山石神堂西，建雷神、石神、李太尉像，列为三殿。阮元道光《广东通志》又引《古记》云，庭下砌以石栏，石栏上五人跪焉，即《雷祖志》所载后梁开平四年所收黎贼孟喜等人所化。开平在乾化年前，则英山神庙不应在乾化年间建。又引《岭表录异》《太平寰宇记》，雷州城西（南）雷公庙，建于唐咸通十二年，明矣。庙建于唐凿凿非虚。"而英灵冈为神发迹之地，既有庙矣，白院为神父母之乡，又神所长成，岂可无庙？飓风飞栋，盖显神之孝思。"成久认为贞观建庙，咸通增修，乾化间徙庙当为重建。《雷祖志》较实。《雷祖志》所载贞观、乾化之封，而其他省府县志皆载神封号始南汉大有十三年。贞观之封较实。

以上大略引述梁成久考证，其中不难看到，至清嘉庆年间，甚或更早明崇祯时地方陈姓把白院雷祖庙地位不断抬高，意在凸显白院陈氏宗族势力。《雷祖志》亦是与梁成久《白院雷祖考》一样，彰显陈氏与雷神的关系，混淆雷祖各庙间的关系。实际上，上述宋吴千仞《记》以及李永年《旧图经》、丁谓《碑刻》等，十分雄辩表明其间的关系。乾化迁庙英榜山无疑，宋元也一直以英榜山雷神香火最旺之庙。而到后来，雷祖庙宇在雷州城西，包括道光《广东通志》卷一一一《山川略》引《方舆纪要》云："英榜山在城西八里"，又引《县志》云："原名英山，梁开平间都师兵马陈襄平驻师于此，出榜示民因加榜字。"

雷州西南雷神庙外，明清时海康县还有以下雷神庙。一在郡东十五里龙头村（镇海雷祠），一在郡西十五里调爽西，一在郡西南足荣村。足荣村庙，陈氏合族建。[①] 一在县东门外，原称北府庙，明万历四十一年

---

[①] 康熙《广东通志》卷八《祠祀》，咸丰《海康县志》卷二《坛庙》。

(1613年）乡民重修，清为雷祠，名天福庙重修，今为雷祠三殿，有"福国庇民"匾额。① 镇海雷祠，即英山庙三殿神祠，原飞钟于东洋龙头村，自何（庚）、戴（之邵）二公开筑河渠堤岸创建，建碑亭，题匾"龙头宫殿"②。雷神已被赋予地方水利神的功能。其北为遂溪县，有雷祖庙三座，一在第八都海滨，一在零甲村，一在二十二都上杨村。上杨村雷庙的雷祖神，于嘉庆六年（1801年），海匪入港，民众抵御无果，"祷于神，忽起大风，船搁岸，擒获甚众"③。雷祖仍不断显灵，已成地方保护神，兼荫佑平海寇职能。甚至原来为明万历时建的北府神祠（天福庙、张天师庙），曾有"福国庇民"匾额，康熙四年知府倡修，又添雷祖三殿像于中座，乾隆四十八年商民绅士重修。④ 雷神信仰的扩大，逐渐进入其他道教庙宇中，占有一席之地。徐闻县有两座，一在锦囊城西二十里三安村；一在乌港村东南白沙埠东北。其他文武火雷庙，在徐闻县戴黄市，嘉庆建，同治、光绪重建。⑤

同样，与雷州相隔琼州海峡为琼州府，明清也出现雷公庙的踪迹。值得注意的是，琼州雷公庙神有四种。

第一，道教的雷公邓帅庙。儋州城西忠显庙，宋建，神为雷部之邓元帅。洪武八年（1375年）感恩县乡人吴三老建雷庙。⑥ 明代感恩县祀神难以判断，清代，雷庙祀神为邓将军。⑦

第二，琼州当地林姓神。以此神为主祀的庙宇，当是雷州府雷神南传琼州府的变异，雷州府的陈姓雷神到琼州府为林姓。琼州府琼山县西厢下田村的雷庙，宋元间已出现（《记》作宋立，正德《琼州府志》作元建），后移于城南旧县学右，再又回迁下田村。明天顺、成化间，副使邝彦誉、同知马叙文、指挥王洁待继修。明知州吴丰《记略》云："其神相传昔乡有林姓者，正直刚方，平居闻雷声，自谓使己为雷，须殄灭恶辈，后雷雨交作，果作化。里中尝于星月下，见白衣乘马，从者引烛游，导乃

---

① 嘉庆《雷州府志》卷八《坛庙》、卷十八《艺文志》。
② 康熙《雷州府志》卷五《秩祀志》。
③ 康熙《雷州府志》卷五《秩祀志》，嘉庆《雷州府志》卷八《坛庙》。
④ 嘉庆《雷州府志》卷八《坛庙》。
⑤ 宣统《徐闻县志》卷六《秩祀》。
⑥ 正德《琼台志》卷二六《坛庙》。
⑦ 道光《琼州府志》卷八《建置·坛庙》。

庙祀之。岁旱瘟疫，祷之多应。"丘浚诗云："琼筦城西古下田，丛祠香火四时烟，人家此处殊他处，禾陇无年不有年，百里震惊声烀烀，四方瞻仰意虔虔，题诗还寄昭灵贶，留与乡邦世代传。"①

值得注意的是，琼山县五里桥也有雷祠，正德《琼台志》卷二六《坛庙》云："祀今年林姓雷化者，亦灵验，乞灵者众。"② 可见在正德年附近，原来宋元及明初的雷州陈姓神，已被琼州府林姓神代替。清代琼山县雷公庙有四座，称林公庙，一在西门外大路街；一在下田金花村；一在下田朱橘里；一在子城西南云路坊。③ 大路街雷（林公）庙，元建，是本坊林姓人，"为雷化，故其庙号雷庙，祈祷多应，给事中许子伟议毁之，以神入梦，乃止"④。其他澄迈县县西南五里官道左雷庙，正德六年（1511年）乡人建，"每当端午醮会赛愿"⑤。嘉靖二年（1523年），广东提学魏校"以淫祠废之"，万历时已复修增建。⑥ 清嘉庆二十三年（1818年）重修澄迈县西七里万穗都雷公庙。⑦ 另外，清时万州城东有雷霆庙；陵水亮一图文笔峰下亦有雷神庙⑧，"极灵，求必应"⑨。其神是否就是琼州广泛流行的雷神林公庙，值得探索。

琼州第三种雷神庙是琼山县雷祖庙。在顿林都土人皆言其庙址原为长林丰草，一日天大雷电，草木俱尽毁，"见有石碑，书雷祖大帝四字，而立庙祀之，天旱求雨甚应"。道光二十四年（1844年）大旱，知县于庙祷雨立应，道宪赠额"云行雨施"，知县亦赠额"赫赫厥灵"。⑩ 有无海上神职，值得推敲。

琼州府境内的第四种雷神庙，是与火神合祀，而称火雷庙神。琼山县府城外南桥下南宫庙，宋立，祀祝融火神，后圮，乡人移建卫左，"以倪

---

① 正德《琼台志》卷二六《坛庙》。
② 同上。
③ 咸丰《琼山县志》卷五《建置·坛庙》。
④ 民国《琼山县志》卷五《建置·坛庙》。
⑤ 正德《琼台志》卷二六《坛庙》。
⑥ 万历《琼州府志》卷四《坛庙》。
⑦ 光绪《澄迈县志》卷二《建置志·坛庙》。
⑧ 道光《琼州府志》卷八《建置·坛庙》。
⑨ 乾隆《陵水县志》卷四《坛庙》。
⑩ 民国《琼山县志》卷五《建置·坛庙》引《采访册》。

五娘神附祀,每岁首居民咸集乞灵,殊验,世久,祝融祀废,更名火雷祠"①。明末,庙祀"火雷、泰华(子、孙)夫人二神"②,清代,"琼人祀之甚严"③,前祀火雷、圣母、泰华三夫人,后祀白衣大士,顺治间僧人寂德募集重建。④ 增加"太上感应诸圣位",并祀里中名贤吴坦斋等四先生。⑤ 清末民国时,琼山县"每坊并有此庙,不可胜记"⑥。原来的火神祝融庙,已逐渐演变为与火雷神、圣母、冼夫人、泰华、白衣大士并祀的合庙。神灵的合祀能适合更多民众的需求。文昌县其他火雷神庙有二,一在南街吐坡村,明建,道光三十年(1850年)重修;一在东坑市北,康熙建。⑦ 陵水县除雷神祠外,明代还有火雷祠,在县城外西北。⑧ 清乾隆时,陵水"今各图俱有,华山为盛,离城十里,每岁孟春十日,邑人丛祀之"⑨,火雷庙在陵水广布。澄迈县火雷庙,一在迈岭市,一在瑞溪市。⑩ 另该县还有火神、风神合祀之庙,乾隆四十六年(1781年),知县在县城城隍庙后建。⑪ 此外,明代文昌县南垣外,永乐间建火雷坊。⑫ 坊虽未如庙隆大,但祀火雷保民平安的神职是一样的。诸如琼州卫左的南天夫人庙也是如此。

其他广西庆远府元代还有雷庙,在城东隅。皇庆元年(1312年)以前,火患不停,总管王世宁修庙,火遂停息。⑬ 广州府顺德县都宁乡明代也有雷神庙,弘治间知县吴廷举毁雷神庙建忠勇庙,祀锦衣百户刘英。⑭ 琉球那霸护国寺前也有雷神庙,祭祀雷声普化天尊;永乐中,贡使从京师塑像归;崇祯末,王尚质新修,其上梁文有"祈通渡唐之船,冀遂懋迁

---

① 正德《琼台志》卷二六《坛庙》。
② 万历《琼州府志》卷四《坛庙》。
③ 乾隆《大清一统志》卷三百五十《琼州府》。
④ 康熙《琼山县志》卷二《建置·坛庙》。
⑤ 《古今图书集成》卷一三八〇《琼州府部》。
⑥ 民国《琼山县志》卷五《建置·坛庙》。
⑦ 咸丰《文昌县志》卷三《建置·坛庙》。
⑧ 万历《琼州府志》卷四《坛庙》。
⑨ 乾隆《陵水县志》卷四《坛庙》。
⑩ 光绪《澄迈县志》卷二《建置·坛庙》。
⑪ 道光《琼州府志》卷八《建置·坛庙》。
⑫ 正德《琼台志》卷二六《坛庙》。
⑬ 《粤西丛载》卷一四《雷神庙》。
⑭ 道光《广东通志》卷一四六《建置略·坛庙》。

之愿"①。广东西樵山雷坛峰有取紫姑井水祷雨灵应，嘉庆二十五年（1820年）两广总督阮元因祷雨得霖雨而建雷神祠和龙王庙②，雷神司雨功能再显。光绪九年（1883年）十二月辛亥，以神灵显应，赐广西马平县雷神庙龙雷二神匾额"开荣洒泽"③，雷神仍然有司雨功能。

上述琼州府南宫庙，宋元时附祀倪五娘神。其神为琼山县乡人倪氏女，"居室时雷击，其家火，死后著灵异，能于空中啸声传言休咎，郡适多火灾，乡人惊信，立庙以祀"。庙在城东，洪武四年（1371年），琼山知县见"巫觋借妖煽惑过甚，乃杖毁庙，投像于江，火灾亦绝"。洪武十二年（1379年），"指挥蔡玉以郡复多灾，仍于旧址开祠，宣德八年，同知程规重修"。除琼山县东倪五娘庙外，倪五娘亦在海口及附祭南宫庙，"后祝融祀废，今亦主其庙祀"④。明中期代替祝融的火神，琼州府火雷神当以倪五娘为祭祀对象，海上航行，船亦怕火，应祀此神，且水火即济，火雷神应祀之。琼州的火雷神应是倪五娘。万历时琼山县南桥下的南宫庙，祀火雷、泰华两夫人；后前祀火雷、圣母、泰华三夫人，后祀白衣大士。⑤ 值得注意的是，琼州的雷神信仰夹杂着地方特色，或者说是雷州雷神信仰的变异。雷电起火，火与雷在琼州连称，且为女神，琼州的火雷神倪五娘应是其中的代表。

雷公电母。琼州府的电母，亦称南天夫人。文昌县东南街有南天宫，"永乐间建，康熙四年（1665年）城守白天恩重修，俗祀电母，配以高凉夫人"。而文昌县另一祀南天夫人的清澜水尾庙，明正德间因有石炉飞来水尾地方而建庙，"英灵特异，又庙滨海港，当往来之冲，祈祷立应，血食不衰，每十月十五日军期，四方杂集，殊称盛会"⑥。如此，南天夫人亦有庇佑海上航行之神职。实际上，闪电南天夫人，以水尾庙最灵异，海滨水尾庙，"祀南天闪电夫人，盖天神也"，"且其为功于海上也，极显而应，有时洋船突被暴风巨浪洪涛，飞沙走石，地震天翻，满载倾危，性命几如一线尔。乃望空呼号，但得火光出现，则恃以无恐，《易卦》所称水

---

① 《琉球图志略》卷七《祠庙》，乾隆二十四年漱润堂刻本。
② 道光《广东通志》卷一四五《建置略·坛庙》。
③ 《清德宗实录》卷一七五"光绪九年十二月辛亥"。
④ 正德《琼台志》卷二六《坛庙》。
⑤ 万历《琼州府志》卷四《坛庙》。
⑥ 康熙《文昌县志》卷二《建置·坛庙》。

火即济之义,此其明验也"。进士谢宝"絜家海上,海天一碧,不知所之,叩祷顷刻,晨光熹微,罩火影,遂以收港登岸,举铭佩久矣"①。与天妃灵异同样,显火顺济。

渔民捕鱼方面有灵验时也称"南天娘",此南天娘为飞龙圣娘,而非上述南天夫人。顺治间文昌县东青四图符某在海滨捕鱼,屡获梗而未捕到鱼,发誓若获鱼则祀之,果验,"遂画'南天娘'三字","将其梗刻像建庙祀之,称飞龙圣娘"②,则南天夫人飞龙圣娘佑民捕鱼的神职。另外,乾隆二十二年(1757年),武生建文昌县铺前市庙,嘉庆时重修。③

乐会县南天庙在县西石角墩上,嘉靖三十二年(1553年)倒毁,同年知县复建,"每岁春,市民见牲仪醮祭,祈禳灵应",后庙再颓坏,雍正知县赵京国重修于朝阳市东。道光十五年(1835年),知县吕华宾又重修。而原在县中街的南宣夫人庙,街民移造于朝阳市之东。④ 南宣夫人是否为南天夫人讹音?值得思考。

万州南天夫人庙有四处,分别在万州校场东、后蛋市、和乐市、周村墟。⑤ 陵水县岭黎处堡多华村亦有南天庙⑥,会同县有县城东陈村真武庙后和加积大村坡庙的两座南天陈村庙,祀"南天、陈村二位娘娘",南天娘娘、陈村泰华合祀,雍正六年(1728年),邑侯周渭熊捐资重修,有庙田。乾隆三十六年(1771年),署县事李莞捐资与天妃庙、真武庙同时再修⑦。会同县白沙庙在县东二十里太平都,祀南天水尾娘娘,乾隆三十六年民众集资建。每年九月十五日行告,"倾城士女咸赴礼拜,不可数记"⑧。而且,与县城三庙重修的时间都在同年。应是地方官府提倡,民众自发建庙所致。

南天夫人虽然俗称闪电夫人,闪电火雷夫人,一般称天神。人们把自然界的天空看作是万物的主宰,有涉丰歉、航行、疾病莫不如此,并且加

---

① 谢宝:《南天闪电水尾雷夫人庙碑》,民国《文昌县志》卷一七《艺文》。
② 民国《文昌县志》卷一八《杂志·纪异》。
③ 咸丰《文昌县志》卷三《建置·坛庙》。
④ 康熙《乐会县志》卷二《秩祀》,宣统《乐会县志》卷三《建置·坛庙》。
⑤ 宣统《乐会县志》卷三《建置·坛庙》。
⑥ 乾隆《陵水县志》卷四《坛庙》。
⑦ 乾隆《会同县志》卷三《建置》。
⑧ 同上。

以人格化，一般作夫人，以女性为之，赋予人神相融的特性，并借助
《易经》、天妃神异等，使南天夫人信仰内容丰富起来，有助于南天夫人
信仰的传播。后来文昌清澜水尾庙名声渐起，庙祀南天夫人反而不被人注
意，取而代之，琼州各地一般都称水尾圣娘庙。水尾圣娘的相关传说和附
会之词也随之出现。现文昌东郊西南二华里仍存水尾圣娘庙。清光绪元年
（1875年）曾重修，其上有清嘉庆探花、大书法家张岳崧"慈云圣母"
手笔。据说当时张岳崧高中探花，归琼亲临圣庙，返京后，将访集圣娘显
圣事迹向皇帝上奏，嘉庆皇准奏并敕赐封号为"南天闪电感应火雷水尾
圣娘"。从此，两广总督张之洞及各地官吏墨客，接踵而至，虔诚膜拜，
题字献联无计其数。民间把水尾圣娘全称为"水尾云感圣旨莫氏夫人"，
为水尾莫家祖公莫瑚之妹，族人尊其为"圣旨婆祖"，并建有庙宇供奉。

  民间这样传说，圣娘本名莫氏丽娘，元末明初年间出生在琼州府定安
县梅村峒龙马田村（今海南省定安县岭口镇水尾田村），父亲为莫家十四
代祖莫素，母亲刘妹。丽娘在十六岁的时候，某天去坡干活，再也没有回
来。据言被天府玉帝选中，肉身归天而成圣娘，具神力，敬奉者众。根据
冯子平《琼侨春秋》的考证结论：神庙是琼侨社团的雏形，琼侨最早创
建的神庙，当数泰国京都三清水尾圣娘庙。该庙始建于清朝道光二十一年
（1841年），按家乡文昌的庙宇格式建造，百余年来香火不衰。此外，泰
国南部素叻他尼府初贝岛上的海南公所、马来西亚登嘉楼州水尾圣娘庙也
都是历史悠久的神庙。马来西亚登嘉楼州海南会馆，据《马来西亚登嘉
楼州海南会馆馆史》载：清朝道光年间翁邦玺、翁荣焕先后为许多海南
人来马来西亚的乡党提供和扩充临时宿舍（公司厝），后有一船乡人来马
来西亚在"毛剪港"（墨江）不幸舟沉，人们从破舟中拾得一樽水尾圣娘
神像，于是便拥回"公司厝"奉为正神，定时奉祀，并称为水尾圣娘庙，
会馆也改称为"登嘉楼琼州会馆"。[①] 水尾圣娘随海南人漂洋过海在东南
亚国家落户。东南亚的水尾圣娘庙是海南人集结的场所。

  雷州也有南天夫人的庙宇。遂溪县南天宫，在县治东二里，庙祀二
像，一为闪电夫人，一为慈懿夫人。后者为本邑陈村人，有功于民，高、
雷两郡属各建庙祀之。一在城西一百一十里北坡墟东，嘉庆八年（1803

---

[①] 莫运书：《海南岛水尾圣娘庙》，"莫氏宗亲网"—"莫氏宗祠"，www.moszq.com/v-190-1.html。

年）监生捐修。①

与南天夫人同祀的陈村泰华夫人，是琼山县东北十里兴义乡陈村人，姓陈名玉英，元至顺三年（1332年）在井旁浣纱没于井，后二弟也遂化，路人见女子于树梢浣纱，火光闪烁空中，元建庙祀之。"灾旱疫盗，祷即应。"每年六月十二日，"乡人舁之出游，许醮、装军容，随者以千计"②。泰华夫人应从火神而变为地方保护神之一。嘉靖间毁淫祠，其庙却得以保留，万历时分祀于琼山县南桥南宫庙。③ 清代，琼山县除以上两座泰华庙外，还有城北五里亭、城北十里海甸村以及城西十五里书杨村三座泰华庙，琼山县东北陈村的泰华庙，"灵异甚著"，清巡道俞廷垣授榜曰："日月争光。"五里亭泰华庙"疗伤疥疾，求之立效"，每岁诞节，到庙拜祝者千百计；海甸村泰华庙，乾隆六年新建；书杨村泰华庙"亦甚灵显"④，信仰逐步扩大。其他各县建庙或以陈村庙称之，文昌县文昌便民市陈村庙，雍正乡人庄姓、伍姓建，嘉庆乡人庄姓、伍姓募修。⑤ 或仍称泰华庙，乐会县南门内泰华庙⑥，定安县南门内泰华庙⑦，在琼州府各县间有分布。

除火雷、闪电外，自然界的飓风，在琼州以及雷州、廉州一带，明清出现相关的坛、祠祭祀建筑；与一般的"风云雷雨山川坛"不一样，明清此三府都有风神专门祠坛，这在广东沿海各府州是一特殊现象。琼州府飓风祠，"在东关外迎春馆后，官府于端午日祭，行通献礼"。飓风祠坛，又于万历四十五年（1617年）重修⑧，天启七年（1627年）圮，雍正十二年（1734年）奉颁神号及匾额；乾隆四年（1739年）副使、太守、知县等于原废址复建庙；乾隆十一年（1746年），知县重修；嘉庆二十三年（1818年）移于城东北隅文昌阁旧址。⑨ 上述道光《琼州府志·坛庙》云，澄迈县城隍庙后的风神火神庙，为乾隆四十六年（1781年）知县建，

---

① 道光《遂溪县志》卷四《坛庙》。
② 正德《琼台志》卷二六《坛庙》。
③ 万历《琼州府志》卷四《坛庙》。
④ 民国《文昌县志》卷五《坛庙》。
⑤ 咸丰《文昌县志》卷三《建置·坛庙》。
⑥ 宣统《乐会县志》卷三《坛庙》。
⑦ 道光《琼州府志》卷八《建置·坛庙》。
⑧ 万历《琼州府志》卷四《坛庙》。
⑨ 咸丰《琼山县志》卷五《建置志·坛庙》，咸丰《海康县志》卷二《坛庙》。

官方主导的修建庙宇活动，足见官方对这些庇佑一方的自然神灵的敬畏。同样，雷州府的飓风坛（风神庙），历经多次迁徙，但祀不废。嘉靖十七年（1538年），雷州知府洪富"因飓风频年煽害，乃即（东洋）海岸为坛"，每年于飓风盛行的夏历四至十一月，"朔日行祈报礼"①。嘉靖二十五年（1546年）知府移南渡津渡，后又改迁于郡北郊五里，设坛望祭。虽庖库宰房俱圮，但坛基仍存，"岁时之祭犹不废焉"②。琼、雷二州何以特祀飓风，"以此风二州为最多也"。嘉庆十四年（1809年）知府重修，光绪三十年（1904年）再修。③ 遂溪县城西的风神庙，道光二十七年（1847年）知县新建。④ 这些风神庙（坛），都与此二府州易发灾害有关。遂溪县"东西濒海，飓风时作，扬沙拔木，屋瓦皆飞"，"民众皆以风灾为惧"，"知县喻炳荣修庙竖神位"，"同城文武岁时致祭，并令阖邑士若民各携椒酒共荐馨香"。⑤ 正如清代关涵《岭南随笔》卷二《南天管见下》所言，雷州以雷为占，"雷州雷，琼州必风。琼州风盛，雷州之雷亦必盛"。

（四）雷州、琼州天妃信仰

雷州半岛是我国三大半岛中最南的半岛，海南岛是我国第二大岛，明清时期分别设置雷州府、琼州府，属广东省管辖。由于两者独特的地理位置，故在中外交流中发挥着十分重要的作用。而作为海上保护女神的妈祖，自宋时始，便在我国东南沿海地区形成了较广泛的民间崇拜，海南岛亦不例外。明清时期，雷州府、琼州府妈祖崇拜不仅庙宇林立，香火鼎盛，而且还随着海南人向海外发展以海南为中转站而传到了南洋各地。笔者曾在《海南大学学报》2004年第4期发表《明清时期海南岛的妈祖信仰》一文，对明清海南的妈祖信仰提出了初步的看法，本节拟在原来研究的基础上，再对明清时期琼雷妈祖崇拜作以剖析，除对妈祖庙分布的时空规律作以探讨，分析这一地区妈祖崇拜兴盛的原因外，主要从国家祭祀与民间信仰关系入手，对明清琼州府天妃信仰的扩展提出新见解。

---

① 万历《雷州府志》卷一一《秩祀志》。
② 嘉庆《海康县志》卷二《坛庙》。
③ 道光《广东通志》卷一五一《建置》，民国《海康县志》卷六《坛庙》。
④ 道光《遂溪县志》卷一二《艺文》。
⑤ （清）喻炳荣：《新建风神庙记》，见道光《遂溪县志》卷一二《艺文》。

1. 明清琼雷妈祖庙的分布及其规律

洪武元年（1368年），明廷在海南岛置琼州府，以琼山为府治，以文昌等十三州县属之，清沿之。除定安县为内陆县外，其他各县均为沿海州县，其行政区划呈环状分布在海南岛周边的沿海地带。环岛近海可以说是琼州府行政建置的重要特点，而雷州府下辖海康、徐闻、遂溪三县，三面环海。两府各县多近海这一特点为妈祖庙的分布提供了重要依据，也是琼雷妈祖信仰的一个特点。"海滨之邦建天妃宫而崇奉者众，其显灵尝著海天。凡舟楫之经过，必旨祠而摅诚致祷。"①

据明清琼州府州县方志记载，明清琼州府十三州县均建有妈祖庙，其中琼山县（今琼山）有三座，分别在"海口所"（元建）、"郡城内总兵署前"（清嘉庆建）和"白沙门"②；崖州（清末改为崖县，今崖州）有一座，在"州治西南海边"（元建）③；儋州（清末改为儋县，今儋县）有四座，分别在"城东门外大街尾"（朝天宫）、"销皮街福潮会馆""一在王五市"和"海头老市"④；万州（清末改为万县，今万宁市）有五座，其中二座在"朝阳街""城东迎恩街"（元建）、"东澳市""草子坡墟"⑤；会同县（今琼海市）有七座，一在县北门、一在旧在会同县城东门外后迁县治东、一在加积市南、一在镇安市；一在黄藤市、一在东新天妃庙、一在福建天妃庙⑥；乐会县（今属于琼海市）有两座，在旧乐会县县北门内石阶上，万历年间移立于朝阳市之东；另一在县城东门外，后改建向南⑦；文昌县（今文昌市）有八座，分别在"城外紫贝山麓新安桥南，成化知县移建桥北下市"、"邑北百里溪梅市"（该庙宇名为双龙庙，内祀有天妃）、"邑南白延市"、"邑南四十里龙朝村前"、"铺前市北"、

---

① （明）李璿：《天妃庙记》，嘉庆《海康县志》卷八《艺文》。
② 万历《琼州府志》卷四《坛庙》、道光《琼州府志》卷八《建置·坛庙》。
③ 正德《琼台志》卷二六《坛庙》、道光《琼州府志》卷八《建置·坛庙》。
④ 民国十七年《儋县志》卷四《建置·坛庙》、民国《儋县志》卷九《金石·碑记》。
⑤ 正德《琼台志·坛庙》，万历《琼州府志》卷四《坛庙》、道光《万州志》卷四《建置·坛庙》。
⑥ 正德《琼台志》卷二六《坛庙》、乾隆《会同县志》卷三《建置》、道光《琼州府志》卷八《建置·坛庙》。
⑦ 万历《琼州府志》卷四《坛庙》、康熙《乐会县志》卷二《秩祀》、宣统《乐会县志》卷三《坛庙》。

"迈号市南西边街"、"清澜所陈家市海边"和"东北区清澜所马头埠"①；临高县（今临高县）有一座，"在县城之东郊，后迁于临江桥东"②；澄迈县（今澄迈县）有两座，一"初在城西下僚地（《琼州府志》称通潮阁右），天顺迁于通潮门外"，另一在"那托都道僚铺"③；感恩县（今东方市）有两座，分别在"县西"（元建）、"飞来天后庙"④；昌化县（今昌江县）有一座，在"城西小岭"⑤；陵水县（今陵水县）有三座，分别在"南城外""北门外""上灶村"；定安县（今定安县）有一座，在"中街东向"⑥。

南海的东西中南沙四大岛屿上，也有天后娘娘庙。东沙群岛上，清末就有天后庙、大王庙，日本人曾加以毁坏；西沙群岛上，娘娘庙林立。主岛永兴岛（今海南三沙市治所）上就有娘娘庙，渔民称"猫注娘娘庙"即天后庙，原有"海不扬波"牌匾。早年这里的渔民彭正楷云，渔民遇到险难，念猫注娘娘诗以救："策赐山峰布斗（策赐大风普度），明芝（明著）兴德显神，顺赞天后圣母元君，左千里眼神将，右顺风耳守海将军，掌仓库天仙大王，猫注娘娘、马伏波爷爷、一百零八兄弟公，男女五姓孤魂。"后法国人非法占据并改庙为黄沙寺。其他西沙群岛的甘泉岛、琛航岛、珊瑚岛（有石雕女神，20世纪20年代琼海县渔民水中捞上竖立）、晋卿岛、东岛、广金岛、北岛、赵述岛等，供奉娘娘、兄弟公的庙宇达十多处。南沙群岛上，太平岛、中业岛、西月岛、南威岛、双子群礁、马欢岛、南铵岛等也有天后庙、兄弟庙或称马伏波庙、土地公庙等珊瑚庙，渔民遇到天气不好时用饭团投入海中，求神保佑。⑦ 从民间信仰的源流来看，南海诸岛无疑应是我国沿海地区渔民信仰地区之一。

雷州妈祖庙大部分是明清修建。雷州城外南亭坊韩公桥之北天妃宫

---

① 正德《琼台志·坛庙》、万历《琼州府志》卷四《坛庙》、康熙《文昌县志》卷二《建置·坛庙》、道光《琼州府志》卷八《建置·坛庙》、咸丰《文昌县志》卷三《建置·坛庙》、民国《文昌县志》卷三《建置·坛庙》。
② 光绪《临高县志》卷五《建置·坛庙》。
③ 光绪《澄迈县志》卷二《建置志·坛庙》。
④ 正德《琼台志》卷二六《坛庙》、民国《感恩县志》卷五《坛庙》。
⑤ 正德《琼台志》卷二六《坛庙》、康熙《昌化县志》卷一《祀典》。
⑥ 康熙《定安县志》卷一《祠庙》、光绪《定安县志》卷二《建置·坛庙》。
⑦ 韩振华：《西、南沙群岛的娘娘庙和珊瑚石小庙》，《南海诸岛史地论证》，香港大学亚洲研究中心2003年版，第243—261页。

（南荣庙），建庙时间无从考证，明正统前称古庙；遂溪县通明港调蛮村天妃庙，万历十四年（1586年）白鸽寨把总童龙建万历三十七年（1609年）重修；徐闻县海安所南门外渡头天妃庙，"各官往来皆具牲醴祭之"[①]；雷州南亭天妃宫外，海康还有迎恩坊天妃庙，嘉庆十五年重建；东湖村庙，宋建，康熙间巡抚陈璸重修；而城西关外葛布行、下岚仙村、下岚老村、头角村、大埔村港口、南兴墟北约、博怀渡头等也有天妃庙。[②] 武郎社田头村也有天妃石婆庙。[③] 海康县总计有庙十座，而遂溪县也有七座，除通明港调蛮村外，一在遂溪县城南市、一在曾家渡头、一在南柳村、一在梧桐塘、一在城月墟、一在赤坎埠。城南市庙：乾隆知县建。梧桐塘庙，道光民建。城月墟庙：道光民众建。[④] 徐闻县也有三所，除海安所南门外渡头天妃庙外，一在锦囊城南门外、一在曲界市东。[⑤] 这些妈祖庙的分布反映了以下的时空特点。

（1）从地理分布上看，妈祖庙数量多，分布范围广，主要在沿海地带或江河交汇处

明清海南岛琼州府共有妈祖庙四十座，除了四座是元朝所建外，其他三六座均建于明清时期。元所建的四座庙宇，分别在琼山县、万州、崖州和感恩县内，此四地均极靠近海岸，故妈祖庙首先在沿海一带出现。雷州有二十座，以海康和遂溪为多，明清时期，妈祖庙遍布各个州县，且个别地方其数目还相当可观，最多的是文昌县，共出现过八座，其次是会同县七座，万州五座，而最低限度的至少亦有一座。与明清时期雷州的二十一座（海康十一座，遂溪七座，徐闻三座）妈祖庙相较[⑥]，琼州府妈祖庙的数量是雷州府的两倍，雷州仅下辖三县，与海南下辖的十三县还是有差距的。

由于妈祖为海上和水上保护神，故妈祖庙多建于临海要津之道或港口附近，以便海上或水上居民，尤其是商人祭祀之需。琼山海口的天妃庙居

---

① 万历《雷州府志》卷一一《秩祀志》。
② 嘉庆《雷州府志》卷八《坛庙》、嘉庆《海康县志》卷二《坛庙》。
③ 民国《海康县志》卷四六《杂事志》。
④ 嘉庆《雷州府志》卷八《坛庙》、嘉庆《雷州府志》卷八《坛庙》、道光《遂溪县志》卷四《坛庙》。
⑤ 宣统《徐闻县志》卷六《秩祀》。
⑥ 参见雷州各方志及附表一：沿海有关各府州有关海神及相关水神分布表。

"琼郡环处滨海海门一区，犹郡治要津，通南北而便商民者也"①；雷州"以故滨海在在置祠"②。此外，文昌的清澜、会同的博鳌、万州的东澳市、崖州的西南海边、儋州的沿海、海康白鸽寨、徐闻海安港等地妈祖庙的修建也是如此。除了依"水"而建的妈祖庙外，其他多数则建于城邑、街道或墟市等商业繁荣地带，以近城市之要。上述各县城妈祖庙的修建大多如此，而儋州王五市，"距州成二十里，地虽僻壤而为西路咽喉，往来辐辏，商贾云集，中有天后宫"③。此外，连乡村或高山地带也绕缭着拜祭妈祖的袅袅香烟。文昌县城南四十里龙朝村前的天后庙及紫贝山的天妃庙，昌化县在城西小岭上的天后宫皆是如此，可见妈祖庙覆盖范围之广。

(2) 从修建的次数来看，出现了新建和重修妈祖庙并举的繁荣局面，庙宇修（重）建多官方主导，商人积极参与

明清时期琼雷建立的妈祖庙共有四十座，从数量上来看是相当可观的。此外，重修现象尤为多见，最突出的要数临高县在城东郊的天妃庙，明成化主簿建，嘉靖县丞迁于临江桥东，万历知县重建；顺治十八年，康熙九年、三十一年、四十四年知县、训导重修；乾隆六十年修；光绪十四年县令重修，改重建达八次之多。④ 澄迈县在的天后庙明洪武知县创建于城西下潦地，永乐重修；天顺迁通潮门外，嘉靖置田；万历两次重修；康熙四十七年；乾隆四十六年；嘉庆九年；光绪重修，改重建也达八次。⑤ 而琼山县坐落在海口的天后庙，则有洪武间屡葺；正统十年知县重修；嘉靖训导重修；万历商人谭海清等增建；雍正七年监生等募建；乾隆十一年监生募建，以及咸丰十一年等七次⑥，此种复修重建之例，在上述庙宇中，均有出现。明洪武年间建庙五座，永乐就有四次重修或新建，以后以万历重修七次之多。而到了清朝，尤其在康熙、乾隆以及道光、咸丰、光绪年间，妈祖庙的重修或新建情况最多，共计康熙年间有十二次，乾隆年间有三次，道光年间有四次，咸丰年间有四次，光绪年间有四次。部分妈

---

① 咸丰《琼山县志》卷二六《艺文志》。
② 万历《雷州府志》卷一一《秩祀志》，引明邓宗龄《天妃庙记》。
③ （清）李奇蚪：《重修儋州王五市天后会馆碑记》，民国《儋县志》卷九《金石志》。
④ 光绪《临高县志》卷五《建置略》。
⑤ 光绪《澄迈县志》卷二《建置志》。
⑥ 咸丰《琼山县志》卷五《建置志》、民国《琼山县志》卷一四《金石》、（清）赖聚：《重修天妃庙记》。

祖庙的规模还在重修过程中得到进一步的扩大。如海口天后庙,明洪武年间,商人谭海清等增建后寝三间,并塑有神像,到清雍正七年(1729年)监生陈国安、生员杨凤翔等募建大门三间,而到乾隆十一年(1746年),陈国安又于庙前募建铺屋十间,"岁收租银以供香火"①。今存白沙门天后庙有"重修天后宫□碑"和三块乾隆四十一年(1776年)的"众商捐题碑""众商抽分碑",重修庙宇一定与商人有关。万州城东迎恩街的天后庙,初有"后庙三间,前堂三间",后增修"门楼五间"②;儋州城东门外大街尾的天后宫,"道光间城民增建头门,外戏台庙地,前后环水,最为清爽"③。戏台的增建,主要是为了在庆祝妈祖诞辰打醮、演戏酬神之用。至于对妈祖像的重塑或于庙中增添拜祭用具也是常见的现象。如在定安县中街的天后庙,乾隆四年(1739年)就有广府商人铸铁鼎一个,"重千斤,高五尺,周围八尺,周身龙蛇花鸟山水人物"④。由上反映出当地人民对妈祖的崇敬程度是相当高的。

明清雷州南亭天妃宫,正统中十年知县重修,弘治八年太监增拓,嘉靖十六年知府重建,万历三年、十五年,知府皆重修;顺治十年、乾隆四年、二十四年、四十五(一作四十六)年、六十年、嘉庆十五年、道光二十八年等重修。⑤ 由于"一应祀典海渎神祇,若庙宇日久,即令有司修理。于是,重建栋梁一新,四周墙垣完固"⑥。太监陈贯弘治间重修天妃庙,虽然说是"发心"重建庙宇⑦,但实际上,希望天妃保佑其掌管的雷州海对乐珠池丰产,保证采珠的顺利。乾隆四年(1739年),雷州知府倡修,椰行捐钱重修。⑧ 乾隆四十五年亦如。⑨ 道光二十一年(1841年),雷州修南亭路港,"欲并修之"天妃庙(龙应宫),因捐项少未果;二十七年(1847年),同庆社首事、社员以及郡守、内城训导、全郡绅商等共

---

① 咸丰《琼山县志》卷五《建置志》。
② 道光《万州志》卷四《建置略》。
③ 民国《儋县志》卷四《建置志》。
④ 光绪《定安县志》卷十《杂志》。
⑤ 嘉庆《雷州府志》卷八《坛庙》、嘉庆《海康县志》卷二《坛庙》。
⑥ 民国《海康县志》卷六《坛庙》,(明)胡文亮:《天妃宫祀田记》。
⑦ 民国《海康县志》卷六《坛庙》,(明)陈贯:《施田记》。
⑧ 民国《海康县志》卷四二《金石》,(清)陈振桂:《重修天后宫碑记》。
⑨ 民国《海康县志》卷四三《金石》,(清)林壮观:《重修天妃龙应宫碑记》。

捐银重修，经费几经挫折，终完成修庙大事。① 雷州西关外天后庙就是由葛布行及绅士商民共建的。② 遂溪县梧桐塘月墟天后庙，就是由怡兴当倡捐建设的。③

此外，参与妈祖庙修建的人员呈现多样化，其中政府官员和商人扮演着最重要的角色。上述庙宇中，参与修建琼州妈祖庙有确切姓名记载的近七十人中，其中属政府官员的有五十二人，占总人数近百分之八十，他们大多数是当地的知县、训导等，几乎每个州县妈祖庙的创建和修建都有当地政府官员的主导。琼山、文昌、乐会、昌化、澄迈、临高、会同等县，天妃（后）庙大都如此。而商人则近十人，约占总人数的百分之十五，这些商人多为外来经商之人，如定安县在中街东向的天妃庙，于明万历年间由广府南（海）顺（德）新（会）三邑商民创建④；万州朝阳街之天后庙，一则出五邑客建，另一则由潮邑客建。⑤ 此外，也有是官商合办的，如儋州之朝天宫，由吏目周行率商人创建⑥；陵水北门外天后庙，康熙三十六年重建，就是知县与商人林久洲等重建的⑦；海口天妃庙，万历增建也有商人谭海清等参与；文昌县新安桥天妃庙，商民建大殿。⑧ 可见，政府官员成为妈祖信仰在海南岛上发展的主体，而商人可以说是推动海南岛妈祖信仰另一支重要的力量。此外，一些当地的城绅、乡人、文人等也参与到妈祖庙的修建活动，其数量虽然不多，但却表明，妈祖信仰在海南岛上确是有广泛的群众基础。

雷州也多是地方官员、军事守将、太监等加入重修的队伍。上述雷州南亭天妃宫道光以前的几次修庙即是如此。清后期官方无法承担，乡绅、商人以及民众承担了重要经费来源，道光二十八年修龙应宫即使如此。咸丰十一年（1861年），雷州南亭"天后福神，每年五月朔日造彩船一只，请天后三座圣像驾游内河潮溪，取名曰：'平风浪而赛神庥'"，原来为南

---

① 民国《海康县志》卷六《坛庙》，（清）陈谟明：《重修龙应宫记》。
② 嘉庆《雷州府志》卷八《坛庙》。
③ 道光《遂溪县志》卷四《坛庙》。
④ 光绪《定安县志》卷二《建置志》。
⑤ 道光《万州志》卷四《建置略》。
⑥ 道光《广东通志》卷一五一《建置略》。
⑦ 道光《琼州府志》卷八《建置·坛庙》。
⑧ 同上。

亭街槟榔店措办，后因槟榔店歇业，只好"由雷港商船收钱接办"，大帆船一只捐钱四百文，小帆船一只捐钱一百文，沙开船一只每年收钱二百文，"交公收存登记，以备费用"①。

(3) 妈祖庙已不仅是善男信女求神庇佑的场所，而且发展成商人联谊的场所即会馆

妈祖信仰在海南岛上立足生根后，其信奉者渐次增多，除了渡海者之外，一般的官民也相当崇敬，"今渡海来往者，官必告庙行礼，四民必祭卜方行"②，故香火颇盛。妈祖祭祀的开支是备受关注的内容。咸丰《琼山县志》载："知县鲍启泌详准在海口关税内支担规银四两四钱办春秋二祭。"③ 定安县位于中街的天后庙，置铺附六间，其收入为修饰妈祖神像和妈祖、观音祭诞之用④；临高县的妈祖庙则"生员符锡祚田四十八丘载税，米一石，以为关帝、天妃、观音、城隍四祀香火"，此外还有邑侯聂缉庆"拨公项五千文交绅士发商，生息以为天后庙祭费"。⑤ 观音、关帝、城隍的崇拜起源较早，且几乎全国各地均有奉祀，妈祖和这些神灵享有同等地位的祭费来源，说明妈组信仰越来越备受重视，海南的妈祖崇拜也不例外。

海南的妈祖信仰与会馆是有密切关系的，"不问何种会馆，何种公所，他们都要在春秋二季祭祀庙神，祭祀的庙叫天后庙，那是颇堪注意的"⑥。一方面，妈祖庙本身就是会馆，如儋州建于城东门外的天后庙，清初为广东会馆；建于销皮街的天后宫清初暂改为广府会馆，后又改为福潮会馆。⑦ 另一方面，会馆内设有妈祖神像以供拜祭，如陵水县的凤城会馆、顺德会馆，崖州的琼邑会馆等，内均塑有妈祖神像，奉妈祖为"万

---

① 民国《海康县志》卷六《坛庙》，咸丰十一年《县贡生陈文锋等捐天后游河费款呈请知县刘准谕勒碑纪略》。
② 万历《琼州府志》卷四《建置志》。
③ 咸丰《琼山县志》卷五《建置志》。
④ 光绪《定安县志》卷二《建置志》。
⑤ 光绪《临高县志》卷五《建置略》。
⑥ [日] 小叶田淳：《海南岛史》，张迅齐译，学海出版社1979年版，第253页。
⑦ 民国《儋县志》卷四《建置志》。

年香火"①。会馆是商业经济繁荣发展的产物，它是商人聚集经商或乡人联谊的主要场所。妈祖庙与会馆的结合，恰恰说明了妈祖庙与当地的商业经济是密切联系的。

（4）香火和祭祀费用多由官府、商人和附近乡民承担

琼州海口天妃庙，明清就有铺舍、苗田以供香火，"岁入其税于庙，庙祝存为香灯烛醮品之资，乃值沿革不无变更"②。清雍正十二年，琼山知县允许每年在海口关税内支担天妃庙春秋祭品四两四钱，乾隆十一年，行商陈国安募建庙前铺屋十间，"岁收租银以供香火"③。雷州南亭天妃宫（龙应宫），不但是官方祭祀天妃场所，也是雷州"其庙最古，其神最灵"。正德十年，除官员重修庙宇外，还追查出原来的庙田两石的来源，"以为香灯之费"，并"捐俸再买田三石，水一头，奠付庙祝刘赵宗掌管"，"另立天妃宫户籍，佃人承批纳米当差"。弘治十年（1497年）太监陈贯用十五两买庙西田大小十八坵、种仔四石，"永为常住香灯之费"；乾隆三十年（1765年），县绅陈腾泗等呈请，以港产席草归庙为香灯费。嘉庆十六年（1811年）因潮使沿岸界线变化，王姓、何姓争战成讼，影响港漕交通，"准将该处官荒港漕归入天后神庙，以资香灯"④。诸多措施，保证了祭祀庙宇的经济来源，从根本上保障了庙宇的正常运作。

2. 明清琼雷妈祖信仰兴盛的原因

妈祖信仰在海南岛上落户并于明清迅速发展，这与海南的地理位置、妈祖属性以及当时海南社会的进一步发展密切联系，下面试逐一论述之。

（1）琼雷特殊的地理位置以及琼雷多灾害，为妈祖信仰在此立足生根提供了客观条件

海南岛"地居海洲中"⑤，"外匝大海，接乌里苏密吉浪之州，南则占城，西则真腊、交趾，东则千里长沙，万里石塘，东北远接广东、闽浙，

---

① （清）郑吉泰：《鼎建凤城会馆驿记》（康熙五十二年）、佚名：《重修顺德会馆并建戏台碑》（乾隆九年）、何兼礼《陵阳顺邑会馆记》、佚名《重修琼邑会馆捐题碑》，见谭棣华等编《广东碑刻集》，广东高等教育出版社2001年版，第961、973、991、998页。
② （清）洪之杰：《重饬天妃庙田铺碑记》，康熙《琼山县志》卷十《艺文志》。
③ 咸丰《琼山县志》卷五《坛庙》。
④ 民国《海康县志》卷六《坛庙》，引（明）胡文亮、陈贯等《记》。
⑤ 正德《琼台志》卷四《分野》。

近至钦、廉、高、化"①。因此,自古以来,该处要与其他地方发生往来,多由水路、海路。海洋已经成为当地人民赖以生存的最主要的环境之一。正如史料所载:"自徐闻抵琼必渡海,然琼昔于四州陆路少通,多由海达","今混一以来,虽东西俱有驿铺,昼夜通行,然商贩安于便捷,未免由舟"。②另外,海南岛还"外接诸番"③,可见,海南岛不管是与内地还是与海外发生往来,乘船出行已成生活的必需。而海南岛"地居炎方,多热少寒","秋夏飓风"④,海潮险恶,"唯琼海两岸东西异流……同此一海,两岸异流,彼逆此顺"⑤。雷州同样如此。所以,从雷州来去海南,多为险途,人们自然希望借助神灵的保佑来与其竞争。妈祖作为海神,其庇护功能正迎合了航海经商人士和渔民的需要,无论是本地或是途经此地的航海者都会先拜过妈祖之后才会安心航行。

当然,琼雷风雷水旱瘟疫等严重威胁着人们的生命财产安全,祭祀和信仰妈祖,避祸祈福的心理较浓。这样恶劣的海洋环境不仅对航海者造成威胁,也给在岛内耕作的人民带来困扰。"盖琼田滨海洋者,苦风涛变为斥卤……唯居中一带稍膏腴,然春秋之间,黎水横溢,又往往以淡伤为苦,故岁中亩无半收,田皆下下,即上田也不过五斗。"⑥为了风调雨顺,他们自然也希望能借由妈祖的神威,使安澜顺济,利于农事。其他瘟疫灾害等也有发生,妈祖也成为民众在这一方面的保护神。一定程度上,妈祖成为沿海一带的地域保护神。

(2) 妈祖本身特殊的属性及不断的灵异是其在信仰空间得以扩展的重要内在因素

妈祖是公认的"海上保护神",雷琼是半岛和孤悬在海中的陆地,使得妈祖在琼雷更易于被接受。明清时期是妈祖神性不断发展、神格不断提高的重要时期,这种变化自然令妈祖从更大范围上满足各方人士的需要,获得更多的信徒。海口天妃庙,"灵爽迭著,舟行者必听命于神许而后

---

① 正德《琼台志》卷二一《海道》。
② 正德《琼台志》卷四《分野》。
③ 正德《琼台志》卷四《形胜》。
④ 正德《琼台志》卷四《气候》。
⑤ 道光《广东通志》卷一一二《山川略》。
⑥ 《广东新语》卷一四《食语》,中华书局1997年版,第376页。

济，事亦如之"①。临高县天后庙"人民舟楫之往来，无风涛险阻患，其食神之德若司土，然可不念哉！"②

宋元时期，妈祖虽有敕封，但其职司和功能主要还是保护海上航行和海事活动的安全。明清时期虽然实行海禁政策，一定程度上抑制了海外贸易的发展，但这一举动并没有实质地减弱妈祖信仰的继续发展。明有郑和下西洋，清有平台湾之大事，传均得到妈祖的庇佑而获得成功，鉴于此，统治者对妈祖不断加以敕封，各地天后宫中的"万古流芳""海晏境安"等牌匾不绝于壁。明洪武五年（1372年）、永乐七年（1409年）朝廷加封妈祖封号，此外还"遣官致祭，岁以为常"③。康熙二十三年（1684年），由朝廷敕封，妈祖由原来的"天妃"上升为"天后"，道光十九年（1839年）更是封妈祖为"天上圣母"。"神周天下中外，辅国庇民，历朝加封，祀典昭然，迹其功德所流，实于海外多建奇功。"④

妈祖除了继续职司安澜助顺利济之外，还兼有其他诸如生育、发财、去病等各种功能，成为通神。此外，妈祖还吸收了观音菩萨的神性，又与道教神仙之说、民间龙王传说互相渗透融合，令妈祖的神性发展到广大无边，并具有很大的适应性，能够迎合各种不同人群的需求。

雍正十二年（1734年），"令直省建庙，春秋致祭，（天后）神之灵迨遍于南北矣，况粤与闽连疆，为天后居近之乡，其呵护而佑庇之也"⑤。海南的地方官员也积极投入到修建妈祖庙、大倡妈祖信仰的行列中。琼山海口天后庙，春秋由官员行祭，乃至商民香火更盛。⑥ 而在道光二十四年（1844年），文昌县举行了一次大型的祭祀活动——全部军民到天后宫后殿崇祀"天后圣母"⑦。此外，每年还于春秋两季由官员举行祭祀活动，由知县备办祭品，由承祭官行礼祭祀。可见，统治者不断对妈祖的加封和推崇，以及地方官员的积极响应和配合促使妈祖信仰在琼雷迅速发展。

---

① 民国《琼山县志》卷一八《金石》，（清）李向桐：《重修海口天妃庙记》。
② （清）樊庶：《重修天后宫记》，康熙《临高县志》卷一二《艺文志》。
③ （清）周煌：《琉球国志略》卷七《天后封号》，台湾文献史料丛刊第三辑（56），大通书局2000年版，第168页。
④ 民国《海康志》卷六《坛庙》，嘉庆十六年《县绅商等秉呈知县刘邦柄以港漕充天后庙香灯费奉批准立案记略》。
⑤ 光绪《化州志》卷三《坛庙》，光绪十四年（1888年）刻本。
⑥ 民国《琼山县志》卷一四《金石》，（明）赖聚：《重修天妃庙记》，1917年刻本。
⑦ 咸丰《文昌县志》卷五《经政志》，清咸丰八年（1858年）刻本。

雷州"天妃于海神最灵,诸渡者必走谒祠,问凶吉;或中流难起,则舟人匍匐叩神,望赤光荧薄帆樯则神来也,舟人无恐已!"① 硇洲岛邻珠池,"亡命啸聚,辄操大艇闯入剽窃",难于管理。万历十五年(1587年),罢硇洲税并徙其民于内地。随迁硇洲岛上的妈祖庙,迁像于雷州南亭妈祖庙,官员主导重修,天妃神力偕风浪,"大木千章逐巨浪至",庙得以顺利完工,题曰"龙应宫"。② 雷州天妃"绥护边陲",也庇佑珠池。万历时,"厥有孽丑,迩窥禁池;神乃布之,一举散之;黥其渠魁,罔俾孑遗;肃清琼海,实神之施"。朝廷令水师驻扎硇洲岛等地,希冀"神其保鉴,壮我虎貅",拱卫海防的阴佑作用凸显。③ 显灵之处无处不在。"我雷三面潮海,母之神灵随潮布化,吾侪之沾濡巨泽者尤深也。"南亭潮港前三十六溪曲合大潮溪,"唯母后之赫濯有享潮水潆洄,而潮水之潆洄益彰母后之赫濯也,则有港利应归母庙为荐献香烛之资"④。雷州沿海有庇佑海边潮地及港口职能。遂溪县通明社关帝天后庙,康熙间显圣佑助官军收灭海匪,大臣请旨加封,赐银用于每年春秋祭祀,每年官行礼,永为常例。⑤ 阴佑地方安定,应是天妃的神职之一。

雷州人还祀三婆婆神,把三婆婆认为是妈祖之姊。"按,雷俗亦多祀三婆婆神,云石天后之姊,以三月二十二日为诞辰。考刘世馨《粤屑》云,浔州天后庙有碑记叙述天后世系言自莆田庙中抄出者,称天后有第三姊,亦同修炼成仙。则三婆婆有来历,非子虚也。"⑥ 三婆婆信仰,当是妈祖信仰在雷州传播过程的变异(详见下文)。

另外,妈祖作为女神,具有特殊的母性。海南人奉祀妈祖亦神亦祖,各信众则自称为同堂兄弟。这样的情况在商人或异乡人士中尤其突出。"神之人,犹母也,人之事,亦犹子也。异地同堂,亲之爱之,兄弟也。"⑦ 海南岛是一个移民聚居之地,各移民来自不同的地域、民族和职

---

① 万历《雷州府志》卷一一《秩祀志》,引明邓宗龄《天妃庙记》。
② 同上。
③ 万历《雷州府志》卷一一《秩祀志》,引明吴文华《祭文》。
④ 民国《海康县志》卷六《坛庙》,《县绅商等秉呈知县刘邦柄以港漕充天后庙香灯费奉批准立案记略》。
⑤ 道光《遂溪县志》卷四《坛庙》。
⑥ 民国《海康县志》卷六《坛庙》。
⑦ (清)郑际泰:《鼎建凤城会馆碑记》,谭棣华等编《广东碑刻集》,广东高等教育出版社2001年版,第961页。

业。妈祖的特殊属性便使之较容易成为不同移民的共同信仰而在海南岛得到长足发展。官府也恰恰看中了妈祖信仰所具有的这一凝聚作用，故特别重视妈祖庙的修建。可见，妈祖本身特殊的属性为其信仰在海南岛的兴盛发展奠定了基础，而朝廷和地方官员利用妈祖信仰加强其统治而给予的政治扶持，在客观上必然对妈祖信仰的传播起到推波助澜的作用。

(3) 官方提倡，天妃阴佑地方安定，是使天妃信仰扩展的重要原因

随着海外贸易的开展，海南经常受到过往海盗的侵扰。早在唐开元年间，鉴真东渡日本遭到飓风漂流到海南，接待他的冯若芳就是万安州（今海南陵水县、万宁县）的大海盗，此人"每年常劫取波斯船二三艘，取物为己货，掳人为奴婢"①。有明一代，海南岛上海盗活动从未中断。除了中国沿海的海寇外，倭寇、番寇也经常侵扰琼雷。他们进入琼雷，或劫掠财物，或掳掠杀戮民众，或烧毁民舍等，给琼雷地方社会带来巨大的灾难，并危害到居民的人身安全。②平寇成为明清的重举，妈祖也因此被统治者加以利用，在心理层面上来对付海寇。如万历九年（1581年）钦差分守广东琼崖地方等处参将顾宗文，因平叛寇乱感谢"护国庇民英烈天妃之神"，其《平寇祭文》里高颂妈祖荫佑，"仗神笃佑，刁斗不惊，扬波伏莽，靡有孑遗，七旬而克，肤功告成"的神迹③，借助妈祖的神圣性来达到平定海寇，加强统治的目的。至清代，海寇对海南的侵扰仍相当猖獗。海寇的大肆侵扰，令官民深受其害，因此，政府官员和民众都寄望神圣的妈祖来庇佑他们的生命财产。再加上一些妈祖"显灵"的奇迹，令人们更信赖无所不能的妈祖。据《重修海口天后庙记》载，道光二十九年（1849年），在琼山海口，有海寇张十五常侵扰海口一带，"炮火轰击，弹子如雨"，但"居民无一伤者"，位于海口的妈祖庙也"巍然尚存"，当地人都认为这是由于妈祖显灵所致。广潮高琼"五行商民捐修"，花费白银八千余两，"襄其事者，五行绅商也"④。而定安县官民也有于妈祖诞辰之日大举"设庆醮，或请神像出游，谓之'保境'"的祭祀活动，

---

① [日]真人元开著，汪向荣校注：《唐大和上东征传》，中华书局2000年版，第68页。
② 卢苇：《明代海南的"海盗"、兵备和海防》，《暨南学报》（哲学社会科学版）1990年第4期。
③ 民国《琼山县志》卷一五《金石》，（明）顾宗文：《平寇祭文》。
④ 民国《琼山县志》卷一八《金石》，（清）李向桐：《重修海口天妃庙记》。

以此来祈求妈祖的庇佑。① 海盗除了通过暴力手段来抢劫财物外,也经商牟利,从事亦盗亦商的活动。② 因此,他们本身也是信奉妈祖的一个群体,其性质跟现在有些黑帮社会供奉具有正义感的"关帝"类同。

今硇洲岛明清属于吴川县管辖,属于高州府。其津前天后庙,庙中天后坐轿,刻着楹联"像是莆田尼山吴祖,庙居津前正德元年",当是正德元年(1506 年)由硇洲吴姓的先祖从福建莆田带入。硇洲津前天后庙,明万历三年(1575 年),雷州推官顾以锡为报天后显灵庇佑他在硇洲海面战胜海盗之恩,在今津前天后庙前建石牌坊一座,上刻"海不扬波"四字。清代,"海寇乌石二带匪艘百余艘,薄郡城,猖獗甚",兵勇难以抵抗,急呼"一妈",寇退民安。③ 雷州下岚老村天妃庙,嘉庆十五年(1810 年),总督百龄"剿贼立匾:'保障海隅'";下岚仙村天妃庙也有总督百龄、署府怀沆俱题匾,百龄题匾"慈荫瀛濡";头角村天妃庙,总督百龄、署府怀沆及参将德兴题匾,百龄题匾"胙飨通诚"④。可见,天妃神灵保佑,国家借此以庇佑疆土和地域的稳定。

(4)闽地移民以及林姓,因妈祖的地缘、亲缘关系,加上明清商品经济的发展,商贾参与,广大民众积极加入,也是使明清琼雷妈祖信仰地域进一步扩展的原因

第一,移民带来了妈祖信仰,其在琼雷的开发中则又为妈祖的长足发展创造了条件。关于海南岛的开发,有学者认为汉族移民实是开发海南的主力,而闽人又是主力中的骨干。⑤ 宋代,闽人得航运之便利,先入为主,移居海南岛的沿海,"闽商值风水荡去其赀,多入黎地耕种不归"⑥。妈祖本为福建人的乡土之神,福建人到海南岛上经商,自是将这一神圣之极的信仰也带来,并在当地建起妈祖庙致以虔诚的拜祭。雷州也是如此。明清是汉族移民来琼雷的高峰期,他们主要来自两广、福建以及江南一

---

① 光绪《定安县志》卷十《岁时民俗》。
② 郑广南:《中国海盗史》,华东理工大学出版社 1998 年版,第 106 页。
③ 民国《海康县志》卷六《坛庙》,(清)陈昌齐:《龙应宫天后神功颂》。
④ 嘉庆《海康县志》卷二《坛庙》。
⑤ 司徒尚纪:《海南岛历代民族迁移和人口分布探索》,《岭南史地论集》,广东地图出版社 1993 年版,第 181 页。
⑥ (元)马端临:《文献通考》卷三百三十一《四裔考八》,浙江古籍出版社 2000 年版,第 2599 页。

带。这些人是信奉妈祖的主要群体，因此他们的到来就为妈祖信仰在海南进一步发展提供了更广泛的民众基础。

第二，琼雷社会的进一步发展为妈祖信仰的兴盛提供了广阔的空间。宋元时期，由于海上交通的发达，商品经济活跃，海上贸易迅速发展起来。海南为南海航运要地，又有被中原视为珍品的丰富热带作物资源和各种海产品，吸引商贾为获利而进入琼雷，甚至深入黎峒，这就大大发展了琼雷的社会经济。明清时期则得到进一步的发展，从海南岛的商品经济和贸易情况来看，大大超过前代。① 海运经济的发展，令民众对妈祖更加信奉，其具体表现为对妈祖庙的大量修建。他们或是置买田地，或是捐资出钱。据陵水县《鼎建凤城会馆碑记》载，该馆之建立，得到多方的资助，单铺行就有三十多家，② 而顺德会馆的重修则得到六十多家铺行的捐资。③ 商家大兴妈祖庙，利用该信仰来加强各贸易者之间的认同感，有利于促进和巩固双方的经济关系。妈祖庙和商人之间这种互动的发展关系，正是当时商业经济繁荣的具体表现。正如清康熙邓龙文《敕封护国庇民英烈天后娘娘庙碑记》所云："其裨国利民者不一，而灵见于边海为多，迄今闽广船艘往来贸易，祈祷舟行，一遇风涛，震荡辄急，请命于神者，或闻异香，或见流火，即为神至之验，俄而风顺浪平，其提挈若慈母之于赤子，宜其崇祀遍东南也。"④

第三，广大民众的积极响应，是妈祖信仰的重要根基。在官方、士绅引导，商人出资，广大下层的民众积极响应，使天妃信仰扩展而长久不衰。雷州最大的天妃庙龙应宫，就是官方、商人（主要为榔商）、民众历代不断修建和筹划游神经费的。海康大埔村港口，也是乡民自发建庙来祭拜天妃的。⑤ 儋州王五市的天后庙，为琼州西路咽喉，"往来辐辏，商贾云集"，"昔客于市者尝建庙以祀神"。⑥ 商人参与，民众为信仰的主要群

---

① 杨德春：《海南岛古代简史》，东北师范大学出版社1988年版，第77页。
② （清）郑际泰：《鼎建凤城会馆碑记》，谭棣华等编《广东碑刻集》，广东高等教育出版社2001年版，第961页。
③ （清）佚名：《鼎建顺德会馆货资题名碑记》等三碑，谭棣华等编《广东碑刻集》，第966—985页。
④ （清）邓龙文：《敕封护国庇民英烈天后娘娘庙碑记》，民国《儋县志》卷九《金石》。
⑤ 嘉庆《海康县志》卷二《坛庙》。
⑥ 民国《儋县志》卷九《金石》，（清）邓龙文：《敕封护国庇民英烈天后娘娘庙碑》、（清）李奇蚪：《重修儋州王五市天后会馆碑记》。

体。琼州最大的海口天妃庙,历来修理庙宇的除官员外,商人、监生等都参与其间。定安县中街的天妃庙,广府商人建庙,后买多间商铺供香火钱。①

总之,明清琼雷社会经济文化的发展,移民的不断加入,使得琼雷在接受、融合妈祖信仰这一外来文化的活力得到进一步的增强。在这种背景下,再加上妈祖神格的提高和神性的扩大,官方与民众的共同努力,各种条件相辅相成,终于迎来了妈祖信仰在琼雷兴盛发展的局面。

3. 明清海南妈祖信仰在海外的发展

由于历史和地理的原因,海南人也多到海外经商或谋生,这样,妈祖信仰则以海南为中转站,随海南人的向外迁移又传播到了海外。这便在海外形成了独特的华侨信仰文化。

明清时期,海上贸易繁荣,促使海南岛上居民乘船出海谋生,他们当中有些人后来散居在南洋各地。出于信仰和联络同乡的需要,也为了给"新客"提供栖身之所,他们纷纷于所到之处创立天后宫,主要供奉妈祖,也有一并供奉"水尾圣娘"及"昭烈一〇八兄弟"(后两者为海南岛土生土长的水神)的,这是海外海南人普遍信奉的神明。海外天后宫的建立,一般先筑简陋的"坛",进而扩建为砖瓦大庙。后来由于形势的需要,又扩大组织而蜕变成为会馆。所以,海外部分海南会馆与天后宫可说是"二位一体"的组织。琼籍人士虔敬"天上圣母",同乡会馆对妈祖的供奉及祭祀活动,成为联络同乡感情、增进友谊,促进同乡团结十分有效的一根纽带,是文化认同感的组成部分,所以他们每到一个地方都会创立会馆并兼设天后宫,尤其在新加坡和马来西亚,这种现象较为普遍。"在新加坡、马来西亚华人社会供奉天后妈祖不亚于福建籍人士者,便属于琼州籍人士了。"② 琼籍人士南下新加坡,最早是在嘉庆二十四年(1819年),但是初期这些同乡的人数并不多,且无组织,直到咸丰七年(1857年),才由琼籍人士韩亚二(旺彝)和王志德等发起建立琼州会馆,他们邀请住在新加坡的同乡,向英国东印度公司购买小坡沓街6号相连屋宇三间,作为同乡聚会和住宿之所,此为最早的馆址。时会馆内并设天后宫,

---

① 光绪《定安县志》卷二《建置·坛庙》。
② 童家洲:《日本华侨的妈祖信仰与新加坡、马来西亚的比较研究》,《社会科学战线》1990年第4期。

以崇祀天后圣母，南天水尾圣娘和昭烈一〇八兄弟诸水神。[①] 琼州会馆和天后宫同时创立，且地址相同，体现了二者的"二位一体"性，也反映了"天后宫"在新加坡已经不是纯粹的神庙，更突出的体现乃是其经济及联谊作用。后因"岁久倾圯，字向不合"[②]，于光绪五年（1879年），由王永祥等人发起募资购置美芝律四十七号房屋，将其改建为天后宫宇，于次年落成。该天后宫的建筑材料均由海南岛用帆船运载而来，所有的技工也来自琼崖，他们仿照中古时代的宫庙样式，把天后宫建得美轮美奂，重修后立有碑记，该碑现仍存在宫内。[③] 从碑文可以了解到，当时新加坡和海南之间频繁的贸易往来，如其文则是"货物辐辏，商旅云集"。此外，文中还反映了海南人建立会馆的目的，乃是"岁时荐馨，敦崇乡谊……每当会集时，与亲旧余离阔，陈桑梓故事，以为抚掌之资，至足乐也"[④]。可见，新加坡琼州会馆的建立，更多的是为了满足同乡联谊的需要，而其对妈祖的供奉及祭祀活动，则成为他们联络感情的纽带之一。这种性质的会馆对于出海谋生的海南人来说是十分重要的，通过这样的组织，他们在经济事业上和生活上可以获得同乡人的帮助和扶持，在感情上则可得到更亲切的交流。琼籍天后宫在新加坡的设立及其扩建则反映了琼籍队伍的不断壮大。

除了在新加坡，海南人在马来西亚建立会馆奉祀妈祖的现象也相当普遍。同治八年（1869年），由龙永传在马六甲建立了琼州会馆，而后，其他琼籍人士也先后在太平（1869年建）、槟城（1870年建）、麻城（1882年建）、新山（1883年建）、吉隆坡（1889年建）、关丹（1891年建）、巴生（1894年建）、安顺（1895年建）、古晋（1898年建）、永平（1900年建）等地建立了琼州（琼崖）会馆[⑤]，馆内几乎都祀有妈祖，且大都另设有天后宫，如马六甲的琼州会馆、吉隆坡的雪兰莪琼州会馆、关丹琼州会馆等。有些会馆其前身乃是天后庙，而后由于形势发展之需才发展为会

---

① [新加坡]吴华：《新加坡华族会馆志》（第一册），南洋学会出版1975年版，第65—68页。
② 陈荆和、陈育崧：《新加坡华文碑铭集录》，香港中文大学1970年版，第206页。
③ [新加坡]吴华：《新加坡华族会馆志》（第一册），第210页。
④ 陈荆和、陈育崧：《新加坡华文碑铭集录》，第207页。
⑤ 林远辉、张应龙：《新加坡马来西亚华侨史》，广东高等教育出版社1991年版，第253—256页。

馆，如槟城琼州会馆和古晋琼州会馆。这些会馆除了供奉主神"天上圣母"之外，还奉有南天水尾圣娘以及一〇八兄弟诸神，香火都相当鼎盛。此外，在海外其他地方琼侨的神庙（或会馆），如泰国、越南等地也有供奉妈祖的，其香火的鼎盛虽然不如新加坡和马来西亚，但也可反映海外海南人信奉妈祖的普遍性。如泰国，虽然大多数神庙乃是水尾圣娘庙，但庙内也有奉祀"天后圣母"的。

众多民间信仰当中，妈祖信仰随移民在海外落户，体现了妈祖信仰在海南人心目中所占的重要地位。另外，他们去到哪里，就在哪里设会馆建宫庙来祭祀妈祖，这样也在客观上进一步加快了妈祖信仰在海外的发展。海南人尤其膜拜妈祖，是因为妈祖自宋代起就已经是深得民心的航海保护神。此外，海南岛位于南海之中，常有飓风海潮之患，出海之人唯有祈求这位"安澜顺济"的神祇保佑。海南人于海外立会馆，奉妈祖的现象只是大多华人在海外活动的一个缩影。实际上除他们外，出外谋生的中国人到了海外几乎都会设立会馆并供奉妈祖，因此，有人指出，凡是华人所到的世界各地，如果设立了会馆，会馆中必然供奉妈祖。[①] 这无疑扩大了妈祖信仰在世界各地的辐射范围，而妈祖作为正义、善良、美好的化身，其精神力量已经得到世界的认同，成为世界性的"航海保护女神"乃至"和平女神"。这多仰赖于海外华侨对妈祖的推崇，而当中，海南人也扮演了较重要的角色，他们在海外所建立的奉有妈祖的会馆，在当地社会至今仍起着非常重要且特殊的作用。

4. 小结

妈祖信仰在琼雷民间崇拜中占有比较重要的地位，明清时期更是呈现出兴盛发展的局面。政府官员、商人和当地民众积极参与妈祖庙的修建，出现了大量妈祖庙。此外，随着当地社会经济的发展，妈祖庙不仅是祭祀求庇佑的场所，还发展为商人联谊、经商的商业色彩浓厚的组织。以上均反映出琼雷对于海神信仰（特别是妈祖）的极大需要。而岛上经济文化的进一步发展以及大批以闽粤为主的内陆移民的到来，促使妈祖信仰在琼雷拥有更广的发展空间。统治者对妈祖的不断加封和推崇，地方官员的积极配合，则对妈祖信仰在海南的迅速发展起到了推波助澜的作用。此外，

---

[①] 肖一平：《海神天后与华侨南进》，《妈祖研究资料汇编》，福建人民出版社1987年版，第174页。

妈祖信仰还随着海南人向海外发展而传到了海外各地，尤其在新加坡、马来西亚更是出现了较多奉祀妈祖并与天后宫"二位一体"的会馆组织，而这些组织团体至今仍在当地发挥着积极且特殊的作用。妈祖信仰作为琼雷俗文化的一个重要组成部分，只有正确认识其在琼雷民社会生活中的作用，才可以更深刻地了解琼雷独特的海洋文化本质特征，为琼雷在加强其文化内涵的发展道路上提供有力的帮助。研究明清时期琼雷妈祖信仰的发展，对于了解当地的社会经济文化以及移民状况都有很大的帮助。

（五）雷州、琼州其他海神、水神庙

1. 雷州

雷州徐闻县海安城为通往琼州海峡的重要港口。除城隍庙外，在南关外渡头还有天妃庙、伏波庙、海平寺、观音堂、龙王庙、江公祠。宋元兴盛，明代还存的伏波庙至清代已不见踪迹。清康熙时的观音堂，还是渡海者祭祀之场所，清末也未见记载。龙王庙，康熙三十一年（1692年）督学捐资修，清末仍在。而江公祠原在海安城，祀清参将江起龙，乾隆二十六年（1761年）知县移到南渡码头，嘉庆六年（1801年）雷琼道蔡共武等重建。① 司职海上交通的这些神灵也随着朝代的更迭发生变化。海平寺，明万历建，康熙、乾隆、嘉庆重修。② 海安城南关渡多所佛教与民间信仰祠庙汇聚，足见琼州海峡交通的艰险。而琼州海口也有伏波庙、天妃庙、江张二公祠、关侯庙、龙王庙等，两地遥相呼应，庙宇神职同样，司佑海峡安全。

与清张瑜、江起龙一样，琼雷相关的人物神，因为镇压和平叛海寇而阵亡，官民修庙祭祀。明守备李茂才于南渡抗击海寇曾一本，在麻演渡阵亡，乡人即其地立忠勇祠。③ 后咸丰、光绪乡人重修。一在县贡院东，乡绅建祠；另一在东门内，同治光绪均重修。④ 海康官方与民众都修庙祭祀。而忠义庙，祀明知县王麒。流贼犯境，王麒抵御阵亡而建庙，朝廷赐雷州通判，后官员迁建和重修，正德魏校清理淫祠仍保留。⑤ 其他昭忠庙，嘉庆九年（1804年）封诏建阵亡官兵于雷州朝天街关帝庙内，并有

---

① 康熙《徐闻县志》卷二《秩祀》、宣统《徐闻县志》卷六《秩祀》。
② 嘉庆《雷州府志》卷八《坛庙》。
③ 道光《广东通志》卷一五一《建置》。
④ 民国《海康县志》卷六《坛庙》。
⑤ 道光《广东通志》卷一五一《建置》。

"敕建昭忠祠"匾额。① 有功于地方安定的有功人物，自然成为民众祭祀的对象。

其他海康县旧税课司侧有洪圣庙，元末废②。可见南海神的离宫在雷州半岛经过宋代的地域扩展到元代已经消亡。遂溪县南三都港口，每岁二月和六月的十二日，于此祭祀东海之神。成化中知县重建，万历时已废③。东海之神，实际上因处遂溪东南而称雷州湾及附近海域的海神，属自然崇拜。

徐闻县锦囊城东关的关帝庙，相传因清初海寇洋二、洋三聚集数十船围攻锦囊城，城上忽有一髯公并引火大炮，伤贼船数艘，贼退而髯公隐遁，民众保全，皆以为关帝显圣。④ 这同于上述遂溪县通明社关帝天妃庙阴佑地方安定，击退海寇，有功于地方。

另外，雷州还有宁国夫人庙。宁国夫人为五代时人，姓李。"李氏勇敢有谋，众皆信服，遂推以为主帅。伪南汉既平，余党剽掠，皆为李氏兵所败，一方赖之，号宁国夫人，祠于雷州。"⑤ 元重建，明清仍存于城南宁国坊⑥，今仍存于雷州城南伏波祠旁不远处，号称"西园古庙"。

其他康皇庙，祭祀康王康保裔，海康县有庙二，一在曲街（同治四年县绅捐修），一在关部（道光十八年建，光绪三十年重修）。真武庙，在海康县南门外宁国坊，明清多次修建。⑦ 这些甚或并非海神庙，但其司职地方水利与安定，间或司佑海上平安。

总之，雷琼海神庙宇众多，从海神祠庙的修建记录来看，官方、商民、当地士绅成为修建祠庙的主力。特别是官方，地方政府和官吏的推崇功不可没。他们或出于祈求神灵荫佑军事战斗的目的，或出于弘扬忠义、彰显功德之目的，但都在客观上对当地民众产生了一定的教化作用。历史时期，琼、雷地区的商贸活动、军事用兵促进了当地海神信仰的发展与兴盛。相当多的庙宇坐落于墟、市、埠港、渡口附近及军事战略要地，这些

---

① 道光《广东通志》卷一五一《建置》。
② 万历《雷州府志》卷二一《古迹》。
③ 同上。
④ 宣统《徐闻县志》卷六《秩祀》。
⑤ 《广东新语》卷八《女语·五女将》。
⑥ 嘉庆《雷州府志》卷八《坛庙》。
⑦ 民国《海康县志》卷六《坛庙》。

墟、市是当时人们经济交流的主要场所，港、埠、渡头等是交通和经济发展的要津。加上琼雷自然环境、地理位置、民众的生产、生活都与海洋关系十分密切。正如屈大均《广东新语》卷六《神语》云：

> 海神甚灵，嘉靖间有渡琼海者，见海神特立水上，高可丈余，朱发长髯，冠剑伟丽，众惊伏下拜，海神徐掠舟而过，有光经久不灭。次日有三舟复见，大噪拒之，风波大作，舟尽覆。语云："上海人，下海神"。盖言以海神为命也。粤人事海神甚谨，以郡邑多濒于海，而雷州出海三百里余。琼居海中，号特壤，每当盛夏，海翻飓作，西北风挟雨大至，海水溢溢十余丈，漂没人畜屋庐，莫可胜计，盖海神怒二郡民之弗虔也。

### 2. 琼州

"琼州为南极奥区，外海内黎，防守綮要。盖山海危险之区，亦志士慷慨立功名之地也。"[①] 历代重视海南岛的海疆边防，国家也旌表有功于海疆的将士，建庙立祠。嘉靖三十六年（1557年）知府黎秀建琼州忠勇祠，以祀御海寇阵亡官兵陈进等十五人。[②] 清嘉庆八年（1803年），于琼山东郊浮粟庵左敕建昭忠祠，并"准将出洋捕盗，伤毙淹毙各官兵附祀，著为令"。道光十二年（1832年）琼州总镇黄建功率部巡洋，舟覆，建功及随行官兵百余人捐躯。新建昭忠祠于锁钥门外，琼州道、府、厅、县暨各标营官兵踊跃捐钱，新庙中祀总镇黄建功，"而水陆各营前后出师阵亡，洋巡巡掩没，并捕黎伤毙官弁兵丁，悉以次设位附焉"。道光十四年（1834年）新祠建成，官兵"走执豆笾，莫敢不共，莫敢不祗"。建祠目的，"使人鼓感奋发，鼓其忠义之气而坚其敌忾之心"[③]。每岁春秋地方文武官员择吉日至祠行礼，并无部颁祝文。

海口与海安相对，除以上所列庙外，还有在琼山县海口所城北门的靖海庙。[④] 水仙庙，在琼山县海口都，祀柳毅，元重修，后附天妃庙。[⑤] 其

---

[①] （清）张塈春：《昭忠祠记》，道光《琼州府志》卷三九《艺文志下》。
[②] 咸丰《琼山县志》卷五《建置志·坛庙》。
[③] （清）张塈春：《昭忠祠记》，道光《琼州府志》卷三九《艺文志下》。
[④] 道光《琼州府志》卷八《建置·坛庙》。
[⑤] 正德《琼台志》卷二六《坛庙》。

他苟氏夫人庙，元参知政事云从龙母，葬海滨，乡人称半天婆婆，显灵救患不减天妃。① 晏公庙，洪武初建庙于琼山城北大路一里西厢下田村，永乐三年重建；邱浚屡祷有应，清初移于县城小北门内；另一庙在府城永宁桥西巷。② 泗州大圣庙，在琼州府治东。③ "按郡城海口每坊中莫不有所祠之神。各村各乡亦莫不有所建之庙，祀典不及，视史难详。今三择其事迹略显及原志所载者列之，其余则概从略。"④ 可见琼山县祭祀神灵之多。值得注意的是，明代琼州府"仰止祠在郡学右，祀王公义方以下四十人，主于崇德以劝士；先贤祠在道右，祀路公博德以下十九人，主于报功以慰民"⑤，教化学生与郡人作用可见。琼山县昭忠祠、风神庙、龙王庙、关帝庙与其他社稷坛、风云雷雨山川坛、贤良祠等一样，列入群祀，"祭品银两系任均平项内支销"；汉两伏波将军祠、十贤祠、苏文忠公祠、江张二公祠等历代名贤各祠堂，"每岁春秋，由地方官俸致祭"；"北帝庙、晏王庙、马王庙、华光庙、潘天仙庙即东湖神君庙，灵山六神庙、昆耶山神坛、澹庵祠、峻灵王庙，以上各祠庙，每岁遇神诞，地方官捐廉致祭，不支经费"⑥。由此可见，官方祭祀的各神灵地位不同，群祀、有功地方的名人先贤以及地方的神灵祭祀，都列入官方的祭祀，但其地位不尽相同，从祭祀与神诞香火来源上，不难看出官方的祭祀还是有别的。前两者明显有官方祭祀的印痕，而地方的神灵灵山六神庙、昆耶山神坛、峻灵王庙、澹庵（胡铨）祠则明显以民间崇拜为主，官方仅为辅助。

其他文昌西北九十里东田头河旁的龙王庙，因浮木从海飘河上刻木为像立庙。⑦ 崖州近海则有龙王庙。⑧ 龙王当是沿海地区祭祀的重要神灵。

文昌县北铺前市有昭应祠，同治年间林凤栖等同建。祭祀神灵为一百零八兄弟公。咸丰元年（1851年）夏，清澜商船由安南顺化返琼地，商民买椟附之，六月十日泊广义孟早港，次晨解缆，越巡舰员弁窥见物载丰

---

① 民国《文昌县志》卷一八《杂志·纪异》。
② 正德《琼台志》卷二六《坛庙》，咸丰《琼山县志》卷五《建置五·坛庙》。
③ 正德《琼台志》卷二六《坛庙》。
④ 咸丰《琼山县志》卷五《建置·坛庙》。
⑤ （明）唐胄：《三祠录序》，道光《琼州府志》卷三九《艺文志》。
⑥ 民国《琼山县志》卷九《经政·祀典》。
⑦ 民国《文昌县志》卷三《建置·庙宇》。
⑧ 《崖州直隶州乡土志》卷下《祠庙》。

富，遂将一百零八人割耳后绑捆沉海，并焚船献首。越王是夜梦见"华服多人喊冤、稽首，始悉员弁渔货诬良"。适有持赃入告，"严鞫得情"，诛杀"奸贪官弁""示众"，从此，"英灵烈气往来巨涛骇浪之中，或飓风黑夜扶桅操舵，或汹涌沧波引绳觉路，舟人有求必应，履险如夷，时人比之灵胥，非溢谀也"。可惜民国初期，这座庙宇已圮。① 除清澜外，铺前也有此庙。今天这一带还保留有几座祭祀一百零八兄弟公的庙宇。海南籍侨民也多建此庙祭祀，以保平安。泰国、越南、马来西亚、新加坡等国海南人聚居的地方大都建有此庙。"昭应庙""孤魂庙"或"兄弟公庙"，都是这种庙的称谓。由于这种神灵保佑南海海上交通，故今天这种庙在东南亚的沿海琼州籍人聚居地有此信仰。

乐会县河南头岸上有水府庙，道光十五年（1835年）知县重修。② 乐会县三江庙，每遇神诞，由地方官员捐廉致祭；龙王庙每年二、八月上辰日祭祀，祀文有"维神德洋寰海，泽润苍生"；风神庙每年二、八月上巳日祭祀，祀文有"息海鲸祥"③，三者神职都应与海上交通与地方安定有关。临高县龙王庙与乐会县同，列入群祀，祭祀时间与祝文也同。风神庙也列为群祀，祝文"消山挥浪，海琼祥和"④。清代万州周村小海边五龙庙。⑤ 陵水的龙王庙，一在城南；一在桐栖港；一在赤岭港。其中城南庙，康熙知县创建，乾隆知县重修。⑥ 官方作用不可低估。

琼州清代观音庙（堂）就有七座，分别在文昌清澜和紫贝山、乐会县东门外、儋州东门外、万州东关、陵水县城隍庙右、崖州西门外。文昌县清澜城内观音堂，康熙县令何建，康熙五十五年知县重修⑦。因清澜近在海边，观音应有庇佑海上平安的职能。其他各庙，"然所称广大慈悲、度救苦难。唯观世音为尤著。琼，南海舶往来，波涛甚险。观世音常救于其间，盖慈航济德莫厚焉，人之敬且奉也"。乾隆五十九年（1794年）陵水知县瞿云魁捐俸、"士民与客商"等民众合资一千余两银而重建

---

① 民国《文昌县志》卷三《建置·庙宇》。
② 道光《琼州府志》卷八《建置·坛庙》。
③ 宣统《乐会县志》卷三《祀典》。
④ 光绪《临高县志》卷五《建置·坛庙》。
⑤ 道光《琼州府志》卷八《建置·坛庙》。
⑥ 道光《广东通志》卷一五一《建置·坛庙》，道光《琼州府志》卷八《建置·坛庙》。
⑦ 咸丰《文昌县志》卷三《建置·坛庙》。

观音庙[①]，其荫佑海上交通职能成为建庙的主要原因。而且，以上庙宇大多建于沿海地带，神职司辖海上交通。

乐会县治博鳌港，处万泉河口面临大海。水神真武庙宇有分布。真武像铜铸甚古。元末，"有番船载至港口，即不能前，舟人以筶卜之，知神欲留兹土，乡人遂舁至庙而祀之"。明初，有人盗真武像，真武灵显。庙在县治西，后移北门城楼后起中街行乐寺，与观音合祀。[②] 真武神、观音都有庇佑海港交通畅顺神职。

## 第三节 珠江三角洲海神信仰的地域分布与社会空间

珠江三角洲以清代区划来看，以广州府为中心，包括肇庆府、惠州府部分地域，为研究方便，特一并述之。

### 一 南海神为代表的国家官祀地方化后的扩展

南海神祝融，作为国家岳镇海渎和海上保护神之一，早在隋朝已在广州建立官方的祠庙，宋代南海神及其祠庙不仅为国家岳镇海渎祭祀的一部分，而且由于南海神在历次镇压广南东路地方起义中屡显奇功，降旱之甘霖，卫国护城，封号加爵竟达四次之多。[③] 正是南海神庇佑一方平安，逐渐走下高高的国家祭祀坛，变成亲近民众的祭祀之神，南海神赋予了更多的神职功能。本节拟对南海神（洪圣王）离宫的地域分布和地域扩展进行探讨。

（一）宋代至明代广东各地南海行宫的地域扩展

宋代有涉水、风、潮、雨等南海自然诸事，甚至刀剑之灾、剿寇护城等，南海神都法力无边，救民于水火。两宋南海神崇拜走向高峰，主要是南海神更加贴近民众，真正成为保佑国家和地方安定的神灵。每年农历二月十三日，南海神正诞，万人空巷，专赛海神祠。至迟在南宋淳熙六年

---

[①] （清）瞿云魁：《重修观音庙记》，乾隆《陵水县志》卷九《艺文》。
[②] 康熙二十六年《乐会县志》卷二《秩祀》。
[③] 王元林：《国家祭祀与海上丝路遗迹——广州南海神庙研究》，中华书局2006年版，第184—191页。

(1179年）左右，南海庙会已经形成。宋代南海神的四次封号，讨灭地方叛乱，护城救灾，都反映了南海神的神通，得到了官员和百姓的一致称誉，甚至圣旨御封。而地方风调雨顺、五谷丰登，民众安乐，亦对官员政绩的好坏和升迁起到很大作用。官民皆认为这一切都要基于南海神的庇佑。正是从上至下形成对南海神的崇敬和祈祷，加之，南海神的神奇造化，其成为两宋广南东路最高的地方神灵，"濒海郡邑靡不建祠"。广州城旁的南海西庙①、东莞（治今地）、英州（治今广东英德）、南雄（治今地）、新州（治今广东新兴）等地南海庙相继建立。

熙宁初，东莞城东立南海王庙，重和元年（1118年）改建于孤洲上②，临江更能体现南海神的威武和神勇。今天在珠江三角洲一带残存的大量的"广利王"庙，仍用宋代称号，或是宋时庙宇的延续，或有其他原因，但无论如何，都与宋时南海神的隆祀与香火旺盛有关。宋时这些南海祠庙的建立，虽然与上述所言"故凡祠庙赐额、封号，多在熙宁、元祐、崇宁、宣和王时"有关，但更多与南海神保佑一方平安有关。东莞建庙，后来的大溪岛起义，也更证明了南海神阴助官军平定的作用。宁宗庆元三年（1197年）夏，广东提举茶盐使徐安国"遣人入（大溪岛）捕私盐，岛民不安，即啸聚千余人入海为盗"③。大溪岛即今大、小屿山群岛，据珠江口要冲。新任广州知府钱之望一方面"即为文以告于（南海）神"，祈求南海神保佑平乱；另一方面调兵遣将，与大溪岛众四十余艘战于扶胥口前大海中，"军士争先奋击，呼（南海）王之号以乞灵"，纵火焚船，擒首徐绍夔，又捕余众。皆"益仰王之威灵，凡臣（钱之望）所祷，无一不酬"，得胜之时，官民皆以南海王神力相助，"阖境士民以手加额，归功于王，乞申加庙号，合辞以请"。"除已先出帑钱千缗崇饰庙貌外"，次年五月，尚书省下牒赐"英护庙"额。④ 这是继八字王爵封号后，南海神的又一次封号。不过此次封号是封南海神宅。

南岭交通要道的南雄，也早在淳熙以前建有离宫，地点与郡城外南市的东岳庙相望。淳熙时（1174—1189年），通判林楫重修，绍定间为贼寇

---

① 王元林：《宋南海神东西庙与广州海上丝绸之路》，《海交史研究》2006年第1期；《再论宋广州南海神庙相关史实——答赵立人先生》，《海交史研究》2008年第1期。
② （宋）姜驼：《南海王庙记》，康熙《东莞县志》卷九《秩祀·坛庙》。
③ （宋元）佚名：《两朝纲目备要》卷五"宁宗庆元三年夏"。
④ （宋）钱之望：《庆元四年五月尚书省牒》，道光《广州通志》卷二一二《金石略》。

焚烧;绍定五年(1232年),郡守黄宬重建。① 其南的英州,郑侠曾于元丰时作《代辞广利王(庙)》。称呼"唯神之德天覆地载"②,还是荫佑地方的。

宋代,新州之乱,南海王广施法力,官民即在新州南街建有庙③。哲宗元祐元年(1086年)十一月,新州(治广东新兴)土豪岑探,"率群党四五千人围新州",征讨兵士沿途滥杀无辜,岑势日炽。广州新任知州蒋之奇调兵遣将,以钤辖杨从先捕杀岑探,滥杀民众的士兵亦被诛。④ 此次围新州不过一日,至明岑党即散去。是夜,天降大雾,"震风凌雨凝为冰泫",因北方冷空气南下而致岭南出现霜冻,"群盗战栗,至不能立足;望城上甲兵无数,怖畏颠沛,随即溃散"⑤。官民又以为是南海王大显神威,状奏朝廷,皇帝"下太常拟定所增徽名,礼官以为王号加之六字矣,疑不可复加"。徽宗、钦宗"诏工部赐缗钱,载新祠宇,于以显神之赐"。官民皆"务极崇奉"⑥。后来在新州设立离宫,与南海神在此荫佑地方有关。

历宋代在广东其他地区建有离宫,元明两代,南海神庙宇已在广东各地多有分布,鳞次栉比。但"以海神渺茫不可知",各地海神崇拜有地域性,"然今粤人出入,率不泛祀海神","凡渡海自番禺者,率祀祝融、天妃;自徐闻者,祀二伏波"⑦,南海神祝融与天妃、伏波等海神分享人间香火。

明代有关建南海神庙行宫的记载不绝于书。广州南海神西庙,重建于嘉靖十三年(1534年),地点在太平门外第十铺,又称洪圣西庙⑧,地在今广州文昌南路与下九路交界处广州酒家附近。除南海西庙(洪圣西庙)外,南海县境明代还有黄鼎司丰宁堡唐头乡的洪圣庙、西隆堡夏头乡的洪

---

① 宋《南雄路志》,见《永乐大典辑佚》第四册,中华书局2004年版,第2481页。
② (宋)郑侠:《西塘集》卷五《代辞广利王(庙)》。
③ 《舆地纪胜》卷九一《广南东路·新州》。
④ 《续资治通鉴长编》卷三九一"哲宗元祐元年十一月丙子"条,《续资治通鉴长编》卷三九八"哲宗元祐二年四月癸巳"条。
⑤ (宋)陈丰:《南海广利洪圣昭顺威显王记》,收入道光《广东通志》卷二一一《金石略》等。
⑥ 同上。
⑦ (清)屈大均:《广东新语》卷六《神语·海神》。
⑧ 乾隆《广州府志》卷一七《祠坛》。

圣庙（景泰年间建），神安司梯云堡太平墟的洪圣昭明龙王古庙（崇祯十二年即 1639 年建）、大通堡芙蓉冈的洪圣昭明龙王古庙（崇祯四年即 1631 年重修）。① 洪圣为南海神于宋康定元年（1040 年）所加封号，皇祐五年（1053 年）增加"昭顺"。太平墟和芙蓉冈两庙虽然方志用清雍正封号，但这两庙无疑建于明甚或更早。

同城而治的番禺县，辖广州城以东之地，除南海正祠外，清前期"茭塘都板桥、冈尾、新厅各乡皆分祀之"②，其中不乏明代重建的南海神庙宇。其中板桥南海祠在崇祯十二年（1639 年）重修。③ 而南海正祠附近鹿步司火村，宋时已建南海神庙，明洪熙间，钟澹乐迁居此村，子姓日盛，重加兴修。④ 长洲岛下庄洪圣沙西的洪圣庙，据重修碑载，此庙建于元至顺元年（1330 年），到明代，沙亭的南海离宫，屈大均"高曾之所俎豆，灵怪之所凭依，世修其祀罔或懈"。屈大均也曾为沙亭南海离宫祭祀撰写过祭文，"此方士女，所恃离宫。天吴海怪，饮食咸丰。咸波不溢，禾稼芃芃。分龙有雨，怒飓无风。清和春仲，远近来同。波罗望拜，相应雄钟。虔申礼荐，以达玄聪"⑤。

顺德县古朗南海神庙，明正统间建。其中，明知县吴廷举、提学魏校"两毁淫祀"⑥，大量庙宇毁坏，这其中不乏地方上的一些南海庙亦被拆解。东莞县南海王庙多处都有，"在石冈者盛"⑦。

惠州府龙川县县城西门大街，洪武二年（1369 年）县丞严重建洪圣王庙。⑧ 潮州府兴宁县有"古洪圣庙"，至正德时已久废。⑨ 南海庙最东达潮州府揭阳县，而且修建时间较晚。万历二十四年（1596 年），建南海庙于揭阳蓝田新亨埠，祀广利洪圣王。⑩ 粤东明时仍少见南海庙，这与粤东潮州多天妃庙有关。

---

① 道光《南海县志》卷一二《建置略》。
② 《古今图书集成·职方典》卷一三〇九《广州府祠庙考》。
③ （明）黎遂球：《莲须阁集》卷一五《南海神祠碑记》，诗雪轩校刊本。
④ 同治《番禺县志》卷一七《建置略》。
⑤ （清）屈大均：《广东新语》卷六《神语·海神》。
⑥ 咸丰《南海县志》卷一六《胜迹》。
⑦ 崇祯《东莞县志》卷三《学校志·贤祠附庙》。
⑧ 嘉庆《龙川县志》卷二一《坛庙》。
⑨ 正德《兴宁县志》卷二《坛庙》。
⑩ 乾隆四十四年《揭阳县志》卷二《学校志·庙宇》。

粤西的洪圣南海王庙较多，恩平县的洪圣古庙，也称大王庙，建自宋元甚或明初，崇祯十四年（1641年）乡人重修这座建于恩平城北鳌山之阳的洪圣庙。① 开平县长沙所，"四面滨海，为往来要冲"，"据开平上游，走恩平而通新宁"，三县河流"至此若朝宗焉"。"商贾辐辏，货物毕集，一水陆统会也"。此地洪圣庙"尸祝以来，不知几易世焉"②。万历三十一年（1603年）十二月，新会县平康都长沙里（今开平长沙镇）信士"喜舍白银铸造洪钟一口，在于大庙宣封南海洪圣广利大王案前，永远供养"③。长沙从宋元甚或明初至今，濒临潭江，如此形胜之地，商贾方集，南海神庙自然受到青睐。新会县天河月湾里红花庙，"祀南海神，洪武十七年建"，因附近有红花木十多株而得名，"有祷必应"④。香山县恭常都上栅村洪圣庙有"正统十一年"钟款、黄旗都黄角村洪圣庙也有"天启七年"钟款⑤，这两地有洪圣南海神无疑。高要县水边村东，崇祯二年（1629年）建洪圣庙。⑥ 德庆州洪圣祠多处，其中一处为罗石宫，在尚容洞，明万历四十二年（1614年）重修。⑦ 肇庆府，因明洪武间敕祭，各县纷纷建立庙宇，直至清乾隆时，"今州县各乡皆立庙"，且古洪圣庙"今庙宇所在都有，岭南人庙祀唯此最多"⑧，当非虚语。其他阳江县顿钵山上，明嘉靖中知县吴焕章因阳江临海建海坛，春秋望祭⑨，当亦祭包括南海神在内的海神。

值得注意的是，从明宣德年间开始，与南海正庙一海（江）之隔的沙亭屈氏家族，因施田为庙产，获得在正庙祭祀中的一定特权。在祭祀礼仪中，道、佛亦参与其中。家族势力、佛、道在神灵信仰中发挥着自己的力量。《广东新语》记载：

    庙向无祭田。宣德间，吾从祖萝壁、秋泉、南窗三公，始施四六

---

① 道光《肇庆府志》卷七《建置·坛庙》。
② （清）谭云扬：《长沙洪圣庙碑记》，民国《开平县志》卷四二《金石》。
③ 明《长沙洪圣庙钟》，民国《开平县志》卷四十《金石》。
④ 道光《新会县志》卷四《建置·坛庙》。
⑤ 道光《香山县志》卷五《金石》。
⑥ 宣统《高要县志》卷六《营建·坛庙》。
⑦ 光绪《德庆州志》卷五《坛庙》。
⑧ 《古今图书集成·职方典》卷一三五〇《肇庆府祠庙考》。
⑨ 同上。

顷六十八亩，在波罗海心沙、东马廊、西马廊、深井、金鼎、石鱼塘，田乃潮田，岁一熟，淤泥所积，子母相生，今又增数顷矣。庙中有道士一房，僧二房，收其租谷。岁仲春，十二、十三日，有事于庙，萝壁子孙主道士，秋泉、南窗子孙主于僧，予从兄士煌有碑志其事。而吾乡沙亭，与庙仅隔一江，一舸随潮，瞬息可至，以有祭田之供，辄视之为家庙焉。①

到清代，"屈公祠，在庙门内东北，祀番禺沙亭乡屈原裔族。子屈鉴、族孙屈怀义，皆舍田以供祀事"②。屈公祠在清代进入国家祭祀的南海神庙内，真正显示了地方家族势力在祭祀神灵中的特权，在一定程度上也反映了国家和地方政府控制这一宗教场所力量的削弱。

虽然今天所保留有关广东南海庙的记载十不一二，但仍能从中窥出粤东、粤北少见南海祠，而珠江三角洲及粤西一带，南海祠分布较密集。之所以形成这样的地理分布格局，这与当地河网稠密、南临大海密切相关，也与这里主要居住的广府民系有关。民众信奉南海洪圣广利王，与南海神的司职以及有求多应有关。就近便利祭祀祈答，是粤中、粤西多南海神行宫的重要原因。番禺板桥南海神祠修建就是如此。板桥位于番禺鹿步南海正祠之南，"凡奉办香赛谒，则必渡海而后得谒于庙，往返必竟一日"。而"板桥更立为神祠，当大南冈之下，古道之冲，所以便近祝，其来旧矣"。什么时间建庙不得而知，不过，黎氏祖先迁居板桥后，"今数世（万历至崇祯）繁衍千丁，衣冠代起"，"代显而有大功于朝"。明末广东名儒黎遂球的祖先就在祠侧"有园居"，今且家焉，每岁"伏腊必归而祀于祖，因获随诸父兄后，肃诚会祀于神见。夫祈者必应，祷者必福"。南海神庄重端正，民众"常跪、举酒、拜叩、烧烛、献楮，颙若望之，神容色凛然，酕醄，故莫不敬畏"。虽嘉靖初广东督学魏校大毁淫祠，板桥神庙亦在拆毁之列。但还未来得及拆毁，魏校即被调离，而"至祠柱犹有锯痕"③。神庙历尽劫掠，终得保存，人们认为其间与南海神法力广大有关。当然，广大信徒的虔诚信奉也是其中一个原因。

---

① （清）屈大均：《广东新语》卷六《神语·海神》。
② （清）崔弼：《波罗外记》卷二《庙境》。
③ （明）黎遂球。《莲须阁集》卷一五《南海神祠碑记》。

"夫以天子之尊，侯王之贵，觐聘有仪式，会同有时候，无或敢亵且渎者，然华封人得以祝。"南海神同样如此。虔诚信奉，"是故神而致福，则宜祠，祠而岁久，则宜于修饰"。黎遂球弟遂璧于崇祯十二年（1639年）重修板桥南海祠，重修原因除与上述黎氏家族居此不断昌盛外，另一原因当与黎遂球谢神降福佑其父病愈有关。万历四十七年（1619年）夏，黎遂球"为父病，祷之神，请以身代，继而父愈，遂球亦竟得宽于罪谴，至于南北往反，频危获免，皆信为神力"。故黎遂璧"偕兄弟募工，易祠垣以砖，使可坚久。拓为厨所便斋献，他规度仍旧则，以师青乌家之遗意，毋敢增杀弇侈"。其间"匠某窃匿色料去，忽若冥冥中有击之者，昏闷沉痛，亟输诚来还之，请罪，百叩，乃苏。若是者，皆神之威灵显赫，使非所宜祀，则其能然？"南海可谓明察秋毫，神威无处不在。因此，黎遂球兄弟等"因肃诚斋洁，为文勒石，用彰休贶。且垂告后人，俾勉强为善，以迓神福而系以诗，使歌之，亦乐神焉"。遂球作诗曰：

绛节兮云霓飘摇，气蒸山兮神乘潮。持地兮生子，居天一兮空轮。何轨帝傩兮禅代，吾求福兮同彼泰岱。神谓吾兮无伤，迎明王兮壶浆。蔗菱兮芦蒪，贵为王侯兮不吐吾食。唯善为馨兮诚信是实，南山巍巍兮春波灏灏。蛟龙鼋鳌兮虬螭，神驾兮雾霭光漏，而参差冕旒兮龙衮，植锸观叹兮扶畚。黄木湾兮露花之津，去复来兮福吾善人。

从中不难体会南海神在民间确实有降福作用。正因如此，板桥"本南海之屿，籍祝融之庥庇，乘风潮而往来，虽甚震撼，无或倾沮。出云雨泽，时和年丰，波涛流宕，汰其害气，无有疾疠，停毓祥淑，人物畅拔，靡不赖焉，是故四业之民，岁时奔走，惟南海之神是托是赖"[①]。民众才会"仓廪足而知礼节"，祈答南海神。

总之，从明代南海神的分布来看，珠江三角洲和粤西是其分布的重点地区，继续沿用宋代的分布格局，不过，由于明代中后期广东倭寇、海寇以东部为多，随着官军的助剿活动的频繁，南海神的不时显灵，其崇拜在广东潮州一带稍有增加。上述崇祯时南海神帮助郑芝龙歼灭刘香等海寇就是例证。揭阳也有南海庙。但是，民间因潮州人多为闽南迁居而来，天妃

---

① （明）黎遂球。《莲须阁集》卷一五《南海神祠碑记》。

崇拜仍然是这里的主流，因此，南海神的分布仍然维持前代的地域。翻修与重新修建的原因也多为有求必应，感谢而重饰或新建庙宇。诸凡百姓日常生活的诸多事件，大到婚丧求嗣，小到日常头痛脑热，诸凡各种事件常有显应，这也是地方上多建有行宫的主要原因。上述番禺板桥南海庙的重修就是因为祛病还愿而重修的。当然，地方上因为南海神降甘霖救民水火，灭盗寇保一方平安，当地官员也例行建祠，或遵圣旨等，这也是南海祠离宫建立的原因之一。真正因为南海神庇佑海上航行安全而修建或重建南海离宫的数量较少。但不能因为明时有如此多的庙宇，在地方上扮演重要的作用，就否认南海神崇拜在国家祭祀中已经衰败的事实。

（二）清代广东南海神（洪圣王）庙宇的地域扩展

清代南海神庙的地理分布的重心仍在珠江三角洲的广州府、肇庆府、惠州府等。广州府各县基本上都有南海庙分布。南海县有数十个，诸如，太平门外第十甫的洪圣西庙，建于嘉靖十三年（1534年），为康熙六年（1667年）、二十一年（1682年）奉谕祭所①；江浦司六个：先登堡横冈村（宋建，有明钟）、太平乡、简村堡禄舟乡、蟠溪堡隔涌乡、蟠溪堡大涡（以上五个称南海广利神庙）、海舟堡李村上墟（乾隆建，亦称南海神庙、河神庙）；黄鼎司四个：丰宁堡唐头乡（明建）、大富堡村头、西隆堡夏头乡（明景泰建）、上围堡小唐乡（皆称洪圣庙）；五斗口司六个：磻阳乡、佛山堡普君墟、岳庙铺、鹤园圃、大基铺、富文（一作民）铺（皆称南海神洪圣庙）；神安司四个：梯云堡太平墟（明崇祯十二年即1639年）、盐步堡南井村（宋初建）、虎榜村、大通堡芙蓉冈（明崇祯重修）（皆称洪圣昭明龙王古庙），其他金利司没有分布②，三江司有一处洪圣大王庙③，"其余各村庙宇细小未备迹"。其中佛山普君墟，雍正七年（1729年）重修，富民铺（长庆堡）道光元年（1821年）建。④统计以上南海县南海神庙有二十二个，其中宋建两个，明建四个（大通堡芙蓉冈崇祯重修计入明），清建十六个。海舟堡李村上墟桑园围，"当西北两江之冲，而西江汹涌尤甚"，建南海神庙镇之，"大水存至他围，往往十

---

① 道光《南海县志》卷一二《建置略》。
② 同上。
③ 《古今图书集成·职方典》卷一三〇九《广州府祠庙考》。
④ 民国《佛山忠义乡志》卷八《祠祀志》。

缺七八，而我围独完，又莫不荷神之庥"，因护卫桑园围有功，"围内南顺十四堡缙绅岁以仲春祈祀，季冬报赛，意至诚典至重也"。

故从乾隆六十年（1795年）桑园围合围公建庙开始，道光五年（1825年）重修，光绪二十四年（1898年）增高改建，花费白银一万零九百两①，民众如此虔诚，与南海神护堤之功密不可分。实际上，南海十八堡"桑园围地隶广州吉赞横基，宋明以来建有洪圣庙，祀南海之神，配以何公执中、张公朝栋。河清基亦有洪圣庙，今圮"。上述乾隆六十年（1795年）通围绅民创建南海神祠于李村新基，布政使题额楹联，"其余围内各堡洪圣庙尚多，非围基专祀"，桑园围及围内各堡几乎都有洪圣庙，海舟堡李村上墟南海庙，几乎在建庙同时，嘉庆元年（1796年），"拨祀田陈军涌口水生沙坦一顷一十三亩五分零"，"陈藩宪拨沙坦充祀典示"，"令勒石以垂久远"②。官员出面，拨祀田保证祭祀香火的来源，平息地方纷争，共享神灵的庇佑，南海神已成为地方保护神。

番禺县，南海神正祠在其县境，除正祠外，"新荄、塘都、板桥、冈尾、新厅各乡皆分祀之"③。而冈尾南海神祠在茭塘司潭山村西，建于清顺治五年（1648年）④；乾隆二十七年（1762年）建的凌边都观音洪圣庙，将观音、南海神庙宇共建⑤。值得注意的是，冈尾南海神祠也称"冈尾庙"，在潭山村（今番禺化龙镇潭山村）西，十八乡居人建。当地民众以为他们这里是庙头南海正庙的龙尾，这里十八乡都共同供奉潭山村南海神庙。

与南海正祠一江之隔的番禺县沙亭"亦有南海离宫"⑥。而海中长洲岛洪圣沙西的洪圣庙，据重修碑载，此庙建于元至顺元年（1330年），清道光时重修。今庙宇内仍存有一定数量的礼器，香火旺盛。鹿步司火村南海庙建于宋，明重修⑦；乾隆四十九年（1784年）东山七乡于七星岗建庙，"内祀南海神"，嘉庆十九年（1814年）重修、道光六年（1826年）、

---

① 宣统《南海县志》卷六《建置略·祠庙》。
② 《桑园围总志》卷九《祠庙》。
③ 《古今图书集成·职方典》卷一三〇九《广州府祠庙考》。
④ 乾隆《番禺县志》卷一九《艺文》、（清）邓正蒙：《重修冈尾南海神祠记》。
⑤ 宣统《番禺县续志》卷五《建置志·坛庙》。
⑥ （清）屈大均：《广东新语》卷六《神语·南海神》。
⑦ 同治《番禺县志》卷一七《建置略》。

十一年（1831年）重修，同治元年（1862年）又增加附近二乡重葺[①]。此庙也称为东山庙，这里也形成了南海神祭祀的小圈层，"乡人讲信修睦咸集于此"[②]。鹿步司火村有庙，建于宋时邝氏，明洪熙间钟氏居此繁衍众多，重修庙宇；员村也有"洪圣宫"[③]。而《粤海关志》卷五《口岸·黄埔口图》所画在黄埔码头夷务所旁的洪圣庙，即今新滘黄埔村的洪圣庙，说明至迟在清代中期这里洪圣庙已经存在。今广州黄埔区大沙镇茅岗村的南海神庙，建庙年代无考，黄应丰先生根据庙碑考察，此庙经历康熙五十八年（1719年）、乾隆十一年（1746年）、乾隆四十七年（1782年）、乾隆五十五年（1790年）、嘉庆三年（1798年）、嘉庆十一年（1806年）、道光四年（1824年）、同治、光绪等多次重修。重修碑记一般都表明此地南海神与庙头南海正庙的南海神（波罗神）一样，是其离宫，且"神明赫濯，雨顺风调，民安物阜，凡祈求祷祀者，感应如响焉，则与波罗之神灵一也"。而今广州黄埔区南岗镇境，宣统《番禺县续志·地图》也在广九铁路南、南海神正庙北画有洪圣庙，应该是公坑洪圣庙。慕德里司古鉴乡九龙祠，"供奉南海广利王，香火鼎盛"[④]。番禺县的南海别庙亦应有数十座。今天河区珠村原来也有洪圣庙。海珠区华洲街土华村也有洪圣王庙，始建于乾隆年间，后多次修葺。这里的神诞是二月初九，而且传说这里洪圣王排行老三，黄埔庙头正宫洪圣王排行老二，南海（一说顺德）排行老大，这些传说应是借黄埔庙头洪圣王（南海神），抬高自己当地洪圣王的地位，其附会臆想成分不言而喻。

花县炭步镇茶塘村、藏书院村都有洪圣庙。茶塘村洪圣古庙建于嘉庆二十一年（1816年），光绪二十八年（1902年）重修。笔者亲至其地，今庙中有巡游的各种道具。但正殿却摆放着南海神洪圣王与北帝两位神像，看来北帝神后来也加入这一庙宇的祭祀中了。藏书院村洪圣庙，神像也放南海神洪圣王与北帝两位，神像上方却是大雄宝殿。庙中有乾隆十二年（1747年）《重建洪圣王庙碑记》、嘉庆七年（1802年）《重修洪圣王庙碑记》、光绪二十九年（1903年）《重建洪圣王庙碑记》等碑记五方左

---

[①] 宣统《番禺县续志》卷五《建置志·坛庙》。
[②] 同治《番禺县志》卷一七《建置略四·坛庙》。
[③] 同上。
[④] 同上。

右。其中嘉庆七年（1802年）《重修洪圣王庙碑记》记载："神灵永妥，利泽长流，将见坐贾行商，人人腰缠万贯；犁云锄雨，岁岁户足千仓；奋志芸窗者，望重皇都。总籍广利灵乎洪恩，默佑于靡既矣。"这里的有关洪圣王的事迹，民众记忆已经模糊，大庆不是圣诞日二月十三，而是正月十五元宵节。

东莞县，南海王庙"各处多有"①。清时县西大荫巷的南海庙仍较著名。②《粤海关志》卷五《口岸·虎门口图》所画东莞县虎门税馆旁即有洪圣庙，说明至迟在清代中期这里洪圣庙已经存在，同卷《口岸·镇口口图》所画东莞县镇口税馆旁有靖海神庙，亦应是南海神庙无疑。东莞南海庙有数十座不成问题，而且兴建时间都较早。镇口虎门山畔靖海神庙，嘉庆十五年（1810年）总督百龄奏建，敕赐"佑民溥惠"封号，颁给"福佑环瀛"匾额。③ 此次封号赐额，与南海神"以彰助顺事"有关。

顺德县，与东莞县共扼珠江口，其南海神庙城内分布在城南新路、东北城根大王庙（讹称孔圣大王，实为洪圣大王庙，旧楹联"星狼顿息，风鹤无惊"）以及光华村，马宁司所属杏坛、麦村、东马宁、仓门、沙头、菱溪，江村司龙山（后由金紫阁迁官田）、古朗（明正统间建），都宁司所属林头、菱溪（与马宁司所属菱溪非一地），紫泥司所属伦教（乾隆中淤塞，新滘碑存此）、碧江海口、三桂、沙头等十七处④，虽不及天后宫的四十多处，但"且中多创自宋元以来"⑤，历史悠久，明清庙宇应亦不少。天妃庙、北帝（北极）庙、南海神成为顺德民间三大祠庙。

增城县，"南海洪圣王庙有二，一在西街，一在潭头岭下，俗谓石角庙，今并废"⑥。明嘉靖时，早期所建庙已废。清时，雷铺相江浒旁亦建有洪圣庙。⑦ 今新塘甘涌村渎岗南街仍有洪圣庙，有四块石碑，其中两块分别是乾隆二十二年（1757年）、嘉庆二十四年（1819年）重修的捐款

---

① 康熙《东莞县志》卷九《秩祀·坛庙》。
② 嘉庆《东莞县志》卷三六《祠庙》。
③ 《清续文献通考》卷一五四《郊社考·礼三》。
④ 咸丰《顺德县志》卷一六《胜迹略·祠庙》。
⑤ 同上。
⑥ 嘉靖《增城县志》卷一八《杂志·寺观类》。
⑦ 《古今图书集成·职方典》卷一三〇九《广州府祠庙考》，同见嘉庆《增城县志》卷八《祠祭》。

题名碑。增城与其南河涌交错的东莞相比，其南海洪圣王庙明显数量少。

香山县，洪圣王庙在海洲村，清乾隆时已废。① 这与五座天妃庙中，明建清重修以及清新建形成鲜明对比②，也与清末光绪、宣统时，香山县设立基督教各会派的教堂十五处之多形成鲜明的反差③。不过，今天中山沙溪圣狮村仍有洪圣殿（大王庙），每年四月初八浴佛节，人们在此为舞龙点睛，然后巡游圣狮村、象角、龙聚环。据说，洪圣王曾为这一带民众指点躲过瘟疫的迷津，村民都认为洪圣神灵保佑，故这一天，做木龙、金龙、银龙三条龙，祛除瘟疫，鞭炮齐鸣。这其中明显是把浴佛节与洪圣信仰结合起来。

新会县，大王庙在泗水桥④，另外，横冲、江门南兴街亦有大王庙⑤。大王庙很可能就是今蓬江区潮连村的洪圣大王庙，今二月十三日"大王官"出游仍然持续，十分热闹。不过，新会县天后庙的数量仍有一定规模，至少有四五座，而且屡显灵异、诸如中礼都礼村的天后庙，乾隆初修，嘉庆时因"贼匪张保掳掠乡民，屡显灵异"⑥，香火旺盛。

新宁县即今台山，地濒大海，天后、龙王、真武等水神多有。在广海寨城南门湾附近的龙王庙，是雍正五年（1727年）因龙神降雨，命各省迎奉京师所造大小二像回粤奉祭，好像龙王神与南海广利王神合二为一。不过，广海寨南门湾附近的天后宫却是与城同建⑦，在一定程度上，反映了天后在沿海堡塞人们心目中的地位还是要高于南海王。

赤溪厅即后来的赤溪县，今珠海斗门。洪圣古庙在漕冲堡南阳村，建置无考，同治六年（1867年），天主教改其为天主堂，遂废。光绪十四年（1888年），绅民捐贽改建古庙之右。⑧ 洪圣庙还有一定的生命力。

三水县境内江河纵横，洪圣庙也多分布，"三江南岸皆专庙奉祀"⑨。

龙门县有洪圣古庙三座，一座俗称石厂庙，"在镇江废墟，庙内建有

---

① 《古今图书集成·职方典》卷一三〇九《广州府祠庙考》。
② 康熙《香山县志》卷二《建置·坛庙》、民国《香山县志续编》卷四《建置·坛庙》。
③ 民国《香山县志续编》卷四《建置·坛庙》。
④ 康熙《新会县志》卷九《祀典》。
⑤ 道光《新会县志》卷一四《坛庙》。
⑥ 同上。
⑦ 光绪《新宁县志》卷九《建置略》。
⑧ 民国《赤溪县志》卷二《建置》。
⑨ 《古今图书集成·职方典》卷一三〇九《广州府祠庙考》。

水月宫，道光二十二年（1842年）重修"；一座在龙华墟，称洪圣宫，明万历间建，乾隆二十二年（1757年）里人庠监生李杰重建，道光二十六年（1846年）绅士李英兰、李晋兰等以祖尝赀重修；另一座也称洪圣宫，在蓼溪文昌祠左，比县境一座天后宫、一座龙王庙要多。①

清远县也有洪圣庙，在头塘汛，与天后宫一样，零星有分布。② 今山塘镇马安鲤鱼捷村石榴岗上，仍有当地莫、邓、刘、王、林、薛等32姓与商家于乾隆元年（1736年）修建的洪圣庙。这里居北江支流与滨江交汇的河流（人称清西古运河）大回旋处，水面宽阔，成为南来北往商贾与当地民众祭祀的场所。嘉庆二十年（1815年）重修。

清代，今香港为新安县所辖，虽然，嘉庆《新安县志》上卷七《建置略·坛庙》没有记载与南海神（洪圣王）相关的庙宇，但并不否认这里也有相关的庙宇。宋代庆元三年（1197年）官军荡平大屿山盐枭叛乱，地点就在今香港辖境。今大屿山石壁洪侯古庙是兼奉洪圣大王和杨侯的连体庙宇。大屿山的沙螺湾把港大王庙亦即祀洪圣大王。大屿山的梅窝，每年洪圣王神诞的农历二月十三日，这里有"水灯及天灯节"，向大海和天空放灯，渔民与当地居民祈求洪圣王庇佑，祈福祭神。香港湾仔洪圣宫，在英国租借香港时就已存在，后因城市建设拆毁，原来的庙宇旧址在今香港皇后大道东街口，正对大王东街和西街的位置。大王东街、大王西街命名，就与洪圣古庙有关。今九龙尖沙咀对岸也有洪圣宫。新界东的牛尾海滘西岛南的滘西村有洪圣庙（村民多捕鱼为生，建庙为保平安，庙大约建于1889年以前）。南丫岛、鸭脷洲也都有洪圣庙，建庙时间也应早在清代或民国时。而元朗旧墟的大王古庙，全称为茅洲流水感应大王。茅洲大王即洪圣王，据说与迁界时洪圣大王到新安茅洲有关。今香港的十八乡的木桥村、马田村和田寮村的神厅也奉有茅洲流水感应大王的神位③。赤柱有洪圣大王宫，也有水仙庙，水仙爷牌位为"护国庇民水仙爷爷之神位"，有些船民认为水仙爷等同于洪圣大王。④

惠州府龙川县，在县治西门大街即有，明洪武三年（1370年）县丞

---

① 咸丰《龙门县志》卷六《坛庙》。
② 光绪《清远县志》卷四《建置·坛庙》。
③ 周树佳：《香港诸神起源、庙宇与崇拜》，中华书局2009年版，第236—237页。
④ 戴伟思：《龙涛风神》，香港海事博物馆有限公司2008年版。第26页。

严重建，祀南海洪圣王，后废为察院地基，今为防守署。而山池约岩下河边的天然石室中也有洪圣宫，"士商祷祀灵应"①。此中天妃宫两座，一在雷乡驿右，宋郡守韩京建，一在东坝河泊所，永乐十九年（1421年）建，建置时间较早；而城东上五里的龙王庙，乾隆十年（1745年）知县文师大与邑绅士建，"遇旱祷雨立应"②。多种水神并存的现象在广东各府州屡见不鲜。

河源县，也是天妃庙与洪圣王庙并存。康熙时，天妃庙有二，洪圣庙仅在县西门外建有一座。③

其他惠州府各州县志也多载有天后宫、龙王庙等，南海洪圣庙少见。

潮州府"以形胜风俗所宜则隶闽者为是"④。闽省为天妃发源地，天妃随闽人而传入潮州，故潮州水神与海神多是天妃，诸府州志也多载其间盛事，而南海王庙却少见。揭阳县蓝田新亨埠有祀广利洪圣王的南海庙，万历二十四年（1596年）建⑤；惠来县广利王庙，在神泉城外之西，清初还有名于世⑥，这两座是粤东潮州地区为数不多的南海王庙宇。

处于粤、闽、赣三省交会的嘉应州，居韩江上游，这里也多天后庙、龙王庙，而南海庙寥若晨星。嘉应州最西的兴宁县，与惠州府龙川县比邻，在明正德时所见到的"古洪圣庙，久废"⑦，清时更难寻其踪迹，而是多见天后宫⑧。

粤北的韶州府，地处北江上游，有天后宫、龙王庙、龙母庙，还有伏波将军庙、泷神、惠济等地方性水神庙⑨，却少见南海王庙，始兴县马子㘵墟的大王庙，是否与洪圣大王有关，待考。⑩

肇庆府仅次于广州府，是南海神庙分布另一重要地区所在。"今州县

---

① 嘉庆《龙川县志》卷二一《坛庙》。
② 同上。
③ 康熙《河源县志》卷八《寺观》。
④ （明）王士性：《广志绎》卷四《江南诸省·广东》。
⑤ 乾隆四十四年《揭阳县正续志》卷二《学校志·庙宇》。
⑥ 雍正《惠来县志》卷三《庙宇寺观》。
⑦ 正德《兴宁志》卷二《庙坛》。
⑧ 咸丰《兴宁县志》卷三《规制志·庙祠》。
⑨ 《古今图书集成·职方典》卷一三一八《韶州府祠庙考》。
⑩ 民国《始兴县志》卷六《建置略·坛庙》。

各乡皆立庙"，"今庙宇所在都有，岭南人庙祀唯此最多"①，此言虽有夸大，但南海神洪圣庙在珠江三角洲一带多布，应是事实。仅乾隆时肇庆府及所在的高要县，小石顶及水坑都各有一座古洪圣庙。② 始建于明崇祯二年（1629年）水边村东的洪圣庙，历经清朝数次重修，民国时仍然有名于世。而附近横石冈顶顺治年间创建，光绪三十四年（1908年）大雨水涨，西周鼎继冈麓基堤已决，乡人占卜于神，皆吉，抗洪抢救，"卒获保存"③。

四会县，绥江贯穿其境，亦水乡地，其城西北临绥江地建有洪圣庙，"其地居人稠密，商旅麇至咸借庇"，赖洪圣神"数百年商旅获舟楫之安，居人无昏垫之患，以清以晏，共乐太平"。建置无考，乾隆五十九年（1794年）重修，咸丰间毁于战火，同治六年（1867年）重建④。其他洪圣庙分布在柑榄铺渡头，嘉庆十一年（1806年）建；在四股松崀村，在三甲；在五股黄塘辣山西村下；旧志一在社甫铺，嘉庆十六年（1811年）重修，光绪十六年（1890年）迁建三界市；一在一甲三角塘，一在寻源村逍遥庙，祀洪圣大王（逍遥庙，四会有多座，一般不是洪圣庙）。⑤

高明县，洪圣庙据不完全统计，乾隆时已有二十多座。"仙村四座，铁冈一座，泥滘一座，孔堂四座，苏村一座，清泰一座，黄泥塘一座，第村一座，岑水三座，山坪一座，陈村一座，罗塘一座，宋坑一座，各村皆一座。"⑥到光绪时高明县的洪圣庙：石州村一座、周田村一座，渡水一座，高田一座，县城东门外亦有洪圣古庙一座（道光三年即1823年重修），罗塘一座（道光四年即1824年重修），郎锦村一座（嘉庆十八年即1818年迁建，光绪十九年即1893年又建），东洲左岸一座、小岗塘角坊一座，圆冈村边一座，铁炉村一座，罗罙村下关一座，樟州下一座，坐阁村左松冈嘴东北一座，利村西边塘对岭一座，珠冈村一座，山平村一座，独冈村一座，豸冈村一座，石路村一座，布练村一座，仙村尾仁里坊前一座，桥头市村左狮冈前一座，对村大塘面坊前一座，庙村一座，横坑村一

---

① 《古今图书集成·职方典》卷一三五〇《肇庆府祠庙考》。
② 同上。
③ 宣统《高要县志》卷六《营建·坛庙》。
④ 光绪《四会县志》编二下《坛庙》。
⑤ 同上。
⑥ 《古今图书集成·职方典》卷一三五〇《肇庆府祠庙考》。

座。除此之外，还有良村广利庙。①

　　肇庆府其他各县也多有洪圣庙。鹤山县洪圣庙各村有十二所，新兴、开平、恩平多有。② 新兴县城东南朝岳坛的洪圣庙建于宋绍兴，乾隆时仍有庙田。③ 恩平县城北鳌山下的洪圣古庙（即大王庙），崇祯十四年（1641年）修，乾隆三十一年（1766年）重修。其间洪圣王于康熙初显灵庇佑恩平民免受盗寇侵扰。嘉庆十年（1805年）又重修。④ 除鳌山洪圣庙外，上凯冈、塘口、路冈、公塘、潢步头、大田、山下十八乡洞均有洪圣庙。⑤ 开平县长沙洪圣庙，应早在明万历三十一年（1603年）即亦存在，长沙洪圣庙钟即是例证。⑥ 这里"四面滨海，为往来要冲，据开平上游，走恩平而通新宁，三县河流奔赴而来"，"商贾辐辏，货物毕集，一水陆都会也"。赖神保佑，水陆交通安全，"不被寇者数十年"，嘉庆二十二年（1817年）又重修长沙埠洪圣庙。⑦ 阳江县在顿钵山上，明嘉靖时建海坛，"以本色近海为坛，春秋望祭"，乾隆时已"久废"。而北津城左隅峎山临海处亦建有洪圣王庙。⑧ 就连龙母祖庭所在的德庆州，州东十里亦建洪圣祠，顺治三年（1646年）建。另一为罗石宫，万历四十二年（1614年）重修，清光绪时宫及附近的玫杯石为沙壅；又一为镇龙宫，在市步。⑨ 肇庆府洪圣庙多布可见一斑。

　　高州府也有一定数量的南海离宫，只是随着时间的推移，至清末时保存下来的仅两三座而已。吴川县濒临大海，城外西门街即有洪圣庙，县南八十里广州湾旁亦有洪圣庙，庙额题曰靖海宫。⑩ 高州府治茂名县北门外二里即有洪圣庙，北门外还有广利庙。⑪ 有人认为此广利庙即龙王庙，与

---

① 光绪《高明县志》卷一六《杂志·庙宇》。
② 道光《肇庆府志》卷七《建置·坛庙》。
③ 乾隆《新兴县志》卷一八《寺观》。
④ 道光《肇庆府志》卷七《建置·坛庙》。
⑤ 民国《恩平县志》卷七《建置·庙》。
⑥ 民国《开平县志》卷四十《金石》。
⑦ 同上。
⑧ 《古今图书集成·职方典》卷一三五〇《肇庆府祠庙考》。
⑨ 光绪《德庆州志》卷五《坛庙》。
⑩ 光绪《吴川县志》卷三《坛庙》。
⑪ 光绪《茂名县志》卷二《建置·坛庙》。

雍正二年封四海龙王、南海为昭明龙王有关。① 实际上，高州府茂名县北门外的广利王庙，早在明万历时已见诸记载②，与后来雍正封龙王无关，故有关清广东南海龙王庙，因其来源并非都与雍正二年（1724年）加号龙王有关，因此，除特别注明外，一般不计入南海离宫。与此数量较少形成明显对比的是，高州府的各州县，几乎每县都有不止一座天后宫，无论是清初康熙时的《高州府志》卷二《祀典》，还是清末的光绪《高州府志》卷九《建置·坛庙》，都有相关记载，甚至信宜县南门外河东的天后宫早在明成化时已修，以后历代不断修复。③ 天后庙宇遍及沿海及内河池泊，之所以较南海神有较多的香火，正如康熙《高州府志》作者所论，"能御大灾，则祀之灵漱，天妃是也"④。南海神已无原来不断灵异的光彩，逐渐脱离民众，黯淡地退出岭南民众祭拜的神坛。

雷州府统辖雷州半岛，其沿海一带的民众与琼州府一样，多来自福建，天后崇拜兴盛。⑤ 虽然伏波庙在徐闻县城也有分布，海安城南关渡头也有龙王庙，但远不如天后庙的香火旺盛。⑥ 原来较古老的海上交通神伏波、南海王，远不如后来的天后神，其衰败应有多种原因。

（三）南海神（洪圣王）庙地域分布的特点与建庙原因

以上粗浅地勾画了南海神庙在岭南的地理分布，从这些南海神庙的分布不难看出，与其他海神、水神一样，南海神庙多建于临海临江的交通要道，诸如码头等附近，有些也在县城人口稠密地区分布，这与官府、商人有着紧密的关系。当然，广大乡村所建的规模较小的洪圣庙，应是南海神在民众中信仰的具体体现。与天妃（妈祖）庙相较，只在广州府、肇庆府部分县中，南海神仍占优势，数量应较天妃庙为多，但在广东绝大部分府州县中，天妃已成为人们普遍信仰的海上与水上神灵。虽然《古今图书集成·职方典》卷一三五〇《肇庆府祠庙考》言，肇庆府"州县各乡皆立（南海）庙"，"今庙宇所在都有，岭南人庙祀唯此最多"。而粤东、粤北少南海神庙宇已是事实。

---

① 光绪《高州府志》卷九《建置·坛庙》。
② 万历《高州府志》卷七《寺宇》。
③ 光绪《信宜县志》卷八《记述·金石》，光绪《高州府志》卷九《建置·坛庙》。
④ 康熙《高州府志》卷二《祀典》。
⑤ 万历《雷州府志》卷一一《秩祀志》。
⑥ 宣统《徐闻县志》卷六《秩祀志》。

从建庙修庙的人员来看，参与南海神庙修建的人员呈现多样化，上及政府官员、下及广大民众。其中，政府官员、士商扮演着最重要的角色。龙川县洪圣古庙就是明初县丞所建。① 龙门县龙华墟的洪圣宫，乾隆、道光时分别重建，重建皆是乡绅李杰祖孙所为。② 四会县绥江边洪圣庙、恩平县长沙洪圣庙，商人应是其重修的重要人员。而广大散布在各乡间的洪圣或广利小庙，民众是其修建庙宇的重要人员。

波罗庙除为国家祭祀的场所外，也成为地方社会参与祭祀的重要场所。清代以来，形成了许多不同的祭祀圈。波罗庙逐渐成为附近乡村民众凝聚人心的重要场所。波罗庙十五村共祀南海神。邻近十五村即夏村、墩头墩尾、正心街、南湾、东湾、东平坊、沙涌、鹿步、大小塘头、双岗、沙浦、华坑大庄、庙头、西湖、贯街，分开祀奉洪圣王五儿子像，分三个乡村祀奉一个神像，夏村等供奉洪圣王大儿子大安神像，南湾等祀奉洪圣王二儿子元安神像，沙涌等供奉洪圣王三儿子始安神像，大小塘头等祀洪圣王四儿子祖安神像，双岗等供奉洪圣王五儿子长安神像。每五年为一届"大会景"，各三村具备仪仗队，抬着各自神像，逐村进行"鉴贡"，各村搭有"贡棚"，里边陈设各种食物饭菜，以迎祭神像，各神像在各村巡行完毕，到南海神庙为洪圣大王即父王祝寿，而各村人也蒸糕裹粽，以祀神及赠送亲友。③ 这种五子朝王的民俗，"安"实际上是"案"，十五村分五组，不同的神案抬到南海神面前，实际上表现了在共同的南海神的信仰下，地方社会认同感在神灵信仰上的表现。"大""元""始""祖""长"，更表现了各村神灵都是第一，平起平坐。唯一的差别是，有先后顺序而已。故地方上在共同信仰的主题下，达成和谐一致的"大会景"，国家祭祀与地方信仰完美统一。

南海神庙除国家修建的正庙外，在番禺等地的乡村还形成了一定的祭祀圈。这些祭祀圈，以南海神（洪圣王）庙宇为中心，附近几村参加开展祭祀活动。上述从乾隆四十九年（1784年）以后直到咸丰时，东山（南海神）庙一直是附近七乡共同修葺和祭祀。同治元年（1862年），附近两乡加入，共同修庙祭祀。

---

① 嘉庆《龙川县志》卷二一《坛庙》。
② 咸丰《龙门县志》卷六《坛庙》。
③ 简满桂、张超佐：《波罗庙传说》，《黄埔文史》副刊，第27—29页。

上述番禺冈尾南海庙为附近十八乡民共同祭祀，"十八乡居人建。每岁神诞前芨（荌）日（第八日）出游镇，仪仗、执事，分乡轮值置办，争新斗艳，周而复始。至诞期演戏七日，岁时祈赛之盛亚于波罗"①。当地民众以为他们这里是庙头南海正庙的龙尾，这里十八乡都共同供奉潭山村南海神庙。每年逢南海洪圣王神诞，附近的戴（石楼赤岗村戴氏）、陈（石楼赤岗村陈氏）、大（大岭村）、凌（凌边村）、乌（乌石岗村）、石（石楼村）、西（西山村）、白（潭山村白石祠）、右（明经右里）、溪（岳溪村）、官（官溪村）、红（潭山村红石祠）、仙（仙岭村）、草（草堂村）、山（山门村）、左（明经左里）、苏（眉山村又名苏坑村）、南（南部村）参与出会游乡。南部村后来实力单薄，无力操持接迎洪圣王，在同治时退出，仅剩十七乡出会游乡，轮流主持。今庙会已恢复，西山村、石楼赤岗村、山门村还保留有原来十八乡出会用的神轿。石楼赤岗村神轿由乡民于光绪二十七年（1901年）捐造，还有彩牌，写有"南海王""昭明龙王"，后者与雍正封南海神的封号有关。看来，清代以冈尾南海神祠为中心，形成了南海神在地方上的祭祀圈。香港茅洲大王（洪圣王）以元朗古墟为中心，出现再向附近传播的祭祀圈层。当然，冈尾还有祭祀天后诞和北帝诞的习俗。上述凌边都观音洪圣庙，男女神摆放一起，接受民众朝拜，民间已经把两神融合一起，形成心目中独特的多神信仰并行不悖的祭祀场景。

南海神（洪圣王）庙宇不断复修的原因，无非就是祈求和报谢神灵。"故祠宇自波罗而外，所有郊墟村落，极峻巨辉煌而莫之禁。饮水思源也，亦礼也。"② 广州府的番禺、南海、东莞、顺德等县应是南海神离宫的重要分布地区。今存留有关各地南海庙修建资料不多，但从中依稀可看出各地南海庙修建的原委。番禺县境板桥的南海离宫已见明代。清代号称"小波罗"，这里存放一枚洪圣王玉印，据说是距今二百年前黎姓先祖跃伍公从正庙中请来，敬献给板桥"洪圣大王"。洪圣王玉印无形中提高了板桥洪圣王庙的地位。出行船只和民众往往盖印，祈求平安无恙。清顺治五年（1648年），与南海正祠一江之隔，因"庙隔江壖，波涛森阔，农氓妇子，竭告维艰"而建冈尾潭山村南海离宫。时"我十八乡绅耆因于适

---

① 同治《番禺县志》卷一七《建置略》。
② 宣统《番禺县续志》卷五《建置志·坛庙》。

中地，择冈尾之阳并建离宫一所"。一切大事皆在此聚会商议，"凡宣扬上谕、里递、催科与夫人士课文暨一切奖善惩恶等事胥会集于此庙"。人们于此祷神祈福消灾，"自昔沧桑告变，伏莽梗途，继以两藩肆虐，兵寇交讧，人鲜宁宇，当此百姓濒危之日，默祷于神，罔弗转祸为福，不特水旱灾祲有求响应而已"①，南海神灵异成为人们在动荡社会中祀奉其的主要原因。同样，番禺东山南海神庙，"乡人讲信修睦咸集于此"②。这成为维系地方和谐社会的神圣场所，成为进行修行仁义礼智信等社会道德的很好地点。

虽然岗尾南海庙"已创有巍宫，犹以地隔数乡，难遂朝夕瞻依之愿"，凌边乡民"念洪圣王灵涵丹壤，德被朱垠"，"谋与观音庙同建，计醵金得四百三十余两，为宇三，深八丈余尺，广二丈余尺"。③ 建庙原因也与洪圣王荫佑民众有关，祈求"神悦人安"。

番禺员村洪圣庙，在维系地方安定中发挥一定的作用。"咸丰四年（1854年）红匪披猖，神著灵异"，县令李福泰题庙额"圣灵因果"④，应是在政府镇压红巾军起义中有荫佑作用。

东莞虎门靖海神庙，其建立与国家庇佑海疆安全有关。由于南海正庙在珠江（波罗庙附近也称为波罗江）转弯处，据两广总督百龄奏疏，"波罗江水所由出海者曰虎门，距庙尚遥远，乃为今之中路海口。两山束隘，潮汐出入其中，商贾帆樯，往来鳞集。奴才现在请设水师提督即拟驻扎于此"。看来，嘉庆十四年（1809年）水师提督设立于虎门，受总督节制。总督百龄看重这里为中路交通要冲，海防重地，这应是建庙的地理条件。此外，在设水师提督的同时，总督百龄"查看海道，请求海防。曾经默祷于神，若得肃清洋面，愿于该处鼎建庙宇"，祈祷发愿在先；其次，总督百龄收抚中、东两路投诚人等并皆于此受降。

> 昨者大帮舟师剿捕西路之贼，风帆顺利，波涛不惊，得以迅达琼南，使乌石二等窜逃无及。舟师往返四千余里，为期总两月有余。海

---

① 乾隆《番禺县志》卷一九《艺文》，（清）邓正蒙：《重修冈尾南海神祠记》。
② 同治《番禺县志》卷一七《建置略四·坛庙》。
③ 宣统《番禺县续志》卷五《建置志·坛庙》。
④ 同治《番禺县志》卷一七《建置略四·坛庙》。

隅之民咸称神助，此实仰赖我皇上声威震叠，怀柔百神，是以波神效灵如响斯应，允宜推广圣主秩望之意，增崇庙祀，以答甚麻。①

因此平定西路乌石二海盗及接受郭学显、张保等中西海路两万海盗投降，百龄专门有诗曰："庚午四月督师高雷，剿寇克捷，粤海胥平。"② 这次建庙，封号题匾，与南海神佑有关。清代后期，随着海道日益重要，水师提督驻地虎门镇口靖海神庙的设置，是适应这样的大背景而出现的。而陪享，左三分别为辅宁侯、济应侯、助利侯；右三分别为赞宁侯、顺应侯、助威侯，与庙头正庙一样，有六侯陪祀。③ 这里每年春秋二、八月壬日，东莞知县亲往致祭，"行二跪六叩头礼，余仪同南海庙，支祭银十八两，在四分公用内动支"④，这里是官方祭祀的重要场所。

总之，明清南海神（洪圣王）庙形成了以官方祭祀的中心之外，各地都形成了以某一南海神（洪圣王）庙为区域中心的祭祀圈层。这些庙宇，是当地议事、处理地方社会矛盾以及宣化教育的重要场所，也是民众以及族群寄托信仰的场所所在。每年神诞，轮流执事和承办仪仗，成为团结地方社会，凝聚乡民感情，祈求和答谢神灵的重要节日。南海神（洪圣王）的地域传播，各地广建庙宇，南海神职不断扩大，俨然在有些地方成为地方保护神。其地域扩展有许多原因，但神灵灵异，庇佑地方民众，地方基层社会提倡和传播，是其地域不断扩大的重要原因。

（四）广州城附近港口与南海神庙关系

广州城西南的码头是中外货物的装卸地，城西南的十三行，"洋船争出是官商，十字门开向二洋，五丝八丝广锻好，银钱堆满十三行"⑤。十三行以东的濠畔街，"广州城郭天下雄，岛夷鳞次居其中，香珠银钱堆满市，火布羽缎哆哪绒。碧眼蕃官占楼住，红毛鬼子经年寓。濠畔街连西角楼，洋货如山纷杂处"⑥，应是明末写照。清初，"今皆不可问矣"⑦。中

---

① 道光《广东通志》卷一四六《建置略·坛庙》。
② （清）百龄：《守意龛诗集》卷二七《庚午》。
③ 民国《东莞县志》卷一八《坛庙》。
④ 道光《广东通志》卷一百七十《经政略·祀典》。
⑤ （清）屈大均：《广东新语》卷一五《货物·纱缎》。
⑥ （清）邱光任、张汝霖：《澳门纪略》卷上《官守篇》。
⑦ （清）屈大均：《广东新语》卷一七《宫语·濠畔朱楼》。

外商货云集之地由濠畔街移向西南的十三行街,"广东十三行街,为西洋诸国贸易之所"①。十三行夷馆南的码头、十三行夷馆、十三行街共同组成了清代中后期广州城南中外商贸交往的绚丽图卷。

广州城"人民富庶,埒于苏杭",珠江"绕城东南入于大海"。清光绪时,沙面"舟楫盈江几数万","笙歌达旦,官不能禁"。"临江为十三行,为诸番人贸易处,其番人号为鬼子,深目高鼻,须发皆卷,房屋高峻,窗棂悉饰玻璃,门外高台,番人持千里镜照之,能瞩数十里"②。十三行一带贸易发达,娱乐业也盛极一时。

怀远驿西北的洪圣西庙,在广州海上丝路的港口、贸易区变迁过程中,仍然起着海上保护神作用。道光《南海县志》卷一《省城图》、《(南海)县境捕属图》仍然在县城西南显标洪圣庙,直至光绪《广州府志》卷六七《建置略·坛庙》仍然有名于世。让人费解的是,清仇巨川《羊城古钞》卷三《祠坛》将康熙元年(1662年)都察院董笃行奉谕祭以及康熙二十一年(1682年)礼部杨正中奉谕祭载于洪圣西庙下,且"有碑记"。而阮元道光《广东通志》卷一四五《建置略·坛庙》在南海东庙下引《(广州)府志》云:"香亭左右则自前代至国朝祭告文皆使臣所勒",不应在西庙。而光绪《广州府志》亦参阮《通志》《南海志》《番禺志》等亦将康熙两次奉谕祭南海场地认作南海西庙。是记载有误,还是另有原因,值得探索。

"岭南十郡濒海,司海之神,庙食处处不绝。"上述南海、天后之外,顺治十八年(1661年),水师游击易知"始初知于役雷、廉,历险获夷,祝神辄应",故建龙王庙于广州靖海门外河旁,"凡渡海官贾,尸祝祈灵,以求履坦者,唯神佑之"③。这与"粤人信神而尚巫",渡海自然信仰海神,以至雍正二年(1724年)封南海神为昭明龙王,从中央分祀龙王神于广东,龙王、南海神自然融合到一体,他们与天妃及岭南沿海的其他临水夫人、伏波将军等共同成为人们信奉的神灵,其江海之滨的庙宇自然成为人们顶礼膜拜的对象。

《粤海关志》卷五《口岸》所附《黄埔口图》,清绘黄埔挂号口附近

---

① (民国)黄佛颐:《广州城坊志》卷五《西城·十三行》引慵纳居士《咫闻录》。
② (清)黄裳收:《沆亭杂记》之《岭南杂记》,光绪二十二年(1896年)刻本。
③ (清)樊封:《南海百咏续编》卷三《神庙》。

情行。黄埔税馆临江而立，永靖营护卫其旁，其西买办馆毗邻，琶洲塔耸立。码头登岸，路旁为福德祠，不远处为夷务所，北帝庙、洪圣庙分到西旁。洪圣庙西为民房，民房北有华佗庙。虽然每年都有百艘上下的外船来此停泊，但外船停泊不会对中国的洪圣、北帝等水神感兴趣，而来此进香大多是黄埔的民众和中国商船的人员。广州城东的黄埔，"唯查向定章程，商船准其进口在黄埔地方，兵船则在澳门外洋湾泊，不许擅入"①。清代黄埔（今广州新滘黄埔村）只是外国商船停泊之地。乾隆元年（1736年），令"外洋、红毛夹板船到广时泊于黄埔地方，起其所带炮位，然后交易，俟交易事竣，再行给还"②。黄埔地理位置有人认为在唐时黄木湾附近。韩愈曾称的"扶胥之口，黄木之湾"，"土语讹为黄埔，为省河要津，近为夷人停泊所矣"③。实际上，明清时期的黄埔较古时黄木湾偏西，地在广东城东，附近琵琶洲三埠，"东路之舟泊焉"④。除东路的浙闽船只外，"黄埔在水中央，周围皆洋货船，而内地尤帆樯如林，以外国贸易船比之，外国所纳税饷，不过本地百中之一，所以中国不甚稀罕外夷在夷之贸易"⑤。中外商贸船云集黄埔，不过，从雍正、乾隆始，"洋船到日，海防衙门拨给引水之人，引入虎门，湾泊黄埔，一经投行，即着行主、通事报明。至货齐回船时，亦令将某日开行预报，听候盘验出口。如有违禁货物夹带，查明详究"⑥。海防衙门驻澳门，引水人引船至黄埔，纳税后停泊黄埔。

黄埔不但是大部分外国商船进入广州必经和停泊之地，也是中国出海贸易商船出发之地。据不完全统计，康熙二十三年（1684年）至乾隆二十二年（1757年），从中国开往日本贸易的商船3017艘，其中相当部分是经黄埔起航的。⑦乾隆二十二年（1757年）至道光十八年（1838年），开往日本的八百艘商船，也多从广州黄埔港开出的。道光九年（1829年）

---

① （清）梁廷枏：《粤海关志》卷二六《夷商》。
② 《清高宗实录》卷二八"乾隆元年十月甲子"。
③ （清）樊封：《南海百咏续编》卷一《名迹》。
④ 康熙《新修广州府志》卷八《山川》。
⑤ （清）魏源：《海国图志》卷八三《夷情备采》。
⑥ （清）梁廷枏：《粤海关志》卷二八《夷商》。
⑦ （日）木宫泰彦：《中日交通史》，陈捷译，商务印书馆1931年版，第327—334页。黄启臣：《清代的黄埔港》，收入《名城明珠黄埔村》，广州出版社2001年版，第35页。

从黄埔港开往新加坡贸易船五艘；嘉庆二十五年（1820年）从黄埔开往暹罗的商船有八二艘，开往越南西贡港有三十艘，去福发的十六艘，去顺化的十二艘，去其他港口一百一六艘，去加里曼丹十艘，去爪哇七艘，去望加锡二艘，去安汶一艘，去马六甲一艘，去吉兰丹一艘，去林牙群岛附近岛屿三艘，去丁加奴一艘。① 这些不完全统计，足证中国商船出海之盛。海不扬波，这与黄埔村中的洪圣、北帝等起着护卫海上交通的神职密不可分。

虎门口的洪圣庙、天后庙、龙王庙等，亦起到庇佑海上交通安全的功能，以及其他总口、正税口、挂号口的天后庙（二十五个）、北帝庙（三个）、伏波庙（三个）、洪圣庙（二个）、龙王庙（二个）、水仙庙（二个）、水尾庙（一个）、靖海神庙（一个）、下洋庙（一个）。② 从粤海关诸多港口旁崇拜的水神看，天后已经远远高于其他水神，成为清代广东沿海拥有最多信徒的水神。北帝虽然主宰北方，但因司辖水，南方北帝神自然不少，佛山祖庙的北帝神是岭南最早的一座。伏波将军（路博德、马援）也因平定岭南及交趾而受后人垂青。洪圣南海神在民间已降为一般的水神，庙宇远少于天后，已远远不能与天后的神力相比，只能与北帝、伏波、龙王等水神并驾齐驱，其在海上的神威已远远降低，与海上丝路的关系已远不如从前。

值得注意的是，鸦片战争后，黄埔港口日渐衰落，由于码头淤积失修，黄埔洲与河南岛自然并连，影响船只停泊。同治时（1862—1874年），黄埔港迁往东面长洲的北岸，继续沿用黄埔港旧名，后来长洲亦随之称黄埔岛。长洲岛北部偏东处即有洪圣庙，据道光重修庙碑所载，庙创始于元至顺元年（1330年）。今其东的沙洲亦称洪圣洲。而在长洲岛西南深井，有凌氏始祖墓，明代凌迪迟所写的《南海神庙志》的南海庙是否就是长洲镇东北的洪圣庙，值得考虑。

不过，鸦片战争后，中外商人云集长洲，今长洲岛深井的竹岗外国公墓、巴斯山的无声塔都证明了外国人曾在长洲岛上居住，长洲岛北的孟买巴斯商人墓地也应是此时中印贸易的见证。而竹岗外国人公墓有数十块墓

---

① 田汝康：《十七世纪至十九世纪中国帆船在东南亚洲航运和商业地位》，《历史研究》1956年第8期。

② （清）梁廷枏：《粤海关志》卷五至卷六《口岸》。

碑，文字不一，大小不等，应是此时来华经商商人、政府官员和意外客死广州的外国公民，足见当时长洲岛在中外贸易和文化交流中的重要作用。[①] 巴斯商人信仰琐罗斯教，其他外国人信仰基督教、天主教不一，而长洲岛也有中国其他诸如洪圣等神的崇拜，近代中外宗教在长洲岛上并行不悖，反映了中外文化相互兼容。

由于长洲岛为江中孤岛，与陆上交通不便。辛亥革命后，孙中山先生在《建国方略之二·物质建设实业计划》中出："吾人之南方大港，当然为广州。广州不仅是中国最大之都市，迄于近世，广州实太平洋岸最大都市也，亚洲之商业中心也。"提议建设广州南方大港的构想。后港址选择在与长洲相望的珠江北岸即今鱼珠附近，1937—1938年在此兴建了深水码头，即今黄埔旧港港区。其东珠江转弯的北岸即是南海神庙，古扶胥港即在迩旁。从隋唐扶胥港到宋元琵琶洲港，从明清黄埔港（新洲）到近代黄埔港（长洲），从民间黄埔旧港到新中国黄埔新港，广州外港发生了一系列变化，但南海神庙及其离宫，一直都是这些港口不可缺少的组成部分。历代南海神庙殿宇不断翻修，成为港口近旁亮丽的风景。虽然明清南海神崇拜日渐式微，香火不旺，但其仍延续前代余晖，在中外海上交通中担任着保护神的角色，南海神虽贵为国家中祠之神，但其间神职还兼及风调雨顺、求子医病等有涉大众日常生活之难事，与中国其他民间信仰的神灵一样，成为百姓精神生活不可缺少的一部分。

## 二 广州府天妃等其他海神信仰

广州府另一重要海神无疑是天妃。早在宋代，广州城外已建立庙宇，这在《舆地纪胜》《方舆胜览》有明确记载。洪武三年（1370年），征南将军廖永忠在归德门外五羊驿东建天妃宫，春秋有司致祭。[②] 这是明代官方正式在广东省会建立的天妃庙宇，时天妃又赐加昭孝纯正灵应孚济圣妃。康熙五十九年（1720年）重修这一官方庙宇，以春秋二仲癸日致祭。由于"庙有数处，不主祭于有司，不悉载"[③]。看来官方记载多重于国家

---

[①] 《中国历史文化名城丛书》编辑部、黄埔区文联：《黄埔长洲旅游纵观》，广东地图出版社1991年版，第61、65页。

[②] 嘉靖十四年《广东通志初稿》卷二二《神祠》。

[③] 道光《广州府志》卷一百四五《建置略·坛庙》。

祭祀，而对于民间的天妃庙，阮元的道光《广东通志》没有记载。明清除归德门外五羊驿旁的天妃庙，近"小海"，距市舶亭、怀远驿也不远。另外，教场天妃庙也是明税监李凤所建。① 五羊驿旁的天妃庙，"凡下洋造舶，别为一小舶，如制，置神前，覆溺倾欹，兆必先见。遇颠危虔祷，即有火集樯上，或江鸥一只，舟可无虞"。康熙十九年（1680年），天妃加封天后。② 国家封号、神庙重修，广州府城附近其他天妃庙，"一在叠滘海边，一在太平门外洪圣王庙侧，一在瓦窑村河旁，一在太圃潭边村前岗顶，其余各村，庙宇细小，未备。一在佛山栅下铺河边"③。这些天妃庙多为民间所建，太平门外洪圣王庙侧的天妃庙，应是官民共祀之地。宣统《南海县志》卷五《古迹略》记载南海县大江堡海口乡等八处天后庙，皆近在水边或海边，多民间祭祀。番禺县与南海县同为附郭县，石楼乡中约天后庙康熙初建庙，乾隆十四年（1749年）、嘉庆十三年（1808年）、道光二十九年（1849年）、光绪十三年（1887年）重建。沥滘大市乡内天后宫，处在诸水汇聚入海之地，建庙自然与水有关。除上述所述外，棠下村水月宫，清初建，"素著灵迹"。咸丰四年（1854年），"红匪扰掠村落，围逼省垣"，地方举办团练。十二月七日夜，"贼艘数百并陆至者以万计四面环攻，乡中祥烟四绕，有白衣女子往来其中，而乡内寂然，贼疑惧不敢逼"，天明乡勇大破贼寇，县令李福泰题庙额"佑我邦家"④。庇佑地方安定，是使水神神职扩大的一个表现。

其他广州府沿海各县，明代新宁县有三处庙宇，嘉靖《新宁县志》卷四《创造志》载：一在城西门，一在斗峒渡头，与广海卫同时建立亦有广海卫城南天妃庙。⑤ 这里近海，神佑海上交通与海疆作用明显。乾隆《新宁县志》卷一《建置》云："亭前庙，祀天后，在亭前潭滘之上"，另一天后宫在上川三洲岛，这里四海茫茫，海神职能彰显无疑。新宁县城西正街的天后宫，历经乾隆三十三年（1768年）、道光二十年（1840年）、同治十年（1871年）等知县重修⑥，官方色彩浓厚。新宁县"天后

---

① 同治《番禺县志》卷一七《建置略·坛庙》。
② 同治《番禺县志》卷五三《杂记》。
③ 《古今图书集成·职方典》卷一千三百九《广州府祠庙考》。
④ 同治《番禺县志》卷一七《建置略·坛庙》。
⑤ 康熙《新宁县志》卷五《建置》。
⑥ 光绪《新宁县志》卷九《建置略上·坛庙》。

庙颇多，皆创自民间，或非建在要地，概不阑入"①。新宁亭前潭滘河"乃边海咽喉"，"虑外洋铜鼓风涛之险，浚是河为运粮商道也，河岸有亭，亭前庙，崇祀天后，英灵赫然"。②赤溪县立县后，于光绪二十二年（1896年）在城东二里许南旗山麓，官民同建天后宫。③这算是县一级较晚广东近海州县所立的官方祭祀天后的神庙。

新会县是文教昌盛之地，也是沿海冲要。据说宋咸淳间就建月山古庙，祀天妃，在香山黄角乡月山。④在明代就有四座天妃庙，一在三贤祠右，一在河桥大街直向濠桥直街，应是官民祭祀场所。而江海交汇处的江门，上埠天妃宫在江门石湾，内有观音堂；下埠天妃宫在江门市街。"余在各乡村者多不尽录"⑤至道光十九年（1839年）知县将官收的鸦片、烟馆、赌馆拨给天后庙，除城中天妃庙两座外，其余各铺祀田租额，以供各天妃庙。帝临堂、华美街和江门的丰宁街、开泥下街、井泥步头、水南渡头以及泷水口城，拨四十九亩多、租银十两给天后庙。⑥田租银两从制度上保证了天妃祭祀的财政来源，有利于天妃信仰稳定与祭祀活动的进行。崖门天后宫也在道光十九年，由千总张玉堂重建，知县亲自勘明东炮台河旁地，从水银坑至旧东炮台小水坑地的田租作为香灯之费，其他河塘乡桂园社学之右也有天后庙，而中乐都礼村的天后庙，乾隆五年（1740年）潭肇基修，嘉庆时贼匪张保掳掠乡民，天后"屡著灵异"⑦。天妃不断显灵，是天妃在民间信仰不断巩固的重要原因。

香山县官船厂，为备倭官船湾泊之所，正德中，千户盛绍德于官船厂立天妃像，后废。嘉靖二十四年（1545年）指挥田辄重建。⑧官船厂立天妃像，应是官方祭祀的体现，不过，从洪武二十七年（1394年）八月开始，明太祖命安陆侯吴杰、永定侯张铨率致仕武官往广东训练沿海卫所官军，以备倭寇。由香山至廉州，寇之西路，每岁夏四月，南风至，倭船易

---

① 道光《新宁县志》卷九《建置略上·坛庙》。
② 道光《新宁县志》卷五《建置略·坛庙》。
③ 民国《赤溪县志》卷三《建置·坛庙》。
④ 道光《香山县志》卷二《建置·坛庙》。
⑤ 万历《新会县志》卷三《规制略下·坛庙》。
⑥ 道光《新会县志》卷四《建置下·坛庙》。
⑦ 同上。
⑧ 嘉靖《香山县志》卷三《政事志·坛庙》。

于北来，谓之风汛。官军以是出海防守，毋得先期而扰，亦毋得后期而缓，获倭贼一人赏银五十两。由于东莞、香山等县捕逃疍户多附居海岛，"遇官军则称捕鱼，遇番贼则同为寇，出没劫掠，殊难管辖，请徙其人为军庶，革前患，仍请于要害山口、海汊立堡"。迁三灶等处疍民，"香山濒海多置营"，沙尾营、东洲营、镇头角等处军营莫不如此。① 官船厂军营建天妃宫，不言而喻，荫佑保障海上安全与沿海安定。而香山县河泊所前也早在洪武中由千户陈豫建天妃宫，并有祭田八十八亩多。② 河泊所在县西城外石岐山下，洪武十四年（1381年）设，嘉靖时已废，"来官者咸寓于民家"③。河泊所为管理疍民的征税、稽查机构，命运如此，天妃庙命运也寿终正寝。万历间，知县但启元又在石岐山南建天妃宫。④ 其他黄梁都乾雾村、仁都西厂分别有万历十二年（1584年）、万历二十年（1592年）庙钟款，足证这里也应建庙。⑤ 能够证明明代香山县天妃庙事迹的便是大榄的《重修大榄天妃庙碑》。

大榄的《重修大榄天妃庙碑》载："粤与闽境相接，而妃之灵爽，又每驾海岛而行，故粤不论贵者、贱者、贫者、富者、舟者、陆者，莫不香火妃，而妃亦遂爱之如其手足。"神职已不仅海上，俨然一方保护神。香山"四面皆大海，出必以舟，亦为其山泽之薮，群盗乘以出没，而妃之相之者，谶悉不遗。故其间或宦或士或农或商或来或去，有于海上遇危难者，群匍匐号泣呼妃"，"妃之如响应声"。大榄天妃庙建庙二百年，"在市廛之上"，民众报德，愧于庙貌卑陋，里人韩起龙、伍瑞隆等奉大檀越，经大榄、小榄、圆榄五十八堡筹钱修庙，古镇村民亦告，"妃告梦，使往救其疾也，经行男女，焚香顶礼如寒之就日"，筹金二百三十两，于崇祯三年（1630年）重修天妃庙。⑥ 民众修庙，天妃有功于地方，救渡护航，各种作用凸显，才有修庙之举，亦使天妃香火不断延续。

从官船厂的天妃像到后来建庙，嘉靖二十四年（1545年）指挥田锐又重修庙宇，乾隆五十年（1785年）、嘉庆六年（1801年）皆重修。石

---

① 嘉靖《香山县志》卷三《政事志·坛庙》。
② 康熙《香山县志》卷十《外志·寺观》。
③ 嘉靖《香山县志》卷三《政事志·行署》。
④ 康熙《香山县志》卷二《建置志·坛庙》。
⑤ 道光《香山县志》卷五《金石》。
⑥ （明）伍瑞隆：《重修大榄天妃庙碑》，见道光《香山县志》卷五《金石》。

岐山下天妃庙,乾隆三十年(1756年)、嘉庆二十一年(1816年)重修,"规模宏敞"①。其他下恭镇山场建天后宫,建于明代,道光间重修;张溪乡天后宫,嘉庆十三年(1808年)重修,濠头村天妃庙,光绪二十四年(1898年)创建。② 澳门莲峰山居民建新庙,祀"天后诸神"。③

顺德县近省会,河汊与海道纵横,天妃庙众多。较早的天妃庙为宋咸淳六年(1270年)于弼教西约建,此与南宋末帝昺入粤有关。万历八年(1580年)迁至弼教东约。明代"圣人兼以神道设教,百灵奔趋,衔命就位,以辅二气,使民不疵病,五谷蕃熟,唯神坤德载物,柔顺利贞,博厚悠久,保民无疆"。国家利用神灵统治地方作用不言而喻。清代,仅乾隆五十三年(1788年)就有荫佑剿灭台湾林爽文起义,再获封号之举。广东地方也在乾隆时,"官舸渡河",波涛汹涌,"怪物牛马汩没","不得经渡",官吏祈祷天妃,"天光莹发,八溟若境",风涛静止,大鸟出没,熊熊光芒,魂魄阴气"集于危樯,厥翅隐蔽,舟驯以从"。"岭海士夫论南徼神祠,灵迹昭著",顺德天妃庙(亦称元君古庙)应是其中之一。庙东有不笋之竹,郁郁葱葱。传说明末"海寇劫掠,村岸以栅自卫",弼教未设,海寇"将肆荼毒,则见万竹挺竦,千神庄严,随风飘摇,蹴此竹末,各执兵刃,光如虹蜺,交指贼船,江波壁立,贼乃逃遁"。居民皆"以为元君之神固生而神者矣"。每年神诞三月二十三日前后,神必降雨,灵应如此。之所以用元君称号,当是碧霞元君与天妃在民间混称呼耳。④ 乾隆五十八年(1793年)民众又重修庙宇。⑤ 保护地方安定,更能受到民众的爱戴,故民众自发修庙,香火不断。官方祭祀庙宇的地方虽不在此庙,但"初立县时,岁时东门外致祭",其后改由南门外碧鉴河旁天妃庙祀。此庙建于万历四十六年(1618年),"庙宇宽绰,便于行礼"⑥。另一天妃庙据说与梁储有关。《明史》卷一百九十有《梁储传》。梁储,字叔厚,广东顺德人,陈献章弟子。后一度出任台阁首辅。弘治十一年(1498年)

---

① 道光《香山县志》卷二《建置·坛庙》。
② 民国《香山县志》卷四《建置·坛庙》。
③ 乾隆《香山县志》卷八《坛庙》。
④ 王元林、孟昭峰:《论碧霞元君信仰扩展与道教、国家祭祀的关系》,《世界宗教研究》2010年第1期。
⑤ (清)黎简:《弼教元君古庙(天妃庙)碑》,见民国《顺德县志》卷一五《金石》。
⑥ 咸丰《顺德县志》卷五《建置略·坛庙》。

十二月壬辰"命司经局洗马梁储兼翰林院侍讲充正使,兵科给事中王缜充副使节往安南,封其子黎晖为安南国王"①。梁储为顺德石肯人(今划入南海区),清《采访册》认为梁储"使安南,以轻舟出海,得神助,及入阁,造此庙"。而咸丰《顺德县志》以吴宽送梁储诗有"问路西南却易行"认为梁储未走海道,但庙建于明中叶无疑。②梁储于家乡建庙,具体原因是否为出使安南神佑还需探求。

其他明代顺德县还有星槎、福岸两天妃庙。福岸天妃宫庙钟铸建于万历二十五年(1597年),有"唯神有灵,祝之斯应,唯我庶士,昭格冥冥,永言敬止,福荫绵绵";星槎天妃庙钟铸造于万历十六年(1588年),钟款亦有"人物安然,福臻祸少,一扣大鸣,永绥吉兆"③。民众信士祈祷,天妃降福,至清康熙时,顺德县至少有十一处天妃宫。除南郭外碧鑑海(海或称作河)、镇东门外青云路、东门濠边三座外,还有东门外桂畔坊、安东三铺上街、石湖海旁、锦崖山前、黄连埠头街、龙头碧江村、龙津赤花村、桂洲堡仓前市。④其他三华鳌峰之阴天后庙,"相传宋时夷船入贡,遭风祷神获安,建此。嘉靖重修。赵崇信记"。也是灵显报答建庙。值得注意的是,此庙或是外来朝贡人员所建。这或与上述梁储所建庙原因相同。而众涌天后庙,是宋代博士卢爱澜建。卢致仕莆田,得子灵应,"遂迎像,归其乡,庙祀之",把莆田天妃传入家乡。南明桂王朱由榔永历三年(1649年)重修,御史高赉明撰记。四年(1650年),知县王苇撰《祭田碑》。⑤这次修庙由御史撰碑,并拨有祭田,应与荫佑南明王权有关。

伦教水口天妃庙,相传也建于宋,岑氏始建,俗传"未有伦教,先有水口也"。庙梁上刻有"永乐三年重修"字款。三桂天后、主帅(祀康王)二庙,嘉庆十四年(1809年),"海寇入村,见有红旗成伍,不敢泊,乡人以为二神之灵";"横岸天后庙亦海贼至,见火光,疑有备云"。这些神灵显灵庇佑村落安全的事例,不仅见于三桂、横岸,而且见于大洲钟灵山麓的钟灵古庙、乌洲武帝庙。同是嘉庆十四年,海寇"郭婆带舟

---

① 《明孝宗实录》卷一四五"弘治十一年十二月壬辰"。
② 咸丰《顺德县志》卷一六《胜迹略·祠庙》。
③ 咸丰《顺德县志》卷一九《金石略》。
④ 康熙《顺德县志》卷二《建置·寺观》。
⑤ 咸丰《顺德县志》卷二《胜迹略·祠祀》。

至大洲海,望钟灵山,草木皆兵,不敢入";又嘉庆十四年,"洋匪扰境,贼疑有备,不敢登陆,御之遁去,盖神灵之为也"。① 看来神灵御敌,天妃、康王主帅、武帝关羽等神灵在顺德一带都有此神职。

至清咸丰时,顺德天妃庙已达四十多座,县属之五座,马宁属之八座,江村属之十座,都宁属之十座,紫泥属之十一座。其中有明确建于宋代的至少有四座(弼教、水口、马溶、三华)、元代一座(潭村)、明代近十座(碧碧河旁、城东青云路、上街、西马宁、杏坛、石肯、黎村水亭等)。② 还未算上述福岸、星槎记载早于明代万历时已捐钟的庙宇。仅大良天后庙就有七八所,"唯东门外青云路第一桥外最灵显。妇女皆以金线绣鞋献制,极精巧"。神诞日,"各村赛神,演剧必延名部"。据大良冯牧赓载,乾隆四十年(1775年)海乡船渡海,"雷雨大作,桅折蓬飞,船上将百人跪签求神救",天后显灵,朱衣飞来定船,浪息安稳,留鞋一只,后下岸正与青云天后庙天后鞋相配,且后也失一鞋,民以为天后相助③,此后神诞进贡金线绣鞋成为当地习俗。可见,天妃不断显灵已在民间屡见不鲜。

顺德建有如此之多的天妃庙,可谓是珠江三角洲天妃信仰隆昌的代表,西马宁天妃宫,万历间太仆何彦建,康熙间又增建观音殿。之所以历朝各代不断增修、添建和新增其他神灵,当是顺应民众需要,且以民众自发为主而建。官方建庙记载不多,这从另一侧面说明天妃信仰在民间的普及。

东莞"各乡多立(天妃)庙","海上人称天妃,每遇舟楫颠危,祷之辄应,神至,必有火光花香之验"。东莞扼珠江口,处海江之交汇,天妃信仰自然隆盛。早在宋代,天妃庙已在官厅头演武亭后建,明万历十一年(1583年),邑人林端、刘孔武等"廓而大之",县令撰记。嘉庆三年(1798年)重修,道光四年(1824年),坊人苏海等再修。而洪武十七年(1384年),指挥张资初于县西江口后建庙,此应是官方祭祀之所,后因其地为教场,迁庙于新村头。另一天妃庙在海月崖,永乐六年(1408年)内官张元建。"凡海上舟楫颠危,祷之辄应。"侍郎陈琏作《迎神》、《送

---

① 咸丰《顺德县志》卷一六《胜迹略·祠庙》。
② 同上。
③ 民国《顺德县志》卷三十《杂志》。

神》二章。张元建庙原因不详,或与佑海上交通与外贸畅达有关。乡贤仕宦陈琏作音乐,当与是本地人有关。明天启间石龙镇也建天妃庙,后袁崇焕与弟袁崇煜铸钟一口,悬挂于庙中。① 乡里仕宦参与修庙铸钟,反映了仕宦阶层对家乡天妃信仰的重视,也反映了仕宦对这一信仰的推动作用。而东莞西门外下关天妃庙,乾隆十四年(1749年),邑人张氏割地创建,县令王灏在资福寺租项内拨谷三十一石给守庙道士,供香灯洒扫用。② 官民合力建庙并供给资费,才能使庙宇香火无虞。

万历元年(1573年),东莞县分置新安县。新安县南山赤湾,"其神灵异,其地秀杰"③,天妃庙早在明代以前已在此建立。"天妃行祠,海澳地皆有"。原属东莞的赤湾南山下的天妃行祠,是出使外国使节必经之地,故在此祀天妃后,"辞沙"而驶向大海。"凡使外国者,具太牢祭于海岸沙上,故谓'辞沙'。太牢去肉留皮,以草实之,祭毕沉于海。"④ 永乐六年(1408年)八月壬辰,"遣中官张原往谕暹罗国王昭禄群膺哆罗谛剌,赐之锦绮纱罗,并送暹罗人孛黑还国"⑤。永乐八年(1410年)十二月戊戌,"暹罗国王昭禄群膺哆罗谛剌遣使曾寿贤等贡马及方物,并送中国流移人还。赐寿贤等钞币,命礼部遣中官张原等赍敕劳之,并赐之金织文绮纱罗"⑥。张原(一作张源)于南山赤湾"先祀天妃,得吉兆,然后辞沙",两次往返顺利,答谢天妃,于旧庙东南"新建殿宇"。天顺四年(1460年),占城国王摩诃盘罗悦丧,九月丙戌命给事中王汝霖为正使,行人刘恕(《新安县志》作刘泰)为副使,携带诏书,封旧国王弟槃罗茶全为占城新王。⑦ 两位使节"有占城之行,泊舟庙下,于神是祷,往返无虞,出钱二万缗",让东莞知县建赤湾天妃庙正殿四楹,前殿易为享堂。早于王汝霖出使占城,天顺三年(1459年)八月丙寅,朝廷派给事中陈嘉猷、行人彭盛分别为正、副使,持节封故满剌加国王子苏丹茫速沙为满

---

① 本段皆出自民国《东莞县志》卷一八《建置略·坛庙祠》。
② 同上。
③ 康熙《新安县志》卷五《宫室志·坛墠》。
④ (明)黄谏:《新建赤湾天妃庙后殿记》,嘉庆《新安县志》卷二三《艺文略·记序》。
⑤ 《明太宗实录》卷八二"永乐六年八月壬辰"。
⑥ 《明太宗实录》卷一一一"永乐六年十二月戊戌"。
⑦ 《明英宗实录》卷三一九"天顺四年九月丙戌"。

剌加国王。① 于广东造船,"浮海行二日,至乌猪等洋,遇飓风,船破。漂荡六日,至海南卫清澜守御千户所地方,得船来救"。至天顺五年(1461年)三月戊午,治舟再往满剌加行礼。② 来回顺通,为答谢天妃阴佑功绩,"复发钱万缗以相其事"③。三次使节出钱建庙与重修,"夫唯神有灵福人,唯人以诚答"。赤湾天妃庙多官方色彩,与庇佑中外海上交通安全有关。

除使节捐金修庙外,"令父老吴松山等买田供祀,前后朝绅奉使每出缗钱佐之"。赤湾天妃庙祀田保证了庙宇平时的香火持续。万历八年(1580年),周希尹因海防而拜谒赤湾天妃庙,"集乡父老议,鸠工庀材,为鼎新计",四年后竣工。天祀"神灵显海上","其英烈之气,郁结磅礴,比且靖鲸波,除旱魃,彰善瘅恶,上之辅国,下之庇民,功德宏茂"④。这应是官民修庙的重要原因,此次修庙除周希尹召集外,新安县令丘体乾等襄助,民众捐钱出力,共同完成重修之举,"祀田丘亩暨捐金姓氏别有记","父老吴、郑仕才辈兴有劳,并书之"。此后修庙,概如此例。

万历四十四年(1616年),新安知县王廷载建赤湾天妃庙门前月池、石桥、牌楼,并砌周围城垣;崇祯五年(1632年),知县乌文明重修牌楼;崇祯八年(1635年),副总兵黎延庆重修前殿及神像,建官厅和官房;顺治十八年(1661年),守备张应科会同各官捐俸重修。⑤ 修庙原因有二,一是"天妃之神与海相始终,自宋以来累册封号,遗有司春秋致祭",其几与祝融等四海神相当。"虎门为吾粤中路咽喉也,凡朝绅由广出使,与夫占城、爪哇、真腊、三佛齐诸国所贡献,自广入者悉舣过于此。大洋之外,风汛叵测,惶惶多漂没","神之显赫,真如度量衡石必不吾欺者";二是守备张应科"转饷琼海,舟过赤湾,俯谒祠,告有事焉","视以往返无虞,恭新其面貌以合神贶。已而果得顺风",报答神佑

---

① 《明英宗实录》卷三〇六"天顺三年八月丙寅"。
② 《明英宗实录》卷三二六"天顺五年三月戊午"。同见《明英宗实录》卷四七"成化三年十月乙未"条(陈嘉猷)"使满剌加国封王,航海值风,舟坏,得不死归。治舟再往,竣事还"。
③ (明)吴国光:《重修赤湾天妃庙记》,康熙《新安县志》卷一二《艺文》。
④ (明)黄谏:《新建赤湾天妃庙后殿记》,嘉庆《新安县志》卷二三《艺文略·记序》。
⑤ 康熙《新安县志》卷五《宫室志·坛壝》。

转运粮饷顺利,张应科出钱五百金,其他官员亦出金襄助,"鸠工庀葺"。后殿作正殿,增厢房十二间,钟鼓楼各一座,环庙墙垣修葺,"宜夫海不扬波而一切享海国澄清之福者,歆神之灵显以赫"①。神灵庇佑国家海疆安定的作用凸显无遗。

同样,"赤湾天后庙为省会藩篱之地,扼外洋要害之冲,护卫虎门、澳门,以作保障,汇东北诸海以为归宿"。南海诸国贡船"莫不经由于此。然后就岸望海,若有朝宗。荷慈航之普渡功施丕著,中外蒙庥"。嘉庆时,海寇猖獗,沿海遭殃,童都督等"官弁稽首祷祀于后,将事之日,乘风克敌,转舵登陴,士无伤残,民无瘴疠,守御三年,皆各安堵如故。唯神助顺,唯帝庸功,海氛荡平,海宇清晏"②。童都督"偕同官捐俸,倡首愿新栋宇以答灵贶"。嘉庆十九年(1814年),新安孙知县"鸠工庀材,周围易以砖石",增高前门,新修内殿,粉饰堂厅,更换构件,花费一万余金,庙貌焕然一新。武德骑尉、武举人、解元、贡生、职员、监生、生员、寿员等"均与有劳",修庙"凡以御灾捍患之功"。③ 地方士绅参与其间,推动天妃庙修葺,嘉庆《新安县志》卷二十四《艺文》还收录有刘稳"祷天妃庙喜诸生会集"诗,文人参与文化盛事,天妃信仰日隆。

新安县除赤湾天妃庙有名外,沙冈海岸边还有沙冈古庙"祀天后"。而新安城西门外厂前的"岭南重镇"牌坊左,城外南山乡亦各有天后庙。南山乡天后庙每岁县官迎春处,亦称"春牛堂"④。

天妃、南海神之外,广州府沿海州县的真武庙也不少。清康熙时,新宁县文章都湾边村真武庙及县城南河外龙潭庙皆祀真武。⑤ 至清乾隆时,新宁县除以上两座真武庙外,还有城南真武庙(亦作上帝宫,以原知县凌必显遗爱祠改建,后以凌知县陪祀)。城南永定坊真武行宫(亦作上帝行宫,原为祀明城守刘跃门等三人的去思祠,后以三人陪祀)。⑥ 真武信

---

① (清)王应华:《重修赤湾天妃庙记》,康熙《新安县志》卷一二《艺文》。
② (清)孙海观:《重修赤湾天后庙引》,嘉庆《新安县志》卷二三《艺文·记序》。
③ (清)蔡学元:《重修赤湾天后庙》,嘉庆《新安县志》卷二三《艺文·记序》。
④ 嘉庆《新安县志》卷七《坊庙》。
⑤ 康熙《新宁县志》卷五《建置志·坛庙》。
⑥ 乾隆《新宁县志》卷一《建置·祠庙》。

仰在此扩展比较明显，真武行宫有祭田"九丘，中税六亩"①。赤溪厅有北帝庙三座，一在城南石陂头，道光年间建，光绪九年（1883年）重修；一在曹冲堡东阳村，嘉庆年间建，光绪三十三年（1907年）重修；一在磅礴堡，1916年重修。②赤溪厅北帝庙建置较晚，这与建厅时间晚无不有关。

新会县真武庙在西敦大涌口，初建时"基址狭隘"，明万历二十八年（1600年），渔民在庙前河涌获大木重修。③万历四十四年（1616年）重修的礼义都流杯堂桥的帝临堂，"所奉元天上帝、观音大士、医灵大帝"，"脾飨最著"④。香山县北门外北帝庙，明成化元年（1465年）建，嘉靖十二年（1533年）、万历四年（1576年）、四十二年（1614年）重修。万历四十二年的重修，为县令但启元"捐奉鸠工，购地而更大之"。康熙十八年（1679年），县令卞三魁"捐俸钱营作，劝助于众以续之"⑤，继续修庙。其后，嘉庆二十二年（1817年）知县马德滋，二十五年（1820年）邑人皆重修。⑥而大榄天妃庙，中祀天妃，崇祯时"左事北帝及南宗六祖，旧庙同香火也，右则文武二帝居焉"⑦。与天妃、慧能同祀，民间多神同祀情形，反映了民众对众多神灵信奉，祈祷地方社会和个人平安的意愿十分强烈。香山县都贝村圣堂庙有万历十年钟款，雍陌村圣堂庙也有铸钟。⑧

顺德县北帝庙，在城北科第铺，明万历三年（1575年）知县沈铁建，榜门曰："真庆宫"；康熙二十一年（1682年）、嘉庆时"阖坊绅士重建"，道光时又重修。⑨官民在修庙中都起到一定作用，但前期以官方为主导，后期民间力量占有重要地位。清咸丰《顺德县志》明确记载："兹以《会典》所载之关祀典而为官司致祭者，归《建置》；其名贤祠宇，归《古迹》；而以神庙之能抗灾御患，《采访册》载其显迹者附焉。余则各以

---

① 道光《新宁县志》卷五《建置志·坛庙》。
② 民国《赤溪县志》卷三《建置·坛庙》。
③ 康熙《新会县志》卷九《祀典·坛庙》。
④ 道光《新会县志》卷四《建置·坛庙》。
⑤ 道光《香山县志》卷二《建置·坛庙》及引（清）毛定周《碑记》。
⑥ 同上。
⑦ （清）伍瑞隆：《重修大榄天妃庙碑》，道光《香山县志》卷五《金石》。
⑧ 道光《香山县志》卷五《金石》。
⑨ 咸丰《顺德县志》卷五《建置略·坛庙》。

人心之思慕感应，灵庙食其乡有举莫废。"① 咸丰《顺德县志》明确把祠庙分作三类：官祀祠庙、名贤祠宇、乡庙。有关真武神的乡庙有都宁司属之菱溪北帝庙，岳步真武庙（隆庆六年即1572年从村中卜迁村北，嘉庆十四年即1809年洋匪入登洲海磨刀石乡，索千金，众卜之神，吉，贼果不犯而去），县典史属之城东南紫府与城东横基两处北极庙，马宁司属之甘竹、菱溪、麦村、西渚、东马宁、罗水、兴福堂七处，江村司北极庙属之逢简、勒楼、北水、吉佑、黄麻涌、古朗、龙潭、连村八处，都司宁北极庙属之有北滘、葛岸、沙滘（洪武间建）、大都（甘姓建）、横岸五处，紫坭司属之北极庙有三桂（同祀观音）、北滘、伦教、槎涌、霞石、上直、莘村、马村、火罗村九处②。北极庙即北帝（真武）庙，乡祀达二十六处庙宇之多，超过南海神庙十七处，成为顺德仅次于天妃的第二大祠庙。其间与近邻南海县佛山忠义乡北帝祖庙莫无有关。

　　实际上，顺德县北帝庙有多处建庙时间较早。菱溪北帝庙（民国为羊额乡西基坊西社铺，光绪十二年迁建新涌外），不知何时建，但以庙外额题："林相、六祖、天后"来看"我铺三庙香火冠一乡"，应是林相后被北帝神替代。"内正祀北帝，旁祀林相，实不知其所自始。"但从天后封号来看，应在清康熙二十三年后。宋卢仓曾建羊额书院于铺水口，清后期民众于书院旧址迁建庙。这里新涌外地，"藉收一铺之水口"，当是随涌口处移而迁建庙宇，"卜之神，连得吉珓"。光绪十二年（1886年），民众迁建庙宇。③ 而水藤乡东南上帝古庙应更早。万历初重修，乾隆元年（1736年）新建后殿，"以祀帝亲，又上建奎光阁，祀奎宿与文武二帝"。嘉庆九年（1804年），增建左右旁殿，祀华佗光师、金花夫人，一庙多神，道光二十六年（1846年）乡宦区作霖，"为建庙疏，募金得二千一百有奇"，重建庙宇，"奉张王爷、财神于旁殿之次，从乡人之意也"④。此庙多神崇拜现象明显。民众根据自己的需要，一步步把原来的林相庙，变成以北帝为主的多神庙宇。

　　当然，上述阜南外原属典史的城东南北帝庙，外额"紫府"，虽在咸

---

① 咸丰《顺德县志》卷一六《胜迹略·祠庙》。
② 同上。
③ 民国《顺德县志》卷三《建置·庙祠》，引（清）区卢仁《记略》。
④ 民国《顺德县志》卷三《建置·庙祠》，引（清）区作霖《记》。

丰《顺德县志》中列入乡祠庙宇，但此庙也是万历十一年（1583年）知县叶初春偕"阖邑绅耆创建"，康熙五十九年（1720年）、乾隆四十二年（1777年）、道光六年（1826年）、宣统三年（1911年）重修。旧有庙田十四亩一分，明水乡举人邓复阳等赠，又加垦殖，至民国时已达二十二亩多。① 庙田更好地保障了庙宇的香火，其间官民结合，才使这一信仰得以在民间维系。

岭南北帝神庙最大的要算南海县佛山真武庙（亦名祖庙）。因明黄萧养叛乱"神示灵佑，有司岁祀之"，又名灵应祠。② 真武庙被封灵应祠，列入国家祀典，"春秋致祭，终明之世，飨祀不绝"③。实际上，早于正统十四年（1449年）黄萧养起义，真武庙在元时亦显灵应。"元末，龙潭贼寇本乡，蚁舟汾水之岸，众祷于神，即烈风雷电，覆溺贼舟者过半。"后贼贿庙僧占庙宇，烧杀抢掠，无恶不作，"不数日，僧遭恶死，贼亦败亡，至是复修，乡人称之为祖庙"④。元时显圣维护地方安定。明正统十四年（1449年）黄萧养起义，围攻佛山，民众抵御，据今存于佛山祖庙三门左内侧刻于明景泰二年（1451年）《佛山真武祖庙灵应记》碑载"每当战，父老必祷于神，许之，出战则战必胜，大有斩获；不许则严兵防守，不敢轻出。贼夜遥见栅处列兵甚盛，有海鸟千百为群，飞噪贼舟上，观飞蚁结阵自庙间出，飘曳空中，若旗帜形。贼屡败而屡败之，获贼首千数百计"，即使有贼兵"向栅谩骂者，栅内火枪一发，中之即毙。凡若此者，乡人皆以为神之助之也"。正因为神助，平定起义后，祖庙被封为"灵应祠"，佛山敕封为"忠义乡"。灵应祠旁的忠义流芳祠，"祀乡义士梁广等二十二人，以其有御海贼黄萧养功，保全一乡，乡人为之立祠"。康熙中，有汪游击作霖，湖广人，驻宿祠内，夜坐闲恍，见二十二人旅而入，汪惊起避之。明晨，集绅耆祭祷，题其堂曰"钦崇风烈"⑤。景泰中奉旨致祭真武祖庙，并祀御黄萧善有功的义兵梁广、陈靖等二十二人，真武神在地方的英雄事迹得到官方认可。崇祯八年（1635年）与十四年（1641年），邑绅李敬问及各姓重修，祖先荣耀，子孙重修，自认为

---

① 民国《顺德县志》卷三《建置·庙祠》。
② 道光《广东通志》卷一四五《建置略·坛庙》。
③ 清官修：《续文献通考》卷七九《群祀考》。
④ 道光《佛山忠义乡志》卷一二《金石上》，《重建祖庙碑记》。
⑤ 民国《佛山忠义乡志》卷一八《杂志》。

分内之事。康熙二十四年（1685年）士商又共捐重修，浚锦香池；北帝真武庙兴修应是官民共祀与信仰的结果。

有关宋代，明初真武信仰崇隆，与皇帝提倡有关，学术界成果丰硕。今人肖海明《佛山祖庙的历史、艺术与社会》，亦阐述佛山祖庙陈设物铠仔石显圣、苏真人"揽大沙爆"、三门"龙珠"的传说①，也是证明民间诸多北帝显圣的故事，足见北帝信仰已深入民间。正因如此，番禺县东山真武庙，邑民共建，"乡人祭赛甚盛"；一在城北，明税监李凤建，顺治十七年（1660年）重修；一在沙湾青龙冈，又名青龙庙，康熙初徙界已在，铜像岿然。复界时群众感应，重建庙，嘉庆十四年（1809年）重修，"每岁上巳，乡人奉神游镇，祈赛之盛，习为故事"②。至清末宣统时，南海主簿属下九江堡东方河嘴、南阳约大围基上、沙滘涌口、奇山北海社侧、南方石乔山阳、凤山尾、鬼冈嘴、西方大稳闸西、北方大伸东市丰宁街、海圳田心东约、梅圳北约、河清堡清河乡十二处；金利司属下丰冈堡里水乡北帝庙一处（光绪间重修），三江司属下沙丸堡甘蕉乡真武庙〔沙丸堡沙丸乡冯姓，咸丰四年（1854年）添建义勇祠一所，祀阵亡义勇冯燕宗、冯安怀二人，光绪十八年（1892年）重修，与灵应祠旁的流芳祠同样，地方英烈亦因"忠义"神功而得并祀〕、沙丸堡鹿眠乡玉虚宫二处皆祀北帝；江甫司下云津堡云滘乡北帝庙一处，五斗司下有佛山汾水盐仓码头、汾水铺旧肇庆步头、仙涌铺确涌边、汾水铺龙袍街、桥亭铺富荣里、魁冈堡澜石乡亦有六处北帝庙，南海县真武庙达二十多处③，足见真武北帝崇拜在其县信仰之兴盛，信仰地区之广泛。

东莞县真武庙"各处多有"④，温塘村中和墟真武庙即是其中之一⑤。新安县城东显宁街也建北帝庙，乾隆二十二年（1757年）重修，嘉庆十三年（1808年）建拱篷⑥。此两县与番禺县一样，真武信仰非南海可比。

南海神、天妃、北帝之外，广州府还有以下诸神多与海洋信仰有关。有功于地方展界的官员王来任成为民众崇祀的对象。王来任，汉军旗人，

---

① 肖海明：《佛山祖庙的历史、艺术与社会》，文物出版社2009年版，第93—97页。
② 同治《番禺县志》卷一七《建制略·坛庙》。
③ 宣统《南海县志》卷六《建置略·祠庙》。
④ 《古今图书集成·职方典》卷一三〇九《广州府部·祠庙》。
⑤ 民国《东莞县志》卷一八《庙》。
⑥ 嘉庆《新安县志》卷七《坛庙》。

康熙四年（1665年）三月由郧阳巡抚改授广东巡抚，康熙六年（1667年）解任。在广东巡抚任上，多有作为。康熙七年（1668年）还京病卒。"遗疏论粤东边界居民，奉檄内迁，流离失所者至数百万，宜令复还故地。诏许之。濒海之民复归田里，为立庙祀焉。"① 民众报答展界归故土之恩，"多建祠以志遗爱焉"。广州府新宁县有两座王巡抚祠，一在矬洞都新村，一在海晏都那马村。② 矬洞都新村，近海处潭滘河旁，乾隆元年（1736年），新宁知县王昌在重浚潭滘河同时，在礼亭前天妃宫，"见往来舟楫，遐迩居民，香火祈求，靡有虚日"，建议设铺立渡，都斛人重修天妃宫，并在近旁建祠堂两间，一祀巡抚王来任，一祀"奉题豁加增盐课鄂大司马"，"四方踊跃乐捐"，次年工成。

> 唯后，水神也，海波不扬，风雨时叙，保境安流，英流尤加烈焉。至沿海升平，庐居密迩，商贾辐辏，舟帆络绎。虽曰国运休明，百灵效顺使然。毋亦以撤界复业，减赋轻徭，两疆臣，先后惠政之赐也。今而后睹潭海之澜迴，仰神恩之浩荡，迎庥者恒于斯，报德者恒于斯。③

新宁广海卫城西门街道也建有报德祠。④ 天妃与地方有功官员，成为一方香火祈报的对象。新会县巡抚王公祠，一在水南乡三丫路，一在一泷水沙富墟桥侧（又名恩宪祠）。⑤ 香山县王巡抚庙，一在小榄，雍正六年（1728年）建；一在龙眼都坑口墟，乾隆十五年（1750年）建；一在黄角，额曰遗爱祠。"余沿海各乡或祀于乡学，或附祀各庙，或并祀总督李率泰"⑥。香山县至少有三座王巡抚庙，总督李率泰继王来任"先后疏请"驰海展界⑦，有功于治海，也成为民众同祀有功于地方的官员。顺德县王大中丞祠在容奇，祀巡抚王来任，"我民失业活归其乡者，公之惠也。圣

---

① 道光《广东通志》卷二五五《宦绩录·王来任》。
② 乾隆《新宁县志》卷一《建置·诸祠庙》。
③ （清）王昌：《重修天后宫巡抚祠记》，道光《新宁县志》卷五《建置略·坛庙》。
④ 光绪《新宁县志》卷九《建置略》。
⑤ 道光《新会县志》卷四《建置下·坛庙》。
⑥ 道光《香山县志》卷二《建置·坛庙》。
⑦ 道光《广东通志》卷一二三《海防略》。

天子怜其忠，听民立庙，民争趋之"。康熙九年（1670年），杨文郁等四人于容奇立王巡抚庙，"水旱疾疫必祷焉"。乾隆二十三年（1758年）"祈雨于庙"灵应，遂筹银两千余两修庙①，王巡抚已成为地方民众的保护神。修庙"非徒以效尸祝，我乡人辑睦实嘉赖焉"。除顺德县容奇外，沙头、鹿门、桂洲、马冈、小湾、江尾、白藤亦有王巡抚庙，桂宁墟还有合祀总督李率泰、巡抚王来任等四人的"怀德祠"②。马冈王中丞庙，康熙七年（1668年）建于马冈，乾隆四十一年（1776年）迁金钗山旁，为金坡书院，道光十八年（1838年），迁建"以治盗者"。羊额王大中丞遗爱祠则是康熙三十二年（1693年）报王来任释放诬捕何姓子弟而建。③冲鹤乡张王二公庙，祀顺治间平定叛乱的广州镇游击张国勋，与王来任同祀一庙。④ 番禺县"王巡抚祠各乡俱有之"。新安县王巡抚祠"西乡、沙头墟、石湖墟皆有之"⑤。广州府沿海各县祀王来任巡抚，作为省会府城所在，体现出的官民结合互动，形成这一独特的祭祀现象。

值得注意的是，新宁县绥靖伯庙"所在有之，祀宋校尉陈仲真，向为老官庙，道光二十三年封今爵"⑥。查《东华续录（道光朝）》卷四十九"道光二十四年二月庚子"条，"以祈祷应，封广东新宁县宋校尉陈仲真为绥靖伯"。这次封号是"从巡抚程矞采请也"⑦。陈仲真，新宁德行都人，宋理宗朝为屯田校尉，"与贼李猛龙屡战百峰山下，率二子希尧、希圣斩贼渠"，中毒而亡。"后于其地每见神异，土人祀之，禳疫多有验。"⑧ 光绪二十四年（1898年）江逢辰撰《重建绥靖伯宋陈公神庙碑记》，是较详细的一篇有关绥靖伯事迹的碑文。碑文云宋理宗时屯田校尉陈仲真及二子战李猛龙事迹，死葬百峰山五指朣后，"其坟日晡时，辄有烟火迷离，似人马游猎之状。呜呼！烈矣。土人庙祀，水旱疾疫祷禳甚验"，神职由禳疫发展到水旱等气象异常亦祷告有应。至清"声号丕显"，与道光

---

① 咸丰《顺德县志》卷五《建置·坛庙》，引梁皋《记》。
② 光绪《广州府志》卷六七《建置略·坛庙》。
③ 咸丰《顺德县志》卷一六《胜迹略·祠庙》。
④ 乾隆《顺德县志》卷六《祠祀志·坛墠》。
⑤ 嘉庆《新安县志》卷七《建置略·坛庙》。
⑥ 道光《新宁县志》卷九《建置略·坛庙》。
⑦ 《清宣宗实录》卷四百二"道光二十四年二月庚子"。
⑧ 光绪《新宁县志》卷一九《人物传上》。

二十三年十月两广总督祁㙲，广东巡抚程矞采"疏神迹及护国庇民诸状于朝"，"礼部奏谓宜崇封，奉旨如议，遂膺今号。忠昭义申，事往弥敬，达于人心，卒蒙天庥，岂偶然哉！"光绪元年（1875年），于赤溪厅城内西圆山侧建绥靖伯庙，"其神赫濯，翕绝久矣"。由于赤溪厅是同治七年析新宁等置，建庙"敬慕之义"，有功于地方。光绪二十四年（1898年）"庙貌重饰，刻碑于庙"①。这次赤溪厅重修，乃"绅民复捐资增修"，亦是瘟疫后重修。圆山绥靖伯庙并非赤溪厅最早庙宇，据民国《赤溪县志》载，因清咸丰间"土客构祸，迎神到溪建庙奉祀"。原祀在新宁县百足水云崖寺，分香迎神至赤溪，"灵显素著，合祀于他庙者所在有之，不可胜记"②。绥靖伯神在珠江三角洲主消疫。光绪二十四年五月，香山县"疫大作，邑人迎新宁陈绥靖伯神至，设坛城隍庙"③。除灾消疫是其神职所在。光绪二十七年（1901年），香港上环磅巷对正高台亦建绥靖伯庙，据说，同治八年（1869年），香港疫症流行，港人从新宁迎神来镇压瘟疫。1933年，澳门霍乱流行，澳门众坊亦来港迎绥靖伯来镇压疫症。至今香港绥靖伯庙香火旺盛。其他顺德县陈村旧墟④、恩平县平岭村和金汛墟都有绥靖伯庙。恩平绥靖伯庙列为群祀，"其有会典未之载而灵迹显异，合于护国佑民则祀之之义"⑤。

1913年6月2日，新会瘟疫，"倡起绥靖伯神巡视"，中午，"仪仗道经南隅街，人众杂沓，忽有匪徒数十同时劫掠宝其昌、裕丰隆、晋丰银号，间失赃五千余元"。江门震动，省城请兵，此为新会城大掠案。⑥ 至于今台山《陈氏族谱》所云陈仲真是台山陈姓始祖，陈辉（号凤台）曾孙，文起翁第四子，初居潢村，迁居水南，或是当地土人通过道光时祖先显灵而消疫，把老官庙庙宇身份合法化。绥靖庙庙宇扩展，官方、台山陈姓宗族以及地方民众合力，使绥靖伯庙宇在珠江三角洲虎门以西地区形成一个祭祀圈。台山许多陈姓村落都建有绥靖伯庙。汶村也是陈姓子孙聚居地，村外绥靖伯庙在1927年台风中倒塌，神像破碎，后重修。今汶村石

---

① 民国《赤溪县志》卷七《纪述·金石》。
② 民国《赤溪县志》卷三《建置·坛庙》。
③ 民国《香山县志续编》卷一六《祥异》。
④ 民国《顺德县志》卷三《庙祠》。
⑤ 民国《恩平县志》卷七《建置·庙》。
⑥ 《申报》1913年6月11日，第14491号，第六页页中。

岗山绥靖伯庙仍刻有清代翰林姜自驹撰书石刻门联"宋代彰英烈，文海著灵威"①。今顺德区龙江镇海边街绥靖伯庙"捍患于邻犹梓里，报恩何地不桐乡"。在古今斋第23期拍卖会上，曾拍卖"民国四年粤东佛镇念诚思过草堂恭照翻印"的"绥靖伯乩批神明敬世录"。值得注意的是，马来西亚霹雳州太平的拉律峇登也有绥靖伯庙，目前庙内保存扩建的石碑，记载1874年兴义头目陈亚炎与海山领袖郑景贵握手言和，签订"邦各条约"，两名苏必丹携手扩建此庙。因此，此庙最少可追溯至1874年，成为太平三十三个最古的庙宇。海外华侨华人从祖籍地新宁等出发，把绥靖伯信仰带到马来西亚峇登，绥靖伯信仰进一步传播。

赤溪厅一带近崖山，刘师勇追随南宋流亡王朝至此，纵酒而亡。刘师勇，庐州人，《宋史》卷四五一《张世杰传》附有刘师勇小传。师勇"以战功历环卫官"，因平长兴盗有功授都统，守濠州，后鲁港兵溃，师勇入扬州。元军攻占常州，师勇与张世杰、孙虎臣等万余艘船于焦山与元军决战，败绩，师勇以淮兵取吕城，旋加和州防御使，复常州。守城五十余日，常州失陷，奋勇突围，与张世杰、刘义等各帅所部兵，"从二王至海上，见时事不可为，忧愤纵酒，卒葬于鼓山"②。刘师勇鼓山墓，一说在新会县南八十里石鼓山，一说在崖山一百里。③ 刘师勇并未授太保号，"今俗传刘太保者，系沿传之误"。祭祀刘师勇的庙宇主要在赤溪，有三个太保庙，一在铜鼓堡庙头颈，一在钦头村，一在大衿山南湾，庙头颈庙最古，庙内原有万历二年（1574年）重修庙碑。光绪十九年（1893年）广东督学使徐琪捐银一百两，绅民亦捐资修庙。次年，督学使恽彦彬撰庙联："石难填海，同志三忠溯义师；旧卫吾乡，白叟能言青史事；戟既沉沙，独留孤冢知毅魄；乐游斯土，丹心常作赤城霞。"④ 盛赞刘师勇等保家卫国、效忠皇帝的情操。后人"向风慕义，以为专祀"。故铜鼓洋有庙，"有求必应，有祷必灵，数百年来奉之无或废坠焉"。乾隆二十五年

---

① 台山政府网之台山历史与文明的窗口之自然灾害（www.tsinfo.com.cn/tsls/zrzh/03.htm，2009-7-27）等。
② 《宋史》卷四五一《张世杰传附刘师勇传》，另参见清金武祥《和州防御使刘公事略》，见民国《赤溪县志》卷三《建置·金石》。
③ 道光《广东通志》卷二二六《古迹略》。
④ 民国《赤溪县志》卷三《建置·坛庙》。

(1760年），重修铜鼓堡庙头颈太保庙，立碑为证。① 香山上栅太保庙，传景泰时平黄萧养，马指挥追至县境"祈祷诸神"。"越日，有黄鸟从空中投枪而死，指挥因穷力诛养，寇平，以至灵至应，匾表之，并献拜石。"② 是否祀神为刘师勇，但保民安境，消灭贼寇的神职应是一致的。

太保庙外，新会县崖山，是南宋王朝最后覆灭之地。南宋王朝于此建行宫，杨太后居慈元殿。明弘治四年（1491年），广东布政使刘大夏、检讨陈白沙奏请建全节庙祀杨太后，成化初，县丞陶鲁建忠义祠，十二年，奏请改为大忠祠，大忠祠祀文天祥、陆秀夫、张世杰③；弘治十三年（1500年），分巡按察司佥事徐铉奏，"诏以全节庙、大忠祠入祀典"④。新会县官以春秋仲月上旬致祭，"祭如古帝王仪制也"⑤。正德九年（1514年），新会知县徐乾重修，邑人赵鹏助役。⑥ 嘉靖九年（1530年），巡抚李美建行宫于新会圭峰山，"自是有司致祭唯在圭峰"。次年，又增秋祭仍于崖山致祭。嘉靖二十一年（1542年）修崖山祠庙，增祀死难宫嫔及诸烈妇。⑦ 万历三十年（1602年），御史林东汉重修大忠祠。雍正十一年（1733年），全节庙新添建头门一座，乾隆五十六年（1791年），赵氏子孙重修全节庙。⑧《崖山志》载"丞相神游"，云大忠祠始成，"渔父见一人冕而衣裳，仪卫甚盛前驱"，"盖诸公之神灵常出入于海岛云"而"英灵可畏"。另载嘉靖四十一年（1562年），"番舶驻崖门，伐崖三大松作前桅。及发，舶即雷震，桅毁焉；还，拜祠下致祭，而易之乃得去"；次年七月，"群小番乘小舟登崖，戏侮神，典祠止之，更大侮典祠者，小番还舟，风雷忽大作，有苍龙出没海中，典祠者，潜窥之，即小番俱覆，无出者。吁，可畏也"。故明代"按知县林会春议逐番舶，不令至崖，由数十年来，全节大忠，赫赫堂堂，无敢侮者，会春之功亦云伟矣"⑨。神灵与地方官员庇佑，番舶不在崖山附近侵扰，护佑地方平安。

---

① 民国《赤溪县志》卷七《纪述·金石》，佚名《重修铜鼓太保庙碑记》。
② 光绪《香山县志》卷二二《杂记》。
③ 万历《新会县志》卷三《规制略下·坛庙》。
④ 嘉靖十四年《广东通志初稿》卷三《政纪》。
⑤ 嘉靖十四年《广东通志初稿》卷二一。
⑥ 康熙《新会县志》卷九《祀典·坛庙》。
⑦ 道光《广东通志》卷一四六《建置略·坛庙》。
⑧ 道光《新会县志》卷四《建置·坛庙》。
⑨ （明）黄淳：《崖山志》卷三《纪异》。

其他沿海各县庙宇，与保佑地方有关的有关帝庙、城隍庙，祀忠烈勇将等的庙宇。新宁县关帝庙在旧千户所之西，二月、八月及五月十三日致祭，雍正三年（1725年）追封三代公爵，嘉庆十九年（1814年）十二月加封"仁勇"二字，神牌敬书"忠义神武灵佑仁勇关圣大帝"；咸丰六年（1856年），又诏封三代王爵；城隍神在新宁县学宫东，弘治十二年建……历代官员不断翻修。而光绪十一年（1885年）邑人"镶金数万撤而新之，为向所未有"①。广海卫近在海边，立城时也建城隍庙，光绪十四年（1888年）修，广海城十字街东建武庙，另一武庙为万寿宫，嘉庆十七年（1812年）建。而广海寨城南门湾建龙王庙。新宁县城西归化坊亦建昭忠祠，同治四年（1865年），巡抚蒋益沣捐建，祀征客逆殉节翕桂秋、王东林、贺国辉三副将，尚昌懋都统，题额"克完大节堂"。而广海卫东乡约见恩主祠，同治十年（1871年）建，"祀调兵复城总督刘长佑、按察吴昌寿、总兵卫佐邦各员"；牛尾山忠勇祠"祀广东补用副将翕桂秋、副将王东林、副将贺国辉，以死难乡勇配飨"。义勇祠在矬峒、都斛、南村、丰江、上泽、海口埠"皆有之。祀咸同间御客匪阵亡乡勇"；海晏义勇祠一在横江墟西隅，一在沙栏墟，"祀咸同六年、同治初年御客匪乡勇之死事者"②。历代守卫海疆特别是咸同土客械斗，官兵阵亡之英烈，亦成为沿海汛哨官兵与民众奉祀的对象，此与今在广海南门湾仍保留的"海永无波"四字同理，希冀海疆平安、地方安定。此为天顺三年（1459年）总督备倭都督张通讨沿海海贼，平剿成功，"获海贼记功而作"③。由于"新宁之上川、下川等海面尤近在肘腋，盗艘枭贩，时为飘突为患，海疆重地无过于斯者"④。正因为这里地势险要，成为历代海防和地方控要的重点地区，相关庙宇众多，嘉靖间，官军于广海获何八，据说与天妃灵应有关。⑤ 无论如何，这里庙宇起到心理上的庇佑作用，与军事上的驻兵、哨所，共同捍卫海疆安定。

赤溪厅于同治六年（1867年）析新宁县而置，专门管理客家民众。其有关立厅的官员与土客械斗的勇士自然成为民众在清后期建庙立祠祭祀

---

① 光绪《新宁县志》卷九《建置略·坛庙》。
② 同上。
③ 光绪《新宁县志》卷一七《金石略》。
④ 光绪《新宁县志》卷二六《杂录》。
⑤ 同上。

的内容之一。赤溪厅恩主祠有两座：一座于同治十一年（1872年）附建在崇义社学，宣统三年（1911年）迁建于文昌庙后座；一座位于田头堡凌霄阁下座。两座祠俱祀清两广总督瑞麟、广东巡抚蒋益沣、按察使梅启照、都统尚昌懋。四人皆在"清同治六年（1867年），办理土客连年械斗案，诣境联合奏请划界分疆，以产换产，设厅分治，使居民安居复业，阙工甚伟，故宜立祠，合祀以报恩德。时邑绅杨梓钊、吴福堂与有力焉，并附祀之"①。其他赤溪厅城南，同治十三年建忠勇祠，祀该堡在咸同土客械斗中死难义勇。② 乡堡、厅级不同层级建忠勇、义勇祠，当为缅怀这些为保境作出贡献的地方乡勇。

　　新会县为珠江三角洲沿海重要门户，早在洪武三年（1370年）知县就在县城内西门建城隍庙。天顺末县令陶鲁重建。李承箕《（城隍）庙碑》文曾提到，陶鲁认为："鬼神之心，固不可知，观其理之著见于外而执吾前者，如弓不张而发，如矢不注而中，隐然造化之柄也。昔年西贼之来，望吾城如银山天堑以限隔之，就予授首者，不足言也，其威灵有益于民如此。"③ 故历代重视城隍庙修复，与此保佑一方安定，威灵御敌有关。其他新会新东城内的关帝庙，旧南门外直街的南山庙（内有观音堂，外有急脚先锋）、泗冲步头的张将军庙、演武亭左的岳武庙、白衣庵、普庵堂等④，皆有庇佑地方社会的职能。其中东城内关帝庙是万历二十七年（1599年）千户陈大印父子兄弟买民地创建，另一关帝庙在西敦三丫海口，是知县王命睿建，"以收去水"。泗水门外张将军庙即张王庙，祀张桓侯张飞，是新会人荣朝望任崇庆州守，过瞿塘峡，赖张将军神灵保护，祈祷报答。嘉靖时，"奉神像以归，创庙于泗水门外，屡著灵异"。顺治十一年（1654年）新会城被围，"守者以庙近城，绹卒毁庙，三绹三绝，见神提戈行庙上，惧而止"。康熙十三年（1674年）邑人陈友禄辈扩充之。⑤ 乾隆四十七年（1782年）、嘉庆十九年（1814年）、道光十八年（1838年）等，民众皆重修。其他祀张桓侯庙有田边乡的应溪庙，乾隆二十五年（1760年）建，道光重建。而外海临江台的三官庙"凡贼泊此，

---

① 民国《赤溪县志》卷三《建置·坛庙》。
② 同上。
③ 万历《新会县志》卷三《规制略下·坛庙》。
④ 同上。
⑤ 康熙《新会县志》卷九《祀典·坛庙》。

无不覆灭,贼皆相戒,不敢近岸"。石头乡蓬莱山有先锋古庙,高沙海旁有杨爷古庙,为"水浮木到海旁,乡人取而奉祀,后屡显灵,遂立庙焉"。天河莲湾乡五圣宫,雍正十二年(1734年)建,嘉庆间"贼匪张保将掠莲湾,忽见旌旗蔽空,万军屯聚,惧而退","盖贼之退,神之灵也,迄今香火尤盛"①。道光《新会县志》所收录的这些庙宇,"案国朝功令民间庙宇非请官咨部覆准,不得擅建,防淫祀,所以正人心也。""今邑尚巫觋,妄思求福,解衣散钱,诋渎日滋,庙宇之多,不可胜计。兹择其灵异素著,香火众盛,能为地方捍灾御患者著于篇。"② 这也一定程度上反映了官民对民间祭祀的态度。

香山县怀德里有三元庙,三元庙右为吴相公庙。吴相公"宋末人,殉端宗难,邑人于葬所立庙。康熙十三年海寇攻城,尝显灵获救"③,也是庇佑一方海疆与城市安全。香山县城隍庙亦有此神职。城隍庙位于县城县治左,据说宋绍兴建,洪武元年(1368年)复建,成化间、嘉靖二十年(1541年)、万历二十七年(1599年)等知县率民众重修,清康熙十八年(1679年)、四十九年(1710年)知县或县署倡里民重修。"赞襄亭毒,保合太和,御灾而捍患,系城隍之功。"乾隆四十一年(1776年)、嘉庆十三年(1808年)知县又皆率民重修。另在香山场(官建盐场,官拨长沙墟税及灶田一顷供香火)、大榄飞驼山下〔明崇祯十七年建,康熙五十七年(1718年)何圣强修、乾隆三十三年何宗荣修,嘉庆二十四年乡人修〕有两座城隍庙。前一官方色彩为主,后一民间色彩为要。

香山县康王信仰也十分兴盛,康保裔因保宋卫国而受到颂扬,咸淳三年(1267年),香山郭彦聪"舍钟一口入麻洲康王行祠,永庇供善,以求嗣续,庇佑家门子孙寿绵,永保平安者"。康王信仰已深入民心,其神职也无所不能。恭常都东茶村康真君庙也有"隆庆元年"钟款,上栅村太保庙有"隆庆四年"钟款,祀康保裔还是刘师勇,值得探讨。翠微村康公庙有"万历十八年"(1590年)钟款云"庙貌初成,金以声之凶人毁裂,灾眚丛之,镕柱鼎新,福履绥之,钟簴不移,永言保之"。大字都安定村"万历四十一年"(1613年)钟款、恭常都吉六村康真君庙有"万

---

① 道光《新会县志》卷四《建置下·坛庙》。
② 同上。
③ 乾隆《香山县志》卷八《坛庙》。

历四十八年"（1620）钟款，等等。这些都证明了当地、附近信士信仰虔诚，铸钟祈福庇佑。

值得注意的是，香山县不但有张桓侯庙，还有祭祀诸葛亮的庙。南阳庙（一作南洋庙）。"南阳庙，在城南麻州街西，祀诸葛武侯"①。恭常都南大涌村南洋庙有"万历八年孟夏"（1580年）钟款、古鹤村南洋庙有"万历二十九年"（1601年）钟款、谷都平岚村南洋庙有"崇祯二年"（1629年）钟款。②何以香山县有祀诸葛亮的庙宇？上恭镇九门乡南门外南洋古庙，咸丰十一年（1861年）重修。此庙居茂林中，瓦上无片叶，"乡人传为灵异"；谷镇沕涌村诸葛武侯庙，乾隆十四年（1749年）创建，咸丰六年（1856年）重修，宣统二年（1910年）复修。③其他关帝庙一在迎恩街武山下，嘉靖二十八年（1549年）香山所千百户建，一在教场演武亭旧地（今沙冈墟），康熙元年（1662年）邑人建，雍正元年（1723年）奉三代殿于庙后。康熙三十七年（1698年）、嘉庆二十一年（1816年）皆重修。④民国时，关帝庙达六处之多。长洲乡狮山下侯王庙[（宋景定四年钦使黄敬斋建），道光《香山县志·金石》有恭常都那洲村有"万历十九年"（1591年）庙钟款，不知是否为一庙]、火神庙（麻洲街、张溪乡、南山乡）、观音庙（张溪乡、潭洲南村，后者香火最盛）⑤，这些庙宇或有庇佑地方安定与民众平安职能。麻洲街火神庙就是光绪二十八年（1902年）县令与士商联合重建。当然，香山县乡义祠于嘉庆十四年（1809年）在大黄圃汛右建，祭祀"以御海寇死"难的何定鳌等四十八人。而于嘉庆十五年（1810年）在大榄峰之阳建义勇祠，祀萧世泰等七人。嘉庆十四年（1809年），海盗郭婆带张保等纠众数万人，船数百艘，"深入内地，大肆焚掠"，番禺、顺德、香山、新会等数十村庄"同时皆被蹂躏，残杀甚惨，六月二十七日，郭婆带领数千战船突至香山西乡之西南"，萧世泰等七人振臂杀敌，皆英勇献身，"乡人义之，恤其家，各以百金立祠祀焉"。镇南乡横档亦于嘉庆二十三年（1818年）建义烈祠，祀"以御海寇死"难者邓焕章等六十六人。乡义祠、义勇祠、义烈

---

① 乾隆《香山县志》卷八《坛庙》。
② 道光《香山县志》卷五《金石》。
③ 民国《香山县志》卷四《建置·坛庙》。
④ 道光《香山县志》卷二《建置·坛庙》。
⑤ 民国《香山县志》卷四《建置·坛庙》。

祠皆为祭祀保卫地方安定的死难者。这些都是自发行为，反映了民众抵御海盗的下层声音。列入道光《香山县志》卷二《建置·坛庙》，反映了官方重视和承认地方民众在官方力量不及保护的情况下，民众自发护家卫城的精神和斗志，这种精神自然与官方提倡"忠义"相一致，出现在官方的县志中并被渲染，官民祭祀与信仰达到了高度的一致。

顺德县居香山县北，主帅庙祀康真君，康熙时见于史载，主帅庙有三，一在拱北门外象山之麓，一在碧鉴隔冈山川坛之左，一在黎村乡路边①，乐从平步村感应庙，"旧为方、康二帅堂"，"宋以来有之，卜最灵应"。宋元时区适之亦于此庙问卜。咸丰《顺德县志》载典史属之康帅庙有二，一在城内凤山麓，一在城北凤山；县丞属之康帅庙在光华，马宁都属之康帅有甘竹、豸浦、西马宁（景泰间建）、鹭涌、杏坛（崇祯间建）五处；江村都属之龙山二处、南古朗二处（一嘉靖初建，一清初建），其他逢简、勒流、吉佑、潭义各有一处。都宁都属之康帅庙有陈村大桥头、西淋、仙涌、玗滘、横岸、西滘（魏校毁庙，见有云拥庙而罢）、鹤铜（一曰道果堂，宋建）七处；紫泥都属之黎村、喜涌、北敦（宋绍兴间建）。② 咸丰《顺德县志》较全面记载该县有康元帅庙宇二十五处之多。上述三桂主帅庙的主帅与天后庙天后均显应庇佑地方安定。

顺德县也有守护一方的关帝庙三处（县治西凤凰山侧，明嘉靖四十三年即1564年邑民呈建；一在桂洲，乡民建；一在江尾朝市，乡民建）。③ 诸葛武侯庙在都宁三忠祠西，其他历代忠烈志士庙宇还有吕□□公庙，在桂洲里村埠头，祀吕相（一说祀南宋降元将领吕文焕，乾隆《顺德县志》以为误，一说祀吕嘉。民国《顺德县志》作忠悯庙，据清陈勤胜考吕相为南宋末忠臣），无论祀何人，康熙元年（1662年）"乡遭诬剿，神灵显异，官军隐隐见庙前人马稠集若相拒，众惧，乃请盖兵得缓剿，后得免"④。而祭祀文天祥、陆秀夫、张世杰的三忠庙于万历二十六年（1598年）在古鉴狮子冈建庙。都宁乡龙崖山麓亦有三忠庙，乾隆十二年（1747年），知县与乡人重修，嘉庆十六年（1811年），咸丰元年

---

① 康熙《顺德县志》卷二《建置·寺观》。
② 咸丰《顺德县志》卷一六《祠庙》。
③ 康熙《顺德县志》卷二《建置·寺观》。
④ 乾隆《顺德县志》卷六《祠祀志》。

（1851年）亦官民同修。① 龙涌温佑靖公祠，公为南昌府尹"尽节宋季，至明世宗封号为灵天，国初显灵御贼，乡人故祠之"②。

顺德有功于地方安定的神灵多祀之。罗水武帝庙在罗水白鹤地，康熙三年（1664年），"小麦贼围罗水"，武帝关羽"神提刀骑马立空中，如杀贼状，贼惊相告曰'红面神来矣'围解，（罗）迪洪（兵）至而歼之"。故顺德武帝庙多有。县丞属之桂洲，典史属之伏波桥旁和真庆宫各有一处，马宁都属之甘竹二处、其他江尾朝市坊，三华（与晏公同祀，明洪武间建）、上村各一处，江村属之龙山四处，南古朗三处（北者为弘治间建），其他金紫阁、龙江、羊额、勒楼、扶阁、吉佑、北水、小麦各一处，都宁属之武帝庙五处，紫泥属之二处，合计共三十处庙宇③，如加上各乡文武庙二一处，共计五一处之多。地方动乱应是顺德多武帝庙的原因。紫泥乌洲武帝庙，嘉庆十四年（1809年），"洋匪扰境，贼疑有备，不敢登陆，御之。遁去，盖神灵为之也"④。龙川义正会始于南明桂王永历三年（1649年），会中一百六十人，会期为八月十三日，"齐祀大冈墟武庙，是会所以齐一众志，御外寇而察内奸，处乱保乡，厥功甚伟"⑤。武庙成为动荡时期保境的所在，直至民国时仍存。

顺德县其他保境卫民的神庙还有江村龙眼狄相公庙，祀唐狄仁杰。嘉庆十四年修庙，未毕，海寇张保船舣夜袭，"隐隐见庙前有甲兵，惊，疑遁去，比晓，像有泥迹"。甘村大圣庙，祀孙大圣（悟空），虽然《西游记》"所载多寓言，然村落间往往庙而祀之，每著灵异，理不可解"。同是嘉庆十四年，海盗张保劫掠至甘村，"贡生甘天禄等祷神，防守，贼退，不伤一人"⑥。同样灵异的还有龙江雷将军庙，祀明将雷万春。正统十四年（1449年）黄萧养乱，"神示，梦助战，及阵，贼望见一大旗中有雷字，皆蛟蚪聚成者，空中甲兵无数，乡得保全。事闻，敕封忠义乡"⑦。

其他顺德县伏波将军庙（灵溪）、吕相庙（城东鳌头、城东南华基、

---

① 咸丰《顺德县志》卷一六《祠庙》。
② 同上。
③ 咸丰《顺德县志》卷五《坛庙》。
④ 同上。
⑤ 民国《顺德县志》卷二四《杂志》。
⑥ 咸丰《顺德县志》卷五《坛庙》。
⑦ 同上。

喜涌三处，后者成化间建）、龙王庙（城东云路，庙封内凡三十一处）、先锋（伏波桥旁、龙山、甘竹、上直处，另一处杨先锋庙在林顿）、三界（龙山、吉佑、勒楼、北滘、良村、潭村、赤花七处）、观音庙多达二十七处之多，华帝庙九处、白马庙（葛岸，万历间建，凡六十三处），太尉（龙山一处）、周太保（沙浦一处）、龙母（逢简、龙潭两处，后者南宋建）、侯王（逢简一处）、岳王（赤花一处）、萧爷（登洲、良村两处）、仙阁（在南古朗，凡一百二十六处）等庙。① 或间有庇佑水上及地方安定的神职。

顺德县报功祠在桃村，宋末黎梦周赴试临安，"中途飓作，覆舟溺死"，其妻莫氏数十日后见尸从水中漂来，恸哭而亡。合葬桃源墟，"后恒示显灵"。贼欲入村，"望见山上大树悉成军伍，旗帜蔽天，风声飘烈，骇散，不敢犯，居民以安即葬地为祠，并像祀焉"。自宋迄今不替，明天顺四年（1460年）修庙，御史钟善经作"迎享送神辞歌"以祀，题庙额"报功"②。光绪八年（1882年）重建。③ 黎鸿遇《记》详载"声灵赫奕，脺飨常昭"。黄萧养乱时，"所过焚掠"，居民惶恐祷于祠，倏阴云四合，"遥望旌弥天，出没隐见，车辚驷铁，铮然有声，贼惊遁，自是香火愈盛"。康熙四十一年（1702年）重修庙宇，"旱潦疾疠，有祷辄应"④ 成为一方保护神。

永乐十九年（1421年）顺德都宁百户刘英，"奉命召胡都督，至南海西淋都，遇盗掠商船，英奋勇杀贼，商船去，英矢，尽为盗杀。弘治间（知县）吴廷举祠祀之"⑤。

为民保护地方的忠烈之士亦受民信仰，元末关敏以义勇"戍土保民，死事"，明洪武时，赠敦武校尉兵马副指挥，于黄连乡立祠祭之。嘉庆十四年（1809年），海盗张保等率船"泊水焦花，乡壮力拒，欧连魁、黄长伦战死"，于陈村建义勇祠祀之；羊额乡义勇祠亦祀拒张保而亡的义勇卢福堂、何祥。黄连乡祀义祠，亦祀拒张保而死难乡勇李珍宝等人。道光二十五年（1845年），贼掠龙山之沙富，博罗人曾海御贼而亡，"乡人祠祀

---

① 咸丰《顺德县志》卷五《坛庙》。
② 咸丰《顺德县志》卷一六《胜迹略·祠庙》。
③ 民国《顺德县志》卷三《建置·庙祠》。
④ 同上。
⑤ 咸丰《顺德县志》卷一六《胜迹略·祠庙》。

以报，并附祀前后死贼者"。道光三十年（1850年）十一月初六日，"有匪百余人驶船持械入村掠松盛当户，乡人出救，邻村亦遭丁北沿路尾追匪"，枪杀梁兆腾等多人。咸丰元年（1851年），县署郭汝成倡议于龙眼乡建义勇祠。咸丰四年（1854年），土匪攻陷顺德县城，巡检沈运昌、把总王昌华、外委千总段世松等官兵八十人殉难，次年官绅于县署前直街倡建表忠祠，祭祀八十殉难官兵。同时两营公也于署前直街建昭忠祠，祀千总段世松、余殿荣等官营兵若干人。咸丰四年（1854年）土匪攻碧江，乡勇黄贤珍等十五死难，咸丰九年（1859年）碧江乡绅营建义勇祠纪念。同治三年（1864年），提督吴全美、总兵黄廷彪等于陈村聚龙沙捐建忠义祠，"祀咸丰时水师阵亡官兵百余人"。光绪二十六年（1900年）贼掠羊额，安勇营什长谭北御之"而亡，阖乡公建"祠于羊额乡西社。① "道光以后，传教之禁驰，外人于内地遍设教堂，奸民借为渊丛，本不足道，然野祭礼仁，召戎炊起，民教相争，关系于治安者其大也。"② 故封建士大夫仍用国家祭礼来维持地方秩序，但不免与外国传教相抵触。民国初，顺德已有两三座教堂，入教者千余人。外来宗教打破了封建中国沿海原有的祭祀格局。值得注意的是，"东莞、香山、顺德沿海之民，多为海寇，或夜劫掠数千家，或聚聚十数，飘据海洋，官民不能追捕，皆守巡官不能防之于口故也"。后立保伍之制，乡立一老，辖十家为甲，百家为乡。"出入互相觉知，行检互相纠察，寇盗互相守御"扼控要害海港。③ 正是沿海寇乱不断，官方严防，民众在心理上寄希望于神灵庇佑。

广州府南海、番禺二县为附郭县。关帝庙主要有佛山堡汾水河旁、协天里、盐步司前、大圃，"其余各乡庙宇细小未备"。盐步司前关帝庙，"海面有石龙，凡过舫虔祷可保利涉，有重修碑记"④。关帝有战神之职，而庙前海中因有石龙，故船人拜祷多安济。

番禺县沙湾青龙庙，憨山德清大师曾驻锡于此，题曰："大海慈航"。市桥乡慈济宫，"前临沧海，后接凤山，汪洋巨津，极目千里，蛋舟晚薄，渔歌之声相接。徙海时，诸寺观皆毁而此庙以灵感巍然独存云"⑤。

---

① 民国《顺德县志》卷三《建置·庙祠》。
② 同上。
③ 乾隆《顺德县志》卷一六《杂志》。
④ 《古今图书集成·职方典》卷一三〇九《广州府祠庙考》。
⑤ 同上。

南海县捕属龙母庙，在新荳栏，光绪间建，主簿属龙王庙有四个，一在九江堡奇山横涌口，一在赵涌口大围里，一在下二围永兴社，一在李涌社世德约。五斗司属龙母庙在佛山栅下铺盘龙街。①

南海县其他有关元帅庙一处、太尉庙二处、先锋庙八处、侯王庙四处、康公庙二处等，祀神多与军功有关，亦于捍水患有关。南海吉利堡丰岸乡二帅庙，康熙三十年（1691年）建庙，道光元年（1821年）、光绪二十三年（1897年）重修，"每遇潦涨，险工叠出，乡人迎神像至堤上，即化危为安全。围田、围庐墓系唯神是赖"，有御水患之阴功，三界庙四处亦应如此。而佛山镇西庙、镇南庙皆祀汉伏波将军。其他沙堤堡上沙坑乡三忠庙，盐步堡河西社学右廊昭忠祠，亦祀忠烈。昭忠祠，咸丰四年（1854年）建，"祀阵亡乡勇"②。

番禺县亦如南海县，庙祀众多，很难区分哪些是专祀海神的。广州城东门外线香街、城西庐荻巷口皆建有斗姥宫。此因两广总督熊文灿平海寇时于空中见神庇佑遂建庙以祀。线香街附近豪贤街二圣宫，道光十六年（1836年）又立碑，祀关帝、华帝，后殿祀斗姥、观音。斗姥在粤祭祀，与熊文灿、郑芝龙打败海寇刘香时，"斗姥现示空中，香败"，"文灿以为斗姥即元女下降，塑像立庙于肇庆，粤人祀斗姥始此"。③ 除广州城外，两广总督驻地肇庆府也建有斗姥宫。广东方志一般认为斗姥即摩利支天，实际上是后世逐渐将两者混淆而已。斗姥为道教神灵，摩利支天是佛教神灵，民间至明清混用。上述宣统《南海县志》亦载佛山祖庙铺祖庙西边头矣建斗姥庙。宣统《番禺县志》载石楼天后宫，道光二十九年（1849年）增建庙宇时，新增痘（斗）姆殿。④

番禺县康公主帅庙较多。官塘北二里飞娥岭有康公庙，宋时林姓卜墓地因建庙曰吉祥堂，宋湘题额。每年乡人于正月十日于庙赛会，"士女云集，祈祷辄应"；第二处在钟村庙曰"圣堂"，明初建，"为合乡读诗讲礼之所。每岁正月望后三日奉神游镇，素著灵感"；第三处在沙湾，"灵感特异"。明代贯二叛乱，庙后小巷避乱者千数百人，"乡人谓神灵所庇"，

---

① 宣统《南海县志》卷六《建置志·祠庙》。
② 同上。
③ 宣统《番禺县志》卷三八《金石》，（清）黄大干：《重建豪贤街二圣古庙碑》。
④ 宣统《番禺县志》卷五《建置略·坛庙》。

铸铁炉纪其事。其他还有小龙村、市桥等，"每出游，神骑生马，报赛甚盛"①，康王亦成为地方保护神，其信仰因扩散至沿海，故有此神职。

番禺县先锋庙在小北门内篑桥，相传祀宋末急脚先锋杨四爷爷，初为裨将，"有功于国，死之日，岭南咸享祀之"。明初，郡宗愚之乱，"神率阴兵以御贼，故祭赛尤盛，而祭必以犬云"。南关石基里灵应三界庙，顺治十五年（1658年）平藩下佐领白上珩建。"广州三界庙最多，此独神灵显赫，故号曰灵应。"② 番禺县孖桥庙，又作先锋庙，在蓼水乡之南，嘉庆二年（1797年）建，道光十五年（1835年），同治九年（1870年）重修。③ 先锋庙庇佑地方安定，与三界庙作用不尽一样。

东莞县与海洋有关的自然神灵是火、风、雷等，火神庙在县治西仓前街。④ 明末于石龙镇建石龙新庙，中座祀华光大帝（火神）、康公元帅（《番禺县志》作康公主帅，各处多祀之），因合称帝帅宫。"初为阖镇三坊读诗传礼之所，入国朝香火大著，嘉庆后每岁八月十一日迄二十一日奉神游镇境及水南乡，祈赛之盛，贯于一邑。"⑤ 东莞"唯康公元帅、洪山乎应王，《会典》未之载，然灵迹显异，合于护国佑民则以祀之义，至邑中庙祀，若此类甚多，兹采其最者，余不具载"。其他县西龙母庙（唐至德二年建，梁开平元年移置江口二里）、晏公庙（县西北江口三里）、雷庙（上清观后）已圮废。⑥ 阮涌的义勇祠，潢涌的崇义祠，都是祭祀咸丰时红匪战中牺牲兵士和地方民众。⑦ 康熙十年（1671年），飓风毁坏东莞城隍庙等。十二年（1673年），县令李可成"谨以束帛庶羞之仪致奠于风伯之神而告之"，由于"昊天不吊，飓忽降斯，辛亥之次，灾祲频诒，狂飓岁发，民乃怨咨"。官替民请，祭祀风神。⑧

汪刘祠在新安县南门外，明万历元年（1573年）东莞知县吴大训建，祀明海道副使汪鋐、刘稳。汪鋐成化中与佛郎机（葡萄牙）战斗中，"焚

---

① 宣统《南海县志》卷六《建置志·祠庙》。
② 《南海百咏续编》卷三。
③ 宣统《番禺县志》卷五《建置略·坛庙》。
④ 嘉庆《东莞县志》卷三六《祠庙》。
⑤ 民国《东莞县志》卷一八《建置略·坛》。
⑥ 同上。
⑦ 同上。
⑧ 道光《广东通志》卷一四六《建置略·坛庙》。

其舶，遂大克捷，民赖以全"，民众建生祠"以报公"。隆庆时，刘稳"有分邑之议"，建议从东莞析出新安县①，故建两公祠庙。有功于沿海民众的官员成为后代沿海各县官方、民间祭祀的主题内容之一。汪刘二公祠，康熙二十九年（1690年）知县重修，"祠中租项及春秋祀事俱归十八约绅士支办"，汪刘二公祀田六处，共租谷三十石、田三十二亩。②

### 三　惠州府

惠州甲子港（又曰甲子门）早在宋代已辟为港口。"三佛齐之来也，正北行舟，历上下竺与交洋，乃至中国之境。其欲至广者，入自屯门，欲至泉州者，入自甲子门。"③南宋流亡王朝端宗赵昰于景炎元年（1276年）十一月从潮州移至甲子门。④甲子门地理位置重要。洪武二年（1369年），明政府占领广东后，以参政朱亮祖镇守，"建置卫所，分布要害"。其沿海碣石卫，辖甲子、捷胜、海丰、平海四所。⑤并于四所屯田，"海丰所屯田三、捷胜所屯田二、甲子所屯田二、平海所屯田二"。清代"海丰，边徼重地，道路要冲，岛夷伏莽，昔遗其患，兹裁汰卫所，专设营防，星罗棋布，有备无虞矣。"⑥东路碣石守一直是防御重点，"碣石、靖海、甲子门等澳，哨船六"，"沿海卫所战船旧制每岁春末夏初风迅之期通行，舟卫所县捕巡备倭等官军出海防御倭寇、番舶"。⑦雍正九年（1731年）析海丰县属坊廓、石帆、吉康三都置陆丰县，碣石、甲子门隶陆丰管理。不过，乾隆《海丰县志》仍载石帆、湖东、石桥、乌坎、大德、长沙等港⑧，海丰七港，疍民"在在有之，言语与土语略异，寄隶河泊所，姓有七：麦、李、石、徐、苏、钟、梁，土人不与通婚"⑨。由于这里港汊交错，历来"皆瞬息生变，惠、潮守备所以驻于卫治"⑩，历来

---

① 道光《广东通志》卷一四六《建置略·坛庙》。
② 嘉庆《新安县志》卷七《建置略·坛庙》。
③ （宋）周去非：《岭外代答》卷三《航海外夷》。
④ 《宋史》卷四七《瀛国公附二王》。
⑤ （清）杜臻：《粤闽巡视纪略》卷一。
⑥ 乾隆《海丰县志》卷六《兵防》。
⑦ 《筹海图编》卷三《广东兵防官考》。
⑧ 乾隆《海丰县志》卷一《舆图》。
⑨ 乾隆《海丰县志》卷十《杂志》。
⑩ （明）姚虞：《岭海舆图》（不分卷）。

为难治之地。

惠州濒海之地多受飓风之害,早在宋绍圣元年(1094年)就曾毁坏海船三十多条,其后元明清各代飓风时有发作。① 海丰县扬安都风神庙,雍正十三年(1735年)总督鄂弥达奏请建庙,并敕封"宣仁昭泰风伯之神",悬匾曰"清和时若"。② 查《大清会典则例》,由于雍正六年(1728年)覆准洪泽湖口风神庙敕封为"清和宣惠风伯之神",庇佑漕运,遣礼部笔帖式与河道总督致祭,十三年(1735年)覆准广东边海郡县建立风神庙,加封"宣仁昭泰风伯之神",令有司岁以春秋致祭。③ 陆丰县、惠州府城亦建风神庙。④

由于惠州府沿海各县扼广东海上通道东路。故卫所城隍、关帝及历代有功于国家的将士多有祭祀。海丰关帝庙在西门内,(张巡、许远)双忠庙在东门城内,双仁祠(祀总督周有德、巡抚王来任)、表忠祠(祀文天祥)。⑤ 海丰梅陇营汛边也有关帝庙,"神灵最为显赫"。咸丰六年(1856年)广东都宪曾赠"护国护民"匾。⑥ 乾隆十四年(1749年),"东城大水,清渠久堙,潦无去路,寨东突有隙水流出,民见高桥庙关帝像有汗湿","知关帝拯民将城踢倒"。⑦ 关帝庇民救灾,神职凸显。陆丰关帝庙(一在县城东门外,一在东海滘)、城隍庙(一在县城门外,一在碣石城外)、双仁庙(祀周有德、王来任,一在碣石墟,一在甲子城海滘)。⑧ 其他海丰、陆丰两县的忠义祠、忠孝祠、功德祠大多彰显将士报效国家,守卫疆土的精神。碣石东关夫子(关帝)庙,额曰:"教以人化"。"以为月吉条讲圣谕之所,良规雅化,至今犹音"⑨,教化作用明显。真武水帝亦兼有水神、战神的功能。陆丰县城内就有北帝庙。⑩ 海丰县东里许赤山也

---

① 乾隆《归善县志》卷十八《杂记》。
② 乾隆《海丰县志》卷二《经政·坛庙》。
③ 《大清会典则例》卷八三《中祀》。
④ 乾隆《陆丰县志》卷六《祀典》、光绪《惠州府志》卷一一《祀典》。
⑤ 乾隆《海丰县志》卷二《经政·坛庙》。
⑥ 咸丰《海丰县志》(不分卷)《建置·坛庙》。
⑦ 咸丰《海丰县志》(不分卷)《杂记》。
⑧ 道光《广东通志》卷一四七《建置略·坛庙》。
⑨ 清乾隆十七年《东关约台碑记》,见卢木荣、陈波《历史文化名城——碣石》(内部),第38页。
⑩ 道光《广东通志》卷一四七《建置略·坛庙》。

有真武庙。① 而最为有名的便是陆丰碣石卫玄武山的玄山寺（后称元山寺，清因避康熙帝名讳而改玄为元）。

顺治十一年（1654年）二月，改朝换代之际，"海寇苏利据碣石，统众万余，围困居寨"。林大遇（字因子）"于旧墟迎仙粮地筑居寨以保族党"。大遇"率众据守数月，薪水俱绝。幸赖神灵附人，固内强外，寇乃解围，族党以安，后因居寨作营"，民感北帝"神功"，"刻板以志"。此次清初北帝"神功"主要表现在：内外交困，水泉涸竭，"帝即显圣，掘水新井，倏蹑帝肩，突登城顶，随敌所至，靡不克胜"②。北帝护卫地方城池，"维帝协德，屏民之生，当冥锡福，变显神擎"。有功于地方自然得到民众崇敬。此事同样见于《粤屑》卷四《元武庙》："陆丰城内有北帝庙，极显灵，前海寇苏利率众万人围寨，赖神口威赫显圣，贼以大驱攻城，神以掌抠之，城不得陷，至今神像掌心有铅弹痕可验。城初无井，富区围城时，城无水食，神忽于庙西开一井，神兵奋勇……引而去。阖境无恙。"同样，雍正十二年（1734年）四月，甲子城北元帝祠也显灵。时粤东兵调粤西，"草昧窃发，于时城内兵民寥寥，而远近村落莠民欲图揭竿响应，岌岌乎土崩之势"。众人围城，"步骑出击，如摧朽拉枯，遂擒罗草薙数十徒"；三更，"望见北廓一带隐隐炬明，疑有伏，故逡巡不敢进"，北帝显圣，保佑地方安定，故"今元帝又能显其威赫，以全此元元之命"，勒碑刻石，"记其事，俾后世知天地鬼神之所以助顺，而草野奸雄之不可妄肆猖狂僭窃之心也"③。教化作用不言而喻。

"碣石故称雄镇，负山阻海，实惠、潮二郡门户，又其地有鱼盐之利，颇称饶洽。""嘉靖间，海寇猖獗"，募新会兵二百五十余名，"分驾乌艚，列戍湖东、鱼尾、石桥诸港，滨海稍宁"④。嘉靖四十三年（1564年），俞大猷歼倭于海丰大德港后，回碣石城勒书"万世太平"。玄武山

---

① 乾隆《海丰县志》卷二《经政·坛庙》。
② （明）林大遇：《元帝救民序》，乾隆《陆丰县志》卷一二《艺文》。
③ （清）佚名：《元帝庙碑文》，乾隆《陆丰县志》卷一二《艺文》，从文中作者修炮台练兵，修"关帝庙、观音堂、天后、城隍各祠"。因康熙二十三年（1684年）封天妃林默为"天后"，乾隆《陆丰县志》记事至乾隆十年（1745年），文中乙酉即雍正七年（1729年），甲寅即雍正十二年（1734年）。
④ （明）孙光祖：《重建碣石署碑记》，见卢木荣、陈波《历史文化名城——碣石》（内部），第34—36页。

福星垒塔后，万历十年（1582年），参戎成玉泉、巡道关谦山、姚龙三人"犹循故事，行海上严武备也"，"天子明圣，海不扬波，文武将吏，亦既共乐升平矣"，刻《三台保障记》。湖东港也有"海贼死此石下"的摩崖石刻，与神灵共同担负起守疆卫士的职责。

值得注意的是，玄武山寺修建于明万历五年（1577年），潮惠指挥使碣石卫总兵侯继高扩建碣石卫同时，"城之北营建玄武山寺，宇以崇其峻，凡四阅而竣之"①。这里"当碣石城北，玄武，北方之神，故有事焉。中为堂偶像，左右翼室居僧"。正是僧人进驻，佛祖释迦牟尼等佛教因素的神灵，亦成为玄（元）武寺祭祀的神灵。但主神玄武，"北方之宿，其象龟鳖，有甲能御侮，故兵家殿之。然余闻诸行间，仿佛玄帝金支翠旗自天而降，则士气百倍，所向必捷。神道设教兵之上计也"②。正是玄武帝兼有战神之职，成为明后期修建玄武寺的主要原因。

清后期，名人题匾不绝于元山寺。著名的有，道光十一年（1831年）福建水师提督程恩高（碣石人）题匾"恩重如山"；道光十九年（1839年）两浙总督林则徐题匾"水德灵长"；咸丰二年（1852年）广东水师提督洪香题匾"帝德光天"；咸丰九年（1859年）江南狼山镇江等处总兵碣石人泊承升题匾"咸蒙履泰"；咸丰十年（1860年）山东登州镇总兵曾逢年（碣石人）"旋枢密运"；咸丰十一年（1861年）广东水师提督碣石人温贤题匾"覆载恩深"；同治六年（1867年）同治皇帝御题"威宣岭表"；次年海邑议叙军民府萧昆题"威震南方"；光绪七年（1881年）广东水师提督方耀题匾"丕冒海隅"；光绪十三年（1887年）碣石总兵刘永福题匾"灵声满道"；同年沈氏永锡堂送匾"永赫万灵"；光绪十九年（1893年）碣石总兵邓万林题匾"灵声赫濯"；光绪二十七年（1901年）碣石总兵吴祥达题匾"灵威遐播"，协台吴光题匾"至德鸿恩"等，以及"惠山远扬""益我黎明""帝德齐天""祥征麟瑞""帝德覃敷"等匾额。③这些匾额尤以同治皇帝、海丰议叙军民府萧昆题匾，与咸丰十一年（1861年）玄帝等神灵庇佑平定广西浔州叛乱有关。

今仍存于陆丰碣石玄武山元山寺的同治御赐匾额云：

---

① （明）孙光祖：《重建碣石署碑记》，《历史文化名城——碣石》，第35—36页。
② （明）叶春及：《新建碣石玄武山记》，《历史文化名城——碣石》，第37页。
③ 《历史文化名城——碣石》，第41—43页。

上谕：瑞麟，蒋益澧奏神灵助顺，请颁发匾额加荣封号二折。咸丰十一年间，广东碣石镇总兵李扬升统带舟师会剿广西梧、浔大股逆匪，虔指元武山元天上帝神庙及德庆州龙母庙、梧州府三界神庙默祷佑助，幸赖神灵显应，官军遇贼杳进，焚烧匪船殆尽，克服浔州府城，实深赘感，著南书房翰林恭书"广东惠州碣石玄武山元天上帝"匾额一方，交瑞麟等祗领，敬谨悬挂，具请加崇德庆州悦城水口龙母神及梧州三界神，封之处著礼部议封。钦此。署广东陆路提督碣石镇总兵官李扬升恭刊。

李扬升恭刊皇帝上谕，又撰写《御赐匾额碑记》刻石记之。文中云：

咸丰初载，西省贼扰，遍地烽烟，而艇匪陈开、李文茂股之久踞浔州城者尤悍，且众官军进剿，屡次覆没。而苍梧藤县、桂平诸陆贼，其爪牙也，下邳之陈金缸股其声援也。

湖南蒋益澧统湘军防陆，广东李扬升统水师进剿浔州水寇。碣石镇总兵李扬升"虔指元武山元天上帝神祠默祷辅助，又抵悦城龙母庙，抵西粤三界庙祷如元武"，抵梧州"留巨舰守梧"，逆流抵丹竹待敌，炮击敌前队船，"大风转东北来，我战舰舭举如飞，而贼艘不及扬帆，也得迫及，药罐火龙齐发，焚其船并火药柜，烟焰熏天"，"是役也，陆贼为湘军尽歼，而艇贼则片板不存，其五、六年蓄锐悍贼不死于火，而死于水，而浔州城复焉。省制府上其事于朝廷，以为臣之功也。然反风灭贼，显然诸神助顺。而俘虏金言，当酣战时，见黑旗纷纷排空而下，是以惊溃，则上帝威灵欤"。同治帝"表彰神功"，颁"威宣岭表"匾，龙母加"溥佑"封号，三界加"灵威"封号，"答神庥也"，"感神以成赫赫功哉"。[①]上帝（北帝）显灵受封，其他龙母、三界神亦有水神之职。国家崇隆，大大影响了三神在民众中的地位，正是国家提倡，惠州府海陆丰玄武庙至今达二十多座，著名的有东海北帝庙、海城五龙寺、公平玉虚宫、红草真武庙、碣石元山寺等，仅碣石就有六座。元山寺庙今（每年三月三、九月九）内容丰富多彩，演正宗戏，饰"火联匾"，游神等。

---

① （清）李扬升：《御赐匾额碑记》，《历史文化名城——碣石》，第39—40页。

## 第六章　重点地域分析:广东海神信仰的地域与社会空间　291

　　由于海陆丰滨海临洋,为闽南人南下中继站,也是广东东部海上交通枢纽之一,天妃信仰自然隆盛。甲子顺济宫取名妈祖林默第一个封号"顺济夫人",乾道五年(1169年),由甲子名绅范有仁捐资修建,当地人认为这是海陆丰最早的天妃宫。嘉靖《海丰县志》云:"天妃庙有三,一龙山,在龙山之麓;一长江,在丽江之左;俱正德中知县杨继荣建。一大德,在县东大海之滨。"大德天妃庙,"海船出入必祷,春冬二时则守庙者舁妃像至乡落,各投钱米为香资"。有一无赖与神争道,毁轿及神像,不日病倒,家人竟见空床,屋上缺一瓦,后尸体跪庙前水中,众人皆以神显灵所致耳。① 同样,嘉庆十五年(1810年),"海氛大炽,贼船数十泊近三江洋下村,民窘猝无措,咸签诸神,神示珓以免恐。众乃奉天后像出以御灾。维时,贼铳如雷,未到岸而锉子皆坠。我众乘风放炮,辄毙巨酋。贼以主帅无人,携贰遁去,人遂得安,神之力也"②。古莲田、长沙、凤山、公平、东笏、福山、南塘华山寺、浅澳、乌泥、马宫、后门、乌坎、大安、湖东等皆有天妃庙,现今达六十多座。公平天后宫位于黄江旁,随码头多次迁移。浅澳妈祖宫,为官兵所建,林则徐题匾"沧海恩波"。华山寺为佛教寺庙,清康熙初迁界时,碣石渔民把妈祖崇拜习俗带到华山寺,在前殿奉祀妈祖,并将寺改为华山妈祖宫。湖东天妃宫除奉祀妈祖外,还奉祀"灵惠懿德妃"和"注生娘",俗称"三妃庙"③,这与闽浙一带"三奶(娘)庙"相似。

　　惠州惠东、归善、海丰等县及香港澳门一带,信奉谭公。谭公,名道,元时归善人,居惠东九龙山,"修行不记岁月,每杖履出山,一虎随之,或为负菜往返与俱,人甚讶之。既殁,有祈雨旸者辄应,山故有庵,甚灵异,今府城水月门外、县城白鹤峰皆有庙",咸丰六年(1856年),敕封襄济。④ 上封三处谭仙祠,亦见于光绪《惠州府志》卷十二《经政·坛庙》。海丰谭襄济庙一在鹅埠大显山,一在赤石千秋塘。⑤ 赤石千秋塘谭仙祠处惠东九龙山东南山腰,笔者亲至其地,虽然庙宇正在翻新,但墙

---

①　光绪《惠州府志》卷四五《杂识》。
②　咸丰《海丰县志》(不分卷)《杂记》。
③　五坡居士:《汕尾市民间信仰习俗文化》,新浪博客 http://blog.sina.com.cn/s/blog_99c7138b0100yng9.html, 2012年5月17日。
④　光绪《惠州府志》卷四四《人物·仙释》。
⑤　咸丰《海丰县志》(不分卷)《建置·坛庙》。

壁上仍然存有历代重修的题记，惜未暇记录。由于谭公十二岁得道，且能呼风唤雨，故后世祈雨及预示天气，后又能治病救人，加之惠东地处海滨，港澳许多渔民来自惠州，则谭公信仰后来传到香港、澳门。谭公成为守护内河及沿海一带的船民，特别受驳船工人的敬仰。而这些船民的先民应是来自惠州的客家，九龙山一带呼风唤雨的山野人物后世塑造成呼风唤雨、预测天气、治病救人、护佑航海的水神，一般港澳地区把谭公（仙）塑造成孩童的模样，有的故事传说南宋末代皇帝——少年帝昺即是谭仙，他曾去九龙停留（香港九龙与惠东九龙山混淆），并在大屿山对岸珠江三角洲某处因海战失利而亡。这种传说，暗藏着反元镇压和统治的思想。

　　结合以上其他神迹与传说，谭仙信仰是典型本土信仰，由经济与政治状况结合而生。[①] 香港澳门路环十月初五街尾有谭公庙，该庙建于同治年间，庙侧有道光七年（1827年）香山政府勒石永禁舟师兵役滥封索扰渔船的规定，庙内有谭公像，另一是全长五尺由鲸骨制成的龙舟，据说为当年开庙渔民所赠，信徒进香后必摸龙骨求福。香港还有西贡村和筲箕湾两处谭公庙，后者建于光绪三十一年（1905年），正门石额"谭公仙圣"四字，系建庙所刻。庙内墙上多块碑记，记录兴修、重建历史，这里原来是附近乡民议事之地，也是后来设学之处，信仰、教育、乡政兼一身，成为人们聚集之地。筲箕湾东南靠山，填海前像一筲箕，风平浪静，是优良避风港，渔民于此建庙，祈佑航海平安。谭公诞为四月初八，与浴佛节、醉龙节同为一天，澳门氹仔地区村民每年视之为节庆。东莞松柏唐村永和墟东侧墟门处也有谭公庙，每年正月十三日为日游会，此村把谭公作为一个神奇的祖先人物，与港澳有所不同。[②] 而梧州也有谭公信仰，值得探索。

　　清梁廷枏《粤海关志》卷五《口岸》所附各图，陆丰乌坎总口图上，在乌坎税馆旁，画有天后庙、关帝庙、元坛庙；甲子口图甲子城旁有圣帝庙、天后庙；碣石口图碣石卫外有元武山、天后宫、龙洲天后庙；平海口图有天后庙、水仙庙、关帝庙；墩头口图墩头税馆旁有天后庙。由此不难看出港口及收税馆旁都有相关的神庙，诸神或大或小都与海上航行有关。其实这些口岸图并未详细标出各镇所口的海神庙宇，诸如碣石，仅妈祖

---

[①] 戴伟思：《龙浪风神》，香港海事博物馆有限公司2011年，第30页。
[②] 同上。

（天后）宫就有古莲田（洪武二十七年建，乾隆二十七年重修，总兵、提督捐款重修碑记多见）、桂林妈祖宫（崇祯年建，碑刻多种）、乌坭妈祖宫（道光时建）、浅澳妈祖宫（道光时建）等多座庙宇，还有东关寺（顺治十三年建，乾隆十年修，俗称关帝庙），广德禅院（旧名弘德寺）、水月宫（道光二十一年建，正殿供奉观音菩萨）等佛道庙宇。康熙八年（1669年），又在碣石建海王庙，庙中碑石记载明末清初碣石重大社会变革，以清廷展界后碣石民众安居乐业的事实①，这些对研究海神与地方社会都有帮助。

## 四　肇庆府

宋代，南恩州"阻山濒海，风俗淳朴"。"民庶侨居，杂处多瓯闽之人"。由于这里"当五州之要路，颇有贾人循海而至"。贾人多瓯闽之人，"由是颇有广陵、会稽贾人循海东南而至，故吴越所产之物不乏于斯"②。正是瓯闽之人南下，海洋神灵灵惠夫人（天妃）也从闽传入南恩州。因"郡兼山海之利，富于鱼盐"③，兼有瓯闽物产。由于阳江地处中外贸易路线上，域外舶来品与中国出口的瓷器也应在此地兼有出现。《萍洲可谈》卷二云：

> 广州自小海至溽洲七百里，溽洲有望舶巡检司，谓之一望，稍北又有第二、第三望。过溽洲则沧溟矣。商舶去时，至溽洲少需以诀，然后解去，谓之"放洋"。还至溽洲，则相庆贺，寨兵有酒肉之馈，并防护赴广州。④

外来船暂泊之地在溽州。从地理位置以及与广州里程来考虑，溽州或在今广东阳江、台山境内。海泊从此"放洋"或归来，为一方重地。阳江县沿海还有县东南神井、望海岗上神泉、州西海中浮弄洲、浮东南海中大镬洲和小镬洲等。"自广州泛海行数日方登陆，……今此路唯健步出使

---

① 卢木荣、陈波：《历史文化名城——碣石》（内部），第29—31页。
② 《舆地纪胜》卷九八《南恩州》引。
③ 同上。
④ （宋）朱彧：《萍洲可谈》卷二。

与递符牒者经过耳"。州内设清海军、管戍兵三千人。罗洲（今海陵岛）"乃百姓鱼盐之地也"①。而南恩州州城北的龙涛庙是建于南宋时的一个庙宇②，是否与阳江水神信仰有关，值得考虑。

明崇祯时，肇庆府阳江县天妃庙"近海祀者甚多。县西关外二座，北津港前一座，又设天妃宫一座"。这些庙多与"永乐间诏修庙，加封近海舟舶咸俾其灵"有关。明末"石觉头天妃庙香火旺盛"③。北津为阳江县重要港口，附近除天妃庙外，还有洪圣王庙（南海神离宫）、显应庙。显应庙，相传宋太平兴国时，"钓者得石长五尺许，三掷而三附，以为神祀之。嘉定间始封灵应。渔海航海者礼焉，庙后三十步有弥勒堂"④。看来此神为石神，与航行、捕鱼有关。而福城冈的三山庙，"旧传庙临大海，至者船望之立沉"，后易庙的朝向，遂无患。⑤这些沿海的庙宇都荫佑阳江沿海一方的平安。

嘉定间封灵应的庙宇即祭祀灵石。查《宋会要》礼二一之五一有灵石庙，"嘉定十七年（1224 年）七月加封广泽博济孚祐显应公、丰润周施广祐昭应公、惠浃普洽协祐顺应公"，似封三公，且三公各为八字，好像与灵应庙无涉。而《宋会要》礼二〇之九二及礼二一之二一有灵德善应王庙，庙在南恩州阳江县龙鼍山神祠，南汉封光圣德王，元丰元年（1078 年）闰正月改为灵德善应王。山在阳江城北，为北山，为一方名胜。与海洋神灵有无关联，值得思考。

不过，上述祭祀石神的灵应庙，后代却人格化，变成了阳江马槽村何永泰（一作景泰）。嘉定封显应王后，又封灵祐王。民间一般称何王，北津港口及雅韶墟杜邨前俱有何王庙。据《何氏族谱》载，何景泰，宋高宗时从新会县迁居阳江马曹邨，死后葬于水婆石冈。墓地出黄茅（三脊茅），"作弧矢向日射之"状，风水师言当出王。后朝廷扒墓揭棺，焚之，余棺木弃之水中。渔者杜翁捕鱼于杜邨前，半夜有棺木余片三次蹴船，"拾片木，掷于洲上"，第二天登岸见群蚁御土排"成"字状，并云"我何景泰，当为鬼王"，杜翁与邨人合议建庙，"祈祷辄应"。后人并祀杜翁

---

① 《太平寰宇记》卷一五八《恩州》。
② 《舆地纪胜》卷九八《南恩州》引。
③ 崇祯《肇庆府志》卷二四《外志》。
④ 同上。
⑤ 同上。

于其旁,称为"大德舍人"。传说怪异,"然庙食千秋,至今不朽,意当日必有灵异之迹著人耳目者是"①。无论如何,灵应庙成为当地民众祭祀的神灵,其间何氏宗族以及地方神为神灵塑造添砖加瓦。

值得注意的是,海陵岛为粤西较大岛屿。南宋末张世杰的陵墓在岛上平章山下赤坎村。明弘治间知县柯昌建张太傅祠。嘉靖元年(1522年)、二年、三十四年知县重修。康熙三十年(1691年)、乾隆八年(1743年)知县重修。乾隆时并置祀田;嘉庆十六年(1811年),知县李沄倡建重修;道光八年(1828年),知县再重修。② 明清官员修建的目的无非是彰显忠君报国的气节。嘉庆十六年阳江知县李沄不但撰写《重修太傅祠记》,还撰写了《重修灵谷庙记》。③ 虽然太傅祠、灵谷庙都与张太傅世杰墓不远,但由此看来,灵谷庙并非张太傅祠。灵谷庙在海陵灵谷村,建庙年代不详。祀敕封忠勇英烈太尉侯王,或曰与张世杰同时尽瘁者。之所以用敕封,足证明其为庙宇的合法而加粉饰。康熙三十年,知县范士瑾、副将鲍辅仁修,道光二年重修,"相传灵迹甚著,香火至今不替"④。道光二年(1822年)重修,海陵人请广东按察李沄写记,"因思侯王之御灾捍患有感,必通陵人之崇德报功"而作记。李沄《记》对侯王未作考证,只云"至于今而香火愈盛也"。清初迁海陵岛民于内地,"礼事久失,庙遂圮塌。唯侯王神主有灵,蚁啣泥走,篆'成'字之异"。与上述灵应王灵异事迹相似。重新拓界后,"因庙祀焉"。其间有关修庙原料自海上来、侯王亲自鸠工庇材等传说不断。"而侯王之声灵赫濯"。"且庙朝洋海,一望无际,师船之往来,商船之出入,络绎不绝。忽遇暴风洪涛,巨浸之中,生死存亡之顷,虔心呼救,必获安全,是以远方异域,咸仰威灵,岂特一乡一邑之水旱疠疫祷而辄应已哉!"⑤ 祭祀忠勇英烈太尉侯王的侯王到底是谁?查屈大均《侯王庙碑》,其云"广之州多有侯王庙,盖祀秦将军任公嚣"。任嚣秦末任南海尉,公旧庙在广州城西一里王园寺东。而番禺东扶胥口沙亭江干石矶之上也有侯王庙,"吾屈之子姓上下数村,烟火

---

① 民国《阳江志》卷三八《杂志下》。
② 道光《肇庆府志》卷七《建置·坛庙》,民国《阳江志》卷九《坛庙》。
③ 民国《阳江志》卷九《建置·坛庙》。
④ 同上。
⑤ (清)李沄:《重修灵谷庙记》卷九《建置·坛庙》。

相连，皆以公为社稷之主，世受神庥"①。广州等州既多此庙，且屈大均亦生活于明末清初，与灵谷庙迁界之时相若，且任嚣亦为尉官，从广州传播到阳江后，民众不明其间原委，而妄加字号，变成大家未能熟知的"忠勇英烈太尉侯王"。故阳江灵谷庙所祀之神极有可能是广州等州所祀的侯王，其保土安民的神职在海陵变成庇佑航海安全等神职。

为南宋殉节的忠义之士除张世杰外，民间还有各种传说及故事，把一些民间的神灵逐步变成国家认可的神灵。上述灵谷庙神或是任嚣，或是他人，但为邑人岑侯建的岑侯庙，一在乐安，一在麻桥村，一在龙坛冈。岑侯莫考，兄弟十八辅守，封镇北将军，"及宋祚将尽，同殉节于肇庆城北，明初封忠勇侯，乡人慕其忠烈，立庙祀之"②。历代彰显忠君保国的将士，成为海疆地区信仰的主题之一。万历三年（1575年），都督张元勋在太平驿城建忠勇祠，祀隆庆五年（1571年）剿灭高雷诸处的娄龙、麦胜等三十七人，以及万历二年在儒峒与倭寇激战中阵亡的把总葛子明、娄子和等将士十余人。"以子明等有功于地方者，宜有报祀"，建庙祭祀。③乾隆三十一年（1766年），绅耆捐建七贤书院，复建忠勇祠于其后。④书院后建忠勇祠，意在鼓励和教育学生忠君爱国，不忘先烈，其教化作用不言而喻。其他平冈墟（光绪祀守备李天祥等）、大沟墟（光绪咸同间捍匪而亡人等）、新洲墟（光绪建）亦都有义勇祠⑤，政府引导下的民众建祠已经开始，这些均为民间所建。

其他阳江县祀风神、海神的坛庙、风神庙在城西南三里石觉寺旁。嘉庆十二年（1807年）重修，每当春秋仲月致祭；海坛，在顿钵山，春秋望海而祭。⑥ 祀风神、海神当是自然崇拜。

明代崇祯时阳江县天妃庙四座，以北津港石觉寺旁香火较盛。清初阳江县北津港天妃庙香火旺盛。屈大均作《阳江天妃庙碑》，记载南海海神及阳江天妃庙况。"南海之神，男为祝融，女为天妃，而新息、邳离二侯佐之，皆百谷王之司命也。"广东天妃正宫在广州归德门外，新安赤湾为

---

① 屈大均：《翁山文抄》卷三《侯王庙碑》。
② 道光《阳江县志》卷二《建置·坛庙》。
③ （明）王许之：《忠勇祠记》，见道光《阳江县志》卷七《艺文》。
④ 道光《肇庆府志》卷七《建置·坛庙》。
⑤ 民国《阳江志》卷九《建置·坛庙》。
⑥ 道光《肇庆县志》卷七《建置·坛庙》。

海船"辞沙"之地，零丁洋上天妃宫为行宫之一；阳江天妃宫"据北津要害，而绾穀端州之口，海舶往来皆虔备牲礼以祷焉。岁春秋二仲癸日有司继祝融而致祭，则于城郭之中，制也"。天妃神诞的三月二十三日，"土人歌舞婆娑，报赛尤盛。有番贾某者，尝祷于阳江之祠，得蒙神佑，因请子为乐神以享神，俾用金缕丝绣出屏障之上，以为观美，且复镌之于石，用作崇碑，垂不朽焉"①。庇佑外商贸易，作用可见一斑。北津港在城东南三十里，"舟楫往来，非老舟师莫辨。万历间建城。上续增炮台守之，上有永泰神祠（何公祠）"。"巨舶必待潮而进。"② 港分东西二港，交通险要，神灵栖身之地。由于"海寇屡犯城"，万历间建北津寨，康熙十六年（1677年）贼毁北津城，十八年，海贼李积回又进攻城西石觉寺炮台③，神像庇佑，地方平安。

上述石觉寺旁的天妃庙，雍正十三年（1735年）重修，乾隆三十年、五十八年、道光元年（1821年）皆知县重修。清代的几次重修，与官方有关。其他还有南门街花桥坊天后宫，道光十六年修，光绪二十四年（1898年）重修；西门内城隅天后宫，道光十五年、光绪九年重修；城外大埠头天妃宫；城西门外水街月城宫祀天后，道光八年、光绪二十二年皆重修，"向由十二街商众，每年三届，以三月二十一二两日奉天后神像，巡游城内外，赛会甚盛，光绪末年停止"。而城内崇善坊的天后庙，又作初创宫，"先有初创，后有城隍"，乾隆四十八年（1783年）知县重修，置办田税，道光三年知县重修，光绪三年、十二年同知皆重修。"每岁春秋仲月上癸日致祭，祭品未有定制。仪注与文昌庙同。"④ 此庙显然是明清官方祭祀场所，位阳江古城南门附近，与码头相邻。

与官方初创宫相比较，月城宫却是一片热闹景象，"民间按户口出资，以为报赛"。由十二街商众崇祀的天后，在神诞前数日，"十二街俱张灯结彩，点缀花鸟人物，旋奉神舆巡行城厢内外，金鼓喧闹，炉烟缭绕，并以女子扮演各种故事，仪从甚盛，沿途居民焚香膜拜，供张络绎，耗费以巨万计许。司马南英奏议未果。至宣统间李牧鸿钧以地方多故，始

---

① 《翁山文钞》卷三《阳江天妃碑》。
② 民国《阳江志》卷九《地理志·港津》。
③ 同上。
④ 民国《阳江志》卷九《建置志·坛庙》。

严禁焉"①。官方下令禁止建醮游神，除经费消耗之大外，风气变化或曰"风气之开通"亦是重要原因。近代广东沿海天妃信仰的衰落，应与近代化过程中，西方思想与科技逐渐进入，新教等逐渐蔓延扩展有关，在传统信仰方面，妈祖信仰也逐渐出现衰落。

## 第四节　粤东海神信仰的地域分布与社会空间

粤东潮州府文化上属于闽南，但区划上为广东。其海神信仰也有一定的地域特色。相关研究成果以陈春声、黄挺等学者为代表，研究十分深入，本节在前人研究基础上，作以阐述。

粤东潮州府海神信仰多是沿海的渔民（疍民）、船民信仰的神灵。今韩江下游唐时称"恶溪""恶水"。潮州"飓风鳄鱼，患祸不测；州南近界，涨海连天，毒雾瘴疠，日夕发作"。②韩愈于元和十四年（819年）贬为潮州刺史，上任后祭鳄除害，两《唐书·韩愈传》都载有鳄鱼"食民畜产将尽，以是民贫"，韩愈"以羊一猪一，投恶溪之潭水，以与鳄鱼食"，并撰写《（祭）鳄鱼文》，以刺史保土庇民，望鳄鱼勿施虐百姓，七日内迁徙，如若不"闻知"，"操强弓毒矢，以与鳄鱼从事，必尽杀乃止"③。"咒之夕，有暴风雷起于湫中，数日湫水尽涸，（鳄）徙于旧湫西六十里，自是潮人无鳄患。"④鳄鱼一段时间不再祸患百姓，咸平二年（999年）潮州通判陈尧佐让民众捕杀鳄鱼，并作《戮鳄鱼文并序》《鳄鱼图赞》，"鱼既化焉，人宁不怍？"⑤从惧怕鳄鱼到捕杀鳄鱼，反映了官民改造潮州自然环境能力的增强。正是鳄鱼危害减少，渔民安定的生活才有保障。

韩愈在潮州作《祭神文五首》，其中三首是祭大湖神。大湖位于今汕头市潮阳区海门镇湖边村附近，村东北为大湖山，村南山麓有惠福庙（俗称大湖宫）。隆庆《潮阳县志·山川》载："大湖山南临巨海，下有龙

---

① 民国《阳江志》卷三八《杂志下》。
② 《昌黎文集》卷三九《潮州刺史谢上表》。
③ 《昌黎文集》卷三六《祭鳄鱼文》。
④ 《旧唐书》卷一百六十《韩愈传》，同见于《新唐书》卷一七六《韩愈传》。
⑤ （宋）陈尧作：《鳄鱼图赞》，载《〈潮州府〉图经志》，见《〈永乐大典〉方志辑佚》（四），第2626—2627、2633—2634页。

潭。唐昌黎韩愈刺潮时，尝遣官致祭及祈神谢贶，两至于此。每岁旱，官民祷雨辄雨，有随车至者。"① 又隆庆《潮阳县志·古迹》载："大湖在邑之东南，韩愈所称祀神至海上即此"，"其地濒大海，海中有伏龙能兴云雨，俗号龙潭，潭边有巨石若梯，委蛇而下，俯视不测，其下有石盘焉。其大若盖，其状若罗经，遇风恬水退、澄潭静浪之时，则现然不可至也"②。大湖为海边深潭，韩愈三次撰《祭（大湖神）文》，除第一次派潮阳县尉史虚己代己祭告外，另外两次应是亲至其地。据《昌黎文集》载：第二篇《祭（大湖神）文》，以"稻既穟矣，而雨不得熟以获也。蚕起且眠矣，而雨不得老以簇也"，祈雨"唯彼无辜，惠以福也"。最后一篇谢贶："今兹无有水旱雷雨风水疾疫为灾，各宁厥宇，以供上役，长吏免被其谴，赖神之德，夙夜不敢忘。"③ 祈答说明了大湖神灵应，保佑一方百姓，虽然看起来大湖神兴云雨，执掌一方水旱雷雨等天气，但因居于海边，也成为官方祭祀保佑一方的神庙。

潮阳大湖旁的大湖神庙，"庙祀大湖之神，其创始年月无考"。宋宣和间，赐号"泗王"。但宣和封号，查《宋会要·礼》未载。至明时称"惠福庙"，当取《祭（大湖神）文》"惠以福"而名，隆庆时，潮阳"今知县黄一龙祈雨屡应，乃命工重建焉"④。这与神执掌云雨有关。"按神必得山川之气而后灵，即大湖世祠海上，积千有余年，其用物弘矣；其获助于山川者，多矣。其聚而为气，散而为雨，能使蛟龙变化云雨迅奔也，不亦宣乎。"⑤ 兴云致雨，使海边"大湖神"成为唐宋乃至明代官方祭祀的主要神灵之一。清代作为"通礼所谓御灾捍患于民有功德者，守土官俱届期致祭"，以"每岁春秋二仲上戊日举祭"。⑥ 不过，其地位无法与唐宋相提并论，比明代也略有逊色，列于光绪《潮阳县志》官方礼祭末位，其地位远不能与唐代潮州首位相比。

潮汕地区天妃信仰，宋元已存在，《东里志》卷一《祠庙》载："天后宫，一在大城东门内；一在柘林守备营后；一在深澳，宋时番舶建，时

---

① 隆庆《潮阳县志》卷六《舆地志·山川》。
② 隆庆《潮阳县志》卷六《舆地志·古迹》。
③ 《昌黎文集》卷二二《潮州祭神文五首》。
④ 隆庆《潮阳县志》卷十《坛庙志》。
⑤ 同上。
⑥ 光绪《潮阳县志》卷七《坛庙志》。

加修理，晏总兵移建于海岸，皆祀天后圣母之神，凡航海者必谨事之。"番舶为从事海外贸易的商船或外国船。深澳为南澳港口，处宋代广州与泉州间，为番舶必经之地，在此建庙自然与海外贸易有关。元代，随着漕运与海运发达，天妃信仰日隆。潮阳龙津天妃庙建于元延祐时，永乐时尝修。其他潮阳县天妃庙还有海口山上正临海门一处，和平村之六联江畔下宫，"所祀天妃圣母之神，其创造年月无考，大都始自宋元，凡乡人有祷辄应，航海者奉之尤谨"①。潮阳"娘宫巷亦有一庙，灵甚，故巷因以为名。嘉靖初提学魏校檄行拆毁，遂并入民居"。船员一般在出海前及遇到海险，都祈佑天妃，隆庆《潮阳县志》作者林大春就是如此。嘉靖时其为行人司行人，曾有奉使琉球的朝廷命官告诉其海上航行天妃救难之事，"大略相似，然后始知前言不诬云，或曰天妃即南海神也，故其灵爽著见如此"②。此处以天妃为南海神，当言天妃神职司辖地域广大，在南海中屡显灵异，故以南海神言之。康熙时，潮阳县龙津赤产天妃庙外，还有桂桥、莲花峰、六联、下宫等多座天妃庙。航海遇难，但见火光或灵鸟翔集，以为天妃显灵救难。③ 潮阳邑北天妃庙居后溪嘴港口，莲花峰天妃庙居海口要道，商舶云集，自然成为天妃庙宇所在。后溪口、海门口、达濠口，均系挂号"小口"，商舶林立。④ 光绪时，潮阳县除天后庙有邑北后溪港口庙（道光九年知县与缙绅重修，光绪九年官员与绅商改建，潮阳县官祀之所）、龙津赤产、桂桥、莲花峰，还有达濠许副将生祠前、达濠埠（埠众渔船共祀）、招都下尾溪岸（渔船祀）、招都河渡（商船祀）、胪冈乡（岁旱祷雨屡效）等⑤，官民形成一定祭祀圈的天妃信仰，民众以一定祭祀地域来划分天妃信仰，而在这些天妃（后）庙成为这一祭祀圈内渔民、商民、官员与民众共同信仰的中心。

潮阳县西南的惠来县依山面海，沿海港口与鳌江、龙江下游沿岸自然有天妃庙分布。雍正《惠来县志》卷三《庙宇寺观》仅载龙江东南一座天妃庙。实际上，惠来县天妃庙不少。最早的当数神泉港天妃庙，始建于宋末，清乾隆间扩建。这里居龙江入海口，商船贸易往来停泊之地；钓石

---

① 隆庆《潮阳县志》卷十《坛庙志》。
② 同上。
③ 康熙《潮阳县志》卷一二《坛庙》。
④ （清）梁廷枏：《粤海关志》卷六《口岸二·潮阳口图》。
⑤ 光绪《潮阳县志》卷十《坛庙》。

天后宫建于明初，居龙江沿岸，乾隆时扩建。靖海天后宫建于明代，《粤海关志》卷六《口岸二·靖海口图》在靖海税馆东的靖海港口附近明确标注有天后庙。其他前埔天后宫建于清康熙，隆江天后宫建于雍正，凤镇林天后宫建于乾隆，前詹天后宫也建于清朝。①

潮阳县北的揭阳县，处于榕江下游，民众因旱早就有祭祀海神传统。② 北关外天后庙，雍正六年（1728年）知县重修；乾隆四十二年（1777年）知县拓址改修，花费银三千多两。知县刘业勤捐银二百两，"交当商生息，为本庙及风火二神祀典"。南关外天后庙，乾隆二年（1737年），各洋商呈明知县张薰建庙。庙宇规制三栋十三间，后靠城垣，前临南河。③ 南北炮台扼榕江两岸，《粤海关志》卷六《口岸》载庵埠总口下北炮台口图，"此系正税口"，并在北炮台税馆旁标有天后庙。揭阳县另有娘娘庙，祀天妃之神，在桃山都。隆庆三年（1569年）都督郭成建庙。都御史李义壮撰《天妃庙记》。据《记》载，桃山原有庙，海寇曾一本倡乱，"兵火摧剥，神像仅存，而漫漶弗虔则亦甚矣"。粤闽二省会剿，曾一本占卜于祠，犯闽、犯广、循海、原地驻守，皆曰"不可"，"曾贼愤愠，欲裂祠而尽毁之"。踰月，两军对垒，"元冥效灵，但见大将楼船之上，若有神人拥护其门；三光景从，五云旋绕我师，既克罪人"。由于郭成誓师之时，"尝默祷于神，若将有冥助焉。今日其敢忘所自乎"。"爰卜胜地，桃山之阳，聿修厥庙，用答神贶"。故此庙为郭成"既歼曾贼而作也"。正殿三间，东为驻节亭，西有元帝祠，中有茶亭，左右两庑各五间，"以祀义勇阵亡把总曾袍等于其间"，前设天妃宫牌坊一座。"计其木石瓦壁，皆宝山（郭成）先之劳，经费无与于官民。"④

报谢建庙，与灭海寇有关。其他揭阳天后庙与此地海上交通有关。"揭地濒海，其土沮洳，近达漳泉，远通吴越。商舻贩舶，出入于稽天巨浸中，每遇铁飓银涛、鲸呿鳌掷，时则有颠覆之患。榜人睹帆樯欹仄，魂惊魄悸，辄呼号吁求于神，神必示灵。夜则火光烛天，冉冉而至，昼则江

---

① 苏文炳：《妈祖文化在惠来》，揭阳新闻网—文化频道—岭南风情，2008年8月25日，http://www.jynews.net/item/15504.aspx。

② 《东林列传》卷二四《冯元飙传》天启时"（元飙）初授揭阳令，岁旱，众请严事海神"。

③ 乾隆《揭阳县志》卷二《庙宇》。

④ 乾隆《揭阳县志》卷八《艺文》，（明）李义壮：《天妃庙记》。

鸥先集，异香徐来，即安澜有庆，舟保无恙。""故揭人家户里祝，祠貌遍红尘绿庙间。"① 天妃信仰隆盛与自然环境、海上航行密切相关。

澄海县天妃庙宇众多，城内北隅社有祀天妃的三妃宫，当是天妃三姊妹信仰。其他盐灶乡社有天后庙。放鸡山有天后庙，这里地处海中，为商船出发占卜放鸡之地，故为神灵栖身场所。其地夏岭、莱芜，城外校场左也都有天后宫。城外校场天后宫正殿祀天后，后殿设佛像，乾隆二十七年（1762年）副将陈应钟率庙僧晓昙募建②，民间信仰与佛并行不悖，共祀一庙。其他县城东南十里秀水乡四座宫也有多神共祀现象，四座宫一祀关帝、一祀天后、一设佛像，"俗踏春，多至其庙，有僧奉祀"，此为民间信仰与佛教俗化信仰的最好体现。澄海南门外原火神庙旧址，乾隆三十四年（1769年）建天后宫，"万世保等募建，祠费皆出自邑商"③。潮州一带，包括上述潮阳、澄海一带，皆称天妃（天后）为南海神，这里为南海东北部，以荫佑之地而称天妃（天后）神为南海神，与一般南海神不一样。"按天后，湄洲林氏女，卒为南海神。航海者随船供养，遇台飓险陀辄出火桅樯间，远洋迷路常有灵鸟翔引，为一舟司命。"④ 故随船一般都有供养天妃的神龛，保佑航海安全。

澄海县樟林南社外有天后庙。为当时樟林港出海处，乡人称其"新宫"，为全潮最大天后庙遗址。嘉庆《澄海县志》载，此庙乾隆二十二年（1757年）建，三十六年（1771年）竣工。有山门、前中后三殿⑤。据黄光武研究，樟林乡乾隆二三十年间掀起一股建设大公共工程和神庙的热潮。外陇浦天后庙是乾隆三十二年（1767年）修建，为南郊洋船入海处附近，当是嘉庆《县志》所载天后宫；乾隆五十二年（1787年）建新围天后宫，随着新围天后宫建成，外陇宫遂废弃。乾隆五十二年（1787年）闽浙总督李侍尧"风水顺利"渡台，进剿林爽文起义大功告成，乾隆帝命李侍尧"即亲诣天后宫虔申报谢，以答神庥"。除此政治原因外，还有洋船商人庆祝顺利平定台湾起义。新围天后庙大规模扩修，非林氏家族独资包揽。林万达作为三十二年扩修外陇天后庙、林五作为五十二年新围天

---

① 乾隆《揭阳县志》卷八《艺文》，（清）刘业勤：《天后庙重建碑记》。
② 乾隆《澄海县志》卷七《坛庙》。
③ 嘉庆《澄海县志》卷一六《祀典》。
④ 乾隆《澄海县志》卷七《坛庙》、嘉庆《澄海县志》卷一六《祀典》。
⑤ 嘉庆《澄海县志》卷一六《祀典》。

后庙兴修的策划人和主要出资者是合理的。① 陈春声、吴雪彬更从樟林四个天后庙研究村落历史与社区性质的变化，撰写《天后故事与社区历史的演变——樟林四个天后庙的研究》（见《红头船的故乡——樟林古港》，香港天马出版社有限公司，第433—444页）。据两位学者研究，樟林莲花山南麓石壁头灵感宫，是莲花山边若干小村的"境主"，此宫以灵感为名，此与元时加天妃封号首两字"灵感"有关。庙建于元初，也是樟林先民"元初烟址"的标志；嘉靖三十五年（1556年），散居于山边各村十五姓居民迁至山下官埠合村居住，为樟林"开村"之始。樟林从嘉靖至崇祯间，多次被海盗侵袭，不断经历建寨—破寨—再建寨—再破寨过程，这一时期，樟东路天后宫（原名暗芒宫）有许多天后崇拜传说，多与海盗故事相关，为答谢神恩建庙；樟林港于清乾隆年间兴起，入海口新围建庙，天后灵验故事都与航海安全有关，新围天后宫东西两庑有乾隆五十六年（1791年）粤东（潮州、嘉应州）、闽南沿海数县官员、士绅，而最主要捐献者则是樟林港的"商船户"、"众槽船舵会"、商号，所立的数块建庙捐款碑，说明樟林新围天后庙已成为潮州地方性的信仰所在。

粤东潮汕一带有真君庙。真君庙是祀赣人吴猛，或是闽人吴夲。吴猛，晋代道士，豫章人，是净明道信仰体系里西山十二真君之一，以孝道"恣蚊饱血"著称。《晋书》卷九五《吴猛传》云："年四十，邑人丁义始授其神方，因还豫章，江波甚急，猛不假舟，楫以白羽扇画水而渡，观者异之。"《搜神记》卷一《吴猛传》云：吴猛为濮阳人，除有用扇画水而行事迹外，又有浔阳"书符掷屋上，须臾风静"事迹。②《太平广记》卷十四《许真君传》，许逊"师大洞真君吴猛，传三清法要"，后与吴猛游于江左，王敦叛乱，"二君乃假为符竹求谒于敦，盖将欲止敦之暴以存晋室也"。不果，隐身"至庐江口，召舟过钟陵"，无船工，吴猛、许逊"我自行船"。舟师"窥见二龙驾舟在紫霄峰顶"，后隐舟于此，"教服灵草，授以神仙术"。《太平寰宇记》卷一百十一《南康军》都冒县万钟山引《浔阳记》曰："术士吴猛过此遇天神，曰'此江神不守其官；覆溺生人，吾奉帝命按之'，言终而失。"从以上有关记载不难看出，吴猛神绩

---

① 黄挺：《潮商文化》，第五章"潮汕民间宗教文化与潮商的神信仰"引，华文出版社2008年版。第307—310页。

② 见文渊阁《四库全书本》。

多涉水止风，治病救人。①《明一统志》云：吴猛，宋政和中封"神烈真人"②。其活动地域与江西有关，林大春亦在隆庆《潮阳县志》云："余尝读《列仙传》，得吴公遗事，见其能乘鹿冲虚，画冰渡海，以为辞涉诞妄。及考自吾潮祠公以来，至今殆近千岁，然公神所在，常以慈济为新，民有疾病请祷者，辄见神瞰其室，投针立效；或扶鸾采药，虽穷乡僻壤亦至。""故能高凭太虚，遐观域外，独显其秘于苍山、碧海之间耶。"传说吴猛早在晋时"已神游于邑之西乡，往往托医药救人，所全活甚众，或投饵水中，饮之疾愈"。仙陂得名于此，"宋始创堂宇祀之，理或然也。又公尝过仙村，故其村亦云"。潮阳众多传说，多是与治病救人有关。潮阳仙陂慈济堂，祀吴猛，于宋熙宁十年（1077年）由道士陈玄通创建，为邑中最早庙宇。由于"真君之灵，随在辄见，其济物每有奇验，以故都里多祀之者，如邑之东西两关、贵山之东西两堡，俱为置堂，乡人祈祷堂下者，当时不绝于道，盖灵祠也"③。元大德五年（1301年），县前大街西创建真君堂，洪武末重修，由原来乡民顾祖龙舍地五十丈为草庵而至典史郁贵一始建，又迁于城之北门城下。④万历二十四年（1596年），真君托梦于潮阳县令吴万金，"勿伤百姓，遂捐百金为倡"，全邑"士民乃重建"。次年，庙成，"有神木偶三十余像，自海外飘至，其灵异如此"⑤。潮阳县真君庙不断修建，与吴真君灵异有关。官民合一重修，司水、司药等神职不断显现。

除潮阳县外，粤东各府州县大都有吴真人庙，此吴真人在闽为保生大帝吴夲。处于清泉州府同安县（今厦门同安区）、漳州府海澄县（今龙安县）之间的青礁、白礁。《粤闽巡视纪略》卷二云：

> 青礁属海澄，白礁属同安。二礁相对，皆有吴真人庙。在白礁者曰灵济宫，在青礁者曰东宫。吴真人者，名夲，海澄人也。生太平兴国四年（979年），素食不娶，善疗病，求之者如市。景祐六

---

① 《云笈七签》卷一百六《吴猛真人传》："至蜀见敦，时多疫病，猛标浦水，百步饮者皆愈，日中请水者千人。"
② 《明一统志》卷二四《东昌府》、卷四九《南昌府》。
③ 隆庆《朝阳县志》卷十《坛庙志》。
④ 同上。
⑤ 康熙《朝阳县志》卷一二《坛庙》。

年（1039年，景祐仅有五年）卒，感其惠者，尚像以祀。会有虔寇，祷于祠而贼酋死，民赖以安。益神之部使者，以庙额请赐名灵济焉。庆元中封英显侯，开禧中加号英惠，累封普佑真君，祠遍于闽粤。

永乐时，文皇后患乳疾，梦真人献方，治病有功，赐封医灵妙惠真君万寿保生大帝，赐龙袍一袭。[1] 保生大帝吴真人传播至粤东潮州府，庙名未变，神灵已变为吴猛，失去原来的面目。后人不明察，而以吴猛代之。

其他粤东普宁县真君祠，一在昆山桥，一在百里桥，一在五福屿，"屡著灵验"。雍正十二年（1734年）秋旱，知县孟五金祷雨辄应，有记。[2] 神职司水，应是吴真君信仰在粤东地区传播中增添的重要内容之一。而上述澄海县城内市心社的真君庙，"祀晋许逊"[3]，当考是否为后世因吴猛而起，值得思索。

其他潮州府，海阳县真君庙在西门内城边偏北，惠来县真君庙在东关中街，普宁县新安寨有真君庙。[4] 南澳城东门内也有吴真君庙。[5] 惠来县真君庙建于明万历年间，清康熙二十五年（1686年），知县重修。[6] 潮州府各县的真君庙，司药、司水的神职彰显无遗。正因为有司水职能，故其亦有交通的部分海神之职。

北帝亦是潮汕一带信仰的神灵之一。潮州府治海阳县，元帝庙，又名真武庙，全县有五处：一在北门直街望京楼后，一在南关外观音堂，一在北门外埠头尾，一在西关外，一在浮洋市。[7] 潮阳县有玄武庙三处：和平村玄真堂，元至治时建，明后期毁；另一处在东山韩祠之右，弘治间创始，"往时最称灵应"，后毁于寇。隆庆五年（1571年）邑人林继习（曾

---

[1] （清）杜臻：《粤闽巡视纪略》卷四。
[2] 乾隆《潮州府志》卷二五《祀典》，载普宁县真君祠"祀晋吴猛"，应是闽吴夲真人，信仰在潮传播中，后世不辨而妄称为吴猛。
[3] 乾隆《潮州府志》卷二五《祀典》。
[4] 《古今图书集成·职方典》卷一三三八《潮州府祠庙考》。
[5] 乾隆《南澳志》卷七《庙祀》。
[6] 雍正《惠来县志》卷三《庙宇寺观》。
[7] 光绪《海阳县志》卷二十《建置略·坛庙》。

任安化县令)"因为其子祈祷有感",重修庙宇,"自是四郊之祈灵者复至";另一处在北门外附郭东畔巷南,嘉靖间知县刘景韶创修,后为防倭寇,拆毁庙宇,"及贼退,感神梦而复置木像于县后城垣之上,作亭。隆庆初,知县作神像归亭封土"[1],作为保护城池的护法神。"后知县陈王道相继修之,一岁春秋二仲致祭。"[2] 明清官方提倡,北帝神兼有水神、战神之职而在沿海广为祭祀与信仰。澄海县北门城楼祀北极元天上帝的真武庙亦是如此,该县外砂乡上社亦有上帝庙。[3] 惠来县真武庙有七处,分别在城隍庙之右、南门后街、北闸、上岸村、武宁、龙江、葵潭。[4] 揭阳县元真庙在魁元坊,有神山下港庙田五十七亩四分,租谷一百零五石,"为本庙香灯祭祀之费"[5]。饶平县县治北门内亦有真武庙[6],亦有镇守北门之意。而普宁县北帝庙有四处,分别在钱湖桥、大陇、岐冈、半径。[7] 光绪时又增龟安、新安两处北帝庙。[8] 南澳岛雄镇关建有真武庙,万历十三年(1585年),副总兵刘大勋建,后圮;康熙二十八年(1689年),总兵杨嘉瑞重建,乾隆三十五年(1770年)毁于火,次年,总兵林国彩、同知杨枝彝重建[9],彰显其守护作用明显。真武因避宋圣祖讳,尚道教的真武改为元武,北方之神,作龟蛇于其下,靖康元年(1126年),诏加"佑圣真武灵应真君",曰"佑圣助顺真武灵应真君"[10]。国家提倡,道教弘扬,加之明成祖朱棣后世隆崇,北帝信仰在全国普及,成为国家、民众、道家共祀的重要神灵之一。

有关潮州沿海一带的双忠信仰,陈春声《明末东南沿海社会重建与乡绅之角色——以林大春与潮州双忠信仰的关系为中心》(《中山大学学报》2002年第4期)做了高屋建瓴的论述。至迟在元代已经存在于潮州地方的"双忠公"许远、张巡信仰,在林大春等士绅的推动下,经历了

---

[1] 隆庆《潮阳县志》卷十《坛庙》。
[2] 光绪《潮阳县志》卷七《坛庙》。
[3] 乾隆《澄海县志》卷七《坛庙》。
[4] 雍正《惠来县志》卷三《庙宇寺观》。
[5] 乾隆《揭阳县志》卷二《庙宇》。
[6] 康熙《饶平县志》卷三《祀典》。
[7] 乾隆《潮州府志》卷二五《祀典》。
[8] 光绪《普宁县志》卷二《庙祠》。
[9] 乾隆《南澳志》卷七《庙祀》。
[10] 《文献通考》卷九十《郊社考》。

其"地方化"和"民间化"过程中的一次关键性转折。潮阳历经天顺中"夏岭之乱",嘉靖三十九年(1560年)"漳寇"破城,嘉靖四十二年"倭夷"围城五旬三件大事,张巡、许远"二公有阴兵云","城中车旗火炬甚盛","祠下祷之,请得反风","天果反风","射杀焚死无数","其英爽如此"。① 正是张巡、许远在潮州的显灵,协助地方抵御倭寇、海盗,在"国家"意识形态中具有合法地位的外来神明"双忠公"要为潮州民众接受,通过灵验故事和占卜仪式等建立与地方社会的利益关系,以林大春为代表的乡绅在民间信仰传播过程中发挥着重要的影响,这样的过程,又可能被当地士绅作为培养民众对王朝和国家认同感的机会,揭示明代中叶以后,东南沿海潮州地方整体社会结构的转型。② 潮阳县东山的灵威庙成为明代中后期祭祀中心,也正是在嘉靖战乱刚开始时,潮阳城内居民为了避贼,从灵威庙迎奉双忠"遗像",在朝阳县城内源泉社学旧址上建"双忠行祠"③,成为潮州第二座双忠祠。经过战乱,双忠庙宇逐渐在潮州各地广泛建立起来。

隆庆《潮阳县志》卷十《坛庙》"灵威庙条"详述神异事迹及历代重修情况。景泰时,县丞又增南齐云、雷万春为配祀之神,"同一死义",彰显神灵护卫边疆神职。明代,潮阳双忠公崇拜的重要发展,是在东山灵威庙两侧修建祭祀韩愈、文天祥的庙宇,从而在东山形成了具有明显士大夫色彩的祭祀中心,三庙祭祀祀典相同,"献奠如帝仪"。潮阳东山祭祀中心的出现,与明代中叶潮州士大夫集团形成的历史过程相一致。随着双忠公抗灾御患、保土安民的传说继续流播,潮州各地纷纷建立双忠庙。原来因战争和局势紧张而设废不定的潮阳县城"双忠行祠",顺治七年(1650年)正式落成;顺治十一年(1654年),潮阳、惠来、饶平等地出现了新的"双忠庙",双忠庙的传说与灵验故事,不仅是"战神",而且被塑造成江河水利保护神。④ 双忠信仰已赋予了沿海地方保护神的神职。

---

① 隆庆《潮阳县志》卷一五《文辞志》;(明)林大春:《重建灵威庙记》。
② 陈春声:《明末东南沿海社会重建与乡绅之角色——以林大春与潮州双忠信仰的关系为中心》,《中山大学学报》2002年第4期。
③ 隆庆《潮阳县志》卷九《社学》。
④ 陈春声:《正统性、地方化与文化的创制——潮州民间信仰的象征与历史意义》,《史学月刊》2001年第1期。

海阳县新街头双忠庙"圮于水，修而固，人咸谓神之佑"①，神职多与地方有关。

乾隆《潮州府志》载潮阳县除东山与县城双忠庙外，还有岭东双忠庙（宋熙宁间军校钟英建）、垱堂（崇祯八年1635年建）、和平中社（顺治建）、桂屿寨、垱堂后及西门外皆有双忠庙；揭阳县双忠庙一在棉湖寨（雍正七年1729年重修），一在椿桂坊；惠来县双忠庙在县城内，顺治十一年（1654年）建；澄海县双忠庙在仙龙乡（康熙二十四年1685年重建）。②清末潮州各地乡村所谓"地头神"（社庙），已经大部分主祀张巡、许远，双忠庙不断扩展，与双忠信仰的地方化有关，也与神灵不断灵异，新的灵验传说不断涌现③及朝廷不断加封张巡、许远有关。据《大清会典则例》卷四四五《礼部一五六·群祀》载，清代九次加张巡、许远封号，祭祀地点包括江南山阳县高堰、江西浮梁县、江南丹徒县、广东潮阳县等，其中咸丰七年（1857年），加封显佑安澜神为显佑安澜宁漕助顺效宁助顺之神，庙祀广东潮阳县；又加封威显灵佑王为威显灵佑扬仁振武王，庙祀广东潮阳县。此两次为单独封潮阳张巡、许远庙，与咸丰四年（1854年）神佑"以荡寇功"而封，足见潮阳已成为全国双忠信仰的重点区域。从封号中足见两人俨然成为地方保护神，神职无所不能。国家提倡，也是双忠信仰地域扩展的重要原因。

其时，咸丰四年，双忠公张巡、许远"英灵呵护"城池，两次展现神异的情形，国家加号，地方崇祀。代表国家的官师，利用正统文本，确立并宣扬双忠公忠君报国的象征意义，表现了国家政权试图控制地方社会的努力。而潮阳地方士绅，也正是在官师怯弱，自己组织乡民保障地方安定的情况下展开的，双忠保土御寇的灵异，使国家宗教系统中具有地方控制象征的城隍庙黯然失色。双忠公确立其地方保护神，在潮汕民间宗教的象征体系中得到确认。④正是双忠公信仰，平衡了国家、地方、民众、士绅、官师的关系，使潮汕地方社会达到一定程度上的和谐与

---

① 光绪《海阳县志》卷二十《坛庙》。
② 乾隆《潮州府志》卷二五《祀典》。
③ 陈春声：《宋明时期潮州地区的双忠公崇拜》，收入郑振满、陈春声主编《民间信仰与社会空间》，福州人民出版社2005年版，第42—73页。
④ 黄挺：《民间宗教信仰中的国家意识与乡土观念》，收入郑振满、陈春声主编《民间信仰与社会空间》，第74—107页。

稳定。

双忠公之外，潮汕地区及附近的兴梅地区，韩江流域及韩江三角洲以西的沿海丘陵地区，包括清代潮州府、嘉应州的全部及惠州府的海丰、陆丰二县，存在三山国王信仰，尤以潮州府普遍。陈春声《社神崇拜与社区地域关系——樟林三山国王研究》(《中山大学史学集刊》第二辑，广东人民出版社1994年版，第90—106页）及《地方神明正统性的创造与认知——三山国王来历故事分析》(《潮州学国际研讨会论文集》，暨南大学出版社1994年版，第145—160页）曾对三山国王的起源及分布作了探讨。值得注意的是，宋朝开发和统治南方时，经常使用大量册封南方土著的庙宇和神明，使之成为本地居民顺从朝廷"德化"与"教化"的象征。《宋会要》卷一二三六"礼二〇之一〇六""三神山神祠，在潮州，徽宗宣和七年（1125年）八月赐庙额明贶"。宋代皇帝的册封使三山国王"正统性"得到承认。元刘希孟于至顺三年（1332年）撰《潮州路明贶三山国王庙记》，述三山为界石之神，"水旱疾异，有祷必应"。并举潮州刺史韩愈因淫雨求神而应之事。宋初显灵助官军灭刘𬬮，封潮州三山神，赐庙额"明贶"，明道中复加"广灵"二字，"则神有大功于国亦尚矣"。"自肇迹于隋，灵显于唐，受封于宋，迄今至顺壬申，赫赫若前日事"。故"潮之三邑，梅、惠二州，在在有祠。远近人士岁时走集，莫敢遑宁"[①]。神灵的灵异、国家封号，加之韩愈祭祀、刘希孟撰文、王元恭篆盖，使三山国王的正统性进一步确立。历代有作为的潮州地方官都在推行这种"士大夫化"的政策，后世也把刘希孟的庙记作为被官员、士绅普遍接受的"规范性解释"。其后明乡绅盛端明撰写《三山明贶庙记》，主要讲述宋朝皇帝册封，以正其"正统性"，足可纳入"正祀"神灵体系；乡绅陈理为饶平大埕乡撰写《重建明贶三山国王庙记》，亦重点强调潮州"海滨邹鲁"的传统和三山国王"御灾捍患"的恩德。士大夫强调的"义理""教化"及神灵正统性，而在民间故事中，三山神保驾帝昺，保宋抗元，其故事有很大差别。虽然士大夫、老百姓对神明"正统性"的理解不一样，但功利性神灵的"灵验"、正统性却是双方追逐的同一目标和内容。皇帝册封这类富于象

---

[①] （元）刘希孟：《潮州路明贶三山国王庙记》，载《潮州府·图经志》，《永乐大典方志辑佚》，第2653—2655页。

征意义的文化行为，在乡民观念中具有重要意义，反映了民间社会关于皇权和神权的理念。① 也正是在这种情况下，作为地方神的三山国王，成为国家许可祭祀的地方神灵。

除揭阳霖田都明贶庙外，潮州府治海阳县，明贶庙在韩山山麓；饶平县大埕乡有三山国王庙；澄海县广灵明贶庙在神山下，又一在城内大陇社；普宁县三山国王庙有七处，分别在北门内、昆冈书院侧、濠冈、青屿、石潭、林惠山、龟背山。② 惠来县南郊墩上、先觉宫、西郊□窑有三山庙，"各乡俱有庙"③。澄海县大宫庙（即大陇山庙）、南门外岭亭社广灵庙、南门外詹来社寿南庙、东湖乡三山国王庙、冠陇乡广灵明贶庙（或即上述神山庙）、玉窖乡大路玉窖庙、东陇社庙下社、龙田溪南社龙田古庙、溪北社龙田古庙等。④ 而因三神山富贵，澄海县城内院东社有乾三宫，即三姐宫，祀明贶圣王三姐夫人，"澄俗多迎傩，费金不赀，神尚雅静，故庙食最广"，与澄海"乡邑多祀之"三山国王⑤相比，乾三宫满足了部分民间妇女的祈愿，当是三山国王崇拜基础上的新情况。

以上吴真君、双忠公、三山国王，部分兼有海神之职，而风伯、火神因与航海关系密切，故祀风伯、火神庙宇也在潮汕沿海一带多有分布。处于河海交汇处的樟林，经北溪进入韩江而达潮州，是潮州最便捷的入海船运通道。经陈春声研究，乾隆时，于樟林社区商业街中央建立火帝庙，由"八街商人"管理，居全乡主庙地位，至迟到嘉庆时，樟林存在着一个由火帝庙—各社社庙—各地头土地庙等构成的庙宇等级系统。樟林乡分为东、西、南、北、塘西和仙垄社。南社社庙是山海雄镇庙，祭祀三山国王；东社社庙为三山国王庙（东社宫），西社社庙为北帝宫（因与火帝庙"相冲"，另建奉祀土地爷的感天大帝庙为社庙）；北社社庙为"七圣妇人"庙，塘西社和仙垄社社庙也都奉祀三山国王，分别称为塘西宫、仙垄宫，社庙之下再分二十四座土地庙（福德祠），其祭祀范围叫"地头"，

---

① 陈春声：《正统性、地方化与文化的创制——潮州民间信仰的象征与历史意义》，《史学月刊》2001年第1期。
② 乾隆《潮州府志》卷二五《祀典》。
③ 雍正《惠来县志》卷三《庙宇寺观》。
④ 乾隆《澄海县志》卷七《坛庙》。
⑤ 同上。

是次于社的地域信仰单位。在这个系统之外，关帝庙、文昌庙、风伯庙和新围天后宫等具有明显官方色彩，其建立和运作包含较多"外来"因素。[①] 这种庙宇系统以及各庙宇关系，反映的是特定地域支配关系的"空间结构"，复杂的、互动的长期历史过程的"结晶"和"缩影"，是樟林乡民们"有份"和"无份"的感觉。"信仰空间"实际上全面地反映了多重迭合的动态社会心理的"时间历程"。清末民初的重大社会变动，使带有明显"官方色彩"的关帝庙（清绿营官兵祭祀庙宇，后沦为民居）、文昌庙（原是澄海苏湾都士大夫文人庙宇，后被营兵、外人强占，今为樟林中学一部分）、新围天后宫（樟林为外贸口岸，许多外来客商、船户、舵工等在此居住，与社区内部关系不紧密，港口衰落后，信仰民众迁走，庙宇废弃）、风伯庙（嘉庆二十四年澄海知县尹佩绅倡建，因风伯庙在海外贸易中的重要地位而建庙，"祀祭伯神文""樟林镇鼎建风伯神庙碑记"等皆可证明。并规定祭祀礼仪，后为小学、中学）具有"外来"的性质，这些庙宇未完成"本地化"和"民间化"的过程，庙宇与社区内部日常生活有较大距离，一旦官员与客商离开，庙宇衰落不可避免，而与社区内部关系密切的火帝庙，不但立庙，而且恢复了坐厂游神活动。[②] 庙宇与地方社会的关系可见一斑。

潮州府治海阳县，官方祭祀的城隍神庙、火神庙（府治西偏馆巷，顺治八年重修，光绪二十五年重建）、风神庙（南门外春城楼，雍正十二年建，乾隆二十二年重修）、雷神庙（附祀风伯庙，又一在大和都吉林乡）、龙神庙（城外东南凤凰台后，雍正五年龙神降甘霖，各省派官迎奉，各州县建庙，乾隆三十年重修）、关帝庙（道署后，历代建号，原为群祀，咸丰三年升为中祀）等[③]，皆有祭期、经费，为官方祭祀场所。这些庙宇多体现国家祭祀礼仪在地方上的落实，其他与水神有关的庙宇还有安济王庙，又称青龙庙，在南门堤侧，庙创自明代，相传神为蜀汉永昌太

---

① 陈春声：《社神崇拜与社区地域关系——樟林三山国王研究》，《中山大学史学集刊》第二辑，广东人民出版社1994年版；《从"游火帝歌"看清代樟林社会——兼论潮州歌册的社会史资料价值》，《潮学研究》第一辑，汕头大学出版社1993年版；《乡村神庙系统与社区历史的演变——以樟林为例》，《清史研究》1999年第2期等。

② 陈春声：《正统性、地方化与文化的创制——潮州民间信仰的象征与历史意义》，《史学月刊》2001年第1期。

③ 光绪《海阳县志》卷二十《坛庙》。

守王伉，明时滇人入宦潮地带神像至此，"遂获安澜"。当与御水安济有关。清代不断兴修，光绪二十二年（1896年）复修。① 青龙庙"庙跨城南大堤，当韩江之冲，神素灵应"，"士夫商贾过潮者咸祀之"。② 镇水顺济作用明显。北门堤上龙母庙，神职应与安济王庙同。七圣庙即七娘宫，相传嘉靖末苏刘等寇蓝田山，官军征缴，"七妇人渡水语以贼巢所在，并授进剿日期"，平贼后立庙，"自是潮人多建庙祀之"。③ 有功于地方的神灵，获官方许可，其正统性确立。

惠来县神泉城外之北广利王庙是神泉卫所所祀南海神，"威灵显赫，乃南海之神，土人虔祀之"④，也是粤东地区少见的南海海神神庙，此与广东沿海卫所一样，戍海边疆象征意义浓厚。而大颠祖师显灵于海丰银瓶山，后惠来人于龙江西乡建大颠祖师庙，"患旱迎神祀此，祷雨获验，至今岁旱请神出露台，祷之，果符其验"⑤。此与海洋关系不大。潮阳县南城楼早在明代就祀胡世和、庄淑礼守城有功的义勇祠，以知县领衔建像，后建祠。⑥ 官方宣教意义不言而喻，此与沿海各县城、卫所的关公庙（海阳县海门城、达濠城皆有关帝庙）宣传教化作用一样。

澄海县"里社庙，邑无虑数百，盖废里社而祀于庙者也。社神居中，左五土，右保生神，并设总督周公有德，巡抚王公来任位于内。以其有展复功，民怀其德，岁时合社会饮，水旱疠灾必祷，各乡皆同"⑦。里社庙是民间社会庙宇的体现，其五土为土地神，保生神为生育神，而周有德、王来任与粤西、珠江三角洲一样，为拓界展疆有功于广东沿海的官员。此在一定程度上反映了粤东沿海地方社会对地方自然神、人物神崇祀的实形。至于澄海香水乡四座宫，一祀关帝，一祀元帝（北帝），一祀天后，一设佛像，"有僧奉祀"，反映了民间多神崇拜。而香水乡海岸的龙王庙，香水乡使者宫（祀巡海使者，顺治年间神像浮海中来，众立庙祀之）⑧，

---

① 光绪《海阳县志》卷二十《坛庙》。
② 乾隆《潮州府志》卷一五《寺观》。
③ 光绪《海阳县志》卷二十《坛庙》。
④ 乾隆《潮州府志》卷一五《寺观》。
⑤ 雍正《惠来县志》卷三《庙宇寺观》。
⑥ 康熙《潮阳县志》卷一二《坛庙》。
⑦ 乾隆《澄海县志》卷七《坛庙》。
⑧ 同上。

应与海神信仰有关。上述澄海樟林北社的七圣庙虽是崇祯间知县立匾"扶阳锡祉",康熙时乡人重修,嘉庆时绅士重修①,祀七圣夫人,官民结合,已成为一方社神庙,而上坑乡古石山麓七圣夫人庙(长生宫)已是"乞嗣者恒至其庙"②,生育神神职明显。

饶平高埤亦有七圣庙。而饶平女神庙除早在宋时已在南澳山建的古天妃庙外,另一著名的便是百丈埔娘娘庙。此庙又称浮山庙,祀宋张世杰夫人许氏。许氏"统步兵于沿海扈驾,会陈吊眼之师出自黄冈,与元兵战于百丈埔,阵亡,土人义而祀之"。后正德时魏校毁淫词,于此置社学而废③。没有取得官方正统身份,未合礼仪而被打击,虽民间传为世杰夫人战死疆场,亦在后世难以为继香火,"后人悼惜之",只能留遗憾而已。

南澳岛历来为海上要冲,其战略地位受到重视,万历四年(1576年),南澳副总兵晏继芳于成东门外建天妃庙;十一年(1583年),副总兵于嵩重建;康熙二十四年(1685年),总兵杨嘉瑞修。而风伯龙王庙,也是万历四十八年(1620年),副总兵何斌臣于城隍庙右建,列镇合祀于此。康熙五十四年(1715年),改总兵英龙祠而建,乾隆二十五年(1760年)同知改为庙,四十八年(1883年)重修。④官方色彩浓厚。其他云澳南大洋中放鸡天后宫,亦明副总兵何斌臣建,其左有海神庙。而深澳渡口有水仙宫、雄镇门有真武庙,城北三官殿(天、地、水三官),城东门内真君庙、南山寺左与武庙后各有火神庙,左游府左亦有旗纛庙。⑤建庙与修庙官方及军事色彩凸显。其他相关的有城北门外靖海侯施琅(谥襄壮)施将军庙、周公(士元)祠、晏公(继芳)祠、刘公(大勋)祠、解公(节)祠、英公(岗)祠、杨公(嘉瑞)祠、诸镇合祠、海防庄公(成)祠、海防杨公祠、海防朱公(应陛)祠,除施琅祠、周公祠外,大都在乾隆时已废。⑥官师与政府对历代有功于地方的官宦,虽立祠祭祀,但因缺乏民众的参与,情随事迁,自然会渐弛荒废。不过,南澳岛上众多的庙宇,与护卫海上交通、岛屿平安大多有关。

---

① 乾隆《澄海县志》卷七《坛庙》。
② 同上。
③ 康熙《饶平县志》卷一二《古迹》。
④ 同上。
⑤ 同上。
⑥ 乾隆《南澳志》卷七《庙祀》。

# 第七章

# 其他各省略述：海神信仰类型与地域空间

## 第一节 福建省海神类型与地域空间

福建处于东海南缘，与南海相邻，是我国东南沿海重要的省份，自古以来，"重鬼信巫"，民间信仰丰富。加上这里历来为使臣出访琉球出发地，历史上华侨华人也由此南下南洋，水手和船工在海上航行，海神信仰历来十分丰富。其间以民间信仰为基础，加上国家历代封号，商人与地方士绅的参与，海神信仰传播至全国沿海乃至东南亚。福建是海神信仰扩展北进南伸，传播源最丰富地区，以天妃为代表，成为传播地域之广，流传时间较早的地区。相关研究成果丰富。代表性成果有《妈祖文献史料丛编》（第一辑四卷五册、二辑三卷四册，三辑七册，分别由中国档案出版社和海风出版社出版，2007年、2009年、2011年版）、李献璋《妈祖信仰研究》（澳门海事博物馆1995年）、蒋维锬《妈祖文献资料》（福建人民出版社1990年版）、徐晓望《妈祖信仰史研究》（海风出版社2007年版）和《福建民间信仰源流》（福建教育出版社1993年版）、肖一平《妈祖资料研究汇编》（福建人民出版社1987年版）等为代表，其他还有林国平《闽台民间信仰源流》（福建人民出版社2003年版）、方宝璋《闽台民间习俗》（福建人民出版社2003年版）、王荣国《海洋神灵——中国海神信仰与社会经济》（江西高校出版社2003年版）。硕博士论文：俞黎媛《福建张圣君信仰研究》（福建师范大学，2006年）、邱铁辉《福建海神信仰与祭祀仪式》（福建师范大学，2007年）等。相关论文有：谢必震《古代福建沿海居民的海神信仰》（《福建师范大学学报》1998年第2期）、王荣国《明清时期海神信仰与海洋渔业的关系》（《厦门大学学报》2000年第3期）、颜章炮《晚唐至宋福建地区的造神高潮》（《世界宗教研究》1998年第3期)、徐心希《明清时期闽台自然灾害对妈祖信仰的影响》(《莆田学院学报》2004年第2期)、连镇标《多元复合的宗教文化意象——临水夫人形象探考》(《世界宗教研究》2005年第1期)、黄新宪《陈靖姑信仰的源流及在闽台的发展》[《福州大学学报》(哲学社会科学版) 2008年第6期]、石奕龙《临水夫人信仰及其对民俗活动的影响与解释》(《民俗研究》1996年第3期)等。以下以闽北、闽中、闽南地域分述之:

**一 福宁府、福州府**

1. 海神地理分布

福宁、福州府濒临东海,海岸线长达一千二百八十一公里,占全省港湾长度的三分之一。沿海有五县一乡:平潭、连江、罗源、长乐、福清和琅岐乡。著名的港湾有罗源湾、闽江口、马尾港、福清湾和海坛峡。沿海岛屿星罗棋布,多达四百余个。优越的海洋环境造就了福州先民搏击海洋顽强拼搏的开放传统,也为神灵信仰的发展提供了深厚的土壤和物质基础。

福宁府海神主要有妈祖、临水夫人、白马三郎、马仙、戚继光、程伯简、黄岳、江大圣等,其中以地方性人物神崇拜为主,而庙宇分布最广的是妈祖和临水夫人庙,多达二十处左右,其次是白马三郎庙和马仙庙各有六处和五处。福州府以临水夫人、妈祖、演屿神为代表,其分布几乎遍及整个地区,庙宇数量众多,而陈文龙、挐公、晏公、蔡姑婆、开闽将军、黄孟、萧孔冲、叶忠等在某一地区都有一定数量的分布,然而这些庙宇多带有浓厚地方特色,如蔡姑婆信仰主要集中在长乐地区,与当地民间传说有关。

2. 海神特点

福建地处中国东南沿海,境内多山,西部、北部均有高山峻岭与外界隔绝,陆路交通十分不便。唯有东部濒海,有着漫长的海岸线和众多的天然良港,具有发展海上交通的客观条件。自古以来,福建人民就与大海结下不解之缘,与之相联系的海神信仰也特别发达。福建古代海神信仰大致可以分为四个时期:

(1) 西汉之前:闽越族的海神信仰,如闽越族崇奉蛇图腾;(2) 西汉至唐代:北方海神信仰的传入,主要有龙王信仰、玄武信仰、观音信仰等；(3) 五代至宋代：福建海神大量产生，五代至两宋时期，是福建经济文化迅速发展的时期，特别是宋代，福建社会相对安定，人口剧增，与海洋经济的迅猛发展相适应，除了原有的龙王、玄武、观音继续被奉为航海保护神、影响不断扩大外，与航海有关的各种神灵被大量地塑造出来了，例如显应侯、昭利王、白马王、天妃等神；(4) 元明清：妈祖信仰一枝独秀，其他海神并存。

在海洋神灵中，有相当多的海神是从陆地的神灵转化过来的。如禹王原是历史人物，因其治水而被奉为水神。海洋神灵信仰的产生、发展具有强烈的功利性。海洋神灵信仰是在人们走向海洋、追求海洋经济利益时产生的。这就决定了其信仰具有极大的功利性，也影响着海神职能的变化。大批陆神"海神化"从根本上说也是"人化"，神灵的海陆互动归根到底是人们活动的海陆互动，即与沿海居民生产生活和海洋开发有关。

沿海神灵的种类：

海上航行保护神：天妃、昭利王、大小亭神

海上战神：真武、金吾祖、戚继光、蔡姑婆

地方人物神：程伯简、黄岳、江大圣

开闽功臣：白马三郎、开闽将军、虞雄、李逸

自然鬼神崇拜：萧孔冲、灵显侯

3. 福建海神几个发展变化的原因（发展阶段可参考林国平等论著）

(1) 商业原因。福建地区行商将舟山群岛观音信仰带到闽北地区。渔民因生产生活的需要，常年需要仰仗天气与鱼汛，因此相应的鱼神和风神崇拜便在沿海地区传播开来。

(2) 政治原因。国家官员因海上航行顺利而奏请国家进行册封，如路允迪奉使高丽途中得到神灵庇护，事后国家便开始册封天妃。

(3) 民间神异。各类传说，将现实生活中的超乎常规之异事视为神灵显灵，加以附会，演绎出众多民间传说，进一步促进这些信仰的传播。例如马仙、螺女崇拜等。从三国以来直到五代闽王时期，由福州北上辽东和通过台湾海峡航线上往往是"沉溺相系"。北宋开始，指南针逐渐用到航海上，但是恶劣的台风气候依然是古代航海的一大障碍，先民在非人力所能胜的大自然灾害面前毫无对策，只能转向创造神灵来庇护（佑）他们。

(4) 其他原因。如民间传说或是军事防御、农业生产生活需要等原

因均对于当地海神信仰的传播产生重大影响。

4. 几种重要海神分布

(1) 演屿神,祖庙在连江演屿,其庙名"昭利",其神为唐代福建观察使陈岩的长子,其人乡居有德,后人奉祀为神。据徐兢《宣和奉使高丽图经》记载,路允迪出使高丽之前,首先在福州祭祀了演屿神。宋梁克家《三山志》亦载有此事:宣和五年(1123年),"路允迪使三韩,涉海遇风,祷而获济,归以闻,诏赐庙额'昭利'"①。乾隆《福州府志》记载:

> 昭利庙,在(连江县)越山麓,神为唐观察使陈岩长子延晦。乾符中,黄巢寇闽,神慨然谓人曰:"吾生不鼎食以济朝廷,死当为神以慰人望。"及没,祀于连江演屿。宋宣和二年(1120年)建庙今所。五年,给事中路允迪使三韩,涉海遇风涛,赖神以济。事闻,封协灵惠显侯,诏赐庙额昭利。②

(2) 妈祖。妈祖,即天妃、天后。最初只是一尊莆田局部信奉的神祇。北宋宣和年间,路允迪出使高丽,在途中遇到风暴,得到妈祖保佑,回来后,为妈祖请封,其庙被命名为"顺济庙"。元代海运相当发达,从事海运的人员需要妈祖的保佑,元世祖正式册封妈祖为"护国明著灵惠协正善庆显济天妃"③。历代帝王出于意识形态统治的需要和对海上贸易的重视,天妃不断褒封。随着名号扩大,其信仰范围逐步扩大。弘治《八闽通志》载,福州"弘仁普济天妃宫在水步(部)内之左城埕下。宫之创已久。元至正十七年(1357年)……扩之又水步门外河口亦有此庙,俱成化间镇守太监陈道重修"④。除了长乐南山天妃行宫外,连江、福清、罗源松山县都建有天后宫。明代天后庙则更多,如亭江怡山院、长乐文石天后宫,南台螺洲天后宫等。长乐南山之天妃宫,是郑和第四次下西洋时驻泊长乐太平港候风时,为酬谢海神天妃护佑,奏请明成祖恩准建造的一

---

① (宋)徐兢:《宣和奉使高丽图经》,梁克家《三山志》卷八《祠庙》,第20页。
② 乾隆《福州府志》卷一四《庙坛一》。
③ 《元史》卷十《世祖纪七》。
④ 正德《福州府志》卷四十《庙坛》、弘治《八闽通志》卷六十《祠祀》。

座雄伟壮观的"天妃行宫",明作为船队官员祈报和谢神场所。此后,郑和每次远航往返时都继续建造。宣德六年(1431年)春,郑和最后一次出使西洋前夕,在长乐停泊时,再次修建天妃行宫,并率领军校旗军施财,在天妃行宫之左,建造三清宝殿一座,为祝圣之所,还发心铸造铜钟一口,放置于三清宝殿钟鼓楼内,钟上铸有"国泰民安"和"风调雨顺"字样,钟铭有"永远长生供养,祈保西洋返经平安,吉祥如意者"。此钟显然是出洋航海祈祝之用。刊立于长乐天妃宫内的《天妃灵应之记》碑,是为记述"天妃"灵应而立的。郑和的船队成员中,招募的东南沿海水手中有许多人是崇奉天妃的。明代嘉靖年间从福州渡海使琉球的陈侃也对航海供奉天妃作了描述,"飞航万里,风涛叵测;玺书郑重,一行数百人之生,厥系匪轻。爰顺舆情,用闽人故事,祷于天妃之神;且官舫上方为祠事之。舟中人朝夕拜礼必虔,真若悬命于神者"。明清时期福州城台建的不少会馆都奉祀天后,天后宫成为酬神演戏聚乡议事场所。

(3) 临水夫人。俗名陈靖姑,福州下渡人,传说生于唐代,原来是妇女儿童保护神,兼水神。在福州、福建东部、浙江南部影响较大,民间常常将她与天妃、观音等同供于一庙,久而久之,便有临水夫人系天妃之妹的说法,同时被赋予护守海舟、救助海难的职能。明嘉靖十三年(1534年),高澄为副使,偕陈侃出使琉球,在海上遭遇大风,"致桅箍折,遮波板崩,……众心惊惧。乃焚香设拜,求救于天妃之神"。后经天妃降箕说:"吾已遣临水夫人为君管舟矣,勿惧!勿惧!"果然转危为安。回到福州后,高澄在福州水部门外天妃宫内行香设祭,答谢妈祖保佑,偶然发现了临水夫人祠,忙请教祠中道士,"道士曰:'神乃天妃之妹也。生有神异,不婚,而证果水仙,故祠于此。'又曰:神面上若有汗珠,即知其从海上救人还也"[1]。可见其海神职能源自于此。

(4) 晏公。晏公姓晏,名戌仔,江西临江府清江镇人,或云临江县人。元末,以人才应选入官,为文锦局堂长。因病归,登归舟时,使奄然而逝。后来,人们便立庙祭祀他。此后,晏公常在江湖河海显灵。明代玉封为"神霄玉府晏公都督大元帅"[2],后因保佑海运,被封为显应平浪侯。

---

[1] (明)高澄:《临水夫人记》,见萧崇业《使琉球录》,台湾学生书局1970年版。

[2] (明)高澄:《临水夫人记》,见陈侃、萧崇业、夏子阳撰《使琉球录三种》,台湾学生书局1970年版。

福州仓山菖浦（港头）一带曾有一小庙供奉晏公。弘治《八闽通志》载："晏公坊，在登云坊抵北门直街之西，内有晏公庙，古称淳仁巷通后街后曹。"①

（5）蔡姑婆。梅花镇的"懿德夫人"，当地渔民称为"姑婆官"传说，万历年间，琉球国的蔡红亨，尤精女红与医理，在梅花镇，治病医人，控制瘟疫，后与海盗争斗中蹈海成仁②，后敕建庙宇塑像，福建司定例赐庙米。每年正月初一，当地渔民以传统的"排宴"仪式，来祭祀蔡夫人，每逢四月初八、十月廿一日和十一月初二，分别举行蔡夫人的生日、忌日和葬日的纪念活动。

（6）白马王。即"白马三郎"，其故事在福建尤其福州地区广为流传，原型有两个，一个是闽越王郢第三子，一个是五代开闽王王审知。前者全名为鳝溪冲济广应灵显孚佑王，弘治《八闽通志·地理·山川·善溪》记云："郢第三子号白马三郎，有勇力，射中之。鳝怒，缠以尾，三郎人马俱溺，邑人立庙祀之。淳祐八年（1248年），郡守陈垲更今名。"③后人建庙崇祀，祖庙在鼓山之北，"唐贞元十年（794年），观察使王雄因岁旱祷之得雨，乃为崇饰庙貌"。福州地区白马王庙遍各县市山川岛屿，瀛洲白马王庙奠基举行迎白马王赛会，旨在"保境安民，诛妖驱魔，益寿延年，开辟财源"。另"闽都记云白马庙系土神，航海者多显灵焉，时乘白马于风涛中拯溺者"④。可见白马王不仅是雨神，同时也有海上护航神功。然而"白马三郎"究竟是指闽越王郢第三子还是五代开闽王王审知，仍需要进一步研究。

（7）挐公（一误作拿公）。据史料记载："海船必奉之者，以海上多礁雾，专借神力导引之。……闽人云，公实卜姓，以挐拿舟。为神，故称挐公"⑤，此为挐公具有海神职能的明确记载。明朝初年，朱元璋部将汤和由海路攻打福州，在五虎门受阻不克，此时挐公显灵，携挐婆驾小舟到五虎门外向汤和献攻城计策，挐公就将"不留一人"改为"不杀一人"，

---

① 弘治《八闽通志》卷一三《地理》。
② 崇祯《长乐县志》卷五《祀典志》及民国《长乐县志》卷一八《祠祀》。
③ 《八闽通志》卷一三《地理·山川·善溪》。
④ 乾隆《福州府志》卷一四《坛庙一》，见《中国地方志集成·福建府县志辑第1册》，第353页。
⑤ （清）《榕城考古略》卷下《挐公庙》。

遂拯救福州全城百姓。此外，当地民间传说当船只遇险时，拏公也会显灵护船。明时福州大庙山建有拏公楼，晋安区的竹屿也建有拏公庙。清代，拏公成为航海的导航之神。康熙二十二年（1683年），册封正使，翰林院检讨汪楫写的《使琉球杂录》载"册封琉球不仅迎天妃和陈文龙奉舵楼上，而以拏公以祀"；嘉庆十三年（1808年）册封正使，翰林院齐鲲编纂《续琉球国志略》记载："国朝册封琉球，向例请天后、拏公神像奉头号船，请尚书神像供奉二号船。"

（8）苏碧云。据同治出使琉球的赵新所撰《续琉球国志略》可知：

> 神苏姓，名碧云，系福建同安县人。生于明季天启年间，读书乐道，不求仕进。晚年移居海岛，洞悉海道情形，海船均蒙指引平安。殁后，于海面屡著灵异，兵商各船，均祀香火。每岁闽省巡洋，偶遭危险，一经吁祷，俱获安全。

（9）陈文龙。上述嘉庆时齐鲲《续琉球国志略》还记载另一位航海保护神——尚书陈文龙。其渡海时共有二船，天妃与拏公神像供奉在头号船，尚书神像在二号船，其记曰："同日，二号船遇暴亦然，文武员弁虔叩尚书神像前，乃免于厄。"又据同书载："尚书陈姓，名文龙，福建兴化人。宋咸淳四年（1265年），廷对第一，官参知事，知兴化军为贼所执，不屈死。明时显灵，护救封舟，封水部尚书，立庙闽省南关外。"陈文龙也是当时福建人民所崇奉的海神之一。可见，天妃、拏公、临水夫人、陈文龙、龙神、苏碧云诸神都担负着"慈航普度"的庇护任务。

（10）灵显侯。福州"海上黄崎，波涛为阻，审知祷于海神，一夕风雨雷震击开为港，闽人以为德政所致，唐帝赐号曰甘棠港，封其神曰灵显侯，一作显应侯"①。

## 二　兴化府

兴化府为天妃诞生地，相关研究成果颇多（郑振满等编《福建宗教碑铭汇编·兴化府分册》，福建人民出版社1995年版，相关资料可参

---

① 《十国春秋》卷九十《太祖世家》。

考）。弘治《八闽通志》卷六十《祠祀》记载有天妃、章烈侯（显济庙）、忠佑侯（灵显庙）、善佑广济显惠侯（长寿灵应庙）、威烈灵润显惠侯（祥应庙）、光济王（灵感庙、大蚶光济王庙）等六种。根据成神原因、神灵性质等，这些大多为人物神（前五个为民间神、光济王为官宦神）。就其分布特点而言，兴化府的海神除天妃外，其他海神具有明显的地域性特征，大多数海神的分布仅限于本地且数量较少，形成这一特点的原因与当地相对封闭的地形有一定关系，也与天妃信仰特别强大有关。此外，兴化府的海神种类较为丰富且出现的时间都比较早，这一特点的形成很明显是受福建地区重鬼信巫的巫觋文化的影响。

### 三 泉州府、漳州府

（一）各神信仰源起与发展

自晚唐至两宋，为福建造神高峰期，俗称"闽俗好鬼，漳、泉尤盛"。漳州、泉州两地主要海神有通远王、妈祖、真武帝、五显神、龙王、观音、临水夫人、水仙王、晏王、萧王等。郑振满、丁荷生等编《福建宗教碑铭汇编·泉州府分册》（福建人民出版社2003年版）其《福建宗教碑铭汇编·泉州府分册》中，与神灵有关的碑记如下：

1. 通远王（共二十二块）

一五《昭惠庙记》；一六《昭惠庙献马文》；五六七《九日山祈雨石刻》；五七〇《九日山祈风石刻》；五七一《九日山祈风石刻》；五七四《九日山祈风石刻》；五七五《九日山祈风石刻》；五七六《九日山祈风石刻》；五七八《九日山祈风石刻》；五七九《九日山祈风石刻》；五八二《九日山祈风祷雨石刻》；五八六《九日山祈风石刻》；五九七《九日山石刻》；五九八《延福寺砌明堂记》；六五六《重兴九日山延福寺并清理田地租税寺产碑记》；七二四《重建昭惠庙记》；七七一《重修昭惠庙记》；七七五《重修昭惠庙记》；七七七《昭惠庙祀业碑》；一〇一五《募建太武岩寺序》；一〇一七《重建太武岩寺碑记》；一二四二《重修昭惠庙题捐碑》

2. 保生大帝（共九块）

三五〇《重修保生大帝庙碑》；六八四《重修慈济庙题捐碑》；九五六《慈济宫碑》；一一三一《白礁慈济宫题捐碑》；一二一七《重修福海宫碑记》；一三〇一《重修万寿宫碑记》；一三二二《白礁慈济宫进香题

刻》；一三三三《重修慈济祖宫捐缘姓氏碑志》；一三三四《重修慈济祖宫捐缘姓氏碑志》

3. 天妃（共十六块）

一一七《重修泉州天妃宫记》；三二九《重修泉州天上圣母庙记》；三四三《重兴天上圣母庙碑记》；四一〇《重修天后庙碑》；四五二《重修金井宫天上圣母碑记》；四五三《重修金井宫天上圣母碑记》；五〇六《重修天后庙碑》；七四九《天后庙序》；七五〇《重修明著天后庙记》；七六四《崇武天后宫示禁碑》；七七〇《重修崇武天后宫序》；一〇四三《天后宫记》；一〇七九《圣母殿住持碑记》；一一四八《重兴鼓浪屿三和宫记》；一一六一《重建和凤宫行商会馆祀业碑记》；一三二〇《重修金门天后宫题捐碑》

4. 观音大士（共二十七块）

一四九《观音大士像记》；三五一《重修鳌东观音庙记》；六二五《石亭寺观音像题刻》；六九五《重修兴善院碑记》；七一三《重建树德古庙碑记》；七一四《重建树德庙题捐碑》；七七六《龙泉宫特祭节略碑记》；九〇三《东关桥观音佛祖炉前灵签诗》；九五五《铜钵岩造像碑记》；一一〇二《重建松柏林观音堂记》；一一一五《普陀寺前捐廉墡地树栅碑记》；一一一六《重修南普陀寺记》；一一一七《重修南普陀寺题捐碑》；一一一八《重修南普陀寺题捐碑》；一一六七《重修金鸡亭碑记》；一一八一《西镇庙拓建外庭碑记》；一二〇八《万寿岩寺产题刻》；一二二二《重修南普陀寺后迎胜轩、扇亭记》；一二三三《重修鸿山寺大殿碑记》；一二七四《重修南普陀碑记》；一三四六《重修鸿山寺功德碑》；一三四七《南普陀寺颖川陈氏题刻》；一三四八《南普陀寺太虚台题跋》；一三五〇《南普陀寺重建大悲殿记》；一三五一《南普陀寺水池区建筑记》；一三五二《重修鸿山寺田志》；一三五五《南普陀寺法界题跋》

5. 真武帝（共五块）

三九一《法石真武殿示禁碑》；九〇九《苏庄宫真武大帝杯诗》；一〇八八《水仙宫示禁碑》；一一三四《重修武西殿碑记》；一三〇三《重修玄天上帝庙题捐碑》

6. 南海神（一块）

二六五：《重修南海庙碑记》

7. 龙王庙（共六块）

三六〇《重修龙王庙序》；九六〇《豪山庙碑记》；一〇五五《豪山祈雨石刻》；一〇九〇《南普陀创建龙王庙碑记》；一一三二《重修龙王庙碑记》；一二三四《重修龙王庙碑记》

8. 五显庙（一块）

四三一《重修五显庙碑记》

9. 临水夫人（一块）

四三九《重修临水夫人庙碑记》

10. 张、许二公（二块）

一〇七五《重修灵惠庙碑记》；一〇八二《重建灵惠庙记》

现将其有代表性的地方神灵的起源、发展概括如下：

1. 通远王

通远王的原型是乐山王，俗谓白须公，名叫李元溥，四川人，为避乱隐居于同安与永春交界的乐山。明朝陈道远《重建昭惠庙叙》记载："考之旧志，以为唐咸通乐山降雪，有功于朝，因立庙祀之。"

通远王原为山神，第一次显灵是在唐朝咸通年间，北宋王国珍《昭惠庙记》载："唐咸通中，延福殿基方兴斤斧，公降神于桃源驿之乐山阴，治材植沿游而下，人不劳倦。故殿宇飞棂，数百年而几近轮奂者，实公之力。公有庙于寺之东隅，为州民乞灵市福之所。"乐山王在晚唐至北宋，由山神兼成雨神，敕封崇应公。事因蔡襄祷雨而起。蔡襄于北宋仁宗皇祐五年（1053年）、嘉祐三年至五年（1058—1060年）两知泉州府。皇祐年间，蔡襄主持修建洛阳桥，桥成后在旁边建昭惠庙，承认"乐山白衣叟"不但是雨神，也是海神，在官方层面上承认了通远王是保护海上安全的神祗。康熙《南安县志》卷二载："水旱病疫，海舶祈风，辄见应。宋时累封通远王，赐庙额'昭惠'。其后叠加至善利、广福、显济。"发展到后来，九日山下的灵乐祠改名昭惠庙，而善利王也变成了通远王，"乐山白衣叟"的海神地位便正式确立了。宋代在泉州设立市舶司管理海外贸易后，每年发舶月份，市舶官员、泉州郡守等都会到九日山通远王庙祈风，并有石刻记载其事。

通远王在元朝地位被妈祖取代，至后来踪迹几无，原因如下：妈祖为女性，水属阴，以妈祖代替通远王，合情合理；泉州属世界第一大港，发展海上交通和贸易，需要一个有地缘亲近关系的神灵，妈祖应运而生并在多次显灵纳入国家祀典，较有说服力和信仰基础。此后，通远王逐渐式微，仅在泉州少数群众中有信仰的痕迹。

2. 真武帝

真武即北方之神玄武，北方七宿，其形如龟蛇，龟蛇即是玄武，信仰起源于古代星辰与动物崇拜的人格化。宋朝时为避讳改玄为真，称真武帝。玄天上帝又为主持兵事的剑仙之主，地位仅次于剑仙之祖广成剑仙。兴盛于宋代，到元朝时又被晋升为元圣仁威玄天上帝，到明朝成祖时地位更加显赫。郑成功收复台湾，供奉玄天上帝于船上，奉为保护神。

3. 保生大帝

保生大帝，顾名思义，当与生死有关，是为医神。保生大帝原名为吴夲，同安白礁人，生于北宋太平兴国四年（979 年），卒于景祐三年（1036 年）。生前为当地百姓医病，不分贵贱，升仙后被百姓奉为医神。水旱疾疫，款谒如响。坊间一直有着大帝跨鹤退潮的传说。有一次，大帝的乡里洪水暴涨，整个乡里变成汪洋大海，大帝跨鹤显灵施法，顷刻间，洪水骤退，全村得以保全。南宋时，信仰得以扩展，明清时期，达到鼎盛。明朝永历年间，郑成功收复台湾时，部分忠军从白礁慈济宫请来保生大帝像，作为保护神随军东渡。以上两事例，充分说明保生大帝由医神转变为保境安民的多功能的万能之神。

4. 水仙王

一般来讲，水仙王为治水之神或是与水有关的神灵，如禹王、屈原、伍子胥、晏公、萧公等。而在元代，由于海上漕运，水仙为冯璿兄弟三人、蔡某、丁仲修等人。"国朝漕运，为事最重。故南海诸神，有功于漕者皆得祀。唯天妃功大号尊，在祀最贵自妃而下，皆得受爵而庙食焉。若水集邮册五人，实天妃股肱，漕舟司命也……"① 至清代水仙尊王为海神，清嘉庆《同安县志》载："水仙宫在望高石下，明建，祀大禹、伍大夫、屈大夫、西楚霸王、鲁公输子，闽俗称水神。"② 由上可知，明清时期福建水仙尊王信仰所崇拜的对象基本固定为大禹、伍子胥、屈原、项羽、鲁班或王勃、李白等人。泉、漳两地有几处水仙王庙，如马巷厅刘五店水仙宫、厦门莱妈街水仙宫、禹王庙、永潮宫（祀晏公）、圣公宫（昭

---

① （元）王敬方：《褒封水仙记》，乾隆《海宁州志》卷一四《金石》。
② 嘉庆《同安县志》卷十《坛庙》。

福侯倪国忠）。厦门"内水仙宫在莱妈街后，背城面海，端午节龙舟必先到此演剧鼓卓，名曰'清水'"①。而相传圣公倪国忠为晋江二十八都陈江前社倪厝人，生于宋宝庆年间，因为护佑宋末帝昺入闽有功而被崇奉。

（二）信仰的特点

1. 泉、漳两地的海神信仰，与当地自然环境、经济发展、官方扶持、海外贸易的发展等因素密切相关。在唐代及其以前，福建信仰的海神多是从北方传来的外地神，如玄天上帝、观音等，多自然崇拜和鬼神崇拜；从五代到两宋，福建大量的本地神产生，如通远王、天妃，并随之向外传播；到元朝时，天妃取代通远王成为信仰的主要海神，并纳入国家祭祀范围，其他海神多为民间祭祀或走向衰微。

2. 从两宋开始，北方外来神的主导地位逐渐式微，代之而起的是本地神香火的繁盛。

3. 漳、泉两地信仰的海神，除通远王、天妃外，神职多经过了由一神职能到多功能神的转化历程。名宦信仰不像其他地方那样，仅为地方保护神，兼具部分海神职能。

（三）小结

1. 天妃、保生大帝是泉、漳地区信奉的共同神祇，具体到地方来说，又各不相同：泉州多信仰通远王，而漳州更多信仰的是保生大帝。

2. 保生大帝、五显帝初为地方保护神，随着时代变迁，逐步演变成多功能的神，进而有了保护航海的职责。

3. 还有一些地方神，为当地名宦，死后多次显灵，帮助镇压寇盗，维护地方秩序，兼有部分海神职能。

## 第二节 台湾省海神类型与地域空间

光绪十二年（1886年）台湾增设藩司，从福建省分治出来，成为清王朝第二十个行省。台湾学者对台湾海神作了大量的研究。大陆学者林国平主编《文化台湾》（九州出版社2007年版）和《闽台民间信仰源流》（福建人民出版社2003年版）、方国璋《闽台民间习俗》（福建人民出版社2003年版）、赵麟斌主编《闽台民俗述论》（同济大学出版社2009年

---

① 道光《厦门志》卷二《分域略·祠庙》。

版）都有论述。[日]伊能嘉矩著，林蔚文译《台湾的天妃及其他海神之信仰》（《东南文化》1990年第3期）对台湾天妃信仰做了详细考察。林国平、吴云同《开漳圣王信仰与台湾社会的变迁》（《漳州职业大学学报》1999年第4期）、谢必震《试论明清使者琉球航海中的海神信仰》（《世界宗教研究》1998年第1期）、傅朗《台湾的海神信仰渊源于祖国大陆》，（《台湾研究》2001年第2期）对台湾海神信仰都做了一定的考察。以下从海神地域特点和海神类型简述。

## 一 海神地域特点

（1）由于特殊的自然环境，台湾海神的种类、数量众多，人物神、自然神、原始的龙神崇拜在台湾均有体现。

（2）由于移民及战争的原因，台湾海神大多由大陆传入，其本土的神灵较少。

（3）部分传入台湾的海神，多为移民传出地的地方保护神，如开漳圣王、三山国王、临水夫人、保生大帝等，虽其在移民台湾过程中，曾起到保护航行，稳渡安澜的海神作用，但移民一旦安全抵台，其原有神职开始凸显，而海神的职能较少被提及。

（4）无论是传统的海神如天妃、水仙尊王还是兼有海神职能的其他神灵，随着移民在台湾生活的安定和社会环境的转变，其职能亦发生转变，其神职开始增加，成为一方地方保护神的性质更为突出。

## 二 海神类型

台湾海神类型主要有人物神和自然神两种。人物神以天妃、水仙尊王、圣功、瞿真人等为代表，其他人物神王爷、镇海、关帝、元帝、临水等，以及陈元光、三山国王等因与闽粤浙移民台湾航行中荫佑有关，也兼有部分海神职能。自然神以风神、龙王为代表。

（一）人物神

1. 天妃

（1）庙宇建立时间早。康熙二十二（1683年）施琅建庙，以东征荷神效灵，疏请崇祀，奉旨予祭，悬额记其事。"二十二年克澎湖，恍有神兵引导。及屯兵天妃澳，靖海侯施琅谒庙，见神衣半湿，始悟实邀神助。时澳驻师万余，忽涌甘泉，琅上其异，敕建神祠于湄洲，勒文以纪功德，随又加封天后。"① 实际上，天妃在国家统一东南海疆中不断灵异。

康熙十九年（1680年），提督万正色克复厦门，神灵协助，钦奉圣祖仁皇帝敕封"护国庇民妙灵昭应弘仁普济天妃"；又靖海将军施琅进征台湾，师次平海澳（今莆田公前村），时方忧旱，井泽为枯，因祷于神，泉源骤涌，官兵咸被其泽，嗣后默相王师功成底定，敕建神祠于原籍莆田县湄州地方，并颁敕文以纪功德。又加封天后，并允册封琉球国使臣海宝之请，令该地方官春秋祭祀在案。康熙六十年，台匪窃发，鹿耳门海水骤长数尺，舟师扬帆直进，七日之内克复全台，嗣经巡台御史臣济布等奏请荷，蒙皇上特颁御书"神昭海表"匾额，敬悬湄州暨厦门、台湾三处，宸翰辉煌，照临海澨。上年土番不法，臣钦遵旨征调官兵六千余员名，并一切钱粮军火器械载，船一百数十只，经历重洋，风恬浪静，安抵台湾，克期奏捷，是皆圣主敬礼神明，得邀天后，宏施庇护感应之理，昭然不爽。至于出哨官兵商艘贾舶，往来海面，洪涛怒浪，神为显佑之处，不可胜纪。所在沿海商贾兵民，奉祀最极诚敬，而于省会尤盛。查福建省城南台地方，旧有神祠，为万民瞻礼之所，臣等不揣冒昧，恳求圣恩，俯照湄州等处，并颁御书匾额，敕令春秋祭祀，照依龙神之例，督抚依期主祭等，更有请者，伏唯天后凡在江海处所灵应，如响其各省会地方，如曾建有祠宇而未经设立祀典之处，并请降旨，一例举行，则崇德酬功之令典，昭垂万禩矣。为此谨奏。②

乾隆二年（1737年）加天后封号增"福佑群生"四字，寻加"诚感咸孚"四字，凡庙之所在，皆以春秋致祭。③

（2）数量极多，分布极广，各县各乡均有之。据林国平主编《文化台湾》记载，1983年全台有天妃庙五一五座。

（3）神职逐渐扩大，由海神演变为地方保护神。

---

① 《海塘录》卷十一《祠祀一》。
② 《朱批谕旨》卷二百十四之五"雍正十一年六月二十七日福建总督郝玉麟福建巡抚赵国麟奏折"。
③ 《清文献通考》卷一百六《群祀考》。

2. 水仙尊王

（1）源起：该神由大陆传至台湾，清代逐步固定为与水上有关的历史名人。

  水仙宫祀五像，莫详姓氏。或曰大禹、伍员、屈平，二人为项羽、鲁班。有易鲁班为奡者，更属不经；或曰王勃、李白。按禹平水土，功在万世。伍相浮鸱岛、屈子投汨罗、王勃省交趾溺于南海、李白鄙视尘俗沉于采石，没而为神，理为近之。凡洋中猝遭风浪，危急不可保；唯划水仙一事，庶能望救。其法：在船诸人各披发蹲舷，以空手作拨棹势，假口为钲鼓声，如五日竞渡状。即樯倾柁折，亦可破浪穿风，疾飞抵岸；则其灵应如响，亦甚殊绝。①

（2）分布：澎湖、台北市、新竹县、嘉义县、诸罗县、高雄市、台南市、屏东县、金门县等，台湾南北均有分布。从沿海口岸向岛内传播，为水手船员、贸易商人等所信奉。

3. 圣公庙又称总赶宫、南圣宫

（1）源起："倪总赶：倪姓铁其名，为海舶总管，该神熟识港道，殁后祀为海神。又传系郑成功之部将，佐成功管理船舶，收复台湾有功，殁奉为神祀之。"② 该神庙宇较少，在大陆少见。

（2）分布：台湾府中楼仔街，一在海防署前；台湾县大东门内弥陀寺左，一在西定坊，一在镇北坊总爷街；苗栗县竹南镇、后龙镇；屏东万丹乡；台南市中区永福四巷。

4. 瞿真人庙

（1）建庙情况："瞿真人为明末忠臣瞿式耜，清光绪十三年（1887年）楚军（左宗棠之军）渡台日，祈神保佑，安航以至，该军因而鸠资二千余元，卜地城内府前街为之建筑庙宇。"③

（2）瞿式耜事迹：瞿式耜，字起田，号伯略，别号稼轩，宜居常熟藕渠。式耜生于明万历十八年（1590年）。二十七岁时，中进士。第二

---

① 乾隆三十九年《续修台湾府志》卷一九《杂记·寺庙》。
② 乾隆七年《重修福建台湾府志》卷九《典礼·祠祀》。
③ 民国《台湾省通志稿》卷三《政事志·建置篇·祠庙》。

年，出任江西吉安府永丰县知县。崇祯元年（1628年），任户科经事中。南明唐王隆武二年（1646年）八月，清兵破汀州，隆武帝被杀。消息传来，瞿式耜和大臣们拥立桂王朱由榔做皇帝，年号"永历"。后自请留守桂林，抗击了清兵三次对桂林的进犯。后殉国，永历朝给谥"文忠"。南明桂王永历六年（1652年）七月，联明抗清的原农民军将领李定国收复桂林，要为瞿式耜立祠纪念，并召见其孙瞿昌文，支持昌文为祖父归葬故乡虞山拂水岩牛窝潭。康熙十八年（1679年），迁葬于虞山拂水岩牛窝潭。乾隆四十一年（1776年），追谥"忠宣"[①]。

（3）庙宇分布：上海瞿溪路，新中国成立前原名瞿真人路，因瞿真人庙得名。广西、长江流域亦应分布。

（二）兼有海神职能的其他人物神

1. 王爷（船）庙、大王庙、镇海元帅庙。

> 王船，一称神船，形同普通帆船，船内摆设天上圣母、及池、金、邢、雷、狄、韩、章、郭等王爷之神像。本省南部渔民，或航海民家，多信奉王船，以祈求航海之安全。澎湖之人，靠海为生者特多，祀船之风亦盛。[②]

台湾王爷船信仰极其盛行，《文化台湾》记载，1960年统计，全台有王爷庙七三十余座，其庙宇遍布台湾各地，并将其归为瘟神，其主要职能是带走瘟疫。

> 大王庙，庙祀大王庙，各有姓。《纪略》以为金龙大王之类，亦土神也。《府志》云："一在八罩，一在龙门港，一在通梁澳。各澳多有王庙，而西屿外堑大王之神，尤著灵异。凡商船出入，必备牲醴投海中，遥祀之。"[③]

镇海元帅：系昔时战乱中被杀死众多之义民，因灵作厉祀为神，以慰灵之有所依，神概称大众爷，庙称大众庙，本庙在海边，故神特

---

[①] 《明史》卷二百八十《瞿式耜传》。
[②] （民国）黄纯青等主修：《台湾省通志稿》卷二《人民志·礼俗篇·民间信仰》。
[③] 光绪二十年《澎湖厅志》卷二《规制·祠庙》。

称镇海元帅，颇灵感，庇佑沿海住民。①

这三种庙宇在台湾均分布极广，数量众多，大致相当于大陆的厉鬼信仰。

2. 关帝庙。

> 关帝庙：在凤山县者，一在安平镇，庙宇新建，堪称弘丽；一在土堑埕，其像先在烈岛，有贼犯岛中，居民震恐。是夜，见神青巾绿袍，大刀骏马，巡海驰击，贼遂逃去。后岛民来台洪姓者鸠众立庙祀之。②

关帝庙在台湾分布也很广，但其神职不以海神为主，其地方保护神的职能凸显，偶尔兼有海神职能。

3. 元帝庙：即真武庙。

> 在东安坊。康熙二十四年（1685年），知府蒋毓英修，高耸甲于他庙。一在镇北坊。总镇张玉麟渡台遭风，梦神披发跣足自檣而降。风恬抵岸，因重新之。③

这两种庙在台湾较多，据统计，1981 年台湾有真武庙三百九十七座，但明确记载其有海神职能的较少。

4. 临水夫人庙有七十余座，多以生育神或医药神祭祀。

5. 陈元光、三山国王等庙宇也较多，其职能：（1）初期（明末至清乾隆年间），这一时期台湾开漳圣王信仰的社会职能主要是安定初渡台湾的漳籍移民的人心，促进土地的开拓垦殖。（2）早期（乾隆末年至同治初年），这一时期台湾开漳圣王信仰的主要社会职能是凝聚漳籍人心，建立壮大漳籍聚落，发挥聚落自治功能在分类械斗中成为漳籍人战斗的旗帜。（3）中期（同治年间至"二战"后），这一时期台湾开漳圣王信仰

---

① 民国《台南市志》卷二《人民志·宗教篇·道教》。
② （清）高拱乾等修：康熙二十五年《台湾府志》卷二《规制·坛庙》。
③ 乾隆七年《重修福建台湾府志》卷九《典礼·祠祀》。

社会职能演变的主要趋势是它所具有的"祖籍分类"和聚落自治的职能逐步淡化。而一般性的生活职能却突出了。(4)现代(二战后至今),这一时期台湾开漳圣王信仰社会职能演变的趋势是在固有的生活职能上融入了现代色彩,在地方文化政治生活以及与大陆祖籍地联系等方面发挥独特的作用。

6. 保生大帝庙宇有二三十余座,但其神职属性为医药神。这类神灵在海上偶尔显灵。

(三) 自然神

自然神以风神庙、龙神庙为主。澎湖的龙神祠"澎地僻处汪洋,宦途客艘及本地士农工贾往来海上,稳渡安澜,悉赖龙神默佑。且此地风多雨少,尤藉神佑,常沛甘霖,用沾丰稔。自应立祠妥佑,以迓庥和。乃澎地向未设立专祠,唯神像先后寄奉水仙、天后二宫;亦无专祭"①。

1. 风神神迹:"风神爷系天体射手星座,箕星之神格化。据传:神持一宝贝葫芦,内藏大气,放出为风,风之大小,神可自由放出,故航海业者或贸易商,祀神以祷海上风平浪静,航海平安。"②

2. 风神分布:广东广州府、江苏淮安府和扬州府、福建泉州府、直隶天津府、浙江杭州府等均有风神庙。各地风神庙的神职情况可进一步探讨。台湾也有风神庙,但在诸多庙宇中不突出。

3. 台湾各种风神信仰来源于大陆。特别是飓风等为大陆去台湾海上必遭遇的风暴海潮,为民众海上航行带来不便,民众甚或把不同的飓风,以与风有关的时节神灵来命名,从中可以看出这种信仰的庞杂性。

> 台湾风信与他海殊异,风大而烈者为飓,又甚者为台飓,倏发倏止,台常连日夜不止。正二三四月发者为飓,五六七八月发者为台,九月则北风初烈或至,连月为九降。过洋以四七十月为稳,以四月少飓,七月寒暑初交,十月小春天气多晴暖故也。六月多台,九月多九降,最忌台飓俱多挟雨。九降多无雨。而风凡冶将至,则天边有断虹,先见一片如船帆者曰破帆,稍及半天如鲎尾者曰屈鲎。土番识风草,草生无节则一年无治。一节则台一次,多节则多次,飓之名以时

---

① (清)蒋镛:《建修龙神祠记》,光绪二十年《澎湖厅志》卷十四《艺文中·记》。
② 民国《台南市志》卷二《人民志·宗教篇·道教》。

而异。正月初四日曰接神飓，初九日曰玉皇飓，十三日曰关帝飓，念九日曰乌狗飓，二月二日曰白须飓，三月三日曰上帝飓，十五日曰真人飓，念三日曰马祖飓（真人多风，马祖多雨），已上春三月共三十六飓，此其大者。四月八日曰佛子飓，五月五日曰屈原飓，十三日曰关帝飓，六月十二日曰彭祖飓，十八日曰彭婆飓，念四日曰洗炊笼飓，七月十五日曰鬼飓，八月一日曰灶君飓，十五日曰魁星飓，九月十六日曰张良飓，十九日曰观音飓，十月十日曰水仙王飓，念六日曰翁爹飓，十一月念七日曰普庵飓，十二月念四日曰送神飓，念九日曰火盆飓，念四日以后皆曰送年风。①

## 第三节　浙江省海神类型与地域空间

浙江地处东南沿海，港口众多，庙宇广布，历史上不仅是航海到高丽、日本的通道，而且是向琉球、南下南海诸国出发的要地。海神信仰除天妃外，还因群岛多布，有许多东海龙王神，除与两宋东海广德王庙特别是南宋国家祭祀之地外，还与东海广德王民间化，出现许多龙王神庙宇有关。雍正五年（1727年），皇帝令各省去京师迎送龙神，浙江镇海建庙，敕封"涵元昭泰镇海龙神"②，更体现了国家祭祀通过政令对地方的影响。另外，建炎中，高宗逃避明、台、温三州海上，后敕封三州海神，国家敕封使许多沿海民间神灵获得正统地位，为日后神灵的传播与庙宇的扩建，奠定基础。民间与国家的互动，推进了沿海神灵信仰地域空间的扩大。

### 一　温州、台州

温州、台州记载所知的海神信仰兴盛，据方志资料统计所知，其中海神信仰民众较多，庙宇分布范围较广泛的有天后（天妃）宫、平水大王庙（也称游峰庙、孚德庙）、杨府君庙。其中天后宫十三座；祀平水大王周凯庙宇九座，包括平水大王庙六座，横山周公祠一座，游峰庙一座，福德庙一座祀平水佐神；杨府君庙五座。祠庙多分布在江边海边，海坛山庙宇分布众多。

---

① （清）王士禛：《香祖笔记》卷二。
② 乾隆《镇海县志》卷四《祠祀》。

温台两州的天妃信仰、陈夫人（陈靖姑）信仰等就是由福建直接传过来的，闽人陈姓始居于当地，以后居民日众建庙祀天妃、陈夫人。以后汀州、莆田商人来温经商也出资修建过天妃宫。移民是文化的载体，宋元明清时期，浙江南部地区较多地接受了临近的福建移民。他们把家乡所崇拜的神灵带到了移居地。而陈夫人信仰与妈祖关系，福建学者叶明生《临水夫人与妈祖信仰关系新探》（《世界宗教研究》2010年第5期）认为，临水夫人与妈祖，是福建、浙东（温州、处州和部分台州地区）乃至海内外都具有重要影响的两位女神。她们从神格、社会功能及地位影响都有较大差异，但是从历史文献及当代大量民祀情况分析，两位女神原属同一神班，妈祖即是"陈林李三夫人"中的林九娘。陈夫人即临水夫人，出于政治需要与社会功利原因，历代统治阶层对妈祖频频敕封，对临水夫人进行抑制，这使得不同社会阶层和不同地域的信众对两位女神之不同的诠释，造成她们主从及神职等方面的转换，其关系十分微妙。台湾"中央大学"历史研究所康诗瑀《临水夫人信仰研究——以地方志书、史料记载及传说故事发展为例》（《史汇》2006年第10期）一文认为，临水夫人——陈靖姑的传说故事及事迹，不仅在中国大陆及台湾的地方志书上有记载，更多的传说故事是在民间的小说、戏本、说书等形式发展开来，使得该信仰的内容变得更为生动活泼、丰富，其中在福建传统傀儡戏里有许多故事题材便是以临水夫人——陈靖姑为其脚本。故事的流传是影响一信仰发展的动力之一，地方志书及史料的记载更勾勒出该信仰发展的区域性。论文以借由网罗元、明一代，及清代至民国以后的地方志书和民间小说故事的相关内容，其中有关临水夫人——陈靖姑的记载，来说明该信仰的形成时间及发展范围。论文认为，陈靖姑为福建地区的三大信仰之一，其信仰源于唐末。根据史料记载，临水夫人——陈靖姑原是闽江古田的一位女巫，借由其传说故事及事迹不断被民间扩大、流传，因而转变成为一位地方性代表的女神。其信仰中心发展系由福建古田县一带至福州，借由民间传说故事的发展、民俗活动、宗教仪式等等的推波助澜，使其信仰范围不断扩大、延伸。然而台湾的移民大多来自闽、粤一带，因此移民者在移民过程中，多半将原乡信仰神带到台湾，使该信仰借由移民的方式在台湾落地生根。而浙东沿海的临水夫人信仰也应与福建移民有关。

平水大王：平水大王是温州、台州的本地神，其传说与温台地域开发历史有着密切的关系。温台沿海地区，潮水大，海水容易倒灌到陆地，民众苦于风潮之灾。如何使河流之水迅速有效地排放到大海，对于沿海低地的开发至关重要。周凯传说正体现了民众的这种精神诉求。据明宋濂记文，西晋永康年间发生大海啸，紧急关头，周凯持箭入潮中，电光中周凯乘白龙车消失，潮势减弱。于是建庙崇祀，六朝以来多有封号，明初定位"横山周之神"。周凯庙最初是由当地县令建立的，从南朝陈到元末为止，先后有十三位郡守修理过周凯庙。温州横山周凯庙自古就被列入官府祭典，明代也不例外。[①]

杨府君：杨府君也是浙西南本地神，民间传说版本甚多。有说其为唐太宗时人，祖籍浙江临海，任都督大元帅，和薛仁贵一起西征，但是史书中查无此事亦无此人。还有民间传说称其一门显赫，后遭权奸所忌满门遭陷害，涂头古有"杨尸路""肉丘坟"的传说，此事也无史料证据，但其事基本与宋杨家将事迹相吻合，而且有些庙宇还将杨家将作为杨府爷陪祀。也有说他现身海上掀翻倭寇船舰；亦有清咸丰年间杨老爷显圣瑞安，歼灭逆寇。[②] 另外还有一种说法，相传杨府君原为跪地吸奶的神羊。最终将其归结为海神，有以下几点原因：第一，"灵著海噬，祈祷感应"。1985年瑞安碧山镇龟岩村发掘出一块残碑。这块残碑是清光绪四年，庠生陈见龙等人重立的，其中提到"翁自逝世致精光不散，道义常昭，由是灵著海噬，祈祷感应……"（详见下文）第二，在当地的民俗调查中发现，瑞安碧山寺和鲸头杨府殿中有木质神船。第三，在浙西南民间，把农历五月十八"天文大潮"作为杨府爷庙会活动时间，以此作为庙会的主要活动，与大海、大潮关系密切。

1985年瑞安市碧山龟岩村，发掘出一块残碑。这块残碑是清光绪四年（1878年）庠生陈见龙等人重立的，相关文字如下：

> 唐太宗甲辰年五月廿四辰时诞生，翁姓杨讳精义，居安固县廿八都。苌芬西村人也。夫人葛氏，得训子十人，名国正、国天、国心、国顺、国猛、国勇、国刚、国强、国龙、国凤，媳十房……子孙共五

---

[①] 朱海滨：《祭祀政策与民间信仰变迁——近世浙江民间信仰研究》，复旦大学出版社2008年版。

[②] （清）庆廉，浙江盐运使庆廉奉委查办乐清县匪徒占据城池始末文稿，1855年5月14日，马允伦/编。

十二人。至己巳年翁得中二甲进士，丁丑年官封都督大元帅，□□甲申年三子国心得中二甲进士，官封洋湖都督。其杨四、杨八、杨九，俱为元帅……翁至六十五岁，辞职告归，原祖山一岗，名曰北山，翁创造一寺，号松古寺。……翁寿一百零八岁，一旦拔宅飞升，荣登天府。翁自逝世致精光不散，道义常昭，由是灵著海噬，祈祷咸应……①

据清康熙《平阳县志·神教志》记载：

……神姓杨名精义，唐时人，子十。三人登仕籍，七子偕隐，修炼于瑞安之陶山。拔宅飞升事闻，三子皆挂冠归寻，亦仙去。宋时敕封："圣通文武德理良横福德显应真君。"

康熙县志的记载与石碑的记载基本一致。说明他本身是个进士出身，官封都督大元帅。南宋本邑诗人嫁翁留有一首《颂杨府圣王来白岩石洞修真诗》：

石扇白岩洞（传为杨仙翁府），洞掩重扇大石馋，杨公坐此悟机械。只贪静处为丹室，斯赐嘉名肇白岩。碧绽悬崖全体洁，彩凝落日半峰衔。入山那受红尘染，峭壁清幽总不凡。

今本邑诗翁周作甫先生亦有《题白岩杨府石洞七律一首》：

杨爷昔日独来兹，为避尘嚣斩乱丝。入圣超凡成正觉，青灯古佛度平时。团峦剩有荒坟在，木梓泽犹存乡里知。历代敕封照功绩，千秋纪念后人思。②

另外，伦敦大英博物馆收藏有一份明清时期闽南漳州龙海一带道士所

---

① 吴明哲编：《杨太老先翁正直真君福佑圣王行实》，温州历代碑刻二集，上海社会科学出版社2006年版。

② 瑞安论坛：http://bbs.ruian.com/thread-385953-1-1.html。

写的《安船酌钱科》科仪文书抄件。该科仪文书的最后部分有国内的"北上""南下"以及"往南洋""往西洋"四个方向的航线，其中不少地名后都附有神灵名号。温州一带乌洋遥祭"妈祖、羊府爷"，羊府爷为杨府爷，应是杨府君崇拜。这些船上遥祭的神灵，在一定程度上，反映了浙江沿海海神的分布。①

海神庙：祀唐武宗时宰相李德裕，查李德裕生平事迹表明其在唐文宗朝曾出任过镇海节度使、浙西观察使，镇江也有祭祀李德裕的庙宇李正公德裕祠，建于嘉定年间。据此推测，温州对李德裕的祭祀应该源自镇江。关于海神李德裕有两个内容基本相同的传说。一说元祐中，龙图阁范峋梦见海神，神曰："吾唐李德裕也。"次日范峋去海坛山海神庙果如梦中所见。② 另一说，在民间传说和文学作品中都有体现。王瓒少年时与母亲路过海神庙，因当地有民俗有过海神庙要投一个铜钱习俗，因王瓒母子没带钱，便磕了三个响头。当日夜里，王瓒梦中看见一个青衣老头，拿着名帖说："李相爷前来拜访！"王瓒整衣冠，到门口迎接，见一头戴乌纱帽，身穿大红袍，腰系玉带，脚着朝靴，白面长须的官员。他对王瓒说："我乃唐朝宰相李德裕，今日尊驾在庙门前向我叩拜，特来回拜。"后来，王瓒在京都做官，听闻七甲渔民在改建海神庙，就送去块匾额，上面写着"唐朝元宰"四个大字，表示对新庙落成的庆贺。传说海神爷的香炉是海上漂来的。一日，一个打鱼人出海打鱼，见海上有个石香炉。"石香炉怎么能随潮水漂流呢？"打鱼人心里有些害怕，就转弯避开石香炉下海，结果一连三天，他从哪里下海，石香炉就出现在哪儿，他向石香炉默默祷告说："今日若能捕一百斤鱼，我就带你走，做我们的招财爷。"这次出海果真捕了百多斤鱼。打鱼人就把石香炉捧起来放进船舱带回来。上岸后，他先在水塘里洗脚，石香炉放在塘边的岩石上，等脚洗好了，去捧香炉，香炉像生了根一样，捧不起来。七甲地方的打鱼人就在放石香炉的岩石上造了一间屋，供奉这只石香炉，称它为海神爷。打鱼人过年丰收，生活宽裕了。凑钱造起一座大殿，取名"清冥殿"，只是谁也不知道海神爷的姓名和来历，直到王瓒送来了"唐朝元宰"的匾额，才明白海神爷就是唐

---

① 王荣国：《海洋神灵——中国海神信仰与社会经济》，江西高校出版社2004年版，第137页。

② （宋）陈振孙：《直斋书录解题》卷七《传记类》之《海神灵应录》。

朝宰相李德裕。①

温州、台州民间信仰有以下特点：

（1）受福建民间信仰影响较深，体现出较明显的趋同性。温州台州行政上属于浙江，但是从地理位置上来说，位于四明山、大盘山、仙霞山一线以东以南，成为一个相对独立的地理单元。交通状况是制约地方神信仰扩展的重要因素，由于浙江中南部山地丘陵众多，有通航价值的河道不多，当地最重要的交通途径是陆路，水神信仰不如他处突出。在交通相对便利的地区，信仰的趋同性会强一些。相反差异性就比较大。温州台州的民间信仰与浙江其他地区的差别比较大，由于地缘上接近福建，文化信仰各方面多受福建影响，如天妃信仰的传播。

（2）民间信仰中人格神数量多、影响大。这一点全国基本一致，宋代以来民间信仰受中央王朝祭祀政策的影响很大，尤其是明朝以后实行原理主义宗教政策。在这种背景下，明初列入祭典多为人格神，而且几乎都是先帝、明王、忠臣、烈士之类。从国家理念而言生前有义行的神灵被收纳到祀典中去，没有义行的被排斥在外。洪武三年（1370年）颁布"神号改定诏"和"禁淫祠制"。明中期以后，取缔淫祠的政策更加频繁，没有列入祭典的神祠庙宇被当作淫祠处理的危险性不断增大。与此同时民间信仰领域中属于忠臣烈士的人格神不断兴盛，有些自然是历史上确有其人其事的，也有些则是民众不断编造加工的结果。这一类神有杨府爷，其事迹中多由抗倭御贼之功绩，民俗调查中发现庙宇中所塑杨府爷的神像多为红脸，这也符合中国传统文化中忠臣的形象。明朝时倭寇猖獗，神多显灵帮助抵御倭寇，被封为靖海元帅。

（3）巫道色彩浓厚。各种神灵信仰的扩大，除了与中央祭祀政策的变化有关，同时也不能忽略僧侣、道士、巫师等社会阶层对民间信仰领域的参与和改造。巫术、道术的盛行造就了许多巫道出身的地方神。温州、台州处于东瓯故地，巫风文化由来已久，民风多尚巫祠。马夫人的原型便是女巫。山区地带民间也崇祀道士。关于道士对民间信仰的改造最明显的一例则是杨府真君。杨府爷的事迹有多种民间版本流传，然而，不管是哪一种说法都无法找到史料证据，如该神历代之封号（宋代敕封圣通文无德理良横福德显应真君），另外正史中也无据可考，其附会的可能性比较

---

① http://www.wzrjw.com/bbs/redirect.php?tid=3719&goto=lastpost.

大。究其两种说法，一为忠一为孝，都符合传统儒家道德的基本要求，体现了中央祭祀政策对民间信仰的影响。而做这种工作的人应该就是道士，首先府爷、真君显然是道教神灵的名号，此外地方志多处提到杨府君兄弟七人俱修道，可见神本身的身份就是道士；瑞安陶山是中国道教历来公认的七十二福地之一。

此外还有一些民间调查的资料显示在浙东渔民中还有安知县、船菩萨、海师爷。安知县，相传很久以前，宁海镇海中有一条海蛇兴风作浪危害海上，一个姓安的知县斩了海蛇使东海风平浪静，后来安知县被封为东海潮神。其信仰也从宁海一带传到温台两地渔民中。海师爷，也称"渔师菩萨"。相传原来是一位船老大，能够根据水色、潮流、风候、气温等准确判断鱼发的地点，渔船随其出海能够获得丰收。这一渔业行业神流行于台州渔民中。船菩萨，即关公，在陆地上作为保境安民的护境神或者战神，在海上其职能发生转变，渔民将其供奉船上，称为"船菩萨"，或者"船关老爷"，保佑渔民海上安全和打鱼获得丰收。①

## 二 宁波府

宁波府海神主要有自然神与人物神两种。自然神一般都人格化，除国家祭祀的东海神（宋元丰建庙，绍兴、宝庆、绍定重修，后毁于兵火重建，元祐时建在东渡门里，光绪五年（1879年）重建，仍用渊德观额）。② 其他东海神民间化的龙王庙（祠）（祀东海龙神）、白龙王庙（祀龙王）等。而人物神祠庙包括与海事有关的帝王以及名宦名将庙宇。

1. 祭祀隋陈稜庙宇的岱山陈大王庙（今舟山岱山）

> （昌国）县北二百六十里。按王名稜姓陈氏，字长威，庐江襄安人……隋高祖大业中奉辞提师航涉海道，击琉球国，俘斩颇重，事见《隋史》，故其威赫誉振海上。③

---

① 金涛：《独特的海上渔民生产习俗——舟山渔民风俗调查》，《民间季刊》1987年第4期。
② 延祐《四明志》卷一五《祠祀考》、民国《镇海县志》卷一三《坛庙上》。
③ 乾道《四明图经》卷一《祠庙》。

## 2. 灵显庙

（鄞）县南四里，世传郑世忠建炎年间随驾至鄞死于王事①。

## 3. 猛将庙

（鄞）县东二里，神姓李名显忠，高宗避难，神扈驾防送御舟出海……赐爵猛将重节武功大夫，水旱疫疠番船海舶，有祷则应，拨官地一片兴建祠宇。②

另，乾隆《鄞县志》卷七《坛庙》记载：

案《宋史》，李显忠以绍兴九年（1139年）始达行在，高宗避难在建炎三年（1129年），其时显忠尚未归宋，此扈从之李显忠别是一人。

## 4. 洋山庙

在（奉化）东北海中，唐大中四年（850年）建，黄洽《记》云：海贾有见羽卫森列空中者，自称隋炀帝神游此山，俾立祠宇。宋建炎四年（1130年）幸海以炀帝不可加封，特封其二妃为惠妃、顺妃夫人，为明德夫人敕藏于庙，并刻于石，郡人袁甫为之记。③

## 5. 石将军庙

（宁波）府西九里望春桥，祀宋石守信，相传建炎间高宗幸明州，金人追之，高桥之战忽见阴雾昼晦，神兵被野，有大旗前导，号

---

① 延祐《四明志》卷一五《祠祀考》。
② 同上。
③ 延祐《四明志》卷一五《祠祀考》。

曰石将军，俄而金人奔骇，为杨沂中所败，高宗得脱入海，故立庙祀之。①

6. 薛公祠

> 一名静波庙，（定海）县西福德街，世传唐薛仁贵征辽道经于此，抚安人民，因立行祠祠之……宋高宗航海赐额"静波"。②

其他还有陈元帅庙（祀宋丞相陈宜中之从子）、岱石庙（祀虞允文）、风墊庙（祀宋嗣宗）、甲联庙（祀王本承）、塘头庙（祀王本忠）、护嘉庙（祀王本厚）（以上诸神庙详见下文）。

与海事有关的乡贤名士庙宇：

1. 显德庙

> 县北三里桃花渡北，其神姓姚名器，凡海艘遇飓者有祷则应，故称显德之神。元大德间都漕运万户卢荣感神效灵运道，捐址建祠……③

2. 景佑庙（祀祖域）、灵应庙（祀鲍盖）、助海显应侯庙（祀孔七）等（以上俱详见下文）。

其他庙宇：

1. 祚圣庙

> 旧系东门庙，在（象山）县南一百里，按《图经》旧载其神号天门都督，未详事迹……唐贞观中有会稽人金林数往台州卖贩，每经过庙下祈祷牲醴如法，获利数倍，尝因祭毕解舟十余里欻然暴风，吹舟复回，不得前进，舟人怖甚，谓必有忤于神，果误持胙物而去，乃还致庙中，更加祈谢，则得便风安流而去。永徽中又有越州工人蔡藏

---

① 嘉靖《宁波府志》卷一五《坛庙》。
② 同上。
③ 同上。

往泉州造佛像，获数百缗，归经此庙，祀祷稍懈，舟发数里遂遭覆溺，所得咸失，而舟人仅免焉。……皇朝建炎四年赐今额。①

2. 冲应真人祠

在（象山）县北二百五十步，蓬莱山之下……真人姓陶讳宏景，旧封贞白，王钦若《灵验记》云：梁朝真人修道于蓬莱观，自写真于东壁，有居观侧者必晨起望观瞻礼，常贩于天台，一旦随舟渡海，将及县，飓风大作，舟欲倾没，同舟七十人见一道士乘云隐约黄色光芒中，以羽扇约风曰：陶真人相救，毋怖畏。言讫，风息既济……宋祥符元年（1008年）营昭应宫，自永嘉抡巨木浮海至邑南，风涛几溺，舟人于空中见道士谓曰：吾象山蓬莱观陶真人也，且救汝，须臾安济……淳熙末令王椿为旱祷，像现而雨，上其事，锡封冲应真人。②

宁波府海神庙宇总体来看，从宋元至明清时期，宁波地区都存在有大量海神，这和其临海的地理位置是分不开的，其特点有如下几点：

（1）种类多，数量大。宁波地区海神的数量是很多的，仅宋元明清历代方志中就可见几十种（因方志所见恐有遗漏，数目暂未统计），且每个朝代都会产生新的海神。从种类上来看，既有人物神，也有自然神。光绪《定海县志》记载所辖各区都有龙王庙，甚至出现一区五个龙王宫，这说明舟山群岛祭祀龙王盛行。舟山渔区昔时流传着请龙王、敬龙王、祀龙王、谢龙王等信仰习俗，即是例证。奉化渔村也有许多龙王宫和龙王堂。如杨村乡应家棚龙王堂有个香岩老龙王，杨村龙王殿有个小金龙王，石盆村有个独角龙王，桐照乡泊所村龙王殿有个十爪金龙王，吴家埠有个马林龙王，桐照村还有白龙大王和洞盆浦龙王等。在舟山方志记载中，桃花龙是红颈小蚖，青潭龙是蜥蜴，九节龙是鳗。在口碑传承中，岱山的棕缉龙是棕缉绳，定海的小沙岭脚下的韭菜龙是身上长着韭菜花纹的小海鳗，还有著名的岑港白老龙是猫虎鱼，等等。所谓龙王在东海部分的渔民

---

① 乾道《四明图经》卷一《祠庙》。
② 延祐《四明志》卷十五《祠祀考》。

心目中只不过是些生活在水中、海中，能爬、能飞、能游、能钻洞的小动物。这些不起眼的小动物，被人们神化为神灵之龙和神圣不可侵犯的龙王，受到人们的崇敬和信仰。

（2）人物神居多，自然神很少。人物神以名宦名将为主。宁波地区的海神以人物神居多，且大多为名宦名将，如猛将庙（祀宋将领李显忠）、灵显庙（祀宋将领郑世忠）、薛公祠（祀唐将薛仁贵）等。除名宦名将之外，平民出身的神灵也开始出现，比如景佑庙（祀祖域）、助海显应侯庙（祀孔七），此二人都是普通人出身，而后成为神祇。包伟民先生认为南宋民间信仰有两个特点："其一，除龙王外，民众几乎已不再崇拜其他动物神，所有神祇生前都被认为是人身……其二，与前代的民间宗教诸神生前无一例外均为帝王将相的现象不同，南宋平民出现的神祇明显增多。"① 而宁波地区宋元方志中所记载的海神的特征，与其所言相符。

（3）本土神较多，外来神比较少。宁波海神的另一个特点是本土神多，而诸如天妃之类的外来神灵较少。许多神为宁波本地所特有，其原因有待于进一步考证。

（4）南宋时高宗航海事件后带来一场造神运动，时间从宋元一直持续到明清。高宗南渡，逃避追兵而航海至海上的事件见于宋代各种史料中。建炎三年（1129年）春，金军攻下徐州，渡淮河南下，宋高宗仓皇逃至杭州。同年九月，金兀术率军分两路渡过长江，高宗又从杭州经越州（今绍兴）逃至明州（今宁波），最后逃经昌国（今定海）。南宋政府人员和文物也随之装在几只楼船中，避难于台州、温州间的沿海一带。因金兵不习舟船，无法下海追袭宋高宗。双方相持到建炎四年（1130年）春，金兵在杭州、浙东一带大肆掠夺了一番后，才宣称"搜山捡海"已毕，班师回江北，在黄天荡为韩世忠截击受挫，从此不再渡江。宋高宗这才得以回到杭州，把南宋小朝廷安顿下来，并于次年改年号为绍兴。②

高宗航海之后，对所经之地的祠庙进行了大肆封赐，宋元方志中可以见到很多相关记载，比如："灵应庙，即鲍盖祠也……建炎四年车驾巡

---

① 包伟民：《译者前言》，见韩森著，包伟民译《变迁之神》，浙江人民出版社1999年版。
② 《宋史》卷二五、二六《高宗纪》。

幸，奉敕加广灵二字"①，又如："祚圣庙，……皇朝建炎四年赐今额"②，等等。这些封号虽然在《宋会要》中未能查到，但是考虑到《宋会要》缺失甚多，且只记载了1230年以后的封号，因此不能因此而否定这些封号的存在。

此外，《宋会要》记载："（建炎四年）四月九日，诏巡幸经由温、台、明三州海道应神祠。庙宇已有庙额、封号处，令太常寺加封；有封号、无庙额去处，与赐额；其未有庙额、封号，令所在官司严洁致祭一次，钱于本路转运司系省钱内支破。"③ 可见，高宗航海之后封赐了很多祠庙是确定无疑的，而宋元方志中的记载应该也大致可信。

宋元方志中记载的高宗南渡相关神庙主要有：

灵应庙：祀鲍盖，建炎四年车驾巡幸，奉敕加"广灵"二字。

祚圣庙：旧系东门庙，在（象山）县南一百里……其神号天门都督……建炎四年赐今额。

昭应庙：旧系圆峰庙，在（象山）县西北一百四十步，建炎四年赐今额。

（以上见于宋乾道《四明图经》卷一《祠庙》）

前述宁波猛将庙、灵显庙、洋山庙即与护驾高宗巡幸海上有关。此外，还有以下几庙：

助海显应侯庙：在（定海）县西五里，侯姓孔，象山童翁浦人，行第七，性刚烈，乡人惮之，死于海……钱氏有吴越静海镇将以排筏航海，惊涛危甚，梦侯许以冥助，顺风而济，乃立庙于镇……宋高宗幸海道赐额显灵。

觉海威显侯庙：在（定海）县南一十里，旧号山仙庙，建炎高宗幸海道赐今额。

陈山忠应侯庙：在（定海）县南一十里，旧号陈相公庙，宋建炎高宗幸海道赐今封。

（以上见于元延祐《四明志》卷一五《祠祀考》）（宋元其他方志如宝庆《四明志》、大德《昌国州志》所载神灵大致相同，故不再列出）。

---

① 乾道《四明图经》卷一《祠庙》。
② 同上。
③ 《宋会要辑稿》·礼二十之四。

明代方志所记高宗航海相关神庙主要有：

景佑庙：（奉化）县东一百里，神姓祖名域，字贞夫，宋建隆中由闽迁居奉化……高宗南渡……于群岛之间恍见赤帜云合，金人溃散，赐额景佑。

普济庙：（象山）县东南三十五里，旧名锯门庙，庙之下岩窦空洞如屋，龙湫宅其内，岁旱祷则应……高宗南渡，风涛骤作，赖神效灵遂济，赐额曰灵济。

主山昭应庙：（象山）县西北一百四十步……宋建炎四年金寇至海，盗趁之猖獗，神驱疾风于阴雾中，示以旗帜，贼遂遁……

（以上见于明成化《宁波郡志》卷六《祀典考》）

东平忠靖王庙：（鄞）县东南三里东津桥北，祀唐忠臣张巡，俗称为十四太保庙，相传宋高宗驻跸东津，神尝效灵，故敕祀之。

张循王庙：（鄞）县西二十里高桥西，宋张俊随高宗至明州，于高桥东筑土装万牛弩以御，金人败之，后封循王，谥忠烈，民立祠祀之。

花果园庙：（鄞）县西南二里。祀宋将军杜恺，恺随驾至明州，力御金寇，民德而祠之。

薛公祠：一名静波庙，（定海）县西福德街，世传唐薛仁贵征辽道经于此，抚安人民，因立行祠祠之……宋高宗航海赐额静波。

（以上见于明嘉靖《宁波府志》卷一五《坛庙》）

清代方志所记高宗航海相关神庙主要有：

清代前期方志中所载神灵与明朝大致相同，直至光绪年间又出现大量与高宗航海相关的神灵，下面列出光绪年间的《奉化县志》和《慈溪县志》中所载神灵：

孔峙庙：（奉化）县东三十五里，孔峙神二，一姓陈名烈，一姓郑名节，宋南渡时扈驾过此，轸恤难民，靖节于鄞，封忠烈侯，里人不忘其德，立庙祀焉。

桑杜庙：（奉化）县东三十五里桑杜河头，神姓顾，宋南渡时有功于民，立庙祀之。（《采访册》）

陈君庙：（奉化）县东四十里金峨山西麓，祀陈将军，相传南渡时扈驾过此，轸恤民瘼，民感其德，立庙祀之，庙内有灵佑二字额（《采访册》）。

岱石庙：县北二十五里柱石神，宋虞允文扈高宗航海至奉化，免金人之难,里人杜梦魁陈道茂建。另有虞公庙、石芝庙、南岱石庙、岱石新庙分祀之。

风墊庙:县北三十五里浦口,神姓宋,名嗣宗,唐末令奉化,事详名宦传。宋建炎间金阿里蒲庐侵明州,车驾幸海……恍见群岛间赤帜万计,贼惊溃,帝得如温州……追封丽泽侯,敕有司致祭。

(以上见光绪《奉化县志》卷一二《坛庙》)

甲联庙:县东十二里……祀宋敕赐显应侯王本承。相传神茅州闸人,建炎三年金人寇明州,高宗航海,神与其弟本忠、本厚护跸御寇,皆死之,里人感其义,各立一庙,以祀本忠于塘头庙,祀本厚于护嘉庙,而祀神于甲联庙。

晏公殿:县西三十里,祀晏公,相传公南宋时人,翊高宗航海,没于明州,厥后屡着灵异。

(以上见于光绪《慈溪县志》卷一四《坛庙》)

可见,高宗航海后,一方面大肆封赐神祇,另一方面,除了这种官方行为之外,民间也随之掀起了一场以附会高宗航海为主的造神运动,时间一直持续到明清,无论是高宗大肆封赐还是后代不断附会,其原因都值得思考。

从以上记载不难看出,高宗航海后大肆封赐的原因,出于护卫社稷的需要,利用国家权力,把民间神灵国家化。南宋时期之所以出现官方大规模封赐神祇的现象,韩森在其《变迁之神》中认为主要和南宋当时的政治处境密切相关:"宋廷在北方受异族的压力,又受财税支绌的困扰,转而求助于神祇,颁布了越来越多的综合性敕令,承认地方性神祇的神异力量。"[1]。高宗南渡是宋朝历史上重要的政治事件,赵宋几乎亡国,而能够最终躲避掉金军的追击并得到偏安东南一隅的结果,高宗庆幸之余想此也感激于神灵的庇佑,因此大肆封赐神祇。

此外,韩森认为,封赐是官府的一种具有双重意义的措施:一方面官府以封赐来承认和奖励神祇,另一方面官府试图通过封赐来驾驭民间神祇的力量。封赐神祇,并不仅仅是官府单方面的措施,它也体现了地方势力集团稳固自己地位的努力。使自己倡导崇拜的神祇得到朝廷的封赐,有助于他们的这种努力。而州县官为了增税施治,需要这些地方力量的协助。

---

[1] [美]韩森:《变迁之神》,包伟民译,浙江人民出版社1999年版,第7页。

因此，每一次上请封赐的成功，都是双方合作的结果。

官员在造神运动中也起到了重要的作用。某一祠庙一旦列入祀典，地方官就得一年春秋两次前去祭祀，官府不仅为祭礼花钱，而且也要为这些官方承认的祠庙支付维修费用。《宋会要》中记载："高宗建炎元年（1127年）五月一日：'五岳四渎、名山大川、历代圣帝明王、忠臣烈士，载于祀典者，委所在长吏精洁致祭，近祠庙处并禁樵采。如祠庙损坏，令本州岛支系省钱修葺，监司常切点检，毋致隳坏。'"① 另"建炎四年二月二十三日德音：'应金人焚烧前代帝王及五岳四渎、名山大川神祠庙宇，仰所在州县移那系省钱物，渐次修盖，如法崇奉。其不经焚烧，或有损坏去处，亦仰依此施行。'"② 这两个诏敕都规定了用官府的钱修葺祠庙，国家对神灵的重视，荫佑社稷作用不可忽视。

至于明清时期出现大量附会高宗南渡的祠庙，政府和官员也起到了重要作用。值得注意的是，光绪《奉化县志》记载"风堑庙"时提到一件事，明天启间，因为祠民争祭角讼，县令蒋应昌分三庙以息其争，至今有上中下三风堑庙。③ 民间为了获得"正祀"之名，以避开官府对"淫祠"的打击，这些祠民势必会附会诸如高宗南渡这样的事件以证明自己的正祀地位，虚构一些无从查考的封号，一方面能躲避官府打击，另一方面也能吸引香火，这也是一种现实的需要。

### 三　绍兴府

绍兴府因其北临杭州湾，海神不多。钱塘江潮水汹涌，伤田崩岸，故多以潮神为主，代表神灵为曹娥、祠山大帝、萧山宁济神以及护堤侯张六五。以庙宇所祀主神为例，以下述之：

（1）曹娥庙：祀东汉孝女曹娥。宋嘉泰《会稽志》卷六《祠庙》即有记载，东汉孝女投江救父，元嘉元年（424年）上虞县令度尚，为孝女曹娥造墓建庙，并立石碑，由弟子邯郸淳撰写碑文。宋熙宁十年（1077年）著在祀典，大观四年（1110年）封灵孝夫人。政和五年（1115年）高丽人来贡，借潮而应。"丽人有请，加封'灵孝昭顺夫人'"。淳熙中，

---

① 《宋会要辑稿》礼二十之四。
② 同上。
③ 光绪《奉化县志》卷一二《坛庙》。

皇子魏王"祈祷借潮感应",此后历代皆有封号。① 曹娥在绍兴地区是一个很重要的神灵,影响至今。

(2) 助海侯庙:在(诸暨)县江之北二百三十步,地名邓家墺,以其有功于海上,故邑人祀之。会稽城中彭山亦有助海侯庙,当是一神也(宋·嘉泰《会稽志》卷六《祠庙》)。

(3) 祠山大帝张王庙:神姓张名渤,汉神雀中人,有御灾捍患功,或云佐禹治水有功,其赛祷盛于广德州,兼有水神神职(万历《绍兴府志》卷三十六《祠祀》)。

(4) 萧山宁济庙(祀张夏):浙江潮神,宋政和三年(1113年)赐今额,六年高丽人贡而潮不应,有司请祷;潮即大至,诏封顺应侯(万历《绍兴府志》卷三十六《祠祀》)(相关见杭州府)。民国《萧山县志稿》卷四《祠庙》载:"静安绥佑公庙,在县东北十里长山之麓,宋时建,祀漕运官张夏……一在县东十九里新林周……一在螺山,一在临浦萧绍交界处,一在十都桃里……一在石岩堰,一在长兴乡潭头,一在闻堰,一在沙地正字号。"

(5) 护堤侯张六五:神为张,行六五,漕运官也,咸淳间赐额,祈祷甚应,尤有功于海堤。或云神盖讳夏,宋景祐中浙江塘坏,神时为工部郎中,受命护堤……郡人为之立祠,朝廷嘉其功封宁夏侯……俗谓之长山庙,又云张老相公庙(万历《绍兴府志》卷三十六《祠祀》)(相关见杭州府)。

### 四 杭州府、嘉兴府

与绍兴府一样,杭州、嘉兴两府扼守钱塘江口,海潮倒灌,潮神、堤神是两府主要神灵。两府主要神灵分为:

(1) 护堤(海塘)神:张夏、温太尉、惠顺庙、英显通应公庙、茶槽庙(祀陈旭)、霍光等。

(2) 潮神:陆圭、石瑰、古彭乌庙(祀彭文骥、乌守忠)、朱将军庙、伍员、运德海潮神祠(祀曹春)等。

(3) 海神:天妃、杨太尉、浙海之神、白泽大王、金元七总管等。

(4) 风神。

---

① 宝庆《会稽续志》卷三《祠庙》。

历代有功于修堤的官员即受民众祭祀。北宋,"钱塘江边土恶,不能堤。钱氏以薪为之,水至辄溃,随补其处,日取于民,家出束薪,民以为苦。张夏为转运使,取石西山以为岸,募捍江军以供其役。于是州无水患,而民无横赋"①。南宋时,"昭贶庙,在浑水闸东江塘上。神姓张,名夏,雍丘人,宋授司封郎官,为浙漕时,因江潮为患,故堤累行修筑,不过三年则损,重劳民力,遂作石堤,得以无虞,民感其功,立祠于江塘上,朝省褒赠太常少卿,累封公侯之爵,次锡以王爵,加美号曰灵济显佑威烈安顺王。祠之左右,奉十潮神。又有行祠在马婆巷,名安济庙"②。实际上,建庙与赐额经过一定的过程。

州人感夏之功,庆历中庙于堤上。嘉祐□年十月,赠太常少卿。政和二年(1112年)八月,封宁江侯,改封安济公,并赐今额。绍兴十四年(1144年)增"灵感"字,绍兴三十年(1160年)增"顺济"字。予以本末考之,初无神怪之事。今临安相传以伯起治潮三年,莫得其要领,不胜□愤,尽抱所书牍自赴于江,上诉于帝,后寓于梦,继是修江者方得其说,堤成而潮亦退,盖真野人语也。江之所恃者堤,安有伯起不知以石代薪土之便,功未及成,效匹夫沟渎之为?此身不存而凭虚之梦以告来者,万一不用其梦,患当何如?是尚得生名之智、殁谓之神乎?沿江十二里,要是上至六和塔,下至东青门,正贶所筑堤。今顾谀之钱王,则尤缪矣。③

既然民众有如此传闻,可见其信仰基础之浓厚。北宋庆历年间在钱塘江堤上立庙。朝廷也嘉奖张夏的功劳,政和时封其为宁江侯。杭州是张夏信仰的起源地。加上"大观改元,高句丽入贡,显神异,封安济公,赐额昭贶。高宗南渡,信安郡王孟忠厚奏以灵驾护渡显应,加封灵感安济顺应公,进封灵济显佑威烈昭顺王。理宗淳祐,更昭顺为孚惠,寻改孚惠为

---

① (宋)陈师道:《后山谈丛》卷三。
② (南宋)吴自牧:《梦粱录》卷一四《仕贤祠》。
③ (南宋)叶绍翁:《四朝闻见录》卷一《甲集·张司封庙》,三秦出版社2004年版,第48—49页。

广利。度宗易广利为安顺，遂定王号□□尊称"①。雍正三年（1725年），再敕封张夏为静安公。② 张夏信仰实际上是官府、民间两者加之中外使臣对有功于地方民生的官员以及庇佑中外交通安全最好的褒奖。

当然，随着朝代更迭，民间也常常把自己乡里的一些逸闻和民众加人，后世把张夏与张六五联系起来。乾隆《海宁州志》云海宁英济侯庙：

> 《外志》祀萧山布衣张六，溺海为神，俗称捍沙大王。宋咸淳间赐额，有功海堤，祈祷甚应。《许志》一云张夏，宋景祐中为工部郎中，筑堤捍江，人赖以安，为之立祠，大观二年（1108年）封安济公，一在新仓，一在旧仓。按英济侯庙，《许志》以为即宋工部郎中张夏，考《通志·职官志》，夏乃河南雍邱人，与《外志》所云萧山布衣暨不合。又《四朝见闻录》载："夏以作石堤防江，杭人德之，立庙堤上。政和二年封宁江侯，改封安济公"，并无英济侯。朱一是《天仙府庙记》："庙中附英济侯张公，张裔出萧山，赘海宁陆氏。"则其为萧山布衣明矣。③

而《海塘录》卷十二《祠祀》云："英济庙，《海宁县志》俗称捍沙王庙，在县东三十里。相传萧山布衣张某溺海为神，或为宋张夏筑堤捍江，人赖以安，为之立祠。大观二年，封安济公。谨案萧山县长山有英济侯庙，旧称护堤侯庙，宋建，以祀漕运张行六五者，俗呼张老相公。"考《王多吉集·张氏先茔碑记》云：

> 吴越王时刑部尚书张亮厥后一传护堤侯十一税院袭为长山海神，则所谓六五者即指十一言也。《郡志》以为六五即张夏，然夏封宁江侯，改安济公，而六五于明天启时封灵应英济侯，庙号不符。今海宁之庙亦称英济，与长山神同号，其谓捍沙王为萧山布衣者与萧山护堤侯事亦相类，姑标识之以待稽考。

---

① （元）战惟肃：《昭贶神庙记》，李修生主编《全元文》第59册，江苏古籍出版社1999年版，第161页。
② （清）翟均廉：《海塘录》卷一一《祠祀》。
③ 乾隆《海宁州志》卷六《祠庙》。

实际上，"崇祯元年（1628年）十一月，封护漕河神张六五为灵应英济侯"①。张夏如何变作张六五，还需再探索。但无疑其间与民众的参与改造有着一定的关系。至今绍兴萧山传说，水神张夏晚上经常撑船到萧山各地巡查水患，体察民情。这从衙前螺山张神庙内的一幅壁画中可以看出：一艘飘扬着"张"字大旗的运粮船在江中乘风破浪航行，张夏站立船头凝目远视，两边船丁护卫，煞是威严。每天清晨庙门一开，如果见到壁画上船头水珠淋漓，说明张老相公昨晚出巡了，如果壁画干燥如常，表明没有出巡。明清时期见于方志记载祀张夏的庙宇有五六座之多，分布在杭州、海宁、海盐、萧山一带。分布特点是：多位于杭州湾海岸海塘一线，其神职是巩固海塘大堤，捍御潮水。信仰的扩展与海潮的侵害密切相关，上述地区是潮害的多发地，同时也是海塘修筑的集中地区。张夏被奉为"捍御海潮、巩固海塘"之神。张夏由国家神祇逐渐地方化，地方民众将其改造成张六五，或称张老相公，改造后又被明代官方认定为护漕之神。

值得注意的是，有关潮神，清代将历代浙江地区潮神、海神会聚一起来进行国家祭祀。敕建潮神庙在海宁小尖山之麓，康熙五十九年（1720年）巡抚朱轼题请于海宁县小尖山建立潮神庙，六十一年（1722年）敕封"运德海潮之神"，春秋祭祀，钦颁"协顺灵川"御匾恭悬庙中，乾隆帝有"恬波孚信"匾额；又有风神庙，乾隆四十五年（1780年）御书"扬和底绩"匾额。②历代都有皇帝题诗、对联加以宣扬。雍正七年（1729年）九月奉上谕敕建海神庙在海宁春熙门内，即海宁县治之东购买民地四十亩启建正殿五楹。总督李卫奏请，委原任布政使张适、知府蒋果王坦监修。敕封"宁民显佑浙海之神"，以唐诚应武肃王钱镠、吴英卫公伍员配享左右。配殿各三楹，以越上大夫文种、汉忠烈公霍光、晋横山公周凯、唐潮王石瑰、升平将军胡遑、宋宣灵王周雄、平浪侯卷帘使大将军曹春、护国弘佑公朱彝、广陵侯陆圭、静安公张夏、转运判官黄恕、元平浪侯晏戍仔、护国佑民永固土地彭文骥；乌守忠、明宁江伯汤绍恩、茶槽土地陈旭从祀。前为仪门三楹，大门三楹，左钟楼右鼓楼，门临河承以石梁，恭建御碑亭，敬勒《圣制海神庙碑文》，后为寝殿，上构岑楼、东西

---

① 《续文献通考》卷七九《群祀考》。
② 乾隆《大清一统志》卷二百一十七《杭州府》。

配殿，由正殿之东启门而入为天后宫，前为斋宿厅，后为道院，正殿之西为风神殿，后有池，内为高轩，为重门，后为水仙阁。"规度崇宏，气象轩豁"。正殿额有雍正皇帝亲颁"福宁昭泰"额匾，并遣大臣祭祀，乾隆帝又钦颁"清晏昭灵""澄澜保障"匾并题对联、诗等。① 海宁州南门海神庙，乾隆二十七年、三十年、四十五年乾隆帝临幸三次，有《御制瞻礼海神庙》诗，《御制浙海神庙碑》文，并御书"保障东南""澄澜保障"匾额。②

与潮神封号建庙同时，又在小尖山之巅敕建观音庙，"厪念浙江海塘为濒海诸郡保障，以大士慈悲为心，救度为缘，普济众生，御灾捍患，因即尖山之麓建大士庙，以栖神灵答景贶"。后乾隆帝又在省城南江干地观潮楼亦称大观楼敕建海神庙，"以浙江海神，恬安城社，保卫田庐，比年以来顺轨安澜，民物殷阜"，封号曰"平潮利涉浙海之神"③。

又有风神庙，乾隆四十五年御书"扬和底绩"匾额，四十九年有御制老盐仓一带鱼鳞石塘成，命修海神庙谢贶并成，是什志慰用。壬午观海塘志事诗、韵诗、谒海神庙瞻神三迭旧作韵诗。④

钱塘江边另一潮神就是伍员（伍子胥）。伍员成就吴王阖闾霸业，因忠君而自刎。"伍员死而为江海之神，见古本《吴越春秋》《越绝书》《录异记》《吴会分地记》《水经注》《史记正义》，其事甚详，独怪其神今不著响，以为英灵渐消散耳。"⑤ 楚州、苏州早就有其庙宇。杭州吴山伍员庙最早见于唐代，曾经在杭州为官的白居易《杭州春望》诗"涛声夜入伍员庙，柳色春藏苏小家"⑥。《唐国史补》卷下也有记载："又有为伍员庙之神像者，五分其髯，谓之五髭须，神如此，皆言有灵者多矣。"《元丰九域志》卷五《两浙路》，杭州下也有伍员庙。宋绍兴时，因潮不断毁堤，"又吴山英烈王庙毁于回禄，乞灵无地，乞付有司营葺从之，自是百余年间屡修屡坏焉"⑦。"君子曰：'伍大夫于是忠孝两全矣。'大夫

---

① （清）翟均廉：《海塘录》卷一一《祠祀》。
② 乾隆《大清一统志》卷二百一七《杭州府》。
③ （清）翟均廉：《海塘录》卷一一《祠祀》。
④ 乾隆《大清一统志》卷二百一七《杭州府》。
⑤ （明）王世贞：《弇州四部稿》卷一百七十四《说部·宛委余编十九》。
⑥ 《白香山诗集》卷二五《后集五》。
⑦ 咸淳《临安志》卷三一《山川》。

以抑郁不平之气随流扬波，依潮来往，犹能激为疾风甚雨，奔雷激电震荡于越兵入城之顷。""自春秋至皇宋千有余年，景象相传，理宗赐额'忠清'，又建阁于门之上，御书'英卫之阁'以匾之。每岁春秋醮祭，命学士院降付青词，宝佑癸丑（元年，1253年）再火，而此碑亦不存矣。谓金石之文终久不磨亦无是理也。"① 国家褒扬忠孝气节精神可见一斑。庙近堤防，神职又添防护海潮作用。洪武四年奉旨封定神祇，称"吴行人伍公之神"，祭日每岁用九月二十日，祭以豕一，府长官主之。明洪武初，徐一夔为杭州教授，作《岁祀伍公庙祝文》："唯神昔在于吴，以忠而殒，庙食兹山，用昭素愤，神气不磨，护潮出没，白马素车，尚见仿佛，唯圣御宇，有嘉其忠，申敕守吏，岁祀是崇，洁兹牲醴，荐于神所，庶其来歆，永奠江浒。"② 明朝仍然列入祀典，加以祭祀。正统十四年、万历二年、崇祯十六年都加以重修。③ 苏州伍员庙也在成化十六年（1480年）盘门庙灾后由御史刘士元重修，颂扬伍员"素车白马，出没潮头，升降于天，庙食于吴，弥千万年"④。

雍正三年（1725年）以神为浙省保障之神，敕封英卫公，奉旨重修。祠宇两庑附祀掌潮神祇，每岁春秋二祭。⑤

> 今裳邑、姑苏诸地虽雅多公迹，胥山要以杭为准，至其神之扬灵潮汐也。如武肃王祷于祠，而沙涨十余里；宋马亮祷而潮却且出横沙数里，赵与欢肃祷而江干七十八里之决以塞，英威焜赫，绰有可纪。天子轸念浙东西者庶敬举，秩祀崇号，上公而祠，部檄守臣，新敕腐剥，泐之栋墉，以安公灵。视前代礼有加焉，宜矣。昔汉有防海大塘，唐史载盐官塘，浙江唯富阳塘，钱塘长堤差可考。然白居易任刺史，业虑涛激西北。而大历八年，宋祥符、景祐，庆历、元丰、淳熙、绍熙，元致和，暨明洪武后五大溃决，毁陷漂败不可胜纪。唯国家修举水政，警惰核冒，其于捍江捍海实克举端……俾杭郡百万户庐舍滕堃无虞震腾者，唯公卫于斯滋固……帝德覃敷，爰被二浙，涛清

---

① （元）刘一清：《钱塘遗事》卷一《伍子胥庙》。
② 《海塘录》卷一一《祠祀》。
③ 同上。
④ （明）王鏊：《伍相庙碑》，（明）钱谷：《吴都文粹续集》卷一二《坛庙》。
⑤ （清）翟均廉：《海塘录》卷一一《祠祀》。

喷玉，堤坚屹铁，乃报公功，崇封肇开，薨参星斗，楹余雷云，酾酒刲牲，雅歌节舞，潮平山碧，乐此终古。①

国家重视祭祀伍员，旨在保护钱塘江潮旁万千土地和民众城郭。英卫庙可谓实至名归，庙后又改称江神庙，乾隆十六年御题匾"灵依素练"②。海盐县西北一十八里尚胥桥之北有祀伍子胥及其兄的尚胥庙，伍子胥后封为"清忠英烈威惠献王"③。"石刻载封号庙祀里社修改皆宋元时事，其创始漫不可考，不知何自有庙于此。"④ 国家颂扬，"吴人怜之为立祠江上，命曰胥山。海盐开济乡去胥山三百里"有庙，官民共祀是伍子胥信仰存在的重要原因。

上述潮神、海神庙，与杭州艮山门外天后庙一样，都有国家的封号和修建。清代对天妃封号主要有康熙十九年（1680年）封护国庇民妙灵昭应宏仁普济天妃，遣官致祭；二十二年克澎湖，恍有神兵引导，及屯兵天妃澳，靖海侯施琅谒庙见神衣半湿，始悟，实邀神助。时澳驻师万余，忽涌甘泉，琅上其异，敕建神祠于湄洲。勒文以纪功德，随又加封天后；五十九年奉旨春秋致祭编，入祀典；雍正四年御赐"神昭海表"之额，十一年赐锡"福安澜额"，令有江海各省一体葺祠致祭。⑤ 清代杭州、嘉兴、松江三府天妃庙共十八座。其中杭州府五座，嘉兴府三座，松江府十座。

其他见于《咸淳临安志》卷七一《祠祀》：还有平济庙（在浙江庙子湾，乾道初周安抚淙修筑江岸遂建庙，诏赐额曰平济，庆元四年封助顺侯，累封至咸淳三年为显烈广顺王庙）；顺济庙（浙江里民冯氏祠，绍兴三十年赐顺济庙额，庆元庚申封灵佑公，绍定间重建庙封英烈王，嘉定十七年封次子为助宁侯，绍定六年加助灵佐顺侯）；英显通应公庙（在庙子头，宝祐元年江潮冲啮，神显灵迹，塘岸堵安；二年十二月加封英显通应公）；汤村龙王堂（政和二年汤村沙岸为潮水所冲州县立龙王祠以祷之六年奏请增广庙祠）；善顺庙（在白塔岭，旧传民间建小祠，保舟楫往来，号平波神祠，嘉定十七年易祠为庙，咸淳元年诏赐善顺为额）；昭应庙

---

① （清）傅敏《重修英卫公庙碑记》，《海塘录》卷一一《祠祀》。
② 《西湖游览志》卷九《吴山胜迹》。
③ 至元《嘉禾志》卷一二《宫观》。
④ （明）张宁：《方洲集》卷一八《尚胥庙复修碑》。
⑤ （清）翟均廉：《海塘录》卷一一《祠祀》。

（在白塔岭，绍兴间建，旧传钱塘顺济龙王，咸淳元年诏赐昭应庙为额）；孚应庙（在磨刀坑龙山渡，乾道三年九月建，旧传水府龙王，咸淳元年诏赐孚应庙）；广顺庙（在龙山，旧传镇江龙王小祠，咸淳元年诏赐广顺庙）；惠顺庙（在江塘，嘉定五年二月江潮冲啮石塘，帅漕建庙以祷，咸淳二年旨赐惠顺庙为额，四年七月寿和圣福皇太后降钱重建）；顺济龙王庙（在汤村镇，政和五年郡守李偃以汤村岩门白石等处江潮侵啮，奏请同两浙运使刘既济措置，用石板砌岸因建庙，绍兴十四年重修，累封灵应昭应嘉应三王）等。而同书卷七三《祠祀》云：石塘坝广灵庙，"景定四年九月潮坏江塘，里中耆老因立东岳温太尉庙请于朝，赐广灵为额，咸淳五年有旨封正佑侯，余自李将军以下九神皆赐侯爵李孚佑、钱灵佑、刘显佑、杨顺佑、康安佑、张广佑、岳协佑、孟昭佑、韦威佑"。

另外，协顺庙在钱塘江江边，《西湖游览志》：在石冢，其神陆圭，昭庆军人。宋熙宁间以祖泽补右爵，调真州兵马都监。宣和中引兵进攻方腊，败之，死而为神。"绍兴间海涛冲激江岸，神檄阴兵却潮，潮势遂平。淳祐间，江潮冲激尤甚，随筑随圮，神与三女扬旗空中，浮石江面，以显其灵，岸赖以成。浙西帅臣徐桌以其事闻于朝，赐庙额曰协顺，封神为广陵侯；三女为显济通济永济夫人，一主护岸，一主起水，一主交泽。傍有小庙，祀十二潮神，各主一时。"①而茶槽庙在杭州庆春门外，"《仁和县志》在会城东，当钱塘尽界，沿江七十里北至皋亭山，屡受潮患。永乐间新城茶商陈旭出囊中金筑新塘，后乙未，皋亭山洪水与江潮相接，沿江俱没，塘坏，旭思资蓄已尽，功不成，遂跃身入潮，尸随潮浮至皋亭山，沙随尸涨塘乃成，尸随葬焉。巡抚入告，敕封茶槽土地兴福明王。迄今二百余年无潮患，士民戴德奉其神，各方建祀，有上新、中新、下新等祠"②。陆圭、陈旭也都因与治理钱塘江潮有关而为水神。

而潮王庙宋名石姥祠，在杭州得胜桥西，晏殊《舆地志》：芳林乡有石姥祠，《咸淳临安志》：昭化院有石姥潮王庙。庙祀唐石瑰。瑰生而灵异，尝筑堤以捍海潮，功未就竟死于海。"咸通中官为立庙，封潮王。"宋宣和间韩世忠率兵御敌，"阴云四合，空中叱咤声，仰见旗帜书'石姥潮王'之号，军士奋勇大破寇兵。嘉熙间潮水复作，溃堤触岸，漂荡民

---

① （清）翟均廉：《海塘录》卷一二《祠祀》。
② 同上。

居，人力莫能御，京尹赵与筹躬祷祠下，潮复故道，有司上其事，加封显德忠惠王"。"水旱疾疫，祷之辄应，庙食以享其报，宜矣。"① 而晏公庙在武林门北夹城巷，祀元晏戌仔（晏公）。"后显灵江湖间，明洪武初封平浪侯，二十三年（1390年）浙江都指挥储杰以督漕获庇，乃捐俸建今祠。"上述在土备塘沈家埠迤西祀张夏的潮神庙、海宁县背南城在捍海塘之阳伍公庙、曹将军行祠（《海宁县志》：祀宋封潮人邑人曹春，在县西南四十五里岩门山，元潘万选撰《记》。明初显圣于五都二图，羽流募建；崇祯间沈如初重修）、镇海庙（《海宁县志》：距南城百步负郭面塘，内祀捍海诸神明，崇祯戊辰海决，潮水高丈余，庙内独不入，人咸异之）、古彭乌庙 [ 在海宁教场海塘，彭讳文骥，字德公。乌讳守忠，字子朴，世居濒海，家擅素封。元泰定三年（1326年）海溢，朝命筑塘，费不给，二神磬家资助之，坍陷不已，神誓曰："生不助其成，死必捍其患。"未几，陷于海，大显灵异，海患顿息。塘成闻于朝，立庙以祀。明嘉靖三十年（1551年），塘大圮，神又显灵，敕封护国佑民永固土地。《通志》：祀元敕封护国佑民永固土地彭文骥、乌守忠，康熙五十九年（1720年）从祀尖山潮神庙，雍正九年从祀海神庙]、彭乌庙（在海塘上海塘，《通志》：在春熙门外七里海塘上，亦祀彭乌二神）、朱将军庙（成化《杭州府志》：在县东三十六里地名黄冈，《海宁县志》：朱彝能拔牛尾倒行）。宋治平初，溺海为神，著灵感应；宝祐三年（1255年）十月敕封佑灵将军，元大德二年（1298年）神能御海患因立庙以祀，有司上其事于朝，封"灵感宏佑公"，又加封"护国"二字，其庙在袁化东北者，后羽流增饰仙真，俗因呼为天仙府、胡令公庙：（《杭州府志》在长安镇，祀唐胡逻；《海宁县志》：至正二十年被毁，明嘉靖十四年重立；《临安志》智果院弥勒阁注云，晋天福四年钱王遣令公胡进思往婺州；《五代史》胡进思以旧将废吴越王倧而立俶；考《郡志总图》赭山北有令公塘，岂吴越王时令公曾筑运塘，故有祠庙欤）、周宣灵王庙（《海宁县志》：在硖石镇审山，祀渌渚人周雄；宋嘉定四年为母疾走婺源，殁为江神；端平二年阴捍常山土寇，封翼应将军；嘉熙元年封威助忠翊大将军，淳祐四年改封翊应侯，宝祐五年加封助顺，咸淳七年加封正烈，十年加封广灵）、昭烈王祠（《海宁县志》：神以捍海封，宋庆元三年主簿赵希栖建，附葆

---

① （元）诚道：《原潮王庙记》，（清）翟均廉：《海塘录》卷一二《祠祀》。

真庵后，在县东二百五十步，嘉定元年宜兴丞赵彦折又立祠于安国寺东，后祠废，列其像于双仁祠；明嘉靖二十八年县令高尚志移祀镇海门外，今废）。① 这些海神、潮神或多或少后来成为地方保护神，与杭州附近地域江、海、潮等环境有关。

南宋嘉兴府（北宋称秀州）华亭县（唐为海盐县辖，天宝建县）金山南临杭州湾口，近有众多的盐场分布，是重要的盐产区，海潮对盐业生产造成影响。霍光信仰就起源于金山，传说早在三国吴主孙皓时即建庙。霍光为汉室的安定和中兴建立了功勋，为汉昭帝、汉宣帝重要辅臣，执掌汉室最高权力近二十年，成为西汉历史发展中的重要政治人物，位列麒麟阁十一功臣第一。其中始元六年（前81年）盐铁会议，霍光幕后主持，与代表当时大地主、大商人利益坚持官营的御史大夫桑弘羊展开斗争，后昭帝下令废除了盐铁官营、均输等政策。这就从根本上抑制了大地主、大商人的利益，在一定程度上缓和了社会矛盾，调整了阶级关系，从而使汉朝的经济走上了恢复发展的道路。其间霍光的作用不可磨灭。事见《汉书》卷六八《霍光传》。后世附会帮助三国吴主孙皓治病。"初吴王孙皓疾有神降于庭，自言为汉霍光，求立祠于金山之咸塘，以捍水患"②，其有功于海盐运营功绩是其信仰的基础。宋杨潜《绍熙云间志》卷中《祠庙》云：

> 金山忠烈昭应庙在海中金山，去（海盐）县九十里，别庙在县东南八十步。庙有吴越王镠《祭献文》云："以报冠军之阴德。"《吴越备史》云：大将军霍光自汉室既衰，旧庙亦毁，一日，吴主皓染疾甚，忽于官庭附小黄门曰："国主封界华亭，谷极东南，有金山盐塘，风激重潮，海水为害，非人力所能防。金山北，古之海盐县，一旦陷没为湖，无大神力护也。臣，汉之功臣霍光也。臣部党有力，可立庙于盐塘，臣当统部属以镇之。"遂立庙，岁以祀之。宣和二年（1120年）赐显忠庙，五年封忠烈公。建炎三年（1129年），辛道宗领舟师由海道护行在所，奏加封忠烈顺济，且赐缗钱以新庙貌，四年加封昭应。按霍去病为冠军将军，而霍子孟为大将军，今备史以为霍

---

① （清）翟均廉：《海塘录》卷一二《祠祀》。
② 咸淳《临安志》卷七三《祠祀》。

光，或者吴越祭文不考也。

潮水冲击陷湖，自然环境是其信仰产生的主要原因（有关湖陷之说详见下文）。北宋宣和五年封忠烈公，建炎三年加封显应忠烈顺济，"公本秀州华亭县小金山祠，江湾亦有庙。是岁，节制战船辛道宗言，诸将讨诸逆贼，祈祷灵迹显著故也"。平江府（今苏州）也有霍光祠①，灵应是霍光信仰扩展的主要原因。"（至元）《嘉禾志》有冠军神庙，又有金山庙，皆云忠烈昭应，则以一庙为二矣。"② 可见，霍光神职起于捍御潮水，护盐固堤。加之南宋初阴佑护驾，国家封号加爵，使其身份合法，地位陡增。

嘉兴县东五十五里当湖市（后划归平湖县）有庙，建炎三年建；嘉兴县东关外一里忠烈昭应庙，宋宣和六年建，绍熙中县令李直养重修。③宋提举两浙路市舶司鲁詹有《记》云："又金山神部有英烈钱侯配享，《云间志》云：'侯，闽人，行七，尝为商浮海至庙下，叹息愿事忠臣，即叉手立化。宋与金战，有阴兵旌旗著号华亭钱太尉字，已而虏势披靡，因赐今封。'"④ 一派热闹非凡的庙祀景象。霍光"厥功懋焉。生为伟人，没为明神，民随其所向奉之，如大禹之于会稽、泰伯季札之于姑苏、伍子胥之于钱塘、马伏波之于南海是也，文多不具载"⑤。而闽人英烈钱侯原为大将军霍光部将，早在宋代以前已经成型。"维英烈侯家闽氏钱，行位居七，航海而商，舶帆经从，入庙致礼"，对忠烈王霍光十分恭敬，忽死于庙中，"于是惊怪显迹，为庙部臣，老宿相传几百年矣。季夏之月廿一日，唯侯生辰，沿海祭祠，在在加谨，广陈镇金山祠祀尤严。常岁是日，盐商海估，寨伍亭丁，社鼓喧迎，香花罗供。然前无位号，未应国经，仗队弓刀遥称太尉，殆几野庙，殊阙声猷，属青齐向化之年，金人犹竞东鄙兴师，侯能助顺虚无之际，神证用彰雾潋云，飞阴兵千万排空而下，旌旗

---

① 《宋会要辑稿》礼二〇之二五。
② （宋）杨潜撰：《绍熙云间志》卷中《祠庙》，见《丛书集成续编·史部》第四七册，观自得斋徐氏校刊本，上海书店1994年版，第524页。霍光曾封大将军，其兄霍去病曾封冠军大将军，后世人混淆两者封号。
③ 天启《海盐县图经》卷三《方域篇·祠宇》引。
④ 同上，同见雍正《浙江通志》卷二一九《祠祀》引。
⑤ 天启《海盐县图经》卷三《方域篇·祠宇》引。

着号'华亭钱太尉'识昭明,逮及交锋,敌势披靡,风弛电扫,冥助唯多主兵",助宋军战胜金人。"英烈钱侯所以身陪正祠,封受显号","爰加封敕谥以'英烈',庸答灵休,端笏垂绅,荣彼章服,从饰仗卫,益变鱼雅"。① 这与国家提倡效忠报国相一致,也因荫佑国家社稷而入列国家祭祀,也成为英烈钱侯陪祀的主要原因。

宋时嘉兴府为霍光信仰的发源地,绍兴时已传播至杭州。咸淳《临安志》云:"显忠庙,在长生老人桥西,俗名霍使君庙,绍兴间建。"② "杭之清湖开元宫西有庙曰显忠,士人称霍使君祠,汉大将军博陆侯也。" 霍光信仰传播至杭州,由于南宋杭州火灾多发,其神职功能得以拓展,兼具救火等神职。

> 初,庙基属民,众乃鸠钱券其地,定为神居。栋宇既完,祷祠日盛,事无巨细,咸请于神,应若影响。至嘉泰、绍定间,两有反风灭火之应,纪事传信,庙碑具存。国朝元统初夏六月甲申火,自朝至于日中、昃,始事西坊,清湖岸而止,焦土者万有余区,死如焚如弃如者,勿可以数计。民窘急,骇且震怛,望庙以呼,如嘉泰、绍定之时,神赫赫厥灵……只瓦不毁,庙貌如故,暨左右民,克保厥居。钱塘县庠去庙为最近,时有司新刻《会要》于学,予参校雠,将完,约费五万余缗,亦赖以存。神之功能如是者不一,推而广之,则御大患,捍大灾,不难矣,讵止有功于民而已也?于是,杭之士民裹金葺庙,已答明贶……。③

司辖近海盐田水域,救民灭火,俨然为地方保护神。宋代金山祖庙、嘉兴府治东当湖旁两所外,元至大二年(1309年)又在海盐东北广陈镇建显忠庙。④ 明代霍光庙分布于松江、嘉兴、松江三府。其中嘉应府五座,松江府四座。清乾隆时金山忠烈昭应祠,"祠毁祀废,土人各祀于其

---

① (宋)赵孟坚:《彝斋文编》卷四《金山顺济庙英烈钱侯碑文》。
② 咸淳《临安志》卷七三《祠祀》。
③ 《显忠庙碑记》,李修生主编:《全元文》第五一册,江苏古籍出版社1999年版,第86—87页。
④ 雍正《浙江通志》卷二一九《祠祀》。

家，号为金山神主，以其部将英烈钱侯配食云"①。金山大王祖庙衰败，但金山神主霍光已深入当地民众家庭的信仰中。

其他有关海神庙宇见于记载的有施相公庙（又称施府君、镇海侯庙）共十四座，其中嘉兴府三座、松江府十一座。嘉应施府君与江苏境内施相公，应该有联系（详下）。嘉应施府君原为嘉应县土地神，神施雨灵应而封灵显侯。至元《嘉禾志》云："灵显侯庙在县北五里。考证土神施府君也，宋人，讳伯成，九岁为神几百余年，有祷辄应。岁旱涝，乡贡进士闻人刚中等祷于祠下，遂获大雨，遂请于朝。景定五年（1264年）九月准敕赐今额。今庙之左右皆施族居焉，本县太平桥、杉青闸等处。"② 初封与当地旱灾有关，到明末时，俨然为地方保佑神。相关传说也不断加入。明崇祯时，蒋薰

> 予儿童时见里中人岁时禳田祈蚕，至货殖、畜牧、疾病、医药诸细事无远近皆卜于神，寒食后五六日尤盛……窃闻施公生我里，少事异人得神术，别传无所概见，其轶事往往著于神歌，公殁后金人渡江，化为伟丈夫，说其编木而济，中流尽溺，以是有阴功，故宋封镇海侯，至今乡中故老能道之。又庙以南有古塚如拳，夜见金银气，或幻形伏雌引雏而鸣，相传即其墓焉……况赫赫施公昔为父老，今为神明，卜祝必应，风雨不蔽，岂所谓感慨不其然欤？③

此因施相公死后助宋溺金兵而受封，与原来有区别。其墓地灵丹树叶治百病。"旧《嘉兴府志》一在县西南六里，一在县北十五里，府君名伯成，九岁为神，建立庙宇，墓在庙中。明敕封护国镇海侯。"④ 封赐名号或与海有关。

---

① 乾隆《金山县志》卷四《秩祀》，台湾成文出版社据清乾隆十六年刊本、民国十八年重印本影印。
② 至元《嘉禾志》卷一二《宫观》。
③ （明）蒋薰：《募修施公庙文》，嘉庆《嘉兴县志》卷六《坛庙》，见《故宫珍本丛刊》第95册，海南出版社2001年版，第118—119页。
④ 雍正《浙江通志》卷二一九《祠祀》。

## 第四节　江苏省海神类型与地域空间

　　康熙六年（1667年），江南省分江苏、安徽两省。今上海为江苏松江府。清江苏因据长江口，东邻东海、黄海，因北部多为淤泥质海岸，南部多岩基海岸，港口多布，故松江府、苏州府、海门厅、扬州府多海神庙。江浙学者研究较多，代表性著作有皇甫志新《吴地水神崇拜》（《苏州大学学报》1992年第1期）；刘锡诚《陆沉传说再探》（《民间文化》1999年第1期）；王德庆《从原始遗址的发现和分布试论太湖平原的海侵和成陆演变》（《吴地文化论坛》1999年卷）；赵庆英、杨世伦、刘守祺《长江三角洲形成和演变》（《上海地质》2002年第4期）；洪雪晴《太湖的形成和演变过程》（《海洋地质和第四纪地质》1991年第4期）；王健《祀典、私祀与淫祀：明清以来苏州地区民间信仰考察》（《宗教》2003年第3期）；王水《江南民间信仰调查》（上海文艺出版社2006年版）；马昌仪、刘锡诚《石与石神、石狮子：洪水的预言家》（学苑出版社1994年版）；[日]滨岛敦俊《明清江南农村社会与民间信仰》（厦门大学出版社2008年版）；皮庆生《宋代民众祠神信仰研究》（上海古籍出版社2008年版）；潘锦全《元代海运综述》[《北华大学学报》（社会科学版）2004第6期]；[美]黄仁宇著，张皓、张升译《明代的漕运》（新星出版社2005年版）；彭云鹤《明清漕运史》（首都师范大学出版社1995年版）；范荧《上海民间信仰研究》（上海人民出版社2006年版）；朱小田《吴地庙会》（南京大学出版社1994年版）；姜彬《吴越民间信仰习俗》（上海文艺出版社1992年版）；[美]韩森著，包伟民译《变迁之神：南宋时期的民间信仰》（浙江人民出版社1999年版），等等。这些研究大都从环境地理、漕运海运地理、国家与民间信仰关系、宗族与地方信仰关系等方面作以阐述，取得了这一研究的硕果。

　　以下分府简言。

### 一　松江府、苏州府、太仓州

　　根据相关方志记载，可以大概归类为以下几类：
　　（1）潮神：伍子胥、顾野王（喝潮王）、陈平；
　　（2）太湖神：大禹、水平王等；陆沉传说之神：施相公（镇海侯）等；

（3）漕运神（常熟、太仓）：总管神、平江侯祠、李王、金龙四大王等；

（4）渔神：褚太太、黄姑（织女神）、刘猛将等；

（5）航运神：天后（太仓）、利济侯、圣姑（慧感夫人）、晏公、宋恭（昭泽侯）、水仙等；

（6）军神（江阴）：李王、褚太尉。

其他：包括石神石郎庙（太仓）；石蟾蜍、石剑（江苏海州湾）等。

综观以上几类神，我们可以归结出以下几个特点：

（1）潮神、太湖神、水仙神、水利神等，镇压水患之神与农业生产比较密切，随着唐宋经济重心的南移，吴地的农业生产逐渐发达，在全国举足轻重。另外，吴地的镇压水患之神都以"人鬼"代替了自然神，人鬼信仰是伴随着自然神的人格化和鬼神崇拜发达而盛行的。如吴中崇拜蛇神施相公的例子，可以看出动物被人格化。再之，从此类神祇的"神迹"来看，无论是吴人还是非吴人，都有功于吴中水利。

（2）军神、渔神、航运神、漕运神，此类神官方色彩比较浓，如漕运神与军神，国家对此应非常重视，此两类神关系国家的稳定与发展，政治作用明显。其次，这类水神大多由境外迁入吴地。境外水神"庙食"于此主要原因是，宋元以来，吴郡经济地位日渐隆重，各地商贾云集，舟航辐辏。各地商人集资建庙，把屡次"显圣"、影响大的各地水神迁入吴境，以求"神灵呼极相应"。

把天妃单独归为一类是因为天妃在吴地的影响是全方位的，涉及生产、生活各个方面，不仅是水神，而且增加为当地土神，而此区域真正具有海神职能的应为太仓天妃。明代郑和下西洋从太仓刘家港出发，祭拜于此。由于太仓刘家港是重要商埠码头与对外港口，天妃成为这里最主要的祠神。除了刘家港天妃宫，太仓周泾桥北的天妃宫亦重要。松江府上海县有两座天妃宫，一为县治北市舶司左天妃宫；一为顺济庙即圣妃宫，在县治东北黄浦上，宋咸淳中重建，"后有丹凤楼。观潮者登焉，潮汹涌北来，至庙门而伏过则复起，人以为神楼"[①]。两座庙祀天妃，其作用不言而喻。

---

① 正德《松江府志》卷一五《坛庙》。

关于其他类的祠神，由于覆盖区域有限，影响较小，不具典型性。

（3）大部分水神兴起于宋元时期，这与经济重心的南移与漕运发达有关。而宋时期吴地的水神大都是河神或湖神的当地水神，甚至雏形只是地方的土神，影响有限。如李王，宋时期只是湖州长兴土神，元代才演变成海神。

元明时期是海神形成的集中时期。如漕运神，保佑漕运的传说是元明时代产生的，而非宋代。宋代的显灵传说应属伪造。这时期形成大批的漕运海神，如总管神、李王、平江侯等这些祠神都是"海运有功"，且漕运神多分布于常熟、太仓两地。元时期，常熟处于漕运沿线，至明代，又析置太仓州，太仓又成为此区域出海的港口。另外此时期还诞生了一批护国神，大部分为武将，如李王（明代演变成李烈士）、褚太尉等。还如作为南宋水军主要基地的江阴在此时期产生大量的水神，如王太尉、陈总管（陈老太）、沈总管（沈老太）等。

（4）宋时期是吴地水神形成的重要时期。其最主要的原因是经济重心的南移，吴地经济日渐繁荣，农业、商业在全国占有举足轻重的地位。农业神、商业航运神等祠神应运而生。

另外，交通位置日显重要，此地正位于长江与大运河的交汇区域，是人流和物流的集散地。尤其是长江中下游的人物流到达吴地后，再经大运河北上，或东向出海，或南向杭嘉湖地区。此时期长江水府三官兴起体现了长江航运的繁忙。

再次，吴地特有的地理环境。随着两宋时期吴地农业的发达，镇压水患之神大量出现，如各种潮神、镇海侯施相公等。

元明时期，海神大量出现，且大都为漕运海神。因为漕运的发达而产生的一批海神，其背后根源在于元明时期为大一统国家，北为政治中心，南为经济重心，河运已不能满足漕粮北运的需求，因此元代创行海上漕运。海上漕运促成了此区域漕运海神的产生。

由于吴地为物流集散地，诸如总管神、李王、褚太尉等护佑海运之神应运而生。而粮长阶层、海商、巫师等则是此时海神兴起与发展的主要推动者。

（5）根据以上归类，以下几种重要祠神需要作出阐述：

（甲）褚太尉

（1）起源：褚太尉庙建于元至正十六年（1356年），位于今常熟市福山镇，庙里供奉元末淮东廉访史褚不华及次子伴哥。至正十六年，父子困守淮城殉难，次年，元赐褚不华卫国公，伴哥晋封为太尉，因名太尉庙。①

（2）发展：常阴沙围垦成陆后，东界港口成为长江南北通航重要渡口，民国十九年（1930年），乡绅与里人在东界港建神庙，时称"水太太庙"。沿江渔民崇信"水太太护航"之说，讹传"水太太庙"是因"褚"与"水"常阴沙语音相近。

后里人秦和尚赴南通塑褚太太（卫国公褚不华）、小大人（褚太尉）等塑像。南通加封褚太太为"天后娘娘"，一说叫"褚太尉"，后南通有多处建造"天后宫"或"天后庙"，此天后非彼天后。但南通人认为褚太太信仰源于江苏黄海边一位渔妇的传说，这应有附会之疑，南通之褚太太应源于常熟东界之褚太太。②

（3）总结：从福山的褚太尉庙到常阴沙东界的"水太太庙"，即褚太尉副庙，是褚太尉职能转化的一个过渡时期，而在南通，褚太尉已完全扮演了海神角色。而这些职能转化的一个前提是褚不华及次子在元时有海运功绩，且褚不华困守淮城时，次子曾设法海运接济，这些生前事迹是褚太尉向海神转变的前提。

关于"太太"一说，清末金武祥《长江水神》云："沿江七十二老太，江阴为多，皆前明御倭死事者。"这说明苏南长江流域广泛存在老太信仰。另外，黄傅在正德《江阴县志》指出："有所谓'陈老太'、'沈老太'之神（即陈总管、沈总管）……"③ 总管亦称老太，而总管神与护佑漕粮有关，皆有海运功，所以"褚太太"或"水太太"神的产生应有特定的信仰环境。

（乙）李王

（1）起源：南宋嘉定十七年（1224年），李王显灵于吴兴。王本生于湖州长兴，生前有灵力，老百姓询问其水旱、福禄之事，必有正确的回

---

① 李铭皖修，冯桂芬纂：光绪《苏州府志》卷三八《坛庙祠宇三》，成文出版社2007年版，第1130页。

② 参见《海虞镇志》编纂委员会《海虞镇志·福山志》，第590页；常熟市政协文史资料委员会《常熟文史》第22辑，第103页；王水《江南民间信仰调查》，上海文艺出版社2006年版，第96页。

③ 黄傅：正德《江阴县志》卷一一《异端、妖妄邪祠》。

答。18岁时,端坐而逝。死后亦有灵力,如把湖州老百姓从屠城的危机中拯救出来。①

(2) 发展:海神李王祠在致道观,大定间建。② 元末,发展成广受信仰的常熟李王,且演变成了护佑漕运的海神。③ 洪武初年,长兴县本地,李王也由一个保全乡曲的神转变成献身国事的护国神。本里的李禄演变成在金元战争时,显灵援助南宋的"烈士"。如正德《姑苏志》载:"显应行祠,一名李王庙,在封门内,宋咸淳中创神姓李名禄,长兴童庄人,累封'福济''显忠'等号,进侯爵。吴城内外多有之或云即名将李显忠。"④

(3) 演变原因:其一,演变成常熟海神:元代起自江南的海运,是在苏州漕运万户府的主管之下,从常熟州刘家港出发来进行的。明弘治年间,从常熟等县析地设置的太仓州,其州名就源于曾经是漕运仓库所在一事。也就是说,元代常熟州处于漕运的第一线,李王演变成海神一事,充分反映了常熟特殊的区域特色。其二,长兴县本地的演变:洪武初年,为响应朝廷诏敕而进行的祀典申请中,李王演变成护国神,另外李烈士演变是吸收了李宝武将抗金兵的史实,这是通过李姓巫师作媒介,融合了长兴的李姓神信仰。

(丙) 施相公

(1) 陆沉传说起源:陆沉传说,最早记载见于西汉《淮南子·俶真训》:"夫历阳之都,一夕反而为湖……"后东汉高诱作注:"昔有老妪,常行仁义,有二诸生过之,谓曰:'此国当没为湖。'谓妪视东城门有血……"

(2) 陆沉传说发展:历阳陆陷湖传说,被后来的各种志异笔记类书多所引述。到晋干宝《搜神记》,其情节有重大变异。其变异表现在:第一,城门有血变成了石龟目赤;第二,出现了对陆陷为湖起因的解释:合郡食龙子的肉,遭龙的报复;第三,合郡皆食,独老姥一人不食,因为老

---

① 弘治《常熟县志》卷二《长兴李烈士庙》。
② 正德《姑苏志》卷二八《坛庙下》。
③ [日]滨岛敦俊:《明清江南农村社会与民间信仰》第一章第二节,厦门大学出版社2008年版,第27—43页。
④ 正德《姑苏志》卷二七《坛庙上》,天一阁明代方志选刊续编。

叟将秘密告诉了她，以当报恩；第四，与洪水联系起来。① （梁）任昉《述异记》卷上与《搜神记》相比，老叟变成了书生，书生成为预言家。②

明代，无名氏小说《龙图公案》里有一篇《石狮子》，预兆洪水将至的角色，石龟变成石狮子。宜兴异文《水淹半边湖》，长兴异文《瓷州城与太湖》，淮安异文《洪泽湖的传说》等都有此类记载。

（3）施相公信仰：北魏郦道元《水经注》载："人有行于途者，见一小蛇，疑其有灵，持而养之，名曰'担生'。长而吞噬人，里中患之，遂捕系狱。担生负而奔，邑沦为湖。"③ 这一"担生"陷湖的传说，在唐戴君孚《广异记》中得到了进一步添枝加叶的发挥，然养"担生"者仍无姓名，称书生。到《清嘉录》中，这一书生就成了有名有姓的施锷④（施者，巳也，巳属蛇）。现施相公庙"在苏州玄妙观西乔司空巷，宋咸淳三年（1267年）建，俗以为江湖之神"⑤。除"担生"陷湖传说外，从江阴沿江到江苏、浙江沿海，都有情节基本相同的陷湖、海坍神话流传，如江阴至浏河、崇明的"胡大郎"，宝山的"朱仙镇的陷落"，舟山群岛的"定海来历"，上海、宁波的"坍东京涨崇明"，鄞县镇海上述的"东钱湖来历"，等等。这些情节都源于"龙蛇复仇"或"石狮子眼睛出血"。

（4）信仰兴起的原因：其一，特定的地理环境。吴地东临大海，北抵长江，河港纵横交错，湖泊星罗棋布，史有"三江五湖"之称。在这广袤的水乡泽国之地，古来也时常以地壳变动或海水上涨而发生地陷为湖、洪水横流的事情。其二，吴地龙蛇崇拜。

（丁）黄姑庙（织女庙）

（1）起源：南宋龚明之《中吴纪闻》与宋代范成大《吴郡志》对太仓建有牛郎织女庙有了确切的文字记载。⑥ 南宋时，家住黄姑庙所在地黄姑村（今南郊胜昔村）的龚明之在《中吴纪闻》中记载："昆山县东二十

---

① （晋）干宝：《搜神记》卷二十，中华书局1985年版。
② （梁）任昉：《述异记》卷上，文津阁四库全书本。
③ （北魏）郦道元：《水经注》卷上《浊漳水、清漳水》，文津阁四库全书本。
④ （清）顾禄：《清嘉录》卷十二《十二月·盘龙馒头》，江苏古籍出版社1999年版，第214页。
⑤ 李铭皖修，冯桂芬纂：光绪《苏州府志》卷三七，《坛庙祠宇二》）。
⑥ （宋）范成大：《吴郡志》卷一三《祠庙》。

六里，地名黄姑。古老相传云：'尝有织女牵牛星降于此地。'织女以金篦划河，河水涌溢，今村西有百沸河，乡人异之为立祠。"①

（2）发展：案《荆楚岁时记》牵牛谓之河鼓，后人讹其声为黄姑……祠中列二像，建炎兵火，时士大夫多避地东冈（今太仓），有范姓者，经从祠下题于壁间云："商飙初至月埋轮，乌鹊桥边绰约身。闻道佳期唯一夕，因何朝暮对斯人。乡人遂去牵牛像，今独织女存焉。"

宋范成大《吴郡志》中也记载此事，并指明祠名"黄姑庙"，"旧列牛女二像"。②建炎兵火（即金兀术侵犯中原之事）平息后，（昆山）乡人认为姓范的"言之有理"，就把浏家港当作银河，把牛郎和神牛像迁到今嘉定娄塘镇娄西村，另建黄姑庙（俗称牛郎庙），面朝西；原来的黄姑庙，改为织女庙，面朝东，隔着几里宽的浏家港，遥遥相对，像天上的牛郎星、织女星隔着银河一样。黄姑庙原属昆山。建炎兵火后，南宋初分成黄姑庙（牛郎庙）和织女庙，南宋嘉定十年（1217年）建立嘉定县，两庙都在嘉定。

明弘治十年（1497年）建立太仓州时，织女庙划归太仓。《苏州府志》《太仓州志》和《镇洋县志》等地方志中都记载："织女庙在太仓州（城）南七里黄姑塘，宋咸淳五年（1269年）建，嘉定知县朱象祖重修。"③崇祯年间张采《太仓州志》卷一五"名绩"篇中有一条目专门记述："黄姑村。去张泾关渡东南三里，相传牵牛织女二星降其地。织女以金篦划河，水涌，牵牛不得渡，土人因立祠，今俗呼织女庙。庙西有水名百沸河。黄姑者、河鼓也，犹桑落反语为牵郎。宋龚宗元住村内。"④

（3）牛郎织女降生太仓的原因：太仓，战国时春申君黄歇就在此置粮仓。在宋代，太仓划归为昆山的惠安乡。太仓因处在海岸线上，地势较高，俗称"岗身"，今上海嘉定区的外岗即为"岗身之外"的意思。因地势高敞，历来是种棉区。棉花一多，纺织业自然发达。太仓古时的特产"惠安布"很有名气，进贡朝廷，远销海外。这里是典型的男耕女织的传统农业社会，民间多男耕女织，就使牛郎与织女的故事有了一种生存的经

---

① （南宋）龚明之：《中吴纪闻》卷四"黄姑织女"条。
② （宋）范成大：《吴郡志》卷一三《祠庙》。
③ 嘉靖《太仓州志》卷十《寺庙》。
④ （明）张采：崇祯《太仓州志》卷一五《名绩》。

济基础，神话与现实就有了某种相通的契机。

另外，太仓地处江海交汇之处，在上海港开发兴盛之前，太仓的浏家港是重要的商埠码头与对外港口，元明时被誉为"六国码头"，可贮江浙等省粮食数百万石，号称"百万仓"。举世闻名的明代郑和七下西洋就是从这里扬帆起航的。浏家港外通日本、琉球、高丽、吕宋、占城和阿拉伯诸国，渔业也发达，不少海民要到外海去捕鱼。捕鱼也好，运输也好，经商也好，凡要出海的，总有几分危险性。浏家港（娄江）水面宽阔，可容几十艘大海船并列行驶，潮汛来时，河水涌溢，潮头像钱塘江观潮一般。"半泾观潮"是太仓十景之一。民间很早就有到海外经商、捕鱼、运输的人。海途遥远，来回一次需一两年。男的出海，女的在家翘首相望，浏家港、扬子江犹如天上银河，一年一会好像每年七夕牛郎织女鹊桥相会。因此牛郎织女星降生黄姑的传说，代代相传。

## 二 常州府、镇江府、海门厅、通州

（一）有关水神主要神职

1. 护佑海运、漕运：瓜步江神、五显神、金龙大王、水仙、张王等；
2. 降雨及治水：海神、龙王、平水大王、下元水府、白龙、龙神、夏禹王等；
3. 多功能：天妃，晏公，张王（后期）等。

这些水神的基本特点：

（1）范围广，涉及几乎所有县。镇江、常州、海门的每个县几乎都有水神。海门厅海神庙在海坝上，乾隆四十三年（1778年）士民捐建。此海坝在"厅治西北隅，厅地与通州接界处俱有水洪相隔，洪面宽二十里。乾隆四十一年守土率士民筑立堤岸，计长十里，土人名之曰海坝。此后潮汐淤汀成沙，通海往来遂成陆地，无复渡洪之患"[①]。海神阴控潮水，民众建坝修庙。护卫田地城郭。

（2）分散。正是由于其分布广，而且数量又不是太多，导致了其分布比较分散，即每个县的水神数量并不多。

（3）种类多。水神的种类较多，有十几种，但是数量不多，而且集中在几个神上，如天妃、李王、平水大王、上下元水府等。其他的神有：

---

① 乾隆《大清一统志》卷七四《海门厅》。

晏公、江海神、伍子胥、太湖神、周将军等。

（4）真正的海神少，水神海神区分不明确。两府一州一厅中只有海门厅靠海，但其史料极少，因此海神较少。其他府州拒长江口及附近地区。常州府靠近太湖，且水系发达，因此水神较多。但是水神、海神区分并不明确，例如平水大王既有水神的功能，也有海神的功能，有些地方还是地方神。

（二）地域分布特点

（1）既有外来神，又有本地神。外来神占绝大多数，如天妃、金龙大王、晏公、五显神等。本地神只有张王，而外传进来的海神一般也都融入了当地特色。

（2）龙王庙居多，反映了龙王信仰的兴盛。方志所载诸神中，龙王庙最多，反映了该地区龙王信仰与人民的农事及日常生活密切相关。

（3）大多数神灵与保佑海运、平叛海寇、开凿水道有关，反映了该地与海洋的密切关系。

（4）与扬州府、淮安府相仿，此西府一州一厅处在南北过渡的位置上，水神信仰南北特色兼有。比如，从水神数量上看，多于北方，少于南方；从祭祀的规模、次数、供品来看，优于北方，劣于南方。

（5）张王影响深远。张王庙共有七五座，张王信仰南宋时达到顶峰，有的地方建了张大帝的坟墓，占地数百亩，政府禁止百姓在墓地上耕作。朱元璋亲自写了一首诗《幸祠山》，以表对张王的尊敬。南宋一百五十多年里，平均不到三年就有一座新的张王庙出现。[①]

（6）内部差异，沿海多于内陆。水神的分布在三府内部也是不平衡的，沿海或者相对靠海较近的地区显然多于内陆。

（三）镇江、常州、海门水神信仰的发展演变

1. 宋元时较少，明清大量出现

三府共有水神记载五十一处，其中明清时始建或重建共二十四处（其中明朝最多），明以前共七处，无时间记载二十处。从数量上看，宋元时显然少于明清时。其原因可能与宋元时有关水神的记载较少有关，但也有其他原因，如明清时经济水平较前朝有所发展，"仓廪足而知礼节"，人们有余钱用来修庙、祭祀。

---

① 皮庆生：《他乡之神——宋代张王信仰传播研究》，《历史研究》2007年第3期。

## 2. 本地化倾向越来越明显

即融入了越来越多的本地特色，如各式各样的庙会都与当地特色相结合。本地神，人们从心理上更容易接受，因此在刚兴起之时即唐宋时候即为人们所接受。而外来神从兴起到传入该地区需要一定的时间，并且外来神也需要一定的时间去融入当地社会，因此其兴盛时间晚于本地神。

## 3. 张王的发展趋势正好与其他神相反，即宋时鼎盛，明清式微

相关研究主要集中于张王信仰的起源，发展（传播），如杨琳《张大帝信仰的源起与流变》（《民族艺术》2009年第3期），皮庆生《他乡之神——宋代张王信仰传播研究》（《历史研究》2007年第3期）、《经典的重新解释：从合法性到有效性——宋人对神灵越界现象的回应》（《中华文史论丛》2006年第2期），韩森《变迁之神》等。张王信仰最初的传播方向是东部的湖州地区，这也是传说中张王的故乡。传播的形式是广德人避难逃至湖州（今浙江湖州）卞山、长兴地区。大约与此同时，张王信仰也开始向北传播到宜兴、句容等地。南宋时开始向东南、南部地区传播。张王被赋予新的神职，亦为水神。明清时期张王信仰衰落，其原因大致有：

（1）灵验次数减少。南宋时达到鼎盛，清时衰落。随着时间的推移，其不灵验的次数必然增加，这降低了人们对其的迷信，是其衰落的主要原因。

（2）两宋时期，战争频繁，明清相对安定。两宋之际，常州附近地处南北交界带，战乱较多，人民不安定，只能在精神上寄希望于神灵，但到了明清时期，生产力水平提高，人民生活水平相对提高，灾难减少，对神的祈求自然减少。

（3）其他神如天妃的崛起。随着外来神的传入，人们的信仰逐渐趋于多样化，其他神如天妃等从张王信仰中分走了大量的人流，这也是张王信仰衰落的重要原因。

### 三 扬州府、淮安府、海州

扬州府、淮安府、海州海神信仰分布的特点，海神信仰分布较少，水神信仰兴盛；海神信仰中天妃一枝独秀，其他海神信仰分布的数量微乎其微。形成以上特点的原因，与其较为特殊的地理条件有关：一方面扬州府沿海以淤泥质海岸为主，无优良港口，海上航运并不发达；另一方面，扬

州府处运河与长江交汇之地,水运条件便利,内陆水上航运发达。

## 第五节　北方沿海海神类型与地域空间

　　清代北方沿海包括山东、直隶、盛京(奉天)三省沿海,由于宋以后北方战事频繁,沿海受军事、政治影响较大,这一地区海神信仰更多展现出官方色彩浓厚,民间信仰也时有表现,但民间信仰不如南方地区神灵众多,地域化色彩不十分明显。诸如官方的东海神、天妃等,官方祭祀大多与民间信仰结合形成与发展。

### 山东省

**一　各类海神**

(一)东海神

1. 源起:东海神信仰源自原始的自然崇拜,在《山海经》中已有关于四海神形象的描述。而山东莱州是国家祭祀东海神的地方,除隋代建祠会稽、南宋建祠定海外,其余各朝均于山东莱州祭祀东海神,故其建庙时间较早,历时长。《汉书·地理志》载:"东莱郡临朐县(今山东莱州市西北)有海水祠。"[①]

2. 分布:由于国家的倡导,山东沿海地区的海神庙较多,今掖县、文登、胶州、青州、海阳、牟平、威海、利津、荣成、日照、诸城、蓬莱等地均有东海神庙存在。海神庙在文登县南六十里,相传为秦始皇造石桥渡海观日,海神为驱石之地[②],与国家祭祀的掖县的东海庙都在山东半岛东部沿海。汉唐时期,山东登州一带是对外贸易的主要港口,这使得东海神在海外贸易及官员出使过程中的作用也日益显露。而宋代板桥镇在国家祭祀中的作用主要体现在庇佑使船、商船来往高丽。"板桥镇海神庙,宋起居郎杨景略使高丽,还,奏立。"[③] 在民间,东海神也有了保护地方生产的功能,后来随着天妃的传入,其职能逐渐分化,出现了"打渔祷告

---

① 《汉书》卷二八上。
② 《明一通志》卷二五《登州府》。
③ 道光《胶州志》卷三八《考二·古迹》。

海龙王，遇难日子望娘娘"的职能分工。

3. 国家祭祀东海神的地点不多，且较为固定，而随着佛教的传入及佛教龙王信仰的民俗化，民间的东海神神祠多有建立，并且很多地方出现了四海神祠乃至五海神祠，东海神从国家祭祀层面的四海神逐步被民间的四海龙王所取代，其海神的职能逐渐淡化，从最初的庇佑国家社稷的安定，发展到地方的一般的祈雨功能，这一过程及东海神神职的变迁情况有必要进一步探讨。

（二）天妃

1. 天妃的传入：山东是沿海大省，海岸线长三千多公里，天然港湾密布，是古代南北航线必经之路，尤其是元代海运兴起，使得山东沿海的港湾、海口、岛屿大多建立起天妃庙。山东最早的天妃庙建于元代蓬莱北部的庙岛。相关研究成果以闫化川《妈祖信俗在山东的分布、传播及影响研究》[①]为代表，对目前山东的三九处妈祖庙作了系统研究。主要分布在沿海各州县，并随着漕运线路的延伸而深入山东内部，最南端到达菏泽的曹县，最北端到达德州。其研究有一定的借鉴意义。

2. 沿海分布：掖县、胶州、即墨、荣成、福山、文登、牟平、威海、日照、郯城等地均建起天妃庙。

3. 对天妃职能及与当地信仰相结合的探讨。如灵祥庙，嘉靖《山东通志》卷六《山川下·登州府》称："其神耆老相传为东海广德王第七女。"乾隆《大清一统志》称："有二，一在府北水城内丹崖山之阳，一在沙门岛，《县志》祀天妃。"[②]今人曲金良《环渤海圈民间海神娘娘信仰的历史与现状》也称"海神天妃与当地的娘娘信仰发生了合流，而普通民众并不在乎海神娘娘到底是谁"[③]。此外，天妃也存在与碧霞元君融合的现象。

（三）晏公庙

山东晏公庙的建立亦与海运有关，今蓬莱、荣成、日照、潍县等地有晏公庙五座。此外，随着明代河运的兴盛，山东运河沿线的晏公庙也多有

---

① 《世界宗教研究》2005年第3期。
② 乾隆《大清一统志》卷一三七《登州府》。
③ 曲金良：《环渤海圈民间海神娘娘信仰的历史与现状》，《民间文化论坛》2004年第6期。

建立。

（四）神龙祠、龙母祠、龙神庙等祭祀其他动物神庙

文登神龙祠、牟平龙神庙、诸城龙母祠均为原始的神龙崇拜，"其每逢旱潦祈求辄应，滨海商渔船只，偶遭风涛，虔心默祷，莫不化险为平，帆樯顺利"。道光二十九年（1849年）知县所撰祭文亦称"其兼佑商民、险平海舶、浪静波恬、帆樯快适、锡福降康"①。

鲸鱼崇拜又称"老赵""老人家""赶鱼郎"，长岛渔民中流行"赶鱼郎，黑又光，帮助我们找渔场""赶鱼郎，四面窜，当央撒网鱼满船"的歌谣。此种崇拜，无偶像，无庙宇，大多数情况下为"现场祭拜"。采访中发现的唯一例子，是长岛县砣矶岛井口村渔民所提供的，井口村从前有大庙，庙中有"赶鱼郎"神像，塑为黑脸大汉，但传说不普遍，很可能是当地渔民将庙中某神附会为"赶鱼郎"，庙已毁数十年，无从考证。②

此外，其他具有海神职能的神灵据考察还有将秦始皇、邓世昌、南隍城岛之"佛爷"、芝罘岛之阳主祠，奉为海神者，其虽非专职海神，但地处海岛，亦为来往船只祭拜。掖县城西姜家村镇海寺、掖县城北十八里振海寺海庙、掖县城西北三里掖河右岸之水神庙，其记载较少，但其大多临海，估计亦有海神职能。

**二 分布特点**

（1）宋元以前该地区的海神以东海神为主，元代之后随着天妃的传入和东海神职能的转变，天妃的地位逐渐高于东海神。

（2）海神种类繁多。由于该地区岛屿众多，且处于南北海运要点，与民众的生产、生活关系密切，因此各海岛大多具有海神庙，具有海神性质的神龙祠、龙母祠、龙神庙多有建立，南方的天妃、晏公信仰也随着海运的兴盛而传入此地。

（3）由于民众的信仰的功利性，所信奉的海神混杂，临海的道观、佛教寺院乃至阳主祠等宗教祭祀场所，均被民众看作庇佑生产、保护航海之神灵。

---

① 光绪《文登县志》卷一、卷四。
② 马咏梅：《山东沿海的海神崇拜》，《民俗研究》1993年第4期。

## 直隶省

### 一 直隶海神分布较少

直隶海神较少，这与元明清时期整个华北地区一直为帝都腹地，政治性比较强，国家对该地的控制也更为严格有关。官方严格控制民间祭祀等活动，唯恐民间以地方宗教信仰为外衣，聚集民众，加剧地方的离心力，从而对国家社稷不利，所以北方的民间宗祠较南方少。再则，北方信仰之神多为历代的城隍神、火神等国家正祀之神，对于其他地方特色浓厚的信仰加以限制。所以造成了华北大部分地区信仰大众化，缺乏明显的地域神。

从地理环境来看，北方海洋神灵信仰不如南方。华北地区总体来讲土地肥沃，当地百姓生活较为安逸，缺乏向海洋发展的内在动力，另外近海的岛屿也比较少，所以很少远渡海洋发展，只在较为近海地区捕捉鱼贝之类，虽有官方参与海运粮食，供给京都，但风险较大，远不及漕运，所以与此相关的海神崇拜也少。再则淤泥海岸，缺乏停船出海的优良港口也是其中的原因之一。

### 二 海神组成及特点

在天津府、顺天府等地有海洋神灵性质的神，多见于天妃，但关于天妃的记载比较简略，并没有详细记载天妃庙的显灵次数及如何护佑当地百姓之事，关于天妃的记载多限于天妃庙所在的地点。所以对北方天妃的信仰研究成果比较少。

除天津府以外的各府县中，并没有发现不同性质的海洋神灵，方志中有几处记载天妃庙，寥寥数语，仅记庙宇地点，且不具有代表性。此外，方志中有两处记载"海神庙""海神坛"。但寥寥几字，祭祀的神灵和建庙的时间都没有提及。

### 三 天津府天妃、晏公信仰

在天津府及各县中，天妃庙亦称为天后宫，俗称娘娘宫。天津府中的妈祖庙，是国内北方最大的妈祖庙，也是北方妈祖文化的信仰中心和研究热点。天津俗谚"先有大直沽，后有天津卫"。由于这里是元代海上漕运的终点，元延祐年间（1314—1320年）已建天妃庙宇，后因该庙被焚，又在三汊河口以下的海河西岸另建一座天妃庙。泰定三年（1326年）重建大直沽天妃庙。于是便有东、西庙之称。初建时仅为官员、船夫、商贾祈求海神天妃保佑航海安全之所，后扩展成百姓求福祈顺、消灾灭疫之地。明正统十一年（1446年）及清朝屡有修缮。"海神庙在大沽口，康熙三十七年（1698年）圣祖仁皇帝发帑重建，御制碑文及匾额，正殿曰静洪波，观音阁曰潮音清梵，水母殿曰涵育，雍正三年（1725年）奉敕重修。"①

天妃由福建传到北方时间及其原因：宋末元初，当时战争还在继续，由南方至大都的运送粮食和物资的路线还主要是通过运河。而逢旱季之时，运河的运输便受到影响。最终，还是选择了海上运输，从元代始海运发挥了重要的作用。随着漕运和制盐业的不断发展和海运的开创，天妃的信仰也便在元时逐步盛行起来。从此，三岔口一带便由单纯的漕运枢纽发展成为漕运与军事相结合的畿南重镇，并为天津城市的发展奠定了基础。另外，天津府还有"小圣庙，在河东盐坨。《长芦志》：小圣，海神也。旧有庙在大津河西，始封平浪侯，继国护国济运显应平浪元侯，顺治六年（1649年）津人移建于此，康熙二十三年（1684年）重修，又阜财、丰财二场亦俱有庙"②。此祭祀平浪侯晏公，为小圣海神，与漕运、盐业有关，当是天妃之外另一海神。

据尹国蔚研究表明，明代天妃信仰传播产生了三个方面新发展，一是沿海向山海关推进，二是沿滦河向内地推进到长城南侧，三是由天津向南沿南运河两侧扩展。③"海神庙在山海关南海口西，明初海运时建，万历十二年（1592年）主事王邦俊重修"④，应是天妃庙。乾隆后期，由于国家礼制需要，"海为众水朝宗，最昭灵应，乃各处海神咸有庙祀。惟北海自山海关至盛京一带。向未专建庙宇以隆禋祀。尚属阙典"，于是一改康熙时祭松花江的北海神旧例，于山海关建庙祭祀⑤。此海神庙与上述海神

---

① 雍正《畿辅通志》卷四九《祠祀》。
② 同上。
③ 尹国蔚：《妈祖信仰在河北省及京津地区的传播》，《中国历史地理论丛》2003年第4期。
④ 雍正《畿辅通志》卷四九《祠祀》。
⑤ 乾隆四十九年《盛京通志》卷九《敕谕》。

庙非同一，应是国家祭祀北海神的庙宇。

## 奉天省

### 一 奉天府、锦州府海神信仰分布情况分析

奉天府和锦州府地处我国东北边陲，分属今辽宁的辽东和辽西。在整个东北地区内，清奉天的辽东、辽西两个濒海地区为开发较早的地区，但就全国而言无论是时间上还是开发程度上又都是较为落后的。具体体现在海神信仰上，奉天的海神信仰分布无论在地域密集程度上还是在种类数量上都远远低于和少于全国的其他沿海地区。总体而言，海神信仰在奉天省并不兴盛，这既与其近现代以前开发程度较低有关，也与具体的自然状况紧密相关。

归纳两府海神的大体分布情况可以看出，无论是从数量上还是从种类上来看，其海神分布和存在状况都是并不可观的。从特点上来看，首先两府的海神基本上都是外来神灵，只有观音老母的信仰具有了一定的本地化色彩；其次两府海神信仰的发展和兴起的时间并不长，大体上不会早于宋元时期；最后两府海神信仰的兴起是与我国南北海上贸易的兴起直接相关的，正是来往于南北的闽浙客商将妈祖等海神带到了奉天沿海一带才促使了两府海神信仰的传播。

### 二 两府海神种类与性质

从具体的种类上来看，两府的海神包括传统意义上的海神、妈祖、观音老母等几种，其中有海神庙为北海神一座，妈祖庙十九座，老母庙五座。值得详细考证的是这里的老母信仰，奉天沿海的老母信仰是俗化观音信仰的一种变体，再经历了一个本土化的过程之后，带有了一定的地方特色，该特色的最主要体现就是奉天沿海的老母信仰带有海神信仰的属性却又具有明显的地域性。

对于老母信仰性质的界定，首先要肯定的是它是海神，对于这一点我们可以从老母庙的沿海地域分布以及相关的碑刻资料予以证实。老母庙集中分布在以今辽宁锦州市为中心的沿海地区，所在地域的海洋属性在一定程度上决定了该地域内神灵的性质。另外，根据《庄河县志》中的《重修老母庙碑序》的记载，某李姓都司因遇海难而蒙老母救渡，所以才出

资重修老母庙①，这一事实的记录则直接说明了老母的海神性质。故《重修老母庙碑序》中有"喜祭慈航救渡，因而得之石城"②的记载。另外，在河北《迁安县志》中有"且观世音广大威灵，大慈大悲者，众人之母也"③的记载。福建一带也多将观音称为"观音妈"。在观音信仰俗化的过程中，观音由男性神转变为女性神，人们对其赋予了无边慈悲的母性，对其的称呼也多带有母性的色彩，因此奉天沿海的老母信仰必然就是俗化观音信仰的一种变体，它所肩负的神职为海神，但它局限于一隅之地，具有明显的地域化倾向。

奉天沿海的观音老母信仰有一定原因，它的产生有地域化的特点，但影响它产生的主要因素还应该是外来的，这种影响来源主要应该包括两个方向，一是以福建为主的南方地区，二是与奉天邻近的河北等地区。

从《历代宝案》中所记载的我国南北贸易情况可以发现，由福建至奉天进行贸易的商船多至今锦州交易，他们从那里运走东北特产的豆油、豆饼等货物到南方贩卖。福建客商的停靠港口与老母庙的分布地域基本上是重合的，而这些赴关东进行海上贸易的浙闽商人、船工多有信仰俗化观音者。在南来的海船上很多都供奉着观音的神主，正是南来的福建商船将具有海神性质的俗化观音信仰带到了锦州沿海一带，促进了奉天沿海俗化观音信仰的形成和发展，因此不能不把它说成是影响老母信仰形成的主要外部来源。

另外，邻近的华北各省特别是河北省的影响也是不容忽视的，东北地区自古代以来就不断地接纳临近华北地区的移民以及伴随移民的文化输入，与奉天邻近的河北、山东、山西等华北各省无疑对奉天的神灵信仰产生了重大的影响。通过对方志的梳理发现，在河北的北部、西部以及山西北部地区确实存在着较多的俗化观音信仰，并且霸县、井陉等地也同样将观音称呼为老母或观音老母，邻近地区相似信仰的存在和分布至少在一定程度上佐证了邻近地区对奉天沿海老母信仰形成的影响，相邻的河北等地区无疑也是老母信仰形成的又一外部来源。

---

① 民国《奉天通志》卷二百五八《艺文·金石六》。
② 同上。
③ 民国《迁安县志》卷一一《建置下·坛庙》。

### 三 奉天省海神信仰的分布状况和特点的形成原因

（1）近现代之前，奉天乃至整个东北地区经济社会发展落后，是奉天省海神信仰并不兴旺的根本原因。与中原和南方地区相比，奉天在历史时期内发展较为滞后，且经常处于北方少数民族的控制之下，整个中原文化的影响相对较弱。再就具体的自然状况而言，奉天地处东北地区，与中原相比气温等自然条件相对较恶劣，冬季较为寒冷。长期游离于中央王朝之外，加之较为严酷的自然条件，限制了历史时期奉天海运的发展，这也直接影响了奉天海神信仰的发展。

（2）奉天的海神类型分布呈现不平衡性，包括整个辽东半岛的辽东地区的海神以妈祖为主，而以锦州为中心的辽西地区则主要以"老母"和传统海神为主。形成这种特点的原因主要是地域条件的差异，辽西地区紧邻中原直隶、山东等省，受中原文化影响较深，而辽东地区则远离中原，与外界的连通主要依靠海路，在海神信仰上更多受福建等南方地区的影响。

（3）奉天的海神信仰本土化不强，多为其他地区的舶来品，且传入时间都不长。其中海神的传入以华北邻近地区方向为主，而天妃、俗化观音的传入则以福建方向为主，当然也部分有华北方向的传入。在以上诸种海神之中，天妃的分布较为特别，天妃庙多分布在福建或山东会馆之中，这是天妃信仰是外来植入的明证，福建和山东客商在远道而来东北经商的同时也将天妃信仰带到了这里。其他类型的海神信仰虽不像天妃信仰这样明显，但也肯定是通过海上贸易由其他地区陆续植入的。

# 第 八 章

## 水神变迁与信仰举例：龙母、伏波将军、萧公、谭公、水部尚书

### 第一节 岭南龙母信仰的形成与地域扩展

龙母信仰是岭南地区特有的民间信仰，是岭南民间信仰不可或缺的组成部分。其起源、发展与演变，经过了由传说而历史，由民间而正统，再由正统走向民间化的发展历程。在龙母水神逐渐发展成型的过程中，龙母信仰的地域扩展亦渐次展开，随着历史的演进，表现出种种与岭南其他水神崇拜迥然不同的地域形态。一些学者曾从民俗学、文化学的角度对龙母信仰进行过研究，代表作有容肇祖《德庆龙母传说的演变》（《民俗》周刊1928年第9期、10期）；陈摩人《悦城龙母传说的民族学考察——民间文学的横向探索》（《华南师范大学学报》1987年第1期）；叶春生、蒋明智《悦城龙母文化》（黑龙江人民出版社2003年版）；罗世敏、谢寿球《大明山龙母文化揭秘》（广西民族出版社2006年版）等。本节试图从历史文化地理的角度对其进行剖析，以龙母信仰的地域扩展历程为切入点，全面考察龙母信仰文化的地域特色。

#### 一 岭南龙母信仰的形成

作为地方崇拜的神灵，龙母信仰的形成离不开岭南独特的地理环境。岭南北依五岭，南临南海，交通除部分陆上道路外，对内对外多借以船舶之利。先秦和秦汉时期岭南与中原的交通主要依靠河流，时政治、军事中心集中在苍梧郡，偏于西部，故西江中游与灵渠、贺江道等成为岭南与中原交通的重要通道。而西江支流始安江（因始安郡而命名为始安江，今漓江）、广信江（因广信县而命名为广信江，今贺江）和西江干流中游的

第八章　水神变迁与信仰举例：龙母、伏波将军、萧公、谭公、水部尚书　　379

郁林江（因郁林郡而命名为郁林江，即今浔江、郁江），号称"三江"①。正是处于中原文化进入岭南最早和最重要地区的三江附近，"溪浦口有蒲母养龙，裂断其尾，因呼龙掘，人时见之，则土境大丰而利涉也"②。溪浦口，即程溪浦口，在今广东德庆县悦城江水口，龙母水神即诞生于此。这里上通漓江、贺江，下达南海，位于西江中下游的咽喉地带，是中原与岭南交通道路的要津，也是中原先进文化与岭南本土文化的交会点。悦城"据三江口，居广东上游，当五州要路，阻山濒海，控江带山，延袤数千里"③。虽然后世的三江与前代不尽一致，但这里地势险要，"山河之固，犹有大府之风焉。江南虽割，境内以宁；若香山后拥，灵严东开，固名胜之区而神仙之宅也"④。良好的地理环境是孕育龙母信仰的基础。

龙母信仰更多来自岭南越族的龙崇拜。

　　昔有温氏媪者，端溪人也。常居涧中，捕鱼以资日给。忽于水侧遇一卵，大如斗。乃将归置器中。经十许日，有一物如守宫，长尺余，穿卵而出，因任其去留。稍长五尺，便能入水捕鱼，日得十余头。稍长二尺许，得鱼渐多。尝游波中，萦回媪侧。后媪治鱼误断其尾，遂逡巡而去，数年乃还。媪见其辉色炳耀，谓曰："龙子今复来也。"因蟠旋游戏，亲驯如初。秦始皇闻之，曰："此龙子也，朕德之。"所致诏使者，以元珪之礼聘媪，媪恋土不以为乐。至始安江，去端溪千余里，龙辄引船还。不逾夕，至本所。如此数四，使者惧而止，卒不能召媪。媪殒瘗于江阴，龙子常为大波，至墓侧萦浪转沙以成坟。土人谓掘尾龙。今南人谓船为龙掘尾，即此也。⑤

显而易见，龙母豢养龙子演化成神，龙母信仰与越地多蛟龙有关

---

① （南朝宋）沈怀远：《南越志》（不分卷），《初学记》（中华书局1962年版）卷六《江》引。
② （晋）顾微：《广州记》（不分卷），（唐）欧阳询撰：《艺文类聚》，上海古籍出版社1982年版，卷九《浦》引。
③ （明）李贤：《明一统志》卷八一《肇庆府》，四库全书本。
④ 崇祯《肇庆府志》卷八《地理志》，日本藏中国罕见地方志丛刊续编影印崇祯六年（1633年）刻本。
⑤ （南朝宋）沈怀远：《南越志》（不分卷），《太平寰宇记》卷一六四《岭南道·康州》（四库全书本）引。

(曾昭璇《天后的奇迹》、王颋《秦媪豢龙——"悦城龙母"的原始传说及流变》皆认为，龙为鼍，龙母传说与西江生活的鳄鱼有关）。① 值得一提的是，百越人自古有崇龙的习俗，他们"文身断发，以避蛟龙之害"。应劭曾云："常在水中，故断其发，文其身，以像龙子，故不见其伤害。"② 龙母豢养龙子，实际上与古越人避蛟龙而"文身断发"一样，是早期人们对水中神灵从畏惧到征服的体现。龙子在龙母的训导下，善良孝顺，施云降雨，保境安民，庇佑民众。龙母驯服蛟龙，对豢养蛟龙之母的崇拜，是早期古越人崇龙习俗的延续。直到今天，西江岸边的居民们仍亲切称龙母为"阿嬷"，显然仍把龙母当作祖先来崇拜。总之，龙母信仰实质上是早期百越信仰的主要内容之一，其起源于越族崇龙（蛇）习俗，而其本身却是祖先崇拜。③

龙母信仰在产生之初仅属地方性民间信仰，其后，官方不断对龙母进行封敕，将龙母信仰纳入国家祭祀体系，龙母由地方神灵逐渐成为国家众多神灵之一。汉代龙母始有封敕，"汉初封程溪夫人"。④ 但此封号因年代久远，值得怀疑。"唐天祐初载，始封母温'永安郡夫人'，越明年，改封'永宁夫人'。"⑤ 虽然此封号还要更多的史料证实，但从秦汉至唐，龙母崇拜一直在民间存在，上述所引晋顾微《广州记》和南朝宋沈怀远《南越志》即是例证。南汉时悦城祭祀龙母的庙宇被封为龙母庙，后主大宝九年（996年），龙母被封为"龙母夫人"⑥。宋代，随着国家对民间信仰的重视，龙母信仰逐渐纳入国家祭祀行列。"自今诸神祠无爵号者赐庙额，已赐额者加封爵，初封侯，再封公，次封王，生有爵位者从其本封。

---

① 曾昭璇：《天后的奇迹》，香港中华书局有限公司1991年版；王颋：《秦媪豢龙——"悦城龙母"的原始传说及流变》，收入其论文集《古代文化史论集》，上海古籍出版社2007年版，第62页。

② 《汉书》卷二八《地理志》，中华书局1957年版，第1667页。

③ 有关龙母起源的传说学术界争论较大，相关综述见徐亚娟《近百年龙母传说研究综述》，《广西民族研究》2007年第4期。上述《大明山龙母文化揭秘》一书收录了覃乃昌《论龙母信仰源于壮族先民的图额、特掘崇拜》论文，南宁环大明山有多处"娅蒲"庙，娅蒲为壮语"懂得巫术的地位很高的老外祖母"，南宁娅蒲庙与其他西江地区龙母庙的关系值得探索。

④ 《明·洪武诏书》，见咸丰《悦城龙母庙志》，清道光元年（1851年）刻本。

⑤ （宋）吴揆：《赐额记》，见道光《广东通志》卷二百十《金石略》，道光二年（1822年）刻本。

⑥ （明）刘应麟：《南汉春秋》，嘉庆十二年（1807年）刊本。

妇人之神封夫人，再封妃。"① 龙母也渐渐走上国家的祭祀舞台。熙宁九年（1076年），因荫佑安南招讨使郭逵航运之功，"（元丰）戊午，诏赠龙母为'永济'，委官增修"②；崇宁三年（1104年），赐岑溪县龙母温姥祠庙额"异应"；大观元年（1107年），赐端溪县悦城龙母庙额"孝通"③。这一时期，不仅是国家神灵诸如南海神等纳入地方崇拜，也是福建天妃、岭南龙母等地方神灵纳入国家祭祀的重要时期。④ 明清以来，即使龙母信仰趋向民间化，但国家对龙母的重视有增无减，仍对其封敕不断。明"洪武初诏称程溪龙母之神"⑤，"洪武八年（1375年）封程溪龙母崇福圣妃，九年封护国通天惠济显德龙母"。同时规定，"每岁五月八日，遣官致祭"⑥。清末，由于龙母"实御灾捍患，有功德于民"，咸丰三年（1853年），"敕封广东德庆州悦城水口庙祀龙母为昭显龙母之神"。同治七年（1868年），"又敕加广东昭显龙母溥佑封号"。光绪八年（1882年），"敕加昭显溥佑龙母广荫封号"⑦。由此可见，龙母由民间神灵而演变为正统的神灵，是在官方对其不断封敕的过程中完成的。这种受帝王尊崇，上行下效，使龙母信仰的范围扩大，也造成了龙母崇拜的兴旺。至今，每年五月初八龙母的圣诞之日，包括港澳同胞在内的广大岭南信众，顶礼膜拜，热闹空前。

同其他宗教和信仰一样，"一切宗教都不过是支配着人们日常生活的外部力量在人们头脑中的幻想的反映，在这种反映中，人间的力量采取了超人间的力量的形式"⑧。对龙母的信仰，正是"人间的力量采取了超人间的力量"的一种表现，其产生与越人难以克服蛟龙之害密切相关。龙母信仰属于民间信仰，宋以后随着岭南地方逐渐接受国家观念和礼制，有

---

① 《宋史》卷一〇五《礼仪志》，中华书局1977年版，第2561页。
② （宋）张维：《永济行宫记》，见崇祯《肇庆府志》卷二八《艺文》，崇祯六年（1633年）刻本，日本藏中国罕见地方志丛刊续编。
③ 《宋会要辑稿》第一九册"礼二十"，中华书局1957年版，第793、794页。
④ 王元林：《天妃、南海神崇拜与郑和下西洋》，《暨南学报》（哲学社会版）2005年第6期。
⑤ 嘉靖四十年《广东通志》卷三十《政事志·坛庙》，广东省地方史志办公室誊印。
⑥ 光绪《德庆州志》卷五《坛庙》，光绪二十五年（1899年）刊本影印。这些封号的真实性还需详考。
⑦ 《清会典事例》（第六册）卷四四三《礼部·群祀》，中华书局影印本1990年版。
⑧ 《马克思恩格斯选集》（第3卷），人民出版社，1995年版，第666—667页。

必要使这种民间信仰得到国家的认可。而封建统治者为维护其统治，以神权巩固政权，也需要地方神灵的合法化。两者是如何结合的呢？通过熙宁九年的龙母阴佑安南招讨使郭逵航运之功，宋廷封号龙母"永济"，地方神灵与国家承认开始结合。一方面，龙母登上了国家祭祀的舞台，成为国家认可的神灵；另一方面，国家通过龙母的阴佑显灵，名正言顺地把龙母整合到国家的祭祀体系的神灵中。当然，经过多次"灵异"显灵，国家的多次封号、历代隆修和相关礼制的完善，两者的结合才得以不断地继续和深化。就龙母信仰的发展而言，官方的介入，无疑有利于龙母信仰的扩展，推动了龙母祭祀地区的形成。

## 二 岭南龙母信仰的扩展过程及路线

一种地方神灵信仰成熟的首要标志是祠庙的建立即祭祀场所和相关礼仪及制度的形成，以数量而言，民间祠庙的多少可以直接反映一个地区民间信仰的兴盛与否，如果将崇祀某一神灵的祠庙逐一排开，可以清晰地看出这种神灵信仰的地域分布；如果再具体分析它们的建庙时间，又可以看出该神灵信仰的地域扩展过程。因此，分析龙母信仰的地域扩展过程，重点在于考察龙母庙的地理分布和数量变化。

先秦时期龙母崇拜萌芽，而秦汉时期龙母信仰逐渐成形。虽然现在有关悦城龙母祖庙的修建时间没有确切记载，但至迟在六朝时期，龙母墓就已存在，南朝宋沈怀远《南越志》即是例证。龙母墓为悦城龙母祖庙的最终修建无疑提供了地理支撑。降及唐代，先有县丞赵令则、李景休修复龙母庙（两石刻见于宋吴揆的《赐额记》），后有朝廷封敕，悦城龙母信仰日益发展成熟，逐渐向外扩展，而江西分宜县居于其首。唐中叶，"（分宜）邑西昌山渡，相传有阅（悦）城人温姥，产龙伯，有灵异，阅（悦）城人祀之"[①]。"予邑以宋时分自宜春得名，邑治上游二十里有昌山，山脉发自红花仰山中一支，历昌田，至昌山起高，峰下有阅（悦）城君庙，唐宜春令卢公萼所建也。"[②] 阅（悦）城君庙建于分宜县西的昌山渡，庙原址在分宜县城西南二十里许袁河南岸，袁河水道至此，急转直

---

[①] 康熙《分宜县志》卷三《祠庙》，康熙二十二年（1683年）刊本影印本。
[②] （清）林有席：《昌山龙母事状辨》，见道光《分宜县志》卷三一《艺文志》，道光二年（1822年）刊本影印本。

下，河岸两山夹峙，河床乱石嶙峋，春夏水涨，浪涛汹涌，古时商旅往来，多取水道，船行至此，常被撞破，人船翻溺，为祈求平安，过往商旅常于昌山庙奉敬龙母娘娘，习为惯例，影响极广。最先发起兴建阅（悦）城君庙的是唐代宜春县令卢萼。[1]"唐太和间卢萼尝梦龙伯谓曰：'君将为江西县令'，萼后果宰宜春，为立庙。"[2] 官员的参与，使龙母信仰形成了"岭外"祭祀中心——分宜。分宜的龙母文化，源自德庆悦城，两地分隔千里，龙母信仰的传播归根于龙母、龙伯的灵异和官员的推动。今江西分宜县昌山庙仍存，庙又称龙姥庙、阅城君庙、孝通庙、圣母庙，供奉的主神为龙姥（亦称龙母娘娘、昌山圣母），每年农历八月十三日传说为龙母诞辰日，香客云集，热闹非凡。这里的龙母圣诞之日与悦城的五月初八不一样，或为唐时的建庙之日，或为他因而改，值得再探索。

宋元时期，在尚鬼崇神的背景下，龙母信仰发展至高峰，信仰的祭祀带基本形成。据目前掌握的资料统计，宋代广南东西路的龙母庙约有十几处，主要分布在西江及支流沿岸州县（东江流域龙川县例外），兹列表如下（见表1）：

表1　　　　宋元时期广南东西路龙母宫庙分布统计表

| 所在州县 | 数目 | 名称 | 庙址 | 修建情况 | 资料出处 |
| --- | --- | --- | --- | --- | --- |
| 德庆州 | 4处 | 圣岭宫 | 江村旁 | 宋修，兼祀宋知军州江珌 | 光绪《德庆州志》卷5 |
|  |  | 龙母祖庙 | 悦城江水口 | 秦代 |  |
|  |  | 永济行宫 | 城西五里白石泉 | 宋时为永济行宫 |  |
|  |  | 龙母庙 | 废植墟 | 宋元建 |  |
| 高要县 | 1处 | 龙母庙 | 龙潭都（今白沙龙母庙） | 宋咸淳中建 | 《古今图书集成·方舆丛编·职方典》卷1350 |
| 新兴县 | 1处 | 龙母庙 | 县城北门外一百余步登云坊 | 元延祐二年建 | 乾隆《新兴县志》卷18 |
| 顺德县 | 1处 | 龙母庙 | 龙潭 | 南宋建 | 咸丰《顺德县志》卷16 |

---

[1] 按卢萼，唐太和中宜春县令，元和中"卢府君尝游宦南越，乞灵于龙"，返江西后兴建阅城君庙，其侄卢肇为其作记，是为《阅城君庙记》，见雍正《江西通志》卷一百二十《艺文》。
[2] 康熙《分宜县志》卷三《祠庙》，康熙二十二年（1683年）刊本影印本。

续表

| 所在州县 | 数目 | 名称 | 庙址 | 修建情况 | 资料出处 |
|---|---|---|---|---|---|
| 龙川县 | 1处 | 龙母寺 | 太和都 | 元大定中建，僧脱尘创 | 乾隆《龙川县志》卷5 |
| 梧州 | 2处 | 龙母庙 | 一城西北二里许桂江上；一郭外北关外 | 一为不知建自何时；一为宋建 | 乾隆《梧州府志》卷7 |
| 岑溪县 | 1处 | 龙母温姥祠 | 无考 | 崇宁三年赐庙额 | 《宋会要辑稿》礼20 |
| 藤州 | 1处 | 龙母庙 | 州东杭容州江口 | 最迟宋建 | 《太平寰宇记》卷158 |
| 昭州 | 1处 | 龙母庙 | 无考 | 最迟宋建 | 《元丰九域志》卷9 |
| 象州 | 1处 | 龙母庙 | 阳寿县 | 最迟宋建 | 《舆地纪胜》卷105 |
| 宜州 | 1处 | 龙母庙 | 城南五里龙塘 | 最迟宋建 | 《舆地纪胜》卷122 |
| 贺州 | 1处 | 龙母庙 | 苍梧门外南履江上 | 最迟宋建 | 《舆地纪胜》卷123 |

根据表1统计，宋元时期除德庆州不断修筑龙母庙外，龙母信仰沿西江干支流扩展传播，其传播路线与河道一致，分为两条主线：其一，沿西江干流传播路径。龙母信仰以端溪为中心，沿西江向上游溯源，扩展至梧州、藤州，向下游扩展，高要、顺德为重要据点。其二，沿西江支流及其他河流传播路径，分作五大路线：一是沿新兴江扩展到新兴县；二是沿贺江扩展至贺州；三是沿桂江扩展到昭州（治今广西平乐县）；四是沿北流江扩展到岑溪县（治今广西岑溪）；五是沿柳江及支流龙江扩展至象州阳寿县（治今广西象州县）、宜州（治今广西宜山县）。另外，以珠三角为跳板，向东江流域传播，沿龙川江扩展到循州、惠州交界的龙川县（今广东龙川县以东），龙川县龙母庙与道家结合，为寺僧所创。

值得注意的是，两广的龙母信仰本为一体，以梧州、德庆为连接桥梁，两地的民间信仰传承互动，西江流域龙母信仰祭祀带基本形成。此外，江西一带，除了分宜县龙母信仰稳定发展外，龙母信仰地域扩展也有新拓展，由渝水（即袁江）流路扩展至赣水（即赣江）流域，两河相交所在地新淦县峡江镇（治今峡江县）发展为江西龙母信仰的又一中心区域。"临江新淦之上游有镇曰峡江镇，有龙母祠，曰孝通之庙。古祠在今德庆之悦城镇，峡江受吉赣、南安诸水，又豪商大贾之所会，两山如束，水势湍悍，岁数坏舟楫，必有尝受神赐于岭海之间，而分祠于此，以压水患，然不可考矣。凡舟楫上下，水旱疾疫，必祷焉。"①

明清时期，大量的水神遍布岭南乡村，其中的龙母神日渐成为岭南诸神信仰的主角之一，其地域扩展以宋元时格局为基础，逐渐深化扩充，在各区域形成具有一定规模的祭祀带，下面分别对广东、广西、江西、四川等龙母信仰涉及区域作以详细探究（参见表1）。

1. 广东

为清晰、客观还原广东地区龙母信仰地域扩展过程，笔者梳爬整理明清广东各地方志相关龙母庙的资料。据不完全统计，广东地区龙母庙共达六四所，呈现出数量多、分布相对集中的地域特色，沿河流扩展的特点十分突出，主要遍及广州府、肇庆府、高州府、韶州府等地。而以上各地都有不计其数没有见于方志的庙宇，在此只好付之阙如了。

肇庆府本为龙母信仰的发源地，明清以来更是龙母庙数量最多的府州。单是德庆州州境，龙母庙就达十四间之多，孝通庙、独树庙、金定庙、龙母行宫、龙山宫、圣岭宫、周东宫、金龙宫、罗都宫、圣井宫、迥龙宫、文龙宫、龙母西庙、龙母庙。庙宇名目繁多，但都祭祀龙母神灵，且现在见到的大多是清朝修建。此外，高要、西宁、高明、四会、开建县均是龙母信仰兴盛的区域，县境均有数量较多的龙母庙祠，如高要县有三间龙母庙，一在白沙堤岸，光绪八年（1882年）知府绍荣奏请准加封广荫；一在禄步墟新市街外，同治二年（1863年）张远倡集众建；一为宋建，万历间郑一麟别建于黄沙。②另外，封川、恩平亦有一间龙母庙。

广州府是仅次于肇庆府的龙母庙分布较为集中的区域，南海、顺德、增城、新会、东莞、佛山、香山等地均有分布。其中，南海县有六间龙母庙，一在新荳栏，光绪年间建；一在九江堡东方奇山横涌口；一在南方赵涌口大围里；一在下二围永兴社；一在北方李涌口社世德约；一在黄竹歧乡东北。③顺德县有四间，一在逢简；一在龙潭，南宋建；一在龙江头；

---

① （元）揭傒斯：《文安集》卷十《孝通庙记》，四库全书本。
② 宣统《高要县志》卷六《坛庙》，民国二十七年（1938年）铅印本影印；康熙《肇庆府志》卷二三《寺观》，稀见中国地方志汇刊影印康熙十二年（1673年）刻本。
③ 宣统《南海县志》卷六《建置略·坛庙》，宣统三年（1911年）刻本。

一在歌滘。① 增城县有两间，一在豸岭下，临江；一在县南寨岭下，临江。② 新会、东莞、佛山、香山等均有一间龙母庙。今深圳市福田区上梅林村仅存建于明代、重修于清乾隆时的龙母宫；广州天河区猎德村也存一间龙母庙，笔者2003年夏去考察，仍可见清代的碑记等镶嵌在四周，今城中村改造，希望这一古迹能得以保存。

高州府分布有一定数量的龙母庙。化州境内有龙母岭，今称南山，岭上有龙母庙，兼祀天妃。③ 吴川境内有"龙母庙，在县北二里，顺治间建，庙前有龙母井，庙久圮，道光三十年（1850年）知县钟斯敬捐题修复，正座一间，前后二层，岁旱官绅祷雨辄应"④。

韶州府仁化县有两座龙母庙，一为惠济庙，在扶溪，宋建；一为龙母宫，在城东门外。⑤ 南雄州始兴县也有一间龙母庙，在城西丰陂洞。⑥ 值得注意的是，宋时的仁化县惠济庙，理宗时封这里的龙母为显德夫人⑦，显然与德庆龙母源流不一致。至于仁化县、始兴县的其他龙母祠，是否与西江流域的龙母有关，还需探索。

由上述可知，大体上讲，明清广东龙母信仰主要仍以沿江沿河传播为主要特色，大致形成了两大祭祀带：（1）西江干流流域祭祀带。这是广东乃至整个岭南最主要的一条祭祀带，几乎囊括了广东最大数量的龙母庙。龙母文化的地域扩展过程主要是：以德庆为中心，向上游溯源，经封开、西宁传向广西；向下游推进，经肇庆、高要、三水，遍布整个珠江三角洲。总体来看，龙母庙绝大多数分布在西江边缘地带，确切地说，庙址的选择大多定在江河岸边。（2）西江支流流域祭祀带。其地域扩展的路线大致有三：一沿新兴江传至新兴；二沿罗定江扩展到罗定州（今罗定

---

① 咸丰《顺德县志》卷一六《胜迹略·祠庙》，咸丰三年（1853年）刻本。
② 康熙《增城县志》卷十四《外志·寺观》，康熙二十五年（1686年）刻本影印；民国《增城县志》卷一一《祀典》，民国十年（1921年）刻本影印。
③ 光绪《化州志》卷三《坛庙》，光绪十六年（1890年）刻本影印。
④ 光绪《吴川县志》卷三《建置·坛庙》，光绪十四年（1888年）修，十八年（1892年）启寿刻本影印。
⑤ 民国《仁化县志》卷首《坛庙》，民国二十年（1931年）修，二十三年（1934年）铅印本影印。
⑥ 民国《始兴县志》卷六《建置·坛庙》，民国十五年（1926年）石印本影印。
⑦ 《宋理宗封龙母敕》，见民国《仁化县志》卷八《艺文·敕》。

市），府州里有龙母庙，"庙在北门外，前有戏台"①；三以罗定为踏板，传至高州鉴江流域。另外，北江流域的龙母祭祀，其源头或与岭南其他地区的信仰有差别。

除了以上龙母祭祀带外，潮州府、嘉应州一带亦零星分布有龙母信仰。兴宁县有龙母嶂，据说此山"在县北八十里，县之起祖山也。峰联环护，穿落黄茅嶂数山，昔立寺宇，毁于兵火，今有坛所石砌八景，所谓龙母遗迹也，遇旱祈雨，屡应，崇祯十年（1637年）春旱，知县刘侯出接行礼未毕，大雨滂沱，谢雨旌之匾曰'神功润国'"②。而嘉应州、永安县、潮州府海阳县皆有关于龙母庙的记载。与之相反，沿海地区，如廉州府、雷州府、琼州府，一般少见或不见龙母庙的存在，与这些地区靠海祭祀海神有关，故天妃、伏波信仰较为兴盛。

2. 广西

由于广西政区设置较复杂，龙母庙分布相对零散，列表统计各地龙母庙分布更为直观，兹统计如表2所示。

表2　　　　　　　明清时期广西地区龙母庙分布统计表

| 所在州县 | 名称 | 数目 | 庙址 | 修建情况 | 资料出处 |
| --- | --- | --- | --- | --- | --- |
| 梧州府（治苍梧县） | 龙母庙 | 2处 | 一城西北二里许桂江上；一西南十里长洲尾，两俱在滨江 | 一为宋建，万历间修 | 乾隆《梧州府志》卷7 |
| 苍梧县 | 温母庙 | 1处 | 县北二里 | 无 | 乾隆《梧州府志》卷7 |
| 富川县 | 龙母庙 | 1处 | 柳家源 | 无 | 无雍正《平乐府志》卷14 |
| 昭平县 | 龙母庙 | 1处 | 思勤江七分埠 | 兼祀文武二帝 | 民国《昭平县志》卷2 |
| 灵川县 | 龙母庙 | 1处 | 六区龙岩侧 | 无 | 民国《灵川县志》卷3 |

---

① 民国《罗定州志》卷四《坛庙》，民国二十四年（1935年）铅印本影印。
② 崇祯《兴宁县志》卷一《山川》，崇祯十年（1637年）刻本。

续表

| 所在州县 | 名称 | 数目 | 庙址 | 修建情况 | 资料出处 |
| --- | --- | --- | --- | --- | --- |
| 藤县 | 龙母庙 | 4处 | 一水东街；二三眼堡窦家司署前三合嘴；三县东；四州东，杭、容江口 | 一为宋建；一为知县邱堂祈雨，率众创建；一为历代修建，乾隆十八年贡生霍士型、邑人钟明云等重修 | 同治《藤县志》卷6 |
| 容县 | 龙神庙 | 1处 | 城东一里 | 无 | 光绪《容县志》卷7 |
| 北流县 | 龙母庙 | 2处 | 一县东南沙街；二下一里湾肚村 | 一为明万历十一年邑民黄文忠重修 | 乾隆《重修北流县志》第1册 |
| 岑溪县 | 温姥祠 | 1处 | 无考 | 宋建 | 《宋会要辑稿》礼20 |
| 永安州 | 龙母庙 | 1处 | 州城外西河 | 无 | 嘉庆《永安州志》卷5 |
| 横州 | 龙母庙 | 1处 | 南门城外 | 无 | 雍正《太平府志》卷18 |
| 南宁府 | 龙母庙 | 1处 | 南门城外 | 无 | 嘉靖《南宁府志》卷5 |
| 邕宁县 | 龙母庙 | 1处 | 安塞门外，面大江 | 民国八年开辟八路，庙经拆毁，庙前筑临江码头 | 民国《邕宁县志》《祠祀志·坛庙》 |
| 思明土州（清时为宁明州，今宁明县） | 龙母庙 | 2处 | 一府治西一里；二明江亭廖村边龙塘头 | 一为知府黄泽重修，今圮；一坐西向东 | 光绪《宁明州志》卷下 |
| 象州 | 龙母庙 | 1处 | 阳寿里 | 宋建 | 同治《象州志》《纪故》 |
| 宾州 | 龙母庙 | 1处 | 县西 | 无 | 万历《宾州志》卷3 |

从表2中数据可知，明清时期在宋元基础上，广西的龙母文化地域传播路线大致有如下六条：第一，沿西江、桂江，在昭平县（今昭平县）

继续沿桂江往北，灵川县（今灵川县）也有龙母庙的分布；第二，沿贺江往北，在贺县继续向贺江源头处，富川县（今富川县）成为龙母庙的分布区；第三，沿西江往西，便是龙母崇拜的又一兴盛区——藤县，由藤县沿绣江、容江、南流江依次扩展到容县（今容县）、北流县（今北流县），形成一个以藤县为中心的西江支流祭祀带；第四，西江支流濛江源头处的永安州（今蒙山县）也有龙母庙落户；第五，沿郁江扩展到广西最南端，经过横州（治今横县）、南宁府（治今南宁市），到太平府宁明州（治今宁明县），都广布龙母庙，这一路线则形成以南宁府邕宁（即今南宁）为中心的龙母信仰带；第六，与宋元一样，沿西江往北，经黔江、柳江，在象州（今象州）一带仍有龙母庙。

六大路线的传播方向与过程，除第六条线路之外，第一、第二分别在宋元基础上，分别沿桂江、贺江再向上游扩展，再结合其他广西境内的三条路线，反映了龙母文化在广西的传播呈自东向西，自干流向支流的传播态势，沿江河传播的特点仍然十分鲜明。总体来看，广西中部、东北部是龙母信仰比较集中、兴盛的区域，西部、西北部则少有龙母信仰的痕迹。

3. 江西

明清以来，江西旧有龙母信仰仍然孤立地发展，只是在赣江中游偶有扩展。虽然形成赣江上游新的龙母祭祀地点，但此龙母源头还需再做辨析。

梳理江西方志，吉安府治所卢陵县（今吉安市）有孝通庙，"在儒林乡第十都，即龙母祠，相传秦时有媪妪于程溪得巨卵，生五蛇，俱化龙去。母死，五龙化为人，葬母于越城"[1]。越城即悦城。临江府新淦县（今新干县）也有龙母庙，"在县西四十里板陂，祈雨立应"[2]。而南安府南康县（今南康县）有龙母祠，"在县东四里，后废"[3]。大庾县（今大余县）也有龙母祠，又称"龙母院"[4]，"在府治东一里，广化院左，郡人水旱疾疫、求嗣者祷焉"[5]。南康县、大庾县的龙母庙或与交通传播有关，或与广东仁化县惠济庙龙母传播有关，或为本地神灵，还需详考。

---

[1] 乾隆《卢陵县志》卷六《庙坛》，乾隆四十六年（1781年）刊本影印。
[2] 隆庆《临江府志》卷八《秩祀》，天一阁藏明代方志选刊隆庆六年（1572年）刻本。
[3] 嘉靖《南安府志》卷一二《庙祠》，天一阁藏明代方志选刊续编影印嘉靖十五年（1536年）刻本。
[4] 乾隆《大庾县志》卷六《坛庙》，乾隆十三年（1748年）刻本影印。
[5] 康熙《南安府志》卷一二《祠祀志》，康熙四十九年（1710年）刊本影印。

江西龙母文化主要围绕赣江传播扩展，沿江沿河传播的特点突出。从参与修建庙宇的人员来看，政府官员、士商扮演着最重要的角色，他们在推动龙母文化地域扩展过程中发挥了重要作用。另外，江西中东部与福建毗邻的建昌府府治南城县（治今南城县），有"龙母殿"，在"徐田上排"。① 这些龙母庙（殿）还需史料证实是否与岭南龙母有关，暂且存疑。

### 4. 四川

清代初年，四川因战乱人口锐减，为发展四川经济，清政府推行湖广填四川的政策。其中部分广东居民为寻求财富，冒险举家迁往四川。在迁川过程中，龙母信仰随着广东移民也迁至四川。在四川的广东会馆中，龙母成为会馆的主神。

四川中部大竹县（治今四川大竹县）的广东会馆，称为"东粤宫"，"在城南街，清雍正元年（1723年）建，乾隆五十六年（1791年）及同治、光绪重修，本名龙母宫，或称圣龙庙，原籍广东，人祀之"。② 广东移民以龙母为会馆神仙，四川出现龙母崇拜。大竹县附近的渠县（治今渠县）也有"龙母宫"，"在县半边街左，清雍正十一年（1733年）广东人建为会馆"。③ 1984年6月，渠县历史博物馆在该县渠江镇文物调查中，征集到题为《龙母墓碑》的碑石一通。"此碑长157、宽84、厚6厘米，青砂石质。碑文竖排，作楷书，计16行，有少许字风化。据上下文意思看，此碑不是全文，应另有一石，已佚。"渠县的《龙母墓碑》是龙母文化着迹渠县的明证。"从渠县发现的《龙母墓碑》考，自西汉高祖封龙母为'程溪夫人'起，至清代光绪的两千多年间，历代由帝王敕封神号达九次之多，最后竟封为'程溪永妥水宁永济夫人灵济崇福圣妃护国通天惠济显德昭显溥佑广荫龙母娘娘水府元君'，共三十八字，可见影响之深远。"④ 此外，巴州（治今四川巴州）有龙母宫，"粤籍人，宫建为会馆"；⑤ 东乡县（治今四川宣汉县）也有龙母宫，为广东会馆。⑥ 直到民

---

① 同治《南城县志》卷四《祠庙》，同治十二年（1873年）刊本影印。
② 民国《大竹县志》卷三《祠祀志·群祀》，民国十七年（1928年）铅印本影印。
③ 民国《渠县志》卷五《礼俗志·祠庙》，民国十四年（1925年）修，十九年（1930年）续修铅印本。
④ 陈铁军：《龙母与〈龙母墓碑〉》，《四川文物》1994年第2期。
⑤ 道光《巴州志》卷二《祠祀志》，道光十三年（1833年）刻本。
⑥ 光绪《东乡县志》卷十《祠庙志》，光绪二十八年（1902年）刻本。

国，这里以龙母宫命名的广东会馆还见记载。① 可见，这类以龙母为祭祀主神的会馆在四川并不少见。

### 三 岭南龙母信仰与其他水神崇拜的比较

岭南一隅，尤以水神崇拜最盛。既有外来的海神天妃，也有本土的南海神洪圣王；既有由外传入的水神龙王、真武北帝，也有土生土长的江神龙母等。今天除见于史料记载外，民间存在着大量的、各种各样的水神庙宇。诸水神有各自的特点，各司其职，共存于岭南，"庇佑"民众的生产生活。

中国自古有龙崇拜，古人以土龙祈雨，后与佛教海龙王信仰相互融合。而龙王、龙母同属龙族，有一定渊源，从两者在岭南的分布看，龙王涉足范围较龙母广，但作为男性神明，却缺少龙母特有的温柔及保佑生育功能。天妃来自福建，俗称妈祖。粤人信仰妈祖的热心与虔诚不逊于闽人。"广人事妃，无异于莆，盖妃之威灵远矣。"② 妈祖传入岭南与闽人入迁潮州有密不可分的联系。天妃、龙母均是女性神明，但土生土长的龙母却远不及外来的天妃庙宇林立，这与天妃在全国的传播以及大量福建移民入粤有关。真武由星辰崇拜和动物崇拜而来，虽然神职北方，但真武"属水"，与龙母相似，人祀之"以厌火灾"，庇佑岭南民众水上和航海，加上真武还是道教的神灵，因此，不论岭南的内陆和沿海，真武崇拜都颇为兴盛。南海神专司南海，位列岳镇海渎之一，由于南海神祭祀属于国家祭祀的一部分，国家祭祀的南海神在地域扩展上受到一定限制，在信众方面，比不上民间出身的龙母。

岭南诸水神各有所长，深得粤人推崇，在其发展中，形成各自的信仰区域，如妈祖信仰圈、龙母崇拜祭祀带等，各领风骚，美轮美奂，构成岭南民间信仰文化的一大亮点。明清时期，诸水神的空间扩展达到顶峰，各大神明间的地域分布出现明显差异，岭南乡村水神庙不计其数，大大小小，林林总总，以下以明清时期有关方志所载作粗略统计，虽然不尽完善，但在一定程度上，也可窥见明清时期岭南诸水神神庙的分布（见表3）。

---

① 民国《宣汉县志》卷三《祠祀志》，民国二十年（1931年）石印本。
② （宋）刘克庄：《后村集》卷三六《祝文·圣妃庙》，四库全书本。

表3　　　　　　　　　明清时期岭南诸水神神庙统计表

| 统县政区 | 龙王庙 | 龙母庙 | 南海神庙 | 天妃庙 | 真武庙 |
|---|---|---|---|---|---|
| 广东地区 ||||||
| 广州府 | 15 | 19 | 59 | 125 | 114 |
| 肇庆府 | 5 | 32 | 71 | 53 | 59 |
| 韶州府 | 6 | 2 | 0 | 9 | 15 |
| 潮州府 | 3 | 1 | 3 | 49 | 20 |
| 高州府 | 5 | 3 | 4 | 17 | 22 |
| 惠州府 | 6 | 2 | 12 | 24 | 11 |
| 雷州府 | 2 | 0 | 0 | 12 | 5 |
| 廉州府 | 0 | 0 | 0 | 2 | 1 |
| 琼州府 | 14 | 0 | 1 | 35 | 17 |
| 罗定直隶州 | 0 | 4 | 0 | 6 | 13 |
| 南雄直隶州 | 1 | 1 | 2 | 4 | 2 |
| 连州直隶州 | 4 | 0 | 3 | 4 | 12 |
| 嘉应直隶州 | 3 | 2 | 0 | 18 | 12 |
| 总计 | 64 | 66 | 155 | 358 | 303 |
| 广西地区 ||||||
| 梧州府 | 2 | 9 | 0 | 16 | 17 |
| 太平府 | 3 | 2 | 0 | 1 | 20 |
| 柳州府 | 1 | 1 | 0 | 3 | 7 |
| 平乐府 | 4 | 3 | 0 | 5 | 11 |
| 镇安府 | 3 | 0 | 0 | 1 | 4 |
| 桂林府 | 3 | 1 | 0 | 4 | 1 |
| 郁林州 | 1 | 2 | 0 | 3 | 11 |
| 南宁府 | 2 | 3 | 0 | 0 | 5 |
| 思恩府 | 2 | 1 | 0 | 0 | 4 |
| 庆远府 | 1 | 0 | 0 | 0 | 1 |
| 浔州府 | 1 | 0 | 0 | 0 | 6 |
| 总计 | 23 | 22 | 0 | 33 | 87 |

资料来源：明清广东（包括琼州府）、广西相关方志。

从表3可知，明清时期各水神崇拜兴盛程度不一，地域扩展范围也有所分异。

首先，从分布区域来看，各神灵信仰形成各具特色的神灵崇拜祭祀圈。

龙王崇拜在岭南的发展呈均衡态势，各处均有龙王庙，可见龙王崇拜惊人的渗透力。在广布岭南的前提下，龙王崇拜尤以广东为重，广西相对薄弱。广东以广州府、琼州府所辖区域的龙王庙数量较多，单是广州府就有龙王庙十五座，几乎占广东地区总数的四分之一，琼州府也有十四座龙王庙，与广州府旗鼓相当。与龙母相比，龙母的地域分布规律性较强，西江干支流流域祭祀圈依次排开。龙王崇拜呈大范围、大区域分布，地域特色不如龙母明显，但亦有所侧重，以珠三角及海南岛为中心。

与其他水神比较，天妃庙的数量最多，"天后功德之被于生民也，大矣。凡八极四溟以及经流三百支流三千，有水之区，即有神之区，灵显及布获弥纶，岂但施及一时一方已哉"①。无论是沿海还是内陆，天妃庙遍布各地。由于其为海神，珠江三角洲、潮汕平原、海南岛以及雷廉一带成为天妃信仰的集中区。

与天妃一样，真武水神崇拜遍布岭南各府各县，其辐射的范围和区域较南海神、龙母都广，集中分布在珠三角一带。由于真武司水，内陆民众亦争相崇奉真武。以佛山祖庙为中心，广州府（珠三角）和肇庆府（西江中下游）是其中心区域。相对天妃而言，潮州、琼州、雷州一带的真武崇拜稍稍逊于天妃，但韶州、高州等内陆地区，真武崇拜较天妃略胜一筹。

南海神庙隋时创建于广州扶胥水口，是为南海神"祖庙"，南海神崇拜起源于此，兴盛于斯，广州成为其中心区域。珠江三角洲及粤西一带，南海祠分布较密集，之所以形成这样的地理分布格局，与当地河网稠密，南临大海密切相关。

其次，从岭南各大文化区域来看，各区水神崇拜各有特色。

北部山地丘陵的客家文化环境，带有广府民系色彩的南海神崇拜显然很难得到当地人的认同；深得民心的天妃自然可以打通障碍，有一定的发展；沿河流扩展的龙母崇拜也得到客家人认可，并化身为扶溪娘娘；代表

---

① （清）谢崇俊：《新建天妃神庙碑记》，见道光《广宁县志》卷一五《艺文》，道光四年（1824年）刻本。

道教的司水神真武最易融入当地,成为当地人的保护神,乐昌县至今仍保存着一块石刻,名为《玄帝赞》(俗曰飞来碑):"上帝降令,乾斩妖精,离坎相合,雷电震惊,七星魁斗,八卦见形。"[1] 当地人对真武神的绘形绘色描述,崇祀之盛略见一斑。

中部三角洲平原及西江中下游,既河网密布,又面临海洋,是水神崇拜发展最合适的土壤,因此四大水神形成了各自中心区域。龙母以德庆为中心,悦城龙母庙是其祖庙;真武以佛山为据点,佛山祖庙成其祖庙;南海神则以广州为起源地,扶胥波罗庙为其祖庙;天妃分布十分广泛,多沿福建移民和商人的足迹在这一带分布。

南部沿海,代表福佬民系文化,重海神,福佬文化所到之处,均有天妃信仰的足迹。同是海神的南海神,只在福佬民系没有涉足的珠三角与粤西的其他地区间有分布。而真武水神由于明清国家和道教的提倡,沿海多布。西江流域龙母神地域性强烈,在沿海的祠宇寥寥无几。

无论如何,龙母信仰和祭祀是岭南民间独有和历史最悠久的神灵,其他外来和本地的水神,虽然后来发展的规模和地域空间甚或超过了龙母这一本地神灵,但无论从时间和起源来说,龙母信仰是岭南越文化的早期遗存,是岭南民间信仰的杰出代表。

### 四 岭南龙母信仰地域扩展的原因

岭南龙母信仰的地域扩展,是诸多原因导致的结果。

首先,粤人崇神传统是岭南龙母信仰产生的前提条件。粤人以笃信鬼神为俗。秦汉之前,百越族的巫术有名于天下,连汉武帝也颇为推崇。《汉书》有载:"是时既灭两粤,粤人勇之乃言'粤人俗鬼,而其祠皆见鬼,数有效。昔东瓯王敬鬼,寿百六十岁。后世怠慢,故衰耗。'乃命粤巫立粤祝祠,安台无坛,亦祠天神帝百鬼,而以鸡卜。上信之,粤祠鸡卜自此始用。"[2] 隋唐以来,"江南之俗,火耕水耨……其俗信鬼神,好淫祀"[3]。降至明清,岭南人信鬼敬神的习俗愈演愈烈,逐渐发展为民众日常生活的一部分。好鬼信神的传统,为岭南民间信仰的滋生提供了肥沃的

---

[1] 民国《乐昌县志》卷二二《金石》,民国二十年(1931年)铅印本影印。
[2] 《汉书》卷二五《郊祀志》,中华书局1962年版,第1241页。
[3] 《隋书》卷三一《地理志》,中华书局1987年版,第886页。

土壤,也为龙母崇拜的发展提供了一个优越的活动平台。

其次,作为一种民间信仰,龙母信仰必须在历史长时期的发展中,表现出能让信徒信服的能力,而这种"灵验"的能力恰恰与民众的生计、温饱等实际问题密切相关。换言之,民间神灵要维持与发展,必须满足信徒功利性的信仰需求,从某种程度上说,在龙母信仰的传播中,许多龙母庙的建造,是在龙母神显应的前提下进行的。下层民众的求神奉祭,往往是一种直接利益的诉求。民众对于频繁发生的天灾人祸,常难以抗拒,很自然地产生功利性极强的信仰诉求,并与民众日常生活密切联系。比如,悦城龙母庙,"每年水旱疾疫,祈禳,悉随叩随应"[①];吴川县有龙母庙,"钟明府莅吴川,适岁旱,虔祷于神,六月初旬间日,得雨三日,酬功便得大雨,以霈以足,农人告欢"[②];"羊城梁某妻患抱腰蛇疮,沉痛焦灼,莫可言状,药亦罔效,时龙母驻其家,长年供奉,梁遂日夜虔祷,梦一老妪谓曰:'盍往某处请某先生疗乎。'醒,异之,迹求医理,果瘳"[③]。

再次,民间信仰的地方性与官方正统性相结合是导致龙母信仰稳定发展的最重要原因。以神权来巩固政权,是封建统治者维护其统治的一贯手法。把民间信仰纳入国家管理体系,反映了国家与民间社会文化资源上的互动和共享。一方面,地方上的士绅通过请求朝廷将地方神纳入国家神统而抬高本地区的地位,有利于地区的利益;另一方面,国家通过赐额或赐封号的方式把地方神连同其信众一起"收编",有利于控制地方社会。当两者相互结合时,民间信仰便有了最大优势的"人和"条件,发展如日中天。从另一角度看,民间信仰由于民间性,很难走出一方区域,扩散发展到其他地方。而一旦受到国家和官方的重视,机遇大大提高。带着国家的封敕,民间信仰如虎添翼,极有可能发展为一方大神,统领地方其他神灵。总体来看,从宋代始,国家对龙母神信仰十分重视,一则国家通过封爵加号,希望通过把龙母尊奉为西江流域保护神,达到控制岭南地方社会的目的;二则随着宋以后国家观念和礼制逐渐被地方社会所接受,岭南地

---

① (宋)吴揆:《赐额记》,收于道光《广东通志》卷二百十《金石略》,道光二年(1822年)刻本。

② 光绪《吴川县志》卷三《建置·坛庙》,光绪十四年(1888年)修,十八年(1892年)启寿刻本影印。

③ 《悦城龙母庙志》卷二《灵验》,光绪十三年(1887年)省城学院前锦书堂刊印。

方也希望把龙母纳入国家神灵的信仰体系，从而名正言顺，并借以扩大岭南地方神灵的影响力。在两股力量不断交织，相互作用下，龙母崇拜必定会走出悦城，向外发展，成为代表岭南特色的信仰文化。

最后，流动官员、士商和移民在推动龙母文化地域扩展过程中的作用不容忽视。移民对民间信仰的影响主要表现在把自己原来迁出地特有的地方神信仰带入新移居的地区。在龙母崇拜的地域扩展过程中，官员、士商和交通作用，使江西形成新的龙母信仰区；移民迁徙使龙母崇拜跳跃式地迁入四川，并使龙母信仰融合到当地的民间信仰中，形成了岛状移民型的信仰文化（见图1）。

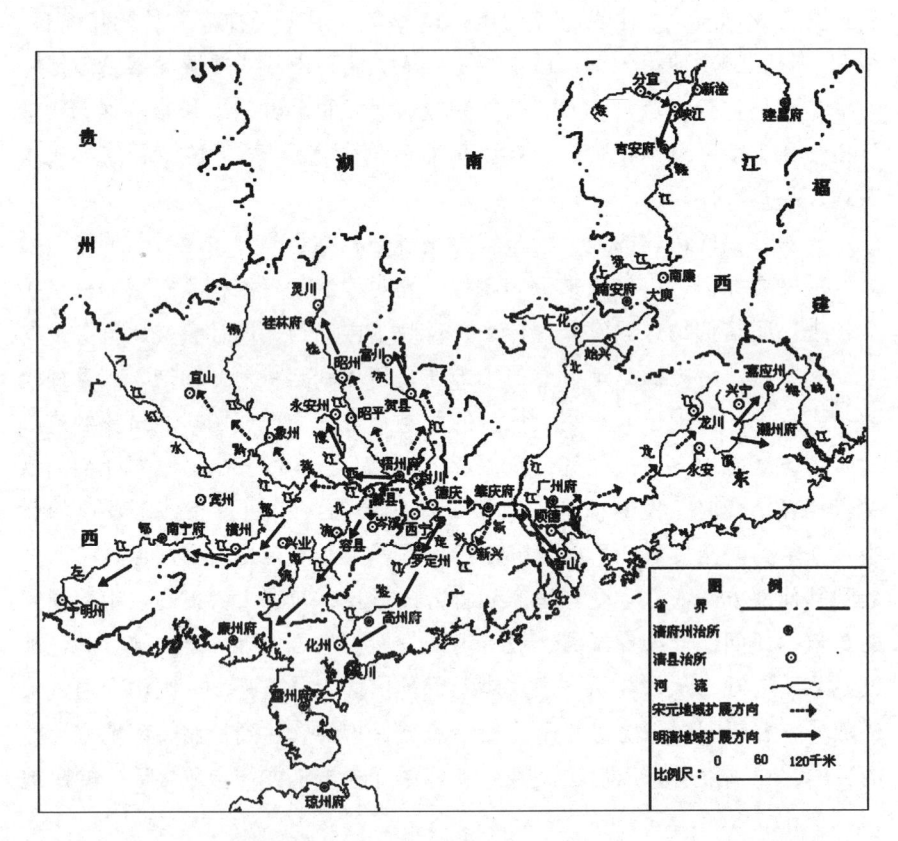

**图1 岭南龙母信仰扩展路线图（以嘉庆二十五年即1820年政区为准）**

总之，龙母信仰是岭南地方特色的水神崇拜，早在先秦时龙母已产生于西江岸旁的悦城，汉晋南朝民间崇拜持续，唐宋以后，在封建统治者的封敕和信徒的拥戴下，龙母信仰地域不断扩展，形成了以西江为中心，且随移民、官商等的迁移和交流，跳跃式在江西、四川出现零星分布的特征。这一信仰不但形成了与岭南其他水神不同的地域特色，而且保留有岭南祖先崇拜的印痕。而龙母信仰的地域扩展，与岭南俗信鬼神，朝廷推崇，民间信仰的地方性与官方正统性相结合，也与流动官员、士商和移民等集团的推动等密切相关。

## 第二节　伏波信仰的形成、地域扩展与官民互动

地方秩序建构过程中，前代有功于地方的官员被塑造成人物神，升格为英雄神灵，其与地方上的一般"乡贤祠""名宦祠"不同。国家为了维护地方的安定和边疆的稳固，通过后世的封赐神号、敕建庙宇、颁发匾额等形式逐渐确立其神灵在国家和地方上的正统地位。而这些英雄的人物神也不断显灵，庇佑一方的平安，成为当地的保护神。地方秩序建构和国家祭祀相互作用，完成了神灵从国家到地方、从英雄到亲近民众的过程，其间国家政权的引导和教化作用不可低估。伏波将军原来仅是西汉至南朝陈时执掌水师的军队官职，历史上曾授予多人，却因西汉路博德、东汉马援皆为伏波将军，功勋卓著，死后被后世不断地放大，封号叠加，甚至伏波祠庙也间有两者同祀的情形。何以此两人独享岭南和湘西（仅马援）地区的香火？而马援曾经讨伐的五溪蛮地，后代却成为其信仰的中心地区之一？……诸多问题值得思考。有关伏波信仰的研究成果，以广西籍学者为多。[①] 这其中有关国家祭祀与地方信仰的伏波神信仰研究极少，马伏波信

---

[①] 如施铁靖《马援在广西》（《河池师专学报》2003年第3期）、滕兰花《清代广西伏波庙地理分布与伏波祭祀圈探析》（《广西民族学院学报》2006年第4期）、《清代桂西南地区伏波庙文化探析》（《广西地方志》2007年第4期）和《清代岭南地区伏波庙地理分布与历史记忆》（《广西民族研究》2008年第2期）、范玉春《马援崇拜的地理分布：以伏波庙为视角》（《广西师范大学学报》2007年第3期）、杜树海《神的结盟——广西漓江上游流域马援崇拜的地方化考察》（《民俗研究》2007年第4期）、麦思杰《神明信仰与边疆秩序——宋明时期广西伏波信仰研究》（《柳州师专学报》2008年第3期）、史亚辉《伏波神崇拜及其仪式与功能解析——以横县伏波庙为例》（硕士学位论文，广西民族大学，2008年）等；台湾廖幼华《历史地理学的应用——岭南地区早期发展之探讨》（台湾文津出版社2004年版）等；国外研究成果以Donald s. Scutton："A case of Literati Peity: The Ma Yuan Cult From High-Tang to High-Qing Chinese Literature", Essays Article Reviews 11 (1989) 等。

仰形成三大祭祀地区也较少勾画，而国家祭祀与地方秩序构建中的关系也鲜论述，本节加以探求。

**一 汉两伏波将军神起的缘由与唐时讴歌主题**

在岭南建立功勋的汉两伏波将军，一为西汉路博德，一为东汉马援。路博德，《史记》《汉书》无传，仅在《汉书·霍去病传》附云："路博德，西河平州人，以右北平太守从骠骑将军，封邳离侯。骠骑死后，博德以卫尉为伏波将军，伐破南越，益封。其后坐法失侯。为强弩都尉，屯居延，卒。"元鼎五年（前112年），汉武帝"令粤人及江淮以南楼船十万师往讨"南越，博德为五路进军首领，"出桂阳，下湟水"，其亲率这一路由今连江至北江南下，与楼船将军杨仆率领的由江西进入广东的另一路于北江会合，"遣使招降者"，平定南越国，置儋耳、珠崖、南海、苍梧等岭南九郡，"伏波将军益封"。① 伏波将军路博德在国家统一岭南的战争及随后的置郡中功勋卓著，受到朝廷嘉奖。

而《后汉书》卷二四有马援传。马援，字文渊，扶风茂陵人也。"年十二而孤，少有大志"，事兄如父。兄卒"援行服期年，不离墓所"。助光武帝刘秀灭隗嚣，授陇西太守，大破诸羌；经营武威，遣返客民，修城置吏，"起坞候，开导水田，劝以耕牧，郡中乐业"，广开恩信，诸羌纷降，"陇右清净"。马援在凉州六年因功勋卓著而升拜虎贲中郎将。援"又善兵策"，多与光武帝合，击灭卷人维汜叛乱。而影响较大的便是征讨交趾征侧、征氏贰姐妹与五溪蛮的叛乱。光武十八年（42年），马援被授为伏波将军，率长沙、零陵、苍梧万余兵讨伐征氏姐妹叛乱。时叛军"寇略岭外六十余城，侧自立为王"，援从合浦，"遂缘海而进，随山刊道千余里，"在浪泊等地大败叛军，诛杀征氏姐妹，又灭余党都羊等五千人，"岭南悉平"，分置封溪、望海两县，"援所过辄为郡县治城郭，穿渠灌溉，以利其民"，修正越律，约束越人，"自后骆越奉行马将军故事"。朝廷封马援为"新息侯"，食邑三千户，"赐援兵车一乘，朝见次列九卿"，回京后又北伐乌桓。建武二十四年（48年），五溪蛮打败汉军刘尚，马援请战，率四万人出征，沿沅江直逼壶头山（今湖南沅陵县东北清浪境），"会暑甚，士卒多疫死"，"水疾，船不得上"，马援染病而卒。

---

① （汉）班固：《汉书》卷九五《西南夷两粤朝鲜传》，中华书局1962年版，第3859页。

监军梁松等诬告,又有谗言云援掠"南土珍怪",上怒夺援侯并连坐诸族,由于亲属"上书诉冤,前后六上,辞甚哀切,然后得葬"①。马援一生,文治武功,功勋卓著,"马革裹尸",死后却受诽谤,悲剧英雄的结局成为后代流贬官员和士人讴歌的主题之一。

范晔《后汉书》所及马援形象高大,修身齐家,孝悌教子,"慷慨多大志",与将士同甘苦;聚米为谷,料事如神;"伏波好功,爱自冀、陇。南静骆越,西屠烧种。徂年已流,壮情方勇。"成为后代士人和将士效仿的榜样。死后遭谗被"追收印绶",但并不影响其高大形象。相反,时官员多为援鸣不平。云阳令朱勃,"建武中以伏波将军爵土不传,上书陈状,不顾罪戾,怀旌善之志,有烈士之风"②。其奏文除述援功绩外,以"圣王之祀,臣有五义。若援,所谓以死勤事者也。愿下公卿平援功罪,宜绝宜续,以厌海内之望"。汉明帝于南宫云台列二十四功臣像,因马援女为明德皇后故,未画伏波将军马援像。至永平十七年(74年),马援夫人卒,"乃更修封树,起祠堂"。建初三年(78年),章帝命"持节追策,谥援曰'忠成侯'"③,虽此封与明德太后有关,但马援功绩盖世,理当封侯。"忠成"两字,说明其效忠国家,不计个人安危,战死疆场,是对其最好的褒奖,也是日后士人歌咏的主题之一。

东汉及其以后各代,浏览正史、政书等不难发现,权贵和士绅们引经据典,多以马援为楷模,无论从国家还是家庭,无论从政治还是从军事,无论从择人还是审事,无论从老骥伏枥还是从边疆建功……人们还多以马援功绩和事迹为效仿榜样。唐开元十九年(731年)敕:"宜拣取自古名将充十哲、七十二弟子",以配祀太公庙。时太公庙(即武成王庙),"两京及天下诸州,各置太公庙一所,"春秋二、八月上戊日祭,"诸州宾贡武举人,准明经进士,行乡饮酒礼,每出师命将,辞讫,发日,便就庙引辞"。新息侯马援名列"七十二弟子"之一,虽后于贞元二年(786年)取消"名将配享"太公庙之仪④,但马援军功仍被时人称颂。咸通八年

---

① (宋)范晔撰,(唐)李贤注:《后汉书》卷二四《马援传》,中华书局1965年版,第846页。

② (汉)班固等撰:《东观汉纪》卷一六《朱勃传》,中华书局1985年版,第142页。

③ (宋)范晔撰,(唐)李贤注:《后汉书》卷二四《马援传》,中华书局1965年版,第852页。

④ (宋)王溥:《唐会要》卷二三《武成王庙》,中华书局1955年版,第435—436页。

(867年),维州(治今四川理县薛城)左武备兵曹参军崔遂撰《伏波庙碑》①,惜碑文佚,无法考证。

唐乾符二年(875年),马援敕封为昭灵王。② 这次敕封的原因史书无载,从《太平寰宇记》"桂州·伏波庙"条来看,乾符二年以前桂州发生大事或即咸通九年(868年)徐泗一带戍守桂州(治今广西桂林)的士兵叛乱,他们共推粮料叛官庞勋为首领,史称"庞勋起义"。起义军沿湘江北上,又沿长江达浙西(治今江苏镇江),再北上淮南,沿途大量农民加入,起义军人数达十万以上,转战于淮河以北,于咸通十年(869年)九月,被唐军镇压。③ 因这次起义,肇始于桂州,又为军人哗变所至,且在一年多时间内,即被唐军镇压,这是否与军功著名的马援神灵庇佑有关?或许正是神灵庇佑才使唐军很快得以取胜而加封号?或即咸通九年(868年)九月至十年(869年)十月,桂州刺史鱼孟威重修灵渠,因灵渠为史禄首创,"汉命马援征侧而继疏之"④,以追其功故而加号?诸多推测还需再探索。

唐末这次马援封号,有人"疑系马氏之孙私自追尊其祖之称耳"⑤?实际上,马殷建立楚国的时间为公元927年,此前马殷于唐昭宗乾宁三年(896年)才任武安军节度使(治潭州,今湖南长沙)。⑥ 从时间上来看,应与乾符二年封号无关,并非以马援为先祖的马殷等私自妄加。乾符二年封马援为昭灵王,不但《太平寰宇记》《舆地纪胜》卷一○三《广南西路·静江府》所载,就是天福五年(940年)的《复溪州铜柱记》亦云:"我烈祖昭灵王",颂词"昭灵铸柱垂英烈"⑦,应是以封号代称马援。于

---

① (宋)王象之:《舆地碑记目》卷四《威州碑记》,中华书局1985年版,第86页。
② (宋)乐史:《太平寰宇记》卷一六二《岭南道·桂州》,中华书局2007年版,第3102页。
③ (宋)欧阳修、宋祁:《新唐书》卷九《懿宗纪》、卷二百二五下《逆臣传·黄巢》,中华书局1975年版,第260、6452页。
④ (宋)李昉等编:《文苑英华》卷八一三,(唐)鱼孟威:《桂州重修灵渠记》,中华书局1966年版,第4297页。
⑤ (清)李瀚章等:光绪《湖南通志》卷二六八《艺文志》引《金石文编》,光绪十一年刻本。
⑥ (宋)欧阳修:《新五代史》卷六六《楚世家》,中华书局1974年版,第822页。
⑦ (清)董诰等编:《全唐文》卷八九三,(五代)李宏皋《复溪州铜柱记》,中华书局1983年版,第9323页。

溪州（治今湖南古丈县野鸡坨）立铜柱，表明了马希范仿效先祖马援立铜柱之事迹，证明了当时楚国对五溪蛮的占领，象征其边疆的极界。而《舆地纪胜》卷一〇七《广南西路·昭州》昭平县（治今广西平乐）有"昭灵庙"，为"汉伏波将军庙"，应与马援封号有关，建庙时间或早于宋代。

唐时祀伏波将军马援的两庙除上述桂林城郭东北二里的伏波庙外，还有全义县（治今广西兴安县），"县侧有伏波庙"①。李商隐有《祭全义县伏波神文》，歌颂马援一生建功边疆，"铜留铸柱"的功绩，讴歌"革誓裹尸""犹羞病死"的气概。时为大中初，商隐为桂观察使郑亚幕府，郑遣全义县令韦必复祭伏波庙，"昭赛于汉伏波将军、新息侯马公越城旧疆汉将遗庙一"。"及申望岁之祈，又辱有秋之泽。"② 不过，从李商隐祭文中不难看出，此次祭祀伏波神灵与祈望雨泽有关，但并未及马援重修灵渠事迹。而唐莫休符《桂林风土记·灵渠》明载："相传曰后汉伏波将军马援开川浚济，水急曲行回互，用遏其冲，节（节）斗门以驻其势。"③《郡国志》亦云："后汉伏波将军马援开湘水，为渠六十里，穿度城。今城南流者是，因秦旧渎耳。"④ 马援有功于灵渠的重修，与水泽有关，唐时这一主题已经出现。后世不断放大，这也成为宋时人们追其为交通水神、降雨神的原因所在。

早于李商隐的李翱，于元和四年（809年）至五年（810年）为岭南节度使杨于陵幕僚，元和五年正月，曾准制祭名山大川及历代名贤。《准制祭伏波神文》一方面仍颂马援功绩，另一方面则为马援遭"小人赤口""明珠僭起"的诽谤鸣不平，"赫赫圣帝，嘉贤命祠，酒罍既设，神乎降思，尚飨"。⑤ 李翱、李商隐祭文虽然不免流露出个人官场失意，这与马援"马革裹尸"，遭人诬陷乃至病逝疆场的悲剧有共鸣之处，但细读这些祭文，其缘由皆是皇帝及地方长官祭祀历代明贤，其颂诵主题仍是军功和

---

① （唐）莫休符：《桂林风土记》（不分卷）《灵渠》，中华书局1985年版，第7页。
② （唐）李商隐、刘学锴等注：《李商隐文编年校注》，"大中元年八月为中丞荥阳公祭全义县伏波神文"，中华书局2002年版，第1533页。
③ （唐）莫休符：《桂林风土记》（不分卷）《灵渠》，中华书局1985年版，第7页。
④ （宋）乐史：《太平寰宇记》卷一六二《岭南道·桂州》引，中华书局2007年版，第3102页。
⑤ （唐）李翱：《李文公集》卷一六《准制祭伏波神文》，文津阁四库全书本，第291页。

"历万代而不灭者"忠良之士的情操。

至于马援立界标事，有关汉代史书中已有提及，《水经·温水注》引东汉杨孚《南裔异物志》："昔马文渊积石为塘，达于象浦，建金标为南极之界"①；又而唐李贤注《后汉书》时，引晋人（裴渊或顾微）《广州记》云："援到交趾，立铜柱，为汉之极界也。"② 南朝梁陈时庾信《哀江南赋》亦曰："东门则鞭石成桥，南极则铸铜为柱。"③ 人们已经把铜柱作为汉疆极南处。李埏先生《马援安宁立铜柱辩》（《思想战线》1990年第3期）认为，马援未到过云南安宁城以及交趾立过铜柱，此事纯系传说。既未立铜柱，后世为什么把当地某些事物附会为马援铜柱呢？其用意何在？隋唐时，有关岭南马援铜柱的记载增多，《隋书·刘方传》《南史·南蛮传》《通典·边防典》引《林邑国志》及屈瑏《道里记》《旧唐书·地理志》《新唐书·环王传》等都大量出现马援铜柱的记载，这一方面说明铜柱是体现马援军功的一部分，马援军功在扩疆展土方面的体现；另一方面，证明东汉在岭南（包括交趾）统治秩序的重新确立，隋唐王朝不断颂扬的目的，亦说明隋唐王朝在岭南（包括安南）统治秩序的确立。而铜柱与马援伏波信仰密不可分，国家重点在于维护边疆华夷秩序的目的昭然若揭。

另外，两晋时已出现与马援有关的马流（留）人。《水经·温水注》引晋俞益期《笺》云："马文渊立两铜柱于林邑岸北，有遗兵十余家不反，居寿泠岸而对铜柱，悉姓马，自婚姻，今有二百户，交州以其流寓，号曰'马流'，言语饮食，尚与华同。"这些马留人为马援士兵后代。"自相婚姻，有二百户，以其流寓，号'马留'，衣食与华同，山川移易，铜柱入海，以此民为识耳，亦曰'马留'。"④ 马留也成为南疆地界的代表。而其他武陵郡（治今湖南常德）北"有鹿木二林，马伏波所种，木多节"⑤。相关的附会之说出现，说明马援在交趾及武陵地区已有一定的信

---

① （魏）郦道元：《水经》卷三六《温水注》，上海古籍出版社1990年版，第688页。
② （宋）范晔撰，（唐）李贤注：《后汉书》卷二四《马援传》，中华书局1965年版，第840页。
③ （晋）庾信：《庾子山集》卷二《哀江南赋》，中华书局1980年版，第111页。
④ （唐）段成式撰，方南生点校：《酉阳杂俎》卷四《境异》，中华书局1981年版，第47页。
⑤ （唐）段成式撰，方南生点校：《酉阳杂俎续集》卷十《支植下》，中华书局1981年版，第286页。

仰基础。

唐代有关马援的庙宇除上述桂林城、全义县附近的伏波庙外，另一重要处就是马援征战五溪蛮的壶头山附近的伏波祠。刘禹锡《经伏波神祠》云："蒙蒙篁竹下，有路上壶头"，"乡园辞石柱，筋力尽炎州，一以功名累，翻思马少游"。① 时为元和初刘禹锡因永贞革新而贬朗州司马时所作，表达了作者借古抒贬谪生涯的怨苦之情。壶头山，马援疫死之地，于此建庙纪念马援当在情理之中。

东汉梁松、马援征五溪蛮，皆有军功，唐朗州（治今湖南常德）北三十里阳山庙，"梁松南征至此，遂为其神"，因阳山"直上千仞，横亘三峰，红岩青壁"，"仙驭往来，沉沉洞宫"，故"至今洞庭余艎，若遭迅风，靡不叩首，求请多获利济"，似有护佑渔民航行的功能。永贞元年（805年），"沅水泛滥，坏及屋舍几盈千室，生人禽兽随流逝"；元和元年（806年）旱疠施虐；元和二年（807年）"旱弥深"。朗州刺史宇文宿到任，"巷鲜居人"。宿上奏，赐廪粟，民众"皆联联鼓舞，喜得生活"；宿又沐浴致斋，祈祷阳山神灵，"山泽之神，利及物者"，"唯神降鉴明"，"乃相与缮修祠屋，整顿晬容"②。后元和时刘禹锡在朗州曾作《阳山庙观赛神》，"汉家都尉旧征蛮，血食如今配此山"③。太和九年（835年）朗州刺史刘端夫"祷《阳山神文》凡五首，"④ 祭祀阳山神梁松活动不断进行。宋时武陵县（治今湖南常德）梁山有安义王庙，"即梁松也"⑤。元时，方回游此庙以马援遭梁松逸言所诬，"似不当祭之人"⑥。《明一统志·常德府》云：阳山庙"以祀阳山之神，以征南将军梁松配享，宋封灵济侯，赐庙额，本朝命有司岁时祭焉"。祭文以神"克复蛮邦，论功封

---

① （唐）刘禹锡撰，卞孝萱校订：《刘禹锡集》卷二二《经伏波神祠》，中华书局1990年版，第279页。
② （清）董诰等编：《全唐文》卷六八四，（唐）董侹：《修阳山庙碑》，中华书局1983年版，第7003页。
③ （唐）刘禹锡撰，卞孝萱校订：《刘禹锡集》卷二二《阳山庙观赛神》，中华书局1990年版，第301页。
④ （宋）王象之：《舆地碑记目》卷三《常德府碑记》引《集古录》，中华书局1985年版，第53页。
⑤ （宋）祝穆：《方舆胜览》卷三十《常德府》，中华书局2003年版，第539页。
⑥ （元）方回选评，李庆甲校点：《瀛奎律髓汇评》卷二八《陵庙类》，上海古籍出版社2005年版，第1237页。

谧"而"神德昭彰,恪遵祀典"。至明后期,兵灾后庙毁。每年十月十六日,"有事设祭一坛致祭",时人大多以辰州伏波祠多而松祠仅此一祠论之,提出"则吾常之祀松,不亦诬哉!"① 官方祭祀梁松受到道德品行的质问,诬告陷害马援为人所不齿,这也是梁松祭祀仅存一处,而未像马援一样,人品光明磊落,其信仰祭祀已深入民间,在湘西广布的原因所在。

嘉庆《广西通志》卷一四四、卷一四六《建制略·坛庙》记载广西宣化、藤县的马援庙建于唐代,因年代相差甚远,无法考证,值得怀疑。作于南汉大宝二年(959年)的《新开宴石山记》曾载,"宴石山者,在白州博白县之西乡,与马门滩伏波公之祠邻近"②。则博白县马门滩伏波祠早在南汉或之前的唐代已经存在。这里的南流江,"以江流迅激,舟楫不通",传说马援南征时疏通,因号"马门滩"。③ 而位于钦州城外半里的乌雷庙,"自唐以来所有碑记,今犹存"④。唐代,钦州乌雷庙已祀马援伏波神。

总之,汉以后至唐代,马援祠庙建立仍是国家和民众怀念其军功而建,唐代刘禹锡、李翱、李商隐等士人借以抒发贬谪之情,为马援死后夺爵鸣不平的同时,也为自己贬官湘西、岭南怨恨不已,这一主题基本上是唐代歌咏马援的主旋律。而唐时,也出现了马援用功于地方的雨泽丰歉,灵渠兴修等主题,与前歌咏军功和凄凉的人生结局相较,这一主题后世不断放大,水神、交通神灵成为唐以后歌咏马援的主要内容之一。

### 二 宋元时伏波祠庙与主题的演化

马援南征交趾,"随山刊道千余里","治城郭,穿渠灌溉";西征五溪蛮,沿沅江西进,病死壶头山。唐时于兴安县灵渠及壶头山都有马援庙祠,马援有功于修渠开道,治城灌溉的事迹在宋时不断放大⑤,其有功于水利(水运、灌溉)的功绩成为其受到朝廷封号赐爵的主要原因。这一

---

① (明)陈洪谟:嘉靖《常德府志》卷二十《方外志》,明嘉靖刻本。
② (清)陆耀遹纂:《金石续编》卷一二《五代十国》,刘崇远:《新开宴石山记》,清同治十三年双白燕堂刻本。
③ 《舆地纪胜》卷一百二一《郁林州》。
④ 《舆地纪胜》卷一百一九《钦州》。
⑤ (宋)郑樵:《夹漈遗稿》卷二《重修木兰陂记》云:"马伏波所过州县,必留心灌溉之利",中华书局1985年版,第9页。

方面与宋时湘西、岭南西部的进一步开发，农业已逐渐发展起来有关，特别是与两宋政府经营开发广南西路（包括琼州等海南岛之地），利用榷场等与西南少数民族、海外贸易有关。而进行贸易就必须开发这一地区交通，从湘江到广西西江流域，甚或琼州等海南之地，马援庙宇奠定了后世的基本布局。另一方面，与宋朝政府推行国家观念，利用书院、礼制、宗族、法律等形式进行教化，国家礼制开始被地方社会接受有关。"伏波"原意即为降伏波涛，正迎合边地人们对水运交通安全甚或地区安定等的期许，伏波将军祠庙随着国家的倡导和不断显灵，在唐代的基础上逐渐增多。

咸平元年（998年），广南西路转运使陈尧叟经营海南琼州等四军州。"先是，岁调雷、化、高、藤、容、白诸州兵，使辇军粮泛海给琼州。其兵不习水利，率多沉溺，咸苦之。海北岸有递角场，正与琼对，伺风便一日可达，与雷、化、高、太平四州地水路接近。尧叟因规度移四州民租米输于场，第令琼州遣蜑兵具舟自取，人以为便。"[①] 琼州海峡正当海上咽喉要道，保证海上交通的畅通和安全，成为官兵和民众的要求。而琼州等四军州时属广南西路管辖，原来广西境内的伏波信仰自然而然地成为官兵和民众心灵慰藉的妙药，这在客观上刺激了宋一代琼州海峡伏波信仰的兴盛。

咸平二年（999年），辰州（治今湖南沅陵）官员上奏，"汉伏波将军马援庙，水旱祈祷有应，诏加封号'新息王'。孝宗隆兴二年（1164年）二月赐额'升德'"[②]。无独有偶，元丰五年（1082年）七月，广南西路提点刑狱彭次云"以祷雨应状于朝，赐'忠显王'庙额"[③]。这次赐号应是桂林城郭的马伏波庙，因庙在广南西路岭南西道治所而影响较大。值得注意的是，元丰三年（1080年）闰九月，海南黎人陈被等五洞首领，"异时盛强，为中国害"[④]；次年（1081年）十一月，彭次云建议："朱

---

① （元）脱脱等：《宋史》卷二八四《陈尧佐传附兄尧叟》，中华书局1985年版，第9584页。

② （清）徐松辑：《宋会要辑稿》礼二〇之二六，中华书局1957年版，第777页。

③ （明）孙元肃：《桂林重修伏波庙碑》，收入（清）王森编《粤西文载》卷三八，文津阁四库全书本。

④ （宋）李焘：《续资治通鉴长编》卷三百九"元丰三年闰九月壬寅"，中华书局1992年版，第7497页。

崖、昌化、万安军,僻在海岛,元属生黎,未尝开通,窃虑琼州知州、通判已往,逐军巡按。"次云于琼州"计会,知州、通判分往点检"。时广南西路海北诸州已巡历点检,琼州以外的包括上述三军州在内的边远之地,"道路艰阻,委难巡历,即依所奏。若可以亲往,依近降指挥"①。这次封号是与祈雨有关,还是与镇压海南民众有关?值得探讨。元丰五年七月,彭次云又奏请以昌化县(治今海南昌江昌化)西北二十里山神为峻灵王,受封原因因昌化大岭为上帝分宝之所,"天以分宝以镇世也","上帝赐宝以奠南极"②。时间、地方官员恰与马援封号不谋而合,是否与峻灵王同样,忠显王封号用义仍为国家镇定南方海疆边陲?而《元丰九域志》卷九《广南路·昌化军》载,"古迹"有"伏波王庙",或许是最好的诠释。《宋会要》"礼二〇之二六"把忠显王封号写于雷州伏波祠下,时间定作元丰五年七月,显然此次封号应与雷州伏波庙有关。《元丰五年雷州伏波将军庙诰》曰:"神明在于天,幽功施于世,从而修报,古之道也。灵贶所及,屡获嘉应,宜赐爵号,以答神庥,宜特加封'忠显王'。"③因此,广西宪使彭次云,"奏论伏波灵验事,敕书赐封曰'忠显王'"。忠显王封号原因,不仅指桂林祷雨灵应之事,还应包括伏波神在雷州"屡获嘉应"的灵验(见图2)。

宋时"故凡祠庙赐额、封号,多在熙宁、元祐、崇宁、宣和之时"④。崇宁四年(1105年),赐广州阳山县汉伏波路博德祠额为"忠勇";大观元年(1107年),赐雷州伏波祠庙额"威武"。⑤汉路博德率兵攻南越,阳山县所在的连江为必经之途,于此立庙赐额合情合理。《舆地纪胜》卷九二《连州》有伏波将军庙,引林概诗云:"尉佗尺檄黄关闭,天欲亡秦盛汉家。一自将军通战棹,何曾五岭限中华";陆节诗云"翠琰苔封韩令句,古祠巫降伏波灵",应是阳山路博得伏波将军的写照。同样,雷州半

---

①(宋)李焘:《续资治通鉴长编》卷三百二一"元丰四年十一月己酉",中华书局1992年版,第7733页。

②(宋)苏轼:《苏东坡集》卷一五《峻灵王庙碑》,中国书店1986年版,第628页。《宋史》卷一六《神宗纪》马援封忠显王时间作"元丰六年十月辛丑",误。

③(清)阮元等修:道光《广东通志》卷三三三《杂录》,引《雷州府志》,道光二年刻本。

④(元)脱脱等:《宋史》卷一〇五《礼志》,中华书局1977年版,第2562页。

⑤(清)徐松辑:《宋会要辑稿》礼二〇之二六,中华书局1957年版,第777页。

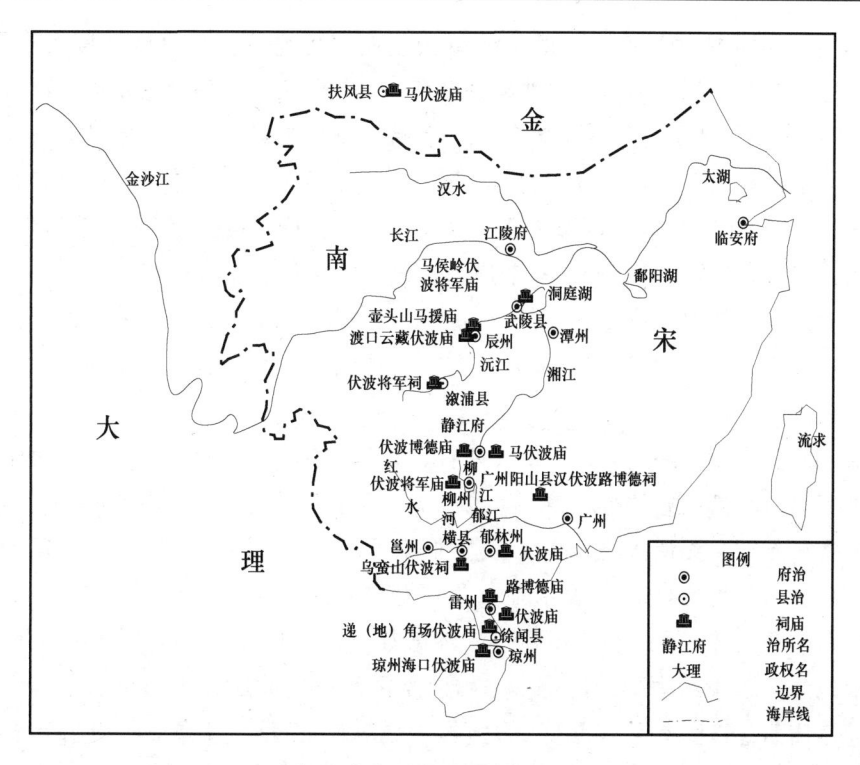

**图 2 宋金时期伏波庙分布图**

岛东汉时设徐闻县，属合浦郡管辖，马援于此合段志兵"随山刊道"，缘海而进，于此设庙颁额应是常理。分别赐两伏波将号"忠勇""威武"，应是彰显两人军功。因雷州半岛三面环海，南连海南岛独特地理位置，特别是琼州海峡常有风波之灾。人们祈报便利，在海南海口与雷州，甚或徐闻渡海处，皆有伏波庙。琼州海口庙原有伏波庙，神为伏波将军马援，南汉封号"辅汉王庙"，南宋改赐"威武"[①]。在崇宁、大观两伏波封号之前，苏轼谪居昌化。元符三年（1100 年）北归时乃作庙碑，认为"汉有两伏波皆有功德于岭南之民"，"古今所传莫能定一"。由于"蚁舟将济，眩栗丧魄"，"凡济海者必卜"海边伏波庙，吉卜方可济。宋海南岛上设四州，"四州之地，以徐闻为咽喉；南北之济者，以伏波为指南，事神其敢不恭"。苏轼渡琼州海峡，"往返皆顺风，念无以答神贶者，乃碑而铭

---

① （清）徐松辑：《宋会要辑稿》礼二○之二六，中华书局 1957 年版，第 777 页。

之"①。从苏轼文中可知,既然海口伏波庙封忠显王,当原祭马援而已。不过,李时亮却认为雷州伏波祠是路博德。其记文先述路博德功绩,再言"广西宪使彭公奏论伏波灵验事,敕书赐封曰'忠显王'"②。除以上两人外,雷州海康令王约作《忠显王庙记》,以为马伏波;"夏侯安雅作《庙记》,又以为马伏波,纷纷孰是?"③ 正因为无法确定两伏波事,"政和中,因修《九域图志》,以睢阳双节庙为例,令祀两神。盖义理当于人心,虽是时正讳,东坡议论而亦不能废也"④。看来,正因为以睢阳双节庙(祀张巡、许远)例以及苏轼等士人影响,雷州、琼州伏波庙后为路博德、马援两人。

政和中令祀路伏波、马伏波两神,宣和二年(1120年),"顷缘使舶共苦风涛,漕臣修致祷之虔,以求共济。屏翳息号空之怒,飘顺而安,遂成济海之功,无愧伏波之号,宜进加其徽号,用昭报于宠休,神其格思,歆我嘉命,可特封'忠显佑顺王',两神同一诰,盖例封也"⑤。与宣和二年雷州马伏波封号同时,封雷州路博德为"忠烈王",琼州有别庙。⑥《舆地纪胜》以至和中封路博德,并始别立雷州路伏波庙即忠烈王庙于马忠显王庙西,"至和"当是宣和之误。⑦ 这从以上引"宣和二年封诰"和《宋会要》可证。琼州的"祀汉二伏波将军"的威武庙,在郡北六里的龙岐村;威武行宫,宣和间知州方略建于旧星轺驿背,建炎四年(1130年)知州陈觉迁移于大英盐场山下,至正十三年(1353年),知州真圣奴重修。⑧

宣和分别封路博德、马援为忠烈王、忠显佑顺王,这在随后李纲的

---

① (宋)苏轼:《苏东坡集》卷一五《伏波将军庙碑》,中国书店1986年版,第629页。
② (明)欧阳保等:万历《雷州府志》卷一一《秩祀志》;引李时亮《记》,万历四十二年刻本。
③ (宋)孙奕:《示儿编》卷一二《正误》,北京图书馆古籍珍本丛刊,书目文献出版社1998年版,第80页。
④ (宋)费衮:《梁溪漫志》卷十《伏波、崔府君庙》,上海书店1990年版,第3页。
⑤ (清)阮元等修:道光《广东通志》卷三三三《杂录》,引《雷州府志》道光二年刻本。
⑥ (清)徐松辑:《宋会要辑稿》礼二〇之二六、礼二〇之八,中华书局1957年版,第777、768页。
⑦ (宋)王象之:《舆地纪胜》卷一一八《雷州》,中华书局1992年版,第3457页。
⑧ (明)唐胄等:正德《琼台志》卷二六《坛庙》、卷二九《秩官上》、卷三二《破荒启土》,正德刻本。

《梁溪集》中亦可得到证明。李纲是在苏轼渡琼州海峡后三十年而两次往返琼州海峡的。建炎二年（1128年）十一月二十五日，李纲因病遣子宗之，于徐闻"次地角场设祭伏波庙"，时两伏波神"庙食海上，为往来济者指南"。卜吉，夜半南渡，"风便波平"。次月五日乙卯，占卜不吉；六日辰辰，占吉，北渡，"乃知神之威灵，胪飨昭著若此"，化险为夷。① 两次渡海伏波庇佑，海峡南北各有威武行宫，南渡祭两伏波，北返祭马伏波。至雷州两伏波庙，施金委郡侯董缙刻石。时祭文与诗文仍歌咏神"正直""精忠""祥飙送帆""克济重险"②，主题未变。史载"徐闻有递角场，与琼州对峙，相去约三百六十余里，顺风半日可济，中流号三合溜，涉此无风涛，则舟人举手相贺"③。

绍兴四年（1134年），广西提点刑狱董弅巡查海南诸州，僚属以"琼崖块隔巨浸，汹涌涛吼"欲阻止，董弅依然前往。琼州海口、徐闻递（地）角场两伏波庙，"意往返叩二祠，怅然念公祠卑陋，独在一隅，不足以侈神灵而昭示无穷，思撤而新之"。令雷州知州陶尧夫规划、兵马监押赵公总管重修之事，从七月至十二月，"二庙一新，重门双峙，庭宇廖豁，庙貌修洁，增广于旧数倍"④。董弅往返海南，祭与回谢雷州伏波庙文皆于史载，无怪乎"唯忠显王，人所依凭，愿其安济，送以顺风"⑤，仍是起到庇佑琼州海峡安渡的作用。除此之外，绍兴五年（1135年）九月，董弅又上奏，"臣比将命远使渡海，皆有灵应，乞将马伏波更加封号，及将邳离忠烈王路伏波与马伏波一等封号"。又加封马援为忠显佑顺灵济王，路博德为忠烈明威广佑王，与横州马援威武庙一样（详下），改海口马援辅汉王庙为威武庙⑥，而琼州路博德伏波庙即忠烈明威广佑王庙仍存⑦。新增的"灵济"封号正

---

① （宋）李纲著，王瑞明点校：《李纲全集》卷一三三《武威庙碑阴记》、卷二四《次地角场，俾宗之设祭伏波庙》，岳麓书社2004年版，第1282、318页。
② （宋）李纲著，王瑞明点校：《李纲全集》卷一六四《祭伏波庙文》《北归祭文》等，岳麓书社2004年版，第1515、1516页。
③ （宋）赵汝适：《诸蕃志》卷下《志物·海南》，中华书局1985年版，第40页。
④ （明）欧阳保等：万历《雷州府志》卷二十《艺文志》，（宋）袁潭：《伏波将军庙记》，明万历四十二年刻本。
⑤ （清）阮元等修：道光《广东通志》卷三三三《杂录》，道光二年刻本。
⑥ （清）徐松辑：《宋会要辑稿》礼二〇之八，中华书局1957年版，第768页。
⑦ （清）徐松辑：《宋会要辑稿》礼二一之二四，中华书局1957年版，第862页。

昭示其庇佑琼州海峡的神职。"按史二伏波虽未至琼，然皆有功岭南，故俱德而祀之"，宋代封号不断，"渡海者尤专乞灵，故滨海南北庙祀尤虔"。①

元代，继宋"追崇前代名贤者"，元世祖仍封伯夷、叔齐、屈原等，顺帝封微子、杜甫、刘蕡等。②而伏波将军"至元尤敕崇奉"③。因灵渠"马伏波南征之师饷道亦出于此"，在宋代李师中等不断修复的基础上，"令广西转运司措置修复，俾通漕运"④。至正十三年（1353年），唐兀公阿里海涯（后作乜儿吉尼、额尔吉纳），命王惟让、张文显督修灵渠。因秋冬间"积雨泞溢，畚锸难施"，请祷"四贤旧祠于西山之地"，修渠顺利，"铧堤之制加于初，漕溉之利咸复其旧矣"，故"所以答贶者"，扩充祠庙，增饰神像，于至正十五年（1355年）建庙命曰"灵济之庙"，祀四贤（史禄、马援、李渤、鱼孟威），以祭法当祀，"能攘患以庇民"。⑤取灵济庙额或与庇佑灵渠畅通有关，或与绍兴马援封号"灵济"有关。

宋元时"岭南之俗尚鬼神，小祀、淫祠不知数，唯伏波将军庙，其神大而正者"⑥，而徐闻地（递）角场海岸边伏波祠与琼州海口二伏波祠，扼琼州海峡交通咽喉，受到来往官吏、客商、船民等祭祀。"过海必祷于是，得杯珓之吉而后敢济。"⑦曾丰亦存有《渡海谒两伏波将军祠》："千载英雄迹未磨，逐客乞灵几前辈，丰碑费我小摩挲。"⑧岭南伏波将军祠庙分布除以上所罗列桂林城郭、兴安灵渠、雷州城、徐闻地角场、琼州、阳山县、昭平县、昌化军、钦州、博白县外，其他还有柳州伏波将军

---

① （明）唐胄等：正德《琼台志》卷六《山川下》，正德刻本。
② （清）赵翼：《陔余丛考》卷一八《宋元追褒古贤》，中华书局1963年版，第348页。
③ （明）孙元肃：《桂林重修伏波庙碑》，收入（清）汪森编《粤西文载》卷三八，文津阁四库全书本。
④ （元）脱脱等：《宋史》卷九七《河渠志》，中华书局1977年版，第2418页。
⑤ （清）金鉷等：雍正《广西通志》卷一〇八《艺文》，（元）黄裳《灵济庙记》，文津阁四库全书本。
⑥ （明）欧阳保等：万历《雷州府志》卷一一《秩祀志》，引李时亮《记》，万历四十二年刻本。
⑦ （宋）赵汝适：《诸蕃志》卷下《志物·海南》，中华书局1985年版，第40页。
⑧ （宋）曾丰：《搏斋先生缘督集》卷一二《渡海谒两伏波将军祠》，四川大学古籍整理研究所编：《宋集珍本丛刊》，线装书局2004年版，第119页。

庙[1]，邕州马将军庙[2]。桂林伏波崖，"山头博德庙，今为文渊矣"[3]。诗为刘克庄于嘉定二年（1209年）至十七年（1224年）在广西时所作，证明原为路博德的伏波庙，南宋后期已祀马援矣。其他广西郁林州也有伏波庙，在"鬼门山之隈"。宋司马光有《题伏波庙》诗："谁名报国心，一棺忠勇骨。"[4] 横州"威武庙，在宁浦县（治今广西横县），汉马伏波之祠也"[5]。乌崖山因避南汉刘隐名讳而改作乌蛮山。《徐霞客游记·粤西游日记二》引《庙碑》云：庆历六年（1046年），横州知州任粹到任因"乌崖积翠贯州图"诗寻访乌崖，于此"遂为之修庙建碑，以正其讹"。建庙原因或与后代的歌咏主题不甚相关。但此前的宝元初（1038—1039年），区希范率安化蛮叛，横州知州杜杞以"横为邕、钦、廉三郡咽喉，地势阻险，可以屯兵，应援三郡，贼或奔冲，足以控扼。邕管内制广源，外控交趾"。朝廷以杜杞为邕州牧，"使经制边事"，平定了叛乱。[6] "铜鼓侵城角，蛮旌接使麾，平生闻义勇，好祭伏波祠"[7]，正是当时的写照。边地战乱平定，伏波神灵庇佑，是否是任粹建庙的主因？值得考虑。值得一提的是，宋以后的安南也有威武庙，这在黎崱《安南志略》卷一《古迹》有载。

由于宋元时国家提倡，神灵显佑，伏波信仰得以广泛传播。岭南以外的湘沅流域及附近地区，是另一个伏波信仰的中心地区。除辰州壶头山伏波庙外，辰州城沅江"渡口云藏伏波庙"，"伏波庙前秋草黄"[8]，五代楚建的庙在城外江南岸，到明宣德间再改建[9]；沅水上游溆浦县（治今地）

---

[1] （宋）王存：《元丰九域志》卷九《广南西路》，中华书局1984年版，第703页。
[2] （宋）王象之：《舆地纪胜》卷一〇六《邕州》，中华书局1992年版，第3250页。
[3] （宋）刘克庄：《后村集》卷六《伏波崖》，四川大学古籍整理研究所编：《宋集珍本丛刊》，线装书局2004年版，第741页。
[4] （宋）祝穆：《方舆胜览》卷三九《郁林州》，中华书局2003年版，第703页。
[5] （宋）王象之：《舆地纪胜》卷一一三《横州》，中华书局1992年版，第3376页。
[6] （宋）李焘：《续资治通鉴长编》卷一四八《仁宗庆历四年四月丁酉》，中华书局1992年版，第3578页。
[7] （宋）刘敞《公是集》卷二二《送杜横州》，中华书局1985年版，第259页。
[8] （宋）王庭珪：《卢溪文集》卷一六《闰十二月自城东泛舟迁居城西安福寺，舟中微雪》、卷二《早行》，四川大学古籍整理研究所编：《宋集珍本丛刊》，线装书局2004年版，第592、544页。
[9] （清）迈柱等：雍正《湖广通志》卷二五《祀典志》，文津阁四库全书本，179册第270页。

西二里、麻阳县（治今湖南麻阳西南）治东回龙山，两处亦有元建的"祀汉马援"的新息侯庙[①]。南宋时，辰州东常德府武陵县（治今湖南常德）东北马侯岭下有伏波将军庙，淳熙十五年（1188年）伏波庙钟铭文可证[②]。位于湘江中游醴陵县西南九十里昭陵滩，因马援封昭灵王而讹为"昭陵"[③]，这里"怪石屹立，水势汹涌，舟行每惮其险，即渌水合湘江处也"[④]。宋乐雷发有《昭陵渡马伏波庙》诗，"纸钱撩乱巫分胙，粉壁阑班客写诗"[⑤]。与辰州同在武陵山区的思州（治今贵州务川），其酋帅田佑荣为思州守，"初伏波祠甚灵，及佑恭生，祠不复灵，至佑恭卒，乃复灵应如初"[⑥]，伏波神已深入当地少数民族中。就是湘沅流域以北的荆州（治今地），"卷地风号云梦泽，沾天草映伏波祠，一枝藤杖平生事，击鼓开帆未恨迟"[⑦]，荆江附近也出现伏波祠庙。

总之，宋元时期伏波信仰，"哀将军之身见诬于千载之上，而叹将军之泽不斩于百世之后"[⑧]。一方面，人们常以"事边如马伏波"来作比[⑨]，仍然歌咏马援在边疆的丰功伟绩；而马援悲剧式人生，也成为许多流贬之士共鸣的主题。绍兴时，李光遭秦桧及党羽迫害，贬谪广西，其过琼州海峡《祭马伏波文》曰："公虽老矣，矍铄据鞍，纷纷谤伤，过若风雨，名垂日星，照映终古。某之心迹，唯公可知，迁流万里，落天一涯，孤帆涨海，寄此一身，其卒相之，庶几有神，尚飨。"[⑩] 而另一方面，宋元有

---

[①] （明）李贤等：《明一统志》卷六五《辰州府》，文津阁四库全书本，161册第556页。

[②] （清）李瀚章等编纂：《湖南通志》卷二八三《艺文志》"宋伏波将军庙钟款"，续修四库全书本，上海古籍出版社2002年版，668册第407页。

[③] （清）邓显鹤：《南村草堂文抄》卷二十《昭山得名不由马氏》，岳麓书社2008年版，第371页。

[④] （清）顾祖禹：《读史方舆纪要》卷八十《湖广六》，中华书局2005年版，第3758页。

[⑤] （宋）乐雷发：《雪矶丛稿》卷三《昭陵渡马伏波庙》，四川大学古籍整理研究所编：《宋集珍本丛刊》，线装书局2004年版，第48页。

[⑥] （宋）邵雍：《梦林玄解》卷四《梦占》，明崇祯刻本。

[⑦] （南宋）陆游著，钱仲联校注：《剑南诗稿校注》卷十《出游》，上海古籍出版社2005年版，第976页。

[⑧] （宋）苏过：《斜川集》卷五《伏波将军庙碑》，时苏过侍父适居惠州、万安军，"涉大海，过将军祠"，即伏波将军庙。中华书局1985年版，第91页。

[⑨] （宋）范仲淹著，李勇先登校点：《范仲淹全集》卷一二《宋故干州刺史张公神道碑》，四川大学出版社2002年版，第293页。

[⑩] （宋）李光：《庄简集》卷一七《祭马伏波文》，四川大学古籍整理研究所编：《宋集珍本丛刊》，线装书局2004年版，第90页。

关伏波神在庇佑水上交通安全的神职功能被淋漓尽致地表现出来,特别是在岭南琼州海峡、郁江乌蛮滩、灵渠等处,荫佑水上交通安全,甚至庇佑地方水旱等方面,灵异不断,功勋卓著,封号叠加,民众亦渐接受这种国家意识中的军功大将,一系列"威武""灵济"等封号,更彰显其形象高大和神职的多样。"故白起祠于杜邮,马援祠于南海,诸葛祠于三巴,张巡祠于睢阳,皆所以明施报之义,扬盛大之业也。"① 彰显马援军功于南海,这与宋时琼州"丁晋公尝贬为州司户,教民读书著文。庆历间,宋侯贯之创郡庠,嘉定庚午,赵侯汝厦新之,祠东坡苏公、澹庵胡公于讲堂之东西偏,匾其堂曰'明道'"。民众皆以为"马伏波之平海南也,命陶者作缶器"②。马伏波已深入地方,成为民众信仰的功臣英雄。甚至湘西一带,元至治三年（1323年）左右,壶头山伏波将军庙,"俗称马王庙","今其俗甚严奉之"③,可见,国家观念对这一地区的影响至深,已接受马援为其地的保护神。荆江、湘沅流域及附近地区,国家祭祀已深入民众,"民思之,（援）所到处祠庙俱存"④。故宋元时歌咏马援主题的重心与唐代有所不同。

而有关马援的附会之说也逐渐增加,诸如"铜鼓,古蛮人所用,南边土中时有掘得者,相传为马伏波所遗"⑤。

### 三 明清官方祭祀伏波神中心和主题的变化

明代,地方祭祀列入中央祭祀范畴的是沔阳马侯庙（见图3）。《明会典》卷八五《礼部·祭祀六》湖广"沔阳马侯庙:祀汉新息侯马援"。沔阳州,治今湖北仙桃市西南。《明一统志》卷六六《沔阳州》详载:"马侯庙,在州西五里,隔漕河,祀汉新息侯马援。本朝洪武中重建,每岁春秋致祭。"何以在承天府沔阳州祀马援?这里"汉水濒其西,浸汇如襟带,历潜、沔入大江,而洞庭、建业皆下游也"。地近武陵之地,江汉交

---

① （元）刘敏中:《平宋录》卷首,杜道坚《序》,文津阁四库全书本,140册,第1144页。
② （宋）赵汝适:《诸蕃志》卷下《志物·海南》,中华书局1985年版,第40页。
③ （元）陶宗仪:《游志续编》卷上,（元）顾文琛:《西游记》,台湾商务印书馆1981年版,第110页。
④ （宋）范致明撰:《岳阳风土记》,中华书局1985年版,第29页。
⑤ （宋）范成大:《桂海虞衡志》《志器·铜鼓》,中华书局2002年版,第100页。

错，洞庭在其南，与荆州相邻，祀马援于河畔，仍彰显其水神的特质。"沔阳之水秋连天，伏波祠前江可怜"①，伏波平水仍是其神职所在。

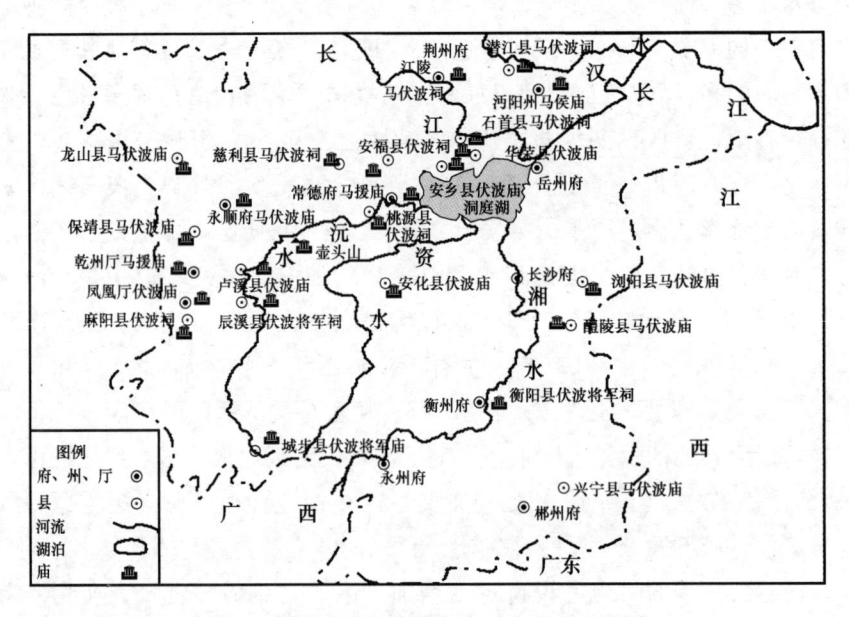

**图3 明清以湘沅流域为中心伏波庙分布图**

湖广布政使司所辖地域，除上述列入国家祭典之外，明代辰州城旁的伏波庙仍是当地官方祭祀的中心所在（见图3）。宣德时，辰州夏旱，官民祈神"妙运化机，大雨滋土，以濯辰人"②，司水神职可见一斑。辰州"野夫女子犹知道公之威名，在在有庙以祀公"。"公庙之在辰者，独登祭典，有司以时行事，无敢怠驰。人有水旱疫厉则祷焉。"明代除修复辰州城旁伏波庙及亭外，还修祀壶头山伏波庙，"庙亭既新，余（薛瑄）遂取公之大节，俾辰人刻之，并系以诗"。③官方在祭祀马援方面采取积极扶持的态度，在一定程度上便利于马援信仰的传播。常德府的马援庙，"俗称马王庙，久废址存，今改祀三贤祠"；沅江畔的常德府桃源县（治今

---

① （明）李濂：《嵩渚文集》卷二三《秋谒伏波庙》，明嘉靖刻本，北京图书馆古籍珍本丛刊，书目文献出版社1999年版，第357页。

② （明）薛瑄：《敬轩文集》卷七《祭文·辰州府告神文》，丛书集成本，中华书局1985年版，第131页。

③ 同上。

地）南三里的伏波祠，嘉靖时知县汪洋重修①。明代，沅江流域的慈利（治今地）一带峒蛮已形成一种习俗，"以夷姓从征剿，则人口安宁，否则有疫疠之家。峒中尊崇马伏波神。将出剿时，系牛于神前，以刀断牛首，卜胜负，牛进则胜，退则败，退而复进者，先败而后胜，以此为验"②。

其他"汉新息侯马伏波将军祠，荆鄂古道间，在在有之。意其征南时，都人沐其过化，久而祀之"③。承天府潜江县（治今地）东七里黄汉垸马伏波祠，明隆庆五年重修，地在河边的高氏堤上④；其南岳州府澧州（治今湖南澧县）东三十里的忠烈祠，嘉靖时知州创立，"祀马援"；华容县（治今地）南河外马援伏波庙，隆庆时已废；安乡县（治今地）马波湖伏波庙，"俗传屯兵于此"⑤，三处伏波祠庙地近洞庭湖。思南府的宋马援祠，明嘉靖时已废。⑥甚至连三峡地区奉节县东的白帝庙，正德七年（1512年），四川巡抚林俊"毁公孙述像，祀马援及川神、土神，改曰'三功祠'"，后于嘉靖时改祀刘备。⑦衡州府衡阳县（治今湖南衡阳西北）蒸水北，明时亦有伏波将军祠。⑧

湘西、渝鄂沿长江附近，黔东等地的伏波将军祭祀带，辰州马援庙地壶头山为重要的祭祀场所之一（见图3）。"神灵甚，舟人过者必割牲洒酒以祭，辰、沅诸处庙祀尤多。"⑨常德以上的沅江流域，"辰州各处民家亦以上巳日用羊祀马公"，"土俗最敬汉伏波将军马公援"。"永（顺）、保（靖）、龙（山）、桑（植）四县土人境内，处处皆有伏波庙，极壮丽，祀事甚虔。每年三月三日，醵金购牡羊，倩巫击鼓，人执羊，昂其首刺颈喷血，另一人跪献酒，以将诚敬。"与其说马援"余威震于殊俗，犹令蛮

---

① （明）陈洪谟纂修：嘉靖《常德府志》卷十《祠祀志》，嘉靖十七年刻本。
② （明）陈光前等：万历《慈利县志》卷一七《峒僚》明万历刻本。
③ （清）甘云鹏：《潜江贞石记》卷二，李崇信：《汉伏波将军祠记》，崇雅堂丛书本。
④ （清）穆彰阿等：嘉庆《大清一统志》卷三四二《安陆府》，续修四库全书本，620册第179页。
⑤ （明）钟崇文等：隆庆《岳州府志》卷九《秩祀考》，明隆庆刻本。
⑥ （明）钟添：嘉靖《思南府志》卷四《祠祀》，明嘉靖十六年刻本。
⑦ （清）黄廷桂等：雍正《四川通志》卷二八上《祠庙》，文津阁四库全书本。
⑧ （明）杨佩：嘉靖《衡州府志》卷四《祀典·祠宇》，明嘉靖十六年刻本。
⑨ （清）段汝霖：《楚南苗志》卷二《苗人总叙二》，岳麓书社2008年版，第58页。

人凛然畏人"①，不如说是国家礼制推行与教化，民众接受国家教化中的神灵更为贴切。官方祭祀马伏波神，仍颂扬其光明磊落。湘西今土家族居住地的沅江、澧水流域，除上述沅陵县、溆浦县、麻阳县（光绪《湖南通志·典礼志》载麻阳县有二伏波祠，当清时增加一处）外，泸溪县（治今地）北门伏波庙，辰溪县（治今地）西二里亦有伏波将军祠。沅江上游的城步县（治今地）南、黔江县（治今湖南黔江西南）亦分布有伏波庙。沅江支流熊水（今武水）的凤凰厅（治今湖南凤凰县），马伏波祠在东门外；永顺府龙山县（治今地）东南有伏波庙②；沅江支流北河上的永顺县（治今地）东南会溪上和保靖县（治今地）南亦有马伏波庙；乾州厅（治今湖南吉首西南）镇溪上亦有马援庙；靖州（治今湖南靖县）州治后和州南演武亭左各有马王庙，"其神即伏波将军"；常德府除武陵县南沅江和桃源县南的伏波祠外，还有桃源县东高吾铺沅水边的马伏波祠。③ 相邻的澧水流域澧州安福县（治今湖南临澧）南、永定县（治今湖南张家界）观音桥东亦有伏波庙。④ 资水流域的长沙府安化县（治今湖南安化东南）西圭溪坪有马伏波庙。其他湘江中下游长沙府除醴陵县昭陵马伏波庙外，还有浏阳县（治今地）黄基塘、湘阴县（治今地）西笙竹驿等，后者传说马援曾于此驻兵。⑤

清代，荆州府（治今地）的长江两岸的马伏波祠有三，一在"江陵县东草市，一在万首县西南，一在监利县北八十里"⑥。其他涪州（治今重庆涪陵）东十里的伏波祠，"祠汉新息侯马援"，其南乌江江畔的彭水（治今地）西壶头山之麓，也有伏波祠。⑦ 后两处的马援祠应是湘西马援

---

① （清）段汝霖：《楚南苗志》卷六《上巳祀神》，岳麓书社2008年版，第222页。

② （清）李瀚章等编纂：光绪《湖南通志》卷七六《典礼志》续修四库全书本，上海古籍出版社2002年版，663册第273页。

③ （清）穆彰阿等：嘉庆《大清一统志》卷三六一《宝庆府》、卷三六五《常德府》、卷三六七《辰州府》、卷三六九《沅州府》、卷三七二《永顺府》、卷三七六《靖州》、卷三七九《乾州直隶厅》，续修四库全书本，620册第538、593、616、639、696、734页；621册第8页。

④ （清）李瀚章等编纂：光绪《湖南通志》卷七七《典礼志》续修四库全书本，上海古籍出版社2002年版，663册第273页。

⑤ 同上书，第663册190页。

⑥ （清）穆彰阿等：嘉庆《大清一统志》卷三四五《荆州府》，续修四库全书本，620册第249页。

⑦ （清）穆彰阿等：嘉庆《大清一统志》卷三八八《重庆府》、卷四一七《酉阳州》，续修四库全书本，621册第185、693页。

崇拜的扩展。

　　清代，湘江以南的桂阳州临武县（治今地）东北马侯岭有伏波将军祠，"祀汉马援，以援征南时曾经其地，故也"①。郴州兴宁县（治今湖南资兴）泷头亦有祀马伏波的庙宇。②这里已是古桂阳郡地，如果溯源，路博德或许与这一地区有关，而由于国家礼制的宣传和教化等作用，这一地区祀伏波将军马援而非路博德。

　　清赵翼在《瓯北集》卷一四《从军行》言："粤西祀伏波，滇南祀诸葛，代阅数千载，英风犹未沫，伟哉！此二公，建树何宏阔。"明清广西祀马援伏波将军祠的庙宇遍布，"广西伏波庙最多，皆祀马文渊"，追其原因，一般以为，马援生前过岭西"穿渠""治郭"，申律约束，"是其泽之被于岭西独深"③。桂林为明靖江王府所在，"靖江亲王好善有诚，乃具启请金帛以为木石之资"，于天顺五年（1461年）至六年（1462年）修桂林伏波庙。④

　　明清广西另一处伏波庙就是横州乌蛮滩的伏波庙（宋称威武庙）。这里地处郁江江畔，为明清朝廷出使安南必经之地。洪武初，朝廷册封安南，翰林学士张以宁、编修王廉等先后两次途经此地。张以宁诗："丹荔黄蕉长盛祭，绿沉金锁尚英风，滩声夜带军声壮，岚气秋随剑气空。"⑤王廉经此"睹其庙貌颓坏，因所余金俾有司缮修之"。并述修庙原因，"援当时杀戮群蛮过当，故蛮俗今犹不共其祀耳。为之修庙，良是也"⑥。国家倡导作用不可低估。弘治十四年（1501年），重修乌蛮滩伏波庙，并以宋庆历时伍粹建庙时旧名，更名为乌崖⑦；十八年（1505年）翰林编

---

①（清）穆彰阿等：嘉庆《大清一统志》卷三七五《桂阳直隶州》，续修四库全书本，620册第734页。

②（清）穆彰阿等：嘉庆《大清一统志》卷三七八《郴州府》，续修四库全书本，620册第776页。

③（清）梁章钜等撰，白化文等点校：《楹联丛话》卷四《庙祀下》，中华书局1987年版，第46页。

④（明）孙元肃《桂林重修伏波庙碑》，收入（清）王森编《粤西文载》卷三八，文津阁四库全书本。

⑤（明）张以宁：《翠屏诗集》卷二《乌崖滩马伏波祠》，文津阁四库全书本，409册第677页。

⑥（明）王祎：《王忠文集》卷一七《书代祀马援颂后》，中华书局1985年版，第360页。

⑦（明）郑岳辑：《莆阳文献列传》卷一二（明）彭甫《重建乌崖滩伏波将军马侯庙记》，北京图书馆古籍珍本丛刊本，19册第147页。

修沈煮再次册封安南，"乌蛮滩头苦竹密，伏波庙前春日西，扬旌走马迎天使，拥节封王壮汉仪，试向殊邦观礼乐，交南元是旧边陲"①。乌蛮滩伏波庙在一定程度上起着国家昔日对边地的统治和明时与安南往来的交通保障作用。嘉靖二年（1523年）、六年（1527年），岑猛及属下土目卢苏、王受分别作乱，朝廷分别派两广总督姚镆、兵部尚书王守仁镇压叛乱。王守仁有《梦中绝句》诗云："此予十五岁时所作，今拜伏波祠下，宛如梦中，兹行殆有不偶然者，因识其事于此。"而《谒伏波庙二首》有"四十年前梦里诗，此行天定岂人为……尚善远人知向望，却惭无术救苍痍。从来胜算归廊庙，耻说兵戈定四夷。""荒夷未必先声服，神武由来不杀难。想见虞廷新气象，两阶干羽五云端。"② 王守仁招抚边地民众，希望边陲安宁，国家一统的新气象昭然若揭。这其中不乏有希望国家在边疆秩序建构中利用神灵的力量。因乌蛮滩"卑陋不称显佑，爰命州府增饬栋宇，作而新之"。南宁知府受命新修，并作碑记，述"古之豪杰任大事而立奇功，足以利国家、垂永久者，其大致有三。曰机、曰忠、曰智，而神存乎其间"③，再次颂扬马援的丰功伟绩。嘉靖二十九年（1550年），南宁知府王贞吉又在庙前立碑，"乌蛮非司以渎前古名贤之祠，易名'起敬滩'"。至崇祯十年（1637年）八月，徐霞客至此时，"余遍观庙中碑甚多，皆近时诸宦其地者"④。官宦颂咏达到顶峰。为王守仁献招抚策的副总兵张佑，作战勇敢，受命镇守思州、田州宜叛之地。其过乌蛮马伏波祠，亦叹死后当如伏波，享俎豆而有功于世。"后田州人立祠横山祀之。"⑤ 而嘉靖《南宁府志》卷十《文艺志》收录的张以宁、钱溥、姚镆、王守仁、黄佐、董传策、吴时来、方瑜等的《题伏波祠》，都是歌咏马援在边地建功立业，贡献国家的主题。

乌蛮滩伏波庙除彰显国家秩序在边地构建外，更多还有其亲近民众的

---

① （明）李梦阳：《空同集》卷二十《龙州歌送沈编修使安南》，上海古籍出版社1991年版，第155页。
② （明）王守仁著，王晓昕等点校：《阳明先生集要》卷四《梦中绝句》《谒伏波庙二首》，中华书局2008年版，第974、997页。
③ （清）金鉷修，钱元昌、陆纶纂：雍正《广西通志》卷一百八《艺文》（明）蒋山卿《（横州）伏波庙碑记》，雍正十一年刻本，189册第773页。
④ （明）徐霞客：《徐霞客游记·粤西游日记二》，上海古籍出版社1980年版，第443页。
⑤ （清）张廷玉等：《明史》卷一六六《张佑传》，中华书局1974年版，第4497页。

方面。诸如"兹土之人，岁时伏腊必祷焉，雨旱札瘥必祷焉，诸往来者，亦血荐唯谨"①。嘉靖四十二年（1563年）左右的南宁知府亦云："（马伏波）功德着岭表，是宜随地祀之。而祀之横江之滏，得非以伏波威灵于今尤烈，怪石险流，假以镇压，而往来之人，恃以无恐者也。"② 马援在地方维护交通，水旱丰歉，人老疾病等方面的神职，更贴近民众，已成为民众普遍接受的神灵，这也是明清马援伏波祠庙在广西广布的主要原因之一。

除上述两处广西伏波祠重要外，明清时，郁林北流县（治今地）鬼门关（后改天门关）的伏波庙仍存。③ 安南的安州（治今越南清代省清代县东南）亦有鬼门关和马伏波庙。"朝使过者，例得致祭，有铜船"④。"铜船"、"马留人"、铜柱等，皆是后人附会与马援南征有关。安州伏波庙，成为明清使臣出使安南例祭的庙宇。南明桂王永历十二年（1658年），许孚远、张衡宇、黄臣以取道安南赴滇，有《同黄、张祀伏波将军庙歌》。⑤ 至道光十六年（1836年），谅山南鬼门关伏波将军庙，"甚灵异，凡使臣往来，必诣庙进香"⑥；光绪九年（1883年），谅山长庆"府南十五里为鬼门关，有伏波庙"⑦。

值得注意的是南宁府宣化县（治今广西南宁）府城邕江西岸的伏波庙，据说为唐武德时建，清康熙十三年（1674年）至十八年（1679年），镇南将军莽吉图于两广在平定吴三桂、尚之信叛乱中，战绩显赫，"康熙间郡人以莽吉图并祀"，与马援一样，彰显军功以及利用神灵维护国家在广西的稳定。其他太平府崇善县（治今广西崇左）、左州（治今广西崇左

---

① （清）金鉷修，钱元昌、陆纶纂：雍正《广西通志》卷一百八《艺文》（明）蒋山卿：《横州伏波庙碑记》，雍正十一年刻本，189册第773页。

② （明）方瑜《告伏波庙文》，收入（清）汪森编《粤西文载》卷七五，文津阁四库全书本。

③ （明）陆应阳：《广舆记》卷二十《广西》，清康熙五十六年聚锦堂刻本。

④ （清）乾隆官修：《清文献通考》卷二九六《四裔考·安南》，浙江古籍出版社2000年版，第7454页。

⑤ （明）许孚远：《交行摘稿》，丛书集成初编本，中华书局1985年版，第1页。

⑥ （清）蔡廷兰：《海南杂着·炎荒纪程》，台湾文献史料丛刊，台湾大通书局2000年版，8辑第20页。

⑦ 沈云龙主编：《近代中国史料丛刊》，（清）唐景崧《请缨日记》卷二，文海出版社2002年版，43册第88页。

北)、太平土州(治今广西大新南)、江州土州(治今广西崇左南)等处都有伏波祠,大多建在州治或州署迩旁①,其拱卫地方政权和彰显军功的用义十分明显。嘉靖三年(1524年),左州知州周墨,在岑猛乱后,加意抚恤当地民众,"开田凿井,筑城建学,立祠祀马援、张柬之、苏缄、邹浩诸贤,以风厉土俗"②,其教化而渐立边疆秩序。新近藤兰花《边疆安全与伏波神崇拜的结盟——以清代广西左江流域伏波庙为视野》③提出,广西龙州、凭祥等有多处伏波庙,中法战争后,桂西南边疆危机,伏波神再一次与国家边疆经略结盟,通过重建或新建伏波庙来强化王权对边疆的统治,伏波庙承载着中央政治权力对地方民间的重塑和再造。

今广西南部沿海,明清属广东廉州府(治今广西合浦)管辖,廉州府"伏波将军庙,州县皆有"(见图4)④钦州(治今地)东南一百六十里乌雷岭,"突起海滨,其地险要,设兵防……伏波庙前,廉州水路经此"⑤。这里有淡水,"往来舟楫于此汲水,近交趾界,伏波庙在其上,交人每望祭之"⑥。明嘉靖时,"交贼杜文庄泊舟乌雷岭下,以觇官军",明军遂立涎坑营,清康熙时亦设营防守,"闻乡人每岁望祭"⑦,官民亦同祭,起到拱卫边防和保佑地方水路安全的作用。清康熙十四年(1675年)、嘉庆年间(1796—1820)、道光八年(1828年)、光绪八年(1882年)、民国十二年(1923年)都曾修葺或扩建。道光时还是"香火甚盛"⑧。钦州龙门水口阿公山的伏波庙(见图4),亦在康熙年间建,嘉庆九年(1804年),副将舒万年率官民重建。⑨伏波祠庙与军民关系密切。

---

① (清)金鉷修,钱元昌、陆纶纂:雍正《广西通志》卷四二《坛庙》,雍正十一年刻本,189册第329页。
② (清)金鉷修,钱元昌、陆纶纂:雍正《广西通志》卷六七《名宦》,雍正十一年刻本,189册第521页。
③ 《广西社会科学》2009年第12期。
④ (明)李贤等:《明一统志》卷八二《廉州府》,文津阁四库全书,161册第672页。
⑤ (清)穆彰阿等:嘉庆《大清一统志》卷四五〇《廉州府》,续修四库全书本,622册第654页。
⑥ (清)顾炎武:《肇域志》卷四八《广东》,上海古籍出版社2004年版,第2302页。
⑦ (清)阮元:《广东通志》卷一二二《关隘》,道光二年刻本。
⑧ 道光《廉州府志》卷九《建置·坛庙》。
⑨ (清)阮元:道光《广东通志》卷一五〇《建置略》,道光二年刻本。

其他钦州伏波庙多处，还有横山村伏波庙，乌雷庙前海中香炉墩俱祀马援。①

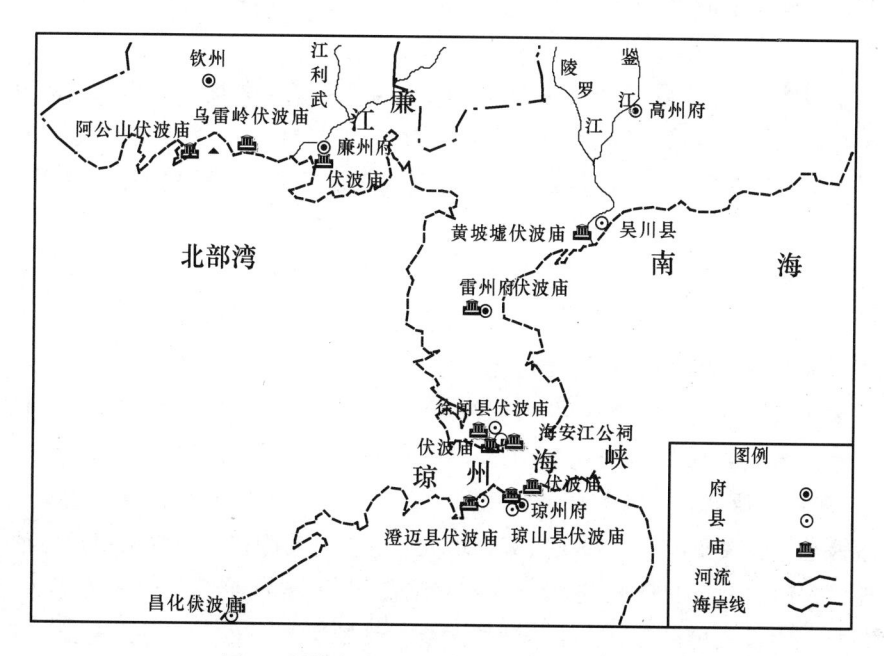

**图4 明清以琼州海峡为中心伏波庙分布图**

明清广东伏波庙仅有几处祀路博德。英德县洸口武水西有唐建的伏波将军庙，洪武二年（1369年）迁于韶州府官滩，二十年（1387年）又迁于韶州南十里武水西，并祀马援，弘治三年（1490年），通判伍惠重修；嘉靖四年（1525年）知府唐升重修；雍正十三年（1735年）重修。而连州朝天门外的路博德庙仍存。②雷州和徐闻县伏波庙，皆祀路博德、马援两伏波将军。雷州伏波庙，弘治十年（1497年），太监陈荣、参议任谷"捐资鼎建，置田一十六亩以供祀事"；嘉靖十七年（1538年）郡守洪富重修，"增以春秋二祭"；后又有署府事戴嘉猷重修；万历二十三年（1595年），郡守伍士望又捐金重修。③雷州伏波庙，因阴佑南渡战役平

---

① 民国《钦州志》卷二《礼乐·坛庙》。
② （清）郝玉麟等修，鲁曾煜总辑：雍正《广东通志》卷五四《坛祠志》，同治《韶州府志》卷十九《建置略》，引李聪《记》，雍正九年刻本。
③ （明）欧阳保等：万历《雷州府志》卷一一《秩祀志》万历四十二年刻本。

定叛乱,"平贼祷于神获应"。康熙二十年(1681年)都司徐飞及知府马麟生等重建庙宇,乾隆四十九年(1784年),官绅重修庙宇。① 值得注意的是,宋元至清康熙间,"而二伏波将军者,专主琼海。其祠在徐闻,为渡海之指南"②(见图4)。

康熙时琼州海峡祭祀又增加了水师副将江起龙与张瑜。江起龙,初为参将,驻白鸽寨(今广东雷州北),后为副将移镇海安,率师打败海贼的侵扰。康熙五年(1666年),巡洋遇飓风舟覆而殉。商民塞海岸哭泣,"由是显灵海上,舟楫往来,每遇风波不测,祈祷立应"。张瑜,虎门副将,康熙二十年(1681年),海贼杨二、谢昌横行虎门、江门等洋面,张瑜多次击败贼寇,歼敌无数,俘获海寇三十多名等。后海贼围攻海口,张瑜率部增援,与海口水师夹击,于白沙门大破贼寇,俘获甚众,救出民众两千余名,雷琼商民颂其功,积劳而卒。同年,琼州知府佟湘年上任,渡琼州海峡,船民"告以虔祈(张、江)二公,可保无虞",果如所言,"后顺商民所请,(二十六年)建祠于海口大街"。颂词曰:"神游水府,咸播重洋,灵昭海宇,鲲鳌安流,琼波顺轨,有功则祀,捍灾御侮,春秋匪懈,前歌后舞。"③雍正八年(1730年)广东布政使王士俊奏请朝廷,起龙"为人仁勇忠直,故生着匪躬之节,殁显利涉之功,宜膺大典云"④。因"在官以公事没于海,颇着灵异,保护商民有功,守臣以为言,故封"⑤。次年,钦定封爵为"英佑骁骑将军之神",并在徐闻海安城建江公祠,乾隆二十六年(1761年),知县张三仁迁南门外渡头。嘉庆六年(1801年),雷琼道蔡共武、游击何英重建海安江公祠。重建原因,"英灵未泯,旌麾剑戟,常出没于银涛雪浪中,贼遇之丧胆,商民见之则额手称庆,盖官艚佑舶,蹴波倾樯几滨于不测者,望空呼祷辄安帆无恙,公之御灾捍患,功德甚巨,而忠于王事,生气凛然,有足与日月争光也"⑥。至今徐闻海安仍存江公祠,而伏波祠已不见踪迹。而海口张江二公祠,后虽

---

① 嘉庆《雷州府志》卷八《坛庙》。
② (清)屈大均:《广东新语》卷六《神语·海神》,中华书局1985年版,第205页。
③ (清)佟湘年:《张江二公祠记》,民国《琼山县志》卷一六《金石》。
④ (清)阮元:道光《广东通志》卷二六一《宦绩录》,道光二年刻本。
⑤ (清)乾隆官修:《清文献通考》卷一百六《群祀考》,浙江古籍出版社2000年版,第5782页。
⑥ (清)蔡共武:《重修江公庙记》,嘉庆《雷州府志》卷一八《艺文》。

改称江张二公祠，但以江公为主，配祀张公，附祀康熙海战杀贼商人谢谦、仓使崔祥。雍正九年（1731年），行商重修海口江张祠大门，增建牌坊；次年，琼山知县准许每年春秋的祭品花费从城壕租银支出。① 乾隆时，海安所、海口"并有祠，往来渡海者必虔礼焉"，"至今官民事祀愈谨"。② 乾隆三十八年（1773年），琼州官绅商民公捐重修江将军庙，"能为民御灾捍患"是修庙的主要原因。③ 嘉庆十六年（1811年），广东虎门镇副将张瑜被朝廷封为"襄靖普佑之神"，附祀海安江公祠。④ 清康熙后期及以后，琼州海峡一带的江公、张公信仰已逐渐代替了宋元明时的伏波信仰，其间官方的引导作用和江张二公神的不断显灵不可小视。至于高州的吴川县黄坡墟，地处鉴江入海口附近，清代也有祭祀马援的伏波庙。⑤ 当是雷州伏波庙向东的延伸。

值得一提的是，康熙十年（1671年），雷州正黄旗耿宏道以进士选为州右营守备，捐俸建造于参将照墙下横街东南，专祀新息侯马援。后宏道卒，家眷无法回籍，遂削发为尼，住此祠遂为伏波庵。⑥ 光绪初，庵尼捐资重修，可见伏波信仰仍在民间流行。宣统元年（1909年），庵尼因日本教案告发，知县收归充公，后售与法国教士改建露德堂。⑦ 马援信仰以及庙宇的变更，官方在很大程度上影响其庙宇的命运。近代外来宗教的传入，也在一定程度上冲淡和影响民间信仰的群体。

琼州府琼山县（治今海南海口）东龙岐村的宋伏波庙，祀两伏波。万历三十四年（1606年），副将邓钟又在参将公署旁建庙。建庙原因未及，但从邓钟万历二十七年（1599年）为东山游击将军，率部平剿黎族马矢叛乱来看，这次建庙应与二伏波将军平敌报国，建立军功有关。⑧ 万

---

① 咸丰《琼山县志》卷五《建置五·坛庙》。
② （清）翁方纲：《英佑将军江公祠壁记》，道光《广东通志》卷一五一《建置略》引，道光二年刻本。
③ （清）萧应植：《重修江将军庙碑记》，乾隆《琼州府志》卷二《坛庙》。
④ （清）刘锦藻：《清续文献通考》卷一五八《群祀》，浙江古籍出版社2000年版，第9128页。
⑤ （清）毛昌善修，陈兰彬纂：光绪十四年《吴川县志》卷三《坛庙》，光绪十八年启寿刻本。
⑥ 嘉庆《雷州府志》卷八《坛庙》。
⑦ 民国《海康县志》卷六《坛庙》。
⑧ （明）邓钟：《汉伏波祠记》，民国《琼山县志》卷一六《金石》。

历四十五年（1617年）副使戴熺又迁建教场演武亭西，迁建原因，"盖此地人苦风涛之险而两侯并显并（利）济之仁。琼南之民以两侯为管仲（相），而南北之济以两侯为关侯"。关羽庙遍天下，而两侯庙狭小，建庙与演武亭关羽庙并峙，"崇德报功"①，后毁坏；清康熙五年（1666年），巡道马逢皋又于北郊大道边建庙，并书匾额"英灵如在"。建庙原因除"令往来瞻仰之意也"外，与"抗灾御患""利涉"风涛有关。"悉闻龙歧有倭寇犯境望屯，三炮不响，乡人以为有侯佑焉。"② 神灵灵异成为不断修庙的重要原因。康熙二十年（1681年），知府佟湘年因庙倾坏而修庙，续修仍然是遵"开疆拓土之功"③。三十七年（1698年）商人陈国龙复修，雍正八年（1730年）郡城文武官员捐修。④ 此次修庙包括知府、水师协副、总兵、游击、守备、知县等二十四名官员，并补刻苏轼、李纲碑，"庶二公懿迹，与侯英灵共昭千古"⑤。其后，道光二十九年（1849年）、咸丰三年（1853年）、同治十年（1871年）重修，重修官员多为琼州知府、总兵。而这种官方的行为，随着改朝换代以及官员的不重视，到民国初年已倾坏，被迫移东坡祠东，旧祠废弃。而琼山县杰兴、大挺、邕阳三图亦有伏波庙。⑥ 当然，其余的澄迈县（治今地）东南二里的伏波祠，明天顺、清康熙皆重修；昌化县伏波将军庙祀马伏波。⑦ 儋县乐三墟的伏波庙，至清代，"抚今追昔，凡琼郡得以乐生安业者，皆将军英灵有以摄之也"⑧。有功于地方的神迹彰显无疑。

另外，雷州多白马庙，白马神为何？光绪八年（1882年）雷州知州张赓云作《白马庙记》云："白马神，姓董讳晋，东晋时人……师许旌阳学道，斩蛟立功……以救灾除害为务，雷郡三面环海，海滨多怪，昔时或为蛟螭所窟穴，神于此必有大功于民。故至今享祀不忒，而鼎力膜拜者相属于道也。""然郡人士之奉祀白马神者，无不心存敬畏。"民国梁成久

---

① （明）戴熺：《改建两伏波祠碑记》，咸丰《琼山县志》卷二五《艺文志上》。
② （清）马逢皋：《新建汉两伏波将军庙记》，康熙《琼山县志》卷十《艺文志》。
③ （清）佟湘年：《重修汉两伏波将军祠庙碑记》，民国《琼山县志》卷一六《金石》。
④ 咸丰《琼山县志》卷五《建置五·坛庙》。
⑤ （清）李顺：《重修汉两伏波将军庙碑记》、《题重刻苏、李二公伏波庙碑记》，民国《琼山县志》卷一六《金石》卷五《建置五·坛庙》。
⑥ 民国《琼山县志》卷五《建置五·坛庙》。
⑦ （清）阮元：道光《广东通志》卷一五一《建置略》，道光二年刻本。
⑧ （清）黄有才：《重修将军庙记》，民国《儋县志》卷九《金石》。

《白马庙存疑》乃言："今则城市乡庄所在有之，神亦素著灵异，保障一方。"① 梁氏不认可张氏观点，认为白马庙或为泥马渡康王的崔府君，元代天下遍建祠，雷州亦有可能建庙或为广西平南县（治今广西平南）白马庙神梁嵩。梁嵩为五代时南汉状元，乘白马渡东濠墟，没水而亡，以乡人立庙，而其事迹还有减免一郡丁赋。梁成久以平南距雷州较近，且神有进士之称，"似此较为近之"②。值得注意的是，雷州当地民间一般都认为，白马神为马援。雷州伏波庙正月十五祭庙，游神的仪仗中，有白马偶具；徐闻县有"马跑泉碑"，上面阴刻的伏波将军坐骑白马；海南儋州有白马井，可见白马不仅成为伏波将军神话的重要内容，而且也成为伏波神崇拜的象征。白马大王是否为伏波神崇拜的一种特殊形态？新近王柏中在《世界宗教研究》2011年第4期发表《伏波将军拟或龙肚之精——白马大王神性问题辨析》一文，对越南河内的白马庙进行了辨析，认为白马大王本为伏波神，在越南古代民族国家产生后，以龙肚神代替伏波神，对其神性进行了重构。而雷州白马神是否与越南龙肚之精重构有关，还需探讨。但从历史发展以及事实来看，雷州白马神拟或与越南不一样，或许本源都与马援崇拜有关，但后来发展脉络，应是有所差别的。郭沫若先生对儋州白马井的白马，从古音韵的角度认为，白马为"伏波"③，如若这样，白马信仰为伏波马援信仰的民间特异变化而已。

雷州城北府署后的白马庙，乾隆四十四年（1779年）建三间大殿，卸旧殿为山门，乾隆五十三年（1788年）官员捐资修戏台，嘉庆六年（1801年）官绅商民捐造拜亭、神阁并重修戏台，道光元年（1821年）官员捐资重修戏台，道光十一年（1831年）民众捐造庙前石狮，咸丰九年（1859年）、光绪十二年（1886年）两次官绅重修。④《采访册》"按庙今奉为郡主之神"，地位崇高，应该是伏波马援神，舍此，除雷祖外，雷州无神灵可以和伏波将军马援相提并论。另外，海康县城南门内白马庙，庙门题额"白马祖庙"，咸丰九年（1859年）重修；城东门内高树坡白马庙，宣统二年（1910年）知县与县民捐资重修；城西瑞星池上白

---

① 民国《海康县志》卷六《坛庙》。
② 同上。
③ 陈波：《郭沫若在海南的创作和学术活动》，《郭沫若学刊》1989年第1期。
④ 民国《海康县志》卷六《坛庙》。

马庙,嘉庆七年(1802年)由守廉坊迁建于此;城南门外夏和里白马庙,道光二十五年(1845年)重修、光绪十七年(1891年)再修;一在城外调会坊,光绪二十九年(1903年)建修。仅海康城附近就有六座,"按县属白马庙最多,此只载其在城中香火繁盛者,余不具列"①。

另儋州东六十里有劳将军庙,清代父老相传神为马伏波将军部下先锋将,凯旋时牵马饮水,见水中影,马惊伤劳将军,亡后遂为神。"凡新官到任,必先设祭"②,当是上述传说流变而已。

总之,明清的伏波信仰,在广西、湖南仍然起到国家在地方秩序重建中的神灵指示作用。明清时"广西伏波庙最多,皆祀马文渊","然粤民意中皆有马无路","是其泽之被岭西独深,岭西之专祀固宜"。③ 实际上,官方在广西大肆倡导建马援庙,拱卫边疆秩序,教化地方风俗的作用体现得十分充分。乌蛮滩地位凸显,与官军不断镇压边地民众起义、使节出使安南等密切相关。正如光绪十六年(1890年)广西巡抚马丕瑶上奏云:"祠庙、书院,则唯汉臣伏波将军马援,明臣两广总督王守仁为最。臣校阅所经南宁府城及所属多有马援、王守仁祠庙。而横州之乌蛮滩马伏波庙尤为著灵异,水旱患难,祈祷辄应。"祈于乌蛮滩马援祠与思恩府王守仁书院,请颁"御书匾额两方",教化地方,"凡广西所属各府州县前已建有马援、王守仁祠庙书院之处,饬令地方官春秋专祭,以顺舆情"④。地方教化与祭祀的作用同等重要,"唯教养之泽深入人心,故报祀之隆永于身后,马援、王守仁均与有功德于民,则祀之例相符"。"至今粤民犹追思乐道两人之遗事。"⑤ 而琼州海峡一带的两伏波信仰,官方的引导,雷州二伏波祠,"朔日城南小队过,鬓边只要插花多,金钗竞叩三铜鼓,沉水齐熏二伏波"⑥。明代,"今岭海多伏波庙,而雷之徐闻、浔之乌蛮滩,

---

① 民国《海康县志》卷六《坛庙》。
② 道光《琼州府志》卷四四《杂志·纪异》。
③ (清)梁章钜等撰,白化文等点校:《楹联丛话》卷四《庙祀下》,中华书局1987年版,第46页。
④ (清)朱寿朋:《东华续录(光绪朝)》卷一百二,清宣统元年上海集成本,384册第324页。
⑤ 同上。
⑥ (清)屈大均等撰,赵福坛等点校:《翁山诗外》卷一五《七言绝句·雷阳曲》,《屈大均全集》,人民文学出版社1996年版,第1177页。

香火尤盛,士夫客商往来必祷祀乃济"①。而雍正以后,随着雍正封江起龙"英佑骁骑将军之神",嘉庆封张瑜为"襄靖普佑之神",神庙香火旺盛,不断灵异,逐渐代替伏波神司职琼州海峡。两人由水师军官升格为神灵,司职水上交通和安全的作用十分明显。

总之,伏波信仰是国家祭祀与地方秩序构建互动中的代表。一方面,两伏波将军通过国家册封、地方官员倡建庙宇、士人歌颂其建功立业的英雄主题等形式,形成了神灵在中央的正统性和弘扬的主题;另一方面,原来建功于地方的伏波神灵不断显灵异,屡屡降雨与交通畅达于地方,被地方官民所接受,国家神灵在地方上真正落地,形成了后代以北部湾乃至琼州海峡为中心的祭祀带,伏波神职多为庇佑江海航海安全职能;五岭山地、粤西一带的祭祀带,神职也多为水上交通与地方安定;湘沅流域祀伏波神,也多彰昭其有功于地方。历史时期,三大伏波信仰的中心和主题存在着一定的空间规律。伏波信仰的变化,渗透着国家祭祀的逐渐地方化,渗透着国家在地方秩序构建中,利用英雄等神灵信仰在地方的空间逐步展开和深化。

## 第三节 萧公信仰的形成、地域扩展与官民互动

目前学术界对妈祖、南海神等水神的研究已很深入,而对遍祀于江河湖泊的水神萧公,则没有给予足够的重视,相关研究成果更是少见。② 现存的《大洋洲萧侯庙志》是一本对萧公神记载的专志③,书中收录的材料对我们揭示萧公成神及演变的过程作用重大。本节首次对萧公信仰进行系统研究,拟从萧公信仰的形成、地域扩展入手,展示地方神灵如何演变成国家正统神灵的过程以及神灵塑造与地域扩展的原因。

---

① (明)田艺蘅:《留青日札》(不分卷)《伏波将军八人》,明万历重刻本。
② 潘铭燊:《郑和的保护神:萧侯——美国国会图书馆藏孤本〈太洋萧侯庙志〉中的一条稀见资料》,《南山论学集——钱存训先生九五生日纪念》,北京图书馆出版社2006年版,第48—51页;唐庆红:《〈太洋洲萧侯庙志〉及其史料价值》,《中国社会经济史研究》2011年第1期。
③ 《大洋洲萧侯庙志》有四种版本:天启、道光、宣统、民国,也称《太洋洲萧侯庙志》,简称《萧侯庙志》。后三种版本增加了清人对萧公的相关记述,本书以清宣统三年刻本为依据。

## 一　萧公信仰的形成与祖先崇拜

萧公信仰肇迹于元代江西临江路新淦州，其祖庙在新淦大洋洲（今江西新干县大洋洲镇），其神祇包括萧氏祖孙三代——伯轩、祥叔、天任。萧公信仰的产生与其宗族势力密切相关。现依《大洋洲萧侯庙志》所载的萧侯世系，将萧公神三世谱系梳理如下①：

萧伯轩，生于宋咸淳八年（1272年）十月初三，娶吉安永新坪上刘氏，死于元大德十年（1306年），葬新淦社山。其先祖本为开封祥符人，其父萧兰芳官至吉安路刺史，后卒于吉，萧伯轩遂留寓吉。后伯轩从吉安永丰迁徙至临江新淦大洋洲定居，生二子一女，二子为祥叔、瑞叔。

萧祥叔，伯轩长子，生于至元二十三年（1286年）四月初二日，亦娶吉安永新坪上刘氏，卒于元至正九年（1349年），葬于新淦社山。其子二：天佐、天任。

萧天佐，祥叔长子，生于元至大四年②五月初五日，配吉安永丰水南江氏，殁于至正二十七年（1367年），葬于新淦社山。天佐有二子：聿修、敬修。

萧天任，祥叔次子，生于元泰定元年（1324年），亦配吉安永丰水南江氏，卒于永乐三年（1405年），葬于新淦社山。天任无子，由天佐次子敬修过继，有三女，莲湖李伯良入赘其长女。

萧公神包括萧氏三代，最早在洪武年间就有萧氏成神的记载，翰林院编修张美和《修德堂记》云，萧伯轩、萧祥叔、萧天佐三世已"有声江湖间"，殁后"人皆像而祀之"③。如果这样的记载可靠的话，说明至少在洪武年间萧公神已有一定的影响力，而这里提到的萧氏三世中并没有孙辈萧天任，而是萧天佐。这篇记文是由萧天佐的儿子萧聿修请张美和写的，由于张氏与聿修先祖是莫逆之交，张氏无法推辞才撰此记文。而张美和死后，萧天任"为之助襄事"④，可见两家关系密切。至明宣德十年（1435年）广东按察司佥事曾鼎撰《新淦萧侯庙碑记》载，萧伯轩"不事家人

---

① 《大洋洲萧侯庙志》卷一《萧氏世系图》，清宣统三年刻本，第3—4页。
② 元代无至泰年号，从时间上考证应是至大四年（1311年）。
③ （明）张美和：《修德堂记》，载《大洋洲萧侯庙志》卷四，第15页。
④ （明）张克文：《萧侯灵异集前序》，载《大洋洲萧侯庙志》卷四，第12页。

生业，唯以济人利物为务，晚有神识，事皆前知"，死后立庙于家，被乡人祀为水神。其子祥叔增修父道，更复神异，"往往能拥护舟楫于江湖风浪之间"，死后合祀于伯轩庙。其孙天任"生有灵异，人有所叩，无不前知"，于永乐三年（1405年）坐化，亦合祀于伯轩庙。① 其后相关碑记对萧公神三世的记载亦与此相类似，只不过附会的成分越来越多。看来萧公庙本为宗室庙宇，是萧氏子孙祭祀先祖的地方，此后萧天任取代了萧天佐，同其祖伯轩、父祥叔合祀一庙中。而萧天任如何顺利取代萧天佐，这背后可能有深层原因，因史料有限，在此不作妄测。

萧公庙既为萧氏宗庙，萧公神又如何成为当地民众崇拜的神灵呢？这应与新淦自然环境相关。新淦"据豫章上游，当处虔广之冲，为江省要邑"②。赣江自古就是南北交通的水陆要道，"大洋洲当赣江千里中流，萦回襟带，独据形胜"③。新淦"本闽粤噤喉，自吉赣以下，素称险地，民驾缘舟子渔利，遂多不测"④。新淦水道多险，不利于船只的航行。正是这样的水患环境，为历代萧公死后成为水神提供了有利条件，在萧公显灵的事迹中就出现了许多"救江湖舟楫之险"的故事。这样一方面可以迎合民众寄托于神灵来保佑航行安全的心理，另一方面也可以满足民众祈求神灵平息当地水害的心理需要。由于萧氏祖孙宗庙"当横流之中"，地处赣江要道⑤，利航运平水患等神异事件不断发生，人们自然将其认为是萧氏祖孙荫佑所致。而宗族势力的介入也为其信仰的形成与扩展帮助甚大。萧氏"世居淦之大洋洲，为洲之右族"⑥，明人金幼孜曾言："吾新淦自宋元以来多大家硕族，而白马萧氏其一也。"⑦ 白马与大洋洲隔江相望，且入赘于萧氏的莲湖李伯良也是白马人。虽然不能确定大洋洲萧氏与白马萧氏有何关联，但萧氏作为地方大族，是主导地方的势力之一，为地方社会

---

① （明）曾鼎：《新淦萧侯庙碑记》，载《大洋洲萧侯庙志》卷四，第1—2页。
② （明）朱琏：《城隍庙记》，载同治《新淦县志》卷一《地理志》，台湾成文出版社影印，第480页。
③ （明）张克文：《萧侯灵异集前序》，载《大洋洲萧侯庙志》卷四，第12页。
④ （清）戴衢亨：《杨潢捐资义渡记》，载同治《新淦县志》卷一《地理志》，第519页。
⑤ （清）刘琪徽：《募修大洋洲萧公英佑侯王石岸疏》，载《大洋洲萧侯庙志》卷七，第8页。
⑥ （明）卢闵侃：《蜀涪州萧公庙碑记》，载《大洋洲萧侯庙志》卷四，第9页。
⑦ （明）金善：《金文靖公集》卷七《萧氏行乐图诗序》，文海出版社1970年版，第555页。

接受一位萧氏神灵奠定了一定基础。

有关萧公祖孙三神在元代以及明初的情况，后世的记载颇多，但附会成分也不少。在各碑记中都记载了萧伯轩在元代至大二年（1309 年）获得"五湖显应真人"的封号和萧祥叔在至正五年（1345 年）获得"永灵神化普济显德舍人"的封号，但并没有提到加封的具体事迹。① 同时代的史料都未见类似的记载。明《垦起余闻》记载了元至正二十三年（1363 年）萧公神在鄱阳湖大战中帮助朱元璋打败了陈友谅，朱元璋登基后命"沿江州县各立庙祀之"②。明万历时小说《三宝太监西洋记通俗演义》则叙述了萧公祖孙三代生前正直死后成神的事迹，其中萧祥叔任灵阳主簿时因防盗贼不屈而死，萧天任为白沟河巡检司巡检时死于王事。③ 这样的神迹显然是根据一些史实附会而来。万历四十六年（1618 年）明兵部尚书郭子章《三萧侯传》中增加了萧伯轩访道临江谢真人一事和萧祥叔洞庭湖显灵护舟与助伯颜南征的事迹，并美化了萧氏成神的过程，使萧氏成神开始与道教的洞天福地阁皂山和玉笥山产生了联系，借道教来渲染萧公成神的神秘化。④ 由于其间时间相隔较长，可信度不高。而值得注意的是，各碑记中都提到了萧祥叔在明初朱元璋营建宫室过程中显灵护运的神迹，并受到了朱元璋遣官谕祭的礼遇。而明官方志书中亦有"国朝洪武初，尝遣官谕祭"⑤ 的记载。结合张氏记文，可以认为萧公神初次引起明朝统治者注意后，萧聿修请张氏作记文来进一步确立和抬高萧公神的地位。由于记文中没有提到萧公祖孙三神在元代的相关事迹以及所获的封号，这与萧公庙本为家庙，当时还未成神格相关。至明初时，萧公神因不断灵异而引起朝廷重视。故萧公前二世伯轩、祥叔在元代的事迹多不可信，萧公神真正发迹是从明永乐时萧天任开始的。

## 二　明代萧公神获得两次国家赐封与地方社会

萧公信仰要想获得更大的发展，须从地方神灵升格为国家正统神灵。

---

① （明）金辅伯：《新淦萧侯庙碑记》，载《大洋洲萧侯庙志》卷四，第 4 页。
② 乾隆《枝江县志》建置志第二《寺庙庵观》，引乾隆五年刻本，第 28 页。
③ （明）罗懋登撰，陆树仑、竺少华点校：《三宝太监西洋记通俗演义》卷二十《水族各神圣来参，宗家三兄弟发圣》，上海古籍出版社 1985 年版，第 1285 页。
④ （明）郭子章：《大洋洲三萧侯传》，载《大洋洲萧侯庙志》卷二，第 1—6 页。
⑤ （明）《寰宇通志》卷三七《临江府·祠庙》，玄览堂丛书续集本，第 10 页。

第八章　水神变迁与信仰举例：龙母、伏波将军、萧公、谭公、水部尚书　431

在永乐年时，萧公信仰的发展迎来了重大转机。成化二年（1466年）临江府新淦县官员为祀萧公神之事的《勘合》中提道："永乐十七年（1419年），朝廷曾差内臣往西洋等处公干，节被风波险难。萧公之神，即于海上云中现影，救护海舟，得脱险难。内臣使还具奏，文皇帝敕封英佑侯。"①《明英宗实录》亦载："神自永乐中已封为英佑侯。"② 上述曾鼎碑记中亦有"神游海上锡侯封"之句。而此处萧公神指的是萧天任，说明萧天任在海上显灵，并在内臣的请求下，明成祖加封萧天任为英佑侯。相关史料都言及萧天任此次受封与郑和下西洋的史实有关，但其受封的具体事迹并不是很清晰。另据乾隆《腾越州志》载："时有内臣事海外招诸夷，临江水工多调发，过风水则拜呼萧公，则验。太监郑和归，入奏，遂加封修庙。"③ 这些水工信仰的水神在海上显灵庇佑航行，得到朝廷封号自然顺理成章，这与天妃在宋宣和年间显圣获封的事迹相似。

景泰四年（1453年）萧天任再次得到加封赐号。《敕谕水府萧公英佑侯》中提到萧天任"西洋济险，先朝已锡于荣封，兹特加封神为水府灵通广济显应英佑侯"④。此次加封的缘由是"景泰三年，（武冈州、靖州）苗复为叛，英佑侯萧公之孙萧鸣、祀神之人王灏告称，因神附体降鸾，报云：'已遣神兵助行招抚'。……神祝王灏将神香钱二百两买米及盐运赴军前接济官军。军纳交后，苗各闻知神明运助粮储，互相诱化，不复为恶。……都御史李（实）备由具奏"⑤。此次萧天任显灵护运漕粮有功而受封。同样，《明英宗实录》载："加水神萧公封号为水府灵通广济显应英佑侯。……至是，巡抚湖广都御史李实言：'近岁，神降于其乡人王灏，附鸾箕以言祸福，有验，乞加崇奖。'于是，降敕加封号，而赐灏冠带终其身。"⑥ 而在《勘合》中把萧天任受封的整个过程记述得更为详细，

---

① 《大洋洲萧侯庙志》卷三《勘合》，第2—3页。另见康熙《新淦县志》卷一五《杂志》，台湾成文出版社影印，第1015—1022页。
② 《明英宗实录》景泰四年九月己卯条，台北："中研院"历史语言研究所校印本，1962年，第5098页。
③ 乾隆《腾越州志》卷四《坛庙》，引光绪二十三年重刊本，第17页。
④ （明）陈循：《芳洲文集续编》卷一《代言》，见《续修四库全书》（1328年），上海古籍出版社2002年版，第32页。
⑤ 《大洋洲萧侯庙志》卷三《勘合》，第2页。
⑥ 《明英宗实录》景泰四年九月己卯条，台北："中研院"历史语言研究所校印本，1962年，第5098页。

"有验"当是李实奏称"访得萧侯之神于川广之间,果有灵验,无妄言"。而且李实还将王灏用神香钱买米粮接济官军以及备木造桥等事迹上报,翰林院据此定拟"褒嘉神号",再由礼部核准颁布。① 而需要注意的是,"水府"一般是水神的通称,不应是封号,且从敕谕中称萧公神为"水府萧公英佑侯"来看,此次加封增加的是"灵通广济显应"六字。萧鸣和庙祝王灏用萧公庙的香火钱买粮造桥来支持官军运粮,并假称是受了萧公神的指示。显然萧公神此次获得国家加封既体现了萧氏宗族势力的作用,又折射了地方神祇通过地方叛乱中的作用而成为国家正统神灵的过程。

随着萧公神地位的提高,景泰七年(1456年),因大洋洲的萧公庙宇"不足以展祀事",于是萧氏子孙捐赀买巨木,并在旧祠前择地创庙宇,规模壮观,"以安侯三世之神"。成化二年(1466年),太常寺卿邓常恩奏称:"萧公英佑侯之神,屡著灵显。"② 邓常恩是临江籍道士,深受皇帝宠信,故户、礼二部命"淦邑支官钱"修萧公庙,"春秋随宜备物,遣官致祭,岁以为常"③,所花的费用是"银四两六分二厘"④,并拨中户人二名来维持萧公庙的日常运转以及负责打扫庙宇。而政府也免萧氏子孙杂差,"粮与轻赍"。⑤ 国家赋予萧公神后代特权,刺激地方宗族势力参与到萧公信仰中来。

更为重要的是,萧公庙的香火很旺盛,从"每年恒有数百金寄回,家赖以给"来看⑥,萧公庙所得香火钱是十分可观的,那么取得萧公庙宇的管理权就显得尤为重要。萧公庙中"所入香楮金钱,则萧、李两姓资焉"⑦,可见萧公庙宇的管理权由萧、李两姓负责,李氏则是萧天任长女赘莲湖李伯良的一支。而其内部又有细分,萧氏从"祥叔、瑞叔两公派

--------

① 《大洋洲萧侯庙志》卷三《勘合》,第3页;另见乾隆《武进县志》卷二《桥梁》,乾隆三十年刊本,第19—20页。
② 《大洋洲萧侯庙志》卷三《勘合》,第6页。
③ (明)甘应蚪:《萧侯神迹纪》,载《大洋洲萧侯庙志》卷二,第11页。
④ 《隆庆临江府志》卷七《赋役》,见《天一阁藏明代方志选刊》35册,上海古籍书店1981年版,第19页。
⑤ 《大洋洲萧侯庙志》卷三《勘合》,第4页。
⑥ (明)王圻:《稗史汇编》卷一三三《祠祭门》,见《四库全书存目丛书》子部142册,齐鲁书社1997年版,第91页。
⑦ (明)邱士毅:《金川英佑侯萧公庙堤记》,载《大洋洲萧侯庙志》卷四,第6—7页。

分三房，上房、中房出祥叔，下房出瑞叔，李氏一房。每月每房输六日值侯祠，香火香钱所入，除修葺祠宇外，余以资六房"①。萧、李两姓除参与萧公庙管理外，也用庙中香火钱来参与地方建设。萧公庙"当大江之冲"，其庙基关系到乡人免受水患的威胁。明万历三十八年（1610年），"两姓中有识者谓，祠岸倾危，几及堂寝"，并请里中长者张君、邑侯朱公、邑缙绅侍御史朱谨吾倡修庙堤，捐赀助修，萧、李两姓子孙也出钱出力。越一年庙堤成，"砌岸高三丈有奇，延袤几百丈有奇"，所费四千余金，其中萧公庙的香火钱就占很大一部分。② 此次萧公庙堤修成后，成为当地不受水害的保障，乡人也认为是得到萧公神保佑，直至清代才加以重修。

### 三　萧公信仰日隆与地域扩展

从萧天任在永乐十七年被封为英佑侯，到景泰四年再次被加封为灵通广济显应英佑侯，萧公神得到国家承认，这对其信仰的传播起了关键作用。萧天任也由人物升格为有功于国家与民众的神灵，登上了国家正祀的舞台，故明代几次全国性的大规模毁淫祠活动中并没有打击萧公神的案例。伴随着萧公神地位的提高，有关萧公的神职愈趋多样，萧公信仰也日益兴盛，并迅速扩展到全国其他地区。

宣德十年（1435年）曾鼎的碑记记载了萧公神三世的身世、神力及其获封的情况，并提到了萧公神的神职是护佑乡人商游和江湖行舟者，"水旱疾疫，有求则应"，尤其是在川蜀、江淮间。③ 景泰七年（1456年）金辅伯的碑记则赋予了萧天任"广颡修髯，聪明正直"之誉，对经史过目不忘的形象，显灵的地点扩大至"川蜀、湖湘、江淮、吴越"，其神职除保舟楫、水旱之外，还有"保军民运输"，④ 开始与漕运联系起来。成化年间，人们又增加了正统十四年明英宗被俘之后萧公神显灵安定民心的神迹，萧公神职从护佑四川、两广、两浙、两淮、黄河地区的官船、军船、客商等船只的航行安全，并扩展到保佑国家社稷安定。⑤ 弘治年间，

---

① （明）甘应蚪：《萧侯神迹纪》，载《大洋洲萧侯庙志》卷二，第11页。
② （明）邱士毅：《金川英佑侯萧公庙堤记》，载《大洋洲萧侯庙志》卷四，第7页。
③ （明）曾鼎：《新淦萧侯庙碑记》，载《大洋洲萧侯庙志》卷四，第2页。
④ （明）金辅伯：《新淦萧侯庙碑记》，载《大洋洲萧侯庙志》卷四，第4页。
⑤ 《大洋洲萧侯庙志》卷三《勘合》，第3页。

李东阳作诗云："南舣北舣满洞庭，萧公祠前牲酒馨"①，可见萧公神已成为洞庭湖的保护神。正德年间，御史高公韶巡抚江右时刻印了《萧侯灵异集》。万历年间，大夫、南北商旅、长年舟师、妇人女子、缙绅学士、文人骚客都会"肃衣冠"拜谒萧公庙。②而且"舟行湖湘、川蜀、江淮、吴越诸水乡，必载神像虔奉之"③。谢肇淛《北河纪》载萧公神已成为黄河下游官方祭祀的水神之一。④万历四十六年（1618年），明兵部尚书郭子章为报答萧公神荫佑至高官，亲自辑录了《大洋洲萧侯庙志》一书，还为萧公三世作了传，传中新增了万历二十七年夏萧天任显灵治病且所活者甚众一事。虽然海内江浒都奉祀萧公神，但此时形成了新淦大洋洲、涪陵李渡、京师萧公塘三个祭祀中心，⑤而这些地方都处于水运显要地段。

郭子章辑的《大洋洲萧侯庙志》内容丰富，书中收录的记文都为当时社会的重要官员或学者所作，足见萧公信仰在当时的影响力。该庙志对提高萧公神的知名度有很大作用，也有助于萧公信仰向更广范围外传播。但在明代除庙志外，众多文人笔记中也有相关萧公神显灵事迹。如明朱孟震《浣水续谈》载：江西太和人袁茂文坐船回家为父亲祝寿，在江中遇盗匪跟随，后在萧公神的帮助下制服了盗匪。⑥施显卿引《戴冠笔记》云：洪武初昆山人归叔度因避事携家人赴四川，在萧公神的指引下度过各种艰险而顺利抵达成都。⑦王圻《稗史汇编》载："凡年长黄帽事之最谨，而兵卫将士及漕运官军尤极诚笃，闻外夷之人亦奉祀之。"⑧可见在萧公信仰的崇拜中还有道士和军队两种职业的群体。另外，在明朱孟震《河

---

① （明）李东阳：《怀麓堂集》卷九一《长沙竹枝歌十首》，上海古籍出版社1991年版，第971页。
② （明）张克文：《萧侯灵异集前序》，载《大洋洲萧侯庙志》卷四，第13页。
③ （明）邱士毅：《金川英佑侯萧公庙堤记》，载《大洋洲萧侯庙志》卷四，第6页。
④ （明）谢肇淛：《北河纪》卷八《河灵纪》，见《文津阁四库》（192），商务印书馆2005年版，第63—64页。
⑤ （明）郭子章：《大洋洲三萧侯传》，载《大洋洲萧侯庙志》卷二，第5页。
⑥ （明）朱孟震：《浣水续谈》，见《四库全书存目丛书》子部（104），第718—719页。
⑦ （明）施显卿：《奇闻类纪》卷四《神鬼纪》，见《明代笔记小说》（14），河北教育出版社1995年版，第547—550页。而现存明戴冠著《濯缨亭笔记》十卷中并无此内容。
⑧ （明）王圻：《稗史汇编》卷一三三《祠祭门》，见《四库全书存目丛书》子部（142），第91页。

上楮谈》还载有"萧公铁锚记""张克文起死回生"等萧公神迹。① 总之，明代有关萧公神显灵事迹层出不穷，奉祀萧公神的群体也涉及各种社会群体，而萧公的神职都与护国佑民联系紧密，如上司国命、护漕运、保安宁，下佑民生、护商旅、保舟楫。萧公信仰影响范围也越来越大，从最初的赣江流域扩展至长江流域，再扩展到黄河流域，正如谢肇淛言"江河之神多祀萧公"②。

此外，萧公神不仅成为临江的地方保护神，也成为江西的区域保护神。明代江右商帮迅速崛起，江西商人在外建立的江西会馆除祀许真君外，一般也会奉祀萧公神。顺天府萧公堂为江西公所，明万历间建，"祀鄱阳湖神萧公"③。特别是临江商人更视萧公神为自己的保护神，在外建立的会馆一般都称为"萧公庙""萧君祠""仁寿宫"等，而且江西会馆又有称"水府庙""水府祠"，并奉祀水神萧公。④ 正如林俊言："水江之舟多祀焉。昕夕撞鼓磬为乐，发必告，止必报。"⑤ 王士性也曾说："江湖社伯到处有祀萧公。"⑥ 说明了在明代萧公信仰的影响力已广泛扩展到江西以外地区。

清代，国家未对萧公神再加封赐号。虽然在曹启华撰《吴西众商建修万寿宫暨水府殿记》中提及"乾隆二年（1737年）敕封仁寿萧公"一事⑦，但此说并不可信，查《大清会典》等相关史籍并无萧公神受封的记载。而地方势力谋求凸显萧公神影响力的努力并没有放弃，相关萧公神新的显灵事迹就是明证。清顺治十八年（1661年），差官王基标、刘神武奉令前往临江府采伐樟树，欲砍伐萧公庙前的三十余株，萧公神托梦于差官和新淦县官言"庙系江中砥柱，树乃护庙根基，不可砍伐"，事后这些官员同在萧公神像前三次占卜祷告，皆被告知不可，朝廷只好"另行采买

---

① 《朱秉器全集六种》，见《北京图书馆古籍珍本丛刊》子部（79），书目文献出版社1998年版，第271—282页。
② （明）谢肇淛：《五杂俎》卷一五《事部三》，上海书店出版社2001年版，第304页。
③ 《光绪顺天府志》卷一四《坊巷下》第二册，北京古籍出版社2001年版，第399页。
④ 蓝勇：《西南历史文化地理》，西南师范大学出版社1997年版，第517页。
⑤ （明）林俊：《见素集》卷二八《舟神纪》，上海古籍出版社1991年版，第314页。
⑥ （明）王士性：《广志绎》卷四《江南诸省·江西》，中华书局1981年版，第86页。
⑦ （清）曹启华：《吴西众商建修万寿宫暨水府殿记》，载乾隆《湘潭县志》卷二四《艺文志》，乾隆二十一年刻本，第43页。

补数"①。康熙六年（1667年）分守湖西道官员施闰章携家北行，为避免受秋冬季鄱阳湖盛行北风的影响而耽误行程，施闰章亲自到大洋洲的萧公庙中祷于神，"乞风以济"，并答应愿为萧公神作庙铭。后果灵验，施闰章也在康熙八年（1669年）作了《大洋洲萧公英佑侯庙碑文》以示酬谢。从碑文中看，萧公神已成为鄱阳湖的湖神。"事官临江者，始至谒晏，去则祠萧……凡郡吏、民有事于江淮、河北、四方之役者，必先齐戒趋大洋洲，卜吉以往。"② 许缵曾亦言："今楚中、江右舟行者崇祀萧、晏，如黄河之祀金龙四大王。"③ 张寿南也说："以公车之役曾泛彭蠡、渡黄河，经分水渚，凡掀胜勃怒危险万状之处水神庙中，罔不祀侯焉。"④可见在清初，萧公信仰仍然较广。至清中后期后，本为三世并祀的萧公庙，转变为专祀萧天任。饶学澍言："三世俱为水神，而侯之功德尤甚，其专祀也。"⑤ 这样的原因亦如他所言："侯之功德最高，神迹更著。"⑥同时，各处在萧公诞辰的农历四月初一⑦也形成了萧公庙会。杨世锐言："予家距侯故居洋洲仅二里许，每孟夏诞辰未尝不具牲礼申祷祀焉。"⑧ 涪州"每年四月初一日阁会，演戏恭祝神诞"⑨。而清初新淦地方官每年祭祀大洋洲萧公庙的费用是"银二两六分二厘"⑩，清中后期对萧公神的祭祀年费用与祭祀练公祠、黄勉斋祠合计"五两三钱三分八厘"⑪。

**四 萧公信仰地域扩展的原因**

萧公信仰的地域扩展，是诸多原因导致的结果。

交通环境对萧公信仰的扩展有一定的影响。前文已述及萧公信仰起源

---

① （清）张为：《显应灵梦》，载《大洋洲萧侯庙志》卷七，第17页。
② （清）施闰章：《学余堂文集》卷二十，见《文津阁四库》（438），第508—509页。
③ （清）许缵曾：《东还纪程·续抄》，见《丛书集成初编》，商务印书馆1939年版，第13页。
④ （清）张寿南：《萧公英佑侯堤疏》，载《大洋洲萧侯庙志》卷七，第7页。
⑤ （清）饶学澍：《重刊萧侯庙志跋》，载《大洋洲萧侯庙志》卷八《跋》，第2页。
⑥ （清）饶学澍：《河口新建仁寿宫落成碑记》，载《大洋洲萧侯庙志》卷八《补刊》，第1页。
⑦ 《增补选择通书广玉匣记》卷一《三元五腊圣诞日期》，广盛堂藏版，第13页。
⑧ （清）杨世锐：《萧公英佑侯传》，载《大洋洲萧侯庙志》卷八《补遗》，第1页。
⑨ 乾隆《涪州志》，见《四川府州县志》（12），海南出版社2001年版，第230页。
⑩ 康熙《新淦县志》卷六《赋役志》，台湾成文出版社影印，第277页。
⑪ 同治《新淦县志》卷三《食货志》，第950页。

地具有优越的自然环境，从交通环境看，元傅若金言："新淦据江右上游，凡仕于南及四方游士、商贾之过焉者，舟车日不绝。"① 明邓元锡亦言："地当舟车四会之衢，山峻水清，逐末者多。"② 正是处于水陆交通要道，人口往来频繁。大洋洲萧公庙又为"车马之所往来，行旅之所鳞集"之地③，"宦游旅泊，道出神祠，靡不齐心祈祀"④。这些条件为扩大萧公信仰的知名度起到了十分重要的作用。

移民对萧公信仰的扩展也有一定影响。明代江西地区出现了大规模的人口外迁现象，这样的现象一直持续到清代，就有"江西填湖广"一说。但明代江西移民并不只是迁到湖广地区，在贵州、四川、广西、云南地区都有大量的江西移民。这些移民迁居到新环境中，往往也会带去家乡的文化，包括家乡的神灵。如云南通海县⑤、蒙化⑥、镇南州⑦等地的萧公庙都是明清时期江西移民所建立，这些修建庙宇的地方也反映出江西客民移居此地区的人数是比较密集的。

商人对萧公信仰扩展的影响，上文已提到江西商人在外建立的会馆也会奉祀萧公神，显然萧公神已成为江西人在外联系乡人的纽带。明代江西商人的势力相当庞大，江西商人的足迹更是遍及全国。王士性言："江、浙、闽三处，人稠地狭，……故身不有技则口不糊，足不出外则技不售，唯江右尤甚。"⑧ 这些商人在外行商时，一方面会利用家乡神灵来联系乡情，另一方面也会借家乡神灵来慰藉对前途未卜的担忧。此时期萧公庙宇在外地的兴建就与江西商人有很大关系。铅山河口仁寿宫专祀英佑侯，修建的资金除在该地临江药商和茶商敛赀集修外，还从往来玉山的货物中抽

---

① （元）傅若金：《傅与砺文集》卷三《高远堂记》，见《北京图书馆古籍珍本丛刊》集部（92），第697页。
② （明）邓元锡：《函史》（下编）卷二《方域志》，见《四库全书存目丛书》子部（27），第586页。
③ （清）张寿南：《萧公英佑侯庙堤疏》，载《大洋洲萧侯庙志》卷七，第6页。
④ （明）邱士毅：《金川英佑侯萧公庙堤记》，载《大洋洲萧侯庙志》卷四，第6页。
⑤ （清）陈梦雷编：《古今图书集成·职方典》第一千四百七十五卷《临安府部·汇考五》，中华书局影印本1934年，第43页。
⑥ （清）陈梦雷编：《古今图书集成·职方典》第一千五百零八卷《蒙化府部·汇考二》，第16页。
⑦ 光绪《镇南州志略》卷五《寺观》，见《西南稀见方志文献》（28），兰州大学出版社2003年版，第245页。
⑧ （明）王士性：《广志绎》卷四《江南诸省·江西》，中华书局1981年版，第80页。

取厘金。又如湖南武陵[①]、四川峡江[②]等地萧公庙的建立都与商人密切相关。

政府官员对萧公信仰扩展的影响。地方官员在各地方任官时，时常会在任职地修建庙宇。这样做的目的既体现了这些官员想利用神灵来推行教化以便于对当地社会管理的心境，又与自己个人的经历有关。如正统初知府陈本深在吉安建立了萧公庙[③]，而这与此前陈本深任职新淦有很大关系；安徽泾县萧公庙的建立缘于"明万历间沈容贤之官江西，舟被风，捞得一箧为萧公像，祈祷获安，神之归祀于邑"[④]。说明了地方官员自身的经历与传播萧公信仰有密切联系。此外，地方官员在各地修建萧公庙的例子还有很多。如嘉靖间参政刘翮在四川内江县重修萧公庙，万历末同知梁宏化再修[⑤]；河南卫辉府萧公庙由嘉靖中知府陈庆重修[⑥]。以上说明政府官员在萧公信仰的传播过程中起到了不可低估的作用。此外，因为这些官员任职有很强的流动性，更为萧公信仰向更广泛的区域传播提供了可能性。

另外，萧公神作为水神，其职责是庇佑水上航运安全，水上从业者与萧公信仰自然关系密切。如湖南新化[⑦]、江西高安[⑧]等地的萧公庙宇都是由船户修建的。

总之，萧公信仰在地域扩展的过程中，与社会各群体关系密切。从明清方志记载的大量萧公庙宇来看，移民、商人和官员在萧公信仰的传播过程中发挥了重要作用。而值得注意的是，国家在推动萧公信仰传播方面的

---

[①] （清）陈梦雷编：《古今图书集成·职方典》第一千二百五十九卷《常德府部·汇考五》，第3页。

[②] （清）陈梦雷编：《古今图书集成·职方典》第六百二九卷《嘉定州部·汇考三》，第35页。

[③] 嘉靖《吉安府志》卷六《舆地志》，见《北京图书馆古籍珍本丛刊》史部（31），第566页。

[④] 嘉庆《泾县志》卷九《坛庙》，台湾成文出版社影印，第853页。

[⑤] 嘉庆《内江县志》，见《复旦大学图书馆藏稀见方志丛刊》（50），国家图书馆出版社2010年版，第187页。

[⑥] 郝瑞平主编：《顺治卫辉府志》，见《孤本旧方志选编》（10），线装书局2004年版，第370页。

[⑦] （清）陈梦雷编：《古今图书集成·职方典》第一千一百三四卷《宝庆府部·汇考八》，第8页。

[⑧] 康熙《高安县志》卷三《祀典》，见《稀见中国地方志汇刊》（27），中国书店1992年版，第85页。

重要性也不可忽视。明统治者对萧公神的屡屡加封，既体现了国家对地方神灵的重视，又提高了萧公神的地位，还扩大了萧公神的影响力。明成祖迁都北京，在顺天府修建了萧公庙宇。① 正是在以上这些因素的作用下，萧公庙宇遍及广大区域，萧公信仰的影响力也曾盛极一时，出现了"凡通都巨镇、省会京师、仕宦商贾舟车往来之区，莫不立庙以专祀侯"的现象。②

## 五 小结

萧公信仰肇迹于宋末元初的江西新淦，所祀神祇包括萧氏祖孙三代——伯轩、祥叔、天任。早期萧公庙只是以家族宗庙的形式存在，入明后萧公信仰开始日益显著，萧公神获得了明统治者的两次赐封，萧公信仰也开始广泛传播至全国各地并产生了一定的社会影响。清代萧公信仰的一个显著变化是清初为三代合祀，转变为清中后期专祀萧天任。

萧公信仰在发展的过程中，与地方势力密切相关。萧公信仰从祖先崇拜到地方信仰，再到区域信仰，这一过程的转变与地方宗族势力的介入深有关联。与萧公神密切的萧、李两姓都是地方大族，在争取萧公神获封、修庙等有利于萧公信仰发展的事迹中都可看到他们的积极参与。诸多文人所作萧公神的诗文中则展示了萧公神神迹的演变，从这些神迹中不仅可见萧公神神职愈趋全面，同时也反映了萧公信仰地域扩展的过程。而这些地方势力的介入，显然与他们追逐的利益是相关的。

萧公信仰在对外传播的过程中，与明清时期的社会背景及其社会各群体有很大的联系。如萧公信仰的起源地江西新淦具有优越的地理环境，明清时期江西地区出现了大规模的人口外迁现象，明代江西商人的势力迅速壮大，地方官员利用萧公神推行教化，政府对萧公神的屡次加封以及赐建新庙等因素都对萧公信仰的广泛传播有很大帮助。总之，随着萧公信仰传播范围的渐广，越来越多的社会群体与萧公信仰发生了密切的关系，上至朝廷大臣，下至平民百姓，可见萧公信仰的影响力已渗透到社会的各个阶

---

① （明）王圻：《续文献通考》卷一一〇《杂祠》，见《续修四库全书》（764），第129页。
② （清）饶学澍：《河口新建仁寿宫落成碑记》，载《大洋洲萧侯庙志》卷八《补刊》，第1页。

层中。

## 第四节  谭公信仰的形成、地域扩展与道教关系

　　谭公是今广东东江流域较为流行的民间神灵。其神职广泛，不仅消灾祈福，保佑水上交通安全，而且还成为粤剧奉祀的戏神。至今广东惠东、海丰及河源地区仍存多座谭公庙。关于谭公的身份与起源问题，较为模糊，存在多种说法。一般认为，谭公名谭峭，又称紫霄真人，为南唐国子司业谭洙之子，有《化书》行于世。而谭峭与同时代泉州道士谭紫霄历来混淆不清。也有认为东江信奉谭公为谭公道（或作谭道），为惠州归善人。黄兆汉、郑炜明在《世界宗教研究》1992年第3期发表《澳门的道教》一文，认为澳门的谭公庙供奉的是惠州地区的谭公道，而香港八和会馆的戏神谭公非宋帝昺。[①] 李计筹也探讨了粤剧戏神谭公的由来、功能以及谭公成为粤剧戏神的原因，认为惠州谭公与谭峭关系不大。[②] 林胜利考证紫霄真人谭峭与谭紫霄实为一人，紫霄乃谭峭之号[③]，而王竹波则持相反观点[④]。李天锡对紫霄真人谭峭成神的原因进行了探讨，并对谭公（谭峭）在马来西亚的传播作了阐述。[⑤] 以上研究，不仅在谭峭与谭紫霄是否为一人上认识不一致，而且对东江流域谭公信仰起源也研究不够。笔者梳理相关史料，正本清源，作以探讨，望方家正之。

### 一　《化书》作者谭峭与道教天心法始祖谭紫霄

　　谭峭为道教人物，道教史籍多载，其较早记载见于五代沈汾《续仙传》：

　　　　谭峭，字景升，国子司业洙之子。幼而聪明，及长，颇涉经史，

---

[①] 黄兆汉：《香港八和会馆的戏神谭公是谁》，见黄兆汉《中国神仙研究》，台湾学生书局2001年版，第89—96页。
[②] 李计筹：《粤剧戏神谭公考》，《中国戏曲学院学报》2009年第4期。
[③] 林胜利：《紫霄真人谭峭考略》，《中国道教》1989年第3期。
[④] 王竹波：《谭峭及其〈化书〉初探》，《理论界》2008年第2期。
[⑤] 李天锡：《紫霄真人成神与谭公信仰在马来西亚的传播》，《华侨大学学报》2007年第1期。

强记问无不知，属文清丽。洙训以进士业，而峭不然，向好黄老诸子及周穆、汉武、茅君列仙，内传靡不精究。一旦告父出游终南山，父以终南山近京都，许之。自终南游太白、太行、王屋、嵩、华、泰岳，迤逦游历名山，不复归宁。……峭师于嵩山道士十余年，得辟谷养气之术，唯以酒为乐，常醉腾腾，周游无所不之。……父常念之，每遣家童寻访，春冬必寄之以衣及钱帛。……以父所寄衣出街路，见贫寒者与之，及寄于酒家，一无所留。人或问之："何为如此？"曰："何能看得？盗之所窃，必累于人，不衣不食，固无忧矣。"常欣欣如也，或谓风狂行吟，曰："线作长江扇作天，靸鞋抛向海东边。蓬莱信道无多地，只在谭生拄杖前。"尔后居南岳，炼丹成，服之，入水不濡，入火不灼，亦能隐形变化。复入青城山而不出矣。①

从上可知，谭峭，字景升，为南唐谭洙之子，出身官宦之家，却潜心向道，熟谙诸仙事迹，游历名山，"得辟谷养气之术"，乐善好施。后在南岳炼丹，得道成仙，入青城山而不出。由此可见，谭峭为一典型道者形象，好黄老，游历名山大川、炼丹修道。沈汾与谭峭所生活的年代极为相近，记载时间较早，虽此书内容为荒诞不经之说，然而所载之事迹较确切、清晰。

稍晚的宋陈葆光沿袭《续仙传》云："谭峭，字升叔，博文强记，游历名山，辟谷养气，以酒为乐。后入南岳炼丹，得成，入水不濡，入火不灼，变化隐形。"② 这与宋张君房《云笈七签》记载几乎完全一致③，可见有关谭峭的事迹基本固定，并无增加其他事迹。南宋僧志磐《佛祖统记》曰："显德五年（958年），隐士谭景升居终南山，与陈抟为师友，著《化书》百十篇，穷括化原，久之仙去。尝游三茅山，至建业，见宋齐丘，谓其有仙风道骨，出书示之，属为序于传世，齐丘乃窃以自名，然

---

① （五代）沈汾：《续仙传》卷下《隐化八人》，《道藏》第5册，文物出版社、上海书店、天津古籍出版社1988年版，第97页。

② （宋）陈葆光：《三洞群仙录》卷16《孙博成火，谭峭入水》，《续修四库全书》第1294册，上海古籍出版社2002年版，第164页。

③ （宋）张君房：《云笈七签》卷113下《续仙传》，中华书局2003年版，第2519—2520页。

未尝悟道蕴也。"① 这里谈到谭峭著有《化书》行于世,这在上述著作中都未提及。而且谭峭交其书于宋齐丘请其作序以传于世。这在元赵道一《历世真仙体道通鉴》及引宋碧虚子(陈景元)的后序有载:"谭峭,字景升,唐国子司业洙之子……峭尝作《化书》,南唐宋齐丘窃其名为己作,见行世。宋仁宗嘉佑五年夏四月,碧虚子题《化书》后序云,鸿濛君曰:吾尝问希夷先生(陈抟)诵此书,至《稚子篇》掩册而语,吾曰:'吾师友谭景升,始于终南山,著《化书》,因游三茅,经历建康,见宋齐丘有仙风道骨,虽溺机智而异乎……'齐丘终不悟,景升乃出《化书》授齐丘,曰:'是书之化,其化无穷,愿子序之,流于后世。'于是杖鞭而去,齐丘夺为己有,而序之耳。噫!昔向秀述《南华解义》未传而死,郭象偷改成注,诚罪人也。今谭君名刻于白简,身不老于人间,齐丘敢纵其盗心,蔽其仙迹,其罪大者也。果不得其死,宜乎哉。(删去)"② 谭峭曾著《化书》,而宋齐丘夺为己有,改为《齐丘子》③,故沈汾无载此事。此事在后世相关记载中都有提及,已成定论。

谭紫霄较早见于为北宋末马令所撰《南唐书》:"道士谭紫霄,泉州人也。与陈守元相善,事王昶,封正一先生。闽亡,寓庐山栖隐洞,其徒百余人,有道术。醮星宿事,黑煞神君,禹步魁罡,禁沮鬼魅,禳祈灾福,颇知人之寿夭。武昌军节度使何敬洙宠婢,获怒,置井中死,人无知者。建隆初,敬洙构疾,召紫霄中夜被发,燃灯静室,见女厉,自诉为祟由之。紫霄诘旦,具言之。敬洙曰:'信然'。乃丹书符送之,敬洙即愈。……后主闻之,召至建康,赐之道号,阶以紫金,比蜀之杜光庭,皆让而不受。凡所获醮祭之施,转以给四方宾旅。金陵既下,紫霄无疾卒,人谓之尸解,莫知其寿算。"④ 南宋陆游《南唐书》也为谭紫霄专门立传,同马令所述基本一致⑤,增加"今言天心法者皆祖紫霄"一语。北宋陈舜

---

① (宋)僧志磐:《佛祖统记》卷42《法运通塞志十七之九》。
② (元)赵道一:《历世真仙体道通鉴》卷39《谭峭》,《道藏》第5册,第326—327页。
③ 宋刊本《化书》为"吴相宋齐丘述",见"中华再造善本",北京图书馆出版社2003年影印本。
④ (宋)马令:《南唐书》卷24《方术传》,《丛书集成初编》第3852册,中华书局1985年版,第162—163页。
⑤ (宋)陆游:《南唐书》列传卷14《谭紫霄》,《丛书集成初编》第3854册,第388—389页。

俞《庐山记》亦云："由简寂（观）至栖隐观五里，古名栖隐洞，旧传梁昭明太子书堂也。保大中道士谭紫霄来自闽中，赐号'金门羽客'，始立观于此。谭之在闽中，号'洞玄天师'，'贞一先生'。"① 谭紫霄寿百余岁，宋开宝初羽化于庐山栖隐洞。从上可知，谭紫霄为泉州人，事闽王昶，被封为正一先生，后世奉为道教天心法始祖。

谭峭所处时代与谭紫霄相当，同为道教名士，明后期始对两人难以分辨，明万历时胡应麟《少室山房笔丛》中就云："（谭）峭，字景升，唐国子司业洙之子。师嵩山道士十余年。……南唐又有金陵羽客谭紫霄者，能劾召鬼神，四方道流，从学百余人，于三教书皆所洞晓，尝教其徒讲《庄列》，深以为合于释氏。则于今传《化书》意旨，尤若相类。二谭并与齐丘同时，一人耶？二人耶？吾不得而知也。"②《四库全书总目》曰："峭为唐国子司业洙之子，师嵩山道士，得辟谷养气之术……道家称峭为紫霄真人，而《五代史·闽世家》称王昶好巫，拜道士谭紫霄为正一先生，其事与峭同时，不知即为一人否？方外之士行踪靡定，亦无从而究诘矣。"③《全五代诗》也云"谭峭一作谭紫霄"④，谭嗣同也有此困惑："《五代史·闽世家》有正一先生谭紫霄，道家又称著《谭子化书》之谭峭为紫霄真人，不知是一是二。"⑤

实际上，较早混淆谭峭与谭紫霄者是明弘治间刊行的《化书》。由于《化书》"元世流传盖已罕矣，明初代王府尝为刊行，后复有刘氏、申氏诸本，今仍改题《化书》，而以陈景元跋附焉"⑥。《铁琴铜剑楼藏书目录》又载："《化书》六卷明刊本，是书撰人晁氏《读书志》题南唐宋齐邱，此本题紫霄真人谭景升，依宋碧虚子陈景元跋也。明天顺间代府刊

---

① （宋）陈舜俞：《庐山记》卷3《叙山南篇》，《文津阁四库全书》第194册，商务印书馆2005年版，第381页。
② （明）胡应麟：《少室山房笔丛》卷31《四部正讹中》，中华书局1958年版，第409—410页。
③ （清）永瑢：《四库全书总目》卷117《子部二十七》，中华书局1965年版，第1011页。
④ （清）李调元：《全五代诗》卷39《南唐》，《丛书集成初编》第1773册，第611页。
⑤ （清）谭嗣同：《寥天一阁文》卷2《〈浏阳谭氏谱〉叙例》，《谭嗣同集》，岳麓书社2012年版，第52页。
⑥ （清）永瑢：《四库全书总目》卷117《子部二十七》，中华书局1965年版，第1011页。

板，弘治时方士郑常清重刻之，首有抱犊山人李绅（缙）序。"① 则明天顺代王府刊、弘治重印《化书》，前有弘治年间李绅缙的序，后增南宋陈景元的跋。② 作者题为紫霄真人，据说来自南宋陈景元的跋。然而弘治刊本中虽显示"紫霄真人谭峭撰"，但陈景元《化书跋》却无提到紫霄真人之号，仅言《化书》为谭景升所作。③ 故"紫霄真人"应是明代刊行时在作者名前加入。另外，正统《道藏》收录《化书》作者为"真人谭景升"④，而万历时《续道藏》中《化书》作者变为"紫霄真人谭景升"⑤。故紫霄真人的称号当为《化书》在明天顺、弘治刊行时加入。由于《化书》作者题名的错误，影响到后世将谭峭与谭紫霄混淆。

受此影响，万历时蒋一葵《尧山堂外纪》已将两人混淆："谭景升于终南山著《化书》，出授宋齐丘，托序之行世……谭景升，名峭，即紫霄真人也，住庐山栖隐洞，其徒百人，有道术……后主颇信，累辟至建康，赐以道号，阶以金紫，比蜀杜光庭，皆让而不受。"⑥

## 二 五代十国时谭峭与谭紫霄非一人

其实，梳理相关记载，两人事迹不同，俨然为两人。从两人生活年代来看，《佛祖统记》载显德五年（958年）谭峭居终南山，与陈抟（相传生活年代为871—989年）交往甚密，且在建康与南唐宋齐丘曾交往。宋齐丘于959年逝世，故谭峭游三茅山、至建康当在此之前。谭紫霄为泉州人，曾事闽康宗王昶（935—939年在位），谭在闽灭亡后寓居庐山，后来又被后主李煜召至建康。显然两人都曾至南唐国都，这也是两者被混淆的一个重要因素。而从两人活动轨迹看，谭峭父亲为唐朝国子司业，而且《续仙传》明确提到"以终南山近京都，许之"，谭峭自小应生活在长安

---

① （清）瞿镛：《铁琴铜剑楼藏书目录》卷16《子部四》，见《宋元明清书目题跋丛刊》第10册，中华书局2006年版，第234页。
② （清）范邦甸：《天一阁书目》卷三《子部二》，《续修四库全书》第920册，第174页；（清）丁丙：《善本书室藏书志》卷18《子部九上》，见《宋元明清书目题跋丛刊》第9册，第615页。
③ （南唐）谭峭：《谭子化书》，《正觉楼丛刻本》，崇文书局，光绪六年重刻。
④ （南唐）谭峭：《化书》，《道藏》第23册，第589页。
⑤ （南唐）谭峭：《化书》，《道藏》第36册，第297页。注：文物出版社、上海书店、天津古籍出版社1988年影印本以正统《道藏》、万历《续道藏》为底本合印。
⑥ （明）蒋一葵：《尧山堂外纪》卷41《五代》，《续修四库全书》第1194册，第371页。

及附近地区。谭所游山川，如终南山、太白、太行、嵩山、华山等，都在北方，其活动地点主要在关中平原及黄河中下游一带。后记载谭峭曾游至建康，到达江南一带。修道之所为终南山、南岳衡山，后"入青城山而不出"。而谭紫霄为泉州人，事闽主，主要活动地点多在福建境内。后闽国被南唐所灭，紫霄居庐山栖隐洞传道。李后主召其至建康，赐道号与官职，但无接受，紫霄无仕南唐。其活动地点基本为今江苏、江西、福建一带，处在长江中下游。虽两者都到过南唐都城金陵即建康（今南京），但两人活动轨迹还是比较清晰而不相混。加之，谭峭于青城山羽化，谭紫霄于庐山羽化，两者羽化地点不同。另外，从两人具有的道术来看，谭峭在终南山修行十余年，得"辟谷养气之术"，不食五谷而吸收自然之气，后炼丹食之，能"入水不濡，入火不灼，亦能隐形变化"，业已成仙。而谭紫霄熟谙天心法，治病救灾，"禳祈灾福，颇知人之寿夭"，道术不尽一致。综上几点，谭峭与谭紫霄应为两人。

另外，谭紫霄名紫霄，无论是北宋马令还是南宋陆游的《南唐书》都无提及李后主所赐之号为"紫霄"，故紫霄应为其原名。《新五代史》也载有谭紫霄为闽王王昶宠信道士，并封"正一先生"之号。[①] 上述《庐山记》中谭紫霄来自闽中，闽时号"洞玄天师"，"贞一先生"，南唐赐号"金门羽客"。

谭峭与谭紫霄事迹分明，故元《历世真仙体道通鉴》对两人分别立传。谭峭事迹同上述记载基本相同，并未提到谭峭"紫霄真人"之封号。而对谭紫霄也认识清晰："谭紫霄，金门羽客，姓谭氏，名紫霄，一云子雷，其先北海人也。高祖在唐为达士，紫霄生于金陵，骨法魁梧，神识秀丽……名倾江湖，依之如流，遂入闽中。闽主王审知礼加勤厚，一命'洞玄天师'。……闽亡，归金陵，南唐烈祖闻之，遣使劳问旁午于道，召见应对锋辩，上悦服，乃授左街道门威仪及锡命服，加'真曜先生'。"[②] 这里提到紫霄生于金陵，仕于闽国，后又归金陵，受到南唐烈祖李昪赏识。与前述谭紫霄多与李后主接触不同。另外还摘录《南唐书》中关于谭紫霄之语。该书有关谭紫霄的两种说法中，虽谭紫雪的籍贯不同，但都无提到"紫霄"乃所赐之号，也无混杂谭峭之事迹。

---

① （宋）欧阳修：《新五代史》卷68《闽世家》，中华书局1974年版，第851页。
② （元）赵道一：《历世真仙体道通鉴》卷43《谭紫霄》，第348页。

至元代，至正《金陵新志》曰："谭紫霄，泉州人，幼为道士。先是有道士陈守元者，斸地得木札数十，贮铜盎中，皆汉张道陵符篆，朱墨如新，紫霄得，尽通之，遂自言得道陵天心正法，劾醮鬼魅，治疾病多效。……后主闻其名，召见赐官，不受。开宝初，年百余岁，隐化于庐山栖隐洞之道馆。葬之日，有祥云白鹤盘绕，后言天心法者皆祖紫霄。"① 这基本上承《南唐书》之说，神迹更多，与谭峭依然关系甚远。可见，两人事迹清晰，生前游历多无交涉。

　　明朝一些著作依然把两人分别立传。弘治《八闽通志》云："（五代）谭紫霄，泉州人，事闽主昶，封正一先生。闽亡，寓庐山栖隐洞，其徒百余人，有道术。……南唐主召至建康，赐之道号，阶以金紫，皆不受。"② 这同《南唐书》相差无几。《明一统志》所云谭紫霄也与此相近，并无提到谭峭。③ 嘉靖《江西通志》曰："（南唐）谭紫霄，泉州人，自北海徙金陵，有道术，事王昶，封正一先生。闽亡，居庐山栖隐洞，其徒百余人，皆禁弭鬼魅，禳祈灾福。南唐后主召紫霄至建康，赐道号、紫金，皆不受。"④ 此处紫霄籍贯为泉州，又言"自北海至金陵"，综合《南唐书》与《历世真仙体道通鉴》两说，但同样并无掺杂谭峭之事迹。万历时期《有像列仙全传》云："谭紫霄，泉州人，闽王昶封为正一先生。闽亡，寓庐山栖隐洞，徒百余，广有道术。……南唐主召至建康，赐之道号，阶以金紫，皆不受。……归葬日，有祥云白鹤盘绕送之。"⑤ 其语同马令、陆游之说相似，对谭峭的介绍也同前述无异⑥，对两人严格区分。万历时期《月旦堂仙佛奇迹合刻》也云："谭峭，字景升，幼而聪敏，文史涉目无遗，独好黄老仙传。一旦，告父母出游终南山，师嵩山道士十余年，得辟谷养气之术。……后居南岳炼丹，丹成服之，后遂仙去。"⑦ 明朝万历

---

① 至正《金陵新志》卷13下《方技》，《文津阁四库全书》第167册，第378页。
② 弘治《八闽通志》卷68《人物·泉州府·仙释》，《八闽通志》下，福建人民出版社1991年版，第610页。
③ （明）李贤等：《明一统志》卷52《南康府》，《文津阁四库全书》第161册，第458页。
④ 嘉靖《江西通志》卷13《南康府》，台湾成文出版社1989年版，第2315页。
⑤ 《有像列仙全传》卷7《谭紫霄》，《中国民间信仰资料汇编》第1辑第6册，台湾学生书局1989年版，第492页。
⑥ 《有像列仙全传》卷7《谭峭》，第480页。
⑦ （明）洪应明：《月旦堂仙佛奇踪合刻》，《中国民间信仰资料汇编》第1辑第8册，第126页。

年间《青莲舫琴雅》也无掺杂谭紫霄。①

明代《化书》刊本的流传对后世混淆两者起着关键作用。弘治年间《化书》作者作"紫霄真人谭景升",万历时王一清著《化书新声》,序中也谈到"紫霄谭真人《化书》"②,这应是受到天顺、弘治版本之影响。明朝后期开始对谭峭与谭紫霄有不同程度的混淆,尤以福建一地的相关地志为著。万历《泉州府志》载:"谭紫霄,名峭,泉国子司业洙之子。幼聪警,及长,博学能文,向嗜黄老,游终南诸名山。得辟谷养气之术,尝作《化书》,授宋齐丘令为序,齐丘因攘为已。"③可见,泉州地区受谭峭称号的影响,加上生活年代也相近,误认为谭紫霄名峭,紫霄为谭峭之号,混淆了两人。成书时间相近的《闽书》曰:"真人紫霄,名峭,字景升,本州人,唐国子业洙之子。……闽王昶师事之,拜为正一先生。"④俨然把两者事迹混合在一起。而稍早的《八闽通志》并无夹杂谭峭之事迹,也无谈到紫霄名峭。泉州地区把谭峭误认为是本地谭紫霄,这对后世影响较大。值得一提的是,康熙时期《檇李诗系》载道:"紫霄真人谭峭。峭,字景升,少好道,游名山二十余年……李后主累辟至建康,赐号紫霄真人。又居南岳炼丹,丹成,入青城山化去。峭本泉州人,国子司业洙之子。"⑤明确紫霄真人为李后主所赐之号,应为附会之说。乾隆《泉州府志》云:"五代谭峭,字景升,晋江人,国子业洙之子……闽王昶师事之,拜正一先生,后居庐山栖隐洞。能役使鬼神,知人祸福,南唐主召至建康,赐号紫霄真人,归,修炼于清源紫泽洞。"⑥谭峭成为泉州府下辖的晋江人,两者事迹混杂,且妄言南唐主赐号"紫霄真人"。刊刻者在谭峭前妄加称谓,后世遂混之。

---

① (明)林有麟:《青莲舫琴雅》卷二,《四库全书存目丛书·子部》第74册,齐鲁书社1995年版,第373页。

② (明)王一清:《化书新声》,《四库全书存目丛书·子部》第83册,第108页。

③ 万历《泉州府志》卷24《杂志》,《中国史学丛书三编》第4辑38,台湾学生书局1987年版,第1847页。

④ (明)何乔远:《闽书》卷7《方域志》,《四库全书存目丛书·史部》第204册,齐鲁书社1997年版,第126—127页。

⑤ (清)沈季友《檇李诗系》卷30《方外·紫霄真人》,《四库提要著录丛书·集部》第211册,北京出版社2011年版,第561页。

⑥ 乾隆《泉州府志》卷65《方外》,《中国地方志集成·福建府县志辑》(24),上海书店2012年版,第441页。

值得一提的是，从五代沈汾《续仙传》始，都无提及谭峭籍贯。而明天启《两浙明贤录》明确载道："谭峭，字景升，海盐人。"①清康熙《武冈州志》也把谭紫霄认为是当地人②，应是后世妄加而已。关于谭紫霄的籍贯，马令《南唐书》认为泉州人，这在后世诸多记载得到延续，争议不大。而在明代中后期谭峭被加"紫霄真人"称号后，两者事迹开始被混淆，部分记载遂把谭峭误认为是谭紫霄，从而谭峭成为泉州人。沈季友《槜李诗系》和《方舆考证》皆是如此③，现今学术界也大多持此说。嘉庆《重修一统志·泉州府》也把两人相混而张冠李戴④，然而嘉庆《重修一统志·南康府》却无混淆两人⑤。另外，清朝众多记载中两人仍然是有严格区别的。乾隆《江宁新志》中"谭紫霄"从《南唐书》之说⑥，道光《上元县志》对两人分别作传⑦，雍正《浙江通志》也无混杂两人事迹⑧。

　　综上所述，谭峭与谭紫霄同生活在五代，谭峭事迹见于记载早于谭紫霄，且事迹、游历、羽化不同：谭峭出身官宦之家而酷好黄老之术，游历北部众多名山大川，后修道成仙。著有《化书》一书行于世，后被妄加"紫霄真人"之号；泉州籍道士谭紫霄有道术，闽王好巫，封其为"正一先生"，又号"金门羽客"。显然两者不为一人，从五代到明清时期，多种著作中两人分别立传，事迹清晰而互不干扰。随着谭峭被加"紫霄真

---

①　（明）徐象梅《两浙名贤录》外录卷2《玄玄》，《北京图书馆古籍珍本丛刊》第18册，书目文献出版社1987年版，第1575页。
②　康熙《武冈州志》卷10《方外》。
③　（清）许鸿磐：《方舆考证》卷80《福建三·泉州府》。
④　嘉庆《重修一统志》卷328《泉州府》："谭紫霄，名峭，晋江人。博学能文，嗜黄老。闽王昶封为正一先生，后寓庐山栖隐洞。南唐主召至建康，赐之道号，阶以金紫，皆不受。归隐于紫泽洞，尝作《化书》授宋齐邱，后尸解去。"
⑤　嘉庆《重修一统志》卷317《南康府》："（南唐）谭紫霄，泉州人，有道术，事闽王昶，封正一先生。闽亡，隐居庐山栖隐洞。南唐后主召至金陵，赐号金门羽客并金紫，不受，宋开宝六年卒。"
⑥　乾隆《江宁新志》卷24《释道传》，《稀见中国地方志汇刊》第11册，中国书店1992年版，第366页。
⑦　道光《上元县志》卷21下《人物志·释道》，台湾成文出版社1983年版，第1574—1576页。
⑧　雍正《浙江通志》卷199《仙释传二·嘉兴府》，《文津阁四库全书》第177册，第412页。

人"之号、明中期天顺、弘治《化书》的流传，后人开始对两人有不同程度的混淆，而且多集中在明朝后期和清朝时期，时间较晚。梳理两者之源流，显然谭峭与谭紫霄为两人。

### 三 惠州谭公信仰形成与传播

关于今东江流域惠州、河源地区民间的谭公信仰，相关记载较少，其生卒年月、何时成神都较模糊。现今学术界一般认为惠州谭公为谭峭。而当地认为该神为地方俗神，名谭公道。众说纷纭，难以定论。

较早记载谭公的为嘉靖《广东通志初稿》："谭公道，修行九龙，虎从其行。公道，归善人，居九龙山修行，不记岁月，每杖屦出山，一虎随之，殁而显灵。有用瓣香卮酒祈雨旸者，即应。人以为山上尚有庵焉。"① 而嘉靖《惠州府志》中引用了较早天顺时《府志》云："谭公道者，归善人也，居九龙山修行，不记岁月，每杖屦出山，一虎随之，或为之负菜，往返与俱，人甚讶之。既殁，有祈雨旸者辄应，山上有庵，庵有田，庵废，今田并于永福。"② 关于谭公原名，有多种说法。一般多名以谭公道，而李计筹释读为"谭公，道者"，谭公乃道者。由于嘉靖《广东通志初稿》中谭公名为公道，而且多种记载皆作谭公道。《古今图书集成·神异典》载"谭公道。按《广东通志》谭公道者，归善人也。居九龙山修行，不记岁月，每杖屦出山，……既殁，有祈雨，旸者辄应，山故有庵，今废矣"③。嘉庆《新安县志》也曰："（元）谭公道，归善人。居邑之九龙山修行，不记岁月，每杖履出山，一虎随之……既殁，祈雨旸辄应。"④ 清朝一些记载如嘉庆《大清一统志》、道光《广东通志》、光绪《广州府志》所载皆为"谭公道者"⑤。另外，光绪《惠州府志》曰："谭仙祠，在白鹤峰，祀元谭道。咸丰六年敕封'襄济'。一在水门外江边，一在九

---

① 嘉靖《广东通志初稿》卷36《仙释传》，《广东历代方志集成·省部》第1册，岭南美术出版社2006年版，第603页。

② 嘉靖《惠州府志》卷14《人物志》，《广东历代方志集成·惠州府部》第1册，岭南美术出版社2009年版，第515页。

③ 《古今图书集成·神异典》卷244《神仙部列传二十一》。

④ 嘉庆《新安县志》卷21《人物三·仙释》，《广东历代方志集成·广州府部》第26册，岭南美术出版社，2007年，第437页。

⑤ 嘉庆《大清一统志》卷445《惠州府》；光绪《广州府志》卷141《方技二》；道光《广东通志》卷328《释老列传一》。

龙峰，系得道处。"① 此处认为谭仙（即谭公）名为谭道。这几部著作中谭公的生活年代有所差异，一说唐，一说元，而元说占大多数。综上几种说法，较早记载谭公为明天顺和嘉靖时期地方志，其姓名为谭公道的可能性较大，应为元朝人。

综上可知，关于谭公的相关事迹仅只言片语，且多相似。从上推断，谭公应为一老者形象，在惠州的九龙山修行。九龙峰谭公庙规模极盛，相传该庙明洪武年间就已建立。谭公最初神职为"祈雨旸"而受到当地民众的祭拜。然而清初王士禛《居易录》曾曰："谭公道者，惠州人，幼为人牧牛，后得道罗浮。一日降乩，题《王子千太守忆学楼》长句云：鹅城刺史城西住，伐木结楼最高处。……尊中有酒绿如涅，会须坐向楼头酌。"② 此处提到谭公为幼年形象，且得道处从原先的九龙峰变为道教正统名山——罗浮山，这无疑极大提高了谭公的地位。王士禛为清初著名学者，影响较大，对于谭公的传播无形中起到一定的作用。后惠州地区谭公曾多次显圣。"咸丰甲寅之乱，绅民同祷于王文成公、谭仙、六合大仙诸神，尝著灵异，保全危城，大吏上其事，得旨褒封。"王文成公敕封"唐济"，谭仙敕封"襄济"，六合大仙敕封"赞顺"。③ 光绪《惠州府志》曰："谭公道者，归善人也。……山故有庵，甚灵异，今府城水门外，县城白鹤峰皆有庙。咸丰六年敕封'襄济'。"④ 谭公得到朝廷的封号，具有正统性地位，这对于其发展有极大促进作用，谭公信仰更为盛行。谭公神职扩大，不仅能呼风唤雨、预测天气，还治病救人、护佑航海。惠州地区谭公的生诞庆会极其隆重，对谭公极为崇敬。

关于谭公的更多细节，囿于资料，无法得知。惠州谭公为当地归善人，在九龙山修行，九龙峰的谭公庙一直最盛。后因显灵助战，受封"襄济"而逐步兴盛。谭公的神职多样，最初为求雨、灭火，保佑水上交通安全。故此，谭公也成为粤剧供祀的戏神。由于地理形势的因素，谭公基本沿着东江传播。现今原惠州府所辖的河源、和平、紫金等地保留的谭

---

① 光绪《惠州府志》卷12《经政四·坛庙》，《广东历代方志集成·惠州府部》第4册，第173页。
② （清）王士禛：《居易录》卷30，《文津阁四库全书》第288册，第127页。
③ 光绪《惠州府志》卷12《经政四·坛庙》，第173页。
④ 光绪《惠州府志》卷44《人物十六·仙释》，《广东历代方志集成·惠州府部》第5册，第835页。

公庙，基本作为水神而被祭祀，甚至传播至东江下游珠江三角洲地区。另外海丰县鹅埠大显山、赤石千秋塘两地供奉谭襄济[1]，丰顺县仲坑桥旁就供祀有谭公仙圣[2]，亦是谭公离宫而已。

惠州地区谭公显圣，影响力日增，不断向外传播。民间相传谭公十二岁得道，能呼风唤雨、治病救人，加之惠州地处海滨，港澳许多渔民来自惠州客家，谭公信仰传至香港、澳门等地。谭公成为守护内河及沿海一带的船民，特别受驳船工人的敬仰，原来九龙峰一带唤风唤雨的山野人物被后世逐渐塑造成呼风唤雨、预测天气、治病救人、护佑航海的水神。一般港澳地区把谭公（仙）塑造成孩童的模样，有的故事传说南宋末代皇帝少年帝昺即是谭仙，他曾在九龙停留（疑将香港九龙与惠东九龙山混淆），并在大屿附近因海战失利而亡。这种传说，暗藏着反元镇压和统治的思想。结合以上神迹、传说，谭公信仰应是典型的惠州本土信仰。澳门路环十月初五街尾有建于同治年间的谭公庙，庙侧有道光七年（1827年）香山政府勒石永禁舟师兵役滥封索扰渔船的石刻，庙内另有全长五尺由鲸骨制成的龙舟，据说为当年开庙渔民所赠，信徒进香后必摸龙骨求福。香港还有跑马地、西贡村和筲箕湾等处谭公庙，后者建于光绪三十一年（1905年），正门石额"谭公仙圣"四字，庙内墙上多块碑记显示"我筲箕湾之谭公仙圣，原由九龙峰来"。[3] 这里原为乡民议事之地，也是后来设学之处，信仰、教育、乡政兼一身，成为人们聚集之地。筲箕湾东南靠山，填海前像一筲箕，风平浪静，是优良避风港，渔民于此建庙，祈佑航海平安。跑马地《黄泥涌谭公庙志》显示该庙为1901年当地客籍人士建，原籍惠州。而澳门地区谭公诞，与浴佛节、醉龙节同为一天，氹仔地区村民视为节庆，香火较甚，其关于谭公的传说同惠州无异。无疑，港澳地区的谭公皆源于惠州。而东莞松柏唐村永和墟东侧墟门处也有谭公庙，每年正月十三日为日游会，此村把谭公作为一个神奇的祖先人物，与港澳有所不同。[4] 另外，广西梧州也有谭公信仰，或为重名，或为传播至此，

---

[1] 同治《海丰县志》卷上《建置·坛庙》，《广东历代方志集成·惠州府志》第12册，第354页。

[2] 光绪《丰顺县志》卷1《疆舆志》，《广东历代方志集成·潮州府部》第30册，岭南美术出版社，2009年，第451页。

[3] 黄兆汉、郑炜明：《澳门的道教》，《世界宗教研究》1992年第3期，第152页。

[4] 戴伟思：《龙浪风神》，香港海事博物馆有限公司，2008年，第30页。

值得进一步探索。

值得一提的是，惠州谭公还由移民传播至海外，以庇佑航行安全及作为在侨居地的保护神。这点在诸多著作中都有提及。而李天锡《紫霄真人成神与谭公信仰在马来西亚的传播》一文认为马来西亚华人中的谭公信仰信奉紫霄真人谭峭。结合上文分析，笔者认为由华侨华人带到马来西亚地区的谭公为惠州地区的谭公神谭公道，而非谭峭或谭紫霄。

首先，惠州谭公神与谭峭不为一人。比较"紫霄真人"谭峭（或泉州谭紫霄）与惠州地区谭公，两人神迹不同，毫无共通之处。惠州谭公神为土生土长的地方神，无论谭公姓名是否为谭公道还是谭道，其神迹、生活年代、得道之所，皆同上述紫霄真人相差较远。另外，谭峭在地方上并未得到民众信仰，没有专门供祀谭公的庙宇在民间出现，而仅作为道教名士，在清源山下洞的三真人庙被群祀，李天锡也承认谭公庙在泉州地区并不多见。无论谭紫霄还是谭峭，都与惠州谭公神事迹互不交涉。

其次，由华侨传播至海外的谭公为惠州谭公，而非谭峭（或谭紫霄）。刘崇汉《西马客家人》曾言："随着客家人从中国南来到早期的马来西亚谋生，客家人的谭公庙也在我国建立起来，成为马来西亚客家人信仰文化的一个组成部分。目前在西马设有谭公庙的地方包括吉隆坡增江南区、增江北区、大同华文小学内、森美兰芙蓉、槟城亚逸淡、浮罗及威省大山脚等地。"① 虽然泉州及附近地区也为重要的侨乡，并且居住在马来西亚人口颇多，而泉州并无形成谭公（谭峭）信仰，众多关于谭峭的记载中，都无谈到其神迹，民间对他很少祭拜，更无在民间建成谭公（谭峭或谭紫霄）庙。谭峭与谭紫霄两者皆为道家名流，并没有与民间信仰结合在地方上传播。若马来西亚地区谭公神为谭峭，在国内都无人祭祀，何以由人带到侨国？另外，华侨在所居国特别是东南亚国家，具有明显地域性。东南亚的华侨基本分为闽南、客家、广府、潮汕、海南五大帮，而且几者之间是有严格区分和明显界限的。刘崇汉提到马来西亚的谭公庙为客家人迁徙带来的，这一点应该是较为确切的。这点从廖筱雯《马来西亚的华人村落》也得到验证。该文提到马来西亚客家村路——吉兰丹布

---

① ［马来西亚］刘崇汉：《西马的客家人》，赖观福主编：《客家源远流长——第五届国际客家学研讨会论文集》，马来西亚客家公会联合会，1999年，转引自李天锡《紫霄真人成神与谭公信仰在马来西亚的传播》。

赖村观音庙（水月宫）除了供奉观音外，还奉祀谭公爷等神灵[①]，显然谭公为客家人信奉之神。泉州非客家聚居地，虽有一供奉紫霄真人的庙宇，但不能以此认为泉州也有谭公信仰，况且谭公所指非一人。故谭公若为谭峭，不合逻辑。

而马来西亚谭公为惠州地区的谭公神，则合情合理。首先，惠州地区属于客家聚居地。除个别地区，惠州绝大部分乡镇都操客家方言。因各种原因，明清时期大量惠州客家人漂洋过海来到海外谋生计，以东南亚为主要侨居地。与此同时，客家人也带去了他们奉祀的神灵以求在异国他乡能保佑自己，谭公即为其一。谭公信仰在惠州地区极盛，民间对该神极为崇敬。这在上文有所提及。迁移到国外的同时把家乡的神灵带到国外，这在华侨华人迁移过程中极为普遍。故谭公为惠州谭公与刘崇汉先生所述是相符的。另外，刘崇汉提及，在天后庙未普遍时，谭公是代表海上安全之神，是以他的庙宇，在中国沿海也有不少。而惠州谭公神职之一就为保佑水上交通安全，港澳地区船工及华侨出洋祭拜谭公以求安全。而谭峭的记载中无这一神职。而且刘文还提到"1888年左右，大山脚惠州籍领袖黄陈庆倡建大山脚义学，而直落卓坤和武拉必的客籍人也在山上的谭公爷庙，办了私塾"。华人庙宇在侨居国不仅是华侨的精神寄托，而且还是联系乡情、华侨加强凝聚力的重要场所，其具有明显的地域性。惠州籍贯陈氏建义学于大山脚，客家人也在附近的谭公庙办有私塾，谭公庙应为客家人所建无疑。同样，"河婆曲湖乡九世祖贝贵全，仕惠州，每逢乱事发生，出战必胜。晚年他辞官归隐曲湖时，随身带回谭公香火，在故乡建宫奉祀"。很明显，在惠州做官的贝贵全所信仰的当然是谭公道，而非"紫霄真人"谭峭或谭紫霄。而且李文提到沙捞越河下短廊和上短廊的谭公庙供奉的为谭公仙圣。同样供祀谭公仙圣有丰顺等县，同属于客家地区。客家地区与闽南泉州信奉的神灵应有所差别，而且谭峭并无"谭公仙圣"这一称号。故此谭公同样供奉的为惠州谭公，且谭公又称"谭公仙圣"这一说法在惠州民间存在。

综上所述，在马来西亚等地由客家人迁徙而带来的谭公为惠州地区的谭公神谭公道，而非道教中的谭峭或谭紫霄。谭公神职为祈雨、保佑水上

---

[①] 廖筱雯：《马来西亚的华人村落——布赖村观音诞仪式探究·绪论》，中央民族大学硕士论文，2011年。

交通安全等，后神职逐渐扩大，成为地方保护神，并由船工、渔民传播至港澳地区。惠州地区的客家人迁徙至海外的同时也带去了谭公信仰，以期保佑航行安全，后根植于侨居地，成为华侨在国外的重要信仰之一。谭公庙不仅是华侨沟通、联系的重要场所，也成为地域人群的政治、经济、文化中心，在华侨华人生产生活中发挥重要作用。

## 第五节　水部尚书信仰功能与社区变迁

民间信仰的产生和发展，与传统中国社会的士民心理与社会的变迁关系密切，尤其是在民间信仰与国家权力、信仰与地方社会的权威、组织结构等方面。通过对信仰的发展以及组织、仪式的研究，往往能够对地方社会的权威与组织构成有更深入的理解。因此，人们常常以某一信仰或区域为中心，探讨信仰的流布与各种社会动力之间的关系。然而民间信仰的实际情况较为复杂，在不同的地域，同一表象之下可能隐含不同的寓意。因此，本书试图通过对福州府城南万寿尚书庙演变以及尚书信仰的研究，描述神灵信仰与地方之间的互动与发展，进而研究其融入世俗社会的过程。

### 一　水部尚书信仰与仪式表达

福州万寿尚书庙位于今福建福州台江区下杭路，庙中主祀水部尚书陈文龙，后殿祀天后妈祖。陈文龙为南宋抗元将领，与天后妈祖同为兴化人，为官清正，节义不畏身死，兴化城破被俘时，慷慨陈词："此节义文章，可相逼邪！"① 宁死不降，因而受到士人、官方的推崇。明初兴化商人将陈文龙信仰带入福州，在南台岛南岸阳岐村建立第一座尚书庙。至明代中期，万寿尚书庙在城南河口，万寿桥头建立。据今尚书庙所存乾隆四十七年（1782年）杨挺桦《碑记》载："前明太宗嘉公伟烈，特予褒封崇祀，始建庙于南台泗州之域，迄今三百余载。"万寿尚书庙的建立原因大致如下：

一是明朝中后期，莆田地区社会动荡。据当地流传的故事，时莆田屡遭倭寇袭扰，地方政府不仅无力抵抗，甚至有官兵横行乡里，纵兵为患。故而不少莆田居民迁居福州，聚居于城南，从事商贸活动。二是大约在同

---

① 《宋史》卷四百五一《陈文龙传》。

一时期，福州城南滨江沙洲，即后来的上下杭地区形成陆地。史载"五代南唐时，上下杭皆闽江洋洋，登南城翘望，有台临江"①。宋元时期有商船于越王山下停泊、贸易，但未成规模。随着泥沙的淤积，渐成滩涂，至明中叶以后，越王山以南淤积成为陆地，故《闽县乡土志》载："下杭街，号河泊铺、锦江铺，皆闽江之岸也。上杭街号留饭铺，渡江者投宿于此。"② 由于该地区距府城仅约七里，旁有万寿桥沟通福州府城与南台岛，又有内河直抵城中，交通位置较为优越，因此明清时期成为福州府城最为重要的贸易区域。往来商贾中又以兴化商人居多，故而莆田籍的神灵陈文龙与妈祖得以被立庙供奉。

至清代上下杭地区贸易发展，日趋繁荣。清乾隆时人潘思榘于《江南桥记》云："南台为福之贾区，鱼盐百货之辏，万室若栉，人烟浩穰，赤马余皇，估商舶，鱼蛋之艇，交维于其下；而别郭司马之治，榷吏之廨，舌人像胥蕃客之馆在焉，日往来二桥者，大江波然，绾毂其口，肩靡趾错，利涉并赖。"③ 往来客商中不少来自东南沿海各地，崇拜天后妈祖。万寿尚书庙亦因后殿祀奉天后，不仅受到莆田商人的崇拜，而且还得到沿海各地客商的供奉，香火鼎盛。《乾隆四十七年（1782年）碑记》载：康熙三十年（1691年）"里人重修，堂庑稍新"，乾隆四十七年（1782年）"商旅乡耆等随募随修，庙貌焕然"。嘉庆时以"自有明建庙以来虽属经募修而大殿侧楼后殿、天后宫并大士楼、究未能壮丽"④，因此募款又重修天后宫。重修尚书庙、天后宫的资材大多来自各商帮、商铺和商人。从参与捐修尚书庙的群体上，陈文龙信仰已经开始得到各地客商的崇拜，显现出地域化的特征，此时的上下杭地区已经开始形成一个相对稳定的贸易社区。

后随着社区的扩大，祭祀的仪式也有所发展。嘉庆二十三年（1818年）碑文中始见"巡狩"之事，所谓"巡狩"，即今天"送尚书公出海"（或称"迎尚书公"）的祭祀活动。流传在今天的说法主要有两种：

二是"送尚书公出海"，在农历正月十八举行，附近商人和居民捐钱

---

① （清）朱景星、李骏斌修：《闽县乡土志·地形略一》。
② 同上。
③ （清）乾隆《福州府志》卷之九《梁津》。
④ 《嘉庆年重修碑》，碑存台江万寿尚书庙。

建造木舟，送尚书公出行之前，要在附近街道巡游一周，意在祛除灾祸，保佑乡民，附近的居民和商铺都会临道迎接，最后于正月十九举行仪式，将其放出，随风漂流。途经的各乡遇到"状元船"，要将其请上岸，举行一定的祭拜仪式之后再将其放下水。

还有一种说法则是在每年农历三月十二日"迎尚书公"，尚书回莆田省亲，巡游境土后，乘龙舟出海。巡游之时热闹，首由金锣开道，接着有"高照""执事牌""京鼓""十番""马上吹""地下坪""肩头驮""陆地行舟""大班""鼓班""轿班""看担""花担""看马""看轿""马上""台阁"等，其出海的龙舟，制作十分考究，舟中水米菜粮齐备，称为"状元船"。

这一仪式与规定的国家礼仪相去甚远，却有浓厚的民间色彩，与流传在福州祛除瘟神的仪式有许多的相似之处。明谢肇淛在《五杂俎》中云："又令巫作法事，以纸糊船送水之际。此船每以夜出，居人皆闭户避之。"①

《榕城纪闻》则记载了瘟神五帝的巡游：

> 各社土神，参谒有期，一出则仪仗车舆，印绶笺简，彼此参拜，有中军递帖到门走轿之异。更有一种屠沽及游手之徒，或扮鬼脸，或充皂隶，沿街迎赛，互相夸耀。继作纸舟，极其精致，器用杂物，无所不备，兴工出水，皆择吉辰，如造舟焉。出水名曰"出海"，以五帝逐疫出海而去也。是日，杀羊宰猪，向舟而祭，百十为群，鸣锣伐鼓。锣数十面，鼓亦如之。与执事者或摇旗，或扶舟，喊呐喧阗，震心动魄。②

稍晚一点的记载有来闽传教士卢公明（Justus Doolittle）于1865年出版的《中国人的社会生活》（*Social Life of Chinese*），书中记载了福州城南的巡游与祛除瘟神有关情景。清人张际亮在《南浦秋波录》卷三《习俗记》中说："闽俗最信巫鬼，夏秋之交，南台各街市各制纸船，送尚书庙

---

① （明）谢肇淛：《五杂俎》卷六《人部二》。
② （清）海外散人：《榕城纪闻》，《清史资料第一辑》，中华书局1980年版，第2—3页。

放诸江中,名曰出海。"① 他也认为尚书庙的放船仪式,并非对先贤的祭祀,而和五帝巡游一样,是迷信巫鬼的恶习。

上下杭流传的尚书出海仪式,和明清五帝巡游的仪式十分相似。此外,福州五座尚书庙中,也仅有位于南台的尚书庙有巡游仪式,可见水部尚书"巡狩"与五帝"巡游"之间有着不可忽视的关联。五帝信仰曾在福州地区十分盛行,这一信仰虽然得到民间的认可,但由于其未入祀典,长期以来被认定为"淫祀"而遭到官方压制和士绅抨击。相反陈文龙在明初即入祀典,得到国家认可,因此尚书庙的活动也相对合法。当社区因商业贸易的需要而不断扩展,附近居民在融入上下杭社区的同时,也将他们的仪式带入其中。民间仪式通过利用水部尚书的合法身份,从被官方打击的非法活动,摇身一变成为祭祀陈文龙、缅怀先贤的仪式。这一仪式也成为社区内部整合不同群体的纽带。嘉庆二十三年(1818年)不仅重修尚书庙,还"增置道头殿屋左旁八间,右旁五间,壹间将递年租钱贮为尚书公巡狩之需"。绅商捐资购买尚书庙附近店铺,以其租金作为支付"巡狩"的费用。

清代中后期崇拜陈文龙的群体,已经不仅限于莆田商人,而包括各地客商、士绅、官员、居民在内。从商人信仰到地方民众认可的信仰这一过程中,民众利用水部尚书陈文龙的合法身份和符合国家意志的话语,为原先被国家严厉打击的民间祭典披上"合法"的外衣。随着地方民众的参与和改造,陈文龙信仰以及"巡狩"仪式中,商人、士绅、渔民、船户和地方民众共同参与其中,尚书庙在双杭社区的意义已经远远超越了一个兴化商人信仰的神祇。与此同时,上下杭社区也由最初单纯的卸货和交易场所,演变成为一个以贸易为中心,以共同信仰为联系纽带的商贸社区。

## 二 国家祭祀与民间信仰的结合

据尚书庙的碑文记载,陈文龙曾被册封为"水部尚书",乾隆四十七年(1782年)《碑记》载:"赐封护国佑民水部尚书陈公"。据民间传说海上商船队遇狂风巨浪,行将倾覆,有挂"水部尚书陈"旗帜的船相救,使商船逢凶化吉,平安到达目的地。然细考"水部尚书"之由来,朝廷赐封一说似乎并不可信。最早有关朝廷祭祀陈文龙的记录见于《明史》

---

① (清)张际亮:《南浦秋波录》卷三《习俗记》。

载"按祀典……福州祀陈文龙"①。陈文龙因忠烈事迹而享受"有司岁时致祭",即作为忠义之士受到国家的祭祀。然而除了乾隆四十七年(1782年)的碑刻外,有关赐封"水部尚书"于文献中却未见记载。关于"水部尚书"的来历,民间有几种说法,一是陈文龙,因统领水军抗击外来侵略有功,被宋皇御封为水部尚书;二是被天帝所封;还有一种说法是崇祯皇帝所封,康熙时期又有加封,乾隆时期加封镇海王。而嘉庆十二年(1807年)碑刻记载:"乾隆二十九年(1764年)抚宪定公题请祀典,春秋给银两六两。"若乾隆二十九年(1764年)时陈文龙未入祀典,如何会有康熙年间的册封。流传于民间的几种说法或带有浓厚的非官方色彩,或较为笼统,没有确切的依据。相关的文书如《起居注》《清会典》等都没有提及加封镇海王一事。且朝廷对神灵加封,多有定制,"诸神祠所祷累有灵应,功德及人,事迹显著,宜加官爵、封庙号额者……"②。宋元明清四朝,皆无"水部尚书"之职位或官爵。清咸丰七年(1857年)上谕,"……兹发去御书匾额二方交王懿德、庆端虔诣南台及泗州铺(今中亭街一带)各庙中敬谨悬挂"。题写:"'风恬佑顺',赐福建闽县天后庙匾一面,'效灵翊运',赐福建闽县陈尚书庙匾一面"③。亦仅称为"闽县陈尚书"而非"水部尚书"之封号。且不论有没有确切的史料证实"水部尚书"是否为皇帝赐封,至少作为忠义之臣,有功于国家,死后庇佑商民,救民于水火的形象,为多数信众所接受。在尚书庙的碑刻中,对陈文龙的记载大多如下:

  公讳文龙,字君贲,世居兴(化)郡湄州,南宋末由大魁历灾民参政,出知本军事。值元兵陷城,被执死节,事载史乘彰矣。英爽不泯,数出入风涛间,为涉险者助。④

  水部尚书陈公忠肃,闽兴郡湄州人也。南宋咸淳五年廷对第一,历官参政,出知本郡军事。值元兵陷城,暨从子先后捐躯报国,其生平文章节义昭昭史乘,询足百世留芳。殁后,一灵不泯,恩波广被,

---

① 《明史》卷五十《礼四·吉礼四·诸神祠》,鼎文书局1980年版,第1310页。
② 《宋会要·礼二〇之山川祠》。
③ (清)咸丰皇帝:《赐写福建闽县天后等庙庙匾》,《妈祖文献史料汇编·档案卷》,中国档案出版社2007年版,第112页。
④ 《乾隆四十七年重修碑》,碑存台江万寿尚书庙。

回澜济险,护国佑民,实与天上圣母同为海国舟航之利,以故闽海州乡各处建庙崇祝。①

民间对陈文龙的描述基本由"护国"和"佑民"两个方面组成。事实上,对于商人、船户和周边居民等大多数的崇拜者而言,信仰陈文龙的核心因素并非出其"节义",而是回澜济险,庇佑商民的神力。然而民间在描述陈文龙这一神明之时,与官方对于神灵的描述语气如出一辙。突出他生前为忠义之臣,死后显圣以救民于水火。完全符合祀典所规定"法施于民则祀之,以死勤事则祀之,以劳定国则祀之,能御大灾则祀之,能捍大患则祀之"的要求。民间话语与官方话语保持一致,一方面通过模仿官方权威的话语,提升陈文龙的地位与影响力,为信仰找寻正当、合理的解释;另一方面也容易得到官方的许可与认同。官府定期祭祀,有时会有额外的拨款,如"乾隆二十九年(1764年)抚宪定公题请祀典,春秋给银两六两。三十四年(1769年)制宪崔公议拨款需八十两重修。四十七年(1782年)制宪陈公、抚宪富公议给款银二十四两,按季赴领"②。可见在陈文龙信仰发展扩大的过程中,得到了地方官员的积极支持。

在陈文龙信仰的发展和扩大的过程中,官方并未加以干涉,反而采取相对宽松和积极推进信仰的政策。其背后反映了绅商民众通过模仿官方的话语权威,建构和塑造了一个符合官方意识形态的神灵形象,并利用官方的话语权威,表达自身的信仰需求。在同一话语背后,官方对民间神灵的监管与要求,同绅商民众的利益都能够得到体现。通过信仰的表述,官方与民间达成了某种程度的一致,即民间接受和内化了官方所提倡的观念,同时也能够表达自身的利益并且得到来自朝廷的认可。万寿尚书庙在社区与国家之间构建了一座沟通彼此的桥梁。

### 三 祭祀群体与社会网络

万寿尚书庙的鼎盛香火和显灵的传说,使水部尚书俨然成为地方的保护神,也推动了陈文龙信仰向不同阶层和地域的扩展。除了商人之外,船户、钓户、周边的士绅、居民也都信奉祭祀陈文龙,清朝中后期,从碑刻

---

① 《嘉庆十二年重修碑》,碑存台江万寿尚书庙。
② 同上。

上看至少在嘉庆五年（1800年），沿海水师的将领，也受到商人、船户等的影响，捐资祭祀陈文龙。

嘉庆五年（1800年）《碑记》载："信官黄贵、信士郑兰华喜舍旗杆一合"，嘉庆十二年（1807年）"信官黄贵、衿林兆之重修华表全座"，嘉庆二十三年（1818年）碑载"镇守闽安副总兵黄贵暨都守前把等捐番一百圆"，道光八年（1828年）碑载"钦命广东碣石总镇黄捐番叁佰员……水师中军陈捐番伍拾圆"。比此早三年的道光五年（1825年），水提标左右前后各营游击、守备皆出资捐修，碑文如下：

> 盖闻生前节义，其为神也，必忠国惠民吾闽。
> 敕封忠肃侯水部尚书，公者本宋季忠烈之臣，其显圣以救民水火中。前人之述备矣。第自有明建庙以来虽屡经募修，而大殿侧楼后殿、天后宫并大士楼，究未能壮丽。兹鹭岛绅耆行商仰公之节烈威灵。凡舟楫往来，悉仗其保全，阴相者因乐为集腋共襄盛举，所有题捐姓名悉列于左碑。神人共鉴，福祉繁厘。云尔。
> 水提标中军参将黄贵，水提标左营游击杨武镇，水提标右营游击陈景峰，水提标前营游击陈廷俊，水提标后营游击黄忠贞，南湾镇中军游击杨登俊，各捐银十二圆；水提标中营守备陈朝用，水提标左营守备汤贵升，水提标右营守备曾南英，水提标前营守备杨清芳……

嘉庆道光年间，沿海水师官兵积极参与到万寿尚书庙的捐修事务中，究其原因，沿海水师官兵和商人船户等一样面临海洋的威胁。自清康熙二十五年（1686年）起，清廷调拨沿海各镇兵员轮班戍守台湾，三年一换。时闽台海上交通并不顺畅，班兵横渡台湾海峡换防有相当的风险。嘉庆七年（1802年）九月左营管驾绥字十一号哨船队"管带水兵二十名，驾坐本船，在台配载闽安左营把总杨彪一员，带同该营三起班满弁兵七十三名内渡归伍。十月十六日晚遭风，船只触礁沉没"[①]。嘉庆八年（1803年）"闽安右营班兵十名，赴澎换戍，又附配澎湖右营差兵陈有得一名。九月初三日夜驶近澎湖洋面，遭风刮断舵页，船只漂冲八罩外洋，沉礁击碎，

---

① 百吉：《台案汇录戊集》，台湾文献丛刊：第179种，台湾银行经济研究室，1963年，第123页。

第八章　水神变迁与信仰举例：龙母、伏波将军、萧公、谭公、水部尚书　　461

沉失炮械，漂没班兵李奕贞、吴春二名，其余弁兵受伤遇救登岸"①。除成守台湾之外，沿岸各镇水师还有缉捕盗贼，巡视海疆的责任。因此水师官兵与商人、船户等一样，都需要面对恶劣多变的海洋环境，因此在祈求风平浪静这一方面有共同的信仰需求。随着尚书庙的不断扩大，名声在外，而陈文龙信仰又为航行于海上的商人、船户等接受，因此有着共同需求的水师官兵也接受了陈文龙信仰并积极捐资、祭拜。

在沿海水师参与到陈文龙尚书的信仰中后，水师官兵和商人共同的信仰场所也增添了新的含义。乾隆四十四年（1779年）六月《奉宪令严禁碑》记载：

> （江无达）等尊例承关县两照，制造钓船，书篷验烙，往浙配盐。出入挂念，暨涉重洋，由闽输税，年完课饷。……来到关津，镇汛税口，湾泊地头受尽胥授地棍诈吵索羹元遭马□流弓仙匪案，贼勒索花红，蜂拥船中索羹，但依则无法忏，利受害，横志强敢近此□来另有一班查街巡役，挟同哨兵，百般欺凌，吞针哑献，稍缺一二□，致挟嫌诈指盗诬，后即嘱贼，殃害竟成为例，年皆此吵涌。民受害莫可计……泣思商贾经营採捕，最苦过船输课，唯钓船税务甚多，岂受党恶鱼肉。舵水寒心，□□裹足，非号照案严禁，历日□故达摄政粘连旧示金恳。

《示禁止碑》显示了往来江浙一带的商人和钓船，在进入府城之时要受到来自地方恶棍地痞的欺压，有时甚至会受到哨兵的盘剥。府城官员和沿海水师哨兵本就有缉捕盗贼、保护商旅的责任，然而在法纪松弛、缺乏有效监管的情况下，水师兵弁往往与地痞流派沆瀣一气，盘剥骚扰往来商旅、钓船，甚至滥用职权，诬陷商民为盗匪，而且"殃害竟成为例"。尽管之前屡次有地方官员的政令要求整顿纪律，打击地痞恶棍，保护商旅利益，但常因年久或官员调任而废弛。保护的提供者，同时也信仰水部尚书的成员。选择在信仰兴盛和商贸往来频繁的尚书庙前立碑，无疑具有神灵的权威和民间舆论的双重见证。官方的禁令也多了一份神圣的色彩。

---

①　百吉：《台案汇录戊集》，台湾文献丛刊：第179种，台湾银行经济研究室，1963年，第127页。

对于双杭社区的居民与商人来说，万寿尚书庙构筑的不仅仅是一个信仰的场所，共同信仰空间构建起的社会网络，使之成为区域联系的纽带，交换信息资源的庙宇，同时也是昭告神灵，见证约定的场所。

水师官兵之外，琉球朝贡使团的水手以及琉球册封使也都曾在万寿尚书庙祈祷、祭祀和捐金修庙。《嘉庆五年（1800年）碑记》载：

……琉球大船直库比嘉筑登之亲云上番壹拾元。大船内位事等拾名，番壹拾元。水手五名，钱壹仟文。琉球大船直库水手肆拾名，番壹拾元。琉球直库长岭亲云上番壹拾元。大厅作事等玖人，番玖元。定加子共六名，钱壹仟文。水主共贰拾六名，钱贰仟文。琉球封王直序头号贰号船，番贰拾柒元。

琉球来闽朝贡使团的船员共九五人捐资重修尚书庙、天后宫。陈文龙信仰也由此带到琉球，琉球人和汉语教材《官话问答便语》即有记载陈文龙的事迹。即使在道光三年（1823年）于水部关外太保铺地方共建天后宫之后，琉球商人还是积极参与尚书庙的重修。

道光八年重修时，初建的琼水会馆就与琉球册封使正副二使捐资助修。琉球册封使在册封舟中祭祀水部尚书陈文龙的最早记载是在嘉庆十三年（1808年），册封使齐鲲在其《续琉球国志略》中记载："尚书陈姓，名文龙，福建兴化人……明时显灵，护救封舟，封水部尚书，立庙闽省南关外。"道光十八年（1838年）册封正使林鸿年与副使高人鉴捐修万寿尚书庙外，另为阳岐尚书祖庙撰写"神风吹久米，荫暇跃维桑"一联。同治五年（1866年）册封使赵新回国，因蒙神灵庇佑安全返航，请求皇帝加封号或颁赐匾额。奏文中书"是夕复遇幕风，巨浪山立，越过船顶，韶身几没，复触礁沙，势极危险。臣等复于神前祈祷，化险为平"。请求依照惯例"为天后，尚书、拏公请加封号或赐匾额"[①]。册封使的奏报使陈文龙信仰以及万寿尚书庙的影响力进一步扩大，在等到朝廷更多关注的同时，其"正统"身份也不断得到强化。

水师官兵、册封使对水部尚书的信仰，不仅仅扩大了陈文龙信仰的影响力，更重要的是，万寿尚书庙成为构建社区内部与外部交流的纽带。万

---

① （清）齐鲲：《续琉球国志略》卷二《灵迹》。

寿尚书庙的存在，一方面整合社区内部的不同群体，另一方面也为社区内部的各个群体提供与外界群体以及国家的交流平台。

万寿尚书庙的建立和发展，与双杭社区的发展之间紧密关联。商贸的发展提出信仰的需求，共同的信仰又为不同地域的商人和不同职业、不同阶层的人构建交流的平台。庙宇成为社区联系的纽带和交流的场所。国家和民间也通过陈文龙祭祀的共同话语实现了某种程度的沟通，民间以自身的方式表达朝廷的意志以及自身的诉求，而民间的需求与自身利益也通过这一渠道为朝廷所认可。随着影响力的扩大，尚书庙在信仰之外也成为一个社区网络的信息中心，这一网络连接包括居民、商人等从事贸易活动的个体，也包括官员、水师官兵、册封使团等国家权力的代表。因此，尚书庙在一定程度上作为地方社会的"公共空间"，给予参与其中的个人与群体表达自我，交流信息的机会，其表现不仅仅是一个信仰的场所，而且是神灵信仰与世俗社会有机的融合的见证。

总之，民间信仰在世俗社会中扮演着重要角色，神灵信仰的变迁和社会功能伴随着社区的发展而不断叠加。福州泗州万寿尚书庙，伴随着贸易的发展和社区的扩大被赋予了更多的意义。尚书庙在福州双杭社区的发展中，形成了某种意义上的"公共的"空间，拥有参与其中的个人与群体表达自我，交流信息的作用，万寿尚书庙不仅是一个信仰的场所，而且其尚书信仰的产生、兴盛与衰亡都与区域内的世俗社会的发展密切相关。

# 第九章

# 海神信仰类型与地域扩展的特点、原因

## 第一节 海神信仰的类型

先秦时期，出于对自然江海的崇拜，出现海神崇拜，秦代整理国家祭祀秩序，海神庙仍在沿海特别是山东半岛的东海郡存在。徐福出海被鲛鱼所阻的传说，显示出在人们心目中海神神形逐步变成形象具体化的大鱼或蛟龙了。汉代时，海神信仰配以四方概念，海神名称逐渐出现，并且日趋形象化、人神化，并结合早期沿海东夷、越人的鸟、蛇等信仰，形象更加清晰化，而且在沿海和国家祭祀中屡有体现。可见，在中国古代的原始海神中，在不同历史阶段的称谓和传说中，一定程度上反映在国家祭祀、民众中，文献记载不尽一样。

东汉以后，特别是佛教传入后，龙王信仰逐步在民众中有所体现。而隋唐国家完善祭祀制度，不仅规定岳镇海渎的地点和郊祀的等级，以及相关的礼制，而且国家在祭祀制度中，出现五龙王信仰。佛教民间化的观音菩萨信仰等逐步在包括沿海地区普及开来，普陀山观音道场因地处来往高丽、日本要道，逐渐成为海上佛国。随着国家祭祀四海神和龙王信仰的落地，从宋代开始，中国沿海海神逐步形成以下不同类型的海神神灵。

### 一 海上交通安全神灵

佛教民间化的海上神灵，以观音菩萨为代表。舟山一带为观音道场，这与唐宋海上航行观音庇佑有关。奉天沿海一带的老母信仰，也在一定程度上是观音民间化信仰的代表。而肇庆和广州的斗姥信仰，实际上是摩利支天，只是后世逐渐将两者混淆而已。斗姥为道教神灵，摩利支天是佛教神灵，民间至明清混用。

以道教民间化的海上神灵,是以北帝(真武)为代表。珠江三角洲的广州、惠州、粤东潮州沿海北帝(真武)信仰较多,陆丰城内及碣石镇玄武信仰浓厚,由于碣石镇玄武寺(元山寺)由佛教僧人管理,故释迦牟尼佛也加入。而潮汕一带有真君庙,祀晋代道人吴猛,或是闽人吴夲,司水、司药等神职不断显现。宁波象山冲应真人祠祀陶弘景,与道士、道教有关。

有功于国家海上交通安全(使节来往、漕运等)而奉为神灵,诸如妈祖、雷廉一带三婆婆都是如此。福建东部、浙江南部临水夫人,原来是妇女儿童保护神,兼有水神;水部尚书陈文龙是为福建船员所崇奉的海神;岱山陈大王为隋代出使琉球有功的陈稜;宁波显德庙为祭祀海漕遇飓有功的姚器、景佑庙(祀祖域)、灵应庙(祀鲍盖)、助海显应侯庙(祀孔七)、祚圣庙(祀天门都督)等;江苏南部漕运神(常熟、太仓):总管神、平江侯祠、李王、金龙四大王等,以及利济侯、圣姑(慧感夫人)、晏公、宋恭(昭泽侯)等航运神。

海峡、江海交汇处的海上交通神。乐会县三江神、海口西天大士都是如此。惠州惠东、归善、海丰等县及港澳一带,信奉谭公,呼风唤雨,故后世祈雨及预示天气,后又能治病救人。谭公成为守护内河及沿海一带的船民,特别受驳船工人敬仰的神灵。

琼州海峡一带盛行天妃、伏波、观音、龙王、江张二公等信仰,反映出该地区是海神汇聚的重要场所。

历代葬身海中的人物死后灵异而成神。琼州的一百零八兄弟公即是咸丰时绑捆沉海而灵异的神灵。

## 二 海上风雷电火等气象海神

沿海一带的风神,在琼州、雷州、廉州三州风神信仰丰富,庙宇较多,三府都有祭祀风神、飓风的专门祠坛,这在广东沿海各府州是一种特殊现象。另外,台湾风神崇拜也兴盛。

雷琼廉雷神,特别是雷州雷神有代表性,与其地自然环境缺水有关,后来人格化,附会为陈文玉;琼雷一带的电母(南天夫人)崇拜盛行,与雷公一样,司辖海上和雷州半岛、海南岛气象。海南岛南天夫人俗称闪电夫人、闪电火雷夫人,尤以文昌清澜水尾庙为大,祭祀的神灵为南天水尾圣娘,后人格化附会为"水尾云感圣旨莫氏夫人",国家赐封,信仰扩大。与南天夫人同祀的琼山县陈村泰华夫人,从火神而变为地方保护神之一,在海南岛东部各县有分布。

潮汕沿海潮州风伯、火神神信仰也十分丰富。樟林港存在着一个由火帝庙—各社社庙—各地头土地庙等构成的庙宇等级系统。其他粤地沿海的火神、华光、祝融(庙为南宫庙)崇拜,也是与可辖火有关。

### 三 海洋鱼、网等与渔业有关神灵

海洋鱼、网等与渔业有关神灵也是海神信仰中重要的组成部分。文昌县渔民捕鱼方面灵验时刻木梗称南天娘(飞龙圣娘),粤东潮阳大湖神,不断为祸,韩愈等祭祀祈望不要为害;山东沿海俗称"老人家""老赵""赶鱼郎"等,其实是位鱼神,即鲸鱼。鲸鱼能逐鱼入网,故称"赶鱼郎"。鱼丰即发财,又称"老赵",意谓财神赵公元帅。浙江舟山群岛海神中也有鱼神崇拜。如船出外洋,路遇大鱼,即洒米粒、赠船旗、叩拜祭奠,以求鱼神庇护。舟山把鲸鱼称为"乌耕将军","乌耕"露面,意谓鱼群涌至,渔夫敲锣打鼓放鞭炮,并举行盛大的海祭,以求海神降福兆吉,喜获丰收。嵊山渔场的玉环、洞头一带浙南渔民也有鱼神信仰,如三月开春时,看见第一条浮出海面的大鱼,即为海神,必须隆重祭祀,然后才能扬帆出海。如不祭祀,则船出海必遭大鱼所害。这些鱼神后来人格化,出现许多传说。而在江苏南部三府州有褚太太、黄姑(织女神)等鱼神的信仰。

而在舟山群岛一说网神是海青天海瑞,因捕墨鱼的轮子网是海瑞发明的。一说是龙身人首的伏羲,因伏羲受蜘蛛结网捕飞虫之诱发,从而发明了渔网,为渔民闯海猎鱼创造了诸多方便。

### 四 沿海岛屿、山岭、礁石、港口等以及航行指引灯塔航标、海道神灵

沿海的琼州峻灵王、毗耶山神、昌化县贞利侯(祈风之地)、昌化县浴泊石、崖州惠远庙、文昌县北的七星岭神、澄迈县西北的浮石神,这些地方上名山大川,灵异不断,官民有事皆祈报神灵、山神、岛屿、礁石人格化,变成能御灾抗旱祈风的一方保护神,官民祈神保佑一方平安,成为一方保护神。而另一些由于沿海地形变迁,危害沿岸民众生产生活,琼山县县西了浪浮石和朝那社龙堆石,与渔民捕鱼有关;琼山县符离都的浮

石，屡为妖孽灾害而受祭祀；阳江县显应神为石神，与航行、捕鱼有关。后来人格化，变成了阳江马槽村何永泰（一作景泰）的河神。

潮汕地区及附近的兴梅地区，韩江流域及韩江三角洲以西的沿海丘陵地区，包括清代潮州府、嘉应州的全部及惠州府的海丰、陆丰二县，存在三山国王信仰。三山国王为一方保护神，部分兼有海神之职；福建连江演屿神是沿海岛屿神灵；泉州通远王为山神，是水旱病疫，海舶祈风之地；挐公（一误作拿公）、苏碧云为福建沿海导航之神；台湾海舶总管倪总赶神（圣公神）为熟知航道的神灵；浙江象山县主山昭应庙为山神等。

我国东南沿海岛屿，岛岛都有地方神，或谓岛神。岛神有主岛神和主岙神，情况非常复杂。如闽南、台湾一带主岛神大都是天后妈祖。舟山群岛的主岛神大都是观音、龙王或关羽。但全国各地不同历史时代也有许多颇具特色的岛神。如台湾、福建还有水仙信仰，水仙庙中供奉的是大禹王、伍子胥、屈原、王勃、李白，都是一些历史上的杰出人物。在民国《台湾县志·外编》中记载了一位姓倪的海神，"生长于海滨，熟识港道，为海舶总管，殁为神"。在黄河入海口一带，各岛还有金龙大王、黄大王之类的海神信仰。在汕头，有长年公和三义女信仰。二者都是由人成神的。三义女原是清代澄海县外砂乡"金兰"三姐妹，因反对包办婚姻一起跳海而亡，被人拾尸立墓，传闻有灵性，祀典为神。长年公是位捕鱼能手，"建庙塑像祀之"，故当地请渔民入股捕鱼，俗叫请长年。

另外，我国东南沿海有许多礁群。如嵊泗大洋岛有个圣姑礁，礁上有个庙宇，供祀着圣姑娘娘。圣姑娘娘就是一位礁神。渔船过礁必登礁祭祀，以免触礁、破网等事故发生。传说，圣姑娘娘是个海上巡行娘娘，每逢大雾天和风暴天，娘娘在礁上提灯巡行，好像现在的灯塔一样，为海上航行的海员和渔民指明方位和航向，使之能安全返港，化凶呈祥。而台州、舟山群岛中街山列岛都有海师爷（渔师菩萨），因有据海洋保证渔民出海渔业丰收而被祭祀。财伯公的海神信仰，始于清朝末年或民国初年。传说清光绪年间，福建渔民姓陈名财伯，因在中街山渔场捕鱼，不幸遇大风暴致船翻，流落东极庙子湖岛。财伯公以砍柴、种番薯为生，日后每逢海上大雾弥漫或是风暴天，财伯公就上山去放篝火，民以为庙子湖岛有神显灵。后渔民登岛去祭祀岛神，发现财伯公已死在篝火旁，为此立庙塑像，祀典为神。因财伯公是渔夫出身，他的神像，上穿背单，下扎龙裤，成为一尊渔民菩萨，这在中国东南沿海的海神信仰中，绝无仅有。"青浜庙子湖，菩萨穿龙裤"的渔谣也由此而来，并在华东沿海各省渔民中广泛传播，颇有影响。

而嵊泗列岛中的羊山神，据清代《伪郑纪事》载：郑成功起兵北伐，于顺治十三年至江南之羊山。山有神，独嗜畜羊，海船过者必置一生羊（即活羊）去，久之蕃息遍山至不可计数。郑氏战舰泊之山下，因将土相取羊为食，神怒，大风骤至，巨舰自相撞击立碎，人船损十之七八，大失其利而返。另有一说，郑成功欲进军台湾，因连续几天刮大风，船不能发。于是郑成功在羊山宰羊祭旗，从而一举收复台湾岛。以上二说，在定海《昌国县志》和上海《崇明县志》等地方志书中均有记载。

### 五　沿海潮水、波浪、堤神神灵

潮神：江浙沿海供奉的是伍子胥。这是一位春秋时代功勋卓绝的吴国大夫，因其直言忠国受谗屈死，被吴王夫差砍头而浮尸江海中，怒而涌起钱江大潮，被尊为潮神。

绍兴府一带，因钱塘潮灾害，祭祀潮神众多，诸如张夏、张六五、祠山大帝张王、孔七等，都有此神职。杭州萧山一带，祭祀护堤（海塘）神更多，温太尉、惠顺庙（庙祀不详）、英显通应公庙（庙祀不详）、茶槽庙（祀陈旭）、霍光等。海宁县宁民显佑浙海之神，以唐诚应武肃王钱镠、吴英卫公伍员配享越上大夫文种、汉忠烈公霍光、晋横山公周凯、唐潮王石瑰、升平将军胡遑、宋宣灵王周雄、平浪侯卷帘使大将军曹春、护国弘佑公朱彝、广陵侯陆圭、静安公张夏、转运判官黄恕、元平浪侯晏成仔、护国佑民永固土地彭文骥、乌守忠、明宁江伯汤绍恩、茶槽土地陈旭从祀，基本上囊获浙江沿海潮神和护堤神。沿钱塘江口，都有这些潮神、堤神的分布。而温州、台州一带的平水大王信仰，以周凯持箭射潮潮退而祀；浙西南杨府君信仰，应是海上浪潮信仰；宁海一带还有安知县信仰（东海潮神）。

江苏常州府、镇江府、海门厅、通州有瓜步江神，五显神，金龙大王，水仙等护佑海运、漕运神；而南部松江府、苏州府、太仓州沿海潮神有伍子胥、顾野王（喝潮王）、陈平等。

### 六　船神、水漂木等

海上航行，船神自然保佑海上航行，而水漂木灵应也受到沿海民众信仰。万安军供奉舶主的都纲庙建筑、闽台王船（神船）形制，形同普通帆船，船内摆设天上圣母、及池、金、邢、雷、狄、韩、章、郭等王爷之神像，渔民、航海民多信奉，以祈求航海之安全。尤以澎湖祀船之风盛；台州船菩萨（关公）信仰，保佑渔民海上安全和打鱼获得丰收。其他在我国东南沿海俗称船老爷、船菩萨。在嵊泗列岛俗称船关老爷。船神的情况较为复杂，有男的，如鲁班，因他是造船的祖师爷。有关羽，因他刚毅勇猛，受到渔夫尊敬。也有杨甫老大，是个捕鱼能手。有女的，如妈祖、观音，还有冠承御。新中国成立前，船上有圣堂舱，专供船神。而广东新会县高沙海杨爷信仰，就是水漂木取而立祀。

### 七　沿海降雨有关水神

因水神信仰而在沿海扩展的神灵。这些神灵一般阴辖水，除在江河湖泊显灵外，海上及沿海一带，也是其出现的场所。如粤西及珠三角一带的龙母、廉州祠惠泽庙，以及琼州的灵山、香山、琼崖、通济、定边、班帅六神（原为山神，后为地方旱涝灾患神），珠江三角洲乃至西江、粤西的三界神；沿海的晏公、萧公信仰都有司辖降水、海上交通作用，山东、直隶天津一带尤其如此。

江苏南部松江府、苏州府、太仓州有大禹、水平王等太湖神；施相公（镇海侯）陆沉传说之神：常州府、镇江府、海门厅、通州有龙王、平水大王、下元水府、白龙、夏禹王等司辖降水等神灵。

### 八　沿海和海疆的保护神

（1）国家祭祀系统的四海神灵，包括南海神、东海神、西海神、北海神等。

（2）清代展界有功的人物：以两广总督李率泰、广东巡抚王来任为代表李王二公或王公为代表，在粤西、珠江三角洲、粤东沿海皆有信仰，建立庙宇。

（3）因战功为国家捐躯或保卫海疆有贡献的神灵。如马援、关羽、张桓侯张飞、诸葛亮、冼夫人、潮州沿海一带的双忠信仰、吴川罗侯王、电白县陈李总爷、钦廉景公、琼州陈大官、万泉河一带的峒主王公等；粤西一带的忠勇祠、昭忠祠等都是祭祀明清巡捕海上盗寇而阵亡的将士；赤溪一带太保神，崖山的全节庙、大忠祠，香山吴相公庙，海陵岛张太傅祠，饶平有祭祀张世杰夫人许氏的百丈埔娘娘庙，祭祀为南宋殉国的王侯将相士兵等，甚或沿海各县的城隍等神，南海县太尉、先锋（杨四爷爷）、侯王等，都有保佑一方平安作用。江苏南部江阴一带的李王、褚太尉、刘猛将等军神；台湾瞿真人为明末忠臣瞿式耜，宁波灵显庙（祀护驾有功郑世忠）、猛将庙（祀护驾有功李显忠）、石将军庙（祭祀石守信）、薛公祠（祀薛仁贵）、陈元帅庙（祀宋丞相宜中之从子）、岱石庙（祀虞允文）、风墅庙（祀宋嗣宗）、甲联庙（祀王本承）、塘头庙（祀王本忠）、护嘉庙（祀王本厚）等都是如此。

（4）历史名人或传说中英雄等在沿海显灵，形成的信仰。电白县李卫公、琼山县苟氏夫人、顺德县狄相公、大圣等，闽粤沿海祭祀水仙柳毅等，镇江、温州的海神李德裕；宁波奉化洋山庙祭祀隋炀帝及二妃；绍兴府曹娥信仰与曹娥投江救父传说有关。

（5）与沿海有关的瘟疫神、医神。闽台和粤东潮州一带（潮阳县有争议，有认为是晋道士吴猛）沿海粤东各府州县大都有吴真人庙，此吴真人在闽为保生大帝吴夲，治疗疾病。福建蔡姑婆治病医人，控制瘟疫，后与海盗争斗中蹈海成仁，成为福建沿海祭祀神灵。沿海的康王崇拜除与北宋康保裔"忠烈"而死，政府弘扬忠君保国这一主题有关外，还与道教中辅助东岳大帝管辖阴间地府的十大太保之一的康舍人（康元帅）司辖疫疠而受人崇敬膜拜有关系。粤地新会、新宁、赤溪、香山、顺德乃至后来香港、澳门一带的绥靖伯信仰，由禳疫、水旱等灾害显灵到后来专司瘟疫灾害。

（6）沿海当地土地神、厉鬼神、保护神。福州地区白马王信仰系土神，兼有雨神、海上护航神功；台湾各澳多有大王神，多为当地土地神；厉神称大众爷，在海边特称镇海元帅属于厉神。

总之，这些海洋神灵按照地域扩展大小可以分为全国性海神、地域性海神、地方性海神等不同等级。各种海神在不同的地域社会中，因其灵应与在地方社会中所起作用不同，而有主次。有些全国性的海神，在某些地方并非主神，例如琼州海峡的天妃并非这里的主神，而有些地域性海神在地方上却是主神，例如雷州半岛的雷神、浙江钱塘潮神即是如此。

## 第二节 海神信仰地域扩展的特点、原因

中国海域广大，海神信仰丰富，海神信仰群体以沿海渔民、居民以及船工、水手、商贾为主，大多与海事活动、沿岸生产生活及商贸活动有关。而官方的信仰，大多与使节出使、国家海疆安定、社稷稳固以及地方社会有关。海神信仰呈现出民间与官方互动的特点，正是两者的互动，官方祭祀的神灵逐渐地方化，而地方神灵也通过国家的赐爵颁号，纳入不同等级的官方祭祀体系。由于大多海神兼有官民两种不同类型的特色，在一定程度上决定了海神信仰的群体以及海神信仰的地域空间，并且主要以庙宇为载体，呈现出一定的地域分布特点。海神信仰地域扩展的特点大致如下。

第一，沿海地区海神信仰，不同地域呈现出不同的海神信仰现象。而且区域性海神信仰是与沿海地域族群与地域文化、自然环境等有关。

我国海域辽阔，地域性海神特色明显。虽然全国也有天妃、晏公等这样全国性海神的特色，但地域性分布是海神信仰地理分布的一大特色。以长江口分南北，北方海神种类不太丰富，除国家祭祀的东海神外，只有天妃、龙王、老母、观音、老赵等为数不多的海神，与这一地区距离国家统治中心较近、淤泥质海岸较广、港口岛屿不甚多、民俗形态大多相似有关。

相比较，南方海神种类多，地域特色突出。长江口多漕运的总管，如大禹、水平王等太湖神以及施相公（镇海侯）陆沉传说之神。而钱塘江口沿岸，多潮神、堤神、盐神等；温州、台州多临水夫人、平水大王、杨府君信仰等，兼有浙江潮神、福建临水夫人两地信仰的特点。而福建、台湾，天妃信仰最隆盛，其他临水夫人、水仙尊王、挐公、白马王、保生大帝、五显神、开漳圣王、三山国王、船王爷等，从福建传入台湾，与海上交通、信仰族群、瘟疫以及原为地方保护神等有关。地域性明显的一些海神诸如通远王、演屿神等山、岛屿神，由于地理的原因，并未有什么传播，甚或随着朝代更迭，信仰逐渐消亡。而台湾除与福建海神相似外，大多与地区开发，国土守卫、飓风影响有关。台湾出现圣公（海舶总管）、瞿真人、飓风等神信仰。

广东沿海海神地域广泛，沿海都有祭祀展界有功的李王二公祠，而粤

东潮汕近闽，开漳圣王、三山国王、保生大帝、水仙等与闽地相似，玄武、吴真君（一言为保生大帝，一言为吴猛）、大湖神等也带有岭南特色，而双忠公、火神信仰也十分丰富。珠江三角洲广州、惠州、肇庆三府沿海，洪圣王（南海神）、北帝、天妃等信仰丰富，珠江口东以北帝、天妃信仰为主，珠三角以洪圣王、北帝为主，肇庆府沿海以天妃代表。粤西廉钦和琼雷以冼夫人、伏波将军、雷神、火电夫人以及天妃等为代表，琼州海神信仰种类最多，不但有以上所列各神，也有山神、石港神，还有峒主、灵宝、番神、厉鬼以及沿海木等神。

第二，以庙宇为载体，海神信仰形成一定的祭祀文化圈。海上神灵信仰一般都与海事活动有关。海事包括沿海的海上航行、捕捞、养殖、盐业、沿海的农业生产以及海上有关的战事、出使等，许多是沿海村民依赖主要的生存途径。而沿海民众包括生育、疾病、灾害、风暴、潮浪、盐碱等灾害，在一定程度上威胁海上和沿岸安全，因此，也成为民众信仰的主要对象。

庙宇是神灵的栖身之地，海神信仰除与一般神灵一样，有信仰的固定场所庙宇或祭坛外，还有船上建置的神龛。随船遇到险情，在船上祭祀或遥祭经过海区的地方神，保佑海上航行安全，天妃显灵，大多以红光或鸟翔帆端而救难。《两种海道针经》记载不同行路路线祭祀不同神灵。

一般的神坛多为沿海民间乡村的社坛，祭祀主体为当地社神或厉神，闽、粤、浙、台沿海的村落都有这样的社神，即土地神，土地神维系一方小区域的安定，包括生产生活等与民生有关的各项事务，当然包括海事。这些社坛随着不断发展和神灵的灵异，逐渐变成庙宇。茶槽土地陈旭既是浙江海神的从祀，也是当地土地神走出乡村而逐渐在钱塘江口受到礼遇，地域扩展的表现。粤东樟林的火神、三山国王等社区神灵，出现各社区祭祀不同的神灵现象。而海南文昌一百零八兄弟公的信仰，应是咸丰时客死越南的同乡客商，在一定程度上为厉神。遇到神诞、节庆日、重大事件祭祀日。庙会活动包括巡游，多由附近村社共同完成，这些村社形成共同的祭祀文化圈。广州南海神庙附近十五村"五子朝王"民俗，分开祀奉洪圣王五儿子像，每三个乡村祀奉一个神像，每五年为一届"大会景"，十五村分五组，不同的神案抬到南海神面前，实际表现了在共同的南海神的信仰下，地方社会认同感在神灵信仰上的一致性。王安中的"大""元""始""祖""长"，更表现了各村神灵都是第一，平起平坐。唯一的差别是，有先后顺序而已。故地方上在共同信仰的主题下，达成和谐一致的"大会景"，国家祭祀与地方信仰完美统一，国家统治地方社会秩序，通过神灵加以完成。从乾隆四十九年（1784年）以后直到咸丰时，番禺东山（南海神）庙一直是附近七乡共同修葺和祭祀。同治元年（1862年），附近两乡加入，共同修庙祭祀。番禺冈尾南海庙为附近十八乡民共同祭祀，轮流坐庄来办庙会；香港茅洲大王（洪圣王）以元朗古墟为中心，出现再向附近传播的祭祀圈层。

第三，沿海某一地区海神信仰，除以一两种为主体外，大多为多种海神共栖，而在沿海的一些海上交通要道，出现多海神和庙宇共栖的现象更为明显。与陆地神灵信仰一样，海上交通要道和港口，无疑是海神信仰的主要地区。诸如雷州半岛的海安港、新安南山的赤湾等。

第四，由于海神信仰群体的流动性，海神信仰随着信仰群体的迁移和流动，海神信仰作为其心灵慰藉的文化也发生迁移。海神南北扩展与船员水手、商人有关。

第五，海神信仰的传播，除沿海道（海上交通线）外，沿海多以江河为线向内地传播，相邻港口的神灵传播多存在一定联系。

第六，海神神职多从单一海上交通神灵向多种神职变化，逐步成为地方保护神。当然，一些地方保护神也逐步兼有海神的神职。不同神职的变化，在一定程度上也影响海神的地域扩展。

第七，国家提倡，民间社会各阶层积极参与，无论国家神灵地方化，还是地方神灵进入正祀，身份合法与国家大事、民众生活结合，是海洋神灵地域扩展与传播的基础。

宋以后，随着国家观念逐步地被地方所接受，地方官员、士绅阶层不断通过地方重大事件，让国家神灵逐步下移到民间，以南海神、东海神等为代表的国家正祀神灵被地方所接受；同样，地方的民间神灵，通过一系列地方事件，把自己的所信仰的神灵，纳入国家的正统祭祀体系，因此，民间信仰与国家祭祀相互促进，相互利用，达到了共同的目的，他们信仰的神灵，成为上至国家，下到地方，官员、民众都顶礼膜拜的偶像。也正是这些神灵能使地方社会安定，民众和谐，满足人们心灵的需要，其信仰的地域不断扩展，寺庙辉煌，鳞次栉比，香火缭绕。海洋神灵亦是如此。由于海洋神灵众多，种类庞杂，地域空间特征鲜明，且相互交错，其间扩展原因众多，不一而足。

第一，国家主导的祭祀体系下，海洋神灵信仰的扩展与官方的提倡与号召密切相关。

一方神灵庇佑一方地域，神灵的护佑要得到官方的认可，官方利用民间神灵来为海疆的统治秩序服务。南海神、东海神属于国家中祀的神灵，属于国家岳镇海渎的一种，象征着国家政权在疆域上的川江湖海的体现，是多民族封建中央集权的国家维护统治的需要。南海、东海与中国地理相适，其两神也赋予人性化的色彩，适应国家在海洋上的交通需要，此两海与国计民生关系重大，历代统治者多重视东海、南海（南宋、南明等偏居东南的政权更是如此），地理上建有专庙祭祀，而其他西海、北海因距海遥远，西海神在河渎祠旁遥祭，北海神在济渎祠旁（康熙二十七年后改混同江、乾隆四十五年后改山海关）遥祭。从历代正史的《礼仪志》《礼志》等不难看出，官方主导的祭祀体系，作为天地的陪祀之神和山川的代表，作为国家正统祭祀体系的组成部分，四海神信仰本身就是国家祭祀体系的一部分，后来被地方接受而不断在地域上体现。

而国家的使节出使、海上战争、漕运等，都要利用海神庇佑海上航行，为国家统治服务。天妃在北宋的大部分时间内，不过是一普通地方女神而已。宣和五年（1123年）五月十六日给事中路允迪等从明州（治今浙江宁波）出发前往高丽，去时历经艰辛，归时亦惊涛骇浪。第一舟"赖宗社威灵，得以生还"；第二舟在黄水洋时"三柁并折"，同舟人"断发哀恳，祥光示现，然福州演屿神亦前期显异，故是日舟虽危，犹能易他柁"，亦转危为安。① 如此仅有福州演屿神保佑路允迪等安归。《宣和奉使高丽图经》的作者徐兢，是以"奉议郎、充奉使高丽国信所提辖人船礼物官，赐绯鱼袋"的身份，"获联使属之末"，与路允迪一道出使高丽。且其来过莆阳，对"湄洲神女"有了解。如果路允迪祭祀"湄洲神女"，徐兢一定会记载在书中的。② 路允迪没有祀"湄洲神女"，但湄洲神女与其他神皆在绍兴五年（1135年）八月得到朝廷封号。风神封宁顺侯，雨

---

① （宋）徐兢：《宣和奉使高丽图经》卷三四《海道一·招宝山》、卷三九《海道六·礼成港》。

② 李玉昆：《杂谈天妃》，收入肖一平等编《妈祖研究资料汇编》，福建人民出版社1987年版，第242—256页。

师封宁济侯。① 同时，加封莆田神女祠庙额"顺济"②，而福州演屿神，"（宣和）五年路允迪使三韩，涉海遇风，祷而获济。归以闻，诏赐庙额昭利"③。这是莆田神女第一次受封。此次路允迪使韩，"挟闽商以往，中流适有风涛之变，因商之言，赖神以免难，使者路允迪以闻，于是中朝始知莆之湄洲屿之神之著录验于海也"④。看来，湄洲神女的首封与商人、使臣有关。天妃如此，其他沿海地方神也是如此。这次也使莆田神女与其他地方神一起，被中央认可，并没有超出其他神灵的奇异地方。随着后来天妃神灵的神职不断扩大，其地位也不断升迁，从一般的夫人到妃、后等封号，其神职也从沿海的海域保护神，到护佑都城水运、国家漕运、郑和下西洋、镇压沿海寇乱等职能，甚至包括国家收复台湾等重大事件，都一一显示出其神职，其神职甚至涉及包括求子、年景的风调雨顺、邻里关系处理、祛病求医等，无所不能，这些神职的扩大与庙宇在全国的不断修建，都与国家参与其中有重大关系。

当然，通过封号、崇饰庙宇、官祭等方式，使民间信仰的神灵被合法化，满足了民众信奉的神灵心理需要，使神与人一样，身份确定、合法化。湄洲神从地方走向中央，一步步靠不断灵异而屡获封号。绍兴二十六年（1156年），以郊典封灵惠夫人。⑤ 随着航海需要，江口又建灵惠夫人庙，绍兴二十九年（1159年，一作三十年）"海盗凭凌，效灵空中，风掩而去。州上其事，加封昭应"⑥。这次灵惠夫人"起风涛云雾，神见空中，寇溃，获全州，上其事封灵惠昭应夫人"⑦。莆田东白湖的灵惠昭应夫人祠，由丞相陈公俊以地券修建。时疫病发作，灵惠昭应夫人指点甘泉，"饮此泉者立痊"，"请者络绎，朝饮夕愈"，号圣井泉，"郡以闻，加封崇福"。⑧

---

① 《宋会要》礼二〇之一一一、礼二一之二〇。
② 《宋会要》礼二〇之六一。
③ （宋）梁克家：《淳熙三山志》卷八《公廨类二·祠庙》。
④ （明）邱浚：《重编琼台稿》卷十七《天妃宫碑》。
⑤ （宋）丁伯桂：《艮山顺济圣妃庙记》，《咸淳临安志》卷七三《祠祀》引。
⑥ 同上，《琉球国志略》作绍兴三十年。
⑦ （元）程端学：《积斋集》卷四《灵济庙事迹记》。
⑧ （宋）丁伯桂：《艮山顺济圣妃庙记》，而乾隆周煌《琉球国志略》卷七《祠庙》"天后封号"条记此事在乾道二年，"又海寇至，雾迷其道，至庙前就擒"。又据《日下旧闻考》卷八八《郊坛》封"崇福"号在"高宗朝"，《琉球国志略》记载有误。

淳熙十年（1183年）三月，福建路兵马副都监姜特立大破泉州海寇，擒其首姜大僚等九十四人①，"特立以一舟先进，擒之"②。此次在破海寇之事，如按丁伯桂所载"越十有九载"应在淳熙五年（1178年）。但实际并非如此，从以上姜特立任职与擒贼时间来看，应是淳熙十年剿灭海寇。而这次破寇又近在福建沿海灵惠夫人的司辖海域内，当然免不了灵惠夫人显灵助威，"捕盗迁祝响应"，故淳熙十一年（1184年），加封"善利"。③

　　捕盗消灾之外，降雨适时，旱霖不作，亦是灵惠夫人的司职范围。淳熙十一年（1184年），兴化军旱，军守朱端学祈祷于灵惠夫人顺济庙，"随祷随答"；绍熙元年（1190年）夏旱，军守赵彦励亦祷之，神应降雨。两任军守皆具状上奏，朝廷"易爵以妃，号惠灵"④。"妇人之爵，莫及于妃"。惠灵妃"居白湖而镇鲸海之滨，服朱衣而护鸡林之使，舟车所至，香火日严，告赐便蕃，既极小君之宠，祷祈昭答，遂超侯国之封"，易妃之封，示褒崇之意，"益利吾民"⑤。

　　实际上，南海神在庆元三年（1197年）剿灭广东大奚岛寇众叛乱中大显神威而赐庙为英护庙。无独有偶，《东西洋考》《琉球国志略》以剿灭广东大奚岛事中，灵惠妃在空中"以雾障之"助而全剿贼寇⑥，此当后世附会之说。元程端学《积斋集》："庆元四年，瓯闽诸郡苦雨，唯莆三邑祷之，霁且有年，封灵惠助顺妃。时方发闽禺舟师平大奚寇，神复效灵，我明彼暗，贼悉扫灭。"⑦灵惠妃施雨霁、布雾助官民。宁宗庆元四年（1198年）加封助顺，敕文记载十分明确，"灵惠妃宅于白湖，福此闽粤，雨旸稍愆，靡所不应"，根本未提助官军平寇之事，加封目的"崇大

---

① （宋）佚名：《宋史全文》卷二七上"宋孝宗淳熙十年三月"条。
② 《宋史》卷四七〇《姜特立传》。
③ （宋）丁伯桂：《艮山顺济圣妃庙记》。《东西洋考》卷九《舟师考·祭祀》、乾隆《福建通志》卷六十《方外》皆作淳熙五年，误。程端学《积斋集》卷四《灵济庙事迹记》所记助剿时间正确。
④ （宋）丁伯桂：《艮山顺济圣妃庙记》，《咸淳临安志》卷七三《祠祀》。
⑤ （宋）楼钥《攻愧集》卷三四《外制·兴化军莆田县顺济庙灵惠昭应崇福善利夫人封灵惠妃》。
⑥ （明）张燮：《东西洋考》卷九《舟师考·祭祀》，（清）周煌：《琉球国志略》卷七《祠庙》。
⑦ （元）程端学：《积斋集》卷四《灵济庙事迹记》。

褒显","以永厥祀"。① 与淳熙、绍熙相反，此次封号因止雨而加封号。②

嘉定元年（1208年），金兵侵掠淮河一带，宋兵载神主战于花靥镇，"仰见战兵布云间，树灵惠妃旗，大捷"；第二次紫金山战役，"复见神像，又捷"，"二战遂解合肥之围，封录惠助顺显卫妃"。③ 即解合肥之围，"莆民艰食，米船阻于朔方，神反，风即至"④。嘉定十年（1217年）大旱，"祷之，雨"；"海寇犯境，祷之，获息"，封灵惠助顺显卫英烈妃。⑤ 嘉熙三年（1239年），又封为灵惠助顺嘉应英烈妃。⑥ 据说此次"以钱塘潮决堤，至艮山祠，若有限而退"，故得此封。⑦ 宝祐二年（1254年），"旱祷之雨，封灵惠助顺嘉应英烈协正妃"，次年旋改"灵惠助顺嘉应英烈慈济妃"。宝祐四年（1256年），封"灵惠协正嘉应慈济妃"。时年"又以浙江堤成，加封灵惠协正嘉应善庆妃"，由十字封号减作八字，其灵异程度并未降低。景定三年（1262年），因胶海一带海寇出没，"祷，捕海寇，得反风，胶舟就擒"，又封"灵惠显济嘉应善庆妃"。⑧

以上总计宋代十五次的封号，大抵涉及旱涝不时、病疫盛行、逆风阻途、潮汐决堤、寇乱发作等，灵惠神皆化险为夷。正如时人歌颂："神功圣德，妙难量，灵应著"；"舳舻万里来往，有祷必安全"；"专掌握雨旸权"，"倾寿酒，诵声诗，谅遥知民康俗阜，雨滋风滋，功与天齐"。⑨ "神虽莆神，所福遍宇内，故凡潮迎汐送，以神为心，回南籁北，以神为信。边防里捍以神为命，商贩者不问食货之低昂，唯神之听。"祠庙"莆人户祠之，若乡若里悉有祠，所谓湄洲、圣堆、白湖、江口，特其大者耳"。莆田之外，"闽、广、江、浙、淮甸皆祠也"。都城杭州城艮山门外、候潮门外萧公桥皆有灵惠妃祠。⑩ 刘克庄在岭南，"广人事妃，无异

---

① 《咸淳临安志》卷七三《祠祀》引。
② 《日下旧闻考》卷八八《郊坛》引《使琉球杂录》。
③ （元）程端学：《积斋集》卷四《灵济庙事迹记》误作"显术"，据丁伯桂《艮山顺济圣妃庙记》、《方舆胜览》卷三四《广南东路·广州府祠墓》改。
④ 乾隆《福建通志》卷六十《方外》。
⑤ （元）程端学：《积斋集》卷四《灵济庙事迹记》。
⑥ 《咸淳临安志》卷七三《祠祀·顺济圣妃庙》。
⑦ （元）程端学：《积斋集》卷四《灵济庙事迹记》。
⑧ 同上。
⑨ （宋）赵师使：《坦菴词》（不分卷）《诉衷情：莆中酌献白湖灵惠妃三首》。
⑩ 《咸淳临安志》卷七三《祠祀·顺济圣妃庙》。

于莆，盖妃之威灵远矣"①，但与南海神相较，广人时以事后者为要。

第二，道教利用这些神灵，把他们纳入自己的道教信仰体系，变成自己的神灵，并利用经典、庙观、神职人员来宣传和发扬光大。

再以郑和下西洋为例。与佛教一样，道教也与出使官员、船员密切相关。福建长乐《天妃之神灵应记》，后有"正一住持杨一初稽首请立石"。当是"三清宝殿"道教主持。值得注意的是，上述太平港永乐十年（1412年）奏建的天妃宫，应是每次扬帆远航的祭祀场所；宣德六年（1431年）新建三清宝殿于近旁，俨然把天妃宫与三清殿浑然一体，看作道观。新近发现郑和这次新修的三清殿，殿前有"太监郑和、王景弘等同官军人等，发心铸造铜钟一口"②，可以看作是郑和等官军与道教有关。道教通过一系列的经卷、庙宇，以及神灵体系，把诸如天妃等这些神灵纳入自己的体系。

由于宋代道教已经渗透妈祖信仰，元代道士一度取得了祭祀天妃的权利。而道教祭祀神灵的场所一般称作"宫观"，元代天妃宫的称呼在江南地区流行。天妃宫一名的出现，反映了道教影响的扩张。元代太仓周泾天妃宫主持杨炼师就是道士。道教利用天妃，将天妃作为道教的神灵，并影响到明清，地域扩展到福建等其他地区。③ 一般认为天妃为道教神灵，但从国家礼制来看，无疑是道教利用天妃神灵来扩展自己的香火。上述南京龙江天妃庙，除国家祭祀派太常寺官员祭祀外，"永乐十五年（1417年），钦差内官王贵通、莫信、周福率领千户彭佑、百户韩翊并道士诣庙，修设开洋清醮"④。国家祭祀为首位，道教的醮仪应被使用，而出使官员代表的身份应该更与国家祭祀相关，道教只是起到辅助作用，帮助完成这一国家祭祀活动的过程。

明代国家礼制层面，仍然没有承认天妃为道教神灵，而看作是有功于国家出访的神灵来祭祀。虽然管理庙宇和祭祀的礼仪不免有道教的因素，但这正是道教利用国家礼制以外的合理空间，渗透和利用天妃这一神灵来开展自己的活动。虽然长乐《天妃之神灵应记》后也有道教正一住持杨

---

① （宋）刘克庄：《后村集》卷三六《祝文·圣妃庙》。
② 张善贵辑：《长乐金石志》，香港文学报社出版公司2005年版，第160页。
③ 徐晓望：《妈祖信仰史研究》，海风出版社2007年版，第126—133页。
④ 照乘：《天妃显圣录》，台湾文献丛刊本第77种，第8页。

一初"稽首请立石",但在国家礼制层面,仍然把天妃纳入国家礼制。《明史·礼志》明确记载:"天妃,永乐七年(1409年)封为天妃为护国庇民妙灵昭应弘仁普济天妃,以正月十五日、三月二十三日,南京太常寺官祭。太仓神庙,以仲春、秋望日,南京户部官祭。"中央官员祭祀天妃无疑是国家权力在礼制上的最好体现。

明初道教的有关经卷也可证明其间对天妃的利用。《太上老君说天妃救苦灵验经》①记载有永乐七年给天妃封号"护国庇民妙灵昭应弘仁普济天妃",说明此经成于永乐七年以后。既然收入正统十年(1445年)《道藏》中,应在正统十年以前。而天津天后宫原藏有一部《太上老君说天妃救苦灵验经》(现收藏于北京白云观道教总会),初刊于永乐十四年(1416年),后收入明正统《道藏·洞神部》。经文说明天妃下凡是太上老君指派,"于是天尊乃命妙行玉女,降生人间,救世主民疾苦。乃于甲申之岁,三月二十三日辰时,降生世间"。经文拟定天妃誓文曰:

> 一者誓救舟船,达到彼岸;二者誓护客商,咸令安乐;三者祛逐邪祟,永得消除;四者荡灭灾屯,家门清静;五者搜捕奸盗,屏迹潜形;六者收斩恶人,诛锄强梗;七者救民护国,民称太平;八者释罪解愆,离诸报对;九者扶持产难,母子安全;十者庇护良民,免遭横逆;十一者卫护法办,风雨顺时;十二者凡有归向,保佑安宁;十三者修学至人,功行果满;十四者求官进职,爵禄享通;十五者过去超生,九幽息对。是时老君闻天妃誓言,乃敕玄妙玉女,锡以无极辅斗助政普济天妃之号。

这里的天妃乃妙行玉女降生人间,誓扬正化,广济众生,普令安乐。民众信奉,"但能起恭敬心,称吾名者。我即应时孚感。令得所愿遂心,所谋如意"。如此,道教经典通过一系列的包装,把天妃变成太上老君的使臣,并有相关的荫佑功能。

> 前后导从,部卫精严,黄蜂兵帅,白马将军,丁壬倒霉,树香大圣,晏公大神。有千里眼之察奸,顺风耳之报事。青衣童年子,水部

---

① 《道藏》第11册,文物出版社1996年版。

判官，佐助威灵，显扬正化。世间若有男女，恭敬信礼称其名号，或修斋设醮，建置道场，或清静家庭，或江海水小，转诵是经一遍，乃至百遍千遍。即祛除灾难，殄灭邪魔；疾病自痊，官灾永息；行兵临陈，凶恶自离；囹狱之中，自然清泰；贼寇不侵，恶言无害；田蚕百信，牛畜孳生，财禄盈余，经营获利；行商坐贾，采宝求珍；海途平善，无诸惊恐；求官做事，遂意称心。

配备一系列的陪神，俨然为道教一方诸侯。念诵灵经，会免灾接福。就是元代兴起的水神晏公，也被上述的道教经书编入天妃的陪神。

第三，佛教同样利用这些神灵，把他们纳入自己的信仰体系，变成自己的神灵，并利用经典、庙观、神职人员来宣传和发扬光大。

以南海神为例，天宝十二载（753年），广州刺史兼岭南节度使李复派兵马使李玉从罗浮山迎休咎禅师，"至东南道扶胥镇，望见稍西林木郁茂，即行至，彼见一祠庙，遂入焉。迨夜憩于西庑"。二鼓时分，两个穿青衣的童子前来，谓休咎禅师曰："此镇海将军庙也，大王威灵，性复严急，和尚何以来此？"禅师答以欲见南海王。三鼓时分，"忽雷电、暴风且雨，海浪飞沙石，须臾止息。天地开明"，南海王归，"见王紫袍金带至（禅）师前致敬，且言：'弟子适暂游海，辱和尚远降阙于迎延。'"禅师曰："贫道云游至此，拟从大王丐此庙为伽蓝，可否？"南海王曰："弟子乃上天命遣来镇此土岁久，烹宰无时，土地胜职，乃非和尚驻锡之所，弟子当为和尚别择一处。"言已辞去。五鼓时分归来，谓禅师曰："已于扶胥北得一处，去此五里，以纸钱定四隅。"天明，禅师出庙至其地，"遂开基址，建草庵"，"自是僧众相继，住持不绝，号花果院"，后改灵化寺。禅师又至庙语王曰："窃闻大王为性严急，往来舟楫遭风波溺死者甚多，王慎毋为此，贫道今为大王摩顶受戒，自兹已往，勿害生灵，保扶社稷，即为授三皈五戒而行。"南海神听命佛主，普度众生，保佑民众无南海风波之险。难怪蒋之奇评价曰："今广利受休咎大师之戒，而南海舟楫遂无飘覆，则佛之慈悲，护持众生如此，神且听之，而况于人乎！"[①]当然，宋时南海风波宁静，海上交通畅通，这与造船业的发达，人们的航海技术提高等有联系，才使船毁人亡的现象有所缓解，而非南海王性情变

---

① （宋）蒋之奇：《灵化寺记》，成化《广州志》卷二五《寺》。

得温和所致。

　　这则故事实际上是佛家借助人神对话,宣传佛法无边。将南海神收归为自己属下弟子,正是佛家想利用南海神而炫耀自己,宣扬佛法。一方面,时南海神成为国家与五岳齐肩的神灵,威名远播岭南,佛家借此可以抬高身价;另一方面,休咎既想占据南海神庙为佛家寺院,只有将南海神收归佛门弟子,其寺院自然而然成为佛寺。借助此传说,退而求其次,在南海神庙附近建伽蓝,为其建寺寻找借口。如此完美的传说,使南海神脱去了"严急"的性格,皈依佛门,性情温顺,南海再不起波澜;同样,也使休咎在扶胥名正言顺建立寺院,两者互不侵扰,相互利用。蒋之奇写这篇《灵化寺记》是元祐二年(1087年),灵化寺取"灵通广化之义"。从唐天宝至北宋,应是灵化寺繁荣之时,"自元季以来,寺亦隳毁,唯存佛堂,以奉香火"[①]。灵化寺的建立、繁荣、衰落应有其他原因,但重要的一点,应与唐宋扶胥镇的繁荣密不可分,与元代以后扶胥港西移有重要的联系。

　　再以郑和下西洋为例,当时的官员和大量船员,航海以前的平常生活多多少少都与佛教有关。佛教信仰在人们日常信仰中必不可少。就连信仰伊斯兰教的郑和,也施财刊印佛经,分送各大禅寺。并自称信佛,还有法名。向达先生早在1964年《关于三宝太监下西洋的几件事》一文,以郑和刊印《佛说摩利支天菩萨经》和《伏婆塞戒经》为例,即永乐元年(1403年)《佛说摩利支天菩萨经》中姚广孝题记云"今菩萨戒弟子郑和,法名福善,施财命工,刊印流通,其所得胜报,非言可能尽矣";明初刻本的《伏婆塞戒经》卷七,郑和题记"大明国奉佛信官内官监太监郑和,法名速南叱释,即福吉祥","今开陆续成造《大藏尊经》,计十一藏",说明郑和曾"崇佛"。[②] 林松《论郑和的伊斯兰教信仰——兼评郑氏"崇佛"、"崇道"》[③] 也云"从郑和身份地位看,他跟佛、道的联系是合乎情理的,也是跟他的处境相协调的","郑和称弟子,署法名,也仅限于印造佛经。可见他为迎合应酬而自称沙门弟子,却未必真正信佛。这

---

① 成化《广州志》卷二五《灵化寺》。
② 向达:《关于三宝太监下西洋的几件事》,见中华文史网—文史综览—学林学海(第35页)。
③ 《郑和研究百年论文选》,北京大学出版社2004年版。

样做，与其说是宗教原因，还不如说主要是政治的原因"。郑和不信佛，但有关出使官员和船员，应信佛。

福建长乐《天妃之神灵应记》，永乐十年（1412年）奏建的太平港天妃宫，宣德六年（1431年）新建三清宝殿于近旁，另翻修佛教南山塔寺。碑云：

> 右有南山塔寺，历岁久深，荒凉颓圮，每就修葺，数载之间，殿堂禅室，弘胜旧规。今年春仍往诸番，蚁舟兹港，复修佛宇神宫，益加华美。而又发心施财，鼎建三清宝殿一所于宫之左，雕妆圣像，灿然一新，钟鼓供仪，靡不俱备。

长乐南山塔寺与天妃宫、三清殿一起，成为长乐港口重要的官军祭祀与祈报场所。

除长乐南山塔寺外，静海寺也与郑和下西洋有关。"寺在府北二十里，洪熙元年（1425年）赐额。"[①] 静海寺在南京西北仪凤门外卢龙山之麓，"明永乐间内监郑和使西洋归，因建寺赐额"[②]。"静海寺有水陆罗汉像，乃西域所画，太监郑和等携至。每夏间张挂，都人士女竞往观之。"[③] "金陵静海寺藏有佛宝，来自西方，每岁时出献佛堂上，祝云亦郑和所取。"[④] 到明万历时，罗懋登《三宝太监西洋记》第一百回"奉圣旨颁赏各官，奉圣旨建立祠庙"记载"静海寺有篇《重修碑》可证"。从静海寺罗汉像等内容不难看出，此寺院为佛寺无疑。

南京聚宝门外的碧峰寺也与郑和下西洋有关。据佚名《碧峰寺起止记略》云，碧峰寺于洪武五年（1372年）"敕工部黄侍郎（立恭）督工重建"，原因是"圣祖召问（碧峰禅师）佛法、鬼神及修炼语甚合，出使西洋所经诸国，奇功甚多，授爵固辞"。修庙与碧峰禅师有关，碧峰寺所统非幻庵。据《非幻庵香火圣像记》所云：

---

① 《明一统志》卷六《南京》。
② 乾隆《江南通志》卷四十三《舆地志·寺观》。
③ （明）顾起元：《客座赘语》卷九《诸寺奇物》。
④ 《御定渊鉴类函》卷二百三十四《边塞部五·锡兰山》引《增续文献通考》。

城南之梵刹，同（在）碧峰寺麓之岩，庵曰非幻。……至宣德改元，师主牛头。时灵监公深契往谒，览兜率崖，辟支佛洞，愕然有感，乃伐木鸠材，复崇栋宇、像设，起人之瞻敬。尝谓师曰："吾因经西洋番邦诸国，其往返叨安，感戴皇上佛天之呵护，已出缗，命工铸金铜像一十二躯，雕妆罗汉一十八位，并古铜炉瓶及钟磬乐师灯具等，今安于宅，尚虑后之乏人崇诗，逮吾西洋回还，俱送小碧峰退居供奉，以为永远香火，旦夕焚修。……"不期宣德庚戌，上命前往西洋，至癸丑岁，卒于古里国。……宣德乙……众同商议，不违先太监公生前之愿。①

文中提到的太监公为郑和无疑。此庙为佛教庙宇，与郑和下西洋有关。罗懋登的《三宝太监西洋记》第一百回"奉圣旨颁赏各官，奉圣旨建立祠庙"记载"碧峰寺有篇《非幻庵香火记》可证"。当是天顺元年（1457年）《非幻庵香火圣像记》再一次被引用的证明。

锡兰国（今斯里兰卡）佛寺也有郑和因佛"慈佑"而布施大量供品的碑刻。"永乐十年遣中官郑和奉敕，赍金银供器及彩妆、织金宝幡施于寺，及建石碑，赏赐国王等。"② 锡兰所立的一块碑，至今尚保存于斯里兰卡科伦坡博物馆里。碑用汉文、塔米尔文和波斯文三种文字，碑立于永乐七年二月甲戌。"大明皇帝遣太监郑和、王贵通等昭告于佛世尊曰：……比者遣使诏谕诸番，海道之开，深赖慈佑，人舟安利，来往无虞，永唯大德，礼用报施。谨以金银织金纻丝宝旛、香炉、花瓶、纻丝表里、灯烛等物，布施佛寺，以充供养。唯世尊鉴之。总计布施锡兰山立佛等寺供养。"③ 佛教之所以也在海神信仰中占有一席之地，就是通过利用这些国家的重大事件，来使自己的神灵法力更显，庙宇日增。

佛教也是如此。《太上说天妃救苦灵验经》一卷，刻于永乐十八年（1420年），是跟随郑和下西洋的僧人胜慧在临终前，命弟子用其所遗留的资财，发愿所刻。经金秋鹏先生考察，国家图书馆善本部收藏有《太

---

① 潘群：《〈非幻庵香火圣像记〉试析》，《郑和研究》2007年第3期。
② 《御定渊鉴类函》卷二百三十四《边塞部五·锡兰山》，引《增续文献通考》。
③ 向达：《西洋番国志校注》附录二《郑和在锡兰国所立碑》，中华书局2000年版，第50页。

上说天妃救苦灵验经》一册,与《中国美术全集·绘画编·版画卷》(上海人民出版社1988年版,30图)所录图一致,为国家图书馆收藏本。[①]《太上说天妃救苦灵验经》卷末有跋文一篇,云:"□□□达胜慧所伸意者永乐十四年差往西洋公干,要保人船无事,发心告许天妃灵验妙经一藏,用作匡扶,祈求平善。不期胜慧年命已终,愿心尤在,堇(谨)将遗下资财,命工印造。原(愿)许经文散施四方,流通读诵,所集工(功)德上报。……永乐十八年四月初八日拜题。"《太上说天妃救苦灵验经》并不是道教的《太上老君说天妃救苦灵验经》的简写。中国国家图书馆馆藏的卷首的插图除画有天妃宫的图像外,图的后部上方画有观音菩萨的画像。前半部分残,从"敕封辅斗显迹威灵飞符走印统领天丁"以后才有,个别字句与道教《太上老君说天妃救苦灵验经》不同,但大体意思一致。值得注意的是,下文有"齐天圣后,观音化身""善男信女能经敬奉经咒,不计日辰,或敬心讽诵,或僧道转诵行持法事,或转一遍,人钦仰心内慈悲佛显明我奉上天来助""玉帝有封咒"等,而"僧道转诵行持法事",可见两者对天妃的利用。特别是卷末"皇后天妃宝号:志心皈命礼浦沱兴化湄洲灵应威德飞雄神通广大救厄而闻大慈大悲救苦救难敕封护国庇民妙灵昭应弘仁普济天妃菩萨摩诃萨",从胜慧发愿刊经,以及经文不难看出,《太上说天妃救苦灵验经》为佛教经卷无疑。

《太上说天妃救苦灵验经》与《三教源流搜神大全》(元刻,明初补入)相较,前者为专门的佛教经卷,而后者为儒释道三教神灵的汇集。《三教源流搜神大全·天妃娘娘》云:"母陈氏尝梦南海观音与优钵花,吞之,已而孕……甫周岁,在襁褓中见诸神像,叉手作欲拜状。五岁能诵观音经。"也可看作是佛教利用天妃,把天妃看作与自己相关的神灵。而《太上说天妃救苦灵验经》也比佛教后来的《观音大士说天妃娘娘经》更早,只是前者流传不广,与道教的《太上老君说天妃救苦灵验经》相似,而被人们逐渐淡忘。

明末清初编成的《天妃显圣录》中,就收录了不少天妃与佛教相联系的传说。同时,天妃"窥井得符""挂席乘槎""灵符回生""湄洲飞升"等具有强烈道教色彩情节事迹更成熟。从中不难看出,佛道对天妃

---

[①] 金秋鹏:《迄今发现最早的郑和下西洋船队图像资料——〈天妃经〉卷首插图》,《中国科技史料》2000年第1期。

的利用。

第四，沿海民众特别是船员、渔民需要这些神灵庇佑来满足海上航行的需要，各种神灵大展法力，灵异施救，使民众转危为安。

到明清时期，造船后别造一艘小船祭祀于神灵前，以及船上摆神龛祭祀天妃等已成事实。造海船下洋前亦多祭神前。"今天后祈求必应，凡下东西二洋造舶，别为一舶如其制而小置神前，凡覆溺倾欹，兆必先见。在洋中或渡琼海，每遇颠危，虔诚拜祷，即有神火集中桅上，或有江鸥一双入仓集神前，舟楫即时镇定，至今神之。"① "奉使外夷者必载其主舟，风涛有祷则应，或蝶、或雀、或灯光，舟人见之……而利涉矣。"②

在官方、士绅引导下，商人出资，广大下层的民众特别是船员、渔民积极响应，使天妃信仰扩展而长久不衰。雷州最大的天妃庙龙应宫，就是官方、商人（主要为榔商）、民众历代不断修建和筹划游神经费的。海康大埔村港口，也是乡民自发建庙来祭拜天妃的。③ 儋州王五市的天后庙，为琼州西路咽喉，"往来辐辏，商贾云集"，"迄今闽广船艘往来贸易，祈祷舟行，一遇风涛震荡，辄请命于神者"。④ 商人参与，民众为信仰的主要群体。琼州最大的海口天妃庙，历来修理庙宇的除官员外，商人、监生等都参与其间。

第五，沿海的商人、乡绅等群体，发挥在沿海乡民中的作用，利用国家正统性的神灵来笼络和团结民众，为地方服务。

由于修庙费用、香火以及祭祀费用等，多由官府、商人和附近乡民承担。明清时期琼雷建立的妈祖庙共有四十座，从数量上来看是相当可观的。此外，重修庙宇现象尤为多见，最突出的要数临高县在城东郊的天妃庙，明成化主簿建，嘉靖县丞迁于临江桥东；万历知县重建；顺治十八年、康熙九年、三十一年、四十四年知县、训导重修；乾隆六十年修；光绪十四年县令重修，改重建达八次之多。⑤ 澄迈县的天后庙明洪武知县创建于城西下潦地，永乐重修；天顺迁通潮门外；嘉靖置田，万历两次重

---

① 雍正《广东通志》卷六四《杂事志·天后》，引明《旧志》。
② 万历《福州府志》卷九《祀典》，明万历（1573—1620年）刻本。
③ 嘉庆《海康县志》卷二《坛庙》。
④ 民国《儋县志》卷九《金石》，（清）邓龙文：《敕封护国庇民英烈天后娘娘庙碑》、（清）李奇蚪：《重修儋州王五市天后会馆碑记》。
⑤ 光绪《临高县志》卷五《建置略》。

修；康熙四十七年，乾隆四十六年，嘉庆九年，光绪重修，改重建也达八次。① 而琼山县坐落在海口的天后庙，则有洪武间屡葺，正统十年知县重修、嘉靖道官重修，万历商人谭海清等增建，雍正七年监生等募建，乾隆十一年监生募建，以及咸丰十一年等七次②，此种复修重建之例，在上述庙宇中均有出现。明洪武年间建庙五座，永乐就有四次重修或新建，以后以万历重修七次之多；而到了清朝，尤其在康熙、乾隆以及道光、咸丰、光绪年间，妈祖庙的重修或新建情况最多，共计康熙年间有十二次，乾隆年间有三次，道光年间有四次，咸丰四次，光绪四次。部分妈祖庙的规模还在重修过程中得到进一步扩大。如海口天后庙，明洪武年间，商人谭海清等增建后寝三间，并塑有神像，到清雍正七年（1729年）监生陈国安、生员杨凤翔等募建大门三间，而到乾隆十一年（1746年），陈国安又于庙前募建铺屋十间，"岁收租银以供香火"③。今存白沙门天后庙有"重修天后宫□碑"和三块乾隆四十一年（1776年）的"众商捐题碑""众商抽分碑"，重修庙宇一定与商人有关。万州城东迎恩街的天后庙，初有"后庙三间，前堂三间"，后增修"门楼五间"④；儋州城东门外大街尾的天后宫，"道光间城民增建头门，外戏台庙地，前后环水，最为清爽"⑤。戏台的增建，主要是为了在庆祝妈祖诞打醮、演戏酬神之用。至于对妈祖像的重塑或于庙中增添拜祭用具也是常见的现象。如在定安县中街的天后庙，乾隆四年（1739年）就有广府商人铸铁鼎一个，"重千斤，高五尺，周围八尺，周身龙蛇花鸟山水人物"⑥。由此反映出当地人民对妈祖的崇敬程度是相当高的。

参与修建琼州妈祖庙有确切姓名记载的近七十人中，其中属政府官员的有五十二人，占总人数近百分之八十，他们大多数是当地的知县、训导等，几乎每个州县妈祖庙的创建和修建都有当地政府官员的主导。琼山、文昌、乐会、昌化、澄迈、临高、会同等县，天妃（后）庙大都如此。

---

① 光绪《澄迈县志》卷二《建置志》。
② 咸丰《琼山县志》卷五《建置志》、民国《琼山县志》卷十四《金石》、（清）赖聚：《重修天妃庙记》。
③ 咸丰《琼山县志》卷五《建置志》。
④ 道光《万州志》卷四《建置略》。
⑤ 民国《儋县志》卷四《建置志》。
⑥ 光绪《定安县志》卷十《杂志》。

而商人则近十人，约占总人数的百分之十五，这些商人多为外来经商之人，如定安县在中街东向的天妃庙，于明万历年间由广府南（海）顺（德）新（会）三邑商民创建①；万州朝阳街之天后庙，一由五邑客建，另一则由潮邑客建。②

此外，也有是官商合办的，如儋州之朝天宫，由吏目周行率商人创建③；陵水北门外天后庙，康熙三十六年（1697年）重建，就是知县与商人林久洲等重建的④；海口天妃庙，万历增建也有商人谭海清等参与；文昌县新安桥天妃庙，商民建大殿。⑤ 可见，政府官员成为妈祖信仰在海南岛上发展的主体，而商人可以说是推动海南岛妈祖信仰另一支重要的力量。

此外，一些当地的城绅、乡人、文人等也参与到妈祖庙的修建活动，其数量虽然不多，但却表明，妈祖信仰在海南岛上确是有广泛的群众基础。雷州也多是地方官员、军事守将、太监等加入重修的队伍，上述雷州南亭天妃宫道光以前的几次修庙即是如此。清后期官方无法承担，乡绅、商人以及民众承担了重要经费来源，道光二十八年（1848年）修龙应宫即是如此；咸丰十一年（1861年），雷州南亭"天后福神，每年五月朔日造彩船一只，请天后三座圣像驾游内河潮溪，取名曰：'平风浪而赛神庥'"，原来为南亭街槟榔店措办，后因槟榔店歇业，只好"由雷港商船收钱接办"，大帆船一只捐钱四百文，小帆船一只捐钱一百文，沙开船一只每年收钱二百文，"交公收存登记，以备费用"⑥。

商人联谊的场所即会馆，也成为众多神灵的栖息地。一般闽商都在自己会馆内摆设有妈祖的神龛，以便祭祀。琼雷的会馆也多有妈祖、伏波将军的塑像。前述如琼州陵水县的凤城会馆、顺德会馆、陵阳顺邑会馆、琼邑会馆等，内均塑有妈祖神像，奉妈祖为"万年香火"。会馆是商业经济繁荣发展的产物，它是商人聚集经商或乡人联谊的主要场所。妈祖庙与会

---

① 光绪《定安县志》卷二《建置志》。
② 道光《万州志》卷四《建置略》。
③ 道光《广东通志》卷一五一《建置略》。
④ 道光《琼州府志》卷八《建置·坛庙》。
⑤ 同上。
⑥ 民国《海康县志》卷六《坛庙》，咸丰十一年《县贡生陈文锋等捐天后游河费款呈请知县刘准谕勒碑纪略》。

馆的结合，恰恰说明了妈祖庙与当地的商业经济是密切联系的。

第六，民众的迁移，官军的沿海作战、驻守等，也在一定程度上对海洋神灵的地域空间的扩展起到一定的推波助澜的作用。

宋代，闽人得航运之便利，先入为主，移居海南岛的沿海，"闽商值风水荡去其赀，多入黎地耕种不归"[1]。妈祖本为福建人的乡土之神，福建人到海南岛上经商、定居，自是将这一神圣之极的信仰也带来，并在当地建起妈祖庙致以虔诚的拜祭。雷州也是如此。明清是汉族移民来琼雷的高峰期，他们主要来自两广、福建以及江南一带。这些人是信奉妈祖的主要群体，因此他们的到来就为妈祖信仰在海南的进一步发展提供了更广泛的民众基础。

由于历史和地理的原因，闽人、琼人等多到海外经商或谋生，这样，妈祖信仰则以海南为中转站，随海南人的向外迁移又传播到了海外。这便在海外形成了独特的华侨信仰文化。

明清时期，海上贸易繁荣，促使海南岛上居民乘船出海谋生，他们当中有些人后来散居在南洋各地。出于信仰和联络同乡的需要，也为了给"新客"提供栖身之所，他们纷纷于所到之处创立天后宫，主要供奉妈祖，也有一并供奉"水尾圣娘"及"昭烈一〇八兄弟"（后两者为海南岛土生土长的水神）的，这是海外海南人普遍信奉的神明。海外天后宫的建立，一般先筑简陋的"坛"，进而扩建为砖瓦大庙。后来由于形势的需要，又扩大组织而蜕变成为会馆。所以，海外部分海南会馆与天后宫可说是"二位一体"的组织。琼籍人士虔敬"天上圣母"，同乡会馆对妈祖的供奉及祭祀活动，成为联络同乡感情、增进乡谊，促进同乡团结十分有效的一根纽带，是文化认同感的组成部分，所以他们每到一个地方都会创立会馆并兼设天后宫，尤其在新加坡和马来西亚，这种现象较为普遍。"在新加坡、马来西亚华人社会供奉天后妈祖不亚于福建籍人士者，便属于琼州籍人士了。"[2] 琼籍人士南下新加坡，最早是在嘉庆二十四年（1819年），但是初期这些同乡的人数并不多，且无组织，直到咸丰七年（1857

---

[1] （元）马端临：《文献通考》卷三百三一《四裔考八》，浙江古籍出版社 2000 年版，第 2599 页。

[2] 童家洲：《日本华侨的妈祖信仰与新加坡、马来西亚的比较研究》，《社会科学战线》1990 年第 4 期。

年），才由琼籍人士韩亚二（旺彝）和王志德等发起建立琼州会馆，他们邀请住在新加坡的同乡，向英国东印度公司购买小坡沓街六号相连屋宇三间，作为同乡聚会和住宿之所，此为最早的馆址。时会馆内并设天后宫，以崇祀天后圣母，南天水尾圣娘和昭烈一〇八兄弟诸水神。[①] 琼州会馆和天后宫同时创立，且地址相同，体现了二者的"二位一体"性，也反映了"天后宫"在新加坡已经不是纯粹的神庙，更突出的体现乃是其经济及联谊作用。后因"岁久倾圮，字向不合"[②]，于光绪五年（1879年），由王永祥等人发起募资购置美芝律四十七号房屋，将其改建为天后宫宇，于次年落成。该天后宫的建筑材料均由海南岛用帆船运载而来，所有的技工也来自琼崖，他们仿照中古时代的宫庙样式，把天后宫建得美轮美奂，重修后立有碑记，该碑现仍存在宫内。[③] 从碑文可以了解到，当时新加坡和海南之间频繁的贸易往来，如其文则是"货物辐辏，商旅云集"。此外，文中还反映了海南人建立会馆的目的，乃是"岁时荐馨，敦崇乡谊……每当会集时，与亲旧余离阔，陈桑梓故事，以为抚掌之资，至足乐也"[④]。可见，新加坡琼州会馆的建立，更多的是为了同乡联谊的需要，而其对妈祖的供奉及祭祀活动，则成为他们联络感情的纽带之一。这种性质的会馆对于出海谋生的海南人来说是十分重要的，通过这样的组织，他们在经济事业上和生活上可以获得同乡人的帮助和扶持，在感情上则可得到更亲切的交流。琼籍天后宫在新加坡的设立及其扩建则反映了琼籍队伍的不断壮大。

除了在新加坡之外，海南人在马来西亚建立会馆奉祀妈祖的现象也相当普遍。同治八年（1869年），由龙永传在马六甲建立了琼州会馆，尔后，其他琼籍人士也先后在太平（1869年建）、槟城（1870年建）、麻城（1882年建）、新山（1883年建）、吉隆坡（1889年建）、关丹（1891年建）、巴生（1894年建）、安顺（1895年建）、古晋（1898年建）、永平

---

① ［新加坡］吴华：《新加坡华族会馆志》（第一册），（新加坡）南洋学会出版1975年版，第65—68页。
② 陈荆和、陈育崧：《新加坡华文碑铭集录》，香港中文大学出版部　年版，第206页。
③ ［新加坡］吴华：《新加坡华族会馆志》（第一册），第210页。
④ 陈荆和、陈育崧：《新加坡华文碑铭集录》，第207页。

(1900年建)等地建立了琼州(琼崖)会馆①,馆内几乎都祀有妈祖,且大都另设有天后宫,如马六甲的琼州会馆、吉隆坡的雪兰莪琼州会馆、关丹琼州会馆等。有些会馆其前身乃是天后庙,而后由于形势发展之需才发展为会馆,如槟城琼州会馆和古晋琼州会馆。这些会馆除了供奉主神"天上圣母"之外,还奉有南天水尾圣娘以及一〇八兄弟诸神,香火都相当鼎盛。此外,在海外其他地方琼侨的神庙(或会馆),如泰国、越南等地也有供奉妈祖的,其香火的鼎盛虽然不如新加坡和马来西亚,但亦可反映海外海南人信奉妈祖的普遍性。如泰国,虽然大多数神庙乃是水尾圣娘庙,但庙内也有奉祀"天后圣母"的。

众多民间信仰当中,妈祖信仰随移民在海外落户,体现了妈祖信仰在海南人心目中所占的重要地位。另外,他们去到哪里,就在哪里设会馆建宫庙来祭祀妈祖,这样也在客观上进一步加快了妈祖信仰在海外的发展。海南人尤其膜拜妈祖,是因为妈祖自宋代起就已经是深得民心的航海保护神。此外,海南岛位于南海之中,常有飓风海潮之患,出海之人唯有祈求这位"安澜顺济"的神祇保佑。海南人于海外立会馆,奉妈祖的现象只是大多华人在海外活动的一个缩影。实际上除他们外,出外谋生的中国人到了海外几乎都会设立会馆并供奉妈祖,因此,有人指出,凡是华人所到的世界各地,如果设立了会馆,会馆中必然供奉妈祖。② 这无疑扩大了妈祖信仰在世界各地的辐射范围,而妈祖作为正义、善良、美好的化身,其精神力量已经得到世界的认同,成为世界性的"航海保护女神"乃至"和平女神"。这多仰赖于海外华侨对妈祖的推崇,而当中,海南人也扮演了较重要的角色,他们在海外所建立的奉有妈祖的会馆,在当地社会至今仍起着非常重要且特殊的作用。

当然,以上从外部因素,分析了海洋神灵扩展的原因,而从神灵本身来看,其属性以及不断地灵异,也是其自身光环不断放大的重要因素。诸如妈祖作为女神,具有特殊的母性。闽人、琼人奉祀妈祖亦神亦祖,各信众则自称为同堂兄弟。这样的情况在商人或异乡人士中尤其突出。"神之

---

① 林远辉、张应龙:《新加坡马来西亚华侨史》,广东高等教育出版社1991年版,第253—256页。

② 肖一平:《海神天后与华侨南进》,见《妈祖研究资料汇编》,福建人民出版社1987年版,第174页。

人,犹母也,人之事,亦犹子也。异地同堂,亲之爱之,兄弟也。"① 而海南岛是一个移民聚居之地,各移民来自不同的地域、民族和职业。妈祖的特殊属性便使之较容易成为不同移民的共同信仰而在海南岛得到长足发展。官府也恰恰看中了妈祖信仰所具有的这一凝聚作用,故特别重视妈祖庙的修建情况。可见,妈祖本身特殊的属性为其信仰在海南岛的兴盛发展奠定了基础,而朝廷和地方官员利用妈祖信仰加强其统治而给予的政治扶持,在客观上必然对妈祖信仰的传播起到推波助澜的作用。

总之,由于国家祭祀与民间信仰的结合,佛、道的积极参与,地方官员、士绅的作用,海洋神灵利用在人们心里中的作用,法力不断显现,民众也从信奉到笃信,神灵的神职也不断扩大,庙宇不断修建,地域不断扩大,除形成一定地域性或全国性的神灵外,甚至远播海外,成为一定地域性的世界神灵。

---

① (清)郑际泰:《鼎建凤城会馆碑记》,见谭棣华等编《广东碑刻集》,广东高等教育出版社2001年版,第961页。

# 主要参考文献

（汉）司马迁：《史记》，中华书局（未标皆为北京中华书局，下同）1975年点校本。
（汉）班固：《汉书》，中华书局1983年版。
（南朝宋）范晔：《后汉书》，中华书局1965年版。
（唐）房玄龄：《晋书》，中华书局1974年版。
（南朝梁）沈约：《宋书》，中华书局1974年版。
（南朝梁）萧子显：《南齐书》，中华书局1972年版。
（北齐）魏收：《魏书》，中华书局1974年版。
（唐）魏征等：《隋书》，中华书局1973年版。
（后晋）刘昫等：《旧唐书》，中华书局1975年版。
（宋）欧阳修、宋祁：《新唐书》，中华书局1975年版。
（宋）薛居正等：《旧五代史》，中华书局1976年版。
（宋）欧阳修等：《新五代史》，中华书局1974年版。
（元）脱脱等：《宋史》，中华书局1977年版。
（元）脱脱等：《金史》，中华书局1975年版。
（明）宋濂等：《元史》，中华书局1976年版。
（清）张廷玉等撰：《明史》，中华书局1974年版。
（民国）柯劭忞：《清史稿》，中华书局1977年版。
（汉）郑玄注，（唐）孔颖达等正义：《礼记》，上海古籍出版社1990年版。
（宋）佚名撰，陈友仁（增修）：《周礼集说》，文渊阁四库全书本，上海古籍出版社1979年版（下同）。
（汉）卫宏：《汉旧仪》，中华书局1990年版。
（唐）王泾撰：《大唐郊祀录》，《指海》丛书本第18集，1935年上海大东书局据清钱氏重编增刊本影印。

（宋）欧阳修等奉敕撰：《太常因革礼》，据清宛委别藏本影印，《续修四库全书》821册，上海古籍出版社1996年版（下同）。

（宋）郑居中等奉敕撰：《政和五礼新仪》，文渊阁四库全书本。

（宋）礼部太常寺纂修，（清）徐松辑：《中兴礼书》），影印北图藏清蒋氏宝彝堂抄本。

（金）张玮：《大金集礼》，商务出版社1936年版。

（元）佚名纂，祖生利、李崇兴点校：《大元圣政国朝典章》，中国广播电视出版社1998年版。

（明）佚名辑：《国朝典章》（洪武至正德）（不分卷），北京图书馆明抄本。

（明）林尧俞等纂修，俞汝楫等编撰：《礼部志稿》，文渊阁四库全书本。

（明）徐一夔：《明集礼》，文渊阁四库全书本。

（明）佚名辑：崇祯《太常续考》，文渊阁四库全书本。

《大清会典事例》，中华书局1991年影印本。

（清）秦蕙田：《五礼通考》，文渊阁四库全书本。

（清）阿桂等纂修：《八旬万寿盛典》，文渊阁四库全书本。

（唐）杜佑撰，王文锦等点校：《通典》，中华书局1988年版。

（宋）郑樵撰：《通志》，中华书局1987年版。

（宋）马端临：《文献通考》，中华书局1986年版。

（明）王圻：《续文献通考》，商务印书馆1936年版。

（清）乾隆官修：《清朝文献通考》，浙江古籍出版社2000年版。

（晋）张华：《博物志》，贵州人民出版社1992年版。

（唐）徐坚：《初学记》，中华书局1962年版。

（宋）王钦若等：《册府元龟》中华书局1960年版。

（宋）李昉：《太平御览》等撰，中华书局1995年版。

（宋）李昉：《文苑英华》，中华书局1966年版。

（宋）李昉：《太平广记》，文渊阁四库全书本。

（宋）王应麟：《玉海》，文渊阁四库全书本。

（宋）曾慥：《类说》，据明天启六年岳钟秀刻本影印。

（清）张英、王士慎等奉敕纂：《御定渊鉴类函》，文渊阁四库全书本。

（唐）李肇撰：《唐国史补》，上海古籍出版社1979年版。

（宋）司马光：《资治通鉴》，中华书局1976年版。

（宋）李焘：《续资治通鉴长编》，中华书局1979年版。

（宋）李心传：《建炎以来系年要录》，中华书局1956年版。

（宋）李攸：《宋朝事实》，商务印书馆1983年版。

（宋元）佚名：《两朝纲目备要》，文渊阁四库全书本。

（元）佚名、李之亮校：《宋史全文》，黑龙江人民出版社2004年版。

（清）吴任臣：《十国春秋》，中华书局2010年版。

（明）陶宗仪纂，张宗祥集校：《说郛》，台北新兴书局1972年版。

（明）解缙、姚广孝等编：《永乐大典》，中华书局1959年版。

（清）陈梦雷编撰：《古今图书集成》，中华书局1986年版。

（唐）杜佑撰、王文锦等点校：《大唐六典》，中华书局1988年版。

（宋）王溥撰：《唐会要》，中华书局1955年版。

（明）李东阳等重修：《大明会典》，商务印书馆1936年版。

（清）徐松辑：《宋会要辑稿》，中华书局1957年版。

（宋）宋敏求：《唐大诏令集》，上海学林出版社1992年版。

司义祖校订：《宋大诏令集》，中华书局1962年版。

（汉）刘熙：《释名》，小学汇函本。

（汉）王逸：《楚辞章句》，岳麓书社1989年版。

（晋）郭璞注，（清）毕沅校：《山海经》，上海古籍出版社1989年版。

（晋）郭璞注，（清）郝懿行笺疏：《山海经笺疏》，上海书店1991年版。

（北魏）郦道元撰，陈桥驿点校：《水经注》，上海古籍出版社1980年版。

（明）杨士奇等纂：《明实录》，台北"中央研究院"历史语言研究所，1964年版。

《清实录》，中华书局1985—1987年版。

（清）蒋良骐撰：《东华录》，中华书局1980年版。

（隋）巢元方：《巢氏诸病源候总论》，文渊阁四库全书本。

（宋）陈自明：《妇人大全良方》，文渊阁四库全书本。

（宋）太平惠民和剂局编，陈庆平、陈冰鸥校注：《太平惠民和剂局方》，中国中医药出版社1996年版。

（宋）庞安时：《伤寒总病论》，文渊阁四库全书本。

（明）朱橚：《普济方》，四库丛刊本。

（晋）干宝：《搜神记》，中华书局1985年

（梁）任昉：《述异记》，文渊阁四库全书本。

（唐）瞿昙悉达：《唐开元占经》，文渊阁四库全书本，上海古籍出版社1990年版。

（唐）道世：《法苑珠林》，中华书局2003年版。

（唐）道宣：《续高僧传》，中华书局2014年版。

《开元释教录》，文渊阁四库全书本。

［日］真人元开：《唐大和上东征传》，中华书局1979年版。

（宋）张君房：《云笈七签》，齐鲁书社1988年版。

（宋）留用光：《天上黄箓大斋立成仪》，收入《道藏·威仪类》，上海书店出版社1988年版。

《绘图三教源流搜神大全》，上海古籍出版社1990年版。

（明）朱世守：《大洋洲萧侯庙志》，清宣统三年刻本。

（唐）张九龄：《唐丞相曲江张先生文集》，商务印书馆，1936年馆影印明成化刊本。

（唐）张九龄：《曲江集》，文渊阁四库全书本。

（唐）白居易撰：《白氏长庆集》，文学古籍刊行社影印，1955年。

（唐）韩愈撰：（宋）朱熹校：《昌黎先生文集》，四部丛刊本。

（唐）柳宗元：《柳河东集》，上海人民出版社1974年版。

（唐）元稹：《元氏长庆集》，上海涵芬楼出版社1914年版。

（唐）刘长卿：《刘随州集》，文渊阁四库全书本。

（唐）杜环著，张一纯笺注：《经行记笺注》，中华书局2000年版。

（唐）林宝：《元和姓纂》，中华书局1994年版。

（唐）李群玉：《李群玉诗（后）集》，四部丛刊本。

（唐）元结：《元次山集》，中华书局1960年版。

（唐）刘禹锡：《刘宾客文集》，文渊阁四库全书本。

（唐）刘恂：《岭表录异》，广东人民出版社1983年版。

（唐）许浑：《丁卯诗集》，文渊阁四库全书本。

（唐）王铚：《默记》，文渊阁四库全书本。

（五代）王定保：《唐摭言》，上海古籍出版社1978年版。

（宋）孙光宪、林艾圆点校：《北梦琐言》，上海古籍出版社1981年版。

（宋）洪迈：《容斋随笔》，岳麓书社1997年版。

（宋）洪迈：《夷坚志》，中华书局1985年版。

（宋）苏轼：《东坡先生诗附东坡纪年录》，四部丛刊初编据南海潘氏藏宋务本堂刊本缩印，民国上海商务印书馆。
（宋）苏轼：《东坡全集》，上海古籍出版社1987年版。
（宋）真德秀：《西山文集》，四部丛刊本。
（宋）刘攽：《贡父诗话》，文渊阁四库全书本。
（宋）刘辰翁：《须溪集》上海古籍出版社1998年版。
（宋）朱彧：《萍洲可谈》，上海古籍出版社1989年版。
（宋）谢枋得：《叠山集》，文渊阁四库丛书本。
（宋）宋祁：《景文集》，商务印书馆1936年版。
（宋）郑侠：《西塘集》，文渊阁四库全书本。
（宋）刘斧：《青锁高议》，中华书局1983年版。
（宋）陶谷：《清异录》，中国商业出版社1985年版。
（宋）沈括：《梦溪笔谈》，辽宁教育出版社1997年版。
（宋）范镇、宋敏求：《春明退朝录》，中华书局2002年版。
（宋）赵彦卫：《云麓漫抄》，中华书局1996年版。
（宋）陈襄：《古灵先生文集》，北京图书馆出版社2005年
（宋）楼钥：《攻媿集》，文渊阁四库全书本。
（宋）洪适：《盘州文集》，文渊阁四库全书。
（宋）祖无择：《龙学文集》，文渊阁四库全书本。
（宋）刘克庄：《后村先生大全集》，四库丛刊本。
（宋）王应麟：《姓氏急就篇》，四库丛刊本。
（宋）杨万里：《诚斋集》，四部丛刊本。
（元）宋褧：《燕石集》，四部丛刊本。
（宋）曾丰：《缘督集》，文渊阁四库全书本。
（宋）欧阳修：《文忠集》，文渊阁四库全书本。
（宋）黄庭坚：《山谷集》，上海古籍出版社2003年版。
（宋）洪咨夔：《平斋文集》，上海书店1984年版。
（宋）周去非：《岭外代答》，中华书局1999年版。
（宋）赵汝适：《诸蕃志》，中华书局1996年
（宋）郭知达：《九家集注杜诗》，文渊阁四库丛刊本。
（宋）陈思：《宝刻丛编》，文渊阁四库全书本。
（宋）周必大：《文忠集》，文渊阁四库全书本。
（宋）郭知达：《九家集注杜诗》，文渊阁四库全书本。

（宋）方信孺：《南海百咏》（不分卷），丛书集成本。
（宋）岳珂：《桯史》，中华书局1981年版。
（宋）赵师使：《坦菴词》，文渊阁四库全书本。
（宋）徐兢：《宣和奉使高丽图经》，中华书局1985年版。
（宋）李纲撰，王瑞明点校：《李纲全集》，岳麓书社2004年版。
（宋）范成大：《桂海虞衡志》，中华书局2002年版。
（宋）费枢：《廉吏传》，文渊阁四库全书本。
（宋）董更：《书录》，文渊阁四库全书本。
（宋）董嗣杲：《西湖百咏》，钱塘丁氏清光绪七年（1881）刻本。
（元）方回编：《瀛奎律髓》，文渊阁四库全书本。
（元）汪大渊、苏继庼校释：《岛夷志略校释》，中华书局1981年版。
（元）吴莱：《渊颖集》，中华书局1985年版。
（元）佚名：《湖海新闻夷坚续志》，中华书局1986年版。
（元）许有壬：《至正集》，（清）宣统石印本。
（元）程端学：《积斋集》，文渊阁四库全书本。
（元）宋褧：《燕石集》，文渊阁四库全书本。
（元）于钦：《齐乘》，文渊阁四库全书本。
（元）虞集：《道园学古录》，（上海）商务印书馆1937年版。
（元）贡师泰：《玩斋集》，文渊阁四库全书本。
（明）孙瑴：《古微书》，中华书局1985年版。
（明）凌迪知：《万姓统谱》，文渊阁四库全书本。
（明）王圻、王忠义：《三才图会》，影印上海图书馆藏明万历三十五年刻本。
（明）董斯张：《广博物志》，岳麓书社1991年版。
（明）余寅、周应宾、顾起元撰：《同姓名录》，上海古籍出版社1992年版。
（明）焦竑：《献征录》，中国史学丛书影印明万历四十四年刻本。
（明）都穆：《金薤琳琅》，文渊阁四库全书本。
（明）徐应秋：《玉芝堂谈荟》，文渊阁四库全书本。
《顺风相送》，《两种海道针经》，中华书局2000年版。
（明）严从简：《殊域周咨录》，中华书局1993年版。
（明）费信：《星槎胜览》，中华书局1954年版。

（明）马欢：《瀛涯胜览》，上海出版社 1937 年版。

（明）周玄暐撰：《泾林续记》，续修四库全书目录子部第 1124 册，影印上海图书馆藏明刻本。

（明）张燮：《东西洋考》，中华书局 2000 年版。

（明）范中义：嘉靖《筹海图编》，文渊阁四库全书本。

（明）王世贞：《弇州四部稿》，上海古籍出版社 1993 年版。

（明）徐三重：《采芹录》，台北商务印书馆，影印文渊阁四库全书本。

（明）韩雍：《襄毅文集》，四库全书本。

（明）叶盛：《水东日记》，中华书局 1980 年版。

（明）陈献章：《陈白沙集》，四库全书本据清康熙二十三年影印本。

（明）邱浚：《重编琼台集》，上海古籍出版社 1991 年版。

（明）刘基：《诚意伯文集》，上海古籍出版社 1986 年版。

（明）贝琼：《清江诗集》，文渊阁四库全书本。

（明）王慎中：《遵岩先生文集》，据明隆庆五年邵廉刻本影印。

（明）黎遂球：《蓬须阁集》，诗雪轩校刊本。

（明）黄衷：《海语》，上海古籍出版社 1993 年版。

（明）汤显祖著，徐朔方笺校：《汤显祖诗文集》，上海古籍出版社 1982 年版。

（明）王士性：《广志绎》，中华书局 1981 年版。

（明）瞿佑：《剪灯新话》，上海古籍出版社 1981 年版。

（明）罗懋登撰、陆树仑、竺少华点校：《三宝太监西洋记通俗演义》，上海古籍出版社 1985 年版。

（明）郭棐撰，王元林校注：《岭海名胜记校注》，三秦出版社 2012 年版。

（宋）洪迈：《万首唐人绝句》，四库丛刊本。

（清）康熙御定：《御定全唐诗》，文渊阁四库全书本。

（清）董诰等编：《全唐文》，中华书局 1983 年版。

（清）朱彝尊：《明诗综》，清康熙刊本。

（清）查慎行：《苏诗补注》，文渊阁四库全书本。

《明文海》，文渊阁四库全书本。

（清）郑方绅：《全闽诗话》，上海古籍出版社 2002 年版。

李修生：《全元文》，江苏古籍出版社 1999 年版。

（清）黄宗羲，缪天绶选注：《明儒学案》，商务印书馆 1931 年版。

（清）杜臻：《粤闽巡视纪略》，上海古籍出版社1979年版。
（清）姜宸英：《湛园集》，文渊阁四库全书本。
（清）樊绰：道光《南海百咏续编》，丛书集成续编。
（清）周煌：《琉球国志略》，丛书集成初编。
（清）朱彝尊：《曝书亭集》，四库丛刊本。
（清）翟均廉：《海塘录》，文渊阁四库全书本。
（清）于敏中等编纂：《钦定日下旧闻考》，北京古籍出版社1981年版。
（清）汪森编：《粤西丛载》，广西民族出版社2007年版。
（清）明之纲：《桑园围总志》，四库未收书辑刊，北京出版社1998年版。
（清）周煌：《琉球国志略》，商务印书馆1936年版。
（清）李调元：《南越笔记》，丛刊集成新编。
（清）吴震方：《岭南杂记》，光绪二十二年（1896）刻本。
（清）魏源：《海国图志》，岳麓出版社1998年版。
（清）邱光任，张汝霖：《澳门纪略》，澳门文化司署1992年版。
（清）仇巨川：《羊城古抄》，广东人民出版社1993年版。
（清）屈大均：《广东新语》，中华书局2003年版。
（清）梁廷枏：《粤海关志》，广东人民出版社2002年版。
（清）严如煜：《洋防辑要》，道光二年（1822）刊本。
（清）翁方纲撰：《粤东金石略》，四库丛刊史部，影印清乾隆三十六年刻本。
（清）周广、陈业崇撰：《广东考古辑要》，清光绪十九年（1893）刻本。
张善贵辑：《长乐金石志》，香港文学报社出版公司2005年版。
（清）崔弼：嘉庆《波罗外纪》，光绪八年（1882年）刻本。
（清）金菁茅编：《浴日亭次韵诗（续编、再续编、补编）》四种，咸丰五年（1855年）补刻本。
张善贵辑：《长乐金石志》，香港文学报社出版公司2005年版。
（明）朱谋㙔：《骈雅》，文渊阁四库全书本。
（清）朱骏声：《说文通训定声》，中华书局1983年版。
（清）阮元：《经籍籑诂》，上海古籍出版社1989年版。
《山海经》，中华书局2009年版。
（晋）沈怀远：《南越志》（不分卷），清顺治刻本。
（晋）顾微：《广州记》，李际期宛委山堂顺治刻本。

（唐）李吉甫：《元和郡县图志》，中华书局 1983 年版。

（宋）乐史：《太平寰宇记》，中华书局 2003 年版。

（宋）欧阳忞：《舆地广记》，丛书集成初编本。

（宋）王象之：《舆地纪胜》，中华书局 1992 年版。

（宋）祝穆，祝洙增订，施和金点校：《方舆胜览》，中华书局 2003 年版。

（宋）宋敏求：《长安志》，文渊阁四库全书本。

（宋）苏辙：《龙川略志》，中华书局 1982 年版。

（宋）梁克家：《淳熙三山志》，文渊阁四库全书本。

（宋）潜说友：《咸淳临安志》，中华书局《宋元方志丛刊》本。

（元）刘应李编，殷声波校：《大元混一方舆胜览》，四川大学出版社 2003 年版。

（明）《寰宇通志》，玄览堂丛书续集本，国立中央图书馆 1947 年版。

（明）李贤等：《大明一统志》，三秦出版社影印明天顺五年（1461 年）刻本，1990 年版。

（清）顾炎武：《肇域志》，上海古籍出版社 2004 年版。

（清）顾祖禹：《读史方舆纪要》，中华书局 2005 年版。

（清）和珅等：乾隆《大清一统志》（习惯称《续志》），文渊阁四库全书本。

（清）穆彰阿等：嘉庆《大清一统志》，续修四库全书本。

（宋）《南雄路志》，《永乐大典方志辑佚》，中华书局 2004 年版。

（宋）张津等撰：乾道《四明图经》，成文出版社 1983 年版。

（宋）范成大：《吴郡志》，宋元方志丛刊，北中华书局 1985 年版。

（宋）梁克家：《淳熙三山志》宋元珍稀地方志丛刊，四川大学出版社 2007 年版。

（宋）沈作宾修：宝庆《会稽续志》，民国十五年据嘉庆戊泰（五年）重印本印。

（宋）胡榘：宝庆《四明志》，北京图书馆出版社 2003 年版。

（宋）潜说友纂：咸淳《临安志》，浙江古籍出版社 2012 年版。

（元）陈大震修：大德《南海志》，广东人民出版社 1991。

（元）冯福京等撰：大德《昌国州图志》，台湾成文出版社 1983 年版。

（元）袁桷：延祐《四明志》，台湾成文出版社 1983 年版。

（元）俞希鲁：《至顺镇江志》，江苏古籍出版社 1999 年版。

（元）王元恭修：至正《四明续志》，台湾成文出版社1983年版。

（元）单庆修，徐硕纂：至元《嘉禾志》，上海古籍出版社2010年版。

（明）陆钶等纂修：嘉靖《山东通志》，天一阁藏明代方志选刊续编，上海书店1990年版。

（明）戴璟修：嘉靖四年《广东通志初稿》，影印嘉靖四年（1535）刻本，续修四库全书本。

（明）黄佐纂修：嘉靖四十年《广东通志》，影印嘉靖四十年（1561）刻本，广东省地方史志办公室，1997年版。

（明）郭棐纂修：万历《广东通志》，明万历三十年（1602）刻本。

（明）郭棐纂，黄国声、邓贵忠点校：《粤大记》，明万历三十年（1602）刻本。

（清）嵇曾筠等修：雍正《浙江通志》，中华书局2001年版。

（清）岳浚等修：雍正《山东通志》，文渊阁四库全书本。

（清）储大文等纂：雍正《山西通志》，商务印书馆2005年版。

（清）黄廷桂等：雍正《四川通志》，文渊阁四库全书本。

（清）金鉷等：雍正《广西通志》，文渊阁四库全书本。

（清）迈柱等：雍正《湖广通志》，文渊阁四库全书本。

（清）陶成等纂：雍正《江西通志》，雍正十年（1500）刻本。

（清）郝玉麟等修：雍正《广东通志》，雍正九年（1731）刻本。

（清）黄之隽等修：乾隆《江南通志》，广陵书社2010年版。

（清）阿桂、董诰：乾隆《盛京通志》，中国地方志集成，凤凰出版社2009年版。

（清）谢道承、刘敬与纂：乾隆《福建通志》，乾隆二年（1737）刻本。

（清）阮元等修：道光《广东通志》，道光二年（1822年）刻本。

（清）李瀚章等编纂：光绪《湖南通志》，续修四库全书本，上海古籍出版社2002年版。

沿海广东、广西、海南、台湾、福建、浙江、江苏、山东、河北、辽宁地区明清民国各府州厅地方志主要采用：中国方志丛书，台湾：成文出版社1966—1970、1974—1976、1983—1985年版。

天一阁藏明代方志选刊、续编，上海书店重印宁波天一阁藏明版本，1981—1982、1990年版。

中国地方志集成各沿海省府方志，上海书店、江苏古籍出版社、凤凰出版社、巴蜀出版社1991年、1999—2006年版等。

[日] 木宫泰彦著:《中日交通史》,(上海)商务印书馆1932年版。

[日] 小叶田淳:《海南岛史》,(台北)学海出版社1979年版。

[新加坡] 吴华:《新加坡华族会馆志》,(新加坡)南洋学会1975年版。

[美] 韩森著,包伟民译:《变迁之神》,浙江人民出版社1999年版。

(台湾)廖幼华:《历史地理学的应用——岭南地区早期发展之探讨》,(台湾)文津出版社2004年版。

陈寅恪:《隋唐制度渊源略论稿》,生活·读书·新知三联书店2001年版。

杨志刚:《中国礼仪制度研究》,华东师范大学出版社2001年版。

周振鹤:《中国历史文化区域研究》,复旦大学出版社1997年版。

唐代剑:《宋代道教管理制度研究》,线装书局2003年版。

王见川、皮庆生:《中国近世民间信仰》(宋元明清),上海人民出版社2010年版。

徐晓望:《妈祖信仰史研究》,海风出版社2007年版。

郑振满、丁荷生:《福建宗教碑铭汇编(兴化、泉州府)》,福建人民出版社1995、2003年版。

吴文良原著,吴幼雄增订:《泉州宗教石刻》,科学出版社2005年版。

蒋维锬等:《妈祖文献资料丛编》(一二三),中国档案出版社、海风出版社2009—2011年版。

郑广南:《中国海盗史》,华东理工大学出版社1998年版。

林远辉、张应龙:《新加坡马来西亚华侨史》,广东高等教育出版社1991年版。

朱海滨:《祭祀政策与民间信仰变迁——近世浙江民间信仰研究》,复旦大学出版社2008年版。

吴明哲:《温州历代碑刻二集》,上海社会科学出版社2006年版。

王水:《江南民间信仰调查》,上海文艺出版社2006年版。

沈云龙主编:《近代中国史料丛刊》,(台北)文海出版社,2002年版。

谭棣华等编:《广东碑刻集》,广东高等教育出版社2001年版。

广东文化厅编:《中国文物地图集·广东分册》,广东地图出版社1989年版。

曾昭璇:《广州历史地理》,广东人民出版社1991年版。

方志钦、蒋祖缘：《广东通史》（古代上下册），广东高等教育出版社 1996、2007 年版。

卢木荣、陈波：《历史文化名城——碣石》（内部版），2001 年版。

戴伟思：《龙浪风神》，香港海事博物馆有限公司 2008 年版。

黄挺：《潮商文化》，华文出版社 2008 年版。

周树佳：《香港诸神起源、庙宇与崇拜》，（香港）中华书局 2009 年版。

《中国历史文化名城丛书》编辑部、黄埔区文联：《黄埔长洲旅游纵观》，广东地图出版社 1991 年版。

蒋维锬主编：《湄洲妈祖志》，中国方志出版社 2011 年版。

郑鹤生、郑以钧：《郑和下西洋资料汇编》，齐鲁书社 1980 年版。

李龙潜等点校：《明清广东稀见笔记七种》，广东人民出版社 2010 年版。

杨德春：《海南岛古代简史》，东北师范大学出版社 1988 年版。

马大正主编：《中国古代边疆政策研究》，中国社会科学出版社 1990 年版。

林荣贵主编：《中国古代疆域史》，黑龙江教育出版社 2007 年版。

《中国边疆通史丛书》，中州古籍出版社 2000—2003 年版。

《中国边疆丛书》，（台湾）文海出版社 1962 年版。

《中国历代民族史丛书》，四川民族出版社 1996 年版。

杨德春：《海南岛古代简史》，东北师范大学出版社 1988 年版。

廖大珂：《福建海外交通史》，福建人民出版社 2002 年版。

黄启臣：《广东海上丝绸之路史》，广东人民出版社 2014 年版。

陈欣：《南汉国史》，广东人民出版社 2010 年版。

徐晓望：《闽国史略》，中国文史出版社 2014 年版。

张如安：《宁波古代历史文化研究资料索引》，海洋出版社 2011 年版。

王丽英：《道教南传与岭南文化》，华中师大出版社 2006 年版。

黎志添：《广东地方道教研究》，香港中文大学出版社 2007 年

赵春晨主编：《岭南宗教历史文化研究》，天津古籍出版社 2002 年版。

陈支平：《福建宗教史》，福建教育出版社 1996 年版。

林国平：《福建民间信仰》、《闽台民间信仰源流》，福建人民出版社 1993、2003 年版。

徐晓望：《福建民间信仰源流》，福建教育出版社 1993 年版。

贺喜：《亦祖亦神：粤西南信仰构建的社会史》，生活·读书·新知三联

书店 2011 年版。

郑振满等：《唐宋民间信仰》、《民间信仰与社会空间》，福建人民出版社 2003 年、2004 年版。

雷闻：《郊庙之外：隋唐国家祭祀与宗教》，生活·读书·新知三联书店 2009 年版。

王荣国：《海洋神灵——中国海神信仰与社会经济》，江西高校出版社 2004 年版。

王元林：《国家祭祀与海上丝路遗迹——广州南海神庙研究》，中华书局 2006 年版。

党燕妮：《晚唐五代敦煌地区的海龙王信仰》，收入郑炳林主编《敦煌归义军史专题研究三编》，甘肃文艺出版社 2005 年版。

王永平：《论唐代的水神崇拜》，《首都师范大学学报》（社会科学版）2006 年 4 期。

李玉昆：《杂谈天妃》，收入肖一平等编《妈祖研究资料汇编》，福建人民出版社 1987 年版。

胡小伟：《宋代的二郎神崇拜》，《世界宗教研究》2003 年第 2 期。

罗冬阳：《从明代淫祠之禁看儒臣、皇权与民间社会》，《求是学刊》2006 年第 1 期

潘群：《〈非幻庵香火圣像记〉试析》，《郑和研究》2007 年第 3 期。

金秋鹏：《迄今发现最早的郑和下西洋船队图像资料——〈天妃经〉卷首插图》，《中国科技史料》2000 年第 1 期。

樊光春：《儒教的神灵与道教的神仙》，见《道教思想与中国社会发展进步研讨会第二次会议论文集》，2003 年。

梁农羲：《电白山兜冼夫人庙碑文录》，2000 年 1 月电白炎黄文化和冼太夫人研究会《炎黄风韵》创刊号。

韩振华：《西、南沙群岛的娘娘庙和珊瑚石小庙》，《南海诸岛史地论证》，香港大学亚洲研究中心，2003 年。

司徒尚纪：《海南岛历代民族迁移和人口分布探索》，《岭南史地论集》，广东地图出版社 1993 年版。

童家洲：《日本华侨的妈祖信仰与新加坡、马来西亚的比较研究》，《社会科学战线》1990 年第 4 期。

田汝康：《十七世纪至十九世纪中国帆船在东南亚洲航运和商业地位》，

《历史研究》1956年第8期。

陈春声：《明末东南沿海社会重建与乡绅之角色——以林大春与潮州双忠信仰的关系为中心》，《中山大学学报》2002年第4期。

陈春声：《正统性、地方化与文化的创制——潮州民间信仰的象征与历史意义》，《史学月刊》2001年第1期。

陈春声：《社神崇拜与社区地域关系——樟林三山国王研究》，《中山大学史学集刊》第二辑，广东人民出版社1994年版。

陈春声：《从"游火帝歌"看清代樟林社会——兼论潮州歌册的社会史资料价值》，《潮学研究》第一辑，汕头大学出版社1993年版。

陈春声：《乡村神庙系统与社区历史的演变——以樟林为例》，《清史研究》1999年第2期。

金涛：《独特的海上渔民生产习俗——舟山渔民风俗调查》，民间季刊，1987年第4期。

皮庆生：《他乡之神——宋代张王信仰传播研究》，《历史研究》2007年第3期。

曲金良：《环渤海圈民间海神娘娘信仰的历史与现状》，《民间文化论坛》2004年第6期。

尹国蔚：《妈祖信仰在河北省及京津地区的传播》，《中国历史地理论丛》2003年第4期。

王颋：《秦媪豢龙——"悦城龙母"的原始传说及流变》，收入论文集《古代文化史论集》，上海古籍出版社2007年版。

马咏梅：《山东沿海的海神崇拜》，《民俗研究》1993年第4期。

徐亚娟：《近百年龙母传说研究综述》，《广西民族研究》2007年第4期。

施铁靖：《马援在广西》，《河池师专学报》2003年第3期。

滕兰花：《清代广西伏波庙地理分布与伏波祭祀圈探析》，《广西民族学院学报》2006年第4期。

范玉春：《马援崇拜的地理分布：以伏波庙为视角》，《广西师范大学学报》2007年第3期。

杜树海：《神的结盟——广西漓江上游流域马援崇拜的地方化考察》，《民俗研究》2007年第4期。

麦思杰：《神明信仰与边疆秩序——宋明时期广西伏波信仰研究》，《柳州师专学报》2008年第3期。

史亚辉：《伏波神崇拜及其仪式与功能解析——以横县伏波庙为例》，广西民族大学 2008 年硕士论文。

潘铭燊：《郑和的保护神：萧侯——美国国会图书馆藏孤本〈太洋萧侯庙志〉中的一条稀见资料》，《南山论学集——钱存训先生九五生日纪念》，北京图书馆出版社 2006 年版。

唐庆红：《〈太洋洲萧侯庙志〉及其史料价值》，中国社会经济史研究，2011 年第 01 期。

魏志江：《康保裔"阵亡"说再辨》，首都师范大学学报（社会科学版）1986 年第 2 期。

杨品优：《宋代以来江西境内康王考论》，《华南农业大学学报》2008 年第 4 期。

李玉昆：《杂谈天妃》，收入肖一平等编《妈祖研究资料汇编》，福建人民出版社 1987 年版。

金秋鹏：《迄今发现最早的郑和下西洋船队图像资料——〈天妃经〉卷首插图》，《中国科技史料》2000 年第 1 期。

潘群：《〈非幻庵香火圣像记〉试析》，《郑和研究》2007 年第 3 期。

陈铁军：《龙母与〈龙母墓碑〉》，《四川文物》1994 年第 2 期。

严耀中：《唐代江南的淫祠与佛教》，《唐研究》第二卷，北京大学出版社 1996 年版。

路遥：《中国传统社会民间信仰之考察》，见《中国民间信仰研究述评》，上海人民出版社 2010 年版。

肖一平：《海神天后与华侨南进》，见《妈祖研究资料汇编》，福建人民出版社 1987 年版。

王元林：《古代早期的中国南海与西海的地理概念》，《西域研究》2006 年第 1 期。

王元林：《宋南海神庙〈六侯碑〉考》，《暨南史学》第四辑，暨南大学出版社 2005 年版。

王元林、李华云：《东海神的崇拜与祭祀》，《烟台大学学报》（哲学社会科学版）2008 年第 2 期。

王元林、陈玉霜：《论岭南龙母信仰的地域扩展》，《中国历史地理论丛》2009 年第 4 期。

李娟、王元林：《海南冼夫人崇拜与妈祖信仰比较研究》，《广西民族研究》2009 年第 4 期。

王元林、孟昭峰：《论碧霞元君信仰扩展与道教、国家祭祀的关系》，《世界宗教研究》2010 年第 1 期。

王元林：《宋南海神东西庙与广州海上丝绸之路》，《海交史研究》2006 年第 1 期；《再论宋广州南海神庙相关史实——答赵立人先生》，《海交史研究》2008 年第 1 期。

王元林：《郑和下西洋与天妃、南海神的崇拜》，《暨南学报》（社会科学版）2005 年第 6 期。

王元林：《国家祭祀与地方秩序构建中的互动—以伏波信仰地理为例》，《暨南学报》（社会科学版）2011 年第 2 期。

王元林：《明清伏波信仰地理新探》，《广西民族研究》2010 年第 2 期。

王元林、郭学飞：《水神萧公信仰的形成与地域扩展》，《世界宗教研究》2012 年第 2 期。

王元林、汪欢：《名同实异：道教、民间信仰中的谭公信仰》，《世界宗教研究》2014 年第 6 期。

# 后 记

　　中国边缘地区的海疆，既是中国传统文化的保留地区（以粤、闽、浙等宗族社会为代表），也是对外文化的前沿地区。同时，沿海历来就是"重鬼信巫"之地，为神灵信仰提供了广阔的土壤。宋代以来，随着海上交通的发达，地方信仰的海洋神灵迅速发展起来，这与代表着国家正祀的东海、南海等正统神灵存在着一定的矛盾，国家和地方政府针对这样的格局采取了一系列措施，利用显灵、神话、巫术等方式，通过封号或赐额等，一方面，把国家神灵地位进一步提高，结合地方的动荡、灾荒等，把国家海神融入地方社会；另一方面，地方士绅和官员等，也逐步把地方海神奏请朝廷纳入国家正祀系统中。国家正祀随着其礼仪制度的逐步完善，其祭祀的海神日臻完备，加上漕运、倭乱、迁海、近代列强的侵扰等重大事件，其地位日渐崇高；而民间社会在这样的社会变迁中，对不同海神的崇拜在地域上也有盈缩，文化内涵日渐丰富。利用区域社会史和历史地理的研究方法，揭示沿海乡村社会融入国家体系、国家意识和国家认可被地方所接受的过程和特点。这是本研究的出发点。

　　海神并非仅指与海洋活动有关的神灵，本书对海神界定比较宽泛，除上述内容外，还包括与沿海地方社会有关的，甚至神职之一与沿海地方、海洋活动有关都包括进来，所以，研究的海神类型多样、数量巨大，给研究带来了巨大的工作量，这也是之前研究没有考虑到的。

　　2008年，本书作为国家哲学社会科学基金一般课题"国家正祀与地方民间信仰互动研究——宋以后海洋神灵的地域分布与社会空间"（08BZS042）获得立项资助，此书即项目最终的成果之一。作者不揣愚陋，先后发表了多篇论文，并整理出7万余字的"国家正祀与地方民间信仰互动研究——宋以后海洋神灵的地域分布表"，作为结题成果之一。这次出版，限于篇幅，有关表格只能舍掉，还请读者海涵。相信有各种电子版资源帮助，读者也会查阅并得出高于作者的宏论来。

本书写作中，研究生孟昭锋、褚福楼、朱永亮、李娜、李娟、吴力勇、斯军、王瑞、杨帆、何方、廖晨宏、马同军、吴楠、张目等帮助查阅了一些资料，并且制成了上述海洋神灵的地域分布表。本书的第七章各节，与他们的辛勤劳动密不可分，在此表示感谢。第八章的第一节、第三节、第四节、第五节分别与陈玉霜、郭学飞、汪欢、王梓合作，在此以表感谢。由于资料浩繁，仅复印的资料就有一米左右高，看着这些资料，只有等待他日再做研究时，将其利用。睹物思人，上述各位已走向不同的工作岗位，"铁打的校园，流水的学生"，只有祝愿各位同学们在以后的道路中一路走好，感谢他们与我共同学习的日子付出的辛勤汗水。

本书的出版，得到了国家哲学社会科学基金和中央高校基本科研业务费专项资金资助（暨南跨越计划）"教化、认同与边疆秩序——唐至清代国家治理下的岭南文化渐进与互动研究"（12JNKY009）的支持，也得到2015年国家社科基金重点项目"7至14世纪东南沿海多元宗教、信仰教化与海疆经略研究"（15AZS009）的共同资助。中国社会科学出版社编辑张林也为本书的出版付出辛劳，在此一并表示衷心的感谢。

由于眼光昏花，学识有限，拙著一定存在一些问题，挂一漏万，还请各位批评指正。"万绿丛中一点红，动人春色不须多"，只要对研究者有少许助益，已知足矣。

**元林　谨记**
乙未春于暨南大学